한울총서 92

현대유럽철학의 흐름

모더니즘에서 포스트모더니즘까지

•

리처드 커니 지음
임헌규·곽영아·임찬순 옮김

Modern Movements in European Philosophy

Richard Kearney

MANCHESTER UNIVERSITY PRESS
Manchester, New York

역자서문

현대 유럽철학에 대한 최고의 주석가로 평가되고 있는 아일랜드 더블린 대학 교수 리처드 커니(R. Kearney)는, 이 책의 서문에서 현대 유럽철학을 '반실증주의'로 규정하고 있다.

이에 따라 그는 현대의 유럽철학을 현상학, 비판이론 그리고 구조주의라는 세 범주로 나누어 기술하면서, 최근의 경향인 해석학과 해체주의, 그리고 포스트 구조주의를 포함하는 모든 현대 유럽철학의 흐름을 이 한 권의 책안에 빠짐없이 제시해놓고 있다. 그리고 각 범주 안에는 각기 여섯 명의 철학자들을 엄선하여 그들의 학문적 고구(考究)에 대해 저자 자신의 주관을 최대한 배제하면서 일반 독자들이 무리 없이 현대 유럽철학에 접근할 수 있도록 가장 정통적이고 표준적인 설명을 제시해주고 있다 (이들 18명 외 다른 철학자들의 견해도 이 책에서 기술하고 있는 철학자의 사상을 토대로 비교·설명해주고 있다).

또한 그는 단순히 어떤 한 철학자의 입장을 액면 그대로 전달하는 데에 그치지 않고 독자들로 하여금 전체 유럽철학의 흐름이라는 맥락하에서 유기적인 이해가 가능하도록 각 철학자들의 사상적 관련성을 제시하는 배려까지도 아끼지 않고 있다. 게다가 가장 기초적인 입문적 지식에서부터 본격적 논의(부록)까지 심층적으로 제시하고 있다. 따라서 이 책은 현대 유럽철학에 대한 폭넓은 내용을 깊이 있게 다룬 해설서이자 훌륭한 안내서의 역할을 다할 수 있을 것이다.

이 책은 분명 특정 계급의 일순간의 해방을 위한 이론적 무기를 제시해주는 책은 아니다. 그러나 우익의 허위의식을 해체하고, 좌익의 무정부적 부정을 지양하면서 부정의 부정을 통한 진정한 긍정에 도달하고자 하는 사람이라면 이 책에서 그 귀중한 양식을 얻을 수 있을 것이라고 우리 역자들은 확신한다.

전공과의 관련성을 고려하여 책의 현상학 부분은 임헌규가, 비판이론은 곽영아가, 구조주의는 임찬순이 번역했음을 아울러 밝혀두는 바이다.

끝으로 이 책의 원본은 *Modern Movements in European Philosophy*(Manchester University, 1986)임을 밝히며, 이 책을 소개해주시고 부족한 역자들을 격려해 주신 정해창 교수님과 도서출판 한울 여러분께 새삼 감사를 드린다. 이 졸역의 출판이 현대 유럽철학에 대한 우리의 척박한 이해를 한 단계 높이는 데에 공헌할 수 있었으면 하는 마음 간절하다.

1992. 2
역자들

차례

서문

금세기 유럽철학은 그 영향력이 점점 늘어나고 있는 테크노크라시(실증과학과 인간지성에 대한 전체주의적 지배의 위협)에 대해서 다양한 방식으로 대응을 해왔다. 의미의 문제는 이제 더이상 성역이 될 수 없었다. 그래서 새로운 인식양식이 요구되었다.

현상학과 실존주의는 소박한 과학적 태도의 익명적 '객관주의'에 선행하여 우리의 구체적인 체험에서 의미의 원천에 대한 재정립을 시도한다. 구조주의는 사회, 문화, 경제 등에서 우리가 현재 쓰고 있는 담론을 규정하는 숨어 있는 또는 '무의식적'인 언어의 구조를 강조한다. 한편 비판이론은 헤겔과 맑스의 시각을 선진 산업사회에서 작용하고 있는 이데올로기에 대한 근본적인 비판으로 발전시켰다.

영미적 사유에서 (현상론적) 환원주의 경향과 대비되게, 현대 유럽철학은 이른바 논리와 사실에 대한 (가치)중립적인 분석이 비판적 질문과 분리될 수 없음을 일관되게 주장하고 있다. 우리가 지식을 추구하는 이유에 대해서 많은 논쟁과 토론이 있어왔다. 철학은 무에서 추구되지 않는다고 한다. 그것은 그 시대의 산물인 동시에 갑작스런 혁신과 변동에 대한 응답이다.

이 책을 출판하려는 주요 의도는 유럽(내가 '대륙'으로 이해하고 있는) 철학의 세 가지 주요운동(현상학, 구조주의, 비판이론)에 관한 체계적이면서 선택적인 개관을 제시하는 데에 있다. 이 책은 세 운동 각각으로부터 여섯 명의 주요한 사상가들을 선별하여 그들의 주요 핵심개념이 어떻게 상호간에 발전·대립해왔는가를 보여줄 것이다. 한 권의 책으로 세 운동을 동시에 제시하는 이 책은 독자들에게 현대 대륙적 사유의 풍부하고 다양한 특성에 대한 좀더 광범위한 이해를 제공할 것이다.

세 운동은 모두 뚜렷한 위기의식을 갖고 있다. 거기에는 공통적으로 고전적 관념의 체계(모든 것을 위한 자리를 가지고 있으면서 그 자리에 모든 것을 가지는)가 더이상 만족스럽지 못하다는 공감이 있다. 유럽 철학자들은 신성불가침의 개념을 더이상 믿지 않게 되었다. 그와 더불어 사회적·정치적·종교적 측면에서 널리 받아들여졌던 가치체계가 붕괴하게 되어 (역사는 진보할 뿐만 아니라 통일되는 방향으로 나아간다고 생각한) 서구의 이상은 크게 흔들리게 되었다. 전체주의적이며 파시스트적인 운동과 양차 대전 앞에 계몽유럽이 무너지는 것을 목격한 금세기 현대 유럽철학은 각기 나름의 방법으로 새로운 인식양식을 제시하고자 하였다.

이 책에서 논의된 철학적 운동들은 모두 실증주의, 즉 본질적으로 자연과학의 경험적 방법에 기초한 반철학적 철학의 현대적 확산을 반대한다. 실증주의의 요지는 검증될 수 있는 관념만이 의미가 있다는 것으로 귀결된다. 그리고 객관적 사실에 관한 이러한 (현상론적) 환원주의적 단언은 최종적인 분석에서 그런 관념에 대해 의미를 규정하는 이면의-인간적·역사적·구조적인-계기를 전적으로 무시하는 결과를 낳았다. 즉 현상학, 비판이론 그리고 구조주의는 각각 그 기본적인 입장에 있어서는 모두 반실증주의이다.

실증주의는 진리를 일차원적·외면적 관찰의 입장에서 배타적으로 파악하는 반면에 이러한 현대(유럽)적 방법은 사물의 경험적 현현 뒤에 남겨져 있는 또 '다른' 의미의 차원에 길을 열어놓는다. 즉 의식의 지향적 활동(현상학), 지배와 해방의 역사적 전략(비판이론), 언어의 무의식적 부호(구조주의).

결국 세 운동은 금세기 서구문화의 특수한 상황에 대응하여 철학이 좀더 확실한 새로운 탐구방법을 필요로 한다는 공통된 신념을 갖고 있다.

세 가지 모두가 방법론에서 그런 혁신을 보여 (존재 자체의 진리가 다른 존재와의 관계에 우선하여 자체적으로 존재한다고 주장하는) 전통적 '실체의 철학'에서 (실체의 철학과 대비되게 존재의 진리가 존재들에서, 그리고 그것들을 통해서, 또는 의미의 체계에서, 그 자신과는 다른 것과 연관하여 구성된다고 주장하는) 현대의 '관계의 철학'으로 이행한다.

　세 운동 각각은 특수한 관계의 범주에 대응되게 특수한 방법을 선택하는 것을 그 특징으로 하고 있다. 현상학적 방법은 세계의 의미에 대한 의식의 '지향적 관계'를 강조한다. 비판이론의 방법은 역사적 생산 또는 소외 조건에 대한 인간 주체의 '사회적 관계'에 초점을 두었다. 반면에 구조주의적 방법은 궁극적으로 개인 언어를 규정하는 언어의 부호체계와 개인 언어와의 '구조적 관계'를 중시했다. 우리는 여기서 이런 세 운동에 대한 예비적인 개관을 제시하겠다.

현상학

　현상학을 우리는 새로운 '구체적 사유'의 형식이라고 규정하고자 한다. 현상학적 방법은 세기의 전환기(19세기 말)에 에드문트 후설에 의해서 형성되었다. 그것은 사상 자체(zu den Sachen selbst)에 대한 구체적인 체험에 있는 관념의 근원으로 우리를 되돌아가도록 함으로써 강단적 추상에서 철학을 복명(復命)한다고 주장한다. 한 예로 사르트르는 30세 때 독일 현상학자들이 어떻게 "모든 것을 철학화하고 거리의 가스등의 본질을 현상학적으로 기술하며 밤을 지새우는 것"을 발견했을 때의 그의 감격을 토로했다.

　그가 이 철학을 얼마나 신선한 것으로 느꼈는가 하는 것은 다음의 글이 잘 대변해준다.

　　나는 넋이 나갔다. 철학적 대상의 위계에서 가로등의 지위보다 나에게 더 중요하게 보이는 것이 없었다. 나는 그 전에는 결코 할 수 없었던 생각을 흐릿하게 재수집했다. 진리는 고대 그리스와는 달리 거리에서 공장으로 배회하였고, 철학자는 진리의 문을 열어줄 수 없는 무능한 사람이 되었다. 1년 후, 나는 베를린에서 후설을 읽었다. 모든 것이 영원히 변했다(「메를로 퐁티 I」).

마르틴 하이데거 역시 현상학적 방법이 우리의 생생한 실존의 구체적인 관심, 양식 그리고 투기(投企)에 관계함으로써 현대인의 존재 의미에 관한 근본적인 물음에 대답할 수 있다고 『존재와 시간』에서 주장했을 때 유사한 지적 발견의 감격을 토로한 적이 있다. 그는 현상학이 인간의 일상적인 '세계내 존재'의 관점에서 존재를 이해하기 위한 철학적 통로를 제공해준다고 주장한다. 메를로 퐁티는 『지각의 현상학』 서문에서, 현상학이 어부의 그물이 깊은 바다에서 넘실거리는 고기와 해초를 낚아올리듯, 모든 살아 있는 경험의 관계로 우리를 되돌릴 수 있도록 해주었다고 주장하면서 열렬히 그의 격정을 토로했다. 모리스 메를로 퐁티는 현상학이 기성의 해결책을 갖고 있는 어떤 사변적 해결책이 아니라, 사고하는 사람 각자가 스스로 경험하여야 할 독특한 사유형식이라고 주장한다. 그는 이렇게 쓰고 있다.

"일련의 오늘날의 독자가 후설과 하이데거를 읽었을 때 인용부호를 세는 것이 문제라기보다는 구체적인 형식에서 '독자적인 현상학'을 규정하고 표현하는 것이 문제이다. 즉 새로운 철학을 접했다기보다는 그들이 기다려왔던 것을 인정하는 것이다."

이러한 문호의 개방성 때문에 현상학적 방법은 다양한 해석이 가능하다. 하이데거가 현상학적 방법을 존재의 문제에 적용한 반면에, 사르트르는 인간자유의 문제에, 메를로 퐁티는 세계에 대한 우리의 신체적 관계의 문제에, 그리고 그 후계자들은 그 적용범위를 더욱더 넓혔다. 예를 들면 폴 리쾨르는 현상학을 신화, 종교, 문학 그리고 무의식과 같은 다양한 문화적 경험의 영역에서 작용하는 신호와 심볼들에 대한 새로운 해석을 위한 기반으로 보았다. 그리고 자크 데리다는 중심화하는 동일성으로서 모든 서구의 전통적 진리 개념은 끝없이 다양한 의미작용을 드러내기 위하여 '해체'되어야 한다고 주장하면서 현상학의 한계를 찾아내었다.

비판이론

비판이론은 헤겔과 맑스의 변증법적 방법을 종합함으로써 새 세대의 유럽철학자들을 전면적으로 자극하였다. 이 비판이론은 종종 헤겔리언 또는 인도주의적 맑스주의라고 불리는 뚜렷한 일련의 사회적 분석을 수행했다. 루카치와 프랑크푸르트학파 이론가들은 이러한 새로운 지적 출발에 가장 영향력 있는 개척자였다. 그들은, 철학은 '구체적 사유'로서 그 본연의 임무를 수행해야 한다고 믿었다. 또한 우리 세계의 궁극적인 의미는 역사적·정치적 맥락과 무관하지 않다고 주장한다. 이러한 입장은 단순히 전통적 형이상학의 추상적 사변의 체계뿐만 아니라, 해방을 위한 역사적 변증법의 융통성을 조야한 기계적 유물론으로 왜곡시킨 정통 과학적 맑스주의에 대한 비판을 수반한다. 헤겔과 맑스의 혁명적 통찰은 계속되는 대화의 과정에서 보존되어야 할 필요가 있다. 인과적인 숙명론에 의해 지배되는 소박한 경제결정론의 견지에서 의미의 역사적 기원을 이해하는 것은 왜곡이자 몰인간화이다. 그래서 우리는 루카치가 『역사와 계급의식』에서 "만일 역사가 참으로 노동력과 생산력으로 만들어지는 것이라면 그것은 그런 힘이 (인간적 관계가 물화되거나 고정화되는) 자본주의적 착취의 강압을 (새로운 사회적 실존의 가능성을 위하여) 극복하는 인간의식의 힘을 형성시키기 때문이다"라고 선언하는 것을 발견한다. 안토니오 그람시도 『옥중 수고』에서 "오늘날 현대 산업사회에서 인간 실존을 지배하는 정치적·문화적 구조에 대한 이론적 비판 없이 남녀의 구체적 해방은 영원히 연기될 수밖에 없다"고 하는 유사한 주장을 했다.

맑스주의에 대한 '인도주의적' 이해는 1844년에 맑스가 쓴 『경제철학 수고』가 1932년에 독일어로 출판되면서 추가적인 인증을 받았다. 같은 해에 프랑크푸르트 사회연구소 설립자의 한 사람인 허버트 마르쿠제는 「역사적 유물론의 기초」라는 제하의 중요한 논문을 발표했다. 마르쿠제는 『수고』를 맑스의 비판이 철학적 인도주의라는 명백한 증거라고 주장하면서, 그것은 헤겔의 변증법을 해체시킨 것이라기보다는 혁명적 실천 이론으로 재정립한 것이라고 했다. 이러한 주장은 물론 헤겔과 독일 관념론자들의 인도주의 철학과 어떤 연계성도 한사코 거부하는 엄격한 정통적인 '과학적' 맑스주의자에게는 하나의 매도였다. 마르쿠제와 그의 프랑크푸르트 동료들(아도르노와 호르크하이머)은 노동에 대한 맑스의 중심개념이 경제결정론이라는 누명에서 벗어나 물질과 이데올로기의 지배의 '객관화'에 저항하는 역사적 변혁의 힘으로서 적절한 인간적 지위를 회복해야 한다고 주장한다. 소외를 낳는 상태를 혁명적으로 극복한다는 것은 노동이 구체적 실천과 이해의 형식임을 전제한다. 왜냐하면 비판적 의식의 자유가 없다면, 우리는 경제적 착취의 메커니즘에 대하여 맹목적인 노예가 될 수밖에 없기 때문이다. 마르쿠제는 "소외의 철폐는 단지 물화의 통찰, 즉 역사적·사회적 상황에서 객관화의 활동에 대한 실천적 통찰에만 기반할 수 있다"고 쓴다. 다음 저작에서 마르쿠제는 선진 기술산업사회에서 인간적 주체에 놓여 있는 다양한 (사회적·경제적·문화적) 이데올로기적 억압에 도전하기를 계속한다. 그래서 그와 그의 동료들은 당연히 점차 창조력의 증거가 되는 예술과 문학으로 눈을 돌린다.

발터 벤야민, 에른스트 블로흐 그리고 위르겐 하버마스는 각기 나름으로 이데올로기의 비판자이자 해방의 기획자로서 인도주의적 맑스주의의 변증법적 방법을 발전시켰다. 모든 이런 사상가들이 강조점의 차이에도 불구하고 공유한 것은, 우리의 실천적 활동과 반성적 활동(우리 실존의 물질적·지적 측면)을 결합함으로써만 우리는 만연한 지배력과 효과적으로 싸울 수 있다는 맑스의 원래의 인식에 기반을 두고 있다는 것이다.

구조주의

비판이론이 주로 의미의 '사회적' 기원에 관심을 가졌고 현상학이 '실존적' 기원에 관심을 가졌다면, 구조주의는 의미의 언어적 기원을 강조했다고 말할 수 있다. 그런데 여기서 언어적이란 말은 (영미)분석 철학에서 사용되는 것과는 본질적으로 다른 의미에서 소쉬르와 구조주의자들에게서 전개되었다. 즉 구조주의는 영미 언어철학에서 지배적인 일상적인 말을 분석한다기보다는 표면적 의미 아래에서 그런 의미를 미리 규정하는 숨어 있는 구조적 법칙으로 파고들어간다. 일상적인 언어사용은 대체로 그것이 겉으로 드러난 의미와 다른 어떤 것을 의미하는 부호화된 언사의 체계로서 다루어진다. 그래서 구조주의자들은 우리의 일상적 언어가 사실과 전적으로 같은 구조로 있다는 (영미)분석철학자들의 주장에 항변한다. 즉 유감스럽게도 몇몇이 주장하는 "말해지는 것은 분명하게 말해질 수 있다"라는 분석적 입장을 거부한다. 구조주의자에게서 언어는 결코 투명하지 않다. 의미는 항상 은폐되고 왜곡된다. 더욱이 구조주의는 전통적 또는 분석적 언어학보다 훨씬 넓은 의미에서 기호의 기능을 파악한다. 소쉬르와 그의 추종자들은, 넓고 다양한 의미화의 체계를 포함하여 기존의 언어기준을 훨씬 넘어서는, 기호의 과학(기호학)을 제창한다. 롤랑 바르트는 『기호학의 요소』에서 다음의 구절로 구조적 방법에 있어서 소쉬르의 발견의 의미에 관한 설득력 있는 설명을 제시한다.

　1916년에 처음 출판된 『일반 언어학 강좌』에서 소쉬르는 언어학을 단지 한 부분으로 포함하는 일반 기호과학, 즉 기호학의 존재를 요청한다. 그러므로 기호학은, 그 실체와 한계가 무엇이든 간에, 모든 기호의 체계를 대상으로 한다. 즉 심상, 몸짓, 음악의 음, 대상들, 그리고 이 모든 것의 복잡한 결합인데 이런 것들이 의례와 관례 그리고 대중의 오락을 형성한다. 이런 것들이 비록 언어가 아니라 하더라도 최소한 의미의 체계를 구성한다. 단지 언어학, 정보학, 형식논리학, 그리고 구조인류학과 같은 학과의 성공에 비추어 볼 때, 의미의 분석에 새로운 도구를 주는 매스컴의 발달이 오늘날 광범위한 의미전달체계에 깊은 관련이 있다는 것은 틀림없다. 지금에 이르러서는 몇몇 학자의 관심에 의해서가 아니라, 현대 세계의 역사가 기호학에 대한 요구를 하고 있다.

구조주의에 대한 바르트의 가장 독창적인 공헌은 아마도 매스미디어와 대중문화의 기호에 대한 날카로운 해석일 것이다. 또 다른 사람들은 구조적 분석방법을 다른 의미의 양식에 적용했다. 예를 들면 라캉은 꿈과 무의식의 징후에, 그리고 레비 스트로스는 의례와 인류학의 심벌에, 푸코는 권력과 지식에 대한 전략적 담론에, 그리고 알튀세르는 (비록 그는 구조주의자라는 칭호를 싫어하지만) 이데올로기와 과학의 비판적 변별에. 모든 이런 사상가들이 공유하고 있는 것은 배후에서 그런 의미를 조건짓는 언어의 내밀한 구조를 드러내기 위하여, 우리에게 너무나도 낯익고 조금도 의심할 바 없는 대화에서 표면적 의미를 해독하는 데에 전념한다. 그리고 이러한 구조주의자들의 행위는 인간주관의 자율성과 중심성을 주장하는 서구적 세계관의 논란 많은 해체를 수반했다.

이 책에서 논의된 18명의 사상가를 세 부류로 나눈 것은 필연적으로 어느 정도의 단순화를 수반한다. 개진된 일종의 이념형은 세 부류의 큰 표제하에 어떤 중요한 철학적 경향에 대한 추상화, 고립화 그리고 단순화를 전제한다. 확실히 이런 접근은 다양한 사상가들의 복잡하고 종종 겹치기까지 하는 지적 저작들을 정당화하기와 세 운동 사이에 현존하는 다차원적인 관계를 꼭 알맞게 전달하는 것을 불가능하게 만든다. 예를 들면 사르트르와 메를로 퐁티는 특히 그들의 후기 저작에서(예를 들어 사르트르의『변증법적 이성비판』과 메를로 퐁티의『변증법의 모험』) 현상학적인 방법과 맑스주의적 비판의 방법을 성공적으로 결합시켰다. 좀더 넓게 본다면, 이런 철학자들은 현상학과 비판이론의 둘 모두에 대한 그들의 공로가 고려될 수 있을 것이다. 마찬가지로 맑스주의 이론가인 루카치와 마르쿠제는 1920년대에 그들의 사상 형성기에 현상학에 깊은 영향을 받았다는 것을 지적할 수 있겠다. 그리고 (이렇게 세 부류로) 정형화하는 데에 좀더 복잡한 문제는 알튀세르와 더불어 제기된다. 비록 공통적으로 구조주의적 분석의 방법과 연관을 가지고 있음에도 불구하고, 그의 대부분의 저작은 확실히 소쉬르나 라캉보다 맑스에 의존하고 있다. 그러나 그가 헤겔의 관념론적 철학에 영향을 받은 맑스학을 오염된 것으로 파악하여 인도주의적 맑스주의에 분명히 반대했다는 점 때문에 우리는 그를 비판이론의 범주에서 제외시켰다. 그래서 부득이 우리는 알튀세르를 구조주의운동 속에 포함시켰다. 마지막으로 하이데거와 가다머에서 빌려왔던 현상학적 해석의 틀을 맑스주의적인 이데올로기 비판과 주관적 사유주체에 대한 구조주의적 비판으로 연결시킨 리쾨르의 광의의 해석학이 있다. 그리고 여기서 다시 한 번 우리는 다른 것을 희생시켜가면서 사상가의 가장 중심적인 저작의 한 측면에 집중하지 않을 수 없었다.

현대 유럽철학을 세 운동으로 대별하고 거기에 각각 대표적인 여섯 명 다루어서 현대 유럽철학을 개관함으로써 발생하는 더 큰 문제는 우리가 이러한 운동을 철저하게 살펴보려면 반드시 다루어야 할 다른 사상가를 빠뜨리지 않을 수 없었다는 점이다. 예로서 현상학의 경우에는 가다머와 레비나스, 그리고 비판이론의 경우에는 아도르노와 호르크하이머가 있다. 이런 생략에서 오는 결점을 줄이기 위해서, 나는 논의에 포함된 사상가를 설명할 때에 배제된 사상가를 가능한 한 최대한으로 언급하려고 하였다 (예를 들면 리쾨르의 장에 가다머를, 하버마스의 장에 아도르노와 호르크 하이머를).

우리의 개관의 방법은 본질적으로 비판적 고찰이라기보다는 일종의 주석과 정리이다. 제시된 것은 18명의 사상가에 대한 '종합적'인 개관이고, 도전하고 토의하고 논박하려고 하지 않고, 그들의 사유구조 내에서 설명하려 한 것이다. 나는 어떤 한 운동 또는 어떤 다른 사상에 대한 어떤 한 사상가에 비중을 두어 강조하기를 애써 피하려 했다. 철학이 비판적 판단으로부터 자유로운 어떤 추정된 '중립적 객관성'의 견지에서 제시되었다는 의구심에서 벗어나려는 것이 아니라, 독자들이 가능한 한 그 스스로 그런 판단을 하도록 그렇게 했다. 다른 저작(특히 『현대 대륙사상과의 대화』와 『시학은 가능한가』)에서 나는 이 개관에서 다룬 몇몇 철학자들을 비판적으로 논의해보는 기회를 가졌다. 그러나 지금 현재 나의 저작의 목표는 나의 주관을 최소한으로 줄이고 독자에게 봉사하는 것이다. 즉 현대 유럽사상의 지도를 그리고, 그 안에서 각각의 사상가의 대표적인 표본을 제시하는 것이다.

현대 대륙철학들은 때때로 너무 전문적이고 심지어는 모호하다고 한다. 이 책을 쓰면서 나는 문외한인 독자들이 접근할 수 있는 언어로 이런 철학을 설명하는 것이 어렵다는 것을 깨닫게 되었다. 이 중에서 몇몇 장은 기본적인 관심이 있는 정도의 일반 독자들도 이해할 수 있을 것이고, (그리고 물론 부록 등) 몇몇 장은 철학을 상당히 배운 학생들에게 적절할 것이다. 어쨌든 간에 이 책 출판의 주목적은 현대적 사유의 몇몇 주요논의로의 접근을 용이하게 해주는 것이다.

최근에 이러한 운동은 '해체'로 알려진 포스트 모더니스트운동에 의해서 상당히 밀려났다. 그래서 우리는 자크 데리다와 그의 학도들이 후설과 하이데거의 현상학적 이론들을 전통적 현존의 형이상학 최후의 순간으로 보고 해체하는 것을 볼 수 있다. '해체적 전환'은 철학과 문학의 전통적 경계를 무너뜨렸다. 그것은 (철학과 문학 사이의) 그러한 구분을 다음과 같이 주장하면서 거부한다. 즉 두 담론은 궁극적으로 그것의 능기가 몇몇 선험적인 소기(즉 언어를 넘어서 존재하는 의식 또는 존재에 정위된 몇몇 가정된 의미의 기원)로 되돌아갈 수 없는 언어의 놀이이기 때문이다.

우리는 구조주의도 역시 몇몇 그 전의 대표자, 특히 바르트와 미셸 푸코에 의해서 '해체'되는 것을 본다. 후기 바르트는—예를 들면 콜레주 드 프랑스(Collège de France) 취임사에서—담론의 표면적 작용 뒤에 숨어 있는 깊은 구조적 의미를 찾으려고 하는 정통 구조주의자들의 주장을 비판한다. 그는 과학적인 소쉬리안적 언어학의 모델을 '언어의 영원한 영광의 혁명'을 기념하는 문학적 모델로 대치시킨다. 바르트의 최근 주장에 따르면 언어의 본질은 (맑스주의와 초기에 그가 주장했던 것처럼) 어떤 숨겨진 정치적 메시지에서 발견되는 것이 아니라 할당된 '고정적' 지시에 갇힐 수 없는 끝없이 개방된 능기의 치환에서 발견된다. 그래서 문학은, 그것이 지식을 '축제'로 만드는 한, 바르트의 포스트 구조주의 철학의 초점이 되었다. 바르트는 말한다. "단순히 사용만 하는 것이 아니라 그것은 언어를 고정시킨다. 글쓰기를 통해서, 더이상 인식론적이지 않고 드라마적인 대화의 견지에서, 지식은 끊임없이 지식을 반영한다." 낱말을 목표를 위한 도구로 사용한 과학적 습관과 단절함으로써, 문학적 텍스트는 낱말을 파열·변환·장치·정취로 변환시킨다. 그래서 지식은 쾌락주의적인 작용적 의미화를 인정하면서 욕망으로 변환된다. 바르트의 해체적 무기는, 주체가 후회나 억압 없이, 법칙이 아니라 자신의 견해에 따라 말할 수 있는 유토피아적인 상태로 고양된다.

포스트 구조주의에 있어서의 텍스트를 읽는 두 가지 주요 목적은 ① 독단적 주장을 정의적 지식으로 바꾸기 위해서, ② 놀이(소기에 대한 능기의 과잉으로서의 언어의 본질)를 위하여 금지된 욕망을 말하는 것이다. 바르트의 결론에 의하면, 이러한 해체적 전략은 사멸적이면서 전도유망한 순간, 엄숙한 계시, 가능한 한 최대 행복의 역사적 순간을 동시에 나타낸다(『취임 연설』). 미셸 푸코도 그의 후기 저작에서, 해체적 행위가 이러한 무정부적 쾌락을 선호함을 피력한다. 그 전형적인 예가, 우리는 "지식에의 의지와 삶을 위한 희생을 포기하고 그 대신에 우둔한 행위"를 선택한다는 『언어, 반회상 그리고 실천』에서의 그의 권고이다.

이렇게 다양한 해체적 경향의 종착역은 아직 분명하지는 않다. 그런데 분명한 것은 언어의 표면적 기능 뒤에 숨어 있는 깊은 의미를 드러내기 위한 현상학, 구조주의 그리고 비판이론의 기본적 기반이 상당히 무너졌다는 점이다. 물론 의미의 위계적 질서를 위한 이러한 반대가 곧바로 실증주의로의 회귀를 의미하는 것은 아니다ー왜냐하면 실증주의는 게임과 불완전으로서의 해체적 패러다임에 전적으로 반대되는 사실의 엄격한 정형화에 몰두하고 있기 때문이다. 지금 이 시점에서는, '해체적 전향'이 '철학의 종언'을 외치는 파리의 아마추어 예술가들의 일시적 유행, 즉 후기 산업자본주의의 죽음을 알리는 서곡인지, 아니면 새물리학에서처럼 새 이해틀의 혁명적 발견인지를 단언한다는 것은 아직 시기상조이다.

제1부

현상학

에드문트 후설
Edmund Husserl

　　현상학은 우리 시대에 가장 영향력 있는 철학 중 하나이다. 이것은 19세기 말에 독일에서 발생하였다. 창시자인 후설은, 그의 사상의 맹아를 담고 있는 미완의 『논리 탐구』를 1900년에 출판했다. 그의 가장 유명한 수제자인 하이데거는 인간 실존에 관한 가장 획기적인 분석인 『존재와 시간』을 1927년에 발표했다. 그러나 1930년대 이후에 이 (현상학적) 운동을 확산시킨 사람들은, 다소 논란은 있겠지만, 프랑스의 현상학자(사르트르, 메를로 퐁티 그리고 리쾨르)였다. 프랑스 현상학은 후설과 하이데거의 혁명적 시야를 훨씬 쉬운 일상적인 언어로 옮겨 놓았다. 그것은 현상학적 방법을 광범위한 분야(심리학, 문학, 정치학, 종교학, 사회학 등)에 적용했다. 따라서 독일에서 프랑스로 현상학이 전파됨에 따라 어렵기로 악명 높은 후설과 하이데거의 용어가 쉽게 풀렸을 뿐만 아니라 그 적용범위가 확산되었다.

　　후설적인 현상학의 가장 큰 장점 가운데 하나는 다양한 해석을 가능하게 하는 개방된 탐구방법이다. 그래서 우리는 하이데거, 사르트르 그리고 메를로 퐁티의 '실존주의적' 해석을 본다. 그리고 가다머와 리쾨르의 '해석학적' 해석, 데리다의 '해체주의적' 해석. 이들 각각은 다음 장에서 살펴볼 것이다. 이 도입 논문에서 내가 시도하려고 하는 것은 단지 후설이 정식화한 현상학의 주요 특징들을 개관하는 것이다. 그리고 여기에서는 주로 모든 객관적·과학적 진리가 궁극적으로 인간적인 경험의 '생활세계'에 기반을 두고 있다고 확신하는 후기 후설의 견해에 집중하겠다. 이 점이 바로 이후의 현상학 발전의 계기가 되었다.

1

후설은 주요 저작만 20권이 넘는 다작을 남긴 유태계 출신의 독일 철학자였다. 그의 저작은 금세기 초 수십 년 동안 새로운 세대의 유럽사상가에게 지속적인 영향을 끼친 게팅겐과 프라이부르크 대학에서의 40여 년에 걸친 교수와 연구의 결과였다. 수학에 대한 철학적 연구로 시작하면서—그의 첫 저작인 『대수학의 철학』은 1891년에 출판되었다—후설은 점차 수학과 논리학의 '객관적' 진리도, 제반 과학과 마찬가지로 인간의식의 활동에서 다시 정초되어야 한다고 확신하게 되었다. 심지어 수(數)와 같은 추상적 실재도 그것이 우리의 지식이 되는 방식에 의해서만 그 진리성이 설명될 수 있다고 생각했다.

이러한 진리의 경험적 정초는 연이어 인간의식이 전반성적인 지각, 상상 그리고 언어활동을 통해서 근원적으로 의미를 구성하는 여러 방식을 설명할 수 있는 새로운 방법을 요구하였다. 후설은 『논리 탐구』에서 개진했던 이러한 방법을 현상학적이라고 명명하는데, 왜냐하면 그것은 어떻게 세계가 처음으로 인간의식에 현현하는가(현현하는 것을 그리스어로 'phaino'라고 한다)를 탐구함으로써 지식의 근원으로 되돌아가려고 하기 때문이다. 그의 주장에 따르면 세계의 의미는 단지 의식의 현상 이외에 다른 것이 아니다.

우리의 주관이 객관화하는 판단을 하기 이전에 처음으로 우리에게 나타나는 그대로의 '사상 자체로(zu den Sachen selbst)'라는 구호를 내걸고 현상학은 일상적인 우리가 우리와 독립되어 있다고 전제하는 객관이 되기 이전의 세계라고 하는 것은 우리가 이미 참여하고 있는 우리의 경험이라는 점을 보여주려고 한다. 그러므로 현상학의 가장 큰 주안점은 인간과 세계 사이의 가장 근원적인 접촉점, 즉 주관-객관의 약정적 분리 이전의 근원적 관계를 재정초하는 것이다. 후설이 우리의 철학적 관심을 되돌리려고 추구한 현상은 정확히 거기서 주관이 근원적으로 객관과 관련되어 있고, 객관이 근원적으로 주관과 관련되어 있는 경험적 접촉점 또는 중심점이다. 이런 방식으로 전통적 실체의 범주는 관계의 범주로 대치된다. 후설의 주장에 따르면 관계는 형식적으로 서로서로 독립적으로 존재하는 것 같은 두 실체(예를 들면 인간과 세계) 사이에 일어나는 어떤 것이 아니다. 인간과 세계는, 일차적·대체적으로, 관계 속에 있다. 따라서 우리가 그들을 분리된 실재로 나누는 것은 단지 반성적 논리의 수준에서만 그렇게 할 수 있다.

후설에게 현상학은 단순한 학문인 문제 이상의 것이었다. 후설은 서구인들이 인간의 삶·경험의 뿌리를 잊어버렸다는 사실에서 현대의 위기를 진단하고 있었기 때문에, 서구 학문의 미래적 발전이 여기에 달려 있다고 믿었다. 그리고 이러한 유럽 학문과 이성의 위기는 그 자체가 현대 서구 문명 일반의 위기 속에 반영되어 있다고 그는 주장한다. 인간은 그의 경험 내재적 또는 선험적 삶에서 전락하여 대상들 중의 한 익명적 대상이 되었기 때문에 자신의 본질적 동일성을 상실해버렸다. 따라서 이성은 정신에서 분리된 만큼 위기의 상태에 있다. 그 결과는 메마른 주지주의(신칸트학파)거나 역사적 비이성주의(딜타이)이다. 이런 극단적 과학주의와 상대주의에 맞서서 후설은 인간의 생활 세계 가운데에서, 그리고 인간의 생활-세계를 통해서 의미를 선험적으로 산출하는 진정한 정신적 직능을 이성에 되돌려줌으로써 (문제를) 해결하였다.

이성을 회복하기 위한 그의 기도는 『유럽 학문의 위기와 선험적 현상학』이라고 불리는 위대한 그의 마지막 저서에서 가장 간절하고 극적으로 표현되었다. 이 중요한 저작은 대부분 1934~38년 사이에 비엔나와 프라하에서 쓰였는데, 거기서 후설은 70세가 넘어서 유태계라는 이유로 나치 독일로부터 공식상의 활동을 금지당했다. 『위기』의 단지 두 부분만이 1938년 후설이 운명하기 직전에 출판되었다. "이데아에 대한 일반적인 믿음과 유럽의 실천적 이상, 즉 '이성'에 원천을 두고 민족들의 조화로운 생활을 모색하는 이상이 과소평가되는" 현실(이때의 유럽에서는 반이성적 파시스트운동이 흥기하고 있었다)에 직면하여, 후설은 서구인들은 "곧 이러한 의미의 철학이 종식되는 위험과, 그와 더불어 필연적으로 진리의 정신에 기반을 두었던 유럽의 종말"과 마주치게 될 것을 확신했다(『위기』). 이러한 그의 말년의 혼란스러운 사건에 자극을 받은 그는, 더욱더 ① 우리의 비판 과학적 그리고 철학적 상황에 관해 숙고해야 할 긴박성과 ② 인간적 의미의 현상학을 통해서 그렇게 해야 할 필연성을 더욱 절감하게 되었다.

후설은 현상학을 근본적인 새출발로서 제안한다. 그것은 현대의 의식에 철학적 탐구의 뿌리로 되돌아갈 수 있는 수단을 제공해준다는 의미에서 그러하다. 현상학은 철학을 완전히 다시 시작할 필요성을 역설한다. 즉 완전히 새로 시작하여, 우리의 원래 체험에서 실제로 있는 그대로의 세계를 볼 수 있도록 우리는 다시 배워야 한다. 즉 후설은 실재가 전이론적 경험하에 있는 우리에게 나타나는 방식을 이론적으로 설명해주려고 하였다. 우리가 세계를 아는 방식을 편견시하면서 현상학은 모든 편견을 제거하기를, 기본적인 물음에 대한 우리의 손쉬운 대답과 당연시하는 우리의 태도를 유보하기를 바란다. 그래서 그것은 있는 그대로의 구체성의 세계를 드러내고자 한다. 후설의 가장 빛나는 제자 중 한 사람인 사르트르가 처음 현상학을 접했을 때 다음과 같이 말했다.

> 나는 다음과 같은 것으로 고무되었다. 즉 지각 대상이 절대적이지 않다는 것을, 녹색이라는 것은 푸른 나뭇잎이라는 것을, 찬란하게 비치는 태양이 빛이라는 것을. 나는 인간이 만물의 척도이기를 바랐다. 왜냐하면 나는 단지 인간에게만 관심이 있었고, 우리가 보고 만지는 대상이 모두 우리에게 수단이 된다는 사실 때문에 그러했다. … 우리 세대는 더이상 우리를 창조하는 문화와 아무런 관계가 없다. 자승자박의 길에 들어서 있는 저 낡아빠진 실증주의 … 현상학은 우리에게 모든 것을 가져다준다(「메를로 퐁티 I」).

애시당초 후설은 현상학의 주목적이, 객관적 세계의 근본적인 의미는 인간의식과 연관되어 있음을 우리에게 상기시켜주는 데에 있다고 한다. 마찬가지로 우리의 주관적 의식의 의미도 세계를 향해 열려 있다고 한다. 이와 대비되게 많은 현대 과학적 실증주의의 입장은 세계를 고립된 객체로, 그리고 의식을 육체를 벗어난 주관으로 환원시킨다. 그래서 인간 주체성은 생활세계에서 행하는 그 창조적 활동성과 작용에서 소외되어 그 자신의 의미창출 작용에 주체적으로 참여하지 못하고, 대신에 단순히 사물들 중의 한 사물로 전락되고 만다.

후설은 (실증과학이 반대되는 양극으로 분리시켜버린) 주관-객관의 두 극은 사실상 서로 떨어져 있을 수 없다는 것을 보여줌으로 해서, 현상학으로서 철학의 진정한 자기회복을 시도하려고 했다. 보여주는 것, 따라서 세계는 항상 의식에 대한 세계로서 우리에게 개현된다(즉 세계의 의미는 항상 의식에서, 그리고 의식을 통해서만 구성된다). 그리고 마찬가지로 의식은 그 자신과는 다른 어떤 것에 대한 의식(세계의 의식)이다. 그런데 인간의 의식이 자기 자신을 넘어 실재를 향해서 항상 움직인다는 사실, 즉 지향적인 활동성이라는 것을 처음 후설에게 일깨워 준 사람은 19세기 스콜라풍의 철학자 프란츠 브렌타노였다(후설은 1882년에서 86년까지 비엔나에서 브렌타노와 함께 연구했는데, 특히 그의 저작 『경험적 관점에서 본 심리학』에서 큰 영향을 받았다). 현상학은 의미는 의식에만 있는 것도 아니고 또 그렇다고 해서 대상에만 있는 것도 아니라, 이 둘 사이의 지향적인 관계에 있다는 것에 그 근본적인 전제를 두고 있다. 우리는, 우리와 분리된 세계 또는 세계와 분리된 우리를 반성적으로 인식하기 이전에 (이미) 세계내에 있다. 이것은 의식이 이제 더이상 그 안에 객관에 대한 지각이나 모사를 갖고 있는 상자로서 이해될 수 없음을 의미한다. 즉 흄을 비롯한 경험론자들이 주장하는 것처럼 대상은 우리 두뇌의 표상 또는 쇠퇴한 인상이 아니다. 의식이 지향적이라고 말하는 것은 내가 어떤 대상을 지각하거나 표상할 때, 나의 의식은 이미 대상 자체를 향해 나아가 이미 거기를 벗어나(즉 초출하고) 있다는 것을 인정하는 것이 된다. 후설의 제자로서 실존주의 현상학자들은 이런 점을 들어 다음과 같이 말한다. "인간은 근원적으로 세계내 존재이다."

2

현상학적 태도는—특히 후기 후설에 의해서 개진된 것으로서—전통적인 관념론과 실재론의 극단을 극복한 것이라고 한다. 그것은 의미가 세계와 단절된 고립된 의식에 속한 것으로 규정함으로써 주-객 이원론의 극복을 시도하는 철학적 관념론을 거부한다(즉 데카르트주의적 사유하는 자아의 유형, 또는 칸트적 본체계의 자아). 그리고 현상학은 의식을 이미 형성되어 있는 외부세계에 종속시킴으로써 주-객 이원론의 극복을 시도하는 실재론과 유물론의 철학에 반대한다. 이러한 양극단은, 우리에게 체험의 직접적인 (자기) 기반을 제공해준다고 후설이 믿었던 의식과 세계 사이의 지향적 소통성을 거부한다. 오직 이러한 직접적인 기반만이 무전제의 학으로서 엄밀한 진정한 철학적 학문이 될 수 있도록 해준다.

후설은 현상학이 과학적 학문의 이상에 엄밀한 기반을 제공해줄 수 있다고 진정 믿었다. 그는 자연적 또는 실증적 과학의 모델을 인간의식에 적용하려는 모든 시도들을 깊이 의심했다. 이러한 제한된 모델을 후설은 (소박한) '자연주의' 또는 '자연적 태도'라고 불렀다. 자연주의도 과학적 철학(scientific philosophy)의 필요성을 인정한다. 그러나 그것은 물리적으로 주어진 것(Positum)만을 실재로 인정하기 때문에 그런 철학의 진정한 가능성을 사실상 배제한다. 자연주의는 좁게는 실증주의이다. 왜냐하면 그것은 의식과 같은 존재를 부정하거나 그것을 물리적 실재처럼 사실로서 자연화하기 때문이다. 이들에 의해서 의식현상은 살아 있는 지향적 체험(Erlebnis)으로서의 그 본질적 지위를 잃고, 물리학·화학에서 다루는 그런 경험과학의 객관적 사실과 같은 성질의 것으로 간주된다.

자연주의에 반대했다는 점에서 후설은 자연과학(Natur-wissen-schaft)의 기준과 철학이 그 궁극적인 기반이 되는 정신과학(Geistes-wis-senschaft)의 기준을 구분했던 딜타이와 같은 배를 타고 있는 것처럼 보인다(그러나 다른 대부분의 경우 후설은 딜타이의 '인간에 대한 역사적 이해 모델'에는 상대주의의 그림자가 드리워져 있다고 하면서 거부한다). 철학은 사실세계의 기계적 인과율을 벗어나는 인간경험에 대한 정신적 또는 '선험적' 현상을 다루기 때문에 (후설이 '심리주의'라고 불렀던 19세기 자연주의 심리학의 심리학적 모델이 시도했던) 실증과학이 철학에 기반을 제공한다는 것은 불가능하게 되었다. 반대로 실증과학의 기반과 그 한계를 설정해주는 것이 바로 현상학적 과학으로서의 철학이다.

후설은, 현대 과학은 정확히 '인간' 생활세계의 체험에 두었던 자신의 뿌리를 잊어버렸기 때문에 위기에 처해 있다고 주장한다. 심지어 실증과학이 실증적 사실로서 정초하려고 하는 객관성의 이념은 그 자체가 이러한 현상학적 경험의 산물이다. 그러므로 후설은 자연과학의 적법한 역할을 부정하지 않는다. 그는 단지 실증과학적 지식이 지식일 수 있는 것은 그 원천으로서 지향성에 바탕을 둔 현상학적 탐구를 전제로 하기 때문이라고 주장한다. 자연적 태도는 현상학적 태도를 전제로 해야 한다는 단순한 이유 때문에 전자가 후자에 선행할 수는 없다.

더욱이 자연주의 심리학은 의식을 사물들 사이의 정신적 관계로 보기보다는 여러 사물들 중의 하나의 물리적 사물로서 의식을 다루는 데에 기본적인 전제를 두고 있기 때문에 그것의 진리가 항상 우연성에 의존할 뿐이다. 따라서 그것은 무전제에서 출발한 필요충분한 절대적인 기반을 갖고 있다고 할 수 없다. 후설은 지식에 대한 그런 기반은 단지 다음과 같은 엄밀한 방법을 통해서만 보장될 수 있다고 믿는다. 즉 의식이 직접 경험한 직관적 증거로 되돌아가는 방법, 달리 말하면 우리는 이러한 사물을 지향하는 내면의 선험적 의식이 무엇인가를 알 때에만 '사상 자체'를 알 수 있다. 자연의 물리적 사실이 경험적 관찰에 의한 인과적 법칙에 의해 지배되는 데 반해, 의식의 현상은 객관화된 자연의 세계에 앞서서 지향관계라는 비인과적 법칙에 따라 작용한다. '철학과 유럽인의 위기'라는 제하에 1935년에 행해진 강연 중 다음 구절은 자연주의에 대한 그의 유명한 비판이 잘 요약되어 있다.

소박성 태도를 가지는 데에서 발생하는 여러 문제가 있다. 거기에 따르면 객관과학이 객관적으로 존재하는 모든 세계를 다룬다고 한다. 따라서 여기서는 어떤 객관과학도 과학을 성취시키는 주체적 삶을 정당화할 수 없다는 사실에 대하여 그 어떤 관심도 표명하지 않는다. … 과학적 정확성으로 그 정당성을 유지하고 있는 심리학은 정신에 관한 보편적 기본과학이기를 바란다. 그러나 진정한 합리성을 원하는 우리의 희망은 그것이 올바른 견해라고 보기에는 다음과 같은 결점이 있다고 생각된다. 심리학자들은 그들 자신, 탐구하는 과학자, 그리고 주위의 생동하는 환경세계를 연구하지 못하고 있다는 것을 알지 못한다. 그들은 출발에서부터 그들이 반드시 자신의 환경세계와 역사적 한 시점에 속하여 거기에 제약되는 하나의 집단이라는 것을 알지 못한다. 마찬가지로 목표를 추구하는 데에 있어서 그들은 만인에게 타당한 그 자체 진리인 것을 탐구하고 있다는 것을 보지 못한다. 객관주의에 의해서 심리학은 작용하고 작용되는 고유한 본질적 의미의 정신에 관한 탐구가 이루어질 수 없다. 가치평가 또는 의지의 경험에 수반된 신체적 변화를 측정함으로써 경험을 객관화하고 귀납적으로 다룰 수 있다고 하더라도, 그것이 목적·가치·규범에 동시에 적용될 수 있겠는가? 이성을 일종의 경험적인 방식으로 연구할 수 있겠는가? 참된 규범을 찾는 탐구자의 진정한 작품으로서 객관주의는 단지 그런 규범을 전제하고 있다는 사실을 완전히 무시한다. 그러나 자연주의에 기반을 둔 객관주의가 그 소박성을 인정하지 않는 한, 즉 자연과 정신을 같은 성질의 실재로 간주하는 세계에 대한 해석이 완전히 불합리하다는 것을 인정하지 않는 한 어떠한 진보도 있을 수 없다. … 정신, 아니 사실상 정신만이 본래적이며 독립적인 존재이다. 즉 그것은 자율적이다. 그리고 진정 이성적으로 다루어져야 하고, 또 그럴 때만 철저히 과학적 방법이라고 할 수 있다. 즉 자연과 그것에 관한 과학적 진리에 관계하는 한, 자연과학은 단지 정신에게 어떤 시점에 나타난 현상만을 다루어준다. 따라서 참된 학적인 의미에서의 진정한 자연은 자연을 탐구하는 정신의 산물이라고 할 수 있다. 그러므로 자연과학은 정신과학을 전제한다(『철학과 유럽인의 철학』).

즉 후설은 실증과학의 '자연적 태도'는 실재의 객관적 상태를 당연한 것으로 받아들이고 자신의 주관적 전제를 문제시하기를 거부한다고 비판한다. 따라서 자연적 태도는 모든 고정된 실증적 범주를 거부하는 전반성적 경험에 있어서 우리 지식의 종국적 기반(letzte Begrundung)으로서 후설이 언급한 것을 이해하지 못한다. 이런 연유로 자연주의 심리학은 의미가 최초로 구성되는 의식의 지향적 작용을 수량으로 표시되는 자료로 환원한다. 이런 근거에서, 후설은 실증과학이 중립적 사실로서 간주하고 있는 것은 우리가 직접 경험한 원래의 것과는 동떨어진 단순한 추상 이외의 다른 아무것도 아니라고 한다.

현상학은, '의미'는 객관적으로 존재하는 어떤 것이 아니라 현존하는 '사태 자체'에 대한 전객관적 직관으로 소급되어야 하는 의식의 관계라고 선언함으로써 망각된 과학적 지식의 기원을 회복하려고 한다. 이러한 목표를 위하여 후설은 자연적 태도의 선입견을 구체화하기에 앞서서 우리가 세계를 인식하는 근원적인 방법에 철학적 주의를 재정향할 수 있는 현상학적 방법을 정립한다. 그래서 그는 은폐된 의식의 지향적 구조를 발견할 수 있도록 우리를 안내하여 무전제에서 새로 그것의 본질적 구조를 탐구할 수 있도록 해준다("현상학은 그런 무전제의 지식을 가져다줄 수 없다"고 함으로써 후설의 주장을 비판하는 것은 리쾨르에 관한 제1절을 보라).

3

후설이 자신의 방법을 정식화한 것을 보면 매우 복잡하고 애매하다. 그는 여러 주요 저작에서 자신의 방법을 새로운 각도에서 여러 차례 첨가·수정·확장하기를 거듭했다. 몇몇 저작에서 그의 접근은 확실히 데카르트적이고, 다른 곳에서는 오히려 칸트 또는 헤겔적이었다고 할 수 있다. 그러나 독특한 출발점을 제외한다면, 후설은 그의 방법의 목적으로 보편타당한 지식을 산출할 수 있는 의식의 선험적 경험을 항상 염두에 두고 있었다. 다음의 것은 방법의 주요 다섯 단계에 대한 요약이다.

첫째, 후설은 괄호치기(epoche: 판단중지), 즉 경험적이면서 형이상학적인 '자연적 태도'의 전제들을 일단 유보할 것을 제안한다. 이렇게 괄호쳐진 전제들 중에서 가장 먼저 의문시되는 것은 우리들 의식과 독립적으로 존재한다는 존재이다. 그래서 후설은 존재가 우리 의식의 외부에 경험적 실재로서 존재하는가의 문제는 논외로 하고 의미가 우리에게 현상으로서 나타나는 방식에 우리의 관심을 집중시키려고 한다. 따라서 이렇게 고양된 현상학적 시각에서 허구(예를 들면 비경험적인 것 또는 경험가능하다고 상정된 것)의 증거는 사실의 그것과 마찬가지로 있을 수 있는(realiable) 것이 된다. 양자는 똑같이 의식에게 타당한 경험이다. 따라서 정신은 우리가 보통 당연한 것으로 받아들이는 문자 그대로의 '실재'에 대한 노예적인 종속에서 해방되어 더 친밀하고 더 엄밀하게 그 자신의 지향성을 알게 된다.

둘째, 현상학적 환원이 있다. 이것은 물화되기 이전의 우리의 지향적 경험을 낳는 축으로 돌아갈 수 있도록(reducere) 하는 것이다. 이런 환원을 통해서, 후설은 우리가 의식에 나타난 것과 동일한 무전제의 선험적 직접성의 세계로 다시 나갈 수 있다고 믿었다. 다시 말해서 존재는—회복 또는 개현된 비환원적 존재의 의미에서—존재의 의미(meaning of being) 로 환원된다.

셋째, 후설이 자유변환(free variation)이라고 부른 것이 있다. 괄호치기와 현상학적 환원과정을 거치면서, 의미는 이제 더이상 감관에만 주어지는 경험적 사실성만으로 제한되는 것이 아니라, 자유로운 순수 가능성의 작용으로 나타난다. 그래서 구속받지 않는 순수 상상력의 지평에서 감각소여—탁자, 나무, 사람 등—를, 우리의 의식에 나타날 수 있는 모든 사물에 공통적인 불변의 구조가 개현될 때까지 자유롭게 변환·변형시킬 수 있다. 이러한 불변의 구조를 후설은 지향된 사물의 본질, 즉 에이도스(eidos)라 부른다.

넷째, 수차례의 자유변형을 통해서 자연적으로 도출되는 본질 직관(intuition of essence) 단계이다. 이러한 본질 직관은 다양한 감각소여를, 말하자면 직접적으로 파악하여 재통일하는 것으로, 수동적으로 단지 주어져 있던 가능성을 능동적으로 다시 자기화하는 것을 포함한다. 이런 방법으로 현상학은 반성적 양식에서 전반성적인 우리의 지향적 경험의 행위를 연속적으로 수행하고자 한다. 선험적 직관을 통해서 의식은 절대적인 방식에서 비판적으로 자신과 일치하고 자신을 이해하면서 반조(反照)적으로 된다. 그러므로 실증적 경험과 현상학적 경험의 내용은 같다(즉 실재적 탁자와 가능적 탁자 사이에는 엄밀한 평행이 있을 수 있다). 그러나 이 내용에 대한 태도에서는 두 경우가 본질적으로 차이가 난다. 현상학적 본질 직관은 방법론적 전회 또는 심적 태도전환의 결과이다. 이것은 우리가 더이상 대상을 단순히 당연한 것으로 받아들이지 않고, 우리의 의식에 의해서 대상이 지향되는 방식에 우리의 관심을 재정립할 때에만 일어날 수 있다. 현상학적으로 직관된 탁자도 역시 여전히 탁자이다. 그러나 지금 그것은 좀더 근본적인 방식에서, 지향되고 파악된다. 즉 지금까지 숨겨져 있던 모든 방식에서 게다가 세계가 자명하게 주어진 것이기를 그치고 대신에 의미의 소여, 즉 암시적인 의미의 명시적 재전유가 되는 것은 바로 이런 직관을 통해서이다.

　다섯째, 현상학적 방법은 지향된 것(noema)과 지향하는 의식(noesis)의 본질(이러한 본질은 상상력의 자유변환으로부터 통일적인 직관을 통해서 드러난다)적 구조를 기술하는 것으로써 정점에 도달한다. 기술단계는 방법론적 단계를 넘어서 이 방법론을 통해서 확보된 것을 기록하는 것인데, 이것은 현상학적 분석을 통해 확보된 이론적 자료를 다른 사람들이 이용할 수 있도록 해준다.

　후설이 반복해서 현상학은 체계적인 형식을 갖는 철학으로 제안하는 것이 아니라고 함에도 불구하고, 그는 분명히 그것을 하나의 연속적인 운동—모든 현상학자들이 그들의 새로운 지향적 경험을 기록할 수 있는, 그리고 개방되어 만인이 접근할 수 있는—으로 이해했다. 즉 현상학적 방법론 중 기술단계는 본질 직관을 일시적이지 않게 하여, 보편적인 지식을 추구하는 다른 사람들과 의사소통할 수 있도록 해준다.

　이제 방법에 대한 추상적인 개관은 이것으로 그치고, 후설이 그 방법을 구체적으로 어떻게 적용하고 있는지를 예를 들어 설명해 보겠다. 『데카르트적 명상』에서 후설은 탁자에 대한 현상학적 직관의 서술을 아래와 같이 제시한다.

　　한 예로 이 탁자에 대한 지각에서 출발해보자. 우리는 지각을 무엇에 대한 지각으로 고정시켜놓는 방식하에서 완전히 자유로운 선택으로 지각대상, 즉 탁자를 변환시킨다. 아마도 우리는 지각적으로 동일성을 유지시켜가는 듯하면서, 상당히 임의적으로 대상의 형태와 색깔을 가공적으로 전환시키면서 출발한다. 달리 말하면 그 존재를 받아들이기 주저하면서, 우리는 이 지각 사실을 순수가능성으로 변환시킨다. 즉 다른 많은 선택할 수 있는 순수가능성 중의 하나—그러나 지각할 수 있는 가능성으로, 말하자면 우리는 현실적인 지각을 비실재의 영역(마치 있음직한: ‘as-if’의 영역)으로 이동한다. 그런데 이것은 우리에게 이런저런 사실로 제약하는 모든 것에 대하여 순수한, 순수가능성을 제공한다. 이러한 점에서 우리는 앞에서 말한 가능성을 유지한다. … 완전히 자유롭게 상상할 수 있으므로(앞의 책).

　지향에 대한 지각적 모델에서 상상적 모델로 방법론적 전환을 수행함으로써 후설은 개별자의 우연으로부터 의식을 해방시켜 보편적 본질(그리스어로 ‘eidos’)에 대한 형상적 직관으로 나아갈 수 있다고 믿었다. 달리 말하면 상상 속에서 우리는 지금 여기에 주어진 탁자에 대한 지각을 확장하여 우리의 의식은 지각가능한 모든 개별적인 탁자를 포용할 수 있다(예를 들면 둥글거나 정방형, 삼각 또는 사각, 측면에서 보인 것 또는 위에 있는 것과 아래에 있는 것, 기억에서 회상된 것, 꿈에서 본 것, 미래에 지각될 것으로 예상되는 것 등등). 우리가 자유변환으로 대상을 다루는 한 우리는 단지 모든 가능성 중의 하나를 예로 들면서 관계한 모든 사실—즉 지금 여기에 있는 탁자의 현실적 지각—을 다룬다. 그래서 후설은 (고립된 문자적인 현실성으로서) '경험적' 특성에 대하여 (인식된 또는 상상된 가능성의 총체로서) 대상의 '본질적' 성격에 우선성을 두었다.

후설의 분석은 단순히 의식의 '대상'—예컨대 탁자—뿐만 아니라 대상을 지향하는 의식의 작용—지각(perception), 상상(imagination), 의미화(signification) 등—에 더 근본적인 초점을 두었다. 엄밀히 말해서 참으로 후설에게는 고립되어 있는 것은 없다. 현상학자들에게 있어서 대상의 의미는 의식에 의해서 지향된 방식의 총화였다. 우리는 세계를 일련의 윤곽(Abschauttungen)으로 인식하는데, 그것을 통해서 대상은 다양한 각도와 다양한 관점에서 좀더 충실히 제시된다. 탁자는 색깔, 깊이, 넓이, 연장, 견고성으로 그리고 좌우, 사방 등에서 지각된다. 그러므로 탁자의 모든 본질을 지각하기 위해서는—즉 모든 차원의 탁자—지금 여기서 경험되는 개별적인 탁자를 넘어서서, 탁자를 지향하는 좀더 포괄적인 양식이 경험되는 기호적(symbolic)인 (상상 또는 의미화의) 지향성으로 나아가는 것이 더 효과적이다. 기호적인 의식은 시공(spatio-temporal)적 제약에서 벗어나 있다. 시간과 관계해서 그것은 우리가 탁자를 현재뿐만 아니라 과거에도 그러했고, 그리고 또 미래에도 그럴 것으로 인식할 수 있도록 해준다. 마찬가지로 기호적인 의식은 다양한 공간적 시각에서 탁자를 기술할 수 있도록 해준다. 탁자의 변환되지 않는 본질은 상상과 의미화를 통해서 드러나는데, 그것은 현재의 지각을 다른 대안적 지각으로 개방된 지평에서 바꾸는 것이다.

현상학의 입장에서 말하자면 사실의 과학은 일종의 허구이다. 그래서 후설은 『이념』에서, "명확성과 자료의 자유로운 변환을 위해서 현상학자들은 허구의 폭넓은 이용에 관심을 가진다"고 단언할 수 있었다. 그러면서 그는 다음과 같이 덧붙였다. "이런 관점에서 예술, 특히 시가 우리에게 제공하는 많은 이익을 끌어들일 수 있다." 상상적 변환, 천착, 그리고 기술의 자유가 없다면 우리는 보편적 본질을 직관하기 위하여 개별적·경험적 사실을 벗어나는 위치에 있을 수 없다. 실재의 진리는 기호화함을 통해서 가장 충실하게 얻어진다. 후설은 역설적으로 『이념』에서 다음과 같이 말한다. "어떤 사람이 역리(paradox)를 사랑한다면, 그리고 또 애매성을 허용한다면 엄격한 진리를 가지고 다음과 같이 말할 것이다. 모든 본질 과학과 마찬가지로 현상학의 성공 여부를 구성하는 요소도 허구이다. 그러나 그 허구가 '영원한 진리'인 지식에 자양분을 제공하여 주는 원천이다"(지향성의 3가지 근본적인 양상―지각, 상상 그리고 의미화―에 대한 후설의 좀더 상세한 분석은 부록을 참조하라).

4

요약하면 후설에게서 현상학의 전반적인 과제는 우리의 직관적인 경험의 기원을 되물음(Ruckfrage)으로써 '의미의 궁극적(최종적) 기반'을 확보하는 것이다. 그 궁극적인 기반은 아무것도 전제하지 않는 진정한 의미에서의 절대적인 기원이자 과학적인 자기 기반이다. 왜냐하면 그것은 소박하게 궁극적인 실재로 오해하고 있었던 모든 사변적인 추상을 제거하기 때문이다.

그러므로 현상학은 메타 과학(과학의 과학)이다. 이것은 자연주의의 사이비과학적 허위를 비판하는데, 자연주의가 경험적 검증성에 호소하여 기본적으로 경험의 지향적 성격을 논외로 하고 있다는 다음과 같은 이유 때문이다. 후설의 가장 뛰어난 제자의 한 사람인 리쾨르는 다음과 같이 쓰고 있다. "현상학은 의미의 문제를 논외로 한다고 해서 저 피안에 있는 것과 관계하는 것이 아니라, 우리의 그 의미를 망각하고 있는 경험 그 자체와 관계한다"(「해석학과 현상학」, 『해석학과 인문과학』). 즉 현상학적 태도를 가동시키는 자연적 태도의 유보는 우리의 일상적 경험에서 플라톤적인 천상의 불멸로 나아가기 위한 것이 아니다. 오히려 그것은 저 깊은 곳에 은폐되어 있는 점을 드러내고, 자연적 태도에서 당연하게 주어진 것(givens)으로 받아들이는 태도의 배후에서 지향적 의식의 의미를 주는 작용(giving act)이 있다는 것을 환기시킴으로써 우리의 자연적·공간적 경험에 더욱더 충실할 것을 요청한다. 달리 말하면 현상학은 근본적으로 이른바 주어져 있는 객관적 사실에 의미를 부여하는 인간 주체성의 작용을 밝히려고 한다고 우리는 말할 수 있다.

후설은 몇몇 저작, 특히 『이념』, 『데카르트적 명상』에서 지식의 자기기반(또는 자기 명증성)은 주관과 객관을 구분·조작하여 얻어지는 실증적 경험의 우연성에 의하여 오염되지 않은 선험적 주체의 순수 내재성에서만 얻어질 수 있다고 믿었던 것 같다. 참으로 그의 몇몇 학도들은 본질적·독자적으로 존재하는 정신적 의식의 절대적 내재성으로의 후설의 선험적 환원을 또다른 형식의 관념론으로 간주한다—이전의 관념론자들, 예를 들면 플라톤, 데카르트, 헤겔적인 관념론을 극복하기 위한 후설의 모든 노력에도 불구하고. 그러나 후기 저작, 특히 『유럽 학문의 위기』에서 후설 자신이 선험적 유아론(solipsism: 유아론이란 자기 자신의 존재 외에 어떠한 존재의 실재성도 증명될 수 없다는 주장이다—역자 주)의 위험을 인식하게 되어 모든 주관적 의식이 실제적으로 선험적 자아가 실존적 의사소통의 생활세계에 개현되어, 상호주관적 공동체에 접목되는지를 보여줌으로써 이 점을 극복하려고 하는 암시가 있다. 『위기』에서의 다음 구절은 그의 이러한 노력의 흔적을 잘 드러내주고 있다.

계속되는 세계에 대한 우리의 지각에서 우리는 고립되지 않고 그 안에서 다른 사람과 교통하면서 존재한다. 더불어 함께 살면서 각개인은 다른 사람의 삶에 참여한다. 그러므로 세계는 고립된 개인이 아니라 인류공동체를 위하여 존재한다. 그리고 이점은 인류가 지각공동체라는 것을 함유한다. … 우리가 보는 사물이 다른 사람이 보는 사물과 같다는 것을 인식할 가능성을 우리가 지니고 있다고 하는 것은 자명하다(앞의 책).

이 구절은 (초기, 보다 데카르트적이었던 후설이 제안했던 것처럼) 고립된 선험적 주관성의 기반하에서가 아니라, 개별적인 주관이 서로서로 자신의 경험에 비추어 다른 사람의 현상학적 기술을 인도해주고 확증해주는 공동체적 비준을 통해서 우리는 보편적 의미를 직관하게 된다는 것을 제안하는 듯하다. 그러므로 후기 후설에 있어서의 본질은 영원한 이념도, 자율적 자아의 선천적인 구성물도 아니다. 그것은 인간 주관들이 역사적 어떤 시점에서 상호 의사소통을 통해서 도달한 합의물일 따름이다. 이 점이 바로 현상학이 끝없이 열려 있는 우리 모두의 것이자, 자기완결적 체계가 아니라 하나의 제안으로, 그리고 해결이라기보다는 하나의 해결해야 할 과제로 남아 있는 이유이다.

『위기』에서 후설이 무제약적인 자기 명증적(기반적) 주관성에 대하여 우위에 있는 상호 주관성의 위기를 발견했다는 것은 이미 의심스러운 것으로서 유보했던 존재를 이제 다시 확실한 것으로 받아들였다는 것을 의미한다. 이런 식으로 후설의 현상학적 본질주의는 후설학도들이 현실화시키려고 노력했던 현상학적 실존주의의 가능성을 암시한다. 그런데 이러한 발견은 후설로 하여금 모든 철학·과학사를 일련의 시도(도전)로 해석하도록 했다. 즉 그리스에서 발흥하여 모든 위대한 고전·중세·현대의 사상가에 의해 재해석되고, 아무리 사소한 형식일지라도 모두가—모든 지식의 기반이며 엄밀한 학인—현상학의 궁극목표를 실현하는 것으로 해석하였다. 그래서 현상학은 하나의 목적론적 계획으로서 드러난다. 모든 이전의 위대한 철학자들에 의해서 예견되었으며, 그리고 마침내 후설 자신에까지 알려지게 되어서 군건한 지반을 확보하기에 이른다. 그러나 여전히 그것은 인간 이성에 대하여 현상학적 탐구를 심화시킬 다음의 천재적인 사상가들에 의해서 더욱더 자기실현을 해야 한다. 참으로 이제 후설은 이러한 현상학적 탐구를 서구 유럽문명에 대한 책임으로 간주한다. 후설이 나치독일로부터 추방된 1935년에 쓰이고 강연된, 『철학과 유럽 인간의 위기』에서 그의 극적인 결론은 다음과 같다. 즉 유럽 정신문명을 위기로 몰아넣는 비이성적인 야만주의의 도전에 직면하여 철학적 이성을 소생시켜야 한다는 것이다.

　　한없이 타락한 삶의 징후에서 나타나는 유럽 실존의 위기는 … 명백히 철학적으로 발견될 수 있는 유럽사의 목적론적 배경에 반하는 것으로 이해될 수 있게 되었다. … 이성이 목적을 향해 무한히 전개된다는 목적론을 기조로

했던 유럽정신이 현재 반본질주의(실증주의)에 의해서 위기를 맞고 있다. 유럽의 역사는 유럽세계가 어떻게 이성의 이념, 즉 철학정신으로부터 탄생되었는지를 보여줄 것이다. 위기는 눈에 보일 정도로 확연한 이성의 몰락에 있다. … 그러나 이성적 문화의 몰락은 이성주의 자체의 몰락이 아니라 그 외화, 즉 자연적 태도의 견지와 객관주의를 만능으로 여기는 데에 그 원인이 있다. 유럽 실존의 위기는 다음 두 가지 길 중의 하나를 선택해야만 하는 운명에 놓여 있다. 하나는 이성적 삶으로부터 완전히 소외되어 정신에 대한 야만적 증오로 가득 찬 폐허의 유럽, 다른 하나는 명확히 자연적 태도를 극복할 이성의 영웅주의를 통한 철학정신으로부터 유럽의 재탄생이다. 우리의 가장 큰 위험은 우리 자신의 무사안일적인 타성이다. 우리, 용기를 가지고 건전한 유럽건설을 위하여 싸우자. 비록 그것이 아무리 긴 싸움일지라도 회피하지 말고. 우리가 그렇게 한다면 불신의 불은 꺼지고, 고해의 절망은 유럽의 사명인 인도주의로 이행될 것이며, 거대한 타성의 잿더미에서 위대하고 영원한 인간적 미래를 정초하는 새로운 내면적 정신이 불사조처럼 일어날 것이다. 왜냐하면 단지 정신만이 영원하기 때문이다(앞의 책).

후설은 『위기』의 서문에서 언급한 것처럼, 철학자란 소수의 무용한 엘리트가 아니라 인류를 위해서 봉사하는 사람이라고 믿었다. 철학자가 생각하는 것은 인류공동체에 영향을 미친다. 왜냐하면 "유럽인의 진정한 정신적 투쟁은 철학내적인 투쟁의 형식을 띠기 때문이다"(『위기』). 현상학은 한줌의 학문적 관심으로서만 남을 수 없다. 거기에 걸려 있는 문제가 너무 크다. 후설은 서구문명의 전운명이 미래 현상학의 발전에 달려 있다고 확신했다.

● 부록: 지향성의 세 양식

후설은 지향성(intentionality)의 양식으로 3가지를 들고 있다. 즉 지각, 상상, 의미화이다. 그는 『논리 탐구』의 제6장에서 3가지 지향성의 양식이 어떻게 상호 관련되어 있는지를 상세하게 서술하고 있다. 지각은 그 대상을 하나의 직접적인 실재로서 지향한다. 여기서 대상을 지향하고 그것을 목표로 하는 의식의 작용은 그 대상을 문자 그대로 현존(presense)으로서 자신에게 나타낸다. 예를 들면 내가 지각에서 어떤 한 나무를 지향한다면, 이 개별적인 나무는 지금 여기에서 나의 의식에 주어진다.

이와 대비되게 한 나무를 상상한다는 것은, 나의 의식에 유사-현존 (quasi-presence), 즉 비실재적 현존으로서 나타내는 것이다. 즉 상상에서 나는 부재한 나무를 마치 있는 것처럼 지향한다. 무엇인가가 참으로 의식에 주어져 있다. 그러나 그것은 경험적 의미에 있어서 실재하는 나무가 아니다. 즉 그것은 나무의 그림 내지는 표상이다. 상상된 것으로서의 나무는 결코 경험적 의미에서는 존재하지 않는다. 한 예로, 예이츠(Yeats)의 시 『학교 어린이들 사이에서』의 신비로운 통일체로서 밤나무는 적어도 상상된-존재하지 않는 사람/단지 꿈속에서만 존재하는 사람-어부만이 그것이 존재한다는 것을 알고 있다. 그러나 그렇다고 할지라도 그것이 예이츠와 그의 독자들이 그런 관념적 존재에 관하여 상상적 경험을 하는 것을 막지는 못한다. 그런데 이 상상은 결코 꿈의 세계에 국한되지는 않는다. 늘 우리는 지나간 과거를 회상함으로써 다시 경험하고, 그리고 상상함으로써 현재 있지 않은 미래에 참여한다(현재 더이상 존재하고 있지 않은 것으로서의 과거, 순전히 지각적 의미에서 아직도 존재하고 있지 않은 의미에서의 미래). 게다가 후설은 우리의 지각이 과거와 미래의 경험-상상적인 '기억'과 '선취(先取)'의 작용에 의하여 우리의 현실적 지각에 함께 현존해 있도록 하는 경험-이라는 확장된 시간적 지평을 늘 전제하고 있다는 것을 보이기 위하여 반성적 분석의 방법을 사용한다. 의미 있는 또는 본질적인 방식에서, 여기에 있는 현실적인 나무를 인식한다는 것은 그런 상상작용을 전제로 한다. 왜냐하면 만일 우리가 과거에 경험했던 나무를 회상하는 상상력이 없다면, 또는 우리 앞에 경험되는 존재를 그 지향된 모든 본질적 특성으로 예견할 수 없다면, 이런 형태를 우선 나무로 인정하는 것은 불가능할 것이다.

마지막으로 지향성에서 의미화의 양식이 있다. 이것은 지각 또는 상상하기 이전에 공허한 직관(이것을 프랑스 현상학자들은 'une visee a vide'라고 부른다)으로서 의식을 가리킨다. 이것의 가장 전형적인 예는 의식이 추상적인 방식에서 의미를 개념화하기 위하여 언어라는 기호를 사용하는 방식이다. 한 예로 나는 개별적인 인간을 실제로 지각하거나 상상함이 없이도 '인류'라는 낱말을 사용할 수 있다. 그러므로 의미화라는 것은, 문자적인 또는 상상적인 관점에서 우리가 현존을 지향하는 작용이 아니라, 순전히 부재한 사상(事象)을 지향하는 비상상적·비지각적 사유에 해당되는 것이다. 수학과 논리학은 그런 개념적 언어의 가장 확실한 예이다. 그 내용이 사과이든 일각수이든 닭이든 상관없이 1+1은 2이다. S, P, Q와 같은 논리적 기호도 마찬가지이다. 개념적 사고 또는 추상화를 가능하게 하는 것은, 공허한 방식에서 의미를 지향하는 것은 정확히 이렇게 의미화하는 의식의 능력이다. 그런데 그것은 또 한편으로 우리의 지각적·상상적 의식이, 새 의미(즉 아직도 지각적·상상적 작용이 부여되기 전의 실재적 또는 비실재적 현존)에도 적용될 수 있도록 하는 힘이다. 즉 의미화를 통해서 의식은 미래의 지평에 무한히 나아갈 수 있다.

한편 후설은 지각, 상상, 의미화가 그 자체의 고유성을 갖는 판명한 지향성의 양식이라고 설명하면서도, 그것들은 늘 겹치면서 상보적이라고 주장한다. 상상과 의미화가 없다면 지각은 문자 그대로 경험적 사실에 한정되고 말 것이다(유물론). 지각과 상상이 없다면, 우리는 살아 있는 현존의 생생한 경험의 세계에 뿌리박지 못하고 공허한 추상에 매몰되고 말 것이다(개념주의). 그리고 지각과 의미화가 없다면, 우리는 현재의 실재와 미래에 발견될 새로운 것에서 차단되어 자신이 낳는 환영을 모든 것이라고 하는 착각에 빠지고 말 것이다(유아론).

이 세 가지 양식의 지향성이 의식에게 대상에 대한 폭넓은 직관을 가져다주기 위하여 어떻게 한데 모여 협력하는지를 설명하기 위하여, 『이념』에서의 후설의 다음 예를 간단히 살펴보자. 뒤러(Durer)가 '악마,' '칼' 그리고 '죽음'이라고 써놓은 것의 의미를 우리가 지향하는 예이다. 우리가 그 문자의 의미를 지향한다고 가정해보자. 여기서 우리는 세 가지 형식의 추상적 비유에서, 의미를 지향하는 순수 의미화를 갖게 된다. 즉 인간적 용기의 상징으로서의 기사, 악에의 유혹과 절망의 상징으로서의 악마, 기사 또는 악마에게 승리를 가져다주는 중립적 결정의 상징으로서의 죽음. 우리는 직접 문자를 인식한 후에야 비로소 이러한 개념의 수준에 있을 수 있다. 우리는 무엇으로 인식하는가? 기사, 죽음 그리고 칼이 아니라 인쇄된 것, 즉 백지에 있는 일련의 검은 줄로서 인식한다. 지각은 단지 제목에 대해 의미화하는 지향성과, 검은 선이 설명하려고 하는 세 인물에 대한 구상적 직관을 산출하는 것이 결합될 때에만 미학적인 경험이 될 수 있다. 즉 후설은 다음과 같이 말한다.

> 미학적인 관찰에 있어서, 우리는 관심의 대상으로서 조그마한 색깔 없는 형태(문자-역자 주)를 고려하는 것이 아니라, 그림에서 나타내려고 하는 것 … 살아 있는 기사 등을 고려한다.

나타내어진 기사, 악마 그리고 죽음은 우리의 상상에 의해서-허구적 유사존재의 형식에서-나타내어지기까지 글자에는 결핍되어 있다.

세 가지 지향성의 양식 모두가 인물들의 의미를 온전히 직관하기 위해서 필요하다. 제목을 의미화하지 않는다면 우리는 종이의 검은 필치라는 감각 자료에서 발견되리라고 기대되는 것을 알지 못할 것이다. 물론 거기에 감각될 자료가 없다면 아무것도 주어진 것이 없을 것이고 단지 공허한 추상, 즉 관념만이 남아 있을 것이다. 우리 앞의 경험적 자료를 살아있도록 하는 상상이 없어서 제목에 대한 공허한 지시만 하게 된다면, 우리에게 문자와 문자를 통해서 서술된 비실재적 또는 허구적 인물에 대한 미학적인 인식은 있을 수 없을 것이다. 달리 말하면, 백지 위에서 지각되는 이러한 글자가 우리에게 주려고 하는 의미를 우리는 결코 알 수 없을 것이다.

마르틴 하이데거
Martin Heidegger

하이데거는 1889년 남부독일의 메스키르히(Messkirch)에서 태어났다. 그는 57권이나 되는 방대한 저작을 남긴 사상가였다. 하이데거는 철학의 영역을 넘어서 심리학, 신학, 언어학 그리고 현대 텍스트 이론(가다머와 리쾨르의 해석학과 데리다의 해체이론)과 같은 다양한 분야의 현대사상에 깊은 영향을 끼쳤다.

하이데거의 철학은 논쟁적일 뿐만 아니라, 논란의 여지가 많은 것으로 밝혀졌다. 그는 어떤 사람들로부터는 신비한 말장난가로 혹평받는가 하면, 다른 일군의 사람들로부터는 금세기의 가장 독창적인 사상가로 인정받는다(한나 아렌트는 그를 '비의적 사상의 왕'으로, 게오르그 스타이너는 '경이로운 대가'로 묘사했다). 어쨌든 간에 이제 하이데거는 그에 대한 찬성자이든 반대자이든 모두로부터 플라톤, 아리스토텔레스, 데카르트 그리고 칸트 등과 나란히 설 수 있는 철학사의 중요한 인물로 인정받고 있다. 후설의 인도를 따라가면서 하이데거는 현대 철학을 그 근본전제에서부터 재정초하여, 근원적인 질문을 할 수 있는 능력을 상실한 현대의 시폐를 극복하고 새 시대의 가능성을 전망하고자 했다. "우리들은 신에 대해서는 너무 늦었고 존재에 대해서는 너무 이르다." 이것은 하이데거 철학의 변함없는 좌우명이었다.

　가톨릭 신학교에서 신학을 연구하면서 몇 학기를 보낸 청년 하이데거는 「아리스토텔레스의 여러 존재의미에 관하여」라는 브렌타노의 논문을 읽으면서 자신의 철학적 소명을 자각하게 된다. 하이데거는 그의 생애 대부분을 1916년 조교이자 초심자로서 처음으로 후설을 만났던 프라이부르크(Freiburg) 대학에서 연구하고 가르치면서 보냈다. 출발에서부터 스승 후설의 현상학적 방법에 매료된 하이데거는 후설의 『논리 탐구』를 정독했으며, '내재적 시간의식의 현상학'이라는 후설의 강연을 편집해서 세상에 소개했고, 『브리태니커 백과사전』의 현상학에 관한 중요한 항목을 공동 집필했으며, 최종적으로는 1928년에 프라이부르크 대학에서 후설을 이어 교수가 되었다. 그러나 1927년 자신의 첫 번째 주요 저작인 『존재와 시간』의 출판과 더불어 하이데거는 후설의 원래 방법을 수정하여, 현상학을 새로운 방향으로 정향한다. 비록 『존재와 시간』이 후설에게 가장 빚지고 있다는 것을 자신이 인정하고 있고 또 그에게 봉헌되었지만, 그것은 후설의 현상학을 근본적으로 재정립한 것이었다.

　「현상학으로의 나의 길」이라는 짧은 글에서 하이데거는 자신의 사상 형성기에 있어서 후설과의 관계를 아래와 같이 회고하고 있다.

　나는 1909~10년 사이의 겨울에, 프라이부르크 대학에서 신학으로 학문을 시작하였다. 신학이 전공이었으나, 그 교과과정에 철학이 들어 있어서 그것을 연구할 기회가 주어졌다. 첫 학기에 후설을 만난 이래로 나는 줄곧 후설의 『논리 탐구』 2권을 탐독했다. 또 나는 후설의 사상이 프란츠 브렌타노에게서 많은 영향을 받았다는 것을 밝혀 놓은 그 당시의 철학잡지들로부터 상당한 시사를 받았다. 1907년에 나는 브렌타노의 학위 논문인 「아리스토텔레스의 여러 존재의미에 관하여」를 읽고 초발심(初發心)이 생겨, 그것을 안내자로 삼아 철학에 입문하였다. 그런데 나는 어렴풋하게 다음과 같은 문제를 제기했다. 만약 존재가 여러 의미에서 기술될 수 있다면, 그것을 이끄는 가장 근본적인 의미는 무엇인가? 존재란 도대체 무엇을 의미하는가? … 나는 내가 브렌타노의 논문을 읽으면서 제기했던 질문에 대한 해답을 얻는 데에 후설의 『논리 탐구』가 결정적인 도움을 줄 것으로 기대하면서 … 후설은 우리가 검증되지 않은 공허한 헛소리를 하지 않도록 경계해주는 동시에 현상학적 시야로 한걸음 한걸음씩 나아가도록 독려해 주었다. … 후설은 관대한 태도로 나를 지켜보았으나, 매주 『논리 탐구』에 관하여 상급반 학생들과 특별 세미나를 했을 때 그는 기본적으로 나와 의견을 달리했었다. … 거기서 나는 다음과 같은 한 가지 사실을 배웠다—그 전까지 나는 (후설에 의해) 새롭게 제안된 (현상학적) 관점에 안내받았다기보다는 완전히 빠져서 추종하고 있었다. 즉 현상의 자기현현으로서 의식의 작용이 그 주제가 되는 현상학은 아레테이아 (aletheia)—현재해 있는 것의 드러남, 그 존재가 나타남, 자기현현—로서 아리스토텔레스와 모든 그리스적 사유와 실존에 의해 더 철저하게 추구되었다는 것이다. 비록 철학 그 자체는 아닐지라도, 현상학적 탐구가 사유의 보조적인 태도로서 재발견되었다는 사실은 그것이 그리스적 사유의 기본축이 그것이었다는 것을 증명한다. 이것에 대한 나의 앎이 더욱 깊어갈수록 나는 더욱더 이러한 생각을 갖게 되었다. 과연 현상학의 원리에 따라 '사상 자체(things themselves)'로 경험되어야 할 것이 무엇인가 하는 문제는 어디서부터 그리고 어떻게 규정되는 것인가? 사상 자체로 경험되어야 하는 것이 (후설이 주장하듯) 의식과 그 대상성인가, 아니면 나타나기도 하고 숨기도 하는 존재인가? (「현상학으로의 나의 길」, 『존재와 시간』)

하이데거는 현상학을 '실존주의'적으로 정향한다. 그런데 이것이 큰 공감을 얻어 세계적으로 유능하고 날카로운 젊은 지성들—사르트르, 메를로퐁티, 한나 아렌트, 마르쿠제 그리고 다른 많은 사람들—을 매혹시켰다. 1930년대에 하이데거의 사유는 그 유명한 '전회(Kehre)'를 하게 되는데 그것은 '세계내 존재'로서 인간의 양식과 투기(投己: Entwurf)에 대한 구체적인 서술에 바탕을 두었던 인간실존의 현상학에서, 인간 주체에 대한 존재언어의 선재성을 강조하는 언어의 현상학으로 전회이다. 하이데거 철학의 제2기를 장식하는 횔덜린과 니체에 대한 주석들은 1930~40년대에 나치 치하의 독일에서 쓰였다. 하이데거는 금세기에서 파시즘과 전체주의의 흥기를 유럽적 허무주의와 세속적 과학기술의 역사적인 결합의 증후로서 생각했다. 그 결과 인간성 상실이라는 치명적인 손실을 가져와 존재에 대한 인간의 관계를 재정립하는 것이 절실히 요구된다고 그는 진단했다. 하이데거에 따르면 존재에 대한 인간의 이 관계는 역사적 발전이 (소크라테스 이전부터 아리스토텔레스 초기까지 전기 그리스적 사유의 특색인) 존재중심의 사유에서 점점 더 계산적 확실성·기술우위·고위적 생산성을 중시하는 배타적인 '인간중심주의(anthropocentric)'적 개념으로 이탈한 서구 형이상학에서 망각되어왔다.

하이데거의 후기 저작에서 시적 언어의 명상적·계시적 성격에 대한 강조는―『언어에 이르는 길』과 『시, 언어 그리고 사유』같은 책에서 강조되어 설명된―전통적 형이상학과 논리학이 그어놓은 한계를 뛰어넘는 전혀 새로운 혁신적인 철학의 필요성을 나타내고 있다. 전후 가끔 프랑스로 여행(프랑스 시인 르네 샤르를 만나기 위하여)한 것과 1961년 그리스 여행을 제외하고 하이데거는 그의 장년기의 대부분을 독일에서 보내다가, 1976년에 고향 메스키르히의 바바리안(Bavarian) 마을에서 운명하였다.

아래에 제시될 하이데거의 철학은 전·후기로 각각 나뉘어 있다.

1

하이데거는 존재의 물음에 적절하게 답하기 위하여 후설의 현상학적 방법을 수정했다. 그는 (후설이) 괄호 속에 집어넣었던 것을 풀고 실존을 주제로 삼았다. 그런데 이 실존은 이제 더이상 단순히 (대립·분리된) 주관성 또는 객관성으로 이해되는 것이 아니라, 존재자의 존재로 나아가는 기초적인 창구로 이해된다.

후설적인 현상학은 주로 우리의 지향적 경험에 의해서 구성된 것으로서 인식의 기원을 탐구하는(그리스어로 'episteme') 인식론(epstemology)적인 수준에서 전개되었다. 후설은 의식의 작용에 초점을 두기 위해서는 존재(그리스어로 'on')를 존재론적으로 탐구하는 것을 일단 유보해야 한다고 믿었다. 이 점에서 확실히 하이데거는 그의 스승보다 진일보하였다고 하겠다. 그는 '의식의 의미'에서 '존재의 의미'로 강조점을 옮겨갔다. 그럼에도 불구하고 그는 다음과 같은 (후설적인) 현상학의 기본신념은 고수했다. 즉 의미의 본질적인 구조를 분석함으로써 세계에 대한 근원적인 경험―사상 자체―으로 돌아가기 위해서는 주관-객관의 대립적 이원론을 넘어서는 운동이 반드시 필요하다는 것이다. 그러나 후설이 이러한 원래적 경험을 '세계의 의식(a consciousness-of-the-world)'으로 정립했다면 하이데거는 그것을 '세계내 존재(a being-in-the-world)'로 해석했다. 이러한 방법으로 하이데거는 인식론적인 문제(안다는 것이 무엇을 의미하는가?)에서 존재론적인 문제(존재란 무엇을 의미하는가?)로 서서히 옮겨간다.

하이데거는 그리스 형이상학의 기반이었으며 나아가서는 서구문화 일반을 정립했던 존재에 대한 근원적인 물음을 다시 회복할 것을 제안한다. 그러나 그런 '기초 존재론'을 찾는 과제는 결코 쉬운 일이 아니다. 왜냐하면 하이데거의 주장에 따르면 플라톤에서부터 칸트에 이르기까지 전개되었던 모든 형이상학의 역사가 그 자신의 근원적인 물음을 망각하고 있기 때문이다. 그리고 또 시간적인 세계내 존재로서 존재에 대한 인간의 근원적인 경험이 형이상학적인 정교한 사변적 건물 안에 체계화된 형태로 계속 매몰되어왔었기 때문이다.

결과적으로 존재의 물음은 오늘을 사는 우리에게는 모든 문제 중에서 가장 공허하고 모호한 물음이 되어버렸다. 형이상학은 시간적이면서 실존적인 존재(Sein)에 대한 우리의 체험을 객관화되고 초시간적인 존재자(Seiendes)의 추상으로 더욱더 철저하게 대치시켰다. 이러한 것들 중에 으뜸되는 것이 존재자들 중에서 가장 일반화된 추상인 'On'과 가장 정교한 추상인 'Theon'이다. 그래서 하이데거는 형이상학을 근원적으로 세계내 존재(In-der-Welt-Sein)로서의 우리 실존의 현상학적 성격을 무시하는 '존재신학(Onto-teolog)'이라고 부른다. 존재신학은 극단화된 주관-객관의 이원론의 경향으로 나아가는데, 그것은(세계 없는 주관으로서 존재자로 구성된) 관념론 또는 (주관 없는 세계로서 존재자로 구성된) 실재론 중의 하나의 성격을 띠면서이다. 형이상학은 근원적인 세계내 존재를 무시하고 우리에게 추상적인 해답만을 제시하는 일련의 스콜라적인 체계로 전락되는 과정에서 구체적인 '존재에 관한 물음'을 제기할 수 없게 되었다. 즉 존재와 존재자 사이의 근원적인 '존재론적 차이(Ontological difference)'는 망각되었다.

하이데거는 존재에 대한 근본적인 물음을 다시 우리에게로 가져와서, 다시 묻기 위한 수단으로서 다음 물음을 제기한다. "왜 차라리 '무(nothing)'가 아니고 '존재자(something)'인가?" 이 물음은 도그마적인 사변과 과학의 확실성을 넘어서는 것이다. 이것은 (수량으로) 분류되고, 객관화되고, 조작될 수 있는 어떤 것을 규정하는 것과 관계하는 것이 아니다. 그런데 이 물음이 이러한 것들과는 관계하지 않지만 그 대신에 그것은 사물이 모든 면에서 비존재이지 않고 존재라는 사실에 대한 경이감을 우리에게 회복시켜주면서 존재자의 궁극적인 근원을 탐구하도록 우리를 이끈다. 이러한 존재론적인 문제가 우리 현대문명에는 낯설고 주의를 끌지 못하게 되었다는 것을 인정하면서도, 하이데거는 전통적 서구 형이상학을 초극(uberwinden)하고, 그것을 통해서 형이상학적인 물음이 최초로 제기되었던 존재에 대한 근원적인 실존적 경험을 회복함으로써 이 물음의 가능성과 필요성을 부르짖는다.

『존재와 시간』에서 하이데거는, 전통적 형이상학에서 그 기반이 되었던 '기초 존재론(fundamental Ontology)'으로 우리의 관심을 돌리기 위하여 현상학을 도입한다. 현존재라는 말이 암시하듯이, 존재론적 물음은 시간적 세계에 있는 현존재(Da-sein, 풀어 쓰면 '인간의 거기 있음')에 대한 구체적인 서술에 의해서 부활할 것이다. 『존재와 시간』은 다음과 같이 묻는다. "존재한다는 것은 도대체 무엇을 의미하는가?" 이 물음은 인간만이 이러한 질문을 제기할 수 있는 유일한 존재자이기 때문에, 존재 자체에 대한 우리의 탐구는 먼저 정확히 일상적인 세계에서 구체적으로 존재하는 인간존재에 대한 현상학적 탐구에서 시작되어야 한다는 가정하에서 제기된다. 나는 열 가지 항목으로 나누어서 현존재에 대해 하이데거가 시도한 기념비적인 서술의 주요 특징들을 개관하겠다.

1) **탈존**[脫存: Ex(out)+sistence(stand)]

인간의 본질은 그 탈존성에 있다. 이 점은 현상학적인 입장에서 보았을 때, 의미를 부여하는 '자아'의 존재방식인 우리의 구체적인 살아 있는 실존의 지향적 작용 앞에 선행하는 그 어떤 본질적인 자아, 또는 주어진 '사유하는 주체(Cogito)'란 없다는 이유 때문이다. 즉 단지 인간만이 존재에 대해 물어볼 수 있다. 왜냐하면 우리는 존재자로서(qua Seiendes) 사물들의 객관적인 조건을 벗어나서(Ex-sistere) 우리 자신에 대해 물어볼 수 있는 유일한 존재이기 때문이다. 더 적절하게 말하면, 오직 인간만이 이렇게 비판적으로 자기의식적 또는 반성적 태도로서 벗어나며 존재한다

(ex-sist). 따라서 인간은, 하이데거가 거듭 강조한 바대로, 그의 실존이 '그에게 문제가 되는' 유일한 존재자이다. 정확히 탈존으로서의 인간은 결코 자기 자신을 사물들 중의 고정된 한 사물(萬物中의 一物), 즉 자체동 일성을 갖는 실재로서 파악할 수 없다. 왜냐하면 그는 끊임없이 자신을 초탈하여 세계로 향하며, 그에게 현재 주어진 상황을 초출하여 의미의 지 평으로 나아가고 있는 존재자이기 때문이다. 요약하면 인간 실존은 끝없 는 초월의 행위이다. 실존은 초월이다.

2) 시간성(Temporality)

하이데거는 인간의 본질은 시간성(Zeitlichkeit)이라고 주장한다. 왜냐하 면 우리는 실존의 시간적 지평을 언급함으로써만, 즉 과거를 회상하고 미 래에 투기함으로써만 현재의 자신을 이해할 수 있기 때문이다. 인간은 정 말 시간적이다. 왜냐하면 지금 현재에 있는 그 자신이 무엇인가 하는 것 은 항상 그가 과거에 무엇이었으며 미래에 무엇을 할 것인가를 전제하고 있기 때문에 인간은 시간적이다. 결과적으로 하이데거는 현존재를 자신의 가능성을 향하여 자신을 넘어서 스스로를 항상 투기하는 양식의 존재자 로 서술한다. 인간 존재는 결코 단순히 돌과 나무와 같은 방식으로 규정 된 사실, 또는 주어진 현실성으로 이해될 수 없다. 그는 가능성의 투기 (Entwurf der Moglichkeit)로 이해되어야 한다. 우리는 시간 안에 존재하 고, 우리는—더이상 과거에 어떠하였던 존재자가 아니고 또 아직도 미래 의 어떤 무엇이 아니라는 의미에서—어떤 무엇이 아니다. 한 시인은 이런 점을 다음과 같이 말한다. "우리는 앞과 뒤를 돌아보고 현재의 것이 아닌 무엇을 그리워한다." 여기서 하이데거의 분석은 그 자신이 편집해서 1928년에 출판한 일이 있는 후설의 『내면적 시간—의식의 현상학』에 깊 은 영향을 받고 있다.

3) 사실성(Facticity)

현존재는 물론 항상 주어진 상황 속에 있는 자신을 발견한다. 즉 우리의 자기 이해는—하이데거가 우리의 사실성이라고 부른—우리를 둘러싸고 있는 문화적·사회적·심리적·경제적 제조건에 의해서 늘 제약된다. 달리 말하면 우리의 실존은 늘 현실적 역사 상황에 의해서 지배되는 어떤 주어진 마음상태(Befindlichkeit)에 의해서 조건지어진다. 그러나 이러한 역사적 상황이 결코 일률적으로 현존재를 이런, 또는 저런 특수사물로 규정하지는 못한다. 왜냐하면 그는 과거 또는 현재, 그 주어진 상황을 열려진 미래의 지평에서 재해석하기 때문이다. 하이데거는 이런 식으로 우리는 세계를 우리에게 의미 있는 것으로 만들고 또 우리가 사는 세계로 한다고 지적한다.

4) 자유(Freedom)

현존재는 그 실존이 가능성을 향한 시간적인 초월로서 현재 자신을 조건짓는 상태의 총합으로 환원될 수 없는 한 자유이다. 그러므로 현존재는 자유이다. 하이데거가 쓰듯이 나는 참으로 실재와 병립하는 세계내 존재(a being-in-the-World-alongside-entities)이다. 나는 결코 자유롭게 유전하는 무형의 사유하는 자아(Cogito)는 아니라고 할지라도, 즉 내 자신이 창조하지는 않았지만 내가 거기로 투기할 수 있는 세계를 위탁받는다. 그럼에도 불구하고, 나는 이렇게 위탁된 일정한 조건에 의해서 한계지어지는(Geworfenheit: 彼役性) 반면에, 다음과 같은 점을 선택할 수 있는 자유가 남아 있다. 즉 미래 가능성이라는 열려진 지평에서 주어진 세계에 투기하기 위하여(entwerfen) 나름으로 이 세계에 의미를 어떻게 다시 부여할 것인지를 선택할 수 있는 자유, 달리 말하면 현존재는 가능성이라는 관점에서 이미 결정되어 있는 것을 다시 결단하고 주어진 현실성을 재해석할 자유를 갖는다. 이런 점을 들어 하이데거는 다음과 같이 쓴다. "현존재는 있을 수 있는 모든 경우에, 그리고 가능성인 방식에 있다."

5) 결의(Resoluteness)

현존재는 결심을 결의하는 관점에서 보면 자유이다. 예를 들면 도스토

예프스키의 『죄와 벌』에서 라스콜리니코프는 그 실존의 과거의 의미−세
상을 죄로 가득 찬 것으로 보았던 관계−를 미래에는 달라질 수 있다는
것으로 변형시킬 수 있었다. 즉 그는 이전의 다른 사람에 대한 경멸을 소
니아와의 사랑의 관계로 바꾸었다. 이것은 그가 과거에 지었던 '죄'라는
사실을 없애는 것은 아니다. 그러나 그 행위의 의미는 그것에 대한 자신
의 이해가 깊은 변화를 겪음으로써 근본적으로 변했다. 즉 라스콜리니코
프 심경의 변화는 우리의 과거 행위가 미래 투기의 관점에서 다른 식으로
재해석될 수 있다는 것을 증명한다. 미래의 나 자신에 대한 나의 이해는
과거의 나 자신에 대한 나의 이해와 같을 수는 없다. 비록 내가 어떤 특
정한 가족, 종교, 국적, 언어, 정치적 체제 등을 배경으로 하여 태어났다
고 하더라도, 그 어떤 것도 이런 나를 조건지우는 상황에 대하여 새롭고
다른 방식으로 반응하기를 결의하는 나의 결심을 막지는 못한다. 조이스
의 영웅, 스테펜 데달루스가 『젊은 예술가의 초상』에서 다음과 같이 외쳤
을 때 이는 이 점을 잘 말해준다. "나는 그 자체로 나의 가정이어야 하고,
조국이어야 하고, 교회여야 하는 … 당신들이 나의 조국, 언어, 종교라고
부른 것들을 더이상 믿지는 않을 것이다. 나는 이러한 둥지에서 훨훨 날
기를 시도할 것이다." 미래의 관점에서 자신의 과거와 현재를 재해석하는
시간적 존재로서, 끊임없이 자신의 의미를 가능성의 지평으로 투기하는
존재로서 인간의 세계에 대한 이해는 늘 자기이해의 결단을 수반한다.

  6) 이해

  '이해'라는 용어는, 하이데거에 따르면 (주-객 분리에 의한) 분석적 또
는 반성적 의식의 수준을 뛰어넘는 것이다. 그것은 근원적으로 우리의 체
험의 전반성적인 정감(Stimmung)−예를 들면 불안, 죄의식, 공포, 관심,
경이 등−을 지시한다. 하이데거는 이것이 단지 심리적인 감정에 그치는
것이 아니라, 선 이해(Vor-Verstandnis)라는 존재론적 행위라고 주장한다.
하이데거는, 우리가 흔히 '우울'이라는 이름으로 표현하는, 불안이라는 공
통적인 경험은 경험 심리학의 수준에서 귀납되는 즉물적인 원인에서 오
는 것이 아니라고 한다. 우리는 단지 시험에 떨어졌기 때문에, 감기에 걸

렸기 때문에, 그리고 교통사고를 당했기 때문에 불안한 것만은 아니다.
그것은 단순히 일상적인 우리의 생활양식이 파괴되는 경우가 아니라, 우
리 실존이 내면에서 근본적인 공(void) 또는 무에 노출되었기 때문에 생
긴다. 하이데거는 불안을 가장 근원적인 차원에서 비존재에 대한 경험으
로서 세계내 존재를 표현하는 존재론적인 정감이라고 주장한다. 예를 들
면 공포와는 달리 불안은 어떤 확인되는 대상에서 오는 것이 아니다. 그
것은 정확히 무(無)가 문제가 되는 곳에서 일어난다.

하이데거는 우리의 살아 있는 선 이해의 정감을 반성적 자기인식의 수
준으로 끌어올리기 위한 방법으로 자신의 현상학적인 분석을 제시한다.
하이데거에 따르면 우리가 우리의 존재를 대상적으로 인식하기 이전에
우리는 이미 존재하고 있다. 우리의 실존은 우리가 반성적으로 자신을 이
해하기 이전에, 우리 실존이 그 가능성의 투기로서 세계에 대한 전반성적
인 해석을 한다는 의미에서 선 이해이다. 즉 현존재의 이해는 철학적 분
석의 대상이기 이전에 실존적이다. 즉 그것은 개념화되기 이전에 존재하
고 있다. 더욱이 인간존재는, 명확히 철학적 물음의 수준에서 이러한 해
석을 하기 이전에, 그 일상적 정감과 투기의 의미에서 존재를 암시적으로
해석(그리스어로 hermeneuein)하고 있다는 의미에서 '해석학적 순환'이라
고 하는 존재구조를 구성하고 있다. 우리는 비록 모호할지라도 우리가 존
재에 대한 물음을 제기할 때 이미 우리가 묻고 있는 것을 알고 있다. 우
리가 그렇게 하지 못한다면 그 물음은 무의미할 뿐만 아니라, 우리는 우
리가 찾는 것을 인식할 수 없을 것이다.

7) 죽음을 향한 존재(Being-toward-death)

미래를 향한 끊임없는 투기로서 실존은 궁극적으로 죽음을 그 최후로
맞이한다는 의미에서 인간은 '죽음을 향한 존재자'이다. 왜냐하면 우리는
시간 안에 존재하는 존재자이기에, 죽음이란 것이 우리 모든 가능성의 결
론이자 목표라는 의미에서 그것이 종말을 의미한다. 하이데거는 죽음은
더이상의 가능성이 없는 우리의 최종적이자 최고의 가능성이라고 언명하
고 있다. 그러므로 존재에 대한 우리의 경험은 근본적으로 제한되어 있다.

왜냐하면 비존재, 즉 부정할 수 없는 비존재의 가능성에 의해서 우리는 제한되기 때문이다. 우리 모든 실존에게는, 가끔 망각되기도 하지만, 우리의 궁극적인 무(우리가 죽음을 향한 존재라는 사실)에 대한 자각이 매순간 붙어 다닌다. 죽음에 대한 이러한 자각이 불안으로 경험되는데 이것이 하이데거에 있어서 모든 우리의 실존양식 중에서 가장 근본적인 것이다.

8) 죽음

죽음은 실존의 기반으로서 우리 안에서 무로 나타나는 한 불안으로 경험된다. 우리 실존은 이러한 무를 경험함으로써 자신을 자기폐쇄적 주관성(a self-enclosed-subjectivity)으로 보는 편견에서 벗어날 수 있다. 우리는 무가 바로 세계내 존재의 무전제의 기반으로서 감추어져 있다는 것을 깨닫게 된다. 물론 이러한 깨달음은 죽음에 대한 (주-객의 분리에 의해 몰주체적으로 파악된) 대상적인 관찰에 의한 것은 아니다. 사실상 그것은 그러한 대상적인 관찰을 아무런 의미 없는 것으로 만들어버린다. 우리는 무에 대해 (우리의 가치와 별개로 동떨어진) 독립적인 또는 몰주체적인 '표상'을 할 수 없다. 왜냐하면 그것은 자아 자체와 그리고 모든 객관적인 실재가 궁극적으로 아무런 근거가 없다는 것을 알게 되는 것을 의미하기 때문이다. 그러므로 자아는 그것이 (객관적·수량적으로 볼 때) 무라는 것을 발견한다. 그래서 그것은 일상적인 의식의 장을 통하여 깨어져서 한편으로는 순수주관적 사유[예를 들면 데카르트적인 사유하는 주관(Cogito)]로 분리되거나, 다른 한편으로 순수객관적인 존재자(자연과학의 존재자)로 실존이 전락하고 만다. 그래서 불안은 우리의 자연과학적 의식이 명백히 임의적으로 구획지어 놓은 주-객의 경계를 풀어헤치고 무가 존재하는 모든 것의 근원에 있다는 것을 드러낸다. 비록 확실히 완전하게 근절시키지는 못할지라도, 불안에서 자아와 존재하는 모든 사물의 존재는 '무화'된다. 또는 의심스러운 존재가 된다. 이렇게 하여 우리는 심리학 또는 실증과학의 이해보다 더 깊은 의미에서 실존의 존재론적 양상에 관한 이해에 도달하게 된다. 즉 우리는 존재자(Seiende)가 아니라 존재(Sein)의 문지방에 도달하는 것이다.

9) 심려(心慮: Sorge)

그러나 불안 그 자체가 목적이 되는 것은 아니다. 우리는 궁극적으로 비존재를 경험함으로써 존재를 드러낼 수 있다. 그래서 현존재의 불안은, 우리가 일상적인 생활에서 경험하는 것과는 전적으로 다른 어떤 것으로서, 존재 자체를 좀더 근본적으로 드러내는 조명의 역할을 한다. 불안은 우리 자신에게 궁극적인 무로 드러나기 때문에, 그것은 우리에게 우리 자신이 초시간적 자기 완결적인 실재라는 환상을 버리도록 하여 존재의 물음을 묻도록 유도한다. "왜 존재자이고 차라리 무는 아닌가?" 하이데거는 이 물음은 심려의 실존적인 태도를 궁극적으로 드러낸다고 주장한다. 불안은 따라서 존재에 대한 전주곡의 역할을 담당하게 된다. 세계의 의미는 단순히 개별적인 주관에서 창출되는 것이 아니라 존재 자체에서 우리에게 주어지는 것이라는 것을 우리에게 상기시키는 것은 양심의 소리(Stimme des Gewissens oder Gewissensruf)이다. 양심의 소리에 응답하면서 무의 개시로서 불안에 담겨진 존재론적 메시지를 읽으면서 우리는 존재에 더욱더 마음을 두게 된다. 우리는 더이상 우리의 세계내 존재를 당연하게 받아들이지 않는다. 우리는 그것의 궁극적인 의미를 묻고, 그 최종적인 근거를 추적한다. 이것이 하이데거가 무에 대한 우리의 경험을 '존재의 장막'으로 기술할 때 말하고자 한 것이다.

10) 본래성(Authenticiy: Eigentlichkeit)

현존재는 세계를 도구적 존재자(vor-handen: 수단적 인과율의 대상적 차원)로 당연히 받아들이는 대신에 열려진 가능성의 지평(zu-handen: 위탁된 의미의 지평, 즉 현존재가 미래에 투기할 수 있는 가능성)으로 인식할 때 본래적으로 된다. 그러므로 존재는 죽음이라는 궁극적 가능성을 향해 나아가면서 존재의 타자에게 개방되어 남아 있는 현존재의 시간적 지평을 통해서 본래적으로 개시(開示)된다. 그러므로 현존재는 그 자신의 본래성으로서 자기의 실존을 인식할 때 비로소 타자로서 존재에 대한 진정한 인식에 도달할 수 있다. 나 자신을 존재에 개방시키기 위하여, 나는 이제부터 나의 가장 고유한 가능성으로서 '죽음을 향한 나의 존재'에 대한 책임을 항상 전제해야 한다. 단호하게 나의 죽음을 향해 살기를 선택하면서, 그리고 그것을 통해서 궁극적인 무에 대한 나의 경험을 전유(專有)한다는 것은 어떠한 핑계나 변명도 없이 본래적인 나의 자유를 누리는 것을 의미한다. 반대로 비본래성(In-authenticity)은 죽음을 향한 존재라는 자기의 운명에 대한 거부이다. 그러므로 결과적으로 그것은 무에 대한 나의 경험을 가능하게 하는 존재의 개시에 대한 거부이다. 나는 나의 자유·책임·죽음에서 도피하여 나에게 무엇을 생각하고 무엇이 되라고 입방아 찧는 무책임한 익명의 '세인(Das Man)'이라는 안식처를 추구하는 만큼 비본래적으로 된다. 세인은 스스로를 자유로운 가능성이 아니라 고정된 현실성으로 정의한다. 그것은 죽음의 경험을 은폐함으로써 불안을 비켜가는 것이다. 그것은 나에게 산만해지거나 획일성에 따르는 수동적인 자세를 취하도록 유혹한다. 그러나 불안을 경험한다는 것은 '세인'에서 영원히 벗어나서 참된 자기를 진실로 인식하는 곳으로 돌아가는 것이다. 그것은 아무도 나의 죽음을 대신해줄 수 없고, 심지어는 세인마저도 역시 그러함을 인식하는 것이다. 나는 나의 사망기사를 읽을 수 없다. 단지 나는 다른 사람의 그것만을 읽을 수 있다. 이 단순하고도 명백한 사실이 나의 죽음은 결코 나의 밖에 있는 대상, 즉 세인의 방식으로 익명적으로 관찰될 수 있는 단순한 객관적 사실이 아님을 설명해준다. 나는 나의 가장 깊은 내면성에 있는 죽음을 나의 실존의 구조로서, 즉 내가 거기에서 달아나려고 하는 모든 순간에 나에게 운명지어져 있는 궁극적인 가능성으로서 경험한다. 그러므로 죽음을 향한 나의 존재는 나 자신에게서 소외될 수 없는 것이다. 기만적인 겁쟁이이기를 그치고 본래적인 자기를 회복함으로써 현존재는 타향(Un-heimlichkeit)이라는 존재론적인 상황을 대면하게 된다. 그것은 존재를 마음에 두기 시작하는 것이다. 그래서 하이데거는 본래적인 태도는 자연적으로 우리의 실존이 우리에게 문제가 된다는 것을 자각하게 하는 반성으로 이끈다고 결론짓는다. 그리고 이렇게 함으로써, 그는 잠자고 있는 존재의 물음을 다시 일깨운다.

2

후기 저작에서 하이데거는 『존재와 시간』에서 수행했던 실존 분석을
두 가지 방법으로 보충한다. 첫째, 초극(uber-winden)의 철학으로, 둘째,
언어의 철학으로 그렇게 하였다. 그는 이 두 가지 통로를 통해서 우리가
존재의 물음에 대한 좀더 깊은 이해로 나아갈 수 있다고 믿었다.

첫 번째 길은 다음과 같은 것으로 구성된 『존재와 시간』의 서문에서
이미 발표되었다. 위대한 서구 형이상학적 전통사상가―플라톤, 아리스토
텔레스, 어거스틴, 칸트, 셸링, 헤겔 그리고 니체―에 대한 극복적 해독으
로 구성된 이러한 독본은 존재를 객관적 실재로 환원하여 형이상학적인
존재론의 체계를 구성하는 문제에서, 모든 형이상학적 탐구가 지니고 있
는 근거와 지금까지 생각하지 못했던 전제를 드러내는 곳으로 돌아가는
데에 그 목표를 두고 있다. 즉 하이데거는 형이상학에서 망각되고 있는
존재가 인간에게 최초로 개시하는 현존재의 시간적 경험을 현상학적으로
탐구하여 형이상학을 극복하려고 한다. 좀더 구체적인 예를 들어 말하면,
플라톤과 그 뒤의 형이상학적 사상가들이 영원한 현전의 관점에서 궁극
적인 존재(nunc stans, parousia, aei on, issum esse subsistens 등)를 말할
때, 그들은 이미 간접적으로 (과거 또는 미래로부터 추상화시킨 초시간적
인) 시간적으로 현재성에서 존재를 언급하고 있다는 것이다. 하이데거는
『칸트와 형이상학의 문제』에서 칸트에 대한 극복적 재해독에 대해 다음
과 같이 말한다.

고대 형이상학이 최상위 존재인 존재(ontos on)를 초시간적 존재(aei on: 최
상위 존재인 만물 중의 일물―역자 주)로 정의했다는 사실이 무엇을 의미하
는가? 존재자의 존재를 여기서는 분명히 영원성과 지속성으로서 이해하고 있
다. 존재를 이런 방식으로 이해하는 데에는 어떤 기본적인 생각이 전제되어
있는가? 시간과 관련해서 이러한 생각에 전제되어 있는 생각은 '영원성'을 단
지 시간을 통해서 지금 상상할 수 있는 영원성으로 간주한다는 것이다(유한
한 시간에 대한 상대적인 무한한 시간을 영원성으로 파악하고 있다는 것이다
―역자 주). 고유한 본래적 의미에서의 존재를 기본적으로 '현존,' 즉 직접적
이며 항상 현재의 소유, 다시 말해서 '소유함'으로 이해하고 있다는 사실은

무엇을 의미하는가? 이러한 생각에서는 '존재'를 현존에서의 영원성과 동의
어로 이해하고 있다는 것을 드러낸다. 그러므로 이런 방식의 존재에 대한 소
박한 이해에 기반하여 시간적인 규정성이 놓인다. 존재에 대한 직접적인 이
해는 전적으로 원형(primoridial)이 아니라, 시간과 관련된 존재의 자기 명증
적인 투기로부터 전개되지 않았는가? 그렇다면 처음부터 존재에 대한 이러한
투쟁은 시간의 지평내에서 발생하였다는 것이 진실이 아닐까?

서구의 전통적 형이상학 사상가들을 현상학적으로 극복하면서 하이데
거는 어떻게 철학사가 존재를 은폐시키면서도, 그 가운데에 존재가 개시
되었는가를 보여주려고 한다. 따라서 그는 현상학이란 것은 형이상학을
폐지하는 것이 아니라 좀더 철저하게 믿을 수 있는 방식으로 그 숨겨진
시간적 기반을 다시 생각하는 것이라고 주장한다. 즉 예를 들면 플라톤을
'극복한다'는 것은 플라톤 자신이 수행했던 것보다 더 철저한 방식으로
그의 사상을 생각해보는 것이다. 이렇게 후세 사람의 관점에서 그 선대
사람의 사상을 생각해본다는 문제점에도 불구하고, 하이데거가 시도하는
극복은 경험론 또는 유물론의 입장에서 형이상학을 부인하려는 것이 아
니라, 좀더 높은 차원에서 재해석하려고 하는 것이다. 따라서 그것은 참
으로 형이상학의 본질적인 문제에 '진정으로' 충실하려고 했던 것으로 해
석될 수 있다. 달리 말해서 극복은 형이상학에서 망각되고 있는 존재의
시간성을 회복시켜줌으로써 그 근원으로 되돌아가려고 하는 것이다. 형이
상학의 역사에 대한 이러한 굳은 충실성을 하이데거는 니체에 관한 다음
의 첫 구절에서 분명히 해주고 있다.

좀더 명확하고 간단한 정확한 탐구로 형이상학의 역사를 추적하여 그 희미
한 본질적인 차원으로 되돌아가보면, 미리 도달하고 점유되고 위탁된 역사의
힘이 점점 더 증가한다. 이 점은 특히 그 역사를 극복하려는 경우에 생긴다.
철학사상이 단순한 선언을 통해서 그 역사가 없어진다고 생각하는 사람은 누
구나 이 점을 간과하고 있으며, 역사에 의해서 그 허위가 밝혀질 것이다. …
그는 유산으로 내려온 것들을 변형시키고 전통적인 해석을 즉물적으로 새로
운 어떤 것과 결합시킬 때 자신이 창의적이라고 생각할 것이다. 그런데 혁명
이 더 위대해질수록, 그것은 더욱더 역사에 깊이 뛰어든다.

하이데거가 후기 저작에서 『존재와 시간』의 실존 분석에 천착하려고
했던 두 번째 길은 언어, 특히 시적 언어에 대한 철학적 재평가의 방법을
통해서였다. 하이데거의 언어에 대한 중시는 그의 전기와 후기의 사상을
이어주는 가교역할을 한다고 할 수 있다. 즉 언어는 『존재와 시간』에서
이미 존재가 개시되는 중심 양상으로 등장하면서 그것은 그의 다음 저작
에서 항상 등장하는 중심 주제가 되었다(전기 하이데거의 언어에 대한 종
합적 접근을 개관하기 위해서는 이 절의 부록을 보라). 이 절의 나머지는
존재를 개시하는 수단으로서 언어에 대한 후기 하이데거의 분석을 요약
해서 제시하겠다.

산업기술사회가 되어 수량적으로 계산되는 객관화된 언어의 사용이 계
속해서 증가하고 있는 현대에서 하이데거는 사상가와 시인 둘 모두에게
위탁된 언어를 염두에 두면서 우리에게 단적인 초월의 존재를 말할 수 있
는 언어를 찾아 침묵의 심연으로 되돌아갈 것을 요구한다. 우리가 이 '찌
들린 시간(destitute time)'에서 그런 시적 언어를 창조한다는 것은 위험천
만일 뿐만 아니라 어렵기까지 하다. 하이데거는 다음과 같이 말한다. "본
질상 말할 수 없는 것 중의 하나는 무(nothing)의 심연이 우리에게 침투
하여 무섭다는 의미에서의 불안이다. 존재자들과 단적으로 다르게 파악되
는 무는 존재의 장막이다"(『형이상학이란 무엇인가?』).

하이데거에 있어서 언어는 어떤 존재자(Seiendes)가 아니라, 그것에 의
해서 모든 것이 존재하게 되는 존재의 증여(贈與: Es gibt Sein)이다. 그것
은 현재의 대상이 아니라 현재함이다. 그것은 참인 어떤 것이 아니라 바
로 참으로 오고 있는, 즉 그것을 통해서 모든 사물이 현상으로서 우리에
게 나타나는 의미의 지평이다. 결과적으로 현상학이 정확히 '나타나는 것
으로서 나타남에 관한 과학(science of appearing as appearing: phaines-
thai)'이라고 한다면, 언어는 그 종극적 지평으로서 그 자체는 현상되지
않으면서 사물을 현상으로서 조명함이다. 그것은 존재자의 범주로서는 차
라리 무라고 해야 하지만 그러나 도무(都無)는 아니다. 유(有)의 범주에
들어가는 존재자와는 달리 존재(Sein)는 그런 범주에 포섭되지 않는다. 왜
냐하면 그것에 의해서 독립성 없이 존재하는 존재자가 존재자로서 존재
하게 되기 때문이다. 환언하면 로고스(Logos)는 만물이 있게 하는 무(無),

즉 침묵의 목소리이다.

후기 저작, 특히『시, 언어, 사상』,『언어에 이르는 길』그리고『사유에 관한 담화』라는 제하의 에세이들에서 하이데거는 언어는 '존재의 집'으로서 시적으로 기능하며 거기에서 진정한 사유가 싹튼다고 주장한다. 릴케, 횔덜린, 그리고 트라크와 같은 독일 작가들의 작품을 자주 인용하면서 하이데거는 시의 본령은 언어의 '침묵의 종소리'에 귀 기울이고 반향하는 것이라고 주장한다. 언어의 숨겨진 기원에 주의를 기울임으로써 우리는 다시 근원적으로 말할 수 있는 능력을 배울 수 있다. 하이데거는 시는 우리의 자연적인 의식을 되돌려서 사물의 신비를 경험하도록 우리를 이끄는 존재언어의 '양심(Gewissen)'이라고 했다.

그런데 시는 개인적인 양심의 행위 이상의 것이다. 그것은 공동체적 추억을 수반한다. 하이데거는 횔덜린의 축제일의 찬송「회상」을, 개성을 추구하는 모든 사람들에게 개성을 유지하면서 하나로 불러 모으는 것으로서 원용한다. 진정한 시는 사람들이 새로운 것을 추구하여 벗어났던 전통의 공동체를 회상할 수 있도록 해준다. 그러나 이러한 추구가 진정한 귀향일 수 있기 위해서는 억압적인 고대적 양식으로 반동적인 퇴행이라는 위험을 피해야 한다. 반대로 그것은 공동체에게 소름끼치는 '타향생활의 서러움(Unheimlichkeit)'의 경험을 노출시켜주어 참된 미래를 열어주어야 한다. 하이데거에 따르면 그러므로 만일 횔덜린이 우리로 하여금 고향에 이르도록 하는 시에 관하여 말한다면, 그는 고정된 과거로의 의기양양한 귀향(Heimkunft)이 아니라 결코 도달할 수 없는 미래적 도래[Heimkommen: 하이데거의 말에서 도래는 끊임없이 다가오면서(Ankunft) 자신의 동일성을 보존하는 성격을 갖는다]라는 의미에서 그것을 말할 것이다. 즉 귀향은 신비적인 향수가 아니라 책임져야 할 미래이다. 하이데거는 다음과 같이 쓴다.

모든 일을 할 때에는 그 일에 직접 관여는 않지만 조건이 되면 관계하게 될 후세를 생각해야 하는 것과 마찬가지로, 일을 발전시키는 데 있어서도 그것이 책임져야 할 전통에 '앞서서 귀 기울여야' 한다(『횔덜린 시에 관한 주석』).

하이데거는 따라서 시의 공동체적 소명은 역사적 투기를 수반하여 그 것에 의해 아직 현재에는 없지만 미래에 와야 할 것(Utopia)을 회복시켜 준다고 확언한다. 그래서 하이데거는, 횔덜린의 시 「귀향」은 오고 있는 언어를 듣는 사람들을 부르는 것으로 작용하여 결국에는 의미 없는 잡담 과 기술적 조작으로서의 언어의 남용에서 전회하여 '기원의 신비(mystery of origin)'에 대한 관심으로서 언어의 본질로 되돌아와 사려 깊고 주도면 밀한 공동체를 형성하도록 한다고 결론짓는다. 시 그 자체로서는 이러한 귀향을 할 수 없다. 그것은 다른 사람들이 그 심려의 언어에 귀 기울이는 것을 필요로 하고 또 듣는 사람이 그 심려의 짐을 스스로 지기를 바란다.

> 일단 말해지고 나면 말은 심려하는 시인의 손을 떠난다. … 그래서 시는 회상인 시어가 이해될 수 있도록 돕는다는 의미에서, 다른 사람을 향하여 자 기 혼자만의 귀향이 같은 길을 가도록 운명지어진 사람에게 알려지는 결과를 낳는다(앞의 책).

『언어에 이르는 길』이라는 글에서 하이데거는 시인이 공리적으로 보아 정보의 담지자로 보는 일반적인 접근을 유보하면서 '언어놀이(play of lan-guage)'로서 들어갈 때마다 시가 '사유의 경건성(Frommigkeit des Den-kens)'이 된다고 주장한다. 그래서 시는 언어의 말함에 있어서 비대상화하 는 성향을 띤다. "언어란 무엇인가"라는 물음에 답하는 곳에서, 시인은 신 비한 실레시우스의 태도로 "언어는 말하는 그것이다"라고 대답한다(『언어 가 말한다』). 언어를 대상화되는 개념으로 환언하기를 거부하면서 (객관화 하는 개념 너머에 위치시키거나 객관화하는 개념에 관해서 말함으로써) 시적 사상가는 언어를 그 내부에서부터 경험하고 사유한다. 우리가 언어 를 우리에게 '표상하는' 것이 아니라 언어가 우리에게 스스로 나타나서 우리를 통해서 말한다.

그러나 하이데거가 시를 '신성한' 또는 '신비로운' 언어라고 말했다고 해서 그가 이러한 주장으로 소수 몇몇의 엘리트들만이 아는 초월적인 관 념의 세계로 도피하려 했다고 할 수는 없다. 그는 다음과 같이 말한다.

참된 시는 결코 일상적인 언어의 수준을 넘어서지 않는 것이다. 일상적인 언어가 단지 망각하고 방만하게 내버려두고 있기 때문에, 거기에서 더이상 존재의 소리가 들리지 않을 뿐이다(『언어에 이르는 길』).

이런 맥락에서 시는 우리의 일상적인 대화와 경험에서 숨겨져 있는 여러 의미에 충실한다. 특이한 방식으로 언어를 사용하면서, 시인은 우리에게 낯익은 언어사용에서 우리를 멀어지게 하여 그 기원의 신비감을 회복하도록 해준다. 즉 초시간적인 천상의 본질로의 도피라는 플라톤적인 방식과는 거리가 멀게, 시적 언어의 '특이성'은 시적으로 존재자의 가장 깊은 내면에 들어 있는 존재에 머무르게 한다.

우리가 사용하는 '특이한'이라는 말은―독일어로 'fremd'가 진실로 의미하는 것은―무엇인가를 향해 앞으로 나아가 차후에 나타날 잠재되어 있는 어떤 것과의 만남을 의미한다. 특이한 것은 앞으로 나아가는 것이다. 그러나 그것은 어떤 결정도 없는 상태에서 목적 없이 배회하는 것을 의미하는 것은 아니다. 특이하다는 것은 방황하면서도 머물 곳을 찾아 나아가는 것이다. 자신에게는 거의 알려지지 않은 특이함은 그 자신의 길을 가도록 부르는 그 부름에 이미 화동하고 있다. 시인은 영혼으로 '이승에서 특이한 어떤 것'을 부른다. 이승은 영혼의 방황이 지금까지 미칠 수 없는 바로 그곳이다. 영혼은 이승만을 단지 추구한다. 그것은 이승에서 벗어날 수 없다. 그것은 영혼의 존재자를 실현한다. 이승을 추구하는 방황 속에서 영혼은 시적으로 성장하고 거기에 머문다. 그리고 그것을 통해서 지상의 주민으로서 이승을 구원할 수 있다(『언어에 이르는 길』).

'사유의 경건성'으로서 하이데거의 시 개념은 언어를 로고스로 보는 소크라테스 이전 양식과 유사하다. 로고스를 소크라테스 이전 사람들은 대상들 사이의 어떤 논리적인 관계로 이해하는 것이 아니라, 인간의 사유세계(logos as psyche)와 존재의 언어(logos as eon) 사이에 숨어 있는 존재론적 조화로 이해한다. 이런 맥락에서 헤라클레이토스는 로고스를 순수 인간중심주의적(anthropo-centric) 구조들로 환원될 수 없다고 하였다. "만일 당신이 나의 목소리가 아니라 로고스를 듣는다면, 전체는 하나이다(all is one)라고 말하는 것이 올바를 것이다." 이와 대비되게 소크라테스 이후의 형이상학자들은 로고스를 논리(logic)로 환원하여 사유에 있어서 정확한 판단의 문제, 즉 존재를 환원시켜 기술적 사유의 범주로 판단하는 도구로 전락시켰다. 하이데거는 언어에서 존재와 사유라는 반대되는 양극 사이의 균형추로서 한때 작용했던 시적 지위를 회복시키려고 시도했다. 그는 "만일 우리가 진리의 언어를 듣는다면 그것은 사유와 존재가 일치한다는 것이다"라고 하는 파르메니데스의 유명한 공리를 원용한다. 그래서 하이데거는 로고스를 논리로 대치해서 다음과 같은 결과를 낳았다고 하면서 이를 원상태로 돌려놓을 것을 우리에게 권고한다. 첫째 (a-letheia 또는 개시로서) 존재의 개시함을 미리 규정지어진 일련의 관념론적 범주(예를 들면 플라톤주의의 초월적 이데아 또는 데카르트주의의 본유관념)에 따라 실재를 판단상의 표상으로 환원하는 것, 둘째 대립자 사이의 조화로운 조절로서의 언어를 대립자를 배제하고 조화시키는 논리적인 모순율(A는 A이지 B일 수 없다)로 환원하는 것이 그것이다. 하이데거는 아래와 같이 로고스가 논리로의 전락하는 것을 설명한다.

> 사고를 수행할 때에 우리는 정확히 그것으로부터 사유의 본질이 규정되는, 말하자면 아레테이아와 피지스(physis), 개시로서의 존재, '논리'에 의해서 잃어버린 바로 그것을 밝히려고 시도한다. … 언제 논리의 발전이 시작되었는가? 그것은 바로 그리스 철학이 종말을 고하고 학교와 조직, 그리고 과학기술이 발전되었을 때 시작되었다. 그것은 'eon,' 즉 존재자의 존재가 이데아로 표상되어 '인식의 대상(episteme)'이 되었을 때 시작되었다. 논리학은 플라톤-아리스토텔레스 학파의 교과과목에서 생겨났다. 논리학은 강단선생들의 발명품이지 철학자의 것은 아니다. 철학자가 그것을 다룰 때에는 다음과 같은 경우에 한다. 즉 항상 좀더 근본적인 문제의식, 즉 논리학 자체를 위해서가 아니라 존재와 사유의 분리가 생겼을 때 사고의 형식적 구조와 규칙을 드러내는 것으로서 … 결론적으로, 논리학 자체와 그 전개의 역사는 존재와 사유 사이의 이러한 분리의 본질과 기원을 결코 충전적으로(adequate) 조명할 수 없다(『형이상학 입문』).

하이데거는 수단일 뿐인 논리학이 배타적으로 전면적인 지배력을 행사해오고 있고, 때때로 위험한 수준에까지 도달하였다고 결론짓는다.

구시대에서는 형식으로 인식되고 자유롭게 자연적으로 인정되던 것들이 이제는 기술산업적 차원에서 대상의 성격으로 전락하여 더욱더 빠르면서 무자비하고 완벽하게 지상에 퍼졌다. 그것은 모든 사물을 생산과정에서 생산될 수 있는 것으로 취급할 뿐만 아니라, 시장을 통해서 생산된 상품을 공급한다. 자기언표적(self-assertive)인 생산에 있어서 인간의 인성과 사물의 물성은 시장에서 계산될 수 있는 가격─세계시장으로서 지구 전체로 확장될 뿐만 아니라, 의지(will) 대 의지로서 존재의 본성을 거래하고 모든 존재자를 가장 철저하게 지배하는 계산에 의한 거래로 다루는─으로 해소된다.

하이데거에 따르면 단지 시적 사유를 통해서만 존재와 사유의 근원적인 조화에 눈을 돌릴 수 있으며, 논리에 대한 로고스의 선재성을 충전적으로 조명할 수 있다. 따라서 시는 철학으로 하여금 로고스의 말함에 화동하는 그런 사유로서 그 자신의 근원을 재정립할 수 있도록 해준다. 하이데거는 이 점을 『철학이란 무엇인가』라는 글에서 다음과 같이 분명히 말한다.

> 펼쳐진 일치는 … 존재자의 존재의 소리에 화동한 것이다. 이러한 일치는 언어의 측면에서 보면 언어가 말해오는 것이다. 이것이 의미하는 것을 오늘날의 우리가 이해하기는 어렵다. 왜냐하면 오늘날의 언어이해는 이상하게 변질되었기 때문이다. 결과적으로 언어는 표현의 도구로 나타났다. 따라서 상호대응에서 주도하는 쪽은 사유라기보다는 언어라고 말하는 것이 훨씬 더 올바른 표현이라고 할 수 있겠다. 무엇보다도 현재의 언어이해에서는 그리스적인 언어 경험이 최대한 제거되었다. 그리스인에게서 언어의 본성은 로고스로서 나타났다.

철학함에 있어서 진정한 뿌리가 되는 시적 사유는 존재─언어 자체와 대응하는 말─에 화동(homologein)하여 말하는 양식이다. 그러므로 시적 논리는 존재를 말로 개시하는 것이지 존재를 말로 표상하는 것이 아니다. 하이데거는 여기에서 「말이 어떤 대상도 끊을 수 없는 거기에서」라는 스테판 게오르게의 2행 연시를 인용한다. 하이데거는 시는 우리에게 근원적인 '대화와 존재의 상호공속성'을 회상시켜줌으로써 언어의 기원에 관해서 말한다고 제안한다. 그러나 이러한 회상은 단지 존재자를 기술하는 수단으로서의 언어에 대한 인습적인 접근을 거부하고, 언어가 바로 존재자 자체의 기원이라는 것을 받아들일 것을 요구한다. 존재자들은 독립적인 경험의 사실로서 존재하는 것은 아니다. 그들은 그들에게 의미를 부여해 주는 언어에게 불릴 때에만 존재하게 된다. 하이데거는 다음과 같이 말한 다. "시적 사유와 가장 고전적인 전통적 사유에 따르면, 언어가 존재를 증여한다"(『언어에 이르는 길』). 달리 말하면 우리는 자신의 감각적인 경험에만 골몰하고 더이상 언어의 부름을 일으키는 침묵에 주의를 기울이 지 않는 우리의 자연적인 성향을 포기해야 한다. 이것을 달리 말하면 다음과 같다. 즉 지금은 우리가 언어를 지배하려는 의지를 포기하고 언어 스스로가 말하도록 하여 존재가 개시되도록 해야 하는 때이다. 더욱더 시적인 사유를 선호하고 순수공리적 또는 기술적으로 언어를 보는 관점을 극복함으로써, 하이데거는 망각된 존재언어의 회복을 제안한다. 그리고 망각된 존재언어의 회복 여부에 서양철학뿐만 아니라, 서구문명 일반의 미래가 달려 있다고 주장한다.

3

만일 철학이 역사상으로 보았을 때 그 본령의 질문인 "왜 하필이면 존재자이고 차라리 무는 아닌가?"라는 물음을 다시 제기하려고 한다면, 상식과 존재자를 실재로 환원하는 과학으로 이루어진 기성의 정확성의 개념을 넘어서야 한다. 그리고 존재가 개시되어야 할 그 자리에 존재자가 차지하고 있다는 것이 오히려 이상하다는 것을 깨달아야 한다. 하이데거는 『형이상학 입문』에서 다음과 같이 우리에게 상기시키고 있다. "철학한 다는 것은 특이한 것에 대한 특이한 탐구이다."

우리 시대에 있어서 존재는 과학기술적 서술과 경제적 이익 그리고 정치적 지배에 대한 현대인의 집착 때문에 가장 모호하고 공허한 추상이 되었다. 그래서 우리는 존재자에 대한 직접적인 생산과 소비에 미혹되어 존재 자체를 망각하고 있다. 이렇게 인간과 세계를 단지 상품으로만 취급하는 동·서양 현대 산업사회의 경향을 거부하면서, 하이데거는 현존재로서

(qua Da-sein) 우리의 존재를 다시 한 번 물음으로써 존재의 물음을 제기
할 것을 제안한다.

　　이런 물음은 사유방식의 대전환을 요구한다. 앞서의 형이상학적 사유
와 마찬가지로 산업기술적 사유는 익명적 인간주관(사유하는 주체, 선험
적 자아, 그리고 생산적 의지)에 의해서 주도되어 세계의 만물을 주관에
대한 객관으로 만들기를 시도했다. 이에 반하여 후기 하이데거가 주창한
일종의 명상적 또는 시적 사유는 부르는 존재에 대한 화동으로서 드러난
다. 진정한 철학적 사유는 인간이 아니라 존재에 의하여 불려진다. 그것
은 인간이 존재를 자신에게 표상하여 모든 사물을 계산을 통한 거래의 대
상으로 환원하는 것이 아니라, 존재가 인간에게 개시함의 문제이다.

　　하이데거에 있어서 가장 본질적인 사유는 사유됨, 즉 존재의 진리가 나
타나는 것이자 그 파수꾼이다. 진리망각의 역사로서 서구 형이상학은 사
유를 효율의 체계, 자기 단언, 지배와 안정성(투자의 안정성과 국가안보)
으로 전락시킨 현대의 기술산업적 실증주의의 지배에서 그 정점에 도달
하였다. 이런 기술산업적 사유와 대비되게 하이데거가 추구한 사유는 사
유의 증여에 의해서 존재의 작용에 화동하게 되는 비대상적, 비체계적,
비계산적인 이해이다. 사유에 있어서 존재에 의해 사유되기 위해서는 우
리는 먼저 우리가 '존재의 부름에 의해 사유되고 있음'을 망각하고 있다
는 것을 자각해야 한다. 하이데거는 다음과 같이 쓰고 있다. "이러한 사
유를 일으키는 시간에 대한 사유는 우리가 여전히 망각하고 있다." 하이
데거가 그의 모든 철학적 작업을 존재사유의 자극에 몰두한 것은 바로 이
런 의미에서 이해될 수 있겠다.

● 부록: 하이데거에서 언어에 이르는 길

　　하이데거의 언어철학은 처음부터 존재론적인 관심으로부터 출발하였다.
그는 언어가 세계내 존재를 표현함으로써 존재를 어떻게 드러내는가를
보여주려고 했다. 이러한 목적을 위하여 하이데거는 네 가지 언어 양식을
제시한다. ① 언표(Aussage), ② 담론(Rede), ③ 잡담(Gerede), ④ 대화

(Sagen).

1. 언표로서의 언어(논리적 명제)

전통철학은 언어를 형식적·추상적 표현으로 환원하는 경향을 띤다고 하이데거는 주장한다. 언어는 종종 과학적 표현력인 문법과 논리의 관점에서만 고려된다.

언표는 일반적으로 지시(여기 이 사물)와 서술(여기 이 사물은 희다), 그리고 의사소통(지시되고 서술된 정보의 교환—일정한 자리매김을 통해서 우리가 지적한 것을 누군가가 함께 보도록 하는 것)이라는 세 가지 목적에 쓰인다. 그래서 언어는 세계를 표상하고 규정하는 것과 관련된 명제적 논리의 문제가 되었다. 언어는 목적을 위한 대상의 집합으로서 실재를 익명적으로 정의하고 소묘하는 것이 된다. 그리고 이런 과정에서 언어는 일차원적으로 객관화되기 마련이다. 이때부터 그것은 '객관적으로 타당한 특성'이라는 측면에서 인정된다. 즉 언어의 의미에서 존재는 낱말과 사물 사이의 관계를 규정하고 표준화하는 명제적 계산으로서 개진되었다.

그러므로 언표에 있어서 언어는 자주 실재를 추상화·계량화하기 위하여 고안된 생명 없는 추상물 이외에 다른 아무것도 아닌 것으로 취급된다. "언어는 목적을 위한 대상이 된다. 즉 우리는 사물을 만나듯이 언어를 만난다"(『존재와 시간』). 언어에 이러한 이그러진 대상성을 부여한 것은 현대 논리실증주의의 만연에서 그 정점에 도달하였다. 하이데거는 다음과 같은 점을 위하여 "존재론적으로 좀더 근원적인 근거하에서 언어학을 재정초할 필요성"을 주장한다. 즉 언어에 대한 과학적 접근을 위해서 우리는 "오늘날 여전히 표준으로 받아들여지고 있는 언표에서 해석을 향해 나아가고"(『존재와 시간』), 그리고 또 논리학의 헤게모니로부터 의미를 해방시켜야 한다.

2. 해석적 담론으로서의 언어(실존 해석학)

순수 형식으로서 논리적 언표의 기능은 하이데거가 설명적 또는 해석학적 담론이라고 부른 좀더 실존적인 언어양식을 전제로 한다. 여기서 언어는 존재에 대한 근원적 해석(hermeuein)으로서 세계에 있는 인간의 일

상적 실존에 그 뿌리를 두고 있다. 이것을 통해서 우리는 존재자를 세계
내 존재로서 우리의 투기와 밀접하게 연관되어 있는 어떤 것으로서 해석
할 수 있다. 예를 들면 담론은 단순하게 여기 바위가 있다(지시기능) 또는
이것은 무게, 색깔, 길이 등(서술기능)과 같은 일련의 객관적인 성질을 갖
는 것을 언표하는 것은 아니다. 그것은 역시 더 근원적으로 나의 실존에
대한 유용성 또는 의미성의 관점에서 바위가 어떤 것으로 해석하는 것이
다. 즉 바위는 실존적 일상성에 있어서 무기, 담장, 대리석, 건물, 벽 등의
무엇이든지 간에 나에 의해서 쓰이는 어떤 무엇으로 해석되는 것이다.

논리적 언표가 사물을 대상으로 다룬다면, 해석적 담론은 우리 실존의
관심의 도구로서 그들을 인식한다. 각각의 사물은 이제 특별한 의미의 담
지자로서 해석된다(그리스에서 신의 사자였던 'Hermes'로부터 'herme-
neutic'이라는 용어가 도출되었다). 만물은 이제 우리들의 구체적인 (생존,
쾌락, 편안함, 안정, 아름다움 등의) 투기를 전달하는 기호의 구실을 한다.
그래서 우리는 세계의 사물을 실존적으로 보게 된다. 즉 더이상 논리적
실재가 아니라, 우리의 실존을 내어던질 살아 있는 가능성으로서, 다시
말하면 해석학적 담론은 '내가' 그것을 이용할 수 있는가의 관점에서 존
재자를 본다. 그리고 그것은 존재자를 초시간적인 추상적 고립에서 해방
시켜 시간성으로서 나의 구체적·역사적 관심의 지평으로 현전시키는 것이
다. 즉 나의 과거 경험으로부터 이런 실재의 의미성을 회복시키거나 혹
은 그런 의미를 내가 미래에 경험할 수 있는 것으로 투기하는 것이다.

하이데거는 어떤 경험주체로부터 다른 주체로 지정된 정보의 교환인
언표로서 언어의 의사소통기능은 다른 사람과 실존적 세계의 공유로서
좀더 근원적인 의사소통 양식으로부터 나오는 것이라고 주장한다. 따라서
의사소통은 우리를 다른 사람의 의미투기에 대응하면서 거기에 포함시키
는(그 역 또한 가능하다) 공통된 생활세계에 대한 해석으로서 좀더 깊은
맥락에서 이해될 수 있다. 그러므로 우리 현존재의 존재는 다른 현존재
에 대한 관계라는 맥락하에서 이해될 수 있다. 우리가 언어를 통해서 물
려받은 세계는 이미 우리보다 선대 인류의 모든 상호 주관적 의사소통으
로부터 우리에게 남겨진 문화적·역사적 그리고 사회 경제적 의미로 가득
차 있다. 이러한 맥락에서 해석학적 담론은 우리의 개인적인 현존재를

공동체적으로 타자와 함께 하는 존재(Mit-sein), 즉 역사와 전통으로서 정의한다.

하이데거는 여기서 다음과 같은 두 가지 중요한 구별을 한다. 즉 실존적 담론에서 '본래적인' 형식과 '비본래적'인 형식을. 본래적인 형식을 그는 대화(Sagen)라고 부른다. 그는 이것을 존재의 목소리에 귀 기울이면서 진정으로 거기에 화동할 수 있기 위하여 침묵함으로써 우리의 언설에 대하여 책임지고자 하는 우리의 능력과 동일시한다. 그가 잡담이라고 부른 비본래적 방식은 거기에 책임지는 주체가 없기 때문에, 다른 현존재의 주장에 대해 전적으로 무의미한 독선적인 수다로 규정된다. 하이데거는 다음과 같이 쓴다.

> 본래의 침묵을 유지하는 것이 유일하게 진정한 대화가 가능한 방식이다. 침묵을 유지할 수 있기 위하여 현존재는 말할 무엇을 가지고 있어야 한다. 즉 자유롭게 본래적인 그리고 풍부한 자기를 드러낼 수 있어야 한다. 이렇게 할 경우 우리의 침묵은 진정으로 무엇을 드러내고 잡담을 없앨 수 있다. … 담화의 양식으로서 현존재의 침묵은 다음과 같은 것을 일으키는 그러한 근원적인 방식에서 현존재의 지성을 밝혀준다. 즉 참다운 것을 들을 수 있는 잠재성과 분명히 서로 더불어 사는 존재라는 것을(『존재와 시간』).

나는 지금 잡담과 대화에 관한 전형적인 모델을 간단히 개관하겠다.

3. 잡담으로서의 언어(공론: public opinion)

다른 사람과의 담론(Rede-mit-ein-einander)으로서 언어는 쉽게 잡담으로 전락할 수 있다. 이것은 말하는 사람이 다른 사람의 말에 주체적으로 대답하기를 그치고 익명적인 '공론'의 잡담으로 대응하는 것으로 만족할 때마다 일어난다. 여기서 개별적인 주체로서(현존재로서) '나'의 실존적인 책임은 '세인(das Man)'의 흐름에 편승하게 된다. 따라서 나의 말은 본래적인 나의 것이기(독일어로 'eigentlich'를 글자 그대로 풀이하면 '자신의'라는 뜻이다)를 그치고, 시속(時俗)에 따른 잡담의 교환으로서 단순한 일용품으로 전락하게 된다.

잡담으로 흘러나온 이야기들은 우리 자신으로부터 도피하기 위한 전략이 된다. 즉 우리는 정확히 우리 자신의 체험을 바탕으로 하여 대화하지 않는다. 세계에 대해 도전하고 거기서 신비감을 맛보던 삶은 이제 가고, 모두가 일상적이고 편리한 것에 안주하고 만다. 우리의 실존은 이제 더이상 우리에 의해서 살아지는 것이 아니다. 즉 우리를 대신해서 결정을 내리는 익명의 '세인'에 의해서 우리가 살게 되는 것이다. 그래서 우리는 우리 내부의 공허한 틈을 시속의 평균 규범에 따라 지껄임을 통해서 메운다. 잡담 또는 '누가 … 라고 하던데'라는 식의 말은 다른 사람의 말에 대한 진정한 화답으로서 내가 정말 그렇게 대답하는 것이 아니라, 익명의 그들이 그렇게 말했기 때문에 나도 그렇게 말하는 정도만큼 다른 사람과 함께 사는 우리의 존재를 비본래적으로 전락시킨다.

하이데거는 이렇게 소외되어 있는 언어를 다음과 같은, 즉 거기서는 우리 존재의 진정한 언설과 단순한 수다 사이의 구별이 불가능하다는 점에서 존재론적으로 아무런 기반이 없다(Bodenlogigkeit)고 정의한다. 더욱이 세인의 기준에서 평균치로 말하는 화자는 "이러한 구별을 원하지도 않고 또 필요하다고 생각지도 않는다. 왜냐하면 그렇게 하는 것이 편하기 때문이다." 잡담은 도전적이며 비판적으로 차이성을 드러내는 각 개인의 독특한 개성을 사상시켜 익명적인 대중의 세계로 들어가는 수단을 제공해 준다. 하이데거는 다음과 같이 쓰고 있다.

> 잡담은 존재자를 자신의 것으로 하지 않고 모든 것을 이해하고 있는 것처럼 만들어준다. 만일 내가 무엇인가를 독자적으로 만들려고 한다면, 잡담이 그것의 설립자가 되어 있다는 것을 발견할 수 있다. 그래서 그것이 그런 나의 모험을 막아줄 것이다. 잡담은 모든 사람에게서 모난 부분을 긁어내주는 어떤 것이다. 이것이 우리의 진정한 이해의 작업을 막아서 우리를 일률적인 사람으로 만든다(『존재와 시간』).

아무런 근거도 없이 어떤 것을 경솔하게 남이 하는 방식을 따라서 반복하게 되는 그런 무차별성은 궁극적으로 진리를 드러내는 행위를 은폐시키는 행위로 전락시킨다. 달리 말하면 잡담은 우리가 존재에 대해 참된 해석을 못하게 은폐시키는 작용을 하게 된다. 모든 것을 아는 것처럼 하면서도 실은 새로운 탐구와 논쟁을 하지 못한다. 그래서 세인의 대화는

"전체주의적 지배를 강화시켜주고 … 우리의 마음상태를 규정하고 우리가 사물을 보는 방식을 지배한다"(『존재와 시간』). 익명적인 상투어와 구호들은 우리가 자기해석을 못하게 하고 사려 깊은 언어를 사용할 필요성을 느끼지 못하게 한다. 존재자의 외양만을 대충 훑어봄으로써 거기에 만족하고, 우리의 뿌리를 묻는 존재에 대한 우리의 근본적인 물음은 추구하지 않게 된다.

하이데거는 따라서 "이렇게 존재에 대해 묻지 않음이 우리에게서 가장 일상적이면서 가장 고질적인 현실이 되었다"고 결론짓는다. 이렇게 뿌리 없는 대화가 행해지는 가장 전형적인 길이 호기심과 표리부동의 이중성(Zwei-deutigkeit)이다. 호기심에 의해서 우리가 자신은 직접 관여하지도 않으면서 모든 것을 소유하고 또 소비하기를 추구하는 한 우리는 비본래인 다른 사람과 함께 사는 존재가 된다. 잡담은 모르는 것이 대부분이고 아는 것이 거의 없다는 점에서 호기심에서 나온 대화이다. 그것은 무엇에 대한 가치 있는 대화이기보다는 존재자를 자랑하는 술자리에서의 대화이다. 그래서 타인과 진정으로 교통하지 않고, 타인이 즐거움과 오락의 기회를 제공하여줄 것으로 예상되는 정도에서만 그들에게 관심을 갖는다. "호기심에 의해서 세인은 새로운 것을 찾아서 여기 저기 떠돌아다닌다. 들떠서 새로운 것을 계속해서 찾고 만나는 사람을 바꾼다"(『존재와 시간』). 다른 사람과 더불어 사는 존재로서의 진정한 언어와는 달리 세계에 대한 경이감과는 아무런 관계가 없다(이것을 확인해주는 그리스어 'Thaumazein'은 모든 철학적 물음의 시초가 된다). 확실히 호기심은 알려지거나 알려질 일종의 지식과 관계한다. 하이데거는 다음과 같이 요약한다.

우리가 관계하는 주위환경에 머무르지 않고 새로운 가능성에 의해서 산만하게 들떠 있는 이것이 호기심을 형성한다. 호기심이라는 현상의 본성이 바로 여기에 기반을 두고 있는데 우리는 이런 사람을 그 어떤 곳에서도 거주하지 않는 사람이라고 부를 것이다. … 잡담이 호기심을 더욱더 일으키게 한다. 그것이 우리가 읽어야만 하고 보아야만 하는 것을 말해준다. 모든 곳에 존재하면서 그 어디에도 없는 존재자에게 잡담은 항상 호기심을 불러일으킨다(『존재와 시간』).

4. (진정한) 대화로서의 언어(시: poetry)

하이데거에게 시적 언어는 다른 사람과 함께 존재하는 우리 존재의 가장 본래적인 양식이다. 여기서 언어는 (다른 사람이 제삼의 아무개씨로 되는) 잡담과 (다른 사람의 초월성이 과학적 확실성을 위하여 사상되는) 논리적 언표의 약점이 극복된다. 시를 통해서 언어는 실존적 투기의 계시적 텍스트로서 세계를 해석하는 그 근원적 해석학적 기능을 회복하게 된다. 이것을 통해서 세계는 가능성의 열려진 지평으로 드러나고, 그 각각은 존재의 상징 또는 암호로서 우리에게 말해온다.

그러나 만일 우리가 시를 통해서 언어의 뿌리가 우리의 본래적인 세계 내 존재에 있다는 것을 인지하게 된다면, 우리는 역시 우리의 존재가 궁극적으로 죽음(비존재의 가능성)에 그 뿌리를 두고 있다는 것을 알게 될 것이다. 시적 언어는 따라서 도구적 연관으로 세계를 보는 나의 해석을 무화시킨다. 시에 있어서 존재의 의미는 '나의' 세계에 대한 '나의' 해석을 넘어선다. 즉 그것은 단순히 경제적 또는 정치적, 정보교환적인 실용적 맥락에서 해방된 존재라는 의미에서 '탈속되어' 있다. 이런 양식으로 타인은 특이하면서 독특하며 나의 기능적 투기로 환원될 수 없이 나와 대면하게 된다. 그리고 마찬가지로 나 역시 사물과 사람에 대한 나의 전통적인 접근에서 해방되어 탈속되어 있다.

좀더 자세한 예를 들어보면 우리는 다음과 같이 말할 수 있겠다. 즉 시의 세계에서 장미는 단순히 원예농업적으로 과학적 관찰의 대상이라는 관점에서 더이상 고려되지는 않는다. 물을 주어 길러서 팔 대상이 아니라, 나의 직접적인 환경의 일부로서 다듬어지고 탄미된다. 참으로 단순히 국가의 정체성(예를 들면 영국의 장미) 또는 성적인 순결(예를 들면 흑장미, 너 병들어 있구나!) 또는 회개를 통한 부활(예를 들면 그리스도교도에게서 십자가의 신비와 소생한 장미) 등은 단순한 상징만은 아니다. 시적인 발화에 있어서의 장미는 모든 우리의 해석적 투기를 넘어서서 일체가 되도록 한다. 그것은 '왜라는 이유'도 없이 스스로 개시된다. 독일의 신비한 시인 시레시우스가 다음과 같이 적은 것처럼. "장미가 장미인 것은 장미이다"(『바탕으로부터의 도약』).

하이데거는 인간은 "인간이 존재를 경험함으로써 존재자를 개시하는

한"(『언어에 이르는 길』) 궁극적으로 시적 언어에 기반해 있다고 확언한
다. 존재의 경험은 종종 시적 언어가 특수한 실용적 관심과 관련해서 논
리적 또는 실용적 도구로서의 언어를 버리도록 하고 우리에게 죽음의 경
험을 대면하게 할 때 일어난다. 시는 우리에게 우리가 죽음을 향한 존재
(Sein-zum-Tode)라는 것을 각성시키는 최상의 수단이다. 왜냐하면 그것이
우리에게 우리의 실존이 유한하며 결국에는 죽음에 이른다는 것을 상기
시켜주기 때문이다. 존재 자체는 존재하지 않는 어떤 것, 즉 무로서 (나에
대하여 비존재자로서) 개시하면서 자신의 유한성을 자각하는 우리와 시적
으로 만난다. 시에서 존재는 그 모든 면을 개시한다. 그것은 개인적 투기
의 한계를 드러낸다. 이것은 키이츠가 '부정능력,' 즉 "사실과 이성을 추
구하는 데에 안달하지 않으면서 신비, 불확실성 또는 의심을 경험할 수
있는" 능력이라고 부른 것이다.

　존재자를 당연하게 받아들이는 일상적인 언어를 염두에 두면서 시적
언어는 자주 우리에게 존재의 차원을 드러낸다. 그것은 대상과 도구의 세
계가 그들을 있는 그대로 처음 보는 우리의 시적 언어의 힘에 의해서 변
모되었을 때이다. 하이데거가 지적한 것처럼, 우리는 시를 통해서 존재자
로부터 되돌아와서(ein Schritt zuruck) 새로운 방식으로 세계를 볼 수 있
다. 결과적으로 만일 사상가가 근원적인 방식에서 존재를 다시 생각하고
다시 말한다면, 그는 시인이 어떻게 존재의 언어를 바꾸는지를 주의하라
고 충고할 것이다.

　　존재의 목소리에 순응하면서, 사유는 존재의 진리가 표현되는 언어를 찾는
다. 역사적인 인간의 언어가 유일하게 말씀을 낼 때는 존재가 진정으로 부를
때이다. … 존재 사유는 말씀을 보호해주고 그런 보호 속에서 자신의 기능을
수행한다. 즉 언어의 쓰임에 주의한다. 오랜 보호의 침묵과 그 장(field)에 대
한 주의 깊은 분류가 분명해졌을 때 사상가의 발화가 나온다. 근원 같은 것들
중에 시인의 이름이 있다. … 왜냐하면 시와 사유가 말씀을 돌보는 데에 있어
서 똑같이 가장 순수하기 때문이다(『형이상학이란 무엇인가?』).

장 폴 사르트르
Jean Paul Sartre

사르트르는 1905년 파리에서 태어났다. 그의 아버지는 구교도 가톨릭이었고 어머니는 프로테스탄트였으나, 그러나 무신론의 대명사가 된 사르트르는 그 둘 다 아니었다. 그가 두 살 때에 아버지가 전사하였는데, 사르트르는 종종 자신의 사상형성기에 있어서 다음과 같은 것을 가르쳐 준 아버지 없는 실존에 관하여 말하곤 했다. 즉 모든 인간은 자신의 과거상황을 넘어서서 자신을, 말하자면 무(nothing)에서 자신을 창조한다는 것이다. 사르트르에 따르면 20세기 인간의 궁극적인 조건은 자포자기, 불안, 그리고 완전한 자유 중 하나이다.

사르트르는 1931년 하비에서 철학교사로서 지적인 생애를 출발했다. 1933년에 그는 현상학을 배우기 위하여 처음으로 독일로 가서 현상학의 대가들에게 수업을 받았는데, 이것이 이후의 자신의 전철학적 발전에 있어서 중요한 계기가 되었다. 독일로부터 돌아온 후에, 사르트르는 1930년대에는 상상에 관한 현상학적 주요 저작뿐만 아니라, 1938년에 『구토』-그의 최초의 베스트셀러이자 그가 쓴 그 후의 많은 소설이나 희곡과 마찬가지로 생생한 문학적 견지에서 자신의 철학적 저작에 들어 있는 핵심적인 통찰을 표현한 소설-와 같은 작품을 남기였다. 사르트르는 감정과 문학과 같은 주제로 몇몇 다른 현상학적 연구서를 출판했다. 그러나 사르트

르가 독창적인 사상가로서 또한 가장 위대한 현대 자유의 철학자로서 많
은 사람에게 인식된 것은 1943년의 그의 기념비적인 『존재와 무』의 출판
과 더불어서였다. 그리고 사르트르가 유명한 프랑스 잡지 《현대》를 창간
하여 보봐르, 메를로 퐁티, 카뮈, 아롱 등과 금세기의 가장 매력적인 지적
인 논쟁에 참가했던 것도 바로 이때였다.

  사르트르 저서의 영향은 철학뿐만 아니라 문학에서도 지대했다. 그리
고 그의 평판은 결코 조국 프랑스에만 국한되지 않았다. 1950년대에 이
르면 사르트르의 이름은 전 세계적으로 실존주의와 동의어가 되었다. 그
리고 실존주의는 논쟁을 좋아하는 사르트르의 스타일과 그의 지위에 크
게 힘입어서 20세기 인간의 가장 대표적인 철학으로서 자리를 잡게 되었
다. 『존재와 무』와 크게 인기를 끌었던 『실존주의와 인도주의』의 출판 이
후 후기의 사르트르는 현상학적 실존주의의 한계를 넘어서서, 『변증법적
이성비판』에서 분명히 나타났듯이, 루카치로부터 많은 영향을 받은 인도
주의적인 맑스주의 정치철학을 포함하는 경향을 나타내었다. 50대 후반
부터 60대의 혁명가적인 활동 후에 사르트르는 1971년에 플로베르(프랑
스의 소설가)에 관한 방대한 세 권의 연구를 출판하면서 미학문제에 천착
했다. 사르트르는 1980년에 파리에서 운명을 마쳤다.

  지금의 이 연구에서 우리는 현상학적 운동에 관한 사르트르의 공헌만
을 다룰 계획인 까닭에, 우리는 후기의 맑스주의와 미학적 저작에 관한
논의는 생략하는 대신에 30~40대 때의 사상형성기에 국한해서 집중적으
로 다루겠다.

1

  사르트르의 실존철학은 그 자신의 말로 표현하면 지성계의 '세기적 스
캔들'이 되었다. 하이데거가 현상학을 존재의 문제에 응용했다면, 사르트
르는 그것을 자유의 문제에 재응용했다. 그는 후설의 방법을 실존주의적
방향으로 발전시킨 하이데거에 동의한다. 그러나 그는 실존주의가 근본적
인 인도주의의 바탕이라고 선언한 점에서 하이데거와 다르다. 사르트르에

의하면 존재가 아니라 인간이 실존주의 무대의 중심을 차지한다. 의미는 존재의 증여가 아니라 인간 개개인의 발명품이다. 후설의 현상학적 분석에서 지적했듯이 인간은 이제 더이상 어떤 초시간적 본질 또는 실체로서가 아니라, 항상 자신을 초출하면서도 그 실존을 통해서 자신을 재인식하는 지향적 활동으로 이해되어져야 한다. 따라서 사르트르는 다음과 같이 확언한다. 즉 인간실존이라는 존재론적 근원에 기반을 두고 있는 진리는 개별적인 인간의 자유로운 선택행위의 총화라고. 무는 많으면 많을수록, 무는 더 적다(Nothing more, nothing less). "인간은 자신을 만들어가는 존재이다." 사르트르가 주장하길, 이것이 실존주의의 제1원리이다.

자유의 현상학에 대한 가장 일반적인 사르트르의 정식화는 『실존주의와 인도주의』에서 발견된다. 1946년에 쓰이고 출판된 이 책은, 전후 유럽에 팽배했던 사회·문화적 위기에 대한 가장 알맞은 철학적 응답으로서 실존주의에 대한 열렬한 호소를 담고 있었다. 사르트르는 전통의 의미체계로부터 깨어나도록 대중들에게 직접 연설하면서 매우 도전적인 자세를 취했다. 그는 어떤 의미이든 간에 몰락된 유럽 문명을 재생하기 위해서는 각자의 주체적 의식이라는 유일한 방책을 가지고 무에서부터 새출발해야 한다고 선언한다. 오직 개인만이 자기 자신 안에서 절대적인 선택의 자유와 책임을 가지고 전면적인 새출발의 수단을 발견할 수 있다. 전통적인 규범과 인습은 이제 더이상 항소에 대한 객관적인 법정으로서의 역할을 수행할 수 없다. 이러한 취지하에서 사르트르는, "대중은 비진리이고, 진리는 주체성이다"라는 키에르케고르적인 공리와, 세계와의 지향적·창조적 관계를 회복하기 위하여 우리의 생생한 경험(le vecu)으로 되돌아가야 한다는, 현상학적 메시지를 결합한다. 사르트르는 인도주의적이라는 이름의 현상학적 실존주의를 그것이 근본적인 새출발에 대한 가장 좋은 가능성을 제공해줄 수 있다는 믿음하에서 전개하였다. 『실존주위와 인도주위』는 본래적 실존에 대한 청사진을 제공해주었다. 그러나 하이데거와는 달리, 사르트르는 '본래성(authenticity)'을 '기초 존재론(fundamental ontology)'이 아닌 '기초 인간학(fundamental anthropology)'의 지표로서 본다. 사르트르에게 본래적으로 존재한다는 것은 인간의 실존이 본질에 선행한다는 것을 자득하는 것이다.

플라톤에서 칸트에 이르기까지 전통철학들은 우리의 본질이 우리의 실존에 선행한다고, 즉 우리는 (모든 사물의 제1원인으로서) 신, 자연, 이성과 같은 본유적(innate) 또는 선천적(a priori)인 원리에 의해서 미리 규정지어져 있다고 가르쳐 왔다. 이러한 이론들에 따르면 우리는 시간적 실존으로서 이 세계에서 충실하게 실현해야 할 어떤 주어진 인간적인 '특성'과 '본질'을 갖는다. 즉 우리는 우리 앞에 놓인 원고를 들고 대사를 외는 무대의 배우와 같다. 사르트르는 이러한 전통적 태도를 본래성과 대비되게 '근엄성' 또는 '심각성'이라고 부른다. 그는 이미 이루어져 있는 사회에서 예정된 어떤 역할을 해야 하고, 또 우주에서 어떤 지정된 지위를 차지하는 것이 실존이라고 믿는 사람들이 이러한 태도를 가지고 있다고 하였다. 사르트르의 소설 『지도자의 유년기』에서 플로리에르와 같은 근엄한 사람은, 그 자신에 의해서 이루어지는 실존적 선택을 어떤 자연적 또는 신적 운명에 의해서 결정된다고 가정함으로써, 어떻게 존재할 것인가를 자유롭게 선택하는 불안과 책임을 피하려고 하는 사람이다. 근엄성은 말하자면 전통적인 왕권신수설을 인간적으로 해석해 놓은 것에 불과하다. 사르트르는 다음과 같은 풍자글에서 페롤리 공장소유자로서 그 아버지의 지위를 계승한 플로리에르를 묘사한다.

여러 세대의 노동자들은 성실하게 플로리에르의 명령을 잘 따를 것이다. 왜냐하면 그들은 결코 그의 명령할 권리를 박탈할 수 없기 때문이다. 권리는 수학적 대상과 종교적 교리처럼 실존을 넘어서는 것이다 … 그는 우연히 한 동안 존재한다고 믿는다. 그러나 그것은 충분한 생각의 부족에서 기인된 것이다. 태양 아래에서 그의 지위는 그가 태어나기도 전에 정해져 있었다. 그들은 그의 아버지가 결혼하기도 전부터 오랫동안 그를 기다리고 있었다. 즉 그가 이 세상에 존재하게 된다면 그 자리를 차지하게 될 것을 … 우아한 어떤 청년이 한 시간 전에 카페에 들어갔다. 지금은 프랑스인들 중에서 지도자인 어떤 한 남자가 떠났다(『지도자의 유년기』).

그러므로 근엄한 사람에게 실존은 이미 정해져 있는 본질에 충실하는, 즉 그의 주어진 자아에 진실하는 길이다.

이에 반해 본래적인 사람은 진실로 어떤 주어진 자아도 없다는, 즉 우리의 실존이 우리의 본질에 선행한다는 것을, 그리고 우리는 우리가 살아가는 대로 자신을 창조한다는 것을 인정하는 존재이다. 이것은 우리가 우리의 자유로운 결정과 행위에서 그리고 그것을 통해서 자신의 정체성(identity)을 창출해간다는 것을 의미한다. 따라서 우리의 본질은 우리가 우리의 본질을 선택한다는 것 이외에 아무것도 아니다. 우리가 (선한, 악한, 무차별적인) 어떤 무엇인 것은 우리가 그렇게 태어났거나 또는 신에 의해서 그렇게 창조되었거나 또는 우리의 주위환경, 즉 유전인자, 가정교육, 또는 종교적 훈련 때문이 아니라 그와 같이 우리 자신이 우리를 만들었기 때문에 그러하다.

물론 사르트르는 우리가 한계 내에서 선택한다는 것을 부정하기를 바라는 것은 아니다. 그는 먼저 우리의 실존이 항상 구체적인 역사적 맥락에 상황지어져 있다는 것을 인정한다. 나는 내가 태어나는 것도, 나의 물리적 또는 생물적 조건도, 또는 경제적 계급과 정치적 지위, 또는 내가 태어난 민족의 문화도 선택할 수 없다. 그러나 나는 정말 이러한 상황의 한계 내에서 어떻게 존재할 것인지를 선택한다. 사르트르는 『존재와 무』에서 다음과 같이 예를 들어 설명한다.

> 나는 약점을 창피하고 참을 수 없는 것으로 간주하여 숨어버리거나, 또는 긍지의 원천이자 성공의 원동력으로써 자랑할 것인지를 선택할 수 있는 병약자일 수 있다.

즉 인간은 자신을 조건짓는 사실적 상황의 영향에도 불구하고 자신을 만들어 나가는 존재이다. 우리는 죽음에서 그 정점에 도달할 일련의 자유로운 선택에 의해서 우리가 무엇이고 어떻게 있을 것인가를 자리매김하기 때문에 우리는 자유이다.

'근엄성'과 '본래성'이라는 반대되는 두 용어의 의미를 구성하는 어간이 이 점에 관하여 시사하는 바가 크다. 전자는 라틴어 'sine-cera'에서 유래한 것으로 문자상의 의미로는 '밀랍(wax) 없는,' 즉 가장 또는 가식이 없음을 의미한다. 그러므로 자신에게 진실로 '근엄하게' 되기 위해서는 가면(假面)을 쓰는 것을 거부하고 또 우리가 우리가 아닌 다른 어떤 것인 체하는 것을 거부하는 것이다. 이러한 태도는 『햄릿』에서 아들 라에르테스에게 충고하는 폴로니우스에게서 그 전형적인 예를 발견할 수 있다.

"무엇보다도 먼저 너 자신의 자아에 충실하라. 그리고 그것을 밤낮으로 따르라. 그러면 너는 어떤 사람에게도 잘못할 수 없다." 근엄한 사람은 자신의 정체성을 걸어 놓고 경기하거나 실험하기를 거부하는 사람이다. 그는 그의 자아를 자연적으로 부여된 사물질서의 일부로서 받아들인다. 즉 근엄성은 일종의 자연법의 존재에 대한 믿음을 전제로 한다.

반면에 '본래성'이란 용어는, 자신을 만들고 자신을 창조한다는 의미를 가지고 있는 그리스어 어간 'auto-hentes'에서 유래하였다. 본래적이라 함은 우리의 실존을 다양한 자기동일성의 가능성으로 선택하는 개방된 '장(field)'으로 이해하는 것을 말한다. 결과적으로 본래성은, 새로운 역할을 수행하기 위하여, (연극, 소설 따위의) 등장인물의 정체성을 확인해주는 연기를 하기 위하여 우리의 '객관적인' 본질을 부정하거나 초월할 것을, 즉 우리의 다양한 실존의 투기를 표현하기 위하여 새로운 가면을 쓸 것을 요구한다. 우리 자신을 가능성의 지평으로 개방함으로써만 우리는 자유롭게 어떤 주어진 상황을 선택할 수 있다. 사르트르는 『실존주의와 인도주의』에서 다음과 같이 쓰고 있다. "내가 제안하는 원리에서 놀랄 만한 것은 인간이 선택가능성과 대면하고 있다는 것이다." 본래성에 대한 사르트르의 서술은 키에르케고르의 실존이론, 특히 다음과 같은 낭만적 영웅에 대한 그의 '미학적' 묘사에 영향받았다는 것은 의심할 바 없다. 즉 파우스트(Faust), 돈 쥬앙(Don Juan), 프로메테우스(Prometheus)가 그들인데, 이들은 모두가 그들 자신의 개인적인 자유를 위해서 자연적·신적 질서를 거부하였다.

자유로운 선택에 대한 실존주의의 요구는 자유로운 행위에 대한 요구와 상관된다. 만일 우리가 인간은 신에 의해서 창조되어 어떤 주어진 본질이 있다고 하거나 또는 유전적·환경적·사회경제적 요인에 의해서 미리 규정되어 있다고 한다면, 우리는 개인은 아무런 행동도 하지 않는다고 하는 정적(靜寂)주의로 귀결되고 말 것이다. 모든 것이 우리가 그 현장에 도착하기도 전에 정해져 있다면, 우리가 해야 할 것은 아무것도 없다. 나의 삶은 나의 개인적 행위를 넘어서는 알 수 없는 힘에 의해서 부여된 이미 만들어놓은 각본을 재현하는 것 이외에 아무것도 아니다. 예를 들면 유신론(theism)의 경우에는 다음과 같다.

신이 인간을 절차와 개념에 따라서 만들었다. 마치 직공이 정의와 공식에 따라서 칼을 만드는 것과 똑같이(『실존주의와 인도주의』).

인도주의의 극단화는 그 필연적인 결과로서 유신론에 대한 논박을 수반한다. 미리 상상된 '신적인 마음(Divine Mind)'이 없기 때문에 '인간성(human nature)' 같은 것은 없다(사르트르는 인간에게 실체라는 것이 만약 있다면 그것은 실존 이외에 아무것도 아니라고 한다 - 역자 주). 각각의 개인은 자신을 의욕하고 인식하는 '실존을 향한 비약'이다. 유신론과 다른 모든 형태의 집단주의적 교조주의를 거부함으로써 개인은 자기세계의 작자로서 자기역할을 수행할 수 있다. 그러므로 우리가 인간의 실존이 그 본질에 선행한다고 말할 때, 그것은 다음과 같은 의미를 갖는다고 사르트르는 선언한다.

우리는 다음과 같이 주장한다. 무엇보다도 먼저 인간이 존재하고, 자기 자신을 만나고, 세계로 비약한다. 그리고 미래로 투기한다.

인간은 행동의 연속 이외에 아무것도 아니다.

사르트르는 도스토예프스키의 다음과 같은 격률을 확인한다. "만일 신이 죽었다면, 모든 것이 허용된다." 실존주의는 필연적으로 '신이 없다'라는 결론을 이끌면서 신 없는 실존의 드라마적인 성격을 띤다고 사르트르는 주장한다. 유신론으로부터 해방됨으로써 비로소 우리는 변명이나 핑계 없이 존재한다. 즉 우리는 더이상 우리 외부의 어떤 권위에 실존의 책임을 미룰 수 없다. 매순간 우리는 우리의 정체성을 창출하는 자유이다. 근본적인 자유의 철학으로서 무신론은 실존주의에서 가장 진정한 표현을 발견한다.

그런데 사르트르는 보편적인 이성 또는 진보라는 실증주의적인 관념에서 선천적으로 인간 자신에게 타당한 어떤 가치가 있다고 가정하는 계몽적 이성주의의 시도 역시 세속적 교조주의라고 하면서 거부한다. 이것은 단지 유신론적 결정론을 무신론적인 것으로 바꿔 놓은 것에 불과하다. 사르트르에 의하면 심지어 프롤레타리아트의 피할 수 없는 해방으로서 역사적 혁명에 대한 맑스적 해석 역시 궁극적으로는 개인적인 행위의 자유로 귀결된다. 왜냐하면 사르트르가 『실존주의와 인도주의』에서 지적한 바대로, 러시아인들이 1917년에 혁명을 일으켰지만 그것이 프롤레타리아트의 필연적인 승리로 이끌었다고 우리는 말할 수 없을 것이다. 그것은 차라리 그 반대였다고 말하는 것이 더 정당할 것이다. 정의와 만인을 위하여 보장되어 있는 것은 아무것도 없다. 역사는 새 장들이 쓰일 것을 기다리는 열려 있는 책이다. 단지 우리의 자유로운 행위만이 그들을 채울 수 있다(이 점에서 사르트르가 가장 좋아하는 말이 맑스의 다음과 같은 테제였다는 것을 상기할 필요가 있다. "인간이 역사를 창조한다. 그러나 주어진 여건을 기초로 하여서 역사를 창조한다"—역자 주). 실존주의는 행동의 현상학을 요구한다.

　사르트르는 존재론적 기반에서 존재(On)만이 실존의 시간적 투기의 관점에서 의미를 지닐 수 있다고 주장한다. 단순히 물질로서 어떤 자유로운 선택도 없이 존재하는 나무나 돌과는 달리, 인간은 "자신을 미래로 내던지고 그렇게 하는 자신을 인식하는" 시간적 투기함이다. 우리의 과거 또는 현재의 주어진 조건이 그 무엇이라 하더라도, 우리의 미래는 채워지기를 기다리는 검은 캔버스로서 우리에게 다가온다. 여기서 사르트르는 세계내 존재에 대한 하이데거의 현상학적 기술을 시간성(temporality), 즉 열려진 가능성의 지평을 향해 끊임없는 초월로서 확인한다. 이렇게 자신을 시간적으로 투기하는 인간존재 앞에는 그 어떤 본질도 존재하지 않는다. 시간성의 현상학이 사르트르 실존주의의 중심에 놓여 있다.

　그러나 우리가 자기 자신을 시간성의 투기로서 자리매김하는 한 우리 각자는 전적으로 의미창출에 대하여 책임을 져야 한다. 미래 가능성으로서 현재 자아의 자유로운 투기로서 우리의 실존이 우리의 본질에 선행하는 까닭에 "인간은 그가 무엇인가에 대하여 책임져야 한다. 그러므로 실존주의에서 제일되는 결과는, 인간 모두는 그 자신의 운명에 대한 주인이고 또 그 자신의 어깨에 실존에 대한 모든 책임을 져야 한다는 것." 인간이라는 존재는 단순히 환경적 영향의 결과라고 이의를 제기하는 사람들에게, 사르트르는 우리 각자는 자신이 무엇이고 또 무엇이 될 것인가에 대하여 책임져야 한다고 대답한다. 우리는 아무리 똑같은 상황에 처해 있어도 다른 식으로 존재할 수 있다. 우리에게 주어진 조건(계급, 국적, 언어 등)에 기반을 두어서, 우리는 자기 나름의 역할을 창출해낸다. 사르트르가 간명하게 언급한 것처럼 폴 발레리는 참으로 프티 부르주아지로서의 파리 시민이다. 그러나 그 역은 성립되지 않는다. 사르트르의 실존주의는 따라서 개인적 책임의 현상학을 수반한다.

이렇게 어디서나 있는 책임 때문에 인간은 전적으로 자유이다. 심지어 어떠한 선택도 하지 않는 선택 자체 역시 선택이다. 이것을 증명하기 위하여, 사르트르는 전쟁 중 자신을 상담해줄 사람을 찾는 한 학생의 예를 든다. 학생은 그가 나치와 싸우기 위하여 영국에 가서 레지스탕스운동에 참가할 것인가 아니면 파리에 남아서 자신의 병든 노모를 돌볼 것인가라는 딜레마에 빠져 있다. 사르트르는 "당신은 자유이다. 그러므로 선택하라"라는 것을 상기시키면서 학생 자신의 선택에 대한 책임을 강조한다. 그는 또 다음과 같은 점을 함께 지적한다. 즉 그가 가서 충고해 줄 누군가를 찾는다면, 예를 들어 목사를 선택한다면, 어느 목사를 선택할 수 있을 것이다. 달리 말해서, 그 목사가 무엇을 충고할지를 알면서, 이런저런 (예를 들면 레지스탕스에 또는 부역에 동정적인) 목사를 선택하는 것이다. 충고자를 선택한다는 것은 이미 그런 선택에 자신이 위임되어 있다는 것을 함의한다. 사르트르의 실존주의는 선택의 현상학이다.

선택의 불가피성에 대한 자각은 불안의 경험을 수반한다. 우리는 다음과 같은 이유 때문에 선택할 때에 불안으로 가득 차 있다. 즉 어떤 절대적인 양식하에서 우리의 행동을 보장해주고 정당화시켜줄 수 있는 객관적인 가치의 기준이 없다는 것을 우리는 자각하게 되기 때문이다. 본래적 실존은 불안의 불가피성을 받아들이고, 그것으로부터 도피하기를 추구하지 않는 것을 의미한다. 더욱이 우리의 불안은 우리 행위의 선택이 개별적인 자기 자신을 위한 선택일 뿐만 아니라, 모든 인간을 위하는 것이라는 사실에서부터 나온다(여기서 사르트르는 "우리의 행동이 모든 다른 개인에 대해서도 역시 보편화될 수 있는 그런 방식으로 행위해야 한다"는 칸트의 언명을 지지한다). 반대로 비본래적인 개인은 만인에 대해서가 아니라 개인에 대해서 정당한 것이 보편적이라는 환상을 지지한다. 일련의 자연법이 미리 부여해 놓은 전통적인 초월적 가치체계의 이념을 부정하고, 사르트르는 단호하게 다음과 같이 말한다.

불안, 그것이 바로 행위의 조건이다. 왜냐하면 행위라는 것은 복수의 가능성과 이들 중에서 하나를 선택하는 것을 가정하기 때문이다. 우리는 그것이 선택되어졌다는 그것 때문에 가치가 있다는 것을 안다(『실존주의와 인도주의』).

그러므로 실존주의는 불안의 현상학을 포함한다.

사르트르는 우리는 '미학적' 유비(analogy)의 견지에서 인간실존의 드라마를 가장 잘 알 수 있다는 제안을 하면서 『실존주의와 인도주의』를 맺는다. 우리가 프로스트라는 사람의 천재성을 그가 쓸지도 모르는 또는 쓸 수도 있었던 소설로서 판단하는 것이 아니라 그가 실제로 쓴 것으로 판단하는 것처럼, 각 개인의 실존은 그 자신이 수행했던 행동들에 기반해서 판단되어야 한다. 이 점을 사르트르는 다음과 같은 것을 의미한다고 말한다. "삶에서, 인간은 스스로를 위탁하며, 스스로 자신의 초상화를 그리며, 또 그 자신이 그린 초상화 이외에 아무것도 아니다." 사르트르는 아래와 같이 이러한 중요한 유비를 발전시켜 나간다.

도덕적 선택은 예술작품의 구성에 비견되어질 수 있다. … 어떠한 사람도 작가가 선천적으로 만들어져 있는 규칙에 따르지 않고 그림을 그렸다고 하더라도 비난할 수는 없다. 우리가 그가 그려야 할 그림이 어떠한 것이어야 한다고 요구할 수 있겠는가? 누구나 인정하는 것처럼, 그 작가가 그려야 한다고 미리 규정되어 있는 그림은 없다. 즉 예술가는 그림의 구성에 자신을 투여한다. 그리고 그려져야 하는 그림은 정확히 그가 그리려고 의도한 그것이다. 누구나 알고 있는 것처럼 선천적(a priori)인 미학적 가치란 없고 단지 그림의 정합성에서, 즉 창조하려고 하는 의지와 완성된 작품 사이에서 나타나는 적절한 절차만이 가치가 있다. 어떤 사람도 내일의 그림이 어떠할지를 말할 수 없다. 우리는 그 그림이 다 그려지고 나서야 그 그림을 판단할 수 있다. 이 점이 도덕성과 어떤 관계에 있는가? 우리는 같은 창조적 상황에 놓여 있다. 우리는 결코 예술작품에 대하여 무책임성을 말할 수 없다. 우리가 피카소의 유화에 대하여 토론할 때, 우리는 그 작품이 언제 그려졌으며 또 그 작품이 그의 전생애의 일부이자 한 구획을 짓는 것이라고 이해한다. 마찬가지 상황이 도덕성의 경우에도 적용된다. 예술과 도덕성에서 공통적인 것은 두 경우 모두에서 우리는 창조와 발명과 관계한다는 것이다(『실존주의와 인도주의』).

사르트르는 실존을 이렇게 미학에 유비하는 것이 많은 경우에 적용되지 않는다는 것을 인정한다. 왜냐하면 인간은 그가 어떤 존재인가에 대하여 책임을 져야 하는 존재이기 때문이다. 겁쟁이는 겁쟁이인 존재에 대하여 책임을 져야 하고 영웅은 영웅인 존재에 대하여 책임을 져야 한다. 결과적으로 둘 모두는 그들이 (규정되는) 무엇인 존재이기를 그치고 무엇이 되고 있는 가능성이라는 것을 받아들여야 한다. 이런 이유에서 사르트르는 실존주의가 염세주의와 무행동의 성격을 띤다고 하는 비난을 오해로 간주한다. 그는 또 실존주의는 전적인 자유, 책임 그리고 행위의 수행에 호소하는 그 반대의 성격을 띤다고 응수한다. 그리고 이런 것들은 최극단의 낙관주의의 행동이다. 왜냐하면 그것은 인간의 운명을 전적으로 인간의 손에 놓기 때문이다. 사르트르는 전통적인 방향으로 다음과 같이 결론짓는다.

　　근엄성의 외양을 가지거나 또는 결정론적인 변명을 가지고 이러한 전적인 자유로부터 도피하려고 하는 자를, 나는 겁쟁이라고 부를 것이다. 그리고 또 지상의 인류에게서 어떤 사건이 생겼을 때에, 그것을 그들의 실존이 어찌할 수 없어서 그랬다고 하는 것을 보여주려고 시도하는 사람은 나는 쓰레기 같은 인간이라고 부를 것이다.

2

　　사르트르의 자유철학은 그가 30~40대에 출판했던 인간의식의 지향적 활동에 관한 일련의 현상학적 기술로부터 출발한다. 그때의 저서들 중에서 가장 중요한 것들은 『상상의 심리학』, 『감정론에 관한 소고』, 『존재와 무』 등이다.

　　인간의 상상력에 관한 현상학적 탐구로 구성된 사르트르의 첫 두 주저는 특히 중요하다. 그 중 첫 번째인 『상상』은 심상(image)을 의식의 '활동'으로 봄으로써 심상을 감관에서부터 수동적으로 의식에 주어지는 어떤 것으로 환언하는 입장을 견지하는 전통적인 심상론을 논박한 것이다. 사르트르는 후설을 옹호하여 상상을 지향적 활동으로 기술함으로써 맹목적인 역할을 한다고 보는 전통적인 인식론과 대립하였다. 두 번째 주저인

『상상의 심리학』에서는 좀더 독창적인 공헌을 하였다. 여기에서 사르트르는 『논리 탐구』에서의 지향성에 대한 후설의 분석을 발전시켜 상상함(imaging)으로 새로이 재평가하여, 그것을 세계내 존재의 가장 근본적인 활동으로서 정립한다.

사르트르는 『상상의 심리학』을 인간지향성의 뚜렷한 두 계기인 지각과 상상에 대한 현상학적 분석으로부터 시작한다. 둘 모두를 의식의 활동으로 정의함으로써 사르트르는 현전(presence)하고 있는 대상을 현전시키는 활동으로서의 지각과, 부재한 대상을 현전시키는 활동으로서의 지각을 구별한다. 사르트르의 예를 따르면 나는 똑같은 인물을 동시에 지각하고 상상할 수 없다. 내가 지금 만일 파리의 이 방에 있는 어떤 사람을 지각한다면, 동시에 베를린에 있는 그를 상상하는 것은 불가능하다. 그 역도 또한 성립한다. 따라서 사르트르는 상상을 지각의 부정으로 정의하고 있는 셈이다. 왜냐하면 무엇인가를 상상하기 위하여 즉 지금 우리에게 부재한 것을 현전시키기 위하여 우리는 (지각에서) 현전한 것을 결여해야만 한다. 즉 무엇의 심상은 부재한 것의 현전이다(좀더 상세한 분석은 사르트르와 상상에 관한 부록을 보라).

사르트르는 다음과 같이 선언함으로써 지각의 지향적 작용에 대한 현상학적 기술을 결론짓는다. 즉 인간은 존재론적으로 (지각적으로 현전한 실재성의 사실성에 의해서) 세계 중의 존재(a being-in-the-midst-of-the-world)이기 때문에 제한받지만, 그럼에도 불구하고 (새로운 미래의 가능성의 투기에서 현실세계를 부정하는 초월적인 상상력에 의해서) 세계를 넘어서는 존재(a being-beyond-the-world)이기에 자유이다. 사르트르는 다음과 같이 쓴다. "의식이 상상할 수 있기 위해서는 세계로부터 … 세계에서 도망가야 한다. 그것은 자유이어야 한다." 마찬가지로 "인간은 상상할 수 있기 때문에 초월적으로 자유롭다"고 해야 한다. 만일 우리가 의식이 상상할 수 없다고 한다면, 현재 순간의 현실성에 완전히 매몰되어 이러한 현실성 이외의 다른 아무것도 이해하지 못할 것이다. 사르트르는 "모든 실존은 자신을 정립하는 그 순간, 그 자신을 초출한다"고 주장한다. 즉 지금 있지 않은 어떤 것을 지향하면서 지금 향하여 있는 것을 넘어선다. 그래서 사르트르는 『존재와 무』에서 그의 유명한 인간에 대한 정의를 다음과 같이 제시한다. 즉 인간은 무엇인 존재가 아니고 무엇이 아닌 존재이다. 내가 나 자신을 지금의 나로 인식하자마자, 나는 이미 나의 과거의 자아와 미래의 자아가 아닌 것으로 자신을 상상하고 있는 것이다. 나의 현재 자아에는 항상 과거와 미래의 부재가 붙어 다닌다. 그러므로 상상한다는 것은 내가 나 자신을(여기 그리고 지금에 주어진 어떠한 것도 아닌) 무와 자유로 구성하는 시간적 행위이다.

『감정론에 관한 소고』에서 사르트르는 인간의 이른바 '비이성적' 감정 행위의 현상학에 대하여 그의 상상의 현상학을 통해서 외삽(外揷: 주어진 자료를 가지고 미지의 것을 추정하는 것)한다. 일련의 살아 있는 현상학적 기술에서 사르트르는 우리의 감정이라는 것은 많은 고전적 그리고 행동주의 심리학자들이 믿듯이 외부자극에 대한 반사적인 반작용이 아니라, 의식의 합목적적 지향이라는 것을 증명하려고 한다. 다시 한 번 우리는 사르트르가 현상학을 이성적 정신과 비이성적 육체(상상과 감정과 같은 전반성적 현상을 포함한다)의 이분이 적합하지 않다는 것을 보이는 데에까지 개진해나가는 것을 발견할 수 있다. 그는 감정과 상상은 기계적 설명양식으로 환원될 수 없다고 주장한다. 그들은 경험적 원인의 산물일 뿐만 아니라, 의식이 지니고 있는 고도의 전략을 표현한다.

감정에 대한 사르트르의 분석은 인과적이라기보다는 목적론적이다. 그는 그것을 '목적(telos)'을 향한 '일련의 질서정연한 패턴'으로 정의한다. 달리 말하면 감정은 물리적 원인에 대한 자동적인 육체적 반응이라기보다는 의식의 행위로서 그것을 통해서 나는 비현실성의 세계를 변형하기 위하여 있는 그대로의 세계를 부정한다. 따라서 사르트르는 우리가 꿈의 세계에 관하여 말하는 것처럼 감정의 세계를 말할 수 있다고 확언한다. 감정은 우리의 평범한 행동이 미칠 수 없을 때 또는 너무 어려워서 인습적인 방식으로는 추구할 수 없을 때 일어난다(이것을 사르트르는 'hodo-logical map'이라고 하는데, 'hodos'는 그리이스어로 '길(way, path)'이라는 뜻이다). 그래서 '불가능한 상황'으로 보이는 것과 대면하게 되면, 우리는 실용적인 이른바 '이성적' 행동의 양식을 떠나서, 대신에 '주술적'행위에 호소하게 된다. 그러나 주술적 행동 역시 이성적 행위처럼 지향적으로 구조화되어 있다. 달리 말해서 일단 실재세계가 '비실용적' 또는 '대처할 수 없는' 것으로 판명되면, 우리는 이 세계를 일반적인 행동의 법칙이 더이상 작용할 수 없는 비실재의 세계로 옮기는 감정을 내놓게 된다. 즉 우리는 해결되지 않을 것으로 보이는 문제에 더 잘 대처하기 위하여 세계를 부정한다. 그러므로 '유기체의 일시적인 무질서'와는 다르게 감정은 비실재적인 방식으로 세계를 이해하기 위한 고도의 전략으로서 나타난다. 사르트르는 다음과 같이 쓴다.

> 감정은 우연한 사건이 아니라, 우리 의식의 실존양식이다. 즉 결정론적 세계를 주술적 세계로 변형시키는 의식이 그 세계내 존재를 이해하는 길의 하나이다(감정론에 관한 소고).

그래서 사르트르는 감정을 상상적 의식의 전반성적 행위로서 이해한다. 엄격하게 말해서 감정이 변형하는 것은 대처할 수 없는 것으로 남아 있는 세계 자체가 아니라 우리가 세계를 지향하는 방식이다. 감정은 그것이 '자신이' 변함으로써 세계가 변하는 것으로 간주하는, 다시 말해서 우리가 세계를 우리 자신에게 현전하는 방식인 한 주술적 행위이다. 달리 말하면 세계에 대한 우리의 태도를 바꿈으로써 감정은 실재의 갈등에 대한 상상적 해결책을 제공하여 준다.

사르트르는 그의 주장을 지지해줄 수많은 예를 되풀이한다. 예로, '신 포도(sour grape)'에 대한 감정적 태도는 (우리가 먹기를 갈망하였기 때문에 도달한) 포도에 대한 갈망의 태도는 (도달할 수 없어서 먹을 수 없는 것을, 그것들이 덜 익어서 그렇게 먹음직하지 않기 때문에) 거부하는 것으로의 옮겨감을 표현한다. 이런 식으로 대상에 대한 우리의 의도를 변화시킴으로써 우리는 우리의 좌절의 감정을 해소시키기를 시도한다. 이렇게 함으로써 우리는 우리의 주관적 마음의 변화가 대상의 객관적 속성에 대응한다고 생각하면서 우리 자신의 환상을 믿는 것을 선택한다. 우리는 '신 성질'을 우리 자신이 아니라 우리의 욕망이 의도했던 목표물에 있는 것으로 돌린다. 그러나 실재에 있어서는 포도가 아니라, 우리 마음의 감정적 구조가 그렇게 선택한 것이다.

사르트르는 또 공포감을 예로 든다. 시골의 외딴 집에 홀로 있는 어떤 여자가 창문을 통해서 누군가가 응시하고 있다고 생각하고 비명을 질렀다. 즉 공포 또는 두려운 감정의 행위에 호소한 그 여자가 소리지른 것은 다음과 같은 이유 때문이었다. 즉 일상적인 실용적 행동양식(예를 들면 누가 거기 있느냐고 물어보든가, 문을 잠그거나, 도움을 요청하거나, 또는 자기방어적 무기를 찾는 등)이 너무 어려워서 그런 긴장의 순간에 생각을 할 수 없었기 때문이다. 비명을 지름으로써 그 여자는 물론 실재 창문에서 실재 얼굴이라는 실재 사실을 바꾸는 것은 아니다. 그 얼굴이 말하거나 행동하기에는 너무 두려운 것으로 단정하여, 공포에 질린 여자는 사실상 그것에 대한 자신의 지각의식을 부정함으로써 실재세계를 부정한 것으로 간주하는 것이다. 사르트르는 다음과 같이 설명한다. "공포는 유용성의 결정론적 세계에서는 없는 것이다. 공포는 단지 존재하는 모든 사물이 저절로 주술적이 되고 또 그들에 대한 유일한 방어가 주술적인 그런 세계에서만 나타난다." 유사하게 좀더 일상적인 예를 든다면 우리가 바다를 '잔인하다' 또는 날씨가 '음산하다' 또는 계절이 '즐겁다'라고 말할 때, 우리는 그러한 사상 자체에 대하여 언급하고 있는 것이 아니라, 의식이 자신에게 그 자신을 현전시키는 방식에 관하여 말하고 있는 것이다.

사르트르의 현상학적 감정론을 잘 설명해줄 하나의 마지막 예는 고백해야만 하는 고통스러운 사고를 치고 의사와 대면해서 히스테리적으로 우는 소녀의 경우이다. 기계론적 심리학의 모델을 따르면, 그 소녀는 아무것도 말할 수 없기 때문에 울거나, 의사가 비난하고 있기 때문에 우는 것이다. 그러나 사르트르는 의사가 어떤 식으로 반응하기도 전에 감정적인 슬픔에 호소하고 있다고 지적한다. 그 소녀는 의사가 비난하기 때문이 아니라 비난하지 않도록 하기 위해서, 아무것도 말할 수 없기 때문이 아니라 아무것도 말하지 않기 위해서 히스테리적으로 운다고 사르트르는 결론짓는다. 그러므로 그녀의 감정적 행동은 자극·반응의 메커니즘으로 인과율적으로 결정될 수 없다. 그것은 목적론적으로 의도되어 있다.

이런 현상학적 기술을 통해서 사르트르는 '법 없는 무질서'가 아니라, 감정이 우리의 특수한 전반성적 지향성의 양식임을 보여주려고 하였다. 상상과 마찬가지로 감정은 "있는 것을 없는 것으로 바꿈으로써 피할 수 없는 것을 피하려고 하는, 불가능한 것을 가능하게 하려고 하는" 목적을 가진 '주술적 주문'이다. 우리가 어떤 행위를 했을 때 그때 "나는 감정적으로 혼란되어 있었다" 또는 "히스테리적이었다"고 말한다고 해도 그런 행위에 대한 자신의 책임을 부정하는 것이 되지 못한다고 사르트르는 주장한다. 감정은 심지어 선택의 문제이기까지 하다. 이런 식으로 사르트르는 자신의 실존주의적 주장에 대해, 인간실존은 그것을 조건짓는 외부원인의 총합으로 환원될 수 없고, 또 어떤 경우에 있어서든지 세계에 그 의미를 자유롭게 투기하는 지향적 활동으로 남아 있다고 하는 데에까지 나아간다.

3

아마도 자신의 가장 난해하고 정열적이며 체계적인 저서인 『존재와 무』에서, 사르트르는 인간자유의 현상학에 대한 존재론적 토대를 제공해준다. 이 책의 부제는 '현상학적 존재론의 시도'였다. 『상상의 심리학』에 대한 분석의 결론을 이끌면서, 사르트르는 인간실존(상상적인 세계를 넘어서는 존재로서) '무(無)'와 (지각적인 세계 중의 존재로서) '존재'의 존재론적 극 사이의 변증법으로 묘사한다. '무'라는 존재론적 범주로부터 그는 대자(for-itself: pour-soi)존재, 자유, 초월, 주체성, 그리고 불안 등의 실존적 현상을 연역한다. 반면에 존재라는 존재론적 범주하에서 즉자(in-itself: en-soi)존재, 필연성, 사실성, 객관성, 그리고 수치라는 반대되는 현상을 나열한다.

실존은 새로운 가능성의 지평을 향해 자신을 투기하기 위하여 주어진 세계를 부정하는 의식으로 작용하는 한 대자적이다. 우리의 의식은 자신의 지향적 투기의 도구로서 자신을 둘러싸고 있는 사실적 실재에 몸을 내던질 때마다 대자적이다. 예를 들면 산은 '나에게 대하여' 광물을 깨고, 스키를 타고, 등산을 하고 도약할 어떤 것 등으로 해석될 수 있다. 반면에 우리의 의식은 우리의 자유로운 주체성이 결정론적으로 대상들 중에서 한 대상의 조건으로 환원될 때마다 즉자적인 존재가 된다. 그래서 우리의 대자존재가 우리의 주관적 자유를 나타낸다면, 즉자존재는 객관적 필연성이라는 반대되는 지위를 지시한다.

사르트르는 대자적으로 존재하는 의식은 불안으로 존재한다고 주장한다. 실존은 불안을 경험함으로써 세계는 나 자신의 창조적 투기로서 나자신이 그 의미에 대한 책임을 져야 한다는 인식을 하게 된다. 사르트르는 이런 현상을 『존재와 무』에서 다음과 같이 명료하게 말한다.

> 나는 홀로 출몰하여, 나의 존재를 구성하는 독특하고 근원적인 투기와 대면하는 불안에 싸여 있다. 즉 모든 방어물, 모든 이념적 지표가 무너지고, 나의 자유의 의식에 의해서 무화되었다. 나는 소유하지도 않고 그렇게 할 수도 없다. 존재의 가치를 지속시켜주는 것은 바로 '나'라는 이 엄연한 사실에 반하는 어떤 가치도 없다. 나는 무로 존재하기에 그 어떤 것도 나를 지켜줄 수 없으며 세계로부터 격리시킬 수도 없다. 나는 세계와 나의 본질의 의미를 실현한다. 나는 어떤 정당화나 변명도 없이 그들에 대하여 결단한다(「존재와 무」).

다른 한편으로 사르트르는 즉자존재의 경험을 '수치(shame)'로 기술한다. 여기서 나의 의식은 타자의 객관화하는 '시선'에 의해서 객관화되고 정형화됨으로써 자신의 외부의 힘에 의해서 판단되고 결정되는 대상으로 환원된다. 사르트르는 이러한 시선을 접촉하는 모든 것을 '회석화시키는' 것이라고 하여 '해파리의 시선(medusa glance)'이라고 한다. 수치는 지향적으로 있는 나의 주체적인 활동이, 과거나 미래로 향하는 그 시간적 투기성을 빼앗기고 타자에 의해서 돌과 고정된 현전, 즉 즉자존재처럼 객관적인 조건을 응시하는 수동적 존재로 전락했을 때 일어난다. 사르트르는 이러한 수치의 경험을 열쇠구멍을 통해서 옷 벗는 사람을 훔쳐보는 사람의 예를 들면서 이러한 수치의 경험을 설명한다. 그 (훔쳐보는 사람)는 자신에 대하여 주체이고 나체의 여인은 저절로 대상이 된다. 그러나 상황은 드라마적으로 변한다. 즉 이웃사람이 지나가다가 그 행동을 하는 사람을 잡아서 그를 'peeping Tom(성적인 호기심에서 엿보기를 좋아하는 호색가)'이라고 부를 때에 그렇게 된다. 이웃의 시선에 의해서 그렇게 판단된 때 그는 자기가 그 대상이 된다. 사르트르는 수치심은 물화된 존재, 즉 다른 사람이 나의 정체성을 마치 사물들 중의 한 사물처럼 고정화하는 경험에서 유래한다고 주장한다. 다른 사람의 해파리 시선에 의해 회석화되어서 나는 겁쟁이 또는 위선자, 영웅 또는 훔쳐보기를 좋아하는 사람이 된다. 마치 잉크병이 잉크병이 되고 탁자가 탁자가 되는 것과 같은 방식으로. 그러나 물론 오직 인간실존만이 수치를 경험할 수 있다. 왜냐하면 오직 그만이 즉자존재인 사물의 조건으로 환원되는 존재를 인식할 수 있기 때문이다.

만일 내가 '나에 대하여' 단지 나에게만 대하여 있는 세계에 있다면, 나는 아무런 수치심도 없이 불안을 경험하였을 것이다. 즉 나는 순수한 의식의 내재성으로 존재할 것이다. 그러나 나는 타자와 함께 세계에 존재하기 때문에 종종 타자의 객관화하는 '시선'에 의해서 나의 내면적 자유로부터 소외된다. 즉 나는 육체적 외향성의 조건으로 환원된다. 그러므로 사르트르에 따르면 수치심은 "스스로가 타락하고, 고정되어 내가 다른 사람에 대하여 있는 종속된 존재라는 것을 자각하는"(앞의 책) 감정인 것이다. 그것은 인간실존이 대상세계에로 '전락되는 것'에 대한 경험인 것이다.

그러나 즉자존재가 될 가능성 역시 우리에게, 비록 환상적일지라도, 선택하지 않는 것에 대하여 변명을 제공하여 준다. 사르트르는 이렇게 우리가 다른 사람에 의해서 규정될 수 있다고 가정함으로써, 독자적으로 정체성을 선택할 책임을 회피하려는 시도를 '나쁜 믿음'이라고 비난한다. 선택에 대한 이러한 거절을 설명하기 위하여 사르트르는 다음과 같은 젊은 여자의 예를 든다. 즉 성적 관계를 가질 계획을 갖고 있는 구혼자에 의해서 레스토랑에 초대된 그녀는 자신이 유혹하는 자의 욕망의 대상이 되었다고 생각하면서 그 유혹하는 말이 품고 있는 뜻을 잘 알고 있다. 그러나 그녀는 순수 즉자화되어 그 사람의 욕망의 대상이 되기를 바라지 않을 것이다. 그녀 역시 정신적·지적 문제에 대하여 토론하는 데에 관심을 가지면서 대자적 주관으로서 자신의 자유로운 초월성을 유지하기를 원한다. 달리 말하면 그 젊은 여자 역시 정신적인 의식으로서 존경받기를 바라지만, 그렇게 간주되지 않을 뿐이다. 그녀는 자신에게 성적인 요구를 하면서 다가오는 구혼자의 요구에 굴복할 것인가를 곧 결정해야 한다는 것을 알고 있다. 그러나 그녀는 (육체적인 점을 넘어서서) 정신적인 주체이고자 할 뿐만 아니라 쾌락을 제공하는 대상이 되고자 하는 이중적인 역할을 하면서 가능한 한 결심을 미룬다. 그러면 그 남자는 그녀의 손을 잡는다. 그러면 그녀는 전자의 길 또는 후자의 길을 택할 것이다. 만일 그녀가 자신의 손을 빼면, 애매성을 깨고 육체적 대상보다는 정신적 주체가 되는 것을 선택하는 것이다. 대신에 그녀가 그 손을 그대로 둔다면, 그것에 의해서 그녀는 그의 성적인 욕망에 동의하는 것이 된다. 그러나 사르트르는 그녀가 어떻게 다시 한 번 이러한 결정을 유보하는가 하는 점을 설명하려고 한다. 그녀는 손을 그대로 두면서 그 남자가 손을 잡은 것을 알아차리지 못한 척할 수 있다. 사르트르는 이렇게 설명한다. 그녀는 알아차리지 못했다. "왜냐하면 그때에 그녀는 전적으로 지적이었기 때문이다. 그녀는 그 남자로 하여금 감각적인 사고의 극치까지 오게 해 둔다. 즉 그녀는 삶에 대해서, 그녀의 삶에 대해서 말한다. 그녀는 자신의 가장 본질적인 측면(예를 들면 인격·의식)을 드러낸다. 이 기간 동안에 영혼과 정신의 분리가 수행된다. 즉 손은 그 남자의 따뜻한 손 사이에 끼워져 있다. 즉 사물로서"(앞의 책). 이러한 선택의 거부가 바로 '나쁜 믿음'이다.

우리는 타자와 더불어 세계에 살고 있기 때문에, 자유의 투쟁을 하도록 운명지어져 있다고 사르트르는 주장한다. 타자는 나의 자유를 위협하고 나로 하여금 세계가 나의 것이 아님을 깨닫게 해준다. 그는 나로부터 세계를 훔친다. 그는 나의 투기를 빼앗고 거기에 그의 의미를 부여한다. 그래서 나의 실존은 독백하기를 그치고 상호투쟁의 장으로 나아가게 된다. 주관내적인 관계(insubjective relation)는 존재와 무 사이의 존재론적 관계에 의해서 실패하도록 운명지어져 있다고 사르트르는 주장한다. 존재론적인 이유에서 인간적 관계에서 주관들 중의 하나는 타자에게는 대상이 된다. 두 자유가 조화롭게 공존하기는 불가능하다. 왜냐하면 각각의 자유는 그것이 없는 즉자적 대상을 부정함으로써 대자적으로 존재하기 때문이다. 물론 나의 부정하는 의식이 잉크병 또는 나무와 같이 사물 이외에 아무것도 아니라면 문제는 없다. 그러나 나의 의식이 대자적인 무로서 그 자유로운 초월성을 유지하기 위하여 사물을 부정할 때에는 또다른 의식, 즉 반대되는 자유로운 부정의 힘이 존재하기 때문에 투쟁은 불가피하다. 자유들 중의 하나는 부정되어 즉자적인 대상으로 전락하게 된다. 그러면 타자는 대자적인 주관으로 존재할 수 있다. 즉 비사물로서 남아 있는 하나의 주관에 대하여 타자는 사물이 된다. 두 무가 동시에 공존할 수가 없다.

인간관계의 이러한 존재론적 분석의 근저에서, 사르트르는 헤겔의 주인과 노예의 변증법을 재공식화한다(헤겔의 주-노 변증법은 그의 『정신현상학』 중의 '자기의식'에 관한 장에 나타나 있다 - 역자 주). 내가 나 자신을 단독적인 자유로 간주하는 한 세계는 나의 것이 되고, 나는 그 주인이 된다. 그러나 나는 정확히 나의 유일한 투기로써 나의 텅 빈 선택의 의지 외부에 어떤 객관적인 필연성으로 정립되는 것은 아니다. 그러므로 나의 세계의 의미는 나에게 나의 임의적인 선택의 결과 이외에 아무것도 아니다. 이러한 인식과 더불어 나의 주인의식은 맥베드처럼 좁아지고, 가두어지고, 제한되고, 회의와 공포에 의해서 제한된다. '객관적' 정당성이 결핍되어 있기 때문에 나의 투기가 불합리하다는 이러한 불안한 인식을 극복하기 위하여, 나는 다른 사람에 의해서 확증되거나 정당화될 필요성을 느낀다. 내가 그런 확증을 확보하기 위하여 다른 주관성과 관계를 맺지 말자, 나는 투쟁에 나 자신을 노출시킨다. 우리 중에 한 사람은 다른 사람에게 자신의 자유를 넘겨주어야 한다. 달리 말하면 하나는 주인이 되고 다른 한 사람은 노예가 된다. 이러한 딜레마에 직면하여 사르트르는 세 가지 의견을 제시한다.

① 다른 사람에게 인정받기 위하여 나는 먼저 타자의 주의를 끌어야 한다. 그러나 이것은 내가 다른 사람의 관심과 욕망의 대상이 되어야 한다는 것과 다른 사람의 욕망에 맞추어지기 위하여 내 자신의 욕망을 포기해야 한다는 것을 필요로 한다. 내 자신을 '욕망될 수 있는 대상'이 되도록 나를 맞추면서, 나는 노예가 되고 다른 타인은 나의 주인이 된다. 혼자만의 자유의 불안에서 도피하면서 나는 지금 노예적 부자유의 수치를 경험한다. 이런 전략을 사르트르는 '매저키즘(masochism)'이라고 부른다.

② 매저키즘적 선택은 필연적으로 자기패배적이다. 왜냐하면 내가 타자에 대하여 욕망되어지는 대상이 되기를 추구한다는 것은, 역설적이게도 정확하게 자유로운 대자존재로 나의 주관성을 확립하는 것이기 때문이다. 이 점을 알게 되면서, 나는 타자로부터 나의 이전 자유를 다시 쟁취하기를 결의할 것이다. 그러나 나는 타자를 나의 투기의 대상으로 환원함으로써, 즉 매저키즘적 시나리오를 수정하여 타자를 나의 각본에 따라 행동하

는 배우로 만듦으로써 이것을 할 수 있다. 이런 식으로, 나는 주인이 되고 타자는 노예가 된다. 그러나 아마도 타자는 그에게서 자유로운 주관성을 빼앗으려고 하는 나의 노력에 저항할 것이기 때문에, 나는 강제, 또는 폭력에 호소해야 한다. 이러한 전략을 사르트르는 '새디즘(sadism)'이라고 부른다.

그러나 새디즘도 역시 자기패배적이다. 여기에서 나는 지금 현재 타자에 의해서 나의 자유를 인정받고 있다는 것은 사실이다. 그러나 여기에는 만족감이 거의 없다. 왜냐하면 지금 나를 인정하는 타자는 자유롭게 그렇게 하는 것이 아니라, 단지 노예로서 대상의 조건이 되었기 때문에 그렇게 할 뿐인 것이다. 확실히 내가 그 사람이 그렇게 하도록 괴롭혔기 때문에 그 사람이 "나는 당신을 사랑합니다"라고 말한다면, 나는 그 사랑에서 어떠한 만족감도 느낄 수 없다. 그래서 주인은 다시 한 번 그의 뿌리 없는 자유에서 고립된다. 수레바퀴는 한 바퀴를 돌아서 그의 원래 불안이 그를 괴롭히는 곳으로 돌아온다.

③ 사르트르는 제3의 전략으로 '무관심(indifference)'을 제시한다. (주인이 타자를 위하여 대상이 되는 선택인) 매저키즘과 (타자를 대상으로 환원함으로써 주인이 되는 선택인) 새디즘은 둘 모두가 투쟁적이다. 사르트르는 우리가 어떻게 주인과 노예의 악순환을 피하기 위하여 무관심에 호소하도록 유혹받는지를 분석한다. 만일 내가 타자와의 어떠한 친밀한 관계의 가능성을 부정함으로써 모든 상호주관적(intersubjective)인 관계에 무관심할 수 있다면, 이것이 최소한의 부분적인 해결책이 될 수 있을까? 그러나 사르트르는 무관심도 다른 두 선택과 마찬가지로 실패로 운명지어져 있다는 것을 보여준다. 그는 타자를 완전히 무시하는 우리의 결정에서 우리가 얼마나 타자에 얽매여 있는가를 지적한다. 내가 어떠한 타자도 생각하지 않으려고 노력한다는 것은 타자를 생각하고 있다는 확실한 증거이다. 나의 자유에 대한 위협으로서 타자를 부정할 시간을 유보한다는 것은 나 자신을 타자에 대하여 구속되기를 계속하는 것이다. 사르트르는 다음과 같이 쓴다. "나는 나 자신에게서 얽매여 있는 실존을 제거시키기를 원한다. 그리고 특수한 개별적 타자뿐만 아니라, 모든 타자의 실존도" (앞의 책). 그러나 이것 역시 불가능하다. 왜냐하면 "일단 대자존재였던

사람은 비록 타자가 완전히 억눌려졌다고 할지라도 자신의 여생 동안 그 존재의 영양을 받는다. 즉 그는 자기존재의 영원한 가능성으로서 대자존재의 차원을 마음에 두지 않을 수 없는 것이다"(앞의 책). 심지어 은둔자에게도 그가 과거에 만났던 사람에 대한 추억과 미래에 만날 사람에 대한 예상이 항상 붙어 다닌다. 타자와 관계함도 전적으로 관계하지 않음도 존재론적으로 불가능하다는 점을 고려한다면, 사르트르가 "지옥이 있다면 그것은 다른 사람들이다"라고 결론을 내리는 것은 결코 놀랄 만한 것이 되지 못한다.

사르트르는 상호인간적(inter-personal)인 수준에서 비인간적인 수준으로 이행함으로써 즉자존재와 대자존재의 이원론을 극복하기 위한 두 시도를 분석한다. 이러한 분석은 희생양이라는 사회학적 현상과 신(God)이라는 신학적 현상에 대한 비판의 형식을 띤다. 사르트르에 따르면, 이 양자는 자유로부터의 도피를 수반한다.

희생양 현상은 공통된 부정할 대상(핍박할 국외자)에 대하여 비본래적인 사회관계를 창출함으로써 적대적 자유관계의 극복을 시도한다. 사회가 집단적으로 정립한 희생양이 그 사회에서 '악'으로 간주되는 모든 것(예를 들면 전쟁, 경제적, 빈곤, 질병, 기아, 반동 등)에 대한 책임을 거짓되게 돌림으로써 그 구성원들 사이의 상호주관적인 유대감을 형성한다. 이런 방식으로, 눈에 띄는 결속 내지는 사회적 공동체감은 '형성된' 사회에 속하지 않은 얼마의 추방자 내지는 소수집단(예를 들면 유태인, 흑인, 공산주의자, 이반자 등)을 부정함으로써 창출된다. 그러므로 그 구성원들은 교외자에 대한 그들의 공통된 질시를 통해서 일체감을 느낀다. 즉 그들은 공통된 즉자적 대상을 부정하는 공통된 대자의식을 형성한다. 개인적 책임으로부터 집단적 도피로서의 이러한 희생양의 기도를 『반유태인과 유태인』에서 사르트르는 통렬하게 고발하고 있다. 사르트르가 고찰하기를, 반유태인은 자신의 의식과 그리고 '국외자(outsider)'만을 제외한 모든 사람에 대한 자유와 책임을 염려한다는 의미에서 희생양에 대한 박해자이다.

그는 자신에게 그 자신의 비겁함을 인정하기를 두려워하는 겁쟁이다. 즉 억제할 수 없는 자신의 살해하려는 욕망을 억누르는 살인자이다. 그러나 우상 속에서만, 대중이라는 익명을 통해서만 죽이려고 하는 사람 … 유태인의 실존은 시작에서부터 다음과 같이 함으로써 그의 염려를 억누르면서 반유태인들을 설득할 것이다. 즉 세계에서 그의 위치가 개선되어가고 있고, 세계가 그를 기다리고 있고, 또 전통이 그에게 세계를 차지할 권리를 부여했다고 자신을 이해시키면서. 즉 반유태주의는 인간조건에 대한 두려움 이외에 아무것도 아니다(『반유태인과 유태인』).

자기 외부의 상상적인 우상에게 모든 죄를 덮어씌우면서 사회는 그릇된 믿음으로 존재하는 집단적 의식이 된다. 그러나 다시 한 번 이러한 자기도피의 전략은 자기패배적인 것이 된다. 왜냐하면 희생양을 박해하는 사회는 내심으로는 이 국외자가 진실로 그 모든 문제와 갈등에 대하여 책임이 없다는 것을 알고 있기 때문이다. 즉 희생양에게 죄를 전가한 것은 허구에서 비롯된 것 이외에 아무것도 아니기 때문이다. 불안에서 도피할 수 없게 되자 사회는 이율배반적인 생각을 용인하게 되고 그것에 의해서 그 자신의 거짓말을 믿기를 선택하게 된다. 그것은 그러한 죄의 전가가 비록 자신들에게는 사실인 것처럼 꾸미지만, 거짓이라는 것을 아는 것이다. 그래서 사르트르는 희생양 현상을 비본래적 상상의 또 다른 예로서 설명한다.

마지막으로 사르트르는 『존재와 무』의 유명한 결론에서, 유신론이 인간실존의 갈등에 대한 해결책이 될 수 없다는 것을 존재론적으로 증명한다. 사르트르에 의하면 신은 즉자와 대자, 존재와 무의 관념적 종합으로서 인간의 반영물이다. 전통적으로 자기원인[ens causa sui: 대자적 순수 자유이자 즉자적인 자신의 필연성을 동시에 구유하고 있는 최고의 존재(Supreme Being)]으로 정의되는 신은 모든 인간실존의 상상력을 그 최극단에까지 표상한 것을 나타낸다. "인간은 신이 되고자 갈망한다." 그러나 이것은 신이란 용어가 존재론적으로 모순개념이라는 이유로만 보더라도 불합리한 투기에 지나지 않는다. 현상학적인 유한한·시간적 존재의 차원에서는(이것이 사르트르가 철학적으로 정당성을 가지는 존재로서 인정한 유일한 차원이다) 자유와 필연성은 완전히 대립의 관계에 있다. 대자와 즉자는 상호배타적이다. 즉 그들은 모순 없이 서로서로 관계할 수 없다.

결과적으로 신은 인간상상의 모순적 투기로서 선언된다. 즉 영원히 실현될 수 없는 관념으로. 사르트르에 따르면 신의 존재를 믿는 것은 궁극적인 '나쁜 믿음'이다. 왜냐하면 그것은 우리의 궁극적인 거짓말의 존재, 우리의 가장 최상위의 미적인 차원의 허구, 즉 우리의 가장 정교한 착각을 믿는 것이다.

그래서 유신론의 존재론적 가설을 논파하면서 사르트르는 어떠한 정당화나 환상에 위탁함이 없이 우리 실존의 피할 수 없는 부조리를 반드시 인정할 것을 요구한다. 삶의 문제에 대한 해결책을 존재하지 않는 신성에 돌리는 것은 실존에 대한 우리의 책임을 회피하는 것일 뿐만 아니라, 그것은 헛되게 우리 자신을 부인하는 것이다. 사르트르는 다음과 같이 결론 짓는다. "우리는 헛되게 우리 자신을 잃었다. 인간은 무용한 정열이다." 인간은 그의 인간적 조건을 무용한 정열로서 받아들일 때 본래적이게 된다. 즉 인간은 그것을 거부할 때 비본래적으로 된다.

실존에 대한 사르트르의 현상학적 분석의 중심에서는 절대적 이원론과 투쟁이 자리하고 있다. 대자의 자유는 즉자와의 뿌리 깊은 투쟁을 전제로 한다. 인간은 자기분열, 즉 현재의 자신을 부정하여 다른 어떤 것이 되고자 하는 존재이다. 『존재와 무』후의 몇몇 저작에서, 특히 『문학이란 무엇인가?』와 『변증법적 이성비판』에서, 사르트르는 자유라는 보편적인 목표를 위한 만인의 지속적인 투쟁으로서의 사회적 실천에 대한 분석에 맑스주의적인 방법을 도입하여 그의 이원론적 존재론을 수정하는 경향을 띤다. 그러나 심지어 여기서마저, 사르트르는 주장될 수 있는 모든 '보편성'의 개념은 개별적인 인간주체의 자유로운 선택에 의해서만 본래적일 수 있다는 실존주의적 신념은 그대로 유지한다. 마지막 분석에서, 사르트르는 자신의 실존주의의 제일원칙에 충실하면서 다음과 같이 말한다. "인간은 자신을 창조해 나가는 존재이다."

● 부록: 사르트르와 상상(imagination)

『상상의 심리학』에서 사르트르는 먼저 상상을 의사관찰(quasi-observation)로서 기술한다. 만일 내가 철수를 상상한다면 나는 그를 의사시간과 의사공간에서 존재하는 그를 보는 것이 된다. 그 심상(image)은 지금 여기에 제한되는 나의 지각세계의 한계를 벗어난다. 그래서 한 예로 만일 내가 『전쟁과 평화』와 같은 소설을 읽는다면, 나는 자유롭게 다른 마음으로 여러 국가와 여러 세대를 넘나들 수 있을 것이다. 허구적 세계에서 나는 한순간은 파리에서, 다음에는 베를린에서, 그 다음에는 모스크바에 나를 있도록 하여 나는 공간적으로 자유로울 수 있다. 이와 유사하게 나는 (한 예로 수세대의 허구적 인물의) 수백 년의 시간적 경험을 (실재적으로 톨스토이의 소설을 읽는 데 걸린 시간) 몇 시간에 집중함으로써 시간적으로 자유로울 수도 있다. 또는 역으로, 나는 허구를 통해서 한순간을 몇 시간 또는 며칠로 (보르게의 동화에서 일어난 것처럼) 늘릴 수 있다. 우리의 꿈과 음향기기들은 의사 관찰의 형식에서 시간과 공간을 다루는 우리의 상상적 자유에 대한 좀더 낯익은 실례를 제공해 준다. 모든 사람이 경험했다시피, 꿈에서 우리는 다른 시간에 다른 곳에 있는 다른 사람을 관찰한다. 상상은 현재의 우리와 다른 어떤 힘이다.

사르트르는 이러한 시간적·공간적 초월의 힘을 상상의 자발성(spon-taneite이 자발성은 자의성(volonte)과 구별되는 개념으로서 사르트르 철학의 핵심 개념이다. 전자는 인간의 의지활동 이전의 근원적인 의식의 존재양상이고 후자는 자아의 의지적 활동이다-역자 주)이라고 부른다. 정육면체를 바라보는 예를 들면서 사르트르는 다음과 같이 지적한다. 즉 우리는 계속해서 그 모양을 살핌으로써 정육면체를 '인식'할 수 있는 반면에-즉 우리는 그 네 면의 각각을 하나씩 번갈아가면서 인식해야 하지만-그 모든 면과 모양을 동시에 하나의 자발적인 행위에서 '상상'할 수 있다.

그러나 이러한 상상의 지향적인 자유와 자발성에는 사르트르가 '본질적인 빈곤'이라고 부른 것이 수반된다. 결국 정육면체 또는 철수의 심상은 우리에게 실재를 제공하여주는 것이 아니라 단지 의사관찰일 뿐이다. 자유로운 상상의 자발성은 지각되는 실재로서 대상의 현전을 끊임없이 부정함으로써 나온다. 따라서 사르트르는 상상을, 사물을 (실지로 경험되는 존재가 아니라는 의미에서의) 비물성(no-thingness)으로서 현전할 수 있게 하는 의식의 비현실화하는 힘으로 정의한다. 지각의 대상은 계속해서 의식에서 넘쳐흐른다. 즉 지각된 대상은 그것을 지향하는 의식 이상의 어떤 것이다. 그러나 상상의 대상은 결코 그것에 대한 우리의 의식 이상의 것일 수는 없다. 그러므로 나는 나의 지식수준을 넘어서는 심상을 알 수 없다. 이러한 상상의 '빈곤'을 설명하기 위하여 사르트르는, 만일 우리가 이전에 세어 본 적이 없어서 얼마나 많은 기둥이 있는지를 알지 못했다면, 우리는 파르테논 신전의 기둥의 수를 상상에서는 셀 수 없다고 언급한다.

우리가 세계에 대한 자유로운 관계를 유지하기 위하여 지불해야 하는 대가는 세계를 무화(annihilation)시켜야 한다는 것이다. 왜냐하면 상상에서 우리는 세계를 비실제적 무로서 경험하기 때문이다. 내가 철수의 심상을 가지고 있다고 말하는 것은 내가 철수를 보고 있지 않을 뿐만 아니라, 무(실제적인 무)를 보고 있다는 것을 말하는 것과 같다. 사르트르는 다음과 같이 말한다.

> 심상은 그것이 아무리 분명하고 우리의 관심을 끄는 강력한 것이라고 할지라도, 그 대상은 비존재로 현전된다. 이것은 마치 그 대상이 우리 앞에 있는 것처럼, 우리로 하여금 그 심상에 다달을 수 없게 하지 못한다. 그러나 우리가 그것을 통해서 도달한 거짓되고 애매한 조건은 우리가 말한 것을 상당히 선명하게 가져다준다. 즉 우리는 대상은 진실로 그것에 향하는 우리의 행동을 통해서 존재한다는 헛된 믿음을 가지고 있었다. 우리는 그렇게 가정할 수도 있다. 그러나 우리는 그 무에 대한 우리의 직접적인 인식을 파괴할 수 있다(『상상의 심리학』).

만일 내가 내 앞에 사랑하는 사람에 대한 정신적인 심상을 가지고 있다면 나는 애정감 또는 심지어 정욕의 감정까지도 잘 경험할 수 있다. 그러나 내가 여기서 '떠올리고 있는' 것은 사실상 진실로 존재하는 나의 연인이 아니라 그녀에 대한 나의 주관적인 투기이다. 사르트르는 다음과 같이 설명한다. "열화 같은 그녀에 대한 사랑을 자극하는 것은 그녀의 실제적인 얼굴이 아니라, 나에게 떠오른 그녀의 비실제적인(상상적인) 얼굴이다." 즉 상상적 의식을 지각적 실재의 지향적 부정으로서 정의하면서, 사르트르는 (미래를 향해서 현실성을 초월하여 투기하면서, 즉 우리는 계속적으로 미래를 향해서 현재를 넘어서고 있다는 의미에서의) 인간실존의 시간성뿐만 아니라, 인간실존의 본질적 유아성을 지적한다. 상상한다는 것은 홀로(solus) 자기(ipse)로 있도록 운명지워진 것이다.

그래서 사르트르는 의식이 (지각에서) 실재세계의 실재성을 잃음으로써 (상상에서) 창조적 활동성을 얻는다는 것을 인정한다. 사르트르는 다음과 같이 쓴다.

> 지각하는 의식은 수동적으로 자신에게 나타난다. 반면에 상상적 의식은 능동적 의식으로 자신에게 현전하는데, 그것은 심상으로 대상을 창조하고 지속시킨다. 그것은 대상이 무로서 촉발된다는 사실에 대한 일종의 설명하기 어려운 상대이다. 의식은 창조적인 존재로 자기에게 나타난다. 그러나 (실재) 대상으로서 창조한 것을 가정함이 없이(앞의 책).

사르트르가 제안에 따르면, 이 창조적인 상상력은 일종의 미적인 마술로서 이해될 수 있다. 비록 우리는 우리의 심상이 자기 투기 이외에 아무 것도 아니라는 것을 알고 있지만, 그들은 마치 실재인 것처럼 마술적으로 상호작용을 계속한다. 만일 내가 박물관에서 세종대왕의 초상화를 보고 있다면, 나는 이 임금이 죽은 지 오래되었고 또 장사지냈다는 것도 안다. 그 초상화의 상상의 입술과 코, 눈 그리고 이마가 나의 감정에서 지각상 유화에서 현전한 선과 색깔을 내가 '마술적으로' 비실제적인 왕의 심상으로 옮겨 놓는 그런 방식으로 작용한다. 이러한 미적인 경험에서, 나는 죽은 왕이 내 앞의 여기에 있다고 상상한다.

> 분명히 우리가 보는 것은 그림이 아니라 사람이다. 그러나 우리는 그가 여기에 없다고 선언한다. 우리는 그림에 의한 이미지로써만 그를 가까이 할 수 있다. 여기서 우리는 단지 의식이 초상화와 원래 그 사람 사이에서 상상적으로 정립해 놓는 주술적인 관계만을 볼 뿐이다. 세종대왕은 부재하는 동시에 현존해 있다(앞의 책).

유사한 양식으로 부두교의 주술을 행했던, 또는 눈에 보이는 상(像)과 함께 왕족들을 장사지냈던 원시인들 역시 (그들의 부재에도 불구하고 그들의 현전의 모습을 간직한다면 그들이 불멸한다고 생각하면서) 주술적 상상의 세계에 살았다. 또는 동굴의 벽에 암소를 그림으로써 사냥의 풍성을 가져온다고 생각했던 사람들 역시 마찬가지이다. 그리고 사르트르는 우리가 여전히 이런 상상적 미신을 버리지 못하고 있다는 것을 우리가 사진 또는 친한 사람을 생각할 때의 예로서 설명한다. 우리는 어떻게 해서 그 사진에 찍힌 사람의 눈이 사랑하는 사람의 눈이라는 것을 단박에 알아차릴 수 있는가? 주술적인 상상력은 결코 진기한 고대적인 현상일 수만은 없다. 그것은 인간의식의 본질적인 구조이다. 20세기 서구 사람들은 결코 들소를 그리거나 검은 주술을 행하지는 않는다. 그러나 그들은 영화관에 가고, 소설을 읽고, 텔레비전을 보고 그리고 꿈을 꾼다. 사르트르에 따르면 인간은 원하는 것을 상상하기 위하여 세계를 부정할 기본적인 필요성을 항상 절감한다. 우리는 계속해서 사실을 허구로 바꿀 것이다.

실재를 부정하는 상상의 힘은 그것이 탄압하는 현실로부터 우리를 해방시키는 한, 그것은 인간자유의 선결조건이다. 그러나 그것은 일종의 부자유로의 전락일 수도 있다. 이것은 정신이상과 정신분열에서 가장 분명히 그리고 가장 비극적으로 나타난다. 여기서 인간의식은 그 자신의 상상에 완전히 사로잡혀서 상상을 실재로 오인한다. 실존의 무거운 멍에를 더 이상 질 수 없는 사람은 그들의 상상적인 투기가 그 자신이 아닌 타자(예를 들면 신, 사회 혹은 자신을 소유하는 규정적인 무의식적 '타자' 등)에 의해서 창조되었다고 믿으면서 주술적인 세계로 도피한다. 사르트르는 이러한 상상의 '부자유'를 그 자신의 상상적 투기에 대하여 책임지기를 포기하는 '억압된' 의식이라고 한다. 그러나 그의 주장에 따르면, 우리는 여기서 (외부로부터 의식을 규정하는) 외부적 결정론과 관계하는 것이 아니라 (의식이 자기 자신과 다른 것으로 간주하는 '반자발성'의 형식에서 자신과 소외되는) 내부적 운명론과 관계하게 된다. 운명론적 의식은 자신에게 사로잡혀서 한 상상적 투기를 다른 것과 바꿀 수 있는 힘을 잃어버린 의식이다. 상상을 미래가능성의 지평에 대하여 열어놓을 수 없는 의식은 표상의 족쇄에 걸려서 그것이 마치 자신의 운명을 결정하는 현실로 간주한다. 즉 우리가 우리의 미학적인 상상의 자유를 잃어버리고—우리의 상상이 '만일 … 한다면'의 성격을 띠는 것이라는 것을 망각하고—우리의 허구가 사실로서 받아들이기 시작할 때마다 '운명론'은 일어난다.

미학적인 태도는 상상과 실재 사이의 기본적인 차이를 의식하고 있다는 점에서 병리적인 태도와 구별된다. 예를 들어 우리가 만일 극장에 가서 햄릿이 칼로 폴로니우스를 찌르는 것을 본다고 해서 관객석에서 일어나 '살인마'라고 외치지는 않는다. 달리 말해서 우리는 허구를 실재로 착각하지는 않는다. 즉 우리는 우리의 상상적 투기와 창조적 선택을 우리와 독립적으로 존재하는, 우리 힘으로 어찌할 수 없는 현실과 혼동하지 않음으로써 미학적인 상상의 자유를 간직한다. '억압된' 의식이 결여하고 있는 것은 정확히 창조적 자기의식의 자유이다. 이것이 결여되어 있는 한 그것은 자기를 가두는 간수가 된다. 사르트르는 한 정신병자가 어떻게 자기 자신의 상상의 악순환에 빠지게 되는가를 다음의 방식에서 명쾌하게 서술하고 있다.

> 나는 '집착'을 다시 일으키지 않으려고 고민하였다. 즉 '그것을 생각하지 않으려는' 나의 의도는 그것 자체가 또 하나의 '집착'이 되었다. 만일 어떤 한순간 그것을 잊어버렸다면 그 환자는 갑자기 자문한다. "어떻게 내가 마음의 평정을 얻을 수 있었는가?" … 의식은 여기서 일종의 악순환에 빠져서 자신의 희생자가 되었다. 그리고 그것을 제거하려는 모든 노력이 정확히 그것을 일으키는 가장 확실한 원인이 되었다. 집착이 자신을 의식에게 강요하는 것은 이런 의미에서, 그리고 바로 이런 경우이다.

사르트르는 따라서 다음과 같이 결론짓는다. 병리학적인 상상은 그 자신이 희생자이자 가해자이다. 즉 환자는 단지 환자 자신이 억압받고 있는 존재라는 것을 자각하고 미래 다른 가능성의 지평을 향해서 이 닫힌 순환을 벗어나서 자유로울 때에만 치료될 수 있다. 사르트르는 우리의 의지에 반하여 우리 의식에게 자신을 강요하는 일종의 익명적인 '이드(id)'로서의 프로이트적인 무의식의 모델을 거부한다. 그는 이러한 해석을 현대판 악마지배의 원리라고 비난한다. 프로이트에 반대해서 사르트르는, 환자가 자신의 신경증(예를 들면 특수한 어린 시절의 악몽)을 정신분석가와 심지어 자기 자신에게까지 숨기는 유일한 이유는―원래 사건을 숨기기 위한 방편으로서―환자가, 비록 반성하기 이적일지라도, 진정한 원인이 무엇인지를 알고 있기 때문이다. 또는 달리 말해서 우리는 자신이 숨기고 있다는 것을 알고 있지 않다면 무엇인가를 숨길 수 없다. 사르트르는 이 단순한 사실이 다음과 같은 것을 의미한다고 한다. 즉 정신병리학적 무의식의 모델을 통해서 우리는 결코 (우리의 이해를 벗어나는) 우리 외부의 어떤 '원인'에 우리 행동에 대한 책임을 전가할 수 없다는 것이다. 인간은—비록 자유롭지 않다고 자신을 속이는 선택을 했다고 하더라도—항상 선택할 자유를 가지고 있는 의식이다. 자유로운 미학적인 상상의 작용과 물화된 자기집착 의식 사이를 구별함으로써, 사르트르는 본래적 실존과 비본래적 실존에 대한 그의 존재론적인 구별을 정초한다.

모리스 메를로 퐁티
Maurice Merleau Ponty

메를로 퐁티는 1907년 프랑스에서 태어났다. 그는 파리에 있는 콜레주 드 프랑스(Collège de France)에서 오랫동안 철학교수직을 역임하면서, 전후 가장 학식있는 프랑스 사상가 중의 한 사람으로 인정되고 있다. 20대 후반 파리 고등사범학교 시절 이후로 오랫동안 철학적 동료였던 사르트르와 마찬가지로 메를로 퐁티는 현대 실증주의를 '프티 이성주의(petty rationalism)'라고 부르면서 경멸한다. 그의 주장에 따르면, 의미는 궁극적으로 인간과 존재와의 관계에서 발생한다. 메를로 퐁티가 『눈과 마음』에서 지적하였듯이, 실증과학은 사상(事象)들에게서 그 생명성을 죽여버리고 그것을 조작한다. 반면에 그가 사르트르와 보봐르를 통해서 배웠던 현상학은 세계내 존재로서 우리의 체험을 기술할 수 있도록 해줌으로써 실증주의의 약점을 극복할 수 있는 길을 열어주었다. 사르트르는 특유의 예리함을 가지고 메를로 퐁티의 영전에 부쳐진 유명한 글에서 이 점에 대해 다음과 같이 피력한다.

"그는 진정한 삶과 인간의 고뇌와 일상적인 삶을 중요시하였다. 인간들은 무엇을 하며, 우리들은 다른 사람에게 무엇을 해줄 수 있으며, 그들은 무엇을 바라며, 또 무엇을 보는가? 메를로 퐁티의 모든 저작은 '인간에 의한 세계의

발생과 세계에 의한 인간의 발생,' 즉 '지향성'과 '생활세계'에 대한 현상학적
분석을 통해서 드러나는 상호관계를 보기 위한 시도였다."

사르트르는 계속해서 이렇게 말한다.

　　우리는 우리 자신의 근원적인 경험에서 그것을 발견한다. 똑같은 대가 후
설 역시 우리를 그렇게 만들어주었으며 우리를 기다리고 있다. 그가 여전히
살아 있음에도 불구하고 우리들 중 어느 누구도 그를 몰라보았지만, 그의 저
작은 비록 명백하게 제시되지는 않았으나 지향성 외에도 또 하나의 필수적인
도구, 즉 우리는 '상황에 처해 있다'는 것을 가르쳐주었다. 우리는 이 무기를
받아서 이것을 앎으로써 형제가 되었다. 투쟁과 비극을 넘어서 우리는 비로
소 목표점에 도달했다(『메를로 퐁티 I』).

　그들이 함께 편집했던 지성지 ≪현대≫를 통해 기고되었던 전후 맑스
주의에 대한 상이한 해석의 결과 심한 논쟁에도 불구하고 메를로 퐁티와
사르트르는 현상학을 발전시키는 데에 있어서는 끝까지 동반자로 남아
있었다.
　메를로 퐁티는 다음과 같이 지적한다. 현상학적 방법을 통해서 보면 신
체는 대상들 중의 한 대상, 즉 순수과학적·기하학적 개념으로 측정될 수
있는 것이 아니라 우리의 지각, 몸짓, 성행위, 대화를 통해서 세계에 나타
나는 신비롭고 의미있는 양식이다. 그의 일관된 주장에 따르면 우리가 우
리의 세계를 선택하고 세계가 우리를 선택하는 것은 바로 살아 있는 지향
성의 중심인 우리의 신체를 통해서이다. 이것이 바로 『지각의 현상학』에
서부터 그가 졸지에 운명한 지 3년 후인 1964년에 출판된 그의 최후의
저작 『가시적인 것과 불가시적인 것』에 이르기까지의 메를로 퐁티의 철
학적 여정을 특징짓는 가장 중요한 견해이다.

　　우리는 우리 자신을 제외하고는 그 어떤 곳에서도 현상학의 통일성과 그
진정한 의미를 발견할 수 없다. 그것은 많은 독자들이 후설이나 하이데거를
읽었을 때 받는 인상이 새로운 철학을 만났다기보다는 그들이 기다렸던 것을
인정하는 것으로, (유명한 철학자들의) 인용부호나 세는 것이 아니라 구체적
인 방식으로 자기 나름으로 이러한 현상학을 규정하고 표현하는 것을 문제로

한다.

　메를로 퐁티는 이렇게 전통적 추상성에 대하여 생생한 가능성을 일차적으로 보는 다소 예언자적인 호소로 자신의 기념비적인『지각의 현상학』서문을 쓰고 있다.

　메를로 퐁티는 사르트르와 함께 프랑스 현상학을 실존주의적인 방향에서 정립한다. 그러나 사르트르가 의식의 '부정하는' 힘을 물질적인 즉자존재를 넘어서는 초월의 행위로 강조한 것과 대비되게, 메를로 퐁티는 '육화된' 의식의 중추성(centrality)에 초점을 두었다. 그래서 메를로 퐁티는 사르트르가 자유와 우리의 상상적 의식, 즉 사실성과 지각적 의식을 독단적으로 동일화시켰다고 하면서 이를 거부한다. 그래서 그는 모든 우리 의식행위의 지향적 성격을 노출시키는 현상학은 이원적 경험의 양식을 띠다기보다는 변증법적이라고 그는 주장한다. 인간실존을 실재세계에서 육체적으로 현전하는 즉자성이 아니라 대자가 되는 '자유롭게 유동하는 주체성'이라고 해석하는 사르트르의 주장에 대하여, 메를로 퐁티는 인간은 무엇보다도 먼저 신체-주관(즉 현전이자 부재, 육화이자 초월, 존재이면서 의식)이라고 응수한다. 메를로 퐁티는『지각의 현상학』에서 다음과 같이 쓰고 있다. "(신체 속에 또 하나의 실체적인) 속 인간(inner man)이란 없다. 인간은 세계 '안'에 있고 또 오직 세계 안에서만 자기 자신을 안다." 결과적으로 사르트르가 개인적 의식의 자유에 대한 위협으로서 타자와의 상호주관성을 고려해야만 했던 것을, 메를로 퐁티는 그 점이 바로 본래적 의식의 선결조건이라고 한다. "생각은 그것이 이해되고 해석되는 바로 그것으로서 인간관계의 삶의 양식이다"(앞의 책).

　이러한 방식으로 메를로 퐁티는 사르트르 실존주의에서 '데카르트적' 오류라고 보이는 것에 대한 수정에 착수한다. 그는 내면적인, 사유하는 자아의 외향적 수행자로서의 신체관념을 거부한다. 그리고 이렇게 함으로써 그는 데카르트적 관념론으로부터 의식을 구해내어, 그것은 근원적으로 몸(the flesh)으로 있다고 한다. 메를로 퐁티는 다음과 같이 확언한다. 신체 주관의 현상학은 "나를 세계내 존재로 드러내면서 어떤 종류의 관념론도 소거해버린다"(앞의 책). 그러나 그럼에도 불구하고 이것이 환원적 유물론을 지지하는 것은 아니다. 신체-주관 현상학의 큰 장점은 세계에 '육화된' 의식의 개념으로서 극단적 주관주의와 객관주의를 극복하면서 과학적 경험론과 형이상학적 관념론의 양 뿔 사이를 빠져나오는 데에 있다. 즉 메를로 퐁티의 현상학은 그 진정한 소명을 '애매성의 철학'에 둔다. 의식과 세계의 극단적 양극화에 반대하면서, 그것은 의식과 신체가 풀리지 않는 매듭으로서 겹쳐 있다는 것을 드러낸다. 우리의 육화된 의식의 '현상'은 정확히 주관과 객관으로 이분되기 이전에 존재하는 '사이에 있는(in-between) 영역'이다.

   이러한 육화의 철학이 함의하는 의미는 지대하다. 그것은 과학, 예술, 언어 그리고 역사와 같은 다양한 주제에 대한 우리의 태도를 포함하는 것으로서 현상학적 방법 자체에 대한 전면적인 재해석을 요구한다. 무엇보다도 먼저 그것은 초월적 의식의 순수내면성을 얻기 위하여 세계에 대한 우리의 신체적 관계를 무화시켜야 하는 유명한 후설의 (현상학적) '환원'을 그치도록 요구한다. 사실 그 환원은 우리와 세계를 결합시키는 지향적 끈을 느슨하게 만드는 구실로 전락하고 만다. 그러나 그것은 이러한 근원적인 관계에 대한 우리의 관심을 더욱더 환기시키기 위해서 시설된 것이었다. 메를로 퐁티는 현상학을, '육화되는 것을 그치지 않고서' 세계에 대한 우리의 전반성적인 화신을 반성적으로 인식하기 위한 방법으로 해석했다. (현상학적) 환원은 철학적 또는 과학적 판단의 견지에서 우리 자신에게서 주객으로 분리되기 이전의 세계를 조명하기 위한 노력으로 이해될 수 있다. 메를로 퐁티는 다음과 같이 쓴다.

   그것은 반성을 의식의 비반성적 삶과 같은 것이 될 수 있도록 하기 위해서 고안되었다. 나는 세계로 정향하여 그것을 인식한다. … 세계는 내가 '생각하는' 어떤 것이 아니라 그것을 '통해서' 내가 사는 것이다. 나는 세계에 열려 있으며, 나는 세계와 교통하는 관계에 있음이 틀림없다. 그러나 내가 그것을 소유할 수는 없다. 왜냐하면 그것은 무한하기 때문이다(앞의 책).

   그러므로 후설의 본질직관으로의 회귀가 우리의 육체적 생활세계를 절단하는 것이 아니라, 지금까지 은폐되어온 모든 풍부성을 그대로 간직한 채로 이 세계를 회복하기 위한 수단으로 해석될 수 있는 한, 메를로 퐁티는 그것을 전통적 관념론의 반신체적 경향을 피하기 위한 것으로 믿었다. 그는 "후설의 본질은, 마치 어부의 그물이 바다 깊은 곳으로부터 고기와 해초를 끌어올리듯이, 모든 체험의 관계로 되돌아가도록 한다. … 본질은 여전히 의식의 선-기술적(ante-predictive) 삶에 의존한다"(앞의 책)고 주장한다.

메를로 퐁티에 따르면 현상학은, 우리의 육화된 세계내 존재의 체험에 있어서 의식의 '기원'과 이론적인 기술적 판단(예를 들면 논리학, 과학, 이성 등)에 있어서 의식의 '목적'에 주목한다는 점에서 애매하다. 그의 주장에 따르면 현상학적 태도는 자연적 태도에 속하는 우리의 근원성을 없애지 않고 '객관화하는' 가설을 유보한다. 현상학적 환원을 통해서 노출된 본질은 그러므로 초기 후설이 가정했던 것처럼 의심할 여지 없는 확실성과 완전성을 보지하지 못한다. 그것은 선택과 논쟁, 그리고 수정에 개방되어 있다. 현상학은 열려진 우리의 생활세계의 지평에서 시간적 발생에 영원히 제한된 '형태론적 본질'이라고 메를로 퐁티가 부른 것과 관계한다. 이것은 현상학에 의해서 추구된 현상의 본질적 진리가 왜 기정사실(fait accompli)로서 해석될 수 없는가 하는 이유이다. 그것은 풀어야 할 문제이자 실현되어야 할 희망이다(앞의 책). 그래서 메를로 퐁티는 초기 후설이 중요시하였던 무전제의 순수의식의 이념을 거부한다. 그는 현상학적 환원의 소관사는 가설들을 넘어서는 것이 아니라 우리가 그 살아 있는 복합성에서 그것들을 반성적으로 이해할 수 있도록 이끄는 것이라고 주장한다. 이렇게 수정된 현상학적 방법에 대한 이해를 토대로 하여 메를로 퐁티는 과학, 언어, 역사 그리고 존재에 대한 비판을 개관한다. 우리는 이러한 비판을 차례대로 하나씩 살펴볼 것이다.

1. 과학의 비판

메를로 퐁티는 『눈과 마음』에서 다음과 같이 관찰한다. "과학은 사물들을 조작하고 그들에게서 그 생명성을 사상시켜버린다." 현상학은 과학의 '양심(conscience)'으로 작용하면서, (과학적으로 규정된) 이른바 객관

적 범주로부터 눈을 돌리도록 해주어 그것이 원래 파생되어 나온 우리의
체험을 상기할 수 있도록 해준다. 메를로 퐁티는 『지각의 현상학』 서문에
서 다음과 같은 설득력 있는 말로 자신의 비판을 표현한다.

> 나는 내 자신을 단순히 세계, 즉 심리학적, 과학적, 그리고 사회학적 탐구
> 의 대상으로서만 이해할 수는 없다. 나는 내 자신을 과학의 영역 안에 가두어
> 둘 수는 없다. 모든 세계에 대한 나의 지식, 심지어 나의 과학적 지식 역시
> 과학적 기호들을 사용하는 나의 세계에 대한 경험으로부터 얻어진다. 과학의
> 모든 보편성은 직접적으로 경험된 세계 위에서 성립되고, 그리고 만일 우리
> 가 과학 자체에 대한 엄밀한 반성을 수행하여 그 의미와 범위를 정확하게 평
> 가한다면, 우리는 세계에 대한 기본적인 경험으로서 과학은 이차질서(second-
> order)의 표현이라는 점을 재환기함으로써 출발할 수 있을 것이다. 과학은 그
> 본성상 우리가 지각하는 세계와 같은 존재의 형식으로서의 의미는 지니지 못
> 해왔으며, 앞으로도 결코 그런 지위는 지니지 못할 것이다. 왜냐하면 그것은
> 세계에 대한 추론 내지는 설명이기 때문이다. … 나의 실존은 단지 세계의 한
> 순간일 뿐이라는 과학적 관점은 항상 소박할 뿐만 아니라 옳지 못하다. 왜냐
> 하면 그들은 또 다른 관점, 즉 출발에서부터 그것에 의해서 내 주위의 세계가
> 형성되고 나에 대하여 존재하는 의식의 존재를 분명하게 언급하지 않고 당연
> 하게 받아들이기 때문이다. 사상 자체로 되돌아가는 것은 지식에 선행해서,
> 그리고 지식이 그것에 관하여 항상 언급하는 세계로 돌아가는 것이다. 그리
> 고 그것은 지리학이 어떤 지역에 관해서 우리에게 숲과 대초원과 또는 강이
> 무엇인가에 관하여 미리 가르쳐주는 것처럼, 모든 과학적 도식화 역시 사상
> 자체에 대한 추상적·파생적 기호언어이다.

현상학의 소관사는 과학을 비판적으로 음미하는 것인데, 그 이론적 구
조는 선천적(a priori)인 기반, 즉 메를로 퐁티가 우리의 '활동적 지향성
(operative intentionality)'이라고 말한 전(前)이론적 체험의 행위에 그 기
반을 두고 있다.

메를로 퐁티의 과학비판은, 자연과학의 위기는 객관성이라고 하는 그
'자연적 태도'가 세계에 대한 인간의 지향적 관계를 '인위적으로' 균열시
키고 있다는 것을 망각하는 데에서 유래한다는 후기 후설의 논거에 크게
빚지고 있다. 현상학은 이러한 균열을 폭로하고 거기에 항변한다. 그것은
모든 과학적·논리학적 '대상들'이 원래의 생생한 '현상'에 대한 단순한

추상에 지나지 않는다는 것을 증명한다. 그러므로 과학적 객관주의의 틀로서 우리의 실존적 경험을 설명하는 대신에, 현상학은 그 실존적 발생이라는 입장에서 이러한 모델들을 설명한다. 메를로 퐁티는 이러한 발생을 '미학적 세계의 로고스'라고 묘사한다. 그는 '미학적'이라는 말을 그 원래의 그리스적 의미인 'aisthesis,' 즉 지각과 상상 '양자 모두'를 포괄하는 근원적인 실존의 표현양식을 의미하는 것으로 이해한다. '미학적'(우리의 전반성적인 육체를 통한 경험)인 차원을 '분석적'(anaxtic: 우리의 반성적인 개념적 판단)인 판단에 종속되는 것으로 보는 전통적 형이상학과 현대과학의 경향을 수정함으로써, 메를로 퐁티는 객관적 관념은 무에서(ex nihilo) 생겨난다고 하는 것을 거부한다. 즉 그는 과학적 이성의 자율적인 인식가능성을 부정한다. 관념은 피안적(플라톤주의)이지도, 본유적(데카르트주의)이지도, 선천적(칸트주의)이지도, 더군다나 백지상태의 마음에서 만들어진 기계적 인상의 종합(경험주의)도 아니다. 메를로 퐁티에게 관념들은 신체-주관의 전이론적인 활동에서 최초로 구성된 지향적 투기이다. 현상학적인 방법으로 우리 관념의 '미학적'인 발생을 인식함으로써 우리는 신체에 있어 마음의 근원적인 육화를 재구성할 수 있다. 그리고 이렇게 함으로써 신체는 의미를 부여하는 주관으로서의 그 지향적 지위를 회복한다. 그래서 마음과 신체를 이원적으로 대립시켜보는 견해를 논파하면서, 메를로 퐁티는 의식과 세계의 근원적인 통일성을 회복하여 어떻게 신체-주관의 근원성에 대한 재발견이 즉자적 객관주의와 대자적 주관주의의 잘못된 견해들을 피해 가는가 하는 점을 기술한다.

이러한 발견의 결과 과학의 의미는 혁명적으로 변한다. 즉 그것은 과학적 이성도 이제 더이상 시간의 진행에 독립적인 절대불변의 진리라는 일종의 특전적인 지위를 가지는 것으로 생각될 수 없다는 것을 의미한다. 과학적 이성에 대한 이러한 특전적인 지위를 부여한 이념은, 결국 그것이 생활-세계에서 우리의 지향적 활동의 산물일 뿐인 '객관적 지식'을 당연하게 받아들이는 복고적 환상으로 이제 드러났다. 즉 과학은 그 자체의 무시간적 (주관에 대한 분극인) '대상들'에게서 시간화하는 기원을 망각하는 경향이 있다. 그것은 그 자신의 진리를 고정된 영원한 획득으로서 가정한다. 그러나 이러한 진리는 사실상 보편적 진리를 얻기 위한 계속되는 탐구과정에서 일시적인 근사치 이외에 아무것도 아니다. 과학 역시 과 거와 미래의 시간적 한계에 제약을 받는다. 이성은 (아무런 선입견도 없 는) 텅 빈 상태로 존재하는 것이 아니다. 그것은 항상 [메를로 퐁티가 '침 강(sedimentation)'이라고 부른] 과거에서 이미 만들어진 의미를 물려받고 또 미래에 구성될 의미(즉 투기함의 현상)에 참여하는 한, 근본적으로 시 간에 놓여 있다.

과학적 이성의 시간성을 드러낸다는 것은 곧 '상호주관성'을 드러내는 것을 의미한다. 정확히 이성은 수동적으로 과거에 의해서 구성되는 동시 에 능동적으로 그 미래를 구성하기 때문에 그것은 타자, 즉 역사적 전통 으로서 선조들과 후손들을 포함하는 모든 세대들과의 공통된 투기를 공 유한다. 즉 이성은 선행했던 상호주관적 공동체로부터 물려받은 의미를 기반으로 하여 그 자신의 노력을 계승·발전시킬 미래의 상호주관적 공동 체에 남겨준다. 신체 주관이 '애매한' 지각함, 지각됨(메를로 퐁티가 즐겨 사용하는 예로 말하면, 손은 접촉하고 접촉되는 것처럼)으로 경험하는 것 처럼, 이성 역시 타자로부터 그 진리를 위임받는 동시에 타자를 위해서 그러한 진리를 재창조한다. 형이상학적이든 과학적이든 간에 이성은 독자 적으로 사유하는 생각 또는 자율적인 사유하는 자라는 형식으로 혼자 서 존재할 수 없다. 모든 과학적 마음은 근본적으로 타자와 함께 지은(co-authors) 상호주관적인 공동체적 텍스트이다.

2. 언어의 비판

메를로 퐁티의 신체-주관의 기초적인 상호주관성은 진리와 언어를 동 일시한 하이데거의 입장을 밀고나간 것이다. 그는 『기호』에서 "나는 말할 때에 나 자신에 있는 타자와 타자에 있는 나 자신의 현전을 경험한다"고 말한다. 이러한 상호주관적인 상관성이 『지각의 현상학』에서 처음으로 등 장했었다. 그러나 메를로 퐁티가 언어에 대한 변증법적 해석을 시도하고, 또 외연적으로 문화와 예술의 의미에 관하여 본격적으로 천착하기 시작 한 것은 그의 다음 저작, 특히 『기호』와 『의미와 무의미』에서이다. 후기의 기호와 상징의 현상학은 전기의 『지각의 현상학』에서의 그의 입장을 수정했다기보다는 발전시킨 것이었다. 메를로 퐁티에게서 지각은 단순한 사실적 자료들에 대한 중립적 직관 이상의 것이었다. 그는 "지각은 이미 양식화되어 있다"고 주장한다. 신체-주관의 지각적인 지향성은 그 자체가 이미 능기(能記: signifying)하는 양식이다. 세계를 지각한다는 것은 세계를 이해한다는 것이고, 또 의미의 지향적 투기를 표현하여 기호로 옮기는 것이다. 그러므로 타자와 우리의 육체적인 관계는, 비록 그것이 언어로 명료하게 표현되지 않았고 또 신체적인 몸짓의 수준에 머물지라도 지향적인 의미를 나타낸다. '간접적 언어와 침묵의 소리'라는 표제가 붙여진 『기호』에 관한 글에서 메를로 퐁티는 '신체언어'가 어떻게 작용하는가에 대해 아래의 예를 들어 설명한다.

> 처음 보는 지나가는 여자가 매니큐어를 칠하지도 안경을 쓰지도 않았다. 그러나 그녀는 개성이 있고 감수성도 강하고 성적으로 매력적인 인상을 풍긴다. 그녀는 오로지 걷거나 심지어 땅에 그녀의 구두를 단순히 끌며(몸매를 옷맵시에서 현전시키면서), 내가 육화되었기 때문에 나의 자의식에 갖고 있는 걷기·보기·접촉·말하기의 규칙에 눈에 띄는 변환을 주는 신체의 방식으로 있다.

메를로 퐁티는 신체-주관이 지각하는 것은 단순한 경험적 소여(所與) 이상의 것이라고 추적한다. 우리는 그 소여들을 맨몸에 걸친 옷처럼 상상적·능기적 투기가 계속해서 첨가되는 객관적인 자료로서만 취급할 수는 없다. 출발에서부터 우리들이 수행하는 각각의 지각은, 비록 아무리 초보적이고 임시적인 방편이라고 할지라도, 세계내 존재의 특수한 투기를 표현하는 기호적인 의미이다. 그러므로 당연히 메를로 퐁티가 하이데거의 다음과 같은 견해, 즉 언어는 전언어학적(말로 표현되기 이전이라는 의미에서)이라는 말을 늘 지지하는 것을 볼 수 있다. 언어라는 범주 안에는 타자의 말에 대해 경청을 하고 있는 침묵과 몸짓이 포함된다. 험프리 보거트가 담배를 피우는 것과 모택동이 웃는 것, 그리고 영국 여왕이 손을 흔드는 방법은 각각 실존적 투기(타자에게 그들의 의도를 능기하는 뚜렷한 방법)를 말한다. 이러한 양식들(styles)은—모든 인간은 각기 다른 특수한 지문을 남기듯이 특수한 양식화를 드러낸다—이미 기호로서 작용하는 것이다. 이런 것들이 모든 구어의 궁극적인 원천이 되는 '침묵의' 언어를 구성한다.

메를로 퐁티는 여기서 중요한 구별을 한다. 즉 (신체 주관의 양식화하는 지각이라는 넓은 의미에서) 그가 우리의 미학적 경험을 나타낸다는 의미에서 '일차적 표현'이라고 명명한 것과 (논리적·과학적 언어에서 가장 추상적이고 정확한 공식화인) 개념적 주장을 나타낸다는 의미에서 '이차적 표현'이라고 한 것이 그것이다. 그러므로 우리의 반성적 판단에서 유래한 '객관적' 진술은 우리의 신체적인 상호주관성의 전객관적(pre-objec-tive)인 표현을 가정한 것이라는 결론이 나온다. 즉 사고는 언어를 옮겨놓은 것이다. 그리고 입으로 하는 표현으로서 언어는 그 자체가 신체 주관으로서의 우리의 몸짓과 양식의 '침묵 또는 간접적인 목소리'를 나타내는 것이다.

표현의 가장 근원적인 양식은 외관상으로 혼돈된 사건을 의미의 유형으로 바꾸어 양식화하는 우리 지각의 투기에 있기 때문에, 우리는 그림과 음악 그리고 시와 같은 예술적 형식을 통해서 은폐되어 있는 언어작용에 접근할 수 있다고 메를로 퐁티는 주장한다. 이차적 표현의 투명성 뒤에는 예술이 일차적 표현에 대한 '간접적' 목소리로서 드러난다. 이 목소리는 간접적이고 암시적이며 그리고 측면적이다. 메를로 퐁티는 이것을 신체의 기능에 비유한다. "나를 표현하는 언어, 선 그리고 색깔은 나의 몸짓으로서 나에게서 나온다"(『기호』). 그림 또는 눈으로 보는 예술이 분명히 간접적 또는 침묵으로서의 언어에 가장 근접해 있겠지만, 메를로 퐁티는 문학작품 역시 이러한 일차적인 방식으로 기능할 수 있다고 주장한다. 그리고 다음과 같이 덧붙인다.

"문학에서 우리는 언어의 측면적 또는 간접적인 능기가 요구하는 대로 알려지고 서로서로 통합 또는 분리되어 입으로 말해지는 언어 배후에서 작용 또는 말하게 하는 언어를 발견한다. 비록 이러한 관계가 일단 표현되고 나면 우리에게 명백할지라도"(『기호』).

비록 구어체적인 문장이라고 할지라도 문학작품의 언어는 메를로 퐁티에게서 과학보다는 그림에 더욱 가까운 것이 된다. 그것은 순전히 정확한 상태로 의미를 추상화한다기보다는 암묵적·암시적으로 의미를 드러낸다. 『기호』에서 메를로 퐁티는 어떻게 스탕달(1783~1842, 프랑스의 소설가이자 비평가)이 그의 소설 『적과 흑』에서 언어의 '간접적'인 목소리를 펼쳤는가에 대해서 다음의 예로 설명한다.

그림과 마찬가지로 소설도 역시 암묵적으로 표현한다. 그 주제는 그림의 그것과 마찬가지로 화젯거리가 될 수 있다. 그러나 베리에레스로의 줄리앙 소렐의 여행과 그를 배반한 엠메 레날을 죽이기 위한 그의 시도는 그 소식에 대한 침묵, 꿈같은 여행, 무념의 상태, 그리고 영원한 결정처럼 중요한 것은 아니다. 지금 이러한 것들은 그 어디에서도 말해지지 않았다. '줄리앙의 생각'과 '줄리앙이 바라는 것'은 무엇이든지 상관할 바가 아니다. 그러한 것들을 표현하기 위해서 스탕달은 그 자신이 줄리앙이 되어 목적과 장애물, 수단 또는 위험한 일 등을 빠른 속도로 여행하면서 우리 앞에 나타낸다. 그는 다섯 면을 차지할 것을 한 면으로 모두 다 이야기한다. 이런 간결성, 말해진 것에서 빠진 이례적인 부분은 선택의 결과가 아니다. 타자에 대한 그 자신의 민감성을 조사해본 뒤에 스탕달이 그 자신의 몸보다 더 민첩한 줄리앙을 발견한다. 마치 제이의 삶에서처럼 그는 냉정하게 볼 것과 보지 않을 것, 그리고 말할 것과 말하지 않을 것을 결정한 뒤에 베리에레스로 여행을 했다. 죽일 의향을 말로는 조금도 드러내지 않았다. 그것은 마치 영화관에서 어떤 한 장면이 다른 장면과 연관해서, 즉 다른 장면 사이에 있듯이, 시간과 공간 그리고 능기에서 그들이 말한 것 사이에 있다.

우리들에게 전객관적 경험의 양식을 형식적으로 현전시켜 줌으로써 예술은 일차적 표현의 '보편적' 영역의 문을 연다. 이러한 보편적인 영역을 메를로 퐁티는 '생활세계의 미학적 로고스' 또는 다른 말로 '야생적 사유'(une pensee sauvage: 레비 스트로스에 의해서 사용된 용어이기도 하다)라고 부른다. 이것은 사전 또는 문법적인 정형화 이전의 모든 신체 주관에게 공통된 언어를 가리킨다. 이것은 서로 다른 언어체계(영어, 불어, 중국어 등)로 변별화된 기호가 되기 전에 존재하였던 음악이나 그림 또는 몸짓으로 된 언어이다. 피카소와 레오나르도 다빈치의 그림은 원칙적으로 스페인 사람이나 이탈리아 사람과 마찬가지로 동양의 중국인에게도 의사소통될 수 있다. 참으로 구어의 체계는 그 자체 보편적 능기의 양식이기 때문에, 그렇게 한 언어에서 다른 언어로의 번역이 가능한 것이다. 각각의 문화 또는 각 민족에게서 구별되는 언어체계는 근원적 의미라는 공통된 연못을 공유하고 있다. 그리고 메를로 퐁티가 지적했듯이, 이 점이 그들 사이의 의사소통을 가능하게 해주는 것이다.

언어 스펙트럼의 또 다른 극점에서 우리는 논리학과 수학 그리고 컴퓨터의 자모 등과 같은 과학적인 표현의 틀로써 '이차적 질서'를 갖는다. 여기서도 우리는 역시 반대되는 방향에서 민족마다 다른 한계를 가지고 있는 언어부호체계의 한계를 넘어서는 기호와 관계하게 된다. 과학적 언어는 '전객관적'인 예술의 보편성과는 대비되는 '객관적' 보편성을 지니고 있다. 그런데 메를로 퐁티는 전자는 후자를 가정하고 또 궁극적으로 거기에서 유래되었다고 주장한다. 그러나 이 양자에게 모든 보편성은 획득이라기보다 투기의 형식을 띤다. 일차적 예술언어도 이차적 과학언어와 마찬가지로 '완전한' 보편성은 이룰 수 없다. 비록 미학적 로고스의 기호가 판명한 언어체계로 외관상 구분된다고 할지라도, 그것들은 그럼에도 불구하고 개방된 능기과정에 제한된다. 그래서 그것들은 구체적인 신체-주관의 시간적 경험의 상황에 있으면서도 보편성으로, 비록 부분적이라고 할지라도 끝없는 고양을 한다. 예술은 이제 지식 이상의 어떤 절대적 관점일 수가 없다. 왜냐하면 보편적 의미는 실현되어야 할 과제, 즉 종결될 수 없는 문화의 모험이기 때문이다. 메를로 퐁티는 "문화는 우리에게 결코 절대적으로 투명한 소기(所記)를 주지 않는다. 의미의 발생은 결코 완성되지 않는다. 우리는 우리의 지식이 처해 있는 상징적인 맥락하에서 진리를 생각해야만 한다"(『기호』)라고 선언한다.

요약하면 우리는 다음과 같이 말할 수 있겠다. 즉 언어현상학에서 메를로 퐁티의 중심생각은 의미가 함의적인 신체적 기호라는 형식으로 먼저 발생되고 난 다음에 비로소 명시적인 추상적 인지의 표현형식을 띤다는 것이다. 과학의 논리는 문화적 세계의 로고스(메를로 퐁티가 '야생적인 신체적 능기의 질서'라고 부른)를 가정한다. 선재성을 이렇게 규정한 것은 기호적 표현을 명석·판명한 마음의 관념을 소외시키고 격하시키는 파생된 표현으로 보아 저급한 사고형식으로서 취급하는 전통적 경향을 역전시킨 것이었다. 메를로 퐁티는 (전통적 사고방식의) 반대가 오히려 진리라고 말할 뿐만 아니라, 더욱더 다음과 같은 데까지 나아간다. 즉 이른바 '무시간적인 관념(timeless ideas)'이라는 이차적인 개념적 해석을 가능하게 하는 것은 바로 신체 주관의 시간화하는 표현이라는 것이다. 그래서 그는 과학은 일차적 표현의 간접언어에서 그 자신의 시간화하는 발생을 잊지 않기 위해서 예술과 대화해야 한다고 결론짓는다.

> 어떤 인식체계도 불완전한 암묵의 표현형식을 가지고 있으며 우연적이며 사상 자체와 거리가 멀다. … 표현은 마음이 무엇을 조사하기를 제안하는 호기심의 일종이 아니라, 활동 중인 실존이다(『기호』).

마지막으로 메를로 퐁티는 미학적인 근원적 표현양식을 통해서 언어의 '상호주관적' 현상에 대한 일반적 청사진을 제공하려고 한다. 그림 또는 시는 단순히 그 작자의 창조적 표현인 것만은 아니다. 그것들 역시 보고 읽어줄 사람을 요구한다. 따라서 예술작품의 의미는 일단 고정된 어떤 것이 아니라 관객들에게 무한히 개방되어 있다. 각각의 예술작품은 읽고 보는 사람들에게 해석될 수 있는 가능성의 지평에 개방되어 있을 뿐만 아니라 특수한 표현양식을 명료하게 해준다. 달리 말하면 예술적 투기의 의미는 작자의 원래적 투기뿐만 아니라 관객의 재창조에 의해서도 상당히 규정된다.

3. 역사의 비판

예술을 통해서 우리는 상호주관성의 변증법뿐만 아니라 역사의 변증법으로 들어간다. 그것은 우리에게 의미는 플라톤적인 피안의 세계가 아니라, 역사적 생활세계에서 발생한다는 점을 상기시킨다. 현대 추상파 예술가 역시 세계에 대한 역사적 언급을 하고 있다. 전통적 상징예술에 대한 모더니스트들의 포기는 역사에 대한 완전한 부정을 의미하지는 않는다. 구상주의적 실재론으로부터의 이탈은 우리에게 현대의 소외에 대한 체험이라는 입장에서 실재를 보도록 요구한다. 메를로 퐁티는 다음과 같이 요구한다.

> 화가나 시인이 세계와의 만남을 제쳐두고 그 무엇을 어떻게 표현할 수 있겠는가? 세계의 부정 또는 거부가 아니라면 추상파 화가는 그 무엇을 말하고 있는가? 지금 삶을 수량(數量)으로 계량하여 보는 시야가 압도적인 우세를 차지하고 있다. 비록 그것이 삶을 수치스럽게 하고 또 경멸할지라도. 그래서 화가는 항상 이런 현실을 헤쳐 나가기 위해서 어떤 것을 말한다. 그리고 그것은 그들의 일상적인 관계가 깨어 있는 사물들 사이의 좀더 참된 관계라는 이름으로(『기호』).

추상적 예술의 이러한 특이성과 소원함은 결코 세계로부터 우리를 멀어지게 하려고 하는 것이 아니다. 그것의 성격은 차라리 새롭고 낯익지 않은 방식으로 세계를 드러내는 현상학적 방법 자체와 같은 것이라고 하겠다.

메를로 퐁티는 예술에 구조적 자율성을 부여함으로써 몰역사화하려는 모든 시도에 일체 반대한다. 그리고 그는 또 예술이 불멸적이고, 모든 역사적 전거로부터 해방된 엘리트적 천재에 의해서 운명적으로 만들어졌다고 보는 예술에 대한 낭만주의적 우상화 역시 거부한다. 그것은 현대적 개념의 박물관 또한 상호주관적 생활-세계에 그 뿌리를 두고 있는 미학적 경험을 사상하려고 하는, 즉 역사로부터 예술을 분리시키기 위한 기도라고 말할 수 있겠다.

> 우리는 작품을 진실로 감상하기 위해서 예술가들처럼 박물관에 간다. 우리는 어느 정도의 숭배하는 마음을 가지고 가는 것은 아니다. 박물관은 우리에게 범죄의식을 심어준다. … 그것은 그 작품들이 어떤 상황에서 생겨났는지를 사상시키고, 또 출발에서부터 예술가의 손이 운명적으로 인도되었다고 우리를 믿게 하여 작품의 진정한 가치를 왜곡시킨다. 각 예술가의 삶의 양식은 그의 가슴이 두근거리듯 흥분된 삶을 살았을 것이며, 그 작품에는 다른 사람의 모든 노력이 포함되었을 것임에 반하여 박물관은 이러한 내밀한, 허식이 없는, 비고의적인·무의식적인, 즉 살아 있는 역사성을 사무적이면서 화려한 역사로 바꾸어놓는다(『기호』).

그런데 메를로 퐁티가 역사로부터 예술의 완전한 분리를 거부했다고 하더라도 그것이 곧 결정주의적인 방식으로 역사에 대한 예술의 완전한 종속을 의미하는 것은 아니다. 메를로 퐁티는 예술을 역사적 생산조건과 결부시키는 정신분석학과 맑스주의의 시도를 긍정한다(정신분석학의 경우에 개인의 역사가 문제가 되고, 맑스주의의 경우에는 집단의 역사가 문제된다). 그러나 그는 이러한 역사적 관련성은 현상학적 체험이라는 의미에서 재해석되어야 한다고 주장한다. 예술작품은 개인적·사회적 여건에 대한 창조적 대응이 아니라, 기계적 반영이라고 하는 그 어떤 해석도 부적당한 것으로 배척되어야 한다. 메를로 퐁티에게서 예술은 그것이 있는 그대로의 사(事)를 지향적 양식의 기호로 바꾼다는 의미에서 기적적인 '창조적 표현력'으로 남는다.

> 다빈치(1452~1519, 이탈리아의 화가이자 조각가이며 건축가)가 불행하게 희생된 수많은 아이들 중의 한 아이 이상이 될 수 있었던 이유는, 그가 그들보다 더 높이 뛰는 발을 가졌기 때문이 아니라 그가 사는 세계를 해석하는 수단을 만드는 데에 성공했기 때문이다. 즉 그것은 그가 몸 또는 시력을 가졌기 때문이 아니라, 자신의 육체적 또는 생명적 상황을 언어로 구성했다는 점에 그의 위대성이 있다는 것이다. 우리가 물의 질서로부터 표현의 질서로 나아갈 때, 우리는 현실의 세계를 바꾸지는 않는다. 같은 상황이 이전에는 숙명적으로 따라야만 했으나, 이제는 능기적 체계가 된다. … 육체적 운명과 개인적 모험 또는 역사적 사건이 '계기'(즉 양식)로 구체화되었을 때, 중요한 순간에 현전될 화가의 관점을 우리가 택한다면 우리는 결코 (기계적) 반응이 아닐 그의 작품이 소재로 한 육체, 생명, 전경, 학교, 연인, 채권자, 경찰 그리고 혁명 등에 대한 반응이었다는 것을 인정하게 될 것이다. 그림을 그리면서 산다는 것은 여전히 이 땅에서 숨을 쉬고 사는 것이다. 즉 화가는 그려질 이 땅의 무엇을 보는 사람이다. 그리고 모든 사람이 이러한 자질을 조금씩은 가지고 있다(『기호』).

물론 메를로 퐁티는 예술이 자유의 영역에 속한다고 하는 사르트르의 이 견해에 동의한다. 그러나 그는 예술은 역사적 세계로 '부터(from)' 자유라기보다는 역사적 세계에 '대하여(for)' 자유라고 주장함으로써 이러한 동의에 제한을 가한다. 예술의 세계에서도 우리는 여전히 이 세상의 공기로 숨을 쉰다. 그런데 좀더 자유로운 방식으로 숨을 쉰다. 예술언어는 신체 주관의 살아 있는 표현을 확장·심화시킨 것이다. 그러므로 미학적인 언어는 역사를 부정하는 것이 아니라 그것을 전례 없는 새로운 방식, 즉 이미 표현된 의미를 아직 표현되지 않은 의미로 바꾸는 것이다. 이 점에서 메를로 퐁티는 사르트르의 실존주의와 결별하고, 잃은 의미를 회복하는 동시에 새로운 의미로 투기한다는 '해석학적 순환'으로서의 하이데거의 언어관에 동의한다. 가능성의 조건이 될 수 있는 것은 상호주관적인 지평이다. 메를로 퐁티는 다음과 같이 쓴다.

> 역사철학은 어떠한 나의 권리나 창조성도 사상하지 않는다. 그것은 단순히 단독자로서 나의 의무에 나 이상의 다른 상황을 이해할 의무를 부여하고, 또 나의 삶과 다른 사람의 그것 사이에, 즉 나 자신을 표현할 길을 찾는 것이다. 문화적 생활을 통해서 나는 나의 것이 아닌 어떤 곳에 나의 거주지를 정하게 된다. 나는 그들과 대면하게 되고, 내가 타자에게 알려지고 또 타자를 알게 되고, 나는 그들을 똑같이 진리에 대한 가능성으로 인정하고, 나는 그들 모두에 대하여 책임을 지고, 그리고 나는 보편적 삶을 창조한다(『기호』).

메를로 퐁티는 창조적 주체성과 역사적 상호주관성을 화해시킴으로써 '예술의 영원성' 운운하는 것은 위선이라고 하면서 거부한다. 이 점이 바로 메를로 퐁티가 예술가는 창작하기 위하여 '무'라는 상상의 영역에 호소할 것이 아니라, 공유된 상호주관성의 역사적 미래를 교대로 떠맡기 위하여 투기의 역사적 기원을 고려해야 한다고 주장한 이유가 된다. 그래서 메를로 퐁티는 자신의 작품을 읽는 독자들이 자신의 창의력에 참여하기를 바랄 뿐이지, 허영심으로 읽지 않기를 바란다는 스탕달의 말을 다음과 같이 해석한다. "그의 자유는 자신이 고안한 것을 얻었다는 것을 인식하는 정도만큼 자유롭게 되는 연옥으로 세계를 초대한다"(『기호』). 즉 작가의 창조적 표현은 각각의 개별적인 독자가 끊임없이 재해석하고 그들의 것이 되도록 하는 보편적인 의미를 추구한다.

메를로 퐁티는 이러한 상호주관성의 틀로서 역사운행에 대한 유연한 청사진을 제공한다. 이것은 역사를 단순히 초시간적이며 초월적인 신의 장난감으로 보던 전통적 해석에 대한 비판이라고 할 수 있다. 역사는 초월적으로 존재하여 인간 의미의 변증법이 결코 닿을 수 없는 어떤 신성한 제일원인(Divine First Cause)에 의해서 만들어지는 것은 결코 아니다. 오히려 역사가 바로 변증법적 투기로서 신 관념의 선결조건이 된다. 그러나 사르트르와는 달리 메를로 퐁티는 기독교의 신 개념이 (서구 형이상학과 신학에서 지배적인) 천상의 초월이 아니라, 역사적 변증법으로 재해석될 소지를 충분히 지니고 있다고 주장한다.

　　기독교는 신이 수직적으로 천상에만 있어서 인간의 순종만을 강요하는 신이 아니라는 입장에 서서 신과 인간의 관계에 대한 재인식을 하는 것을 특히 잊고 있다. 기독교에서 우리는 단순히 신의 의지의 소산도 아니며, 또한 그 수단도 아닐 뿐만 아니라, 더구나 인간적인 가치는 신성의 단순한 반영도 아니다. 인간이 없으면 신도 아무런 의미가 없다. 그리고 예수그리스도가 신이 인간이 되지 않고는 완전한 신이 될 수 없다는 것을 증명했다. 클라우델(1868~1955, 프랑스의 시인이자 극작가)은 신이 우리 위에 있는 것이 아니라, 오히려 우리 밑에 있다고 한다. 즉 우리는 신을 초월적인 관념으로 발견하는 것이 아니라, 우리 안에 있고 또 우리의 어두운 면을 밝혀주는 존재로 발견한다. 초월성은 이제 더이상 인간에게서 미해결의 문제로 남아 있을 수 없다. 인간이 경이롭게도 그것의 특전적인 담지자가 되었다(『기호』).

메를로 퐁티는 수직적인 천상적 초월의 관념을 다른 각도에서 보면, 그것은 자율적인 주관성의 관념과 똑같은 형이상학적 이원론이라고 한다. 양자는 모두 상호주관적 변증법으로서의 역사라는 실재를 무시한다. 『변증법의 모험』이라는 표제의 정치학적 논문모음집에서 메를로 퐁티는 사르트르가 역사를 주관의 의도적 해석으로 환원시킨다고 신랄한 어조로 비난한다. 그는 순수 개인적인 선택의 행위라고 하는 사르트르의 생각은 역사라는 불투명한 복합체를 상상의 영역으로 해소시켜 버려 현실적인 것을 비실재적인 것으로 설명하는 결과를 초래하게 되었다고 주장한다. 결과적으로 사르트르에게서 혁명은 '자기 상상'의 형식, 즉 집단적인 상호주관성의 지평을 자아로 해소시켜 버린 자발적 주관성 이외에 다른 것이 아니다. 그러므로 (사르트르에게서) 역사는 "변화무쌍한 자유, 즉 우리가 행위하고 우리가 원하는 것은 무엇이든지간에 우리가 창조하는 마술적인 힘"으로서 주관화된다. 메를로 퐁티는 맑스주의로의 후기 사르트르의 전환을 그의 주관주의적 실존주의를 역사적 각본에 투사한 것 이외에 다른 것이 아니라고 생각했다. 그는 사르트르의 '극좌 볼셰비즘'(Ultra-bolshevism: 엘리트로 구성된 공산당 전위대의 결정이 최고권한을 행사해야 한다는 견해)에 대해 역사는 프롤레타리아트가 창조하고, 프롤레타리아트는 당을 만들고, 당은 사르트르 자신의 개인적 투기로 만들어진다는 것을 관념론의 형태로 위장시킨 것이라고 비난한다. 메를로 퐁티가 보기에는, "(사르트르에게서) 프롤레타리아트는 당의 전적인 행위에 의해서만 존재하고 또 그 행위는 단지 사르트르의 생각에만 달려 있기 때문에 가장 비참한 천민이다"(앞의 책). 일단 역사가 순수 상상적인 선택의 행위로 환원되어 상호주관적인 변증법으로부터 이탈하게 되면, 그것은 '자기도취증(narcissism),' 즉 역사에 대한 절대적 부정으로 전락하게 되고 만다.

메를로 퐁티는 맑스주의 역사변증법을 상상이 아니라, 언어의 기반하에서 재해석할 것을 제안한다. 이러한 재해석을 통해서 우리는 상상의 창조적 지향과 수용적인 지각의 지향을 결합하여 역사는 자유로우면서 상황에 처해 있는 신체 주관의 변증법적 상호관계, 즉 이전의 타자가 수행했던 투기에 의해서 물려받은 의미의 기반하에서 독자적이면서 또 능동적으로 투기하는 의미라는 것을 인식할 수 있다. 역사는 상상(순수초월성)으로 해소될 수 없다. 그리고 상상 또한 역사(전적인 결정주의)로 해소될 수 없다. 진리는 이 양극단 사이의 어디에, 즉 변증법적 '애매성(ambiguity)'의 간세계(interworld)에 있다.

진실로 세계와 관계하고 있는 의식은, 그것이 역사를 주재하지만 고립되지 않고서 역사를 넘어서 있다. 비록 어렴풋하지만 그 의식은 또다른 움직이는 현존을 느낀다. 마치 굴을 파고 있는 한 그룹의 사람들이 그들 쪽을 향해 파오고 있는 다른 그룹의 사람들의 소리를 듣듯이 … 문제는 사르트르가 말하는 것처럼 유일한 한 사람과 사물만이 존재하는가, 아니면 간세계 즉 우리가 역사, 기호체계 그리고 이루어질 진리라고 부르는 것도 역시 존재하는가 하는 것이다. … 정치학과 문화는 재통합되었다. 그런데 그것은 그것들이 완전히 조화되거나 또는 같은 사건에 함께 연루되었기 때문이 아니라 양 체계의 기호들이 서로 닮아 있고 또 대응되며, 하나가 다른 하나에서 연역될 수 있기 때문에 재통합되었다. … 문학과 정치학은 서로서로, 그리고 한 사건으로 결합되었다. 그러나 하나의 기호체계에서의 두 층 또는 역사와 같이, 다른 방식에서(앞의 책).

　초기 사르트르의 정치철학에 대한 메를로 퐁티의 비판은 결코 실존주의와 맑스주의가 양립할 수 없다고 하는 것은 아니다. 그러나 그는 그들이 양립할 수 있기 위해서는 양자에 대한 재해석을 전제해야 한다고 주장한다. 사르트르의 잘못은 자신의 초기 실존주의의 극단적 주관주의와 '당'을 중요시하는 맑스주의의 극단적 집단주의를 동일시하는 데에 있다. 메를로 퐁티는 양극단을 언어, 즉 정치적·문화적 요소들이 합치되는 상호주관적 간세계로서의 역사에 대한 해석으로서 거부한다(그러나 사르트르를 공정하게 평가하자면, 그 역시—5년 전에 『변증법의 모험』에서 메를로 퐁티에 의해서 그에게 가해진 몇몇 비판에 대한 대답을 합쳐놓은 저작인 『변증법적 이성비판』을 필두로 한—후기 정치철학에서 양극단을 배제했다). 자신의 변증법적 현상학을 통해서 메를로 퐁티는, 우리의 사회경제적 상황이 우리 실존의 투기에 상당히 영향을 끼친다는 것을 인정한다. 그러나 이렇게 영향을 끼친다고 하더라도 그것이 '결정'하는 것이 아니라 '동기(motivation)'로서 작용한다. 『지각의 현상학』에서 그는 "만일 실존이 자신의 목표를 이루기 위해서 행하는 인간의 끊임없는 행동이자 그 자신의 사실상(de facto)의 상황을 창조하는 것이라고 한다면, 그의 생각의 어떤 것도 그가 살고 있는 역사적 맥락, 특히 그의 경제적 상황과 별개로 생각될 수 없다"고 지적한다. 정확히 경제가 닫힌 세계가 아니고 또 모든 동기들이 역사의 중심에서는 서로 얽혀 있기 때문에, 외부적인 것이 내부적인 것이 되고 내부적인 것이 외부적인 것이 된다.
　『변증법적 이성비판』에서 사르트르가 폴 발레리(1871~1945, 프랑스의 시인이자 비평가)의 예를 들 것을 예상하면서 메를로 퐁티는 발레리의 시를 단순히 경제적 요인에 의해서 규정된 산물로서만 간주한다면 우스꽝스러운 것이 될 것이지만, 그 시대의 사회경제적 드라마에서 그의 시적 인식에 대한 동기를 찾는 것은 조금도 불합리하지 않다고 주장한다. 다른 무엇보다도 사회경제적 의미를 갖지 않는 문화현상이란 없다. 그러므로 예술작품이 단순히 경제적인 물질적 토대로 결코 환원될 수 없다면, 전적으로 그 물질적 토대를 넘어설 수도 없다. 개인의 삶을 신체적 기능만으로 또는 오직 지식만으로 환원할 수 없듯이, 실존을 다른 것을 모두 차치하고 배타적으로 경제로만 또는 문화적 창조력으로만 정의할 수도 없다. 메를로 퐁티에 따르면 모든 생명이 '유성적'이냐 또는 '무성적'이냐에 대한 자각 없이도 번식능력을 타고나듯이, 우리의 사회경제적 배경 역시 우리 각자가 자기 나름으로 이해하고 투기할 수 있도록 어디에나 존재하는 보편적인 맥락을 제공하여 준다. 메를로 퐁티는 따라서 "예술가 또는 철학자의 행위는 자유롭다. 그러나 동기가 없는 것은 아니다."라고 결론짓는다. 그들의 자유는 주어진 상황을 넘어서서 거기에 기호적 의미를 부여함으로써 사실상의 상황을 재해석하는 데에 있다.

그래서 변호사의 아들로서 그리고 철학도로서 만족하지 못한 맑스는 계급투쟁이라는 새로운 시각에서 '중하위 지식계급'으로서 자신의 상황을 인식하게 된다. 그래서 발레리는 다른 사람들이 아무것도 하지 못하던 불안과 외로움을 시로 옮길 수 있었다. 생각은 그 자체로서 이해되고 해석될 수 있는 인간관계에서 생명과도 같은 것이다. 이렇게 객관에서 주관으로 이행하는 자발적인 행동에서 어디서 역사적 힘이 멈추고 우리는 어디서부터 시작되었는지에 대하여 우리가 대답하는 것은 불가능하고 그 물음 또한 무의미하다. 왜냐하면 오직 그것을 통해 살고 있는 주관에 대한 역사와 또 역사적으로 상황지어진 주관이 있기 때문이다. 역사에 있어서는 하나의 의미만이 존재하는 것이 아니다. 우리는 여러 가지 의미를 가지고 있다. 그리고 그것은 실존주의적 역사이해가 유물론으로부터 그리고 관념론으로부터도 구별되는 곳이다(『지각의 현상학』).

4. 존재비판

애매성의 현상학은 역사뿐만 아니라 존재에 대한 변증법적 이해이기도 하다. 후기 저작, 특히 유고로 출판된 『눈과 마음』, 『가시성과 불가시성』에서 메를로 퐁티는 형이상학적 관념론의 이원론적 존재론과 대결한다. 그는 특히 순수자유(대자)와 전적인 필연성(즉자) 중에서 양자택일을 주장하여 존재를 이분시키는 데카르트와 초기 사르트르의 주장을 거부한다. 그는 존재론은 '의미와 무의미'―우리가 단순히 의미는 우리에게서 나오고 우리 밖의 사물로부터는 오지 않는다고 할 수 없는 자아와 세계의 상호작용—사이의 변증법으로서 좀더 '기초적'인 방식에서 이해되어야 한다고 주장한다. 메를로 퐁티는 '상호침투'라는 변증법적 원리를 통해서 자신의 초기 지각현상학에 대한 최종적인 결론으로서 '몸(flesh)'의 존재론에 관해서 말하는 곳으로 나아간다. 몸은 분리된 두 가지 실재, 즉 '무엇에 대한 주관적 의식'과 '객관적인 타자'로 분리되어 이해될 수 없다. 그것은 보이는 것과 그 안에 잠재되어 있어 보이지 않는 깊은 속과 같은 것이다. 즉 몸은 나를 꿰뚫고 단번에 타자에게 보여진, 보는 사람으로서 나를 구성하는 존재의 요소이다. 메를로 퐁티는 이것을 자아와 타자로 분리되기 이전의 '익명적 가시성(anonymous visibility),' 즉 특수한 존재자로 분리되기 이전의 보편적 존재의 차원이라고 부른다. 그러므로 존재는 전통적인 한 판명한 실재에서부터 다른 것에 이르는 선상의 운동이라는 모델로서 더이상 이해될 수 없다. 그것은 상호신체적 존재의 가역적인 원환(circle)으로서 재해석되어야 한다.

> "내가 형성하는 것이 아니라 나를 형성하는 이 원환은 횡단할 수 있으며, 나 자신뿐만 아니라 타자에게도 생명을 부여하여 준다"(『가시성과 불가시성』).

후기 메를로 퐁티는 형이상학적 범주의 한계를 넘어서 존재의 경험을 재발견하려는 하이데거의 투기와 많은 점에서 공통된다. 『가시성과 불가시성』에서 그는 명백하게 공통된 영역에 있는 의식과 존재의 근원적 공속성을 잘 밝혀놓은 모델로서 선-소크라테스적인 존재론을 택한 하이데거에 동의한다. 항상 의식에서 출발하는 대신에 마치 '객관적' 실재인 것처럼 존재와의 다음 관계에 대한 해석을 고려하면서 메를로 퐁티는, 자신의 몸의 존재론을 통해서 우리가 우리에게 증여(하이데거의 'Es gibt')되는 동시에 우리에 의해서 증여되는 어떤 것으로서 존재를 이해할 수 있다고 생각했다. 화가의 일차적 언어에 대한 자신의 분석을 되풀이하면서 메를로 퐁티는 사실로서의 신체 주관 또는 사실로서의 세계에 속하는 것이 아니라, 둘 중의 어느 하나보다 더 실제적인 연결고리, 즉 쌍방과 서로 섞여 있는 '봄(Vision)'의 형식을 설명하려고 한다. 그는 다음과 같이 쓴다.

보는 사람은 그가 보는 것을 간취한다. … 그 역시 사물들로부터 경험한다.
그리고 또 많은 화가들이 말했던 것처럼 나는 사물들에게 보이고 있다는 것
을 느낀다. 즉 나의 능동성이 곧 수동성이 된다. 그래서 보는 사람과 보이는
것이 서로 상응한다. 그래서 우리는 더이상 보는 것인지 보이는 것인지를 알
지 못한다. 우리가 '몸'이라고 부른 것은 이러한 가시성, 즉 나 자신에게 본
유적인 익명성으로서 우리는 전통 철학에서 그것을 가리킬 어떤 이름도 알지
못한다. 몸은 한 존재자에서 다른 존재자로 합쳐지거나 계속되는 존재의 미
소체(corpuscles)라는 의미에서의 물질이 아니다. 그리고 또 현실적인 실재적
존재로서 나의 현실적인 신체에 작용함으로써 존재하게 되는 (나의 신체뿐만
아니라 상상들) '정신적' 진료도 아니다. 일반적으로 그것은 '물질적인' 또는
'정신적인' 사실이나 사실들의 총계는 아니다. 몸은 물질도 아니고 정신도 아
니고 그리고 실체도 아니다. 그것을 지시하기 위해서는 '요소'라는 용어가 필
요한데 그것은 물, 공기 그리고 불 등으로 말해지면서 시·공간적인 개별자와
이데아 사이의 중도적인 어떤 일반자(general thing), 즉 존재의 단편이 있는
모든 곳에서 존재를 지시하는 화신으로서의 어떤 요소라는 의미로 쓰였다.
몸은 이런 의미에서 존재의 '요소'이다(앞의 책).

여기서 메를로 퐁티는 명확하게 즉자와 대자로 분리한 사르트르의 초
기 존재론에 동의하지 않고 있다. 사르트르는 즉자존재를 개인적 의식이
그것에 투기할 것을 선택하는 것 이상의 어떤 의미도 갖고 있지 않는 무
정(無情)한 물질로서 정의했기 때문에, 의식은 부정성을 그 본질로 하는
절대적 주관성으로 정의할 수밖에 없었다. 그러므로 사르트르에게서는 인
간의식의 자유와 창조성이 존재에 확고부동하게 대립되는 것으로 남아
있게 된다. 그가 존재에 대해서 의미를 증여해주는 보편적인 요소(Es
gibt)로 말하는 것은 불가능하게 된다. 결과적으로 인간 행동은 단지 전적
인 자유(그리고 그들이 부정(否定)한 실재로부터 떨어져 나갔기 때문에
부조리하거나 무용하게 된다), 전적으로 결정된 것(이 경우에 그들은 인
간이기를 그치고 무정한 즉자존재의 타성에 젖어 물화되고 만다) 중의 하
나이다. 사르트르에 반대하면서 메를로 퐁티는 우리를 다음과 같이 평가
할 수 있도록 해주는 존재의 현상학을 옹호한다.

인간은 물성도 비물성도 아니다. 그에게서는 필연성이 구체적 자유가 되는 생산품·생산자이다(『의미와 무의미』).

메를로 퐁티의 몸의 존재론은 의미가 안과 밖, 주관과 객관, 그리고 정신적인 것과 물질적인 것을 포섭하는 것임을 드러낸다. 즉 존재는 우리의 자유로운 표현을 위협하는 정신적인 요소가 전혀 없는 즉자가 아니라, 우리에게 의미를 증여하고 독자적으로 이러한 의미를 재창조하도록 각각의 신체 주관에 호소하는 상호 육체적인 생활-세계이다. 자신의 최후 저작 『눈과 마음』에서 메를로 퐁티는 이러한 변증법적 상호작용의 존재론을 아래와 같은 호소적인 태도로 묘사한다.

진실로 존재의 호흡이 있고, 행동과 감정은 보는 것과 보이는 것, 그리고 그리는 것과 그려지는 것 사이의 구별이 불가능한 것처럼 거의 구별할 수 없다. … '봄(Vision)'은 일종의 생각 또는 자아에의 현전이다. 그것은 나 자신으로부터 결핍되어 있는 존재자를, 그리고 그 내부로부터 존재의 분열(그 종점에 가서야 내가 내 자신으로 돌아갈 분열)에서 존재자를 현전시키기 위하여 나에게 주어진 수단이다. … 이러한 순환에서 단절이란 없다. 자연이 여기에서 끝나고 인간 또는 표현이 여기서 출발한다고 말하는 것은 불가능하다. 스스로 자신의 의미를 드러내 보이는 것은 침묵하는 존재이다(앞의 책).

우리는 다음과 같은 다양한, 가역적인 동일화에서 메를로 퐁티의 현상학적 변증법의 모험을 요약할 수 있겠다. "나는 생각한다(의식)=나는 인식한다(자연)=나는 표현한다(언어)=나는 창조한다(예술)=나는 타자와 관계한다(역사)=나는 세계의 살로 존재한다(존재)" 메를로 퐁티 현상학의 장점 중의 하나는 다른 어떤 것에도 이러한 경험의 차원을 종속시키기를 거부한다는 점이다. 인식론, 우주론, 언어학, 미학, 정치학 그리고 존재론은 다방면에 걸쳐 있으면서도 다른 어떤 것과도 타협할 줄 모르는 애매성의 철학과 상호작용한다. 특히 메를로 퐁티의 철학은 그것이 독자들에게 미완의 과제를 부여한다는 의미에서 현대적이다. 종종 추리에 호소하는 예술·문학작품처럼 이러한 변증법적 현상학은 상호주관성의 세계에 나타나는 것에 따라서 의미를 기록한다. 즉 계속되는 사고운동의 한 부분으로서 변증법적 현상학은, 여러 가지의 해석과 재해석이 생겨날 수 있도록 개방되어 있다는 의미에서 열려 있다. 메를로 퐁티는 『지각의 현상학』 서문에서 다음과 같이 쓰고 있다.

　　현상학이 미완의 성격을 띠고 있어서 항상 시작하는 분위기를 풍긴다고 해서 그것이 실패의 기호라고 하면 잘못이다. 즉 그것은 현상학의 과제가 세계와 이성의 신비를 드러내는 것이기 때문에 불가피한 것이다. 만일 현상학이 교리나 또는 철학적 체계이기 이전에 하나의 운동이라고 한다면, 그것은 결코 우유성(偶有性) 또는 부정한 의도를 갖고 그렇게 하는 것은 결코 아니라고 하겠다. 그것 역시 발자크(1799~1850, 프랑스 소설가)와 프루스트(1871~1922, 프랑스 소설가), 발레리 또는 세잔느(1839~1906, 프랑스 화가)의 작품들처럼 공로를 들인 것이다─같은 종류의 정성과 경이감, 인식에 대한 같은 요구, 의미가 생겨나도록 하기 위해서 세계와 역사의 의미를 이해하려고 하는 같은 의지가 든다는 의미에서. 이런 방식으로 변증법적 현상학은 현대 사상의 일반적인 운동에 포함된다.

폴 리쾨르
Paul Ricoeur

리쾨르는 독일 현상학을 새로운 방향으로 정향한 또 한 사람의 프랑스 철학자이다. 하이데거와 가다머의 길을 따라가면서 그는 형상적·실존주의적 현상학을 뛰어넘어서 해석학적 현상학으로 나아갔다. 사르트르가 부정적 상상력의 지향적 역할에, 그리고 메를로 퐁티가 육화된 지각에 관심을 기울였다면, 리쾨르는 기호가 지니고 있는 의미의 선재성을 강조했다. 이러한 강조를 통해서 그는 현상학이 한계에 부딪친 곳, 즉 본질 직관이 종말을 고하고 기호의 해석(그리스어로 'hermeneia') 이 시작되는 곳에서 일반 해석학을 전개시킨다.

리쾨르는 1931년 프랑스 발렌스에서 태어났다. 그가 하이데거, 후설 그리고 야스퍼스의 저서를 가까이 하게 된 것은 2차 세계대전 도중 독일에서 포로의 몸이 되었을 때였다. 풀려난 후 리쾨르는 프랑스로 돌아와서 1940년대 말에 야스퍼스와 마르셀의 주요 저작을 출판했으며, 1950년에는 후설의 『이념』을 주석을 덧붙여 번역했다. 리쾨르는 스트라스부르 대학의 역사철학 교수(1948~56)로서 학자의 길에 들어섰다. 그는 연이어 소르본(1956~66)과 파리 제10대학인 난테레 대학의 형이상학 주임교수로서 취임(1966~80)하게 된다. 리쾨르는 또 파리의 '현상학과 해석학 본부(CNRS)'의 소장직을 역임하면서 레비나스와 데리다와 친교를 맺게 되어, 새 세대의 프랑스 현상학자들을 가르치게 된다. 그는 지금 미국의 시카고 대학에서 철학 교수직을 맡고 있다.

그러나 철학자로서 리쾨르가 국제적 명성을 얻게 된 데에는 현상학에 대한 주석가 내지는 선생으로서 영향력도 물론 있지만, 그것보다는 현상학적 운동이 하이데거와 가다머와 더불어 맡게 된 '해석학적' 전회에 대한 그의 매우 독창적인 공로에 힘입은 바가 더 크다. 리쾨르는 해석학을 '간접적 의미를 해독하는 기술'로 정의한다. 50대부터 현재에 이르기까지 자신의 주요 해석학적 저작을 통해서 리쾨르는 기호, 꿈, 상상, 텍스트, 설화, 이데올로기 등을 통해 나타난 다양한 의미를 해석하는 데에 열중했다.

인간 의지에 관한 자신의 초기 저작, 예를 들면 『자연과 자유: 자발성과 비자발성』에서 리쾨르는 자유가 필연성과 대면하게 되는 한계상황을 분석한다. 여기서 우리 의식의 자발적 지향성은 (후설 현상학의 모델에서의) 주관의 투명한 직관으로 환원될 수 없는, 예를 들면 탄생, 죽음, 무의식, 고통, 죄, 참된 초월성 등과 같은 비자발적인 또는 불투명한 경험을 대면하게 된다. 우리의 유한한 역사적인 실존이 어떻게 우리의 주관적인 의도를 벗어나는지를 설명하면서 리쾨르는 다음과 같은 해석학적 계획의 주요 원칙 중의 하나를 확립한다. "우리는 순수반성적 의식으로 출발할 수 없다. 이러한 순수반성적 의식은 우리의 직접적 의식부에 자리하고 있는 역사와 문화의 의미화라는 긴 '우회(detour)'를 통해서 성취되어야 할 과제이다." 그래서 인간적 주관은 자기 자신에 의해서가 아니라, 단지 외부세계의 기호를 해석함으로써만 자신을 해석할 수 있다는 것을 깨닫는다. 인간은 자기충족적인 사유하는 자아가 아니라 자기의식을 갖기 전에 언어를 사용하고 있다는 것을 발견하는 육화된 존재이다.

그러므로 리쾨르에게 인간 존재는 항상 해석된 존재(a being-interpreted), 즉 자기 자신으로부터 또는 단순히 무전제에서 의미를 창출할 수 없는 실존인 것이다. 데카르트적인 개념의 모델(예를 들면 자기에게 투명한 명석·판명한 관념)을 따라가지 않고 해석학은 의미에서 간접적인, 매개된, 알 수 없는, 복잡한 그리고 다양하게 나타나는 기호의 선재성을 주장한다. 리쾨르는 다음과 같이 설명한다.

"아르키메데스적인 기점에서 출발하는 철학에 반대하면서 기호의 매개성은 이미 거기에 있는 언어와 의미에서 출발한다. 그것은 이미 있어 왔던 언어 내에서 그리고 또 어떤 의미에서는 이미 모든 것이 말해진 것 안에서 출발한다. 그것은 무전제가 아니라, 이미 모든 것이 전제된 것 안에서 그리고 그것을 가지고 생각되기를 원한다. 그것의 제일문제는 어떻게 출발할 것이냐 하는 것이 아니라, 기억된 대화 가운데에서 수집하는 것이다"(「기호와 철학적 반성의 해석학」, 『리쾨르 선집』).

리쾨르는 그럼에도 불구하고 철학적 반성을 통해서 제안된 합리성의 이념을 비난하지는 않는다. 그는 단지 그런 이념은 항상 상징체계가 개시하는 힘을 전제해야만 한다는 점에 주목한다. 그러므로 합리성의 이념은 소유라기보다는 계획이요, 철학의 시작이라기보다는 목적으로 남아 있다. 리쾨르는 더 나아가 기호에 대한 해석학적 성찰을 통해서 우리의 현대 문화가 지니고 있는 특수한 철학적 상황에 대한 처방을 시도한다. 그것은 다양하게 퍼져 있는 의미를 궁극적으로 하나의 종합으로 모아줄 어떤 제일진리 또는 절대지, 그리고 의식의 선천적인 입각점과 같은 것은 없다는 인식을 함의한다.

리쾨르는 해석학을 통해서 현상학적 의식의 한계와 장애를 날카롭고 예리하게 드러낸다. 현상학은 무의식과 초의식의 세계에 대한 반성이다. 따라서 리쾨르는 숨겨진, 그리고 억압된 기호적 의미화를 통해서 해석학적 우회가 직관적 의식의 직접성을 향해서 나아가고, 그리고 그것을 넘어서는 것은 선택이 아니라 필연성의 문제라고 주장한다. 이런 관점에서 우리는 리쾨르가 다음과 같은 기호적 해석의 우선성에 대한 일련의 성찰로 나아가는 것을 볼 수 있다. 종교와 신화의 상징(『악의 상징론』), 꿈을 통한 무의식의 기호(『프로이트와 철학』, 『해석에 관한 논구』), 언어, 이데올로기, 허구 그리고 사회 역사적 행동의 의미구조(『해석의 투쟁』, 『은유의 규칙』, 『해석학과 인문과학』, 『시간과 설화』). 이 모든 저작들은 기호에서 사상을 축출하기 위한 그리고 기호를 사상화하기 위한 공통된 계획을 지니고 있다. 이러한 일반 해석학의 근저에는 "기호가 사상(thought)을 창조한다"는 리쾨르의 유명한 주장이 가로놓여 있다.

내가 주장하려고 하는 공리는 두 가지이다. 기호가 창조한다. 내가 의미를 부여하는 것이 아니라 기호가 의미를 부여한다. 그러나 그것이 부여하는 것은 사고할 어떤 것, 즉 무엇에 대해서 생각할 어떤 것이다. 먼저 (의미를) 부여함이 있고 그리고 나서 판단한다. 그러므로 이 구절은 이미 수수께끼의 형태로 모든 것이 말해졌고 그리고 사고의 차원에서 모든 것을 시작하고 다시 시작할 것이 필수불가결하다고 하는 것을 제안한다. 내가 간취하고 이해하고자 하는 것으로 단정하고 생각하는 것은 바로 기호와 사고의 영역에서 이러한 사상을 명료하게 하는 것이다(「기호와 철학적 반성의 해석학」).

1. 후설 현상학에 대한 비판

리쾨르가 해석학적 프로그램을 어떻게 발전시켜나갔는가를 살펴보기 전에, 우리는 후설 현상학의 성립기에서부터 시작하는 그의 정확한 출발점을 간단히 살펴보겠다. 리쾨르는 현상학을 해석학으로 발전시키기 위하여 (『데카르트적 명상』, 『이념』등과 같은 책에서 개진된) '관념론'적 색채를 띠는 후설의 선험적 의식을 비판할 필요가 있다고 생각했다. 그는 '선입견의 절대적 유보'를 통해서 인식의 궁극적인 기반이 확보될 수 있다고 생각하는 후설의 입장을 거부한다. 무전제의 의식의 자기 직접성에서 출발할 것을 요구하는 것은, 불명료한 의미가 선험적 주관의 순수 직접성으로 환원되는 완전한 직관의 질서가 존재한다는 환상이라고 리쾨르는 주장한다. 리쾨르가 '관념론적' 발상이라고 한 곳에서 후설은 우리 경험의 시·공간적 맥락[그것이 계속적인 음영(Abscautung)으로 작용해서 모든 지식을 불완전하게 만드는 맥락]을 괄호 속에 묶는 '선험적 환원'을 통해서 순수직관의 영역에 도달할 수 있다고 주장했다. 자연적 세계의 우연성에서 의식을 축출해내면서, 후설은 자기 명증적이며 절대 확실한 선험적 지식을 확보할 수 있다고 믿었다. 이러한 선험적 직접성의 영역은 후설에 의해 제기되었던 의심을 제거시킬 때 확보된다. "왜냐하면 어떤 조명을 통해서 주어지는 것이 아니라, 반성과 경험된 것을 일치시키는 그 어떤 가정도 내포하고 있지 않기 때문이다"(「현상학과 해석학」, 『해석학과 인문과학』). 리쾨르는 이런 방식으로 후설의 현상학은 인식이 자율적이고 자기 정립적이며, 따라서 전적으로 그 자신의 의미에 대하여 책임을 져야 한다고 하는 관념론이 되었다고 결론짓는다.

관념론적인 후설(초기 사르트르에도 어느 정도 해당한다)에 반대하면서 리쾨르는 현상학을 해석학으로 한층 고양시킬 것을 요구한다. [세계적으로 초주관적 이산(dispersal)이라는 넓은 의미에서 이해된] 역사에 반대하는 대신에 해석학은 궁극적인 도전으로서 역사를 이해하는 우리의 체험으로 되돌아가려고 하는 현상학의 의도를 지지한다. 여기서 리쾨르는 하이데거와 메를로 퐁티, 그리고 후기 후설의 정당성을 인정한다. 그는 절대적 자기 정당성으로서 인식의 이념은 세계내 존재로서 인간을 현상학적으로 기술할 때에 이미 그 한계를 드러냈다고 주장한다. 이러한 현상학적 기술은 의식의 근본적인 '유한성,' 즉 우리는 언어의 역사적 지평 속에서 존재하며 그리고 그 언어의 의미가 우리의 주관적 창조성에 선행한다고 하는 사실을 나타냈다. 하이데거의 현상학적 존재론이 명확하게 보여주고 있듯이 의식은 과거의 여건 가운데 속해 있으면서 미래로 의미를 투기하는 관계, 즉 각각의 주관성은 자신을 사방에서 둘러싸고 있는 상호주관적 세계에 이미 포함되어 있다는 것을 발견하는 '해석학적 순환'에 의해서 제약받고 있다. 결과적으로 단순히 '나타나는' 대로 의미를 기술하는 것만으로는 부족하다. 우리는 그 배면에 '숨겨져' 있는 것을 해석해야만 한다. 이런 것을 통해서 우리는 순수반성의 현상학적 관념론을 넘어서서 의미가 결코 일차적·대체적으로 '나에 대한(for me)' 것일 수 없다는 것을 인정하는 현상학적 해석의 해석학으로 나아간다.

리쾨르는 "해석은 언어에 '대한' 해석이기 이전에 언어에 '의한' 해석이다"(「텍스트란 무엇인가?」, 『해석학과 인문과학』)고 주장한다. 우리가 실존적 현장에 도착하기 전에 우리는 이미 타자에 의해서 형성되고 있는 언어에 귀속되어 있다. 그리고 이 언어는 반성에 있어서 긴 해독의 과정을 거쳐야만 회복될 수 있다. 해석학은 우리가 어떻게 (리쾨르가 '회상의 전통'이라고 부르는) 경험하기 이전의 의미지어져 있는 세계에 구속되어 있는가 하는 점을 밝힌다. 그것은 어떤 절대적인 현재에 자신을 정립하고 있는 인식론적으로 자율적인 주관성의 범주에 대하여 (하이데거에서처럼 타자와 함께 사는 세계내 존재를 기술하는 데에 기반을 둔) 존재론적 선

이해의 우선성을 강조한다(『실존과 해석학』). 그는 후설을 다음과 같이 평한다.

초기 후설은 단지 그가 대적했던 신칸트주의와 비슷한 새로운 관념론을 재정립하는 데에 그치고 말았다. 세계를 정립하기 위한 환원은 실질적으로 존재의 물음을 존재자의 물음으로 환원시킨 것이 되고 만다. 따라서 존재자의 의미는 단순히 주관적 지향성의 상관자로 환원되고 만다(『실존과 해석학』, 『리쾨르 선집』).

그러나 리쾨르는, 후기 후설은 특히 상호 주관적 생활세계의 존재론을 소묘하기 시작한 『위기』에서, 자신의 초기 관념론의 부적절성을 시정했다는 점을 인정한다. 그는 만일 후설의 마지막 저작이 "이러한 존재론을 말했다면, 그것은 존재자를 환원하기 위한 그의 시도가 실패하였기 때문이며, 또 그것은 결과적으로 현상학의 궁극적인 결과가 최초의 계획에서 이탈했기 때문"이라고 말한다. 우리가 현상학적 해석학에 관해서 말할 수 있을 때는 단지 이러한 이탈에서 깨어났을 경우이다.

2. 철학적 대화

리쾨르가 후설의 관념론과 그에 뒤따른 현상학적 재정립에 대한 비판을 할 수 있었던 것은 수많은 철학적 대화가 있었기 때문에 가능하였다. 먼저, 그의 사상 형성기인 30~40대에 가브리엘 마르셀과 칼 야스퍼스의 '구체적 존재론'과의 만남이 지속적인 영향을 미치고 있다. 사실 리쾨르에게 자유와 유한성의 이 본질적인 만남에 대하여 최초로 감명을 준 사람은 이러한 비현상학적 실존주의자였다. 리쾨르는 어떤 사변철학도 '화신(incarnate)'의 실존에 대한 마르셀의 분석과 '한계상황'(죽음, 전쟁, 질병, 위기 등)에 대한 야스퍼스의 분석을 고려에 넣어야 한다고 확신한다. 이러한 어렴풋한 확신을 가지고 그는 1947년에 『가브리엘 마르셀과 칼 야스퍼스』, 또 같은 해에 (미켈 듀프레와 공저로) 『칼 야스퍼스와 실존철학』을 출판했다.

이러한 2차대전 후의 기간 동안 리쾨르는 후설의 『이념』을 자신의 주요 비판적 주석을 곁들여서 번역하기를 시도한다. 후설의 사변적 현상학과 마르셀과 야스퍼스의 구체적 존재론을 결합시키면서, 리쾨르는 당연히 몇몇 중요한 점에서 하이데거와 사르트르 그리고 메를로 퐁티의 저작과 유사한 '실존주의적 현상학'의 방향으로 나아갔다. 그래서 우리는 리쾨르의 『자발성과 비자발성』, 『틀릴 수 있는 인간』, 『악의 상징론』 등에서 그가 후설의 반성적 의식의 현상학을 필연성, 사실성 그리고 소외 등과 같이 인간을 한계지우는 경험을 실존주의적으로 평가하는 도전에 노출시키는 것을 발견할 수 있다. 이러한 노출은 '죄,' '유한성,' '오류성' 그리고 '결점' 등과 같은 주제하에서 실존적 현상학의 형식을 띠게 된다. 의식은 이제 더이상 자신에게 투명한 의지를 선택하는 데에 있어서 주도권을 행사할 수 없다. 선험적인 사유하는 자아는 인간실존의 '비자발적인' 한계와 충돌하게 되면서 거부된다. 그러나 우리가 지적했듯이, 이러한 충돌 때문에 우리는 순수의식의 현상학에서 기호의 해석학으로 이행하지 않을 수 없게 된다. 리쾨르는 이러한 이행을 현상학에 대한 배반이 아니라, 의식의 지향적 의미가 자기 밖에 있다고 하는 그 원래의 발견에 충실하는 것이라고 한다. 『악의 상징론』에서 시도된 이러한 분석은 이 점에서 매우 중요하다. 리쾨르는 다음과 같이 쓴다.

노예적인 악의 조건은 현상에 대한 실존적인 분석을 배제한다. 유일하게 실행될 수 있는 길은 다음과 같은 점에서 우리가 그 상속자인 위대한 문화들 사이에 오류의 시인이 각인되어 있는 기호의 우회를 통해서이다. 즉 오점, 범죄 그리고 종교적 죄와 같은 일차적 기호. 정신의 몰락과 방황 그리고 쇠퇴와 같은 맹목적인 비극으로서의 신화, 즉 이차적 기호. 제삼차적 기호와 노예적 의지, 그리고 원죄의 합리화가 그것이다. 『악의 상징론』은 따라서 후설적인 현상학을 전회하여 오류가능성이 문제가 되는 기호의 해석학으로 나아간다. '기호'를 통해서 나는 직접적으로 주어지는 일차적 의미를 넘어서 이차적 의미를 지시하고 있다는 점에서 모든 의심스러운 표현의 의미를 이해한다(「폴 리쾨르의 서설적 답신」, 『해석학과 인문과학』).

리쾨르가 '해석학적 우회'에까지 이르게 되는 지적 여정에는 현상학적 운동에 대적하는 두 가지 현대 사조(정신분석과 구조주의)와의 열려진 대화에 힘입은 바가 크다. 그는 무의식의 숨겨진 구조를 강조하는 정신분석과 언어의 숨겨진 구조를 강조하는 구조주의의 차원을 자발성과 비자발성 사이의 극적인 투쟁으로 한 단계 높여 놓았다. 이러한 반대되는 주장들을 화해시킬 가능성은 출발점이라기보다는 차라리 투기된 목적이며, (후설적 의미에서) 본질직관이라기보다는 (칸트적 의미에서) 변증론적 이념을 제한하는 것이다. 이것은 리쾨르에게서 현상학적 해석학이 보편적 해석이라는 관념론적 개념은 포기되고 의식의 소외성과 차이성이 총체화하는 주관적 종합에서 통일될 수 있다는 것을 의미한다. 그것은 "해석의 규칙에 있어서 서로 다른 또는 서로 대립되는 이론들"이 있을 수 있다는 것을 받아들이는 것이다(『프로이트와 철학』). 꿈을 통해 나타나는 우리의 무의식의 구조를 통해서 우리의 직접적 의식이 주재한다는 것은 잘못된 주장이라는 것을 드러내 보이면서, 정신분석학은 "자기 자신과 내적으로 모순되는" 것도 용인하는 개방된 해석학을 향하여 나아간다(앞의 책). 리쾨르는 아래와 같이 자신의 해석학적 계획에서 프로이트적인 정신분석학의 영향을 인정한다.

　　모든 언어적 차원의 기호론은 『악의 상징론』이래로 상징을 경유하는 우회가 이러한 반성을 매개하는 '기호'를 탐구하는 것을 경유하여 자아가 반성하는 우회의 형식을 띤다는 사실에도 불구하고 나의 초기 저작에서 분명하게 그리고 체계적으로 다루어지지 못했다. 내가 새로운 도전, 즉 능기체계에 대한 분석에서 말하는 주관에 대한 어떤 언급도 제거시켜버리는 프랑스 구조주의를 만난 것은 바로 이러한 언어에 대한 탐구의 영역에서였다. 그래서 나는 언어를 통해서 발생되는 구조주의적 비판과 프로이트로부터 발생하는 정신분석학적 비판이 다음과 같은, 즉 내가 합쳐서 '기호학적 도전'이라고 부를 것으로 수렴된다는 것을 발견했다(「폴 리쾨르의 답신」).

　이러한 기호학적 도전은 리쾨르의 현상학적 계획에서 최종적인 단계를 장식하는 것이었다. 그것은 '텍스트'의 모델에 기초해서 새로운 개념의 해석학을 낳을 철저한 방법론적 조사를 시작한 것을 의미한다. 그의 초기 해석학이 의심 또는 쪼개진 의도의 표현으로서 상징에 제한되었다면, 새로운 해석학은 그 해석의 모델을 모든 텍스트적인 질서의 현상을 포함하는 곳까지 확장된다. 이러한 현상은 (바르트와 레비 스트로스와 같은 구조주의 사상가로서) 리쾨르에게서 가장 넓은 의미에 있어서 '사회적 상상'을 지시하는 것이다. 이런 식으로 해석학은 인문·사회과학과 새로운 대화를 시작한다.

리쾨르는 기호언어학적인 도전이 텍스트 개념에서 의미를 창조하고 그것을 재발견하려고 하는 그의 탐구에서 열쇠와 같은 것이라고 생각했다. 그는 텍스트에서 과학적으로 접근하는 '구조주의적인 설명'과 현상학적으로 접근하는 '해석학적 이해'가 어떻게 서로 만나는지에 대한 전형적인 예를 보여주려고 했다.

그러나 우리는 해석학적 계획을 모든 텍스트에 내재하는 구조로부터 언어외적인 목표(visee)−내가 종종 또다른 관련된 용어, 즉 텍스트의 문제, 텍스트의 세계, 존재가 텍스트를 통해서 언어로 오게 된다 등의 용어로 언급할 지시 또는 목표−로 옮겨가는 것을 통해서 제안된 문제의 차원을 확장시키는 것이 필요하다(「폴 리쾨르의 답신」, 이러한 복합적인 주제에 관한 좀더 상세한 논의를 위해서는 부록 「해석학적 텍스트의 모델」을 보라).

3. 일반 해석학을 향하여

리쾨르는 자기 나름대로 해석학적 텍스트 모델을 확립해가면서 원래의 현상학적 계획과 해석학 자체를 수정할 것을 요구한다.

해석학은 먼저 성경해석이라는 테두리 안에서 생겨났다. 거기에서 전통적으로 가장 중요한 문제는 서로 다른 시대를 사는 우리에게 연속적으로 전해 내려오고 있는 『성서』의 신성한 의도를 어떻게 우리가 이해할 수 있을까 하는 것이었다. 더 구체적으로 말한다면 기독교 신학 내에서 해석학적 모델은 텍스트가 (예를 들면 역사적 또는 정신적으로) 어떤 하나의 논리로 적절하게 설명할 수 없는 다른 의미의 층을 가지고 있다는 사실을 다루기 위해서 제안되었다. 성 어거스틴의 『기독교 교리에 관하여』는 이에 대한 전형적인 예가 될 것이다. 이런 해석학이 시도하고자 했던 것은 과거의 신성한 영감을 현재의 해석적 해독과 동시대화하면서 텍스트가 원래 계시하고자 했던 의미를 회복하기 위하여 다른 역사적·문화적 재해석과의 차이를 극복하는 것이었다.

슐라이어마허, 딜타이 그리고 하이데거를 따르면서 리쾨르는 이제 더이상 해석학은 성서 주석이라는 특수한 분과학에 제한되지 않는다고 주장한다. 즉 '여러 의미(polysemy)'의 현상은 단지 신학뿐만 아니라, 모든 언어의 기본적인 특징이라는 것이다. 따라서 해석학은 우리가 언어를 사용할 때 그것이 마치 '문자 그대로(literally)' 하나의 명백한 의미를 가지고 있는 것처럼 해석하는 것이 아니라, 비유·표징·은유·신화·유비에 의해서 '구상적으로(figuratively)' 우리가 이미 세계를 해석하고 있다는 것을 인정하는 보편적 철학의 수준으로 끌어올릴 수 있다. 이런 방식으로 철학적 해석학은 텍스트 해석이라는 기술의 문제를 언어 일반이라는 일반적 문제와 결부시킨다.

이러한 일반적 해석학을 향한 첫 행보가 19세기 후반에 슐라이어마허와 딜타이에 의해서 시도되었다. 『해석학의 기원』에서 딜타이는 어떻게 하면 정신과학(Geisteswissenschaften: 인문·사회과학)이 자연과학(Natur-wissenschaften)의 실증주의와는 다른 해석의 방법을 확보할 수 있을까 하는 문제를 제기한다. 그는 다음과 같은 문제를 제기한다. 어떻게 특히 인문과학이 경험적 객관성의 방법론적인 헤게모니를 벗어나서 그 토대를 확보할 수 있을까? 딜타이는 어떻게 한 인간의 유한한 이해가 경험적 사실이라는 시·공간적인 객관적 한계를 벗어나서 다른 인간의 이해와 일치하는지를 설명하기 위하여 '심리학적' 모델을 개진한다. 그러나 리쾨르는 슐라이어마허와 딜타이의 해석학에 대해, 모든 형식의 '객관적 지식'을 자기 이해의 부정으로 보는 낭만적 인식론의 한계에 머물러 있다고 비판한다. 다른 역사적 의식의 원래 경험과 하나됨으로써 확보되는 의식의 산 내재성의 이념은 낭만적 해석학의 준거로서 남아 있다. 즉 그것은 문화적 산물이라는 것이 작가가 그 자신의 정신을 투영시켜 외화시킨 것에 지나지 않는다고 하는, 즉 문화가 정신의 '소외된' 표현이라고 보는 '심리주의'와 '역사주의'로 귀결되고 만다. 따라서 딜타이의 삶의 철학(Lebens-philosopie)을 일종의 심리학적 전이로 해석하면서, 나는 특전적인 작자의 원래 주관성을 삶의 경험으로 되살리기 위하여 나의 현재 역사적 상황의 지평을 넘어선다. 이런 방식으로, 그것은 문화적 자료와 산물 또는 제도로 객관화되어 표현되고 소외되기 전의 다른 창조적 이해와 자아를 '동시대화'하기에 착수한다.

관념론적 현상학과 마찬가지로, 낭만적 해석학은 역사적 의미의 '소격(疏隔: distanciation)'을 반성적 주관에 대한 위협으로 간주한다. 이와 대비되게 리쾨르는 순수의식의 내재성에 대하여 이해의 역사적 상징성에 우선성을 부여하는 현상학적 해석학을 개진한다. 그는 다음과 같이 쓴다.

> 역사는 나와 나의 반성에 선행한다. 즉 나는 나 자신에 속하기 전에 역사에 속한다. 딜타이의 혁명은 여전히 인식론적인 수준에 머물러 있었고, 또 그의 반성적 기준이 역사적 인식에 대해서 우위를 점하고 있기 때문에 이 점을 이해하지 못했다. … 딜타이는 여전히 자기의식에서 출발했다. 왜냐하면 그에게 있어서는 여전히 주관성이 그 궁극적인 준거점으로 남아 있기 때문이다. 체험(Erlebnis)이 내가 무엇이라는 것을 근원적으로 규정한다. 이런 의미에서 기본적인 것은 내면적 존재, 본성, 즉 자아에 대한 인식이다(「해석학과 이데올로기 비판」, 『해석학과 인문과학』).

낭만적 해석학의 결점을 보완하기 위하여, 리쾨르는 인식론에서 존재론으로 해석학의 수준을 끌어올린다. 하이데거와 가다머와 함께 리쾨르는 해석을 심리학적 자기인식의 기반이 아니라, 유한한 세계내 존재의 역사적 지평에서 살핀다. 그런데 하이데거가 해석에서 정상을 점하고 있는 존재에 이르기 위해서 '짧은 길(short route)'을 택하고 있는 데에 비해서, 리쾨르와 가다머는 존재라는 궁극적인 한계에 도착하기 전에 언어·신화·이데올로기·무의식 등을 해석하는 다양한 피할 수 없는 우회를 거치는 '긴 길(long route)'을 선택한다. 인간의 최종적인 투기는 기초적으로 무와 대면함으로써 존재의 문제를 제기하는 죽음을 향한 존재이다. 그러나 탄생과 죽음 사이에서 인간의 이해는 의미가 흩어지고 숨어 있고 억압되고 지연된 곳인 해석학적 장의 범위를 상세히 살펴보아야 한다. 리쾨르의 해석학적 계획은 딜타이의 해석의 인식론과 하이데거의 이해의 존재론 사이에 위치하여 이러한 문제를 풀려고 한다. 「해석학과 이데올로기 비판」

에서 리쾨르는 그의 중도적 위치에 관해서 다음과 같이 말하고 있다.

　내가 제안하는 긴 길은 존재론의 수준으로 반성을 끌어올리려고 할 뿐만 아니라, 연속적인 탐구를 따르면서 점차적으로 그렇게 하려고 하였다. … 나의 문제는 다음과 같은 것이다. 우리가 이해의 존재론에 의해 고무되었을 때, 해석·역사의 방법·정신분석·종교의 현상학 등에 관한 반성에서 생겨난 해석의 인식론에서 무엇이 발생하겠는가?(앞의 책)

리쾨르는 자신이 현대적 이해의 정점을 차지한다고 생각되는 대적되는 해석도 자신의 체계 내에 수용했다고 믿었다. 하이데거는 존재 일반(Sein Uberhaupt)에 대한 기초 존재론에 관심을 집중하여 이러한 도전을 우회함으로써, 해석의 투쟁을 이런저런 종류의 특수 존재자(예를 들면 자연과학과 사회과학, 종교, 정신분석, 언어학 등)에 관한 지엽적인 존재론으로 강등시키고 말았다. 리쾨르는 다른 길을 택한다. 그는 이러한 싸움터에 나아가서 대립하는 다양한 해석의 모델과 맞서 싸움으로써 기초존재론으로 이행하기 위한 힘든 작업을 개시한다. 그는 해석학의 일차적인 관심의 초점을 (소외된 것이든 창조된 것이든 간에) 여러 의미를 갖는 현상에 두었다. (의미의 다수성이 궁극적인 기반인 것으로 드러난) 보편적인 존재의 장 개념은 비록 직접적인 현전에서는 실현될 수 없다고 할지라도 최종적인 가능성으로서 남아 있다.

4. 해석의 상충

리쾨르에게서 해석의 상충은 언어의 상징성에서 기인하는 필연적(논리적)인 결과이다. 기호는 한 가지 이상의 의미를 가지고 있기 때문에 그것은 처음에 말했던 것 이상의 어떤 것을 의미한다. 낱말의 즉물적 의미는 흔히 그것을 넘어서는 다른 의미를 은폐시킨다. 해석자의 해독을 요구한다는 것은 기호의 불명료성과 다의성(多義性)에 대한 전형적인 예가 될 것이다. 리쾨르는 상징적인 것을 "직접적·일차적·문자적 의미가 지시하는 어떤 의미체의 구조와 또 이것을 통해서 파생되는 간접적·이차적·비유적인 의미"(『실존과 해석학』)라고 정의한다. 따라서 해석학의 영역은 모호하거나 또는 여러 의미를 가지고 있는 표현을 해독하는 것이라고 할 수 있다. 결국 대화에서 상징의 상관자로서 해석은 "드러난 의미에서 숨겨져 있는 의미를 해독하는 것과 문자적 의미에서 암시된 의미를 밝혀내는 데에 그 본질을 두고 있는 사고작용"으로 규정되는 셈이다(앞의 책).

상징적 표현에서 '숨겨진' 의미는 다양한 방법으로 해석될 수 있다. 예를 들면 니체는 그것을 '권력에의 의지'를 강하게 하거나 약하게 하는 것을 명백히 표명하는 것으로 보았다. 그리고 또 프로이트는 억압된 무의식적인 원초적 욕망(libido)을 변환시키는 것으로, 신학자들은 초월적인 신의 계시로서, 시인은 창조적 상상력의 투기로서, 그리고 맑스주의자들은 계급지배를 은폐하는 이데올로기적 허위 등으로 보았다. 이러한 모든 해석학적 양식에서 공통되는 특징은 그 기능이 '감추면서도 보여주고 있는' 여러 의미로 구성된 어떤 것이 있다는 것이다. 그들의 결론이 아무리 서로서로 모순된다고 할지라도 그 각각은 은유, 유비, 환유, 직유 등의 언어적 작인을 통해서 어떤 단계에서 다른 단계로 상징적 의미를 치환할 수 있음을 리쾨르는 보여준다.

리쾨르는 해석학의 과제는 각 해석학적 영역이 가지고 있는 이론적 한계를 지적해주어 '표준논리(criteriology)'를 제공해주는 것이라고 주장한다. 이러한 해석학의 비판적 과제는 각각의 주장이 어떤 특수한 일련의 가정하에서 작용하는 것이라는 것을 보여주면서, 절대적이라고 주장하는 각 해석 사이를 중재하는 데에 있다. 달리 말해서 모든 개별적인 해석은 그 나름으로의 중요한 준거틀에 따라서 상징적 표현이 가지고 있는 여러 규정들 중에서 의미의 한 잉여(surplus)를 옮긴 것이다. 리쾨르는 아래의 예로서 어떻게 대적되는 해석이 생길 수 있는지를 예시한다.

종교현상학은 의례, 신화, 믿음 등 종교적 대상을 해독한다. 그러나 그것은 그 이론적 구조로 정의된 종교적 테두리를 기반으로 한다. 이와 대비되게 정신분석학자들은 억압받는 욕망의 차원으로부터 나온 상징의 차원에 관심을 집중시킨다. 결과적으로 정신분석은 최초의 억압에서 시작되었으면서 그 다음의 이차적 억압에 의해서 확립된 무의식의 의미구조만을 관심의 대상으로 한다(『해석의 상충』).

그러나 리쾨르는 정신분석학이 종교현상학과 같이 더이상의 어떤 것을 다루지 않는다고 해서 그것을 배타적이라고 비난할 수는 없다고 주장한다. 왜냐하면 이러한 각각의 해독이 가지고 있는 방법론적인 한계가 곧 그것의 존재이유가 되기 때문이다. 즉 정신분석학적 이론은 꿈 텍스트에 대한 해독의 규칙을 원초적 욕망의 의미론에 제한하여 적용하기 때문에, 그것이 탐구하고자 하는 것만을 발견할 수 있다는 것은 너무나도 당연하다고 하겠다. 즉 정신분석학이 종교적 상징과 의례를 일종의 노이로제로 해석하는 것은 당연하다. 마치 특수한 종교적 해석학이 노이로제를 신을 갈망하는 것의 왜곡된 형태로 나타나는 것이라고 해석하듯이.

해석학의 과제는 이렇게 상충되는 해석을 화쟁(和諍)시키는 것이 아니라고 리쾨르는 주장한다. 그것은 우리가 기호에 관한 이런저런 해석을 할 수 있도록 해주면서 그 안에서 우리가 다양한 해석을 하는 [비트겐슈타인이 언어놀이(language-game)라고 부른] 특수한 선이해의 구조틀을 명확하게 세우는 것이다. 우리가 만일 일의(一義)적인 메타(meta)언어 또는 헤겔식의 어떤 절대정신에 호소함으로써 조급하게 이런 상충되는 해석을 화쟁시키려고 한다면 우리는 환원적 관념론에 빠지고 말 것이다.

그러나 리쾨르는 해석학을 순전히 의미에 대한 언어적 분석만으로 환원하려고 하는 시도 역시 거부한다. 그것은 유의미성을 자기 안에 닫힌 전체성으로서 다룬다. 리쾨르는 여기서 구조주의와 함께 알려지게 된 것으로 그가 '절대 텍스트의 이데올로기'라고 부른 것과 거리를 취한다. 그는 담화가 텍스트에 쓰이자마자 작자의 의도는 텍스트의 의미와 일치하지 않는다고 하는 주장을 거부하지는 않는다. 그는 텍스트의 내용이 그 작자가 살았던 여건을 사상시켜버린다고 하는 구조주의자들의 주장에 기꺼이 동의한다. 즉 "텍스트가 지금 말하고 있는 것이 작자가 말하고자 했던 것보다 더욱 중요하다. 그리고 모든 해석은 작자의 손을 떠난 의미의 세계 안에서 그 진행과정을 밝히는 것이다"(『텍스트의 모델』). 그러나 텍스트의 내용을 말했던 발화자들이 공통적으로 경험했던 상황에 대한 직접적인 언급을 유보한다고 해서 텍스트가 전혀 어떤 전거도 가지고 있지 않다고 말하는 것은 아니다. 심지어 자율적인 텍스트에 쓰인 언어마저도 결코 무엇에 관한 것이 아닐 수 없다. 거의 모든 텍스트는 이런저런 방식으로 세계에 관해서 말하고 있다. 물론 텍스트가 작자가 원래 경험했던 상황에 대한 언급을 유보함으로써 다른 텍스트와 공통성을 띨 수 있다는 것 또한 사실이다. 리쾨르는 바로 이 점 때문에 문학의 세계가 가능하다고 지적한다. 여기서 우리는 말해진 상황에서 제시되거나 보여진 것보다는 텍스트에서 표상된 상징 세계(예를 들면 그리스 세계 또는 비잔틴 세계)를 말한다. 그러나 이런 상황에서 준거는 결코 전적으로 말소된 것은 아니다. 그것은 단순히 지연되었다. 리쾨르는 만일 우리가 준거적 기능을 폐기한다고 한다면, 우리는 의미를 '잘못된 능기자의 허망한 놀이'에 넘겨주는 것이 되고 말 것이라고 이에 대해 비판한다.

  절대적 텍스트라고 하는 구조주의적 이데올로기를 비판하면서, 리쾨르는 자신의 해석학을 현상학적 존재론과 결합시킨다. 이렇게 현상학적 존재론과의 결합을 통해서 리쾨르는 텍스트(예를 들면 그리스의 비극)가 작자(예를 들면 소포클레스)와 그 상황을 낳게 한 역사적 실재(예를 들면 소포클레스의 그리스)에 대한 직접적인 언급 없이도 준거 개념을—근본적인 변화를 겪었을 뿐만 아니라 사실상 가능적 세계·상징적 투기에 대한 초역사적 준거임에도 불구하고—유지할 수 있다는 것을 보여준다. 리쾨르는 여기서 실재세계(Umwelt)의 상황적 준거와 상징세계(Welt)의 비상황적 준거를 기본적으로 구별한다.

  텍스트에서 (작자의) 정신적 의도로부터 그 의미를 구분하는 것과 마찬가지로, 그것은 즉물적인 준거의 한계로부터 그 준거를 분리한다. 우리에게 세계는 텍스트에 의해서 개시된 준거가 드러내는 것들의 총화이다. 그래서 우리가 그리스의 세계에 대하여 말할 때에 더이상 거기에 살았던 상황이 무엇이었는가를 언급하는 것이 아니라, 그것을 제외하고 살아남은 가능한 우리 세계내 존재의 상징 차원과 마찬가지의 존재양식으로 제시된 비상황적 준거를 언급하는 것이다. 나에게 문학의 지시대상은 더이상 대화의 즉물적 준거인 실재세계가 아니라 우리가 읽고 이해하고 사랑하는 모든 텍스트의 비즉물적 준거인 상징세계이다. 텍스트를 이해한다는 것은 동시에 우리 자신의 상황을 조명하거나 또는 가능한 한 실재세계를 상징세계로 만드는 모든 의미화를 우리의 상황을 서술하는 가운데에서 가필하는 것이다. 우리가 텍스트에 의해서 개시된 준거에 대해 말하는 것은 실재세계를 상징세계로 확장하는 것이다—차라리 준거가 실재세계를 개시한다고 말하는 것이 더 좋을 것이다.

여기서 다시 한 번 담화의 정신성이 저작을 통해서 드러나고, 이것을 통해서 우리는 우리에게 드러나는 상황의 가시성과 한계성을 벗어나서 우리 세계내 존재의 새로운 차원을 개시한다(「텍스트의 모델」).

이런 방식으로 리쾨르는 텍스트를 자체 목적으로 보아서 그것을 우상화하는 구조주의적 언어실체론을 비판한다. 그것은 기호의 기본적 의도가 무엇에 대한 무엇을 말한다고 하는 현상학적 존재론의 발견에 충실한 것이라고 할 것이다. 즉 상징언어의 경우 그것은 어떤 주어진 현재상황의 한계를 뛰어넘는 실존의 가능적 모델을 지시하려고 한다. 리쾨르는 "의미를 부여하는 환경으로서 언어 자체는 실존에 준거하여야 한다"고 말한다.

그러나 리쾨르는 언어가 세계에 관해서 언급한다고 하더라도 그것 역시 청자에게 말하는 것이라고 지적한다. 언어는 항상 누구에게 무엇에 관하여 말한다. 동시에 새로운 준거양식을 야기하는 것으로서 상징표현 역시 새로운 의사소통 양식을 야기한다. 텍스트적 상징의 의미는 그러므로 원래의 창작자에게만 제한되는 것이 아니라, 그것 자체를 가능하게 해주는 현실적인 잠재적 청자에게 말하는 것이다. 즉 그것은 청자가 누가 어떻게 읽을지 또는 어떻게 해석할지를 아는 열려 있는 의사소통이다. 가능적 세계에 관하여 언급하면서 상징은 무한한 가능적 해석의 지평에 열려 있다. 참으로 우리가 자신이 상충되는 해석을 하고 있다는 것을 발견하는 이유는 바로 상징 또는 텍스트에 대해 절대적인 어떤 유일한 해석도 존재하지 않기 때문인 것이다.

리쾨르는 실명사(positive term)로 이러한 비판에 동의한다. 왜냐하면 세계내 존재로서 나의 존재론적 자기 이해는 삶의 기록을 해독하는 과정에 의해서 회복될 수 있기 때문에(그것은 실존의 다양한 기호에 대한 해석학적 비판을 통해서 가능하다) 그것은 항상 바라는 것, 즉 어떤 전적인 또는 절대적인 의미에서 완성될 수 없는 해석의 투기로 남아 있다. 우리 자신이 피할 수 없는 다양한 해석에 노출되어 있는 것을 발견하면서, 우리는 사유하는 자아(Cogito)의 주도권을 주장하는 의식의 철학이 허위의 식임을 자각하게 된다. 매개하는 해석의 과정을 버리고 무엇이 되고자 하는 바람을 자기 의식의 직접성으로 환원하는 것은 그것을 실체화하는 것이다. 무엇이 되고자 하는 바람은 결코 해석된 존재로서 자신의 지위를 포기할 수 없다. 영원한 해결책을 강구하려고 하는 의식의 경향성을 충분히 인식하고 있는 리쾨르는 ① 현상학적 해석학의 투기와 ② 회의의 세대가(맑스, 프로이트 그리고 니체)에 의해서 개진된 '허위의식'에 대한 비판을 결합한다.

이러한 세 명(맑스적, 프로이트적 그리고 니체적인)이 개진한 해석학의 모델들을 리쾨르는 의식의 직접적 이해가 사상된 의미의 차원이 존재한다는 것을 상기시켜준 사람들로서 받아들인다. 예컨대 프로이트는 어떻게 '무의식적인' 의미가 우리의 주도적인 의식의 배면에 자리하면서 조직화되고 구조화되어 있는지를 폭로함으로써 사유하는 자아가 주재한다고 하는 편견을 벗겨주었다. 유사하게 니체 역시 우리의 이른바 초시간적인 영원한 가치와 이성의 개념이 숨겨진 '권력에의 의지'의 전략에 의해서 사실상 '계보학적으로' 어떻게 규정되는가 하는 것을 보여주었다. 맑스의 이데올로기 비판은 인간실존의 의미가 어떻게 종종 해방된 주체의 범위를 벗어나서 사회 역사적 지배력에 의해서 규정되는가 하는 점을 보여주었다. 리쾨르에 따르면 이러한 의심의 대가들은 우리는 우리 밖에(outside of ourselves) 존재하는 자신을 처음으로 인식할 때 우리의 존재론적인 '무엇이 되고자 하는 바람'을 회복할 수 있다는 것을 우리에게 가르쳐 주었다. 이 세 사람 모두 자신에게 투명하지 않은 의미는 사실상 드러나는 동시에 숨는 수수께끼와 같은 과정으로 있다는 것을 인식했었다. 그래서 리쾨르는 다음과 같이 쓸 수 있었다.

> 우리가 만일 맑스의 이데올로기론, 니체의 윤리계보학 그리고 프로이트의 이념과 환상의 이론을 모두 함께 이해하는 데에 성공한다면, 우리는 그 이후로 현대지성에게 제시된 문제, 즉 허위의식의 문제를 이해하게 될 것이다(「종교비판」, 『리쾨르 선집』).

리쾨르는 의심의 해석학이 새로운 문화비판을 가능하게 만들었다고 믿었다. 분명히 그것은 '탈신비화'하는 부정의 해석학이었다. 그러나 그것은 정확히 인식론상의 오류에서 비롯되는 주관적인 맥락이 아니라, 우리의 사회적 담론 일반의 차원에서 허위와 환상을 다루었다. 그래서 맑스는 허위의식을 계급투쟁의 반영으로, 니체는 강자에 대한 약자의 한 맺힌 원한으로, 프로이트는 문화적 금기에 의해서 억압된 인간욕망의 역사로 보았다. 리쾨르는 이 세 사람 모두가 지배·욕망·의지의 숨겨진 전략을 해독하기 위하여 기성의 문화관례를 탈신화화하는 공통된 '해석학적 의심(her-meneutic doubt)'을 그 추동력으로 하였다고 관찰하였다. 표리부동한 활동과 의미를 인정하고 의식의 월권을 폭로하는 한, 이러한 의심의 순간은 해석학의 일반적 계획에 본질적인 공헌을 하게 된다.

> 허위의식의 문제는 의식이 그 자체 회의하는 의식으로 나타나는 문화에 대한 비판을 통해서만 나타난다. 그런데 … 이 의심은 현상을 해독하는 새로운 방법으로써 또 하나의 새로운 기술로 작용한다. 이러한 해독을 통해서 우리는 지금까지 우리가 탈신화화에 대해서 말해온 것을 이해할 수 있다. 오류 또는 허위로부터 허위의식을 구별하는 것, 그리고 또 일종의 폭로적인 비판을 추동시키는 것은 우리가 믿기로는 소기된 것이라기보다는 또 다른 능기의 가능성, 즉 은폐된 의식의 가능성이다. 의식은 자신에게 투명한 것이 아니라 특별한 해독, 즉 해석학을 필요로 하는 은폐·폭로의 관계이다. 해석학의 과제는 항상 텍스트를 읽는 것과 가상적 의미와 진정한 의미를 구별하는 것이고 의미의 배면에 있는 의미를 찾는 것이다. … 그러므로 덮인 것을 드러내고 장막에 가린 것을 밝혀내고 가면을 벗기는 고유명사(proper name)가 있다(「종교비판」).

결과적으로 리쾨르는 해석학을 이러한 폭로의 전략이라고 주장하고 있는 셈이다. 우리가 우리 문화의 진정한 상징을 말할 수 있을 때는 단지 허위의식의 우상을 깨부술 때만 가능하다. 우리는 허위적 내용을 탈신화화함이 없이는 결코 우리의 유의미성에 대한 긍정적인 존재론적 내용(즉 진정한 존재가능성의 투기)을 확립할 수 없다. 어떠한 종교도 이러한 해석학적 판별에서 예외일 수는 없다. '의심의 대가들'에 의해서 견지되어 온 무신론적 비판은 성숙한 현대인의 신념을 대변해줄 수 있는 본질적인 요소이다. 우리는 '공포, 억압 또는 증오'의 가면으로서 종교비판을 구체화해야 한다. 리쾨르는 "맑스주의적 이데올로기 비판, 니체적 증오의 비판 그리고 프로이트적인 유아기 때의 재난에 대한 비판은 이후에 어떤 종류의 믿음도 그것을 통과해야만 하는 탁견이다"(「종교비판」)고 결론짓는다.

5. 긍정의 해석학

리쾨르는 우리는 우리의 문화적 표현의 불연속성과 소원성(estrang-ments)을 비판적으로 인식할 때에만 긍정(affirmation)의 해석학으로 나아갈 수 있다고 주장한다. 그러나 우리는 지금 그것을 보편적인 이해의 존재론을 이미 완성해놓은 하나의 기정사실(a fait accompli)이라기보다는 일종의 투기로서 이해하고자 한다. 그러므로 해석학의 존재론은 명시적으로 표현되지 않은 암시적 존재론이다. 우리가 존재에 대한 어떤 해석을 할 수 있을 경우는 단지 대적되는 해석학과의 투쟁하에서, 그리고 그 투쟁을 통해서만 가능하다. 왜냐하면 철학적 주체는 자신이 이미 이 존재의 의미를 알고 있다는 환상에서 깨어났을 때라야 비로소 존재에 대한 기초적인 의미를 묻기 시작할 수 있기 때문이다. 의미가 우리의 주관적 의식에 '앞서서 또는 뒤에서' 나타나는 '주관의 고고학(archaeology of sub-ject)'을 개시하는 정신분석학을 보충하면서, 리쾨르는 시간적으로 의식에 '앞서서' 의미의 기원이 놓이는 주관의 목적론(teleology of subject)을 드러내는 '정신철학'에 동의한다. 이런 방식으로 리쾨르는 해석학적 투기 내에서 프로이트와 헤겔의 모델을 각각 수용하려고 하였다.

해석학에서 고고학적 그리고 목적론적 원호(圓弧)는 양자 모두 전통적인 주관 개념을 해체하는 결과를 가져왔다―전자는 의식에 선행하는 고대적인 무의식의 의미로 되돌아가고, 후자는 의식 앞에 펼쳐져 있는 새 의미에 참여하는 것으로. 리쾨르는 이러한 두 해석학적 방향은 주어진 자기중심적인 주관을 넘어서는 해석의 운동으로 자신을 구성한다고 주장한다. 그들은 인간 주관이 항상 어떻게, 리쾨르가 넓은 의미로 '문화'라고 부른, 과거와 미래의 지평에서 함의된 '타자'의 기호로서 자신의 현재 유의미성을 이해하는지를 증명한다. 리쾨르는 "철학은 해석학, 즉 가시적인 의미를 드러내는 텍스트의 내부에 숨겨진 의미를 해독하는 것으로 남아 있다"고 한다. 해석학의 과제는 실존이 문화의 세계를 조명하는 모든 유의미성에 대한 계속적인 해석을 통해서만 표현과 의미, 그리고 반성에 도달할 수 있다는 것을 보여주는 것이다. 실존은 정신의 삶이 객관화되는 작품, 제도 그리고 문화적 유물에서 일차적으로 '외부에' 거주하는 이러한 의미를 귀속함으로써만 자아가 된다(『해석의 투쟁』).

마지막으로 리쾨르는 잃어버린 의미를 고고학적으로 회복할 때와 제안된 의미에 목적론적으로 참여할 때, 표현된 인간의 무엇이 되고자 하는 바람(desire to be)이 궁극적으로 종교적 종말론에서 가장 잘 드러나 있다고 단정한다. 리쾨르에게 제삼의 해석학적 방법은 데카르트적 주관의 완전한 폐기를 나타낸다. 종교적 상징은 고고학의 알파(alpha)요, 목적론의 오메가(omega)이다. 그것은 시작에 선행하는 회복할 수 없는 기원(arche)이자, 종말 뒤에 오는 실현될 수 없는 목표(telos)이다. 리쾨르는 "그러한 알파와 이러한 오메가는 주관이 어찌할 수 없다. 종교적인 성스러움은 인간을 부르고, 이러한 부름으로 실존을 지배한다. 왜냐하면 이것이 바로 노력하고 또 무엇이 되고자 하는 바람으로서 실존을 정립하기 때문이다"(『해석의 투쟁』)고 말한다. 요약하면 종교적인 것은 의식으로 하여금 자기가 하나의 완결된 존재라고 하는 환상을 버리도록 하여, 자기에 선행하여 존재하는 의미에 자신이 궁극적으로 종속되어 있다는 것을 인식하도록 해준다.

정확히 말한다면 종교적 종말론은 소유하고, 재소유하고 또는 미래 소유할 수 없는 어떤 것으로서 해석의 위험성을 드러내주는 가장 전형적인 예로 간주될 수 있다. 많은 전통적인 형이상학의 가르침과 대비되게, 그것은 해석의 순환상 단절인 교리불멸론적 존재론을 허용하지 않는다. 반대로 그것은 기껏해야 우리를 더욱더 상충되는 해석의 내적 투쟁으로 몰아넣는, 즉 리쾨르가 '호전적이며 깨어진 존재론'으로 언급한 것에만 호소할 뿐이다. 그것은 자기 정당성을 지닌 확실성을 절대적으로 부정한다. 그러나 이러한 부정에도 불구하고, 아니 차라리 그 때문에 종교적인 종말론은 진정한 희망, 즉 궁극적으로 통일되고 또는 화해된 담화의 가능성에 대한 희망을 나타낸다. 즉 그것은 예언으로써 비판을, 긍정으로써 의심을 보완한다. 드물게 나타나는 열광의 순간에 있어서 리쾨르는 "신의 노래, 그의 왕국의 도래에 대한 해석학은 … 의식의 예언을 표상한다"고 조심스럽게 언급한다(『해석의 투쟁』). 그러나 예언으로서 종교적인 진술은 결코 검증될 수 없다. 우리는 아직 주어지지 않은 것을 희망할 뿐이다. 리쾨르는 종교성은 모세와 같은 해석자가 "죽기 전에 단 한 번 얼핏 볼 수 있는" 실현된 존재론의 '약속의 땅'이다(「현상학과 해석학」)고 말한다. 우리는 유한하기 때문에 해석학적 순환은 역사적 한계 속에 남는다. 절대지에 대한 철학적 주장은 영원히 탈신화화되어야 하는 거짓신화이다. 긍정의 해석학은 항상 의심의 해석학과 짝을 이루어야 한다. 리쾨르는 "해석의 대립은 극복될 수 없다. 왜냐하면 절대지가 불가능하기 때문이다"고 결론내린다(「전유」, 『해석학과 인문과학』).

● 부록: 텍스트의 해석학적 모델

후설이 본질-직관(Wesen-schau)으로써 의미에 접근했다면, 리쾨르는 텍스트 해석으로 접근했다. 게다가 그는 모든 의미 있는 텍스트는 역사적 맥락(context)을 가지고 있다는 점을 인식했다. 해석학의 모델은 낱말의 여러 의미가 텍스트 자체 내에서 나오는 것이 아니라, 언명이나 기록에 의한 원래의 조건(저자의 세계)과 연속적인 수취 또는 해석에 의한 조건(독자의 세계)이라는 역사적 이중지시로부터 생겨나는 것이라는 것을 보여준다. 리쾨르가 지적한 것처럼 언어는 항상 어떤 것에 관해서 누군가에게 말한다. 이것은 가장 기본적인 차원에서 본다면 언어의 의미는 실제적으로 그것들의 특수한 '대화적' 상황에 의해서 결정된다는 것을 의미한다. 리쾨르는 다음과 같이 말한다.

> 해석은 낱말의 가장 원초적인 의미에서 맥락의 선택기능과 관계한다. 해석은 물음과 대답의 상호작용에서 대화자들이 집단적으로 그들의 대화를 구조지우는 맥락적인 가치를 결정하는 과정이다(「현상학과 해석학」).

결과적으로 해석은 더이상 사변 철학자들만의 독점물로서 간주될 수 없다. 그것은 이제 언어사용자로서 세계내 존재인 우리의 원초적 조건으

로 이해된다. 리쾨르는 인간실존(현존재)은 그 자체 언어 속에 존재하고
언어로 있다(언어성)는 하이데거와 가다머의 주장에 전적으로 동의한다.
우리는 항상 다른 사람과의 상호주관적인 대화라고 하는 역사적 맥락 내
에 있기 때문에 언어 속에 존재한다(가다머 해석학의 좀더 상세한 측면은
비판이론에 관한 장의 하버마스 편을 보라).

　그러나 리쾨르의 설명에 따르면 이 대화는 대화의 직접성으로 환원되
지는 않는다. 즉 그것은 두 대화자 사이의 직접적인 교환 이상이며, 그들
의 의도적인 여기-지금의 실재 상황에 대한 직접적··'명시적' 지시에 명백
하게 제한된 대화의 해석학적 모델은 공통적으로 동일한 상황을 공유하
고 있는 두 대화자의 '직접적인 지시'를 넘어선다. 넓은 의미에서 이 모
델은 기록물, 기념비, 제도 그리고 문화전통을 통해서 의미를 상호주관적
인 대화 당시의 '여기-지금'으로 전환시켜 시간상으로 지속할 수 있도록
하는 역사적 지평을 포함한다. 리쾨르는 이러한 언어의 역사적 작용으로
말미암아 다음 해석자가 의미를 재해석할 수 있게 되어 원저자의 원래 의
미가 변질될 수도 있다고 주장한다. 이것이 바로 리쾨르가 '긴' 상호주관
적 관계를 통한 우회라고 부른 것이다.

　　대화는 … 그 대화의 상대가 면전에 있어야 한다고 하는 한계를 가지고 있
　다. 그것을 둘러싸고 있는 역사적 맥락은 그 자체만으로도 매우 복잡하다.
　'짧은' 상호주관적 관계는 역사적 맥락 내부에서 다양한 '긴' 상호주관적 관
　계를 가지고 다양한 제도, 사회적 역할 그리고 집단들(그룹, 민족, 문화전통
　등)에 의해서 매개되어 있다. 긴 상호주관적 관계는 역사적 전통에 의해서 유
　지되는데, 그 중에서 대화는 단지 단편일 뿐이다. 그러므로 설명은 가장 넓은
　의미의 역사적 맥락과 일치하면서, 대화보다도 더욱 넓게 확장된다(「현상학과
　해석학」).

　리쾨르는 역사적 전통 안에서의 의미 전달[또는 메를로 퐁티의 용어로
'침전(sedimentation)'으로 불린 것]을 텍스트의 매개기능에 비유한다. 원
래 지시된 것으로부터 의미의 해방은 원저자와 대화 청취자의 부재시에
도 의미가 지속되게 쓰인 텍스트에 유비될 수 있다. 그러므로 텍스트의
의미는 ① 저자의 원래 의도, ② 최초의 대화상황, ③ 원래 청취자에 관

해서 상당히 자율적이다. 해석학은 이런 방식으로 텍스트 주석의 조건에 근접한다. 거기에서 의미는 원래 일차적으로 규정된 질서로부터 독립적이며, 텍스트 앞에서 '이차적으로 규정된 지시'에 개방된다. 이것이 바로 계속해서 해독의 다양성을 인정하는 '자율적' 텍스트에 의해서 수반되는 새로운 지시의 질서, 즉 해석의 개방된 지평이다.

따라서 의미의 역사적 전달은 해석학적 순환 안에 놓이게 되는데, 거기에서 각 해석은 전통적으로 내려온 의미론적 지평 다음에 오게 되나 다른 해석자에 의한 다양한 재해독에 노출된다. 참으로 모든 해석은 읽는 독자를 매개하는 것 안에—어떤 고정된 시작이나 끝이라기보다는 상호주관성의 변증법적 순환에—놓이기 때문에, 무전제의 기반을 정립하려고 하는 관념론적 시도는 실패하기 마련이다. 리쾨르는 역사를 해석한다는 것은 이미 시작된 대화의 중간에 끼어든다는 것이라고 규정한다. 그리고 우리는 그 대화 안에서 대화의 어떤 새로운 의미를 창출하기 위하여, 우리 자신을 정향지우기 위하여 노력해야 한다(비슷한 관점을 엘리어트는 문학전통과 관련하여 재미있게 표현하였다. 그는 풋내기 시인은 '모방'하나 노련한 시인은 '훔친다'라고 말한다. 요컨대 그의 논지는 시인은 무로부터 창조라는 절대적인 독창성을 창출할 수 없다는 것이다). 따라서 리쾨르는 순수 자기의식의 절대적 직관으로써 해석학적 순환을 벗어나고자 하는 후설의 시도를 텍스트의 모델로써 논박하고 있는 셈이다. 리쾨르는,

> 관념론적 현상학은 직관에 의한 사변적인 양식, 즉 절대지에 대한 헤겔적 주장에 호소함으로써만 절대적 기반에 대한 자신들의 전제를 유지할 수 있다. 그러나 해석학적 철학의 주요한 가설은, 해석은 어떤 하나의 입장만이 절대적으로 참일 수 없다는 입장을 시종일관 견지하는 열려진 과정이라는 것이다(「현상학과 해석학」).

따라서 후설의 현상학이 절대적 객관성을 주장하는 경험과학에 대한 비판으로 출발했다고 한다면, 리쾨르의 해석학은 절대적 주관성을 주장하는 후설과 헤겔의 관념론적 주장에 대한 비판으로 출발했다고 할 수 있다. 해석학은 선험적 자아의 순수 자기이해라는 것은 불가능하다고 주장한다. 즉 해석학은 이해란 우리의 주관적 의식으로부터 '소격화된' 의미

를 해석하는 상호주관적 의사소통의 역사 지평 안에서 항상 작용하는 것이라는 것을 증명한다. 그러므로 역설적이게도, 우리가 역사적 전통에 속해 있는 한, 의미는 항상 직접적으로 여기-지금 있는 우리로부터 항상 거리를 두고 있다. '소격화'는 '귀속함(belonging)'과 변증법적 대립항을 이룬다. 이 두 운동은 해석학이라는 다리의 두 아치이다. 그러므로 리쾨르에게 텍스트는 거리를 두고서 그리고 거리를 통해서 행해지는 의사소통에 속하는 모델이다. 해석은 이렇게 우리의 이해에서 벗어나는 이러한 이해를 다시 간취하려고 하는 노력이다. 즉 해석학은 시간적으로, 지리적으로, 문화적으로, 그리고 정신적으로 멀리 떨어져 있는 것을 가깝게 가져오려는 시도이다. 그것은 소멸된 것을 회복시키려고 하는 노력이다.

리쾨르는 '소격화'의 해석적 기능과 인간주관으로부터 의미의 '소외'로서 이해된 논란 많은 이데올로기 현상 사이의 일치성을 전적으로 인정한다. 그런데 해석학은 '긴' 우회의 해석을 통해서 새로운 자기이해의 형식을 회복하기 위한 계획이라는 점에서 이데올로기 비판의 가능성을 제공해준다. 그러므로 '허위의식'의 이데올로기적 소격화로부터 회복된 '자아'는 관념론으로 치장한 자기동일적 자아가 아니다. 여기서 다시 텍스트 소격화의 유비가 나타난다. 텍스트를 읽는다는 것은 나의 주관적 의식을 넘어서는 '타자' 또는 '다른' 의미의 지평에 자신을 노출시키는 것이다. 텍스트는 원래 저자가 필요한 것처럼, 그 자신의 주관적 의도를 넘어서기 위하여 독자를 필요로 한다. 이것을 통해서 우리는 가능적 의미의 세계, 즉 새로운 양식의 세계내 존재와 해석된 존재의 세계에 나아갈 수 있다. 텍스트에 의해서 언어에 제시된 이러한 새로운 존재의 세계를 리쾨르는 '이차적으로 규정된 지시'라고 부르는데, 그것은 (텍스트의 해석학적 순환에 대한 우리의 노출에 선행해서) 여기-지금 살고 있는 친근한 우리 세계에 대한 '일차적으로 규정된 지시'로부터 우리를 제거한다.

관념론이 그 자체 혼자서 독립적으로 존재하는 자기동일적인 주관을 설정하는 것과 대비되게, 해석학은 의미의 절대적 원초라고 가정된 주관성을 벌거벗긴다. 이렇게 함으로써 해석학은 주관성을 해석의 상호주관적인 우회를 경유한 다음에야 도달할 수 있는 목표나 목적으로 제안한다. 물론 이 과정에서 주관성의 개념은 근본적으로 변한다. 왜냐하면 리쾨르는 해석자가 (확장되고, 탈중심화되고, 새로운 자기-해석의 가능성에 개방되는) 주관성의 새로운 의미를 회복할 수 있는 것은—그 자신과 다른 의미를 경유하는 이러한 상호주관적 우회에서—그 원래의 자아로부터 자아를 소격함으로써만 가능하다고 말하고 있기 때문이다. 한 번 더 우리는 리쾨르가 제시하는 텍스트 이론을 살펴보자.

> 주관성의 작용은 이해를 일으키는 것이 아니라, 이해를 종결시킨다는 것을 보여준다. 이 최종적 행위는 귀속(appropriation)이라고 특징지울 수 있다. (그러나) 그것은 … 텍스트의 의미를 지지하는 원초적 주관성에 다시 참여하는 것을 목적으로 하지 않는다. 오히려 그것은 텍스트의 문제에 응답하여, 그것이 제시하는 제안된 의미에 답한다. 그것은 따라서 텍스트의 저자, 정황, 그리고 원래의 청자와 관련하여 텍스트의 자율성을 정립하는 소격화의 대립항이 된다. 따라서 귀속은 주관성의 우위를 몰래 재도입함이 없이도 해석의 이론에 통합될 수 있다(「현상학과 해석학」).

구체적 예를 들자면, 내가 톨스토이의 소설 『안나 카레리나』를 읽는다면 나는 나 자신을 나와 다른 의식, 시간 그리고 장소(즉 저자에 의해서 묘사된 19세기 후반 러시아 사회의 다양한 특징에 대한 지각)에 노출시키는 것이 된다. 그러므로 나는 톨스토이의 텍스트에서 제시된 세계를 상상적으로 다시 살림으로써 지금-여기라는 나의 현실적인 경험의 지평을 확장시킨다. 이렇게 함으로써 나는 나의 동시대적인 이해에 대하여 이러한 '다른' 세계를 귀속시킬 뿐만 아니라, 나에게 주어진 환경을 탈귀속(dis-appropriate)시킨다. 그러나 이러한 귀속과 탈귀속의 변증법적 운동에서 궁극적으로 드러나는 것은 나의 세계와 톨스토이의 세계 사이의 만남으로부터 이루어지는 '가능적 세계'이다. 즉 텍스트 문제 자체가 새로운 경험의 지평을 열고, 그것은 저자인 톨스토이의 원래 의식과 독자인 나 자신의 시대의식 모두를 함께 넘어서는 것이다. 이러한 텍스트 안에서, 그리고 텍스트를 통한 만남에서 저자와 독자가 의도한 의미 자체가 변형되고 확장됨을 발견한다.

리쾨르의 귀속 개념은 그것을 주재하는 주관의 귀환을 의미하지는 않는다. 만일 해석학의 목표가 '자기이해'로 남아 있다면, '텍스트 앞에서'

의 자기이해라는 변화된 의미에서 재해석되어야 한다. "해석자가 말하는 것은 텍스트에 의해서 말해진 것을 다시 활성화시키는 다시 말함이다" (「텍스트란 무엇인가?」). 귀속되었다는 것은 텍스트의 문제이다. 즉 새로운 가능적 의미의 지평이 텍스트의 언어에 의해서 열렸다는 것이다. 리쾨르는,

> 그러나 텍스트의 문제는 나의 문제가 된다. 만일 내가 텍스트의 문제가 존재할 수 있도록 하기 위하여 나를 귀속시킨다면, 그러면 나는 텍스트의 주인으로서의 나(moi)를 텍스트의 제자로서의 나(soi)로 바꾸는 셈이다(「현상학과 해석학」).

이런 방식으로 해석학은 두 가지 비판에 종사할 수 있다. 그것은 자아가 자기 자신을 절대적 기원으로서 정립한다고 하는 환상에 기초한 자아론(egology)에 대한 비판이다. 그리고 그것은 동시에―특히 사회 역사적 또는 정치적 맥락에서―자기이해는 아무런 역할도 하지 못한다고 하는 편협된 환상에 근거한 이데올로기에 대한 비판이기도 하다. 전자는 귀속의 극단화(타자의 배제를 통한 안전한 자기-소유)의 결과이고, 후자는 탈귀속의 극단화(익명적 타자에 의한 나의 의미의 완전한 소외)의 결과이다. 해석학은 이렇게 자아와 타자의 변증법적 보완관계를 회복하도록 해줌으로써 우리로 하여금 이 두 환상 모두를 넘어설 수 있도록 해준다.

자크 데리다
Jacques Derrida

Der der, deary didi! Der? I? Da! Deary? da! Der I, didida; da dada, dididearyda. Dadareder, didireader. Dare I die deary da? Da dare die didi. Die derider Didiwriter. Dadadididididada. Aaaaaaaa! Der i da.

해체적 성격을 띠는 이 「오디펄 단편」은 전위적인 영국 비평가 테리 이글튼에 의해서 현대 해체의 아버지인 데리다에 대한 자식의 불복종으로 구성된 것이다. '텍스트 혁명'을 주도한 이 프랑스 주석가는 세계적으로 가장 많은 찬사와 비난을 아울러 받고 있다. 즉 그는 언어에 대한 무정부적인 기괴한 장난으로 비난도 받고 찬사도 받고 있다. 그에게는 신성 불가침의 어떤 전통적인 사상도 없었다. 그는 우리가 철칙으로 믿어왔던 것들의 무덤 위에서 춤추고 있다. 어떤 사람들은 그를 간교한 괴변가라고 하고, 다른 어떤 사람들은 그를 20세기 최대의 혁명적인 철학자라고 한다.

데리다는 유태계 출신의 프랑스인으로 알제리아 태생이다. 1931년 알제리아에서 태어난 그는 학생시절 어린 나이에 프랑스에 건너와서 일찍부터 혁신적인 사상가로서 명예를 누렸다. 그는 레비나스—그는 30대 초반에 후설 현상학을 프랑스에 소개한 최초의 인물 중의 한 사람이다—와 더불어 파리에서, 그리고 '현상학과 해석학 본부'에서 리쾨르와 함께 현상학을 연구했다. 그의 최초의 출판서인 『후설 기하학의 기원: 입문』과 『말하기와 현상』은 후설의 현상학적 언어론에 대한 좌파적인 해독이었다. 그런데 데리다는 단지 뛰어난 주석가에 머무르지 않았다. 인상적인 일련의 저서―특히 『문자학에 관해서』, 『글쓰기와 차이』, 『산종』, 『철학의 여백』, 『그라스』―에서 데리다는 전통적 사유개념을 허물고, 또 철학과 미학적 담화 사이의 약정적 구분을 철폐하기를 시도한다. 그는 이러한 편견은 궁극적으로 중심화하기 위해서 이성적인 동일률과 모순율을 따르지 않는 모든 의미는 가치 없는 것으로 간주하는 서구 형이상학의 '로고스중심주의적(logocentric)' 편견에서 유래되었다고 주장한다. 이렇게 편협한 '로고스중심주의'에 반대하면서, 데리다는 의미의 무한한 차연(differance)으로서 자유로운 언어놀이를 선포한다. 그는 수년째 파리 고등사범학교와 미국의 예일과 존스 홉킨스 대학에서 가르쳐오고 있다.

당연한 얘기겠지만, 데리다는 통용되는 전통적 철학의 범주 안에 머무르기를 거부한다. 그의 영향력은 철학을 넘어서 문예비평, 사회학, 정치이론, 심리학, 인류학 등과 같은 다른 학문으로 확장되었다. 그러나 철학 자체 내에서 데리다의 해체전략을 어떻게 평가해야 할지에 관해서는 아직 미지수이다. 이러한 미결정성은 데리다 자신에게서 이미 잉태되어 있었다. 그의 저작의 핵심점의 하나는 그가 서구 사유에 있어서 '로고스중심주의적' 편견의 증상으로 본―모든 것에 대한 중심점을 가지려고 하고 이러한 중심점으로 모든 것을 환원해야만 한다고 하는 강박관념―모든 모호한 정식화와 고정된 동일성을 파괴하는 것이었다. 즉 일정한 이름이 붙여지기를 거부하는 데리다의 입장은 본질적으로 무정부적 입장, 아니 차라리 무입장으로 일관하고 있다.

1. 후설과 하이데거를 넘어서

그러나 데리다 철학의 이러한 성격에도 불구하고, 우리가 그의 철학에 대한 어떤 지적 자리매김을 하는 것도 어느 정도 정당할 것이다. 예를 들

면 데리다가 자유로운 언어놀이에 찬동하면서 전통적 형이상학이 가지고
있던 신비화된 주관성의 범주를 해체하고자 한다는 점에서는 구조주의자
와 포스트 구조주의자(post-structuralist)들과 같은 배를 타고 있다는 것은
의심의 여지가 없다. 그런데 데리다의 해체프로그램은 그 자신의 표현에
따르면 자신의 사상형성기에 있어서 영향을 준 현상학적 사상가, 즉 후설
과 하이데거에게 보다 근본적인 빚을 지고 있다고 한다. 최근의 인터뷰에
서 데리다는 자신이 다음과 같이 현상학에 빚지고 있음을 인정했다.

> 나의 철학적 구상은 후설과 하이데거, 그리고 헤겔의 사상에 상당한 빚을
> 지고 있다. 하이데거는 아마도 가장 지속적으로 나에게 영향을 미치고 있다.
> 특히 그리스 형이상학을 극복, 해체하려고 하는 그의 기도는 나에게 결정적
> 인 영향을 미쳤다. 내가 아주 소상하게 그리고 아주 힘들게 연구했던 후설은
> 나에게 문제를 설정하고 푸는 데에 있어서 방법론적인 신중성과 보류, 그리
> 고 엄밀한 기술을 가르쳐 주었다. 그러나 나는 현전의 형이상학에서는 후설
> 의 파토스(pathos)에 동의할 수 없었다. 그런데 사실 나에게 현전의 개념과
> 그것이 철학에서 수행한 근본적인 역할을 의심하도록 도와준 것은 바로 후설
> 의 방법이었다. 하이데거와 나의 관계는 훨씬 복잡하고 광범위하다. 여기서
> 나의 관심은 단순히 방법론상에서뿐만 아니라 실질적인 것이었다. 하이데거
> 가 문제를 제기했던 내용과 주제들은 특히 '(존재와 존재자의) 존재론적 차
> 이,' 플라톤주의 비판과 언어와 존재 사이의 관계에서 나를 자극했다(『현대
> 대륙사상가와의 대화』).

데리다가 후기 후설과 하이데거로부터 얻은 일차적인 교훈은 근본적인
기점(起點)을 발견한다는 것은 불가능하다는 것이었다. 의심의 씨앗을 뿌
린 사람은 아이로니컬하게도 후설 자신이었다. 언어 또는 역사의 모든 전
제를 넘어서서 현전에 대한 순수직관을 열정적으로 추구하여 근본적인
기점을 찾으려고 했던 후설의 실패는 곧 형이상학의 종말을 의미했다. 거
의 자신을 경멸하는 투로 자신의 최후의 저작인 『위기』에 대한 토론을
실은 부록에서 후설은 다음과 같이 고백하지 않을 수 없었다. "엄밀한 학
으로서의 철학의 꿈은 이제 사라졌다." 즉 이 노작에서 후설은 직접 경험
의 선험적 주관의 세계가 사실상 문화적 생활-세계의 역사성에 기반해 있
지, 그 역이 아니라고 인정하지 않을 수 없었다. 그러나 초시간적인 본질

을 직관하기 위한 현상학적 탐구의 실패는 데리다에게 아무런 의미가 없는 것은 아니었다(그가 비록 현상학은 그 근본 착상이 아니라, 그 약점에 의해서 해체되었다고 주장함에도 불구하고).

데리다는 하이데거와 더불어 해체운동은 좀더 확실한 전회를 하게 되었다고 주장한다. 『존재와 시간』에서 하이데거의 주요 계획은 출발에서부터 서구 형이상학의 '존재신학적(Ontotheological)' 편견이라고 부른 것—존재에 대한 우리 경험의 시간적·역사적 성격에 반하는 체계적 편견—을 극복하기 위한 것이었다. 그러나 하이데거 자신은 여전히 몇몇 근원적인 것에 대한 '향수'를 가지고 있었고, 또 그가 믿기로 '존재신학적' 전통철학의 골격을 복구할 수도 있었던 통일로 이끄는 존재라는 낱말은 이제 그 허위가 폭로되었다. 미국의 철학자 리처드 로티는 이 점을 정확하게 다음과 같이 말하고 있다.

데리다는 비록 여전히 옛 마법을 그대로 사용하고 있긴 하지만 열정적으로 그리고 전력을 다해서 하이데거의 존재신학을 비판하고 있는 극히 드문, 아니 아마도 유일한 철학자일 것이다. 하이데거가 가르치고자 했던 모든 것을 배운 후에 그는 하이데거를 자신의 눈으로 보면서, 하이데거마저도 비판할 수 있었다. 하이데거에서는 그가 비록 플라톤과 니체와 같은 선구자들로부터 많은 점을 빌려 왔음에도 불구하고, 자신의 저작은 그런 비판에서 제외시켜왔다. 데리다는 하이데거에 대해 부자(父子)관계를 맺고 있다. 그런데 데리다는 하이데거가 니체에게 했던 것을 그대로 하이데거에게 적용했다는 것이 해체라는 모든 말이 끝났을 때 철학사에서 데리다가 차지하는 위치이다.

요약하면 데리다는 자신의 해체적 독본을 서구 형이상학뿐만 아니라, 그가 여전히 다소나마 '로고스중심주의'적 경향을 띠고 있다고 의심한, 바로 자신에게 현상학을 가르쳐준 자신의 스승인 후설과 하이데거에게도 적용했다(이러한 현상학의 해체에 관한 상세한 논구는 이 장의 부록을 보라).

그런데 도대체 데리다의 '로고스중심주의'란 정확히 무엇을 말하는가? 그는 이 용어를 '현전(presence: logos)'의 개념에 그 중심을 두고 재현되는 서구 사상의 경향을 특징짓는 말로서 사용했다. 데리다는 따라서 형이상학의 역사를, 그리고 참으로 서양사 일반을 "순전히 낱말적인 의미에서 현전으로서의 존재자로 점철되어 있는 이야기"로 정의했다(「구조, 기호 그리고 작용」, 『글쓰기와 차이』). 그는 "기초·원칙·중심과 연관된 모든 용어들—eidos, arche, telos, energeia, ousia(본질, 실존, 실체, 주체), aletheia, 초월성, 인식, 신, 인간 등—이 불변의 현전을 지시한다는 것을 논증할 수 있다"고 생각했다. 데리다는 중심화하는 현전의 개념이 결코 있는 그대로를 드러내는 것이 아니라는 식으로 주도 개념을 다시 사용함으로써 이러한 '로고스중심주의'와 단절할 것을 제의한다. 그는 원래의 현전이라고 하는 지배적인 범주를 그 자신의 부재 또는 그것의 보충물 이외에 다른 아무것도 아니라는 것을 보여주려고 한다. 국왕의 새 옷처럼 그 범주들은 단순히 꾸미기 위하여 그렇게 둔 것일 따름이다—지배, 권력 그리고 권위를 드러내기 위한 전략적 환상. 데리다는 일단 해체가 수행되어 보충적 표상으로서 현전이 사실상 아무것도 재현시키지 못한다는 것을, 그리고 또 그것 앞에 존재하였던 그 어떤 것도 그것이 대신하지 못한다는 것이 보인다면 우리는 어떠한 중심도 결코 있을 수 없다는 것을 인정하게 될 것이라고 주장한다. 「구조, 기호, 그리고 작용」이라는 제목의 데리다의 초기 에세이에서 다음 구절은 해체에 대한 압축적인 정의를 제시해준다.

> 어떠한 중심도 없고, 비록 중심이 있다고 하더라도 그 중심은 현재자를 현전시키는 형식에 있어서는 생각할 수 없고, 그것은 고정된 위치가 아니라 하나의 기능, 즉 무한한 기호의 대치만이 적용되는 일종의 비위치만이 있다고 생각할 필요가 있다. 바로 이때에 언어의 보편성이 문제가 된다. 즉 중심 또는 기점의 부재 시에는 모든 것이 대화를 한다. … 말하자면 소기된 중심, 소기된 기원 또는 초월이 차이성의 외부에 절대적으로 현전할 수 없는 체계가 될 때 대화를 하는 것이다. 소기된 초월성의 부재는 의미의 영역과 그것의 상호작용을 무한히 확장시켜준다.

(메를로 퐁티에 의해 선호된) 지각의 현전적 지향 또는 (사르트르에 의해 선호된) 상상의 표상적 지향에 대해서 자유로운 의미작용을 전유하면서, 데리다는 모든 근원적 현전의 개념을 탈중심화하기를 시도한다. 자유로운 작용의 판도라 상자(Pandor's box)를 열면서, 데리다는 전통적인 의

미의 개념 자체 또한 해체한다. 그는 이것을 '산종(散種: dissemination)'의 과정, 즉 능기과정을 어떤 출발점 또는 종결점으로 환원함으로써 결코 종결되거나 고정될 수 없는 기호로부터 기호로의 무한한 이동을 드러낸다. 무한한 연쇄고리하에 있는 어떤 것을 다른 것이 대신하는 이러한 무한한 기호의 작용을 통해서 데리다는 비중심(non-centre)을 긍정한다(그리고 이것은 현전으로서 회복될 수 있는 중심과 다른 것이다). 즉 의미는 어떤 원래의 현전을 제공해주거나 표상하지는 않는다. 현전의 개념 자체가 바로 의미작용의 결과물이다.

좀더 전문적인 언어학의 개념을 사용하면서, 데리다는 능기는 언어 외에서는 결코 자리잡을 수 없는 소기에 대한 은유로 작용한다고 주장한다. 그래서 소기 자체는 다른 능기에 대한 언급 또는 연기하는 것으로 작용함으로써 능기가 될 수 있다. 언어 외에는 어떤 전거도 없다. 오직 텍스트 밖에 없다. 심지어는 후설에 의해서 중시되어온 '사상 자체'마저도 이제 더이상 직접적으로 경험된 현상으로 해석될 수 없다. 사상 자체 역시 기호이고 언어의 결과물이다. 『문자학에 관해서』에서 데리다는 "소기된 사상(thing)을 마침내 현존의 빛에 비추도록 해주기 위하여 기호 또는 표상자를 환원해주는 어떤 현상성도 없다"고 말한다. 이른바 '사상 자체' 역시 항상 단순한 직관에 의존하는 '표상체'에 불과하다. 표상체는 단순히 그 자체가 기호가 되고 또 무한 순환하는 해석자를 일으키는 기능을 하게 된다. 데리다는 적법한 유일한 해석학은 '언어-내적(intra-linguistic)'이라고 주장한다. 즉 해석학은 사상(thing)들보다 해석들을 해석한다. 그러므로 데리다는 다음과 같이 결론짓는다. 이 순간부터 기호를 제외한 그 어떤 것도 아무런 의미가 없다. "우리는 기호 안에서만 생각한다. … 우리는 무제한의 작용, 즉 존재신학과 현전의 형이상학의 파괴로서 초월적 능기의 부재를 노래할 수 있다"(앞의 책).

2. 로고스중심주의와 음성중심주의

서구 형이상학에서 로고스중심주의적 편견이 가장 적나라하게 드러나는 곳 중 하나는 '글(writing: gramme)'에 대하여 '말(speech: phone)'에 우선성을 부여한 것에 있다. 아니, 차라리 데리다가 쓰고 있듯이 로고스중심주의는 음성중심주의(phonocentrism)이다. 이러한 동일화는 자신에게 화자의 직접적 현전으로서 "영혼과 그 자신과의 침묵의 대화"에서 표현된 존재가 진리라고 말하는 플라톤에게까지 거슬러 올라간다. 여기서 플라톤은 다음과 같이 믿는다. 진리는 여전히 순수 자기 직접성이다. 여기에는 아직도 소외와 혼란이 개입되지 않았다. 침묵의 대화에서 의미는 아직도 자신과의 동일성을 유지한다. 그것은 존재가 말하는 것이고, 있는 그대로를 말하는 것이다. 타자와의 거리를 유지하면서, 자아는 순수한 하나의 진리성을 주장할 수 있다.

데리다에 따르면 이러한 자기 직접성의 '음성중심적' 이념에 가장 근접해 있는 그 다음 모델은, 공유된 시간과 장소에서 함께 있는 두 화자가 대화를 나눌 경우와 같은 것이다. 비록 더이상 자신과 직접적으로 동일할 수 없을지라도 두 화자가 대화에서 그들이 의도한 바를 정확하게 말할 수 있는 한, 의미는 여전히 '현전'으로 회복될 수 있다. 그들이 대화에서 의도한 의미는 '여기-지금'이라고 하는 함께 공유된 경험적 맥락을 전거로 하여 직접적으로 입증될 수 있다. 이런 이유에서 플라톤은 직접 말하는 것에 대한 실존적 목격으로서 소크라테스적인 대화의 형식을 선호한다.

반면에 플라톤은 일반적으로 글에 대하여 상당한 의구심을 가지고 있었다. 자아 대 자아라고 하는 대화론적 직접성은 (또는 타자에게 자아가 자기 자신을 대하는 것처럼 직접적으로 현전해 있다고 하는) 음성중심주의 모델과 결별하면서, 글은 우리에게 자신으로부터 소외된 의미를 드러낸다. 기호로 각인된 의미는 원저자의 의도에 대하여 자율성과 독립성을 갖는다. 그것은 원래의 자기현전과는 동떨어진 의미를 갖는다. 즉 그것은 원래 의도했던 것과는 매우 다르게 해석될 여지를 가지고 있다. 그것은 원래의 자기현전과는 동떨어진 의미를 정립한다. 의미가 소외되고 있다고 하는 증거는 쓰여진 기호가 저자가 없을 때에도, 심지어는 저자가 죽었을 때에도 능기를 계속한다는 점에서 볼 때 명백하다. 그래서 플라톤은 글을 부모살해범으로 비난한다. 쓰인 기호는 원래 그들을 낳았던 부모를 죽여버리는 불법적 자손과 같다. 『산종』에서 데리다는 플라톤이 『파이드로스』

에서 글에 대한 적개적인 평가를 하고 있는 것에 대하여 정교한 해체적 분석을 시도한다. 이 대화록에서 플라톤은 글이 말을 소외시키는 것에 대하여 경고하고 있다. 소크라테스는 다음과 같이 말한다.

> 일단 말이 글로 쓰인다면 그것을 이해하거나 이해 못하는 사람에 의해서 어느 부분이 곡해될 수 있다. 또 그들은 누구에게 대답하는지를 알지 못한다. 그리고 만일 그것들이 잘못 다루어지거나 남용된다면 그것들을 보호해줄 어떤 부모도 없다(『파이드로스』).

플라톤은 쓰인 글들의 이러한 불법성에 대하여 구어(口語)의 특성을 대비시킨다

> 다른 종류의 말, 즉 말이 글보다 훨씬 우수하다. 그리고 또 더 위대한 힘을 가지고 있다. 즉 같은 가문의 아들이지만 합법적인 적자이다. 나는 영혼에 각인된 지적 대화를 원한다. … 쓰인 말이 단순히 모상에 지나지 않는다는 것을 아는 살아 있는 말을(앞의 책).

플라톤은 자주 파르마콘(Parmakon: '치료제'라는 뜻과 '병균'이라는 뜻을 동시에 가지고 있는 애매한 낱말)이란 용어를 글의 속성에 결부시켰다. 데리다는 이 낱말이 '치료제'와 '병균' 둘 모두를 의미하는 애매한 말이라는 사실에 우리가 주목해주기를 바란다. 플라톤에 있어서 글은 화자의 원래 의도에서 신뢰성의 바탕이 되는 자기에의 현존을 제거시키는 나쁜 병균으로 취급되고 있다. 그것은 화자의 원래 의도에서 부모의 보호를 벗어나게 하여 잘못에 노출시킴으로써 의미를 저자 외부에 놓아둔다. 그러나 의미는 역설적이게도 치료의 역할도 한다. 의미가 저자의 의도와 똑같이 남을 수 있는 것은, 그것이 반복됨으로써 망각에서 다시 회상되기 때문이다. 데리다가 지적한 것처럼, 플라톤적 형상(Eidos)의 자기동일성은 그 힘이 거듭거듭 반복될 수 있다는 데에 있다. 이 점이 왜 그가 진리를 회상(anamnesis)으로써 말하고 있는가 하는 이유이다. 그러나 역설적이게도 원래 의도된 의미를 회상할 수 있도록 해주는 가장 중요한 수단이 바로 글이다. 왜냐하면 글은 화자의 의도를 시간의 제약을 받지 않고 반복

시킴으로써 잊혔던 원래 의도를 유지하고 있기 때문이다. 즉 글은 직접적 자기현전으로서 말을 소외시키는 '병균'인 동시에 원래 표현되었던 그때 그 장소라는 한계를 넘어서서 그것의 지속성을 유지시켜주는 '치료제'이기도 하는 이중역할을 하는 것이다.

데리다는 '형상,' '로고스'와 같이 가장 중요한 초시간적인 현전의 범주들이 사실은 그 반대되는 가치와 상호공속적인 관계에 있다는 것을 증명함으로써 플라톤적 형이상학을 해체하고자 한다. (부재, 차이성, 다수성, 거리성으로 대표되는) 글에 대하여 (현전, 동일성, 통일성, 직접성으로 나타나는) 말의 음성중심적 우위를 주장하면서, 플라톤의 형이상학은 말을 보존하기 위하여, 즉 부재한 원래의 현전을 재현시키기 위한 수단으로써 글을 필요로 한다. 파르마콘으로서 글은 돌이킬 수 없는 반대작용을 한다. 왜냐하면 그것은 영혼 외부에 눈에 보이는 표지 또는 쓰인 기호로 구체화됨과 '동시에' 영혼에서 잊혔던 진리를 환기시켜주는 구원의 힘으로 작용함으로써 자신과 대화의 관계에 있는 영혼의 보이지 않는 내면성을 소외시키기 때문이다. 데리다는 다음과 같이 쓰고 있다.

> "만일 파르마콘이 이중성을 띤다면, 그것은 다음과 같은 연유에 기인한다. 즉 그것이 상반자를 상반되게 하는 매개체가 되기 때문이다. 상반자를 결합시키거나, 역전시키거나, 한 면을 다른 면과 교차시키는 작용의 운동(육체/정신, 선/악, 내부/외부, 기억/망각, 말/글 … 파르마콘은 차이성의 산물이다. 그것은 차이성의 차연이다"(『산종』).

3. 차연 작용

데리다는 어떻게 차연되어 있는가 하는 점을 드러내 보임으로써 플라톤적인 동일성의 위계를 해체하고자 한다. 데리다는 종종 '차연(差延: difference)'이라고 하는 신조어를 사용함으로써 차이남(differing: 각각의 기호가 다른 그것과 구별됨)과 연기됨(deffering: 끝없는 기호의 연쇄가 몇몇 원래의 소기에서 연쇄의 끝을 연기함)으로써 이중적인 글의 기능을 지시한다. 프랑스어 'differer'는 이 두 모두 의미를 지니고 있다. 로고스(logos:

중심으로서 모든 것을 모아주는 자기 동일성으로서)에 대한 우위성의 부여는 차연 작용에 의해서 그 기반이 무너진다.

데리다의 주장은, 말하는 의도는 '다른' 때에 '똑같이' 되풀이되는 한에 있어서만 그 자체와 동일하다고 할 수 있다는 사실에 입각해 있다. 결과적으로 '반복가능성(reiterability)'으로서 정의될 수 있는 동일성의 개념은 글과 읽기라는 차이 나게 하는 작용을 전제로 한다. 따라서 데리다는 현전은 자신과 구별되는 자기 자신을 자체 안에 지니고 있다고 확언한다. 그리고 또 현전은 항상 연기되어 있다. 그것은 기점(arche)이라기보다는 종점(telos)이다. 그러나 데리다가 우리에게 재빨리 주지시키는 것은 우리는 결코 이 종점에 도달할 수 없다는 것이다. 왜냐하면 말에 대한 음성중심주의적 선호에 의해서 은폐된 영혼의 자기현전적 내재성은, 시간적으로 일련의 다른 해독에서 반복될 수 있도록 하기 위해서 보이는 표징, 즉 쓰인 기호로 구체화되어 밖으로 드러나는 것을 요구하기 때문이다. 하나의 능기가 다른 능기를 무한히 대신하는 데에 있어서, 시간적인 반복기능에 의존해야 한다는 이 사실은 바로 의미화작용이 결코 몇몇 시간에 앞서 생겨난 또는 시간 뒤에 있는 기점이나 종점에서 완결될 수 없다는 것을 의미한다. 초시간적인 자기현전으로서 말하기에서의 종점은 시간적인 글의 작용에 의해서 시간상에 들어날 수 있다. 그리고 바로 이 작용이 자기현전을 무한히 연기시키면서 그것의 기반을 흔들어놓는다. 따라서 현전에는 차연이 뿌리 깊게 박혀 있음을 알 수 있다. 바바라 존슨은 『산종』의 영역판 서문에서 참으로 정당하게도 데리다의 이 복잡한 논의전개를 다음과 같이 요약한다.

데리다의 비판은 주로 글[文語]에 대하여 말[口語]의 우위성을 주장하는 서구 형이상학에 초점을 두고 있다. 말은 화자와 청자가 발화현장에 동시에 함께 현전해 있다고 하는 이유 때문에 더 높은 가치를 부여받아왔다. 말에 있어서 청자가 듣는 그 순간에 화자 역시 말하는 것을 듣기 때문에, 화자와 청자 사이에 시간·공간적 차이가 없다. 이러한 직접성은 말에서 우리가 자신이 의도한 것을 알고 있다는 생각을 전제로 하고 있다. 완전한 이해가 '사실에 있어서' 항상 일어나든 또는 일어나지 않은 간에 데리다에 의하면, 완전히 나타날 수 있다는 생각이 서구문명의 기저를 이루고 있다. 의미의 자기-현전함에 기초한 이런 믿음을 데리다는 (말하기, 논리, 이성, 신의 말씀 등을 의미하는) 그리스어 'logos'에서 빌려 와서 'logocentralism'(우리는 지금까지 이것을 로고스중심주의라고 번역해왔다)이라고 한다. 다른 한편 글은 말이 불가능한 데에나 보충해서 사용되는 것으로 간주되어왔다. 그래서 글은 그것을 이용하여 거리성을 극복하기 위한 이차적 활동에 지나지 않았다. 글쓴이는 자신과 멀리 떨어져 있는 사람이, 심지어 자신이 죽은 뒤에도 읽을 수 있도록 하기 위하여 종이에 그의 사상을 적는다. 이렇게 죽음과 거리성과 차이성을 포함하는 것은 의미의 자기현전의 몰락으로 해석될 수 있고, 또 직접성이 방해받으므로 다른 생각이 섞일 수 있을 여지를 준다(앞의 책).

음성중심주의적 편견에 대한 데리다의 주도면밀한 비판은 이렇게 말이 글로 표현됨으로써 차이성을 발생시킨다는 점에 대한 회의에 머무르지 않는다. 그는 이러한 '차연 작용'이 말의 고유한 것이라고 주장한다. 즉 말은 각 낱말 또는 말해진 기호가 처음부터 능기하는 음성과 소기된 개념으로 구분되는 한 사실상 차이성을 자체 내에 가지고 있다. 『말하기와 현상』의 영어판 부록으로 포함된 '차연'에 관한 중요한 에세이에서 데리다는 소쉬르의 언어분석이 이미 말이라는 것은 개별적 의미소의 집합이라기보다는 그 자체 기호들의 차이성의 체계라는 것을 밝혔다고 말한다. 소쉬르는 그의 『일반 언어학 강좌』에서 기호는 그 자체로 무엇을 지시할 수 없고, 단지 자신과 다른 기호와 의미의 분기 또는 차이를 만듦으로써 지시한다는 것을 증명했다. 그러나 정확하게, 말해진 기호의 의미는 그 기호들 사이의 차이성에 의해서 발생하기 때문에 말이 직접적인 자기-현전일 수 있을 가능성은 처음부터 있을 수 없다. 말은 차이나게 하는 작용을 통해서만 처음으로 기능을 수행할 수 있다. 그런데 이러한 차이가 있게 하는 구조를 무시했을 때에만 현전이 될 수 있다.

말 속의 이러한 차이성의 기능을 데리다는 일종의 글 이전의 글이라고 할 수 있는 '원초적 글(archi-writing)'이라고 부른다. 원초적 글은 객관적으로 정의될 수 없다. 데리다는 "원초적 글은 현전의 형식으로 환원될 수 없다. … 그것이 대상의 모든 객관성과 지식의 모든 관계를 결정짓는다"(『문자학에 관하여』)라고 말한다. 따라서 이것은 데리다가 '문자학(grammatology)'이라고 부른 비로고스중심적 언어학을 필요로 한다. 이 언어학은 과학이 아니다. 왜냐하면 과학적 '객관성'이라는 것 자체가 이미, 현전이라는 것이 한갓 환상에 지나지 않는다는 것을 보여주는 시간적 차이성을 가정하는, '반복가능한' 현전을 수반하고 있기 때문이다.

문자학은 텍스트의 해체적 읽기에 찬동하면서 과학적 객관성의 이념을 자기모순이라고 하면서 배척한다. 이것을 데리다의 말로 하면 "신중한 텍스트 분리의 실천 또는 연습이다"(『입장들』). 그런데 데리다의 문자학은 단지 언어와 논리에 관한 규범적인 개념만을 해체하는 것이 아니다. 그것은 동시에 모든 규범적인 실재에 관한 이해 역시 해체한다. 해체는 형이상학적 관념론뿐만 아니라, 실재론 역시 깨부순다. 그것은 실재에 대한 우리의 전통적 이해가 그 자체 그것을 정의하고 설명하는 능기적 담화에 의하여 구조화되어 있다고 주장한다. (실재에 관한) 모든 언급이 의미에 의해서 미리 규정되어 있고, 또 모든 의미가 차이가 나게 하는 능기의 작용으로서 원초적 글에 의해서 미리 규정되어 있다는 것을 보여줌으로써, 데리다는 '로고스중심주의'를 자기-해체로 이끈다.

따라서 문자학은 다음과 같은 것을 노출시키는 가차 없는 회의주의의 성격을 띤다. 즉 '실재'와 '의식' 둘 모두가, 경험적인 '객관적' 전거 또는 선천적인 '주관적' 의도의 환상을 무너뜨리는, 다양한 의미작용의 구성물이라는 것이다.

문자학은 언어에 선행하는 것도, 그리고 또 언어의 배후에도 아무것도 없다는 것을 보여준다. 실재와 합리성의 개념은 구상의 결과로 드러난다. 데리다는 이중적이며 끝없이 무한한 언어의 산종전략을 분석한다. 그리고 또 그것을 통해서 로고스중심주의적인 형이상학이 주장하는 합리성이라는 것은 기껏해야 구상적 편견에 지나지 않는 것이라고 주장한다. 이 점에서 데리다는 니체의 다음과 같은 통찰에 동의한다. "진리란, 그것이 환상이라는 것을 망각하고 있는 환상에 지나지 않는 것이다. … 시들어 빠진 은유의 군단."

데리다는 음성중심적 모델에 대한 비판을 서구 현전의 형이상학에 의해서 견지된 다양한 다른 로고스중심적 편견에로 확장시킨다.

첫째, 자기에게 의식되는 것과 다른 어떤 것을 현전시키는 틀로서 이성과 지각에 인식론적 우위성(epistemological primacy)을 부여한다는 것은 그 자체 차이가 생기게 하는 기호의 작용을 무시하는 것에 지나지 않는다고 데리다는 주장한다. 이러한 우위성은 마음과 실재의 일치(adequatio intellectus et rei)로서 실재론적 진리개념과 자기명증적으로 직접적으로 현전하는 의식으로서 관념론적 진리개념에서 특히 두드러지게 나타난다.

둘째, 시간적으로 간격이 있는 과거와 미래의 지평과 결별하고, 일련의 형이상학적 체계에 의하여 초시간적인 현재에 부여한 연대기적인 우위성(chronological primacy)에 나타난 로고스중심적 편견을 데리다는 예로 든다. 이러한 편견은 ① 유한한 육체에 대하여 불멸의 영혼을 형이상학적으로 우위에 있다고 하는 주장, ② 영원·불멸의 동일성으로서 선천적 형식의 정립, ③ 초시간적인 현재로서 신의 개념(Nunc Stans)에서 나타난다.

셋째, 데리다는 여성에 대한 남성의 성별적(sexual) 우위에 관하여 언급한다. 이것을 그는 로고스중심주의에서 '남성중심주의(phallogo-centric)'적 성격이라고 명명한다. 남근(phallus)은 자기자립성과 자기동일성의 심벌로서 간주되었다. 남근을 가지고 있다는 것은 자기 자신과 동일하고 충전적인 현전을 향유할 수 있다는 것을 의미한다. 이것이 결핍되어 없다는 것은, 즉 여자라는 존재는 무엇이 모자라는 존재, 결핍이 항상 그에게 붙어 다니는 존재라는 것이다. 따라서 여성은 물질적 욕망과 출산에서 기인하는 시간적 사이클에 의하여 변덕을 부리도록 운명지어진 존재가 된다. 지성, 정신, 이성 등과 같은 것은 여성적인 결핍 또는 불안정성과 섞이지 않은 남자만의 특유의 자랑스러운 현전의 성역이다.

넷째, 가장 중요한 것으로 데리다는 비존재의 부재와 생성의 차이성과 확고하게 반대되는 순수 자기현전으로서 존재에 대한 존재론적 우위성(ontological primacy)을 검토한다. 이러한 현전의 존재론적 우위성은 모든 형이상학의 역사에 있어서 가장 두드러진 특징 중 하나이다. 이것의 계보는 자기 자신과 침묵 속의 대화에 있는 플라톤의 유명한 영혼의 모델에까지 거슬러 올라간다. 그리고 이것은 다음과 같이 전개되었다. 즉 스스로 사유하는 사고로서 아리스토텔레스의 목적에로, '스스로 사랑하는 사랑'으로서 어거스틴의 신적 존재에 대한 기술로, '자립적 실체'로서 또는 '시간적 생성의 힘을 넘어서는 자기현전의 순수행위'로서 아퀴나스 신 개념에로, '자기원인'으로 최고 존재를 공식화하는 후기 스콜라 또는 데카르트에로. 모든 이러한 존재론적 현전의 모델들은 자기동일성이라고 하는 가상을 유지하기 위하여 그들이 외면해온 구상적 은유와 시간적 차이성에서 해석되어야 한다. 데리다는 이러한 억압의 전략과 모순을 용의주도하게 드러냄으로써 형이상학을 해체하려고 한다.

마지막으로 데리다의 해체 프로그램은 최근의 문학이론과 관련하여 빈번하게 논의된다. 데리다의 사유가 가장 큰 힘을 발휘하게 된 것은 '해체적 비평'이 그 전위 서클에 있어서 필수적으로 요구된 앵글로-아메리카 세계를 통해서 그렇게 되었다고 말하는 것은 어느 정도 정당할 것이다. 이런 비평의 중심무기는 '절대화된 책'(totalised book: 원작자의 원래 의도와 맥락에 대응하는 고정된 메시지)으로서 전통적 문학이론을 해체시키는 것이었다. 원래 저자의 권위 있는 진리라는 것이 환상에 지나지 않는다는 것을 드러냄으로써 책은 사형선고를 받게 된다. 그러나 무한한 해독과 재해독에 개방되어 있는 능기작용으로서 텍스트가 재탄생한다. 이러한 텍스트 혁명은 텍스트 내에서 능기를 주도하여 그 해독의 정확성을 보장하는 '선천적 능기'로서 작용하는 전통적인 언어외적 지향의 이념으로부터 해독을 해방시켰다. 해체는 만일 하나의 통일된 정확한 해독법만을 견지한다고 하면, 위서(僞書)에 대해서도 무한히 다양한 의미를 부여한다. 텍스트는 (초월적 소기로서) 어떤 고정된 전거 또는 텍스트 외의 (선천적 능기로서) 지향으로 환원될 수 없는 자율적인 능기의 연쇄가 된다. 해체된 텍스트는 시작도 끝도 없다.

그러나 텍스트 해체는 여기서 그치지 않는다. 텍스트성(textuality)의 발견은 소설과 시에 제한되지 않는다. 아마도 언어에 선구하면서 또 언어를 넘어서는 것이라고 주장되는 역사 자체 역시 텍스트로 드러난다. 그러므로 문학이 어느 정도 역사를 재현전시킨다고 말하는 것은 일종의 텍스트가 다른 종류를 무한히 지시한다는 것을 말하는 것이다. 이러한 데리다의 텍스트성 또는 상호텍스트성에 관해서 빈센트 라이치는 『해체적 비평』에서 포괄적인 훌륭한 평가를 내리고 있다. 그는 다음과 같이 쓴다.

언어가 그 실존의 기반으로 작용하기 때문에, 세계는 무한한 텍스트로 나타난다. 모든 것이 텍스트가 되었다. 정치적, 경제적, 사회적, 심리적, 역사적,

또는 심지어 신학적인 것에서도 모든 맥락은 상호텍스트가 되었다. 즉 영향력과 힘 외부에 텍스트화가 진행된다. 문학 대신에 우리는 텍스트성을 갖는다. 그리고 전통의 자리에 상호텍스트성을. 저자는 독자가 나타나도록 하기 위해서 사라진다. 비평가이든 시인이든 또는 작자이든 간에 모든 사람은 텍스트로 나타난다. 텍스트란 무엇인가? 서로 다른 것들을 실로 함께 묶어 놓은 흔적이다. 유동하는 능기의 연속이다. 궁극적으로 해독될 수 없는 상호텍스트적인 요소를 쫓아서 질질 끌려 다니는 일련의 기호체계이다. 자유로운 문법과 수사학, 그리고 (가공의) 전거들이 자유롭게 활동할 수 있는 터전이다. 텍스트의 진리는 어떠한가? 텍스트의 표면을 가로질러 자유롭게 능기를 살펴보면, 즉 의미의 산종은 다음과 같은 조건하에 있는 진리를 본다. 즉 복잡한 텍스트성의 과정이 세심하게 규제되어 있고 조절되어 있으며 또는 멈춰져 있는 조건이다. 진리는 해독의 구체화에서 나온다. 진리는 텍스트 전체 또는 그것의 속성이 아니다. 어떤 텍스트도 그것의 진리를 말하지 않는다. 진리는 달리 해독하는 편에 놓여 있다. 본질상 해독은 오독(misreading)이다. 해체는 규정된 산종을 해제하고 오독을 기념한다(앞의 책).

4. 결론

데리다의 복잡한 해체작업에 대한 광범위한 개관을 요약해보도록 하자. 그의 전 저작은 그에게 현상학을 가르쳐준 후설과 하이데거뿐만 아니라, 플라톤, 루소, 니체, 프로이트, 소쉬르 등과 같은 서구 사상가들에 대한 일련의 비판적 해독으로 주로 구성되어 있다. 데리다는 언제나 서구의 사유가 어떻게 다음과 같은 현전의 형이상학―다자에 대한 일자, 차이성에 대한 동일성, 물질에 대한 정신, 시간에 대한 영원성, 연기에 대한 직접성, 타자에 대한 동일자, 그리고 아마도 데리다의 분석에서 가장 중요한 글에 대한 말의 위계적 선호―에 의해서 지배되었는가 하는 점을 보여주려고 했다. 데리다는 형이상학의 중심에서 숨어 있는 차연작용을 찾아냄으로써 (단순히 그들의 관계를 역전시킬 뿐만 아니라) 그런 이원론적 형이상학을 풀어헤칠 해체적 글의 학으로서 문자학을 제의한다. 이것은, 자기동일적 현존을 찾아서 이러한 차연작용을 무시하는, 형이상학에 의해서 시설된 다양한 전략에 대한 세밀한 텍스트 해체를 포함한다.

그러나 데리다는 동시에 어떤 일종의 로고스중심적 확실성을 다른 종류의 그것으로 치환시키려는 시도 역시 피한다. 그래서 그는 심지어 자신의 해체적 용어-차연, 원초적 글, 흔적(trace), 보충(supplement), 양피지(palimpset), 산종, 말소(erasure) 그리고 해체(deconstruction)라는 용어 자체마저도-를 위한 이유에서 '말소하'에 놓여야 한다고 한다. 따라서 데리다는 자신의 해체적 용어를 '결정불가능'으로서 전개해나간다. 그의 설명에 따르면 이 용어들은 정확히 하나의 특정한 의미만을 고집하는 잘못된 편견을 버리는 대신에, 반대자들을 세우고 그 토대를 약화시키는 둘 이상의 의미를 허여하기 때문에 '결정불가능'하다. 그래서 차연은 연기와 차이 둘 모두를 의미한다. 또 보충은 증가와 대치를, 파르마콘은 '치료제'이자 '병균' 등을. 이러한 비로고스중심주의적 사유, 이것은 최소한 "동시에 두 가지 생각을 갖는다"는 제임스 조이스의 표현에서 적절하게 나타났다. 그리고 또 『문자학에 관하여』에서 '흔적'의 말소에 관한 데리다의 다음 설명에서 가장 분명하게 설명되었다.

초월적 아르케(arche)의 가치는 그것이 말소되기 전에 먼저 그것의 필요불가결성이 느껴져야만 한다. 아르케 흔적의 개념은 필요불가결한 것이자, 말소되어야 하는 것이다. 이 점은 사실상 모순으로서, 형식논리학의 동일률의 한계 내에서는 받아들여질 수 없는 것이다. 흔적은 아르케의 소멸일 뿐만 아니라 … 그것이 사라지지 않는다는 것도 의미한다. 흔적은 아르케 없이는 정립될 수 없다. 그래서 이것은 아르케의 아르케가 된다(앞의 책).

원래의 현전으로부터 파생되었을 전통적 틀로부터 흔적의 개념을 다시 정초하기 위하여, 데리다는 서구 형이상학의 양자택일의 논리로 환원될 수 없는 '결정불가능성'으로써 흔적의 개념을 정립한다. 양자택일의 이 논리는 이원적 흑백논리에 기초하여 세 가지 주요 원칙, 즉 ① 동일률(A는 A이다), ② 모순율(A는 비A가 아니다), ③ 배중률(진리는 A이거나 비A이다)에 따라서 기능한다. 데리다는 이러한 이원적 양자택일의 논리를 해체적인 양자긍정 또는 더 정확히 양자부정의 논리로 무너뜨린다. 이런 식으로 그는 특정한 어떤 결정된 개념을 그것과 결코 동일할 수 없는 결정불가능한 흔적으로 해체한다. 따라서 이것은 자신과 모순되며, 자신과

다르며, 그리고 또 말소하에서 작용한다. 데리다는 철학사의 텍스트 안에
'결정불가능성'이라는 용어를 쓸 것을 제안하는데 그것은 다음과 같은 의
미를 지니고 있다.

> 그것은 더이상 이원적 반대논리에 포섭되지 않고 그 이원논리에 저항하고
> 그것을 해체한다. 그리고 또 심지어 제삼의 용어를 정립하지도 않으며, 사변
> 적 변증법의 형식에서 이에 대한 해결의 여지도 남겨놓지 않는다. 예를 들면
> 파르마콘이라는 용어는 치료제도 병균도 아니며, 선도 악도 아니며, 글도 말
> 도 아니다. … 양자부정은 동시에 양자택일이다(『입장들』).

그러나 데리다는 자신의 해체전략이 결코 단순히 허무주의적으로 의미
를 무의미로 바꾸는 것은 아니라고 한다. 반대로 그는, 그가 타자성
(alterity)이라고 부른, 다른 것의 작용으로 의미를 근본적으로 해방하려고
한다. 의미가 항상 우리가 의도한 것과 다른 의미를 가지고 있다고 해서
결코 그것이 무의미하다고 할 수는 없다. 그런 허무주의는 단지 새로운
형태의 독단에 지나지 않는다. 해체가 진정 해체하려고 하는 것은 능기과
정을 완결된 절대지의 체계―반드시 그 하나만의 의미를 가져야 한다고
하는 입장―로 환원하려고 하는 시도 자체이다. 이 점에서 그는 다음과
같은 현상학의 기본적인 발견을 그 궁극에까지 발전시켰다고 할 수 있다.
즉 의미는 항상 의식과 다른 어떤 것으로서, 자아를 넘어서, 무한히 소급
되는 역사적 의미작용의 지평으로 확장되는 것이다. 선천적 주관성을 시·
공적 언어작용으로 해체시키면서―몇몇 그의 비평가들과 제자들이 주장
하는 것처럼―그는 주체를 결코 없애버리지 않는다. 즉 그는 주체를 주체
자신과는 다른 어떤 것에 대한 자신의 욕망으로 열어놓는다. 해체된 주관
은 결코 순수부정은 아니다. 그것은 차라리 자기차이화(self-differancia-
tion)를 정립하는 것이다. 그가 인간적 주체를 괴멸시키거나 허무주의적
언어의 감옥에 가두어 놓았다고 비난하는 사람들에 대하여, 데리다는 다
음과 같이 반항적인 일격을 가한다.

> 주체는 메타언어적 실체 또는 동일성, 즉 자기현전의 어떤 순수 사유하는
> 자아가 아니다. 그것은 항상 언어에 각인되어 있고 그리고 바로 이러한 각인

이 자유의 형식을 구성한다. … 왜냐하면 단일한 하나의 동일성 또는 본질에 얽매여 있는 것이 아니라 언어에서 그리고 차연으로 살고 있다는 것이 주관을 드러낸다. 그러므로 주관에는 타자가 항상 영원히 개입되어 있다. … 해체는 주관이 욕망을 준다는 의미에서 쾌락을 준다. 텍스트를 해체한다는 것은 주관이 어떻게 욕망으로, 즉 무한히 연기된 현전과 실행에 대한 탐구로서 기능하는지를 드러내는 것이다. 우리는 언어에 대한 욕망에, 즉 자신에게 있지 않으면서 자신과 다른 어떤 것에 대한 갈망에 자신을 열어놓지 않고서는 해독할 수 없다. 텍스트에 대한 사랑 없이는 어떤 해독도 불가능하다. 모든 해독에는 독자와 텍스트가 살과 살을 서로 맞대고 있으며, 또한 독자의 욕망을 텍스트의 욕망으로 구체화시킨다. 해체가 종종 비난받는 메마른 주지주의의 반대편에 쾌락이 있다(『현대 대륙사상가들과의 대화』).

● **부록: 현상학의 해체**

『후설 기하학의 기원: 입문』, 『말하기와 현상』이라는 제하의 첫 두 권의 저서에서 데리다는 후설의 의미작용의 철학에 대한 해체적 해독을 시도한다. 그는 근본적 기원과 기점에 대한 탐구로서 현상학은 자기 내부에 자기해체의 씨앗, 즉 자기극복의 가능성을 배태하고 있다고 주장한다. 후설 텍스트가 가지고 있는 구조적인 자기투쟁을 암시해주면서, 데리다는 후설 스스로가 가끔 극복하고자 했던 문자학적 함의를 다시 추구하려고 한다.

『말하기와 현상』에서 데리다는 후설의 『논리 탐구』에서 개진된 의미이론이 어떻게 '표현(Ausdruck)'과 '표지(表識)'라는 양립할 수 없는 상반자에 의존해 있는가를 보여주기를 시도한다. 현전의 직접적 직관으로서 후설은, 데리다가 '지각(perception)'과 '목소리(voice)'의 모델에 결부시킨 표현을 전유하고자 한다. 무엇을 보고 듣는다는 것은, '사상 자체'를 목표로 하는 의식의 지향작용으로서, 차이나 거리 없이 현전을 온전하게 직관하는 것이다. 이와 대비해서 후설은 표지에 관해, 기호가 부재한 사상 자체를 목표로 하는 내용 없는 또는 비직관적 지향(une visee a vide)인 한, '표현'에 미치지 못하는 열등한 의미작용의 모델이 '표지'라고(예를 들어 '탁자'라고 하는 기호는 비록 타자 자체와 지각하는 주관이 현재해 있지 않다고 하더라도 탁자를 지시할 수 있다) 말한다. 그러므로 전기 후설에 있어서 순수 본질직관은 현전하지 않는 것도 가리키는 열등한 기호가 없는 순수지각 또는 표현을 요구한다. 언어는 그것이 능기하는 '표지'로서의 그 제한을 넘어서서 직접적 '표현'으로서 기능할 때에만 직관적일 수 있다. 후설은 "지시체로서 기호는 아무것도 표현하지 않는다"라고 말한다. 기호는 지향된 대상과 지향하는 주관 모두에게 순수 직관을 직접적으로 제시해줄 수 없다. 기호는 거리성과 부재를 통해서 지시적 우회를 도입함으로써 의식의 순수 자기 동일성을 파괴한다. 후설에 따르면, 가장 엄밀한 언어는, 쓰인 기호에서 '사상 자체'를 되찾아서 자기현전적인 말의 직접성을 회복함으로써 '사상 자체'를 회복할 수 있게 해준다. 여기에서 후설이 시설해놓은 표현과 표지의 위계적 상반은 전통적 형이상학에서의 말에서의 음성과 글에서의 문자의 상반에 대응한다.

데리다는 『말하기와 현상』에서 후설에 대한 자신의 비판적 해독이 다음에 대하여 처음으로 정확한 문제를 제기하였다고 주장한다. 즉 "형이상학의 역사와 가장 현대적이고 비판적이며 정교한 형이상학의 형식(후설의 선험적 현상학)에서 표상될 수 있는 목소리에 관하여"(『입장들』). 데리다는 '표현'을 위협하는 부속물로서 '표지'의 기능에 대하여 후설이 의심한 것은 그가 여전히 서구 형이상학적 관념론의 전통에서 진리로 통용되는 선험적 주관의 내면적 독백의 목소리(phoneo)에 머물러 있으면서 자기현전의 이념에 만족하고 있다는 사실에서 연유한다고 한다. 이러한 자기 동일적 목소리가 후설에 있어서는 다음과 같은 이유에서 이상적 기호이다. 즉 "목소리의 작용에 대한 현상학적 본질 직관이 내가 듣는 동시에 나 자신을 이해하고 있기 때문이다"(『말하기와 현상』). 데리다는 이렇게 자기 자신을 듣는 작용은 자기애착에 관해서 말하는 것이며, 이것이 바로 후설이 말하는 선험적 주관성의 이념-의미의 절대적 기원으로서 순수 자기 직접성의 이념-의 기반이 된다고 요약한다.

그러나 데리다에 따르면, 후설 자신의 분석은 종종 자신이 주장한 표지에 대한 표현의 우위를 수미일관되게 주장하고 있지 않다. 몇몇 중요한 구절에서 후설은 표현에 선행하는 의미가 있다는 것과, 의미가 개념적으로 직관된 현전으로 나타나기 전에-현전을 지시하고 지향하는-항상 내용 없이 의미화하는 지향이라는 것을 인정한다. 달리 말하면 현전의 본질 직관은 여전히 부재한 이념적인 불변의 본질을 가리키는 '표지'를 가정하고 있다. 결과적으로 현전의 현상학은 '표현적' 지각의 '자기 동일성'에 앞서는 '표지적' 의미작용의 타자성을 필요로 한다. 그래서 후설은 자신도 모르게, "비지각이 지각에 앞서고, 비현전이 현전에 선행한다는 것을 증명하고 만다"(『말하기와 현상』).

의미작용은 그것이 지시하는 대상이 부재할 때뿐 아니라('탁자'라는 낱말은 내가 쓰거나 말한다고 해서 내가 지금 실제로 탁자를 본다는 것을 의미하지 않는다), 지시하는 주체('탁자'라는 낱말은 화자가 사라진 후에도 오랫동안 기호로서 기능할 수 있다)가 부재할 때에도 일어날 수 있다. 후설이 자기동일적 현전으로 소중히 여긴 선험적 자아라는 것은 환상에 지나지 않는 선천적 의미작용의 결과물이라는 것이 판명되었다. 후설의 선천적 자아는 '살아 있는 현재(lebende Gegenwart)'에 대한 근원적인 경험에서 자신을 구성함으로써 초시간적인 자기현전으로서 지속하고자 한다. 그러나 이 살아 있는 현재는, 후설 자신의 현상학적 분석이 보여주는 바와 같이, 그것이 시간적 차이성—즉 (지금은 있지 않지만) 과거의 흔적에 대한 시간적 '기억'과 (아직 있지는 않지만) 미래의 예감에 대한 시간적 '선취'—의 산물이기에 자율적인 순수 자기애의 성역을 제공해줄 수 없다. 앞서 왔던 또는 뒤에 올 흔적의 반복으로서 살아 있는 현재의 이러한 시간적 차이성을 데리다는 '원초적 글'이라고 부른다. '말'보다 더 오래된 이 글은 내면적 거리성으로 정의되는데, 이것에 의해서 각각의 현재 기호는 다른 기호들에 의해서 이미 공간화되고 시간화된다. 이런 식으로 자기현전의 선천적 내재성이 논파되고, 외재화되고, 자기로부터 소외된다. 또는 레비나스의 분석을 따라서, 데리다는 자기동일성은 타자성에 의해서 뿌리가 뽑혔다고 말한다.

데리다는 이러한 시간적 차이성의 개념은 구조적인 욕망의 차이를 나타낸다고 제안한다. 욕망은 타자에 대한 인식을 함의한다. 현전에 대한 욕망은 단지 그 부재에 대한 선천적 인식, 즉 시간상에서 자아가 분산됨으로써 발생한다. 자아는 그 부재한 과거와 미래를 여기 지금 '살아 있는 현재'의 자기에게 표상함으로써 최초로 자기에게 현전시키기를 시도할 수

있다. 그러나 이것은 나의 현전이 나의 부재를 재현전시키는 것을 의미한
다. 내면적 독백에 의해 자기를 현전시킴으로써 우리의 자기 차별성으로
부터 자기를 회복하려고 하는 시도는 자기패배적일 수밖에 없다. 왜냐하
면 살아 있는 현재에 있어서 바로 이 '표현적' 말의 이념은, 소외시키는
원초적 글의 구조, 즉 시간적 차연을 자기 안에 가지고 있기 때문이다.
데리다는 이러한 차연의 가능성이 없다면, "현전 자체의 욕망은 그 어디
서도 숨 쉴 공간을 찾지 못할 것이다. 이것은 마찬가지로 다음과 같은 것
을 의미한다. 즉 이 욕망은 자기 자신 안에 불만족의 운명을 가지고 있다
는 것"이라고 말한다(『문자학에 관하여』). 우리는 따라서 차연은 욕망이
금지한 것을 낳고, 그것이 낳은 것, 즉 현전을 금한다고 말할 수 있다. 자
아가 자신과 동일할 수 있는 후설의 순수 선천적 말의 이념은 결코 어떤
원래의 현전으로 되돌아갈 수 없는 무한히 의미화하는 흔적의 목표일 따
름이다. 그것은 필연적으로 영원히 연기된 목표이다. 왜냐하면 자기현전
에는 항상 자기 아닌 어떤 것, 즉 과거와 미래의 타자의 흔적이 영향을
미치고 있기 때문이다. 초시간적 자기동일성의 이념은 시간적 차이성의
산물이다. 현전 그리고 그것을 발견하는 살아 있는 현재는 단지 '차연'에
의해서 창조된 허구에 지나지 않는다.

후설 자신의 현전의 분석이, 자신도 모르게, 어떻게 타자성과 차연을
전제하고 있는가를 드러내 보임으로써 데리다는 다음과 같이 후설이 자
기모순을 범하고 있는 구절을 인용한다. 즉 침묵 속의 내면적 독백이 소
외된 기호에 오염되지 않고 순수 자기대화를 할 수 없다고 하는 주장인
데, 이런 방식으로 데리다는 후설의 직관적 '말'의 이념이 비직관적인
'글'을 기반으로 하고 있다고 결론지을 수 있었다.

직관의 부재, 그리고 직관하는 주체의 부재는 '말'의 경우에 용납되지 않
는다. 의미작용의 근본구조상 직관하는 주체는 요구되고 있다. 즉 그것은 근
본적으로 필수불가결하다. 그러나 진술의 주체와 대상의 완전한 부재가—작
자의 죽음 그리고 작자가 묘사했던 대상의 소멸—텍스트의 의미담지성을 막
지는 못한다. 반대로 이런 가능성이 의미 자체를 발생시킨다. 즉 그것을 들리
거나 읽히지 않게 하면서(『말하기와 현상』).

후설의 『기하학의 기원』(『유럽학문의 위기와 선험적 현상학』의 부록 제6장)에 대한 논쟁적·탐구적 입문에서, 데리다는 자신의 선배 현상학자들에 대한 또다른 해체적 해독을 제시한다. 여기서 그는 음성중심적 주관성의 본질보다는 과학적·역사적 전통상에서 로고스중심적 본질에 초점을 두었다. 『입장들』에서 데리다는 1962년에 출판된 그의 최초의 저서인 이 "서설"에 관해서 다음과 같이 지적한다. "글에 관한 논란은 이미 궤도에 올라 있고 … 의식, 현전, 과학, 역사 그리고 과학사에는 환원될 수 없는 차연의 구조, 즉 기원의 소멸 또는 연기가 내포되어 있다."

『기하학의 기원』에서 후설은 이상적인 과학적 객관성으로서 기하학의 본질이 어떻게 처음으로 역사에 등장하였는가 하는 문제를 제기한다. 데리다는, 간접적이었든 싫어했든 간에, 후설이 이러한 이상적 로고스가 사실상 역사의 산물이라는 것을 인정하지 않을 수 없었다는 것을 보여준다 —즉 역사는 세속적인 의미의 각인(예를 들면 서류 또는 텍스트에서)에 의존하는 상호주관적인 시간적 반복의 과정으로 이해된다. 그래서 객관적 과학의 가능성은, 교대로 역사상 무한한 반복가능성으로서 글을 전제하고 있는, 역사적 상호주관성의 활동을 전제한다. 따라서 데리다는 즉 이성의 로고스가 "자신과 재화합하기 위해서는 자신과 달라야 한다"고 말한다. 로고스는 살아 있는 현재의 순수 지금-현재에서 자신을 생각할 수 없다. 그것은 오로지 과거를 유지할 수 있도록 해주고 미래에 투기할 수 있도록 해주는 역사적 자기-차이화를 통해서 자신을 유지하고 보존할 수 있다. 그런데 정확히 역사적 자기-차이화로서 기하학의 이상적 로고스 역시 자기-연기이다. 이러한 연기 또는 지연의 의식이 없다면, 역사의 가능성으로서 기하학은 불가능하다. 그러므로 태고의 순수성을 간직하고 있는 초시간적 또는 절대적 기하학의 기원과 같은 것은 없다. 역사에 선행한다고 하는 기원의 관념 역시 역사의 산물이고, 종교적 계획 역시 영원히 연기되어 있다. 데리다는 다음과 같이 쓴다. "절대적 기원의 원초적 차이성은 아마도 '초월성'의 개념을 통해서 항상 이야기되어왔다. … 이 기이한 되물음(Ruckfrage)의 행렬은 『기하학의 기원』에서 개관된 운동이다."

다시 한 번 우리는 후설을 자승자박으로 몰아넣는 데리다를 발견한다.

일련의 정교한 텍스트 해독에서 그는 역사에 선행하면서 초월적인 선험적 주관에서 객관적 본질의 이상−예를 들면 기하학과 수학과 같은−을 정초하려고 하는 후설의 시도가 기본적으로 얼마나 어리석은가 하는 것을 보여주려고 했다. 후설 자신도 기하학의 '보편적' 본질과 같은 초시간적·초역사적 법칙은 역사적 반복(Wieder-holung)을 통해서 확보된다는 것을 인정하지 않을 수 없었다. 왜냐하면 그는 다음과 같은 점을 인정했기 때문이다. 즉 기하학의 보편적 법칙이 확보되는 것은 언어라는 매개를 통해서−더 정확히 종이에 의미화하는 기하학자의 의도를 씀으로써−가 능하다는 것이다. 그리고 기하학이 본질법칙으로서의 영원한 지위를 차지하려고 한다면, 역사적 어떤 시점에 살고 있어서 그 역사의 제약을 받고 있는 의미화하는 의식을 넘어서고 있다는 것을 가정해야 한다는 것이다. 기하학의 의미작용을 고정시킴으로써, 글은 역사를 통해서 기하학이 계속해서 되풀이될 수 있도록 해준다. 의미작용이 똑같이 그리고 그것이 어떤 의미에서 역사를 초월한다고 할 수 있는 것은 시간·공간상으로 차이가 나는 다른 역사적인 이러한 의미작용이 반복될 수 있기 때문이다. 환언하면 기하학의 본질은 그 법칙의 원래 본질을 다시 생각했던 다른 기하학적 사상가들−예를 들면 유클리트, 코페르니쿠스, 뉴턴, 후설 등−에 대한 다양한 재해독과 재각인에 의존한다. 그러나 이러한 기하학의 역사 자체가 본질의 표상을 다시 표상한 것의 역사이기에, 그것을 원래적 현전으로 다시 환원할 수 없다. 초시간적 기원의 이념은 그 자체 시간적 반복의 산물에 지나지 않는다. 이것은 항상 과거를 발판으로 삼아 미래로 다시 투기하는 역사적 생활세계에 의존한다.

데리다는 따라서 다음과 같이 결론내린다. 즉 후설에 있어서 기하학의 기원은 다양한 역사적 의식이, 직관을 통해 온전히 그 현전을 실현함이 없이, 지향하는 개방된 목표로 남는다. 기하학의 본질은 기원(origin)에서는 전혀 발견되지 않고, 무한히 연기된 목표를 향한 의미화하는 투기를 역사적으로 반복하는 데에서 발견되고 만다. 따라서 절대 무전제의 기원을 향한 후설의 탐구는 그 자체 해소되고 있다. 바로 이 기원의 의미 자체가 그 자신의 미래를 전제하고 있다고 하는 것이 보인다. 현전은 그 자신의 자기연기에로 해소되고 있다.

『글쓰기와 차이』 그리고 『철학의 여백』이라는 제하의 일련의 비판적 에세이에서, 데리다는 형이상학을 극복하려고 하는 하이데거의 투기를, 의미의 절대적 기원을 발견하려고 했던 후설의 실패를 극복하기 위한 정당한 시도로 해석한다. 여기서 데리다는 존재를 말소하(sous rature)에 두려고 하는 하이데거의 실천, 특히 『아낙시만더의 격률』과 같은 후기 저작에 주목한다. 데리다는 존재의 물음이 하이데거에 있어서 어떻게 그 자체 자기말소 이외에 다른 것일 수 없는, 현전에 대한 개념화할 수 없는 탐구가 되었는가 하는 점을 말한다. 글을 쓸 때마다 존재라는 말에 'X'자를 가하는 후기 하이데거의 전략은, 개념적 언어가 현전을 지시할 수 있는 유일한 수단은 이렇게 자기 말소화하는 텍스트 기호뿐이라고 하는 것을 확신할 수 있도록 해주었다. 이러한 하이데거에게서 단서를 얻으면서 데리다는 존재의 역사를 다음과 같은 것으로 읽는다. 계속해서 소급되는 텍스트 흔적이 결코 기원이나 목표에 머무를 수 없는 이중 양피지(palimp-sest: 쓰여 있던 글자를 물로 지우고 그 위에 다시 쓴 양피지로, 그 전에 썼던 글자의 흔적이 여전히 남아 있는 양피지—역자 주)로. 데리다는 이런 형이상학의 개념을 '백색 신화'에 대응하는 은유로 확장시킨다. 그는 형이상학은 백색 신화라고 주장한다. 왜냐하면 그것은 그 자신의 신화적 유래를 잊어버리기 때문이다. 즉 그것은 자신의 개념을 낳는 은유화하는 구상을 막아버리기 때문이다. 형이상학은 존재에 대한 직접적인 직관을 할 수 있는 순수하고 판명한 관념을 제시하기 위해서 이렇게 해왔다. 데리다는 다음과 같은 하이데거의 통찰에 동의해왔다. 즉 서구 형이상학을 기초하는 개념들—Theoria(관조), Eidos(형상), Logos(로고스) 등—은 그 자체 은유이다. 심지어 은유의 개념 자체마저 은유이다('meta-phora'라는 말은 무엇을 그 뒤에 싣고 있음을 의미한다). 그러므로 데리다는 은유를 한계지우거나 고정시키는 '로고스중심적' 원칙은 없다고 고백한다. 그것은 절대적으로 통제될 수 없는, 즉 자유로운 구상작용이다.

하이데거가 형이상학과 은유성을 동일시한 것으로부터 데리다는 "언어는 자기 자신 안에 자기비판의 필연성을 지니고 있다"(『글쓰기와 차연』)는 것을 배운다. 데리다는 억압된 텍스트의 구상작용을 찾아 밝혀내면서, 즉 그 억압된 의미의 질서를 해방시키고 텍스트가 그 자신의 개념 체계를 위반하고 있으며 그리고 또 '언어적 무의식'이 작용하는 이러한 갭(gap)을 밝혀내면서 언어의 자기비판으로 눈을 돌린다. 형이상학적인 언어는 데리다의 탐색작업에 있어서 가장 의심스러운 것이 된다. 왜냐하면 형이상학적인 언어는 그 자신의 구상적 은유를 문자적인 의미로만 받아들이기 때문이다(따라서 그 능기하는 기능을 부재를 통한 현전의 '지시'로서 억압하면서).

하이데거가 이미 존재의 개념을 그것에 앞서는 시간화하는 의미작용으로 제시함으로써 형이상학을 해체하기를 시도하였다. 그는 이것을 존재의 물음이 이 물음에 대한 선이해로 거슬러 올라가는 해석학적 순환이라고 불렀다. '존재'라는 낱말에 'X'자를 표시하여 말소와 지시의 모순관계로 있음을 시사하면서 하이데거는 형이상학을 극복하기 위한 형이상학의 언어를 사용한다. 최소한 이 점에 있어서 데리다는 하이데거를 계승했다. 그리고 우리는 데리다가 "형이상학적인 유산을 해체하기 위해 필요한 자원을 그 유산으로부터 빌려와야 한다"(『글쓰기와 차연』)고 하는 말에 동의하는 것을 발견한다. 이런 전략을 통해서, 하이데거적인 해체는 '존재'를 단지 부재에서 그리고 부재를 통해서만 현전을 지시하는 흔적으로 드러낸다. 이런 과정을 데리다는 보충성(supplementarity)이라고 부른다. 즉 흔적으로서의 존재는 정확히 부재를 덧붙여주면서 그것을 대신한다는 의미에서 부재를 보충한다. 데리다는 "막연한 보충성의 과정에는 그 자체에 이미 현전이 스며들어 있고, 반복의 공간과 그리고 또 (시간에 대한) 자아의 분열이 각인되어 있다"(『문자학에 관하여』)고 말한다. '존재'를 말소하(under erasure)에 둔다는 것은 그것을 그 자신의 부재의 또는 혹은 보충으로서, 즉 결코 현전으로 회복될 수 없는 무한한 차연으로서 드러내는 것이다. 다시 말하면 해체적 말소의 의심은 형이상학이 수수께끼에 대한 해답을 알고 있고, 이름지을 수 없는 차연을 이름지을 수 있다고 하는 가정이 잘못되어 있다는 것을 지적한다. 「차연」이라는 에세이에서 하이데거의 독본에 대한 데리다의 해체적 결론은 이 점에서 시사하는 바가 크다.

존재 자체보다도 '더 오래된' 우리의 언어는 그런 차연에 대한 어떤 이름도 가지고 있지 않다. 그러나 우리는 다음과 같은 것을 '이미 알고' 있다. 즉 그것을 이름지을 수 없다고 하는 것은, 단지 잠정적으로 그렇게 할 수밖에 없다는 것만은 아니다. 그것은 우리의 언어가 이 이름을 발견할 수 없거나 가질 수 없기 때문도 아니고, 유한한 우리의 언어체계 외부의 다른 언어에서 그것을 찾아야 하기 때문도 아니다. 그 이유는 이것에 대한 이름이 없기 때문이다. 심지어 존재의 본질도 이름이 없다. 그리고 차연이라는 말 자체마저도 이름도, 순수 유명론적인 통일체도, 그리고 계속적인 서로 다른 대체의 고리에서 끊어지는 것도 아니다. … 존재에 대한 그 특유의 고유한 이름은 없다. 그것은 향수 없이 생각되어야 한다. 즉 그것은 잃어버린 사유의 조국에 속하는 순수 모국어의 신화 밖에서 상상되어야 한다. 반대로 우리는 … 웃으면서 그리고 춤추면서 그것을 긍정해야 한다(「차연」, 『말하기와 현상』).

제2부

비판이론

게오르그 루카치
Georg Lukács

　루카치는 일반적으로 금세기의 가장 중요한 문화이론가이자 맑스 이래 유럽에서 출현한 가장 독창적인 맑스주의 사상가 중의 한 사람으로 인정받고 있다. 그의 지적 형성과정은 '동유럽'뿐만 아니라 '서유럽'의 사상운동에서도 영향을 받았다는 점에서 특이하다. 그는 장 폴 사르트르, 토마스 만 그리고 게오르게 슈타이너와 같은 이데올로기적으로 다양한 저자들로부터 최고의 비판적 찬사를 받았다.

　루카치는 유태인 귀족 출신으로, 후에 오스트리아-헝가리 제국의 강력한 문화적 중심이 된 부다페스트에서 1885년에 태어났다. 그는 1906년 부다페스트 대학에서 철학으로 박사학위를 취득했다. 그의 첫 저작인『현대 드라마 발전사』와『영혼과 형식』은 다소 낭만적이며 신비적인 색채를 띤 철학적 미학으로서 모국어인 헝가리어로 씌어져 1911년에 출판되었다. 청년 시절 루카치는 독일을 여행했으며, 베를린과 하이델베르크 대학에서 연구를 했다. 이 시기 이후 그의 모든 철학적 저작은 독일어로 씌어졌다. 더구나 루카치가 이 시기에 유행하던 신칸트주의, 특히 하인리히 리케르트의 비판철학과 딜타이의 삶의 철학(Lebens-philosophie)의 영향을 받게 된 것도 독일 학문서클에 속했던 바로 그때였다. 신칸트주의의 하이델베르크 학파로부터 루카치는 기본적인 진리의 문제는 자연과학의 경험적 실증주의로 환원될 수 없는 도덕적·미학적 직관에 속한다는 것을 배웠다. 이러한 '관념론'적인 원리에 영향을 받은 루카치는 당연하게도 딜타이의 정신과학(eisteswissenschaft)과 자연과학(Naturwissenschaft)의 구분에 찬동한다.

1910~20년 사이에 루카치는 역시 그 당시 독일 대학에서 상당한 위세를 떨치고 있었던 신헤겔적·후설적 현상학과 같은 '직관주의' 철학을 접하게 된다. 이 두 철학은 인간이해의 법칙은 궁극적으로-실증과학에서 행해지는 것인-인과적 설명을 넘어서는 것으로서, 그것보다 좀더 생생한 '감정이입적' 직관이라는 정신적인 행위를 요구한다는 딜타이의 신념을 확인해주고 있었다. 이러한 모든 '관념론'적 철학은 적어도 루카치에게 인간정신사(Geistesgeschchte)는 자연적 또는 비역사적 '사실들'에 관한 일반적인 방법론으로써 완전히 설명될 수 없다는 하나의 지속적인 교훈을 주었다.

전기 루카치 사상에서 첫 번째 주목할 만한 변화는, 그가 신칸트주의의 '주관적 관념론'이라고 부른 것으로부터 헤겔 현상학의 '객관적 관념론'으로 이동한 것이다. 이 후자의 입장은 실재에 대한 우리의 객관적 지식은 정신에 의해서 교대로 지배되어온 의식의 변증법적 행위에 의해서 구성된다는 것을 말한다. 그가 처음으로 국제적인 명성을 얻게 된 계기로 작용한 문예이론에 관한 저작, 즉 『소설의 이론』이 나온 배경에는 바로 이러한 최초의 전이가 있었다. 이 책은 부르주아 자유주의의 타락에 대한 정확한 비판을 포함하고 있는 것으로서, 그 안에 이미 다음과 같은 1920년대의 루카치 사상의 두 번째 주요 이동을 예상해주고 있는 것이었다. 즉 좌익 '실재론'적 헤겔주의와 인도주의적 맑스주의의 독창적 종합-그의 기념비적인 『역사와 계급의식』에 의해서 가장 잘 대표되는 철학적 종합이다. 맑스주의적 예술·문화이론에 관한 그의 다음이자 마지막 공헌은 『역사적 소설』에서 『현대 실재론의 의미』에 이르는 일련의 근본적인 혁신적 저작으로 나타났다.

그런데 루카치의 지적 경력은 초기의 구체적인 정치적 경험에 의해서도 알려지게 된다. 그는 '숙고'와 '사고'는 그 자체만으로서는 충분하지 않다는 생각을 계속해서 하고 있었다. 즉 정신적인 해방에는 반드시 이에 상응하는 사회적 압박조건으로부터의 물질적 해방이 수반되어야 한다는 입장을 견지하고 있었다. 1차대전을 낳은 유럽사회의 위기에 상응하는 서구 부르주아 인텔리겐챠의 실패에 깊은 자극을 받은 루카치는 1917년의 러시아혁명이야말로 새시대의 출발 가능성을 제공해주는 것이라고 생각했다. 그는 1917년에 헝가리 공산당에 가입해서, 1919년에는 벨라 쿤(Bela Kun)의 헝가리 소비에트 공화국에서 교육국장직을 역임했다. 이 사회주의 정부의 급격한 몰락 후에 루카치는 오스트리아, 독일, 그리고 후에 소련으로 망명하지 않을 수 없었다. 1930년부터 1944년까지 그는 모스크바에 있는 맑스-엥겔스 연구소에서 연구했으며, 이때 그의 사유로 인해서 정통 스탈린주의 당과의 마찰을 피할 수 없었음에도 불구하고 공산주의 이데올로기 해석자로서 남아 있었다. 루카치는 부다페스트로 돌아와서 문화부장관을 지내면서 1956~57년의 짧았던 혁명에 대한 정신적인 지지를 보냈다. 이러한 연루로 해서 그는 부다페스트 대학에서 그의 자리를 박탈당하고, 공산당으로부터 추방당한다. 한동안 루마니아에 추방되어 있다가, 루카치는 부다페스트로 돌아와서 1971년에 운명을 달리했다.

1

　루카치가 『역사와 계급의식』이라는 일반적 표제하에 모아놓았던 헤겔적 맑스주의에 관한 유명한 연구를 완수한 것은 1920년대 초반인 비엔나 망명기였다. 러시아혁명과 벨라 쿤의 헝가리 폭동에 대한 경험에서 루카치는 포이에르바하에 관한 11테제에서 발표된 맑스주의의 중심원칙은, 인간은, 관념론적 철학자들이 믿는 것처럼, 역사의 단순한 '해석자'일 뿐만 아니라 '창조자'라는 것을 확신하게 되었다. 따라서 루카치는 자신의 정치이론에 관한 저작에서 인간으로 하여금 단순히 수동적 또는 조작된 희생만을 감수하도록 하는 것이 아니라, 그 자신의 역사를 창조하도록 해주는 주도적인 법칙과 힘을 정립할 것을 추구한다. 여기서 루카치는 계급의식과 계급투쟁은 살아 있는 역사변혁의 힘이라는 것과 그런 변혁의 전유적 대행자가 프롤레타리아트라는 맑스의 신념을 지지한다. 루카치적 접근의 독창성은 자연과학처럼 실증주의의 체계로 될 위험에 처해 있는 맑스주의 이론에 좌익 헤겔적 변증법의 주사를 투입한 것에 있었다.

루카치는 맑스에 대한 실증주의적 해독을 시도하는 엥겔스의 『반듀링론』을 비판했다. 그리고 후에는 스탈린과 즈다노프에 의해서 주창된, 루카치가 '공식적 맑스주의'라고 부른, 결정주의적 정통주의에 확고한 반대의 입장에 서게 된다. 그는 맑스주의에 대한 이러한 환원주의적 해석은 인간의식의 창조적 역할과 결정을 무시함으로써 이론과 실천 사이의 역동적 관계에 대한 맑스의 독창적인 통찰을 전락시켰다고 믿었다. 루카치는 이러한 전락을 맑스주의 내부의 '제2위기'라고 표현함으로써 외부에 있는 자본주의의 제1위기에 비유했다. 그가 죽기 1년 전인 1970년에 출판된 「쌍둥이 위기」라는 제하의 인터뷰에서, 루카치는 1920년대 이래로 자신의 전 저작을 '맑스주의 부활을 위한 투쟁'으로 묘사했다. 이러한 투쟁은 '비민주적인 스탈린주의체계로부터 사회주의 민주주의로의 이행'을 목표로 하였다. 그리고 또 맑스를 '직업적인 경제주의자'로 환원하는 정통 '경제주의'에 대한 거부에 토대를 두고 '맑스주의 이론의 재생'을 꾀했다. 인간의지와 그 중재의 창조적 역할을 강조하는 레닌과 로자 룩셈부르크를 환기하면서, 루카치는 레닌의 『무엇을 할 것인가?』에서 제시된 '혁명이론' 없이는 혁명은 없다는 입장을 지지한다. 참으로 루카치는 맑스주의 이론의 재생 없이는 혁명 후의 동구 사회주의국가의 문제뿐만 아니라, 서구의 선진 산업국가에서의 현대 자본주의 문제도 풀리지 않는다고 주장했다. 루카치는 다음과 같이 쓴다. "이론의 충분한 재생 없이는 어떠한 실천도 있을 수 없다"(「쌍둥이 위기」, 『맑스주의와 인간해방』). 이렇게 해서 그는 지성적 '신좌익'운동에 하나의 주춧돌을 놓았다.

루카치는 이 위대한 재생은 계급투쟁이라는 역사적 실재에 대한 (최후의 위대한 부르주아 사상가인) 헤겔과 (최초의 위대한 탈부르주아 사상가인) 맑스의 변증법적 통찰 사이의 연합을 형성함으로써 가능하다고 주장한다. 루카치는 역동적으로 전개되는 헤겔의 세계정신(World-Sprit)을 인간의 사회 경제적 조건이라는 객관적 법칙과 의식·자유의 주관적 계기를 통합시킨 맑스주의 역사 변혁의 변증법으로 변형시키려고 하였다. 이렇게 재생된 역사적 실재에 대한 이해에 고무된 프롤레타리아의 혁명적 계급의식은 주관성과 객관성, 정신과 물질, 그리고 이론과 실천이라는 저 낡아빠진 대립을 지향한다.

루카치는 세기의 전환기에 동구와 서구 모두에서 지배적인 사유를 형성하고 있는 실증주의로부터 변증법적 유물론을 구제해내기 위해서 『역사와 계급의식』을 썼다. 이것은 좌파 비평가인 골드만으로부터 "맑스주의 사상의 발전에서 획기적인 중요한 사건"이라는 찬사를 들었다. 이 저서에서 루카치는 다음과 같이 주장한다. 의미는 (칸트의 선험적 관념론이 주장하는 것처럼) 단순히 실재의 객관세계에 대하여, 그리고 그것에 대립해 있는 인간 주관에 의해서 창조되는 어떤 것도, 그리고 익명적인 자연적 인과법칙에 의해서 결정되는 것도 아니다. 그것은 '역사'로서 이 세계내에 자리하고 있는 인간적 실천과 의식의 '가능성'이다. 루카치는 역사라는 것은 인간의 이해와 구체적 실천의 세계가 결합되어 성립하는 것으로 변증법적이라는 사실을 발견해 낸 데에 맑스의 가장 큰 공로가 있다고 주장한다. 현상학자들과 결별하면서 루카치는 인간이 수행하는 모든 것은 '역사적'이라고 선언한다. 그리고 인간은 단지 고립된 '본래적' 개인으로서가 아니라 역사적 해방의 '객관적 가능성'을 위한 그들의 노력이 보편계급, 즉 프롤레타리아트의 사회의식으로부터 파생된 '집단적 주체'로서 행동한다. 루카치는 여기서 다음과 같은 맑스의 프롤레타리아트에 대한 정의를 발전시킨다.

모든 계급을 철폐하고 … 그의 고통이 보편적이기 때문에 보편적 성질을 지니며 … 인간성의 완전한 해방을 통해서만 구원될 수 있는 계급이다(『헤겔 법철학비판 서문』).

맑스주의를 경험적으로 결정된 사실들의 교조적 체계로 환원하는 사람들을 논박하면서, 루카치는 『역사와 계급의식』에서 이론이 실천을 위한 '실질적 힘'이 되도록 해주는 '변증법적 방법'으로 맑스주의를 재정립한다. 그는 변증법적 유물론의 본질적인 목표는 "이론을 혁명의 수레로 전환하는 것"이라고 주장한다. 그러나 이것은 피할 수 없는 어떤 역사진보의 법칙에 대한 맹목적·비이성적 묵수로 오해되어서는 안 된다. 만일 이론적 의식이 실천으로 전환되기를 요구한다면, 그 역(逆) 역시 요구된다. 루게에게 보낸 편지에서 루카치는 이것이 바로 맑스의 수수께끼와 같은 진술—"실재는 사상을 지향해야 한다." 그리고 "그 사상은 현실에서 그것을 소유하기 위한 의식적인 노력을 통해서 꿈의 형식으로 오랫동안 간직된 후에 실현될 것이다"—의 의미라고 주장한다. 그러므로 루카치는 이론과 실천이 마침내 화합하는 유일한 시기는 의식이 ('주관적 가능성'으로서) 자기 자신을 ('객관적 가능성'인) 실재에서 발견할 때라고 주장한다.

결론적으로 만일 헤겔적인 변증법이 그것이 지니고 있는 의식의 자율적인 힘에 대한 관념론적인 성격 때문에 무너져야 한다면, 엥겔스의 '과학적' 변증법 역시 주관의 역할을 유보하고 역사적 과정의 변증법적 상대자로서 주관과 객관의 상호작용을 무시하며 딱딱한 인과율을 지지하고 있다는 이유로 폐기되어야 한다. 달리 말해서 형이상학적 관념론이 이론의 변혁하는 힘을 순수 주관적 의식으로 정의함으로써 '실재를 변화시킴'에 실패하였다고 한다면, 실증주의적 맑스주의는 인간의 주도성(initiative), 중재(intervention)를 무시하고 자신의 결정론에 따라 전개됨을 가정함으로써 '변화시키는 실재'에 대한 열쇠를 제공하는 데에 실패했다. 이 두 경우에 모두 이론과 실천이 근본적으로 분리되어 있다는 점에서 변증법적 방법은 배반당하고 있다.

루카치에 따르면, 이른바 역사의 '사실들'은 결코 단순히 과학적 관찰과 계산을 위한 '순수자료'일 수만은 없다. 거기에는 이미 항상 인간 의식과 노동이 개입되어 있다. 즉 실재와 인간관계의 '총체성'—'역사적 변증법' 자체 이외에 다른 어떤 것도 아닌 총체성—의 관점에서 '해석되어' 있다. 변증법적 '총체성'의 개념은 맑스주의 논쟁에서 루카치가 기여한 가장 중요한 공헌 중의 하나이다. 루카치는 다음과 같이 쓴다.

　　우둔한 경험주의자들은 경제적 생활, 모든 통계, 그리고 온갖 사건들로부터 나온 모든 자료들이 (그 자체로) 이미 중요한 사실을 구성한다고 믿는다. 이렇게 하면서 그들은 아무리 단순한 '사실들'을 알리는 것일지라도, 그리고 거기에 대해 아무리 주석을 달지 않는다고 할지라도, 그것은 이미 '해석'을 함의하고 있다는 것을 망각한다(『역사와 계급의식』).

한편으로는 '객관적' 과학의 고립된 사실들 사이를, 다른 한편에서는 '주관적' 의식의 심상과 관념을 날카롭게 구획지음으로써 관념론자들과 실증주의자들은 똑같이 실재세계가 지니고 있는 역동적 변혁성을 파악하는 데에 실패하고 있다. 따라서 우리는 한 예로 자본주의 체계의 '사실들을' 숙명론적으로 '(당연하게) 주어져 있는 것'으로 간주하는 것을 발견하게 된다. 그리고 이런 식으로 실재는 역사적 변혁 또는 혁명을 위한 인간적 잠재성으로서의 지위를 박탈당하고 만다. 루카치는 다음과 같이 반격한다.

> 모든 이러한 고립된 그리고 고립화하는 사실과 부분적 체계에 맞서서 변증법은 전체의 구체적 통일성을 주장한다(『역사와 계급의식』).

왜냐하면 "사실들(facts)에 관한 지식이 실재(reality)에 관한 지식이 되는 것"은 우리 세계의 자율적인 사실들을 상호관련된 사회 역사적 측면으로 인식함으로써, 그들을 변증법적 총체성에서 통합하는 변증법적 맥락에서만 가능하기 때문이다. 루카치에게 실재는 정확히 다양한 요소들의 종합(synthesis)이기 때문에 변증법적이다. 그는 여기서 "모든 사회의 생산관계가 전체를 형성한다"고 하는 맑스의 언명에 호소한다. 그의 주장에 따르면 맑스의 변증법적 유물론은, 물질적 실재가 정태적인 익명적 대상이 아니라, 역동적인 인간의 행동이라는 것을 확인하는 모든 이전의 유물론의 형식에서 출발한다. 그리고 마찬가지 방식으로, 루카치는 이러한 변증법적 유물론을 많은 맑스 후계자들에 의해서 실행되고 있는 '속류적 맑스주의(vulgar Marxism)'와 엄격하게 구분한다.

2

변증법적 과정이 진행되어나가는 데에 중요한 장애물들 중의 하나는 루카치가 '물화(物化: reification)'라고 부른 것이다. 이것은 인간을 '사물(things:res)'의 상태로 고착시키는 것을 말한다. '물화'라는 용어를 루카치

자신이 최초로 사용했음에도 불구하고, 그는 이것의 의미는 궁극적으로
『자본론』 제1권 서장의 '상품물신주의(commodity fetishism)'에 대한 맑
스의 개관에서 나왔다고 주장한다. 맑스는 인간의 창조적 노동이 '착취되
고' 생산에 의해서 소외되는 상품에 대한 물신화를 비판적으로 분석한다.
이러한 소외는 인간의 생산이 인간적 노동 '가치'라고 하는 근원에서부터
인위적으로 박탈당하고, 반주술적인 '장사'-그것에서 유일하게 인정되는
가치가 교환가치인 상품-로서 착취적 고용자에 의해서 시장에 제공되는
한 발생한다. 상품은 그러므로 물신화되었다, 즉 반주술적 성격을 띤다.
왜냐하면 상품은 교환의 영역에서만 관계를 형성하기 때문이다. 그리고
마찬가지 방식으로 경제적 교환법칙은 생산자와 소비자, 서로서로 그리고
가용 생산자원을 치환시킨다. 따라서 인간은 상품의 생산자이자 소비자로
서 경제법칙 앞에서 수동적으로 된다.

상품의 물신화는 진정한 인간가치를 상상적 돈의 가치로 환산하는 데
에 비례해서 일어난다. 청년 맑스가 『파리 수고』에서 '돈'에 관해서 쓸
때에, 우리는 여기서 사물과의 참된 관계가 전도되는 현상을 보게 된다.
왜냐하면 돈은 '불가능을 가능'으로 만들어주게 하는 주술적·신비적 연금
술로 작용하기 때문이다(예를 들면 돈을 통해서 무지한 사람은 자신에게
지혜를, 추한 사람은 아름다운 아내 등을 구입할 수 있다). 물신화는 인간
노동의 진정한 가치를 상상적 상품가치로 유사하게 전도시킨다. 이런 식
으로 인간은 그들의 노동생산물로부터 소외되고, 이제는 그들 자신이 상
품으로 나타난다-마치 그들은 어디에서도 유래하지 않고 그저 하늘에서
시장으로 떨어진 것같이.

루카치는 '물신주의'에 대한 맑스의 맹아적 개관을 발전시켰다. 그는
물신주의를 인간적 노동의 '질'이 단지 수(數)로 환산된 '양'으로 다루어
지는 자본주의 경제하에서 일반화된 의식의 운명에 대한 범주로 본다. 루
카치는 '물화'라는 용어를 간접적으로는 시장상품에 대한 물신화를 가리
키는 말로 사용한다. 그리고 직접적으로는 추상적인, 고립적인, 응고된,
그리고 몰인간화된 어떤 것으로 되는 인간의식의 소외를 가리키는 것으
로, 그 자신의 소외된 노동에 대한 수동적 방관, 그의 생산성이 착취되는
것을 사회관계의 총체성과 일치시키는 것으로 보는 것이다. 상품이 물신

화될 때 의식은 물화된다. 따라서 자본주의는 사회적 관계의 총체성에서
변증법적 상호작용을 거부하기 위하여 상품과 의식을 고립시키고자 한다.
만일 이러한 상호작용이 폭로된다면 자본주의 체제에 만연한 착취와 소
외 역시 노출될 것이다. 물신주의와 물화는 같은 자본주의라는 동전의 양
면이다(물신주의가 사물을 인간의식의 조건으로 거짓되게 승화시키는 데
에 강조점을 두고 있다고 한다면, 물화는 인간의식을 사물상태로 허위적
으로 환원하는 데에 초점을 두고 있다). 그리고 루카치는 이러한 상호작
용적 물신화의 과정이 선진 산업사회에서의 점증하는 수량화, 전문화, 그
리고 노동분업에서 더욱더 증가하고 있음을 지적한다.

　『역사와 계급의식』에서 루카치는 '실재(real)의식'(그는 이것을 실천적
인 특수한 계급의 한계 내에 있는 개인 또는 집단의 자기=인식으로 정의
한다)과 '가능(possible)의식'(이것을 루카치는 역사적 실현의 객관적 가능
성에 대한 계급의 집단적 의식을 가리키는 말로 사용한다)의 변증법을 제
시한다. 실재의식과 가능의식은 프롤레타리아트의 실천에서 합체됨으로
써, '사회적 총체성'이라는 변증법적 의식을 향해서 이데올로기적인 허위
의식을 넘어선다. 루카치는 여기서 사회적 과정으로서 계급들 사이의 현
존하는 관계라고 하는 '상대적 총체성'에서부터, 이러한 상대적 총체성
자체와 실재 일반의 본성 사이의 관계라고 하는 좀더 넓은 '역사적 총체
성'으로 이행하는 일련의 발전적 총체성의 단계를 제시한다. 루카치의 총
체성의 범주는 그러므로 균질의 전체적 체계가 아니라, 역사에서 끊임없
이 세계 사회주의를 목표로 나아가는 구축과 탈구축의 역동적인 변증법
으로서 제시되었다.

　당연히 루카치는 소련 스탈린주의 당으로부터 '수정주의자'로 비난받
게 된다. 그는 진보적인 '과학적 맑스주의'를 헤겔 좌파적 기원을 가지고
있는 인간학적인 사이비 맑스주의에 팔아넘기고 있다고 비난받는다. 즉
스탈린주의자들은 루카치가 맑스주의를 '유토피아적 행동주의'—공식적
맑스주의가 프티 부르주아적 무정부주의에 대하여 사용한 용어—에 불과
한 변증법적 관념론으로 되돌리고 있다고 생각했다. 루카치는 공산당으로
부터 이렇게 심한 비난을 받는다. 그러나 몇 번의 서투른 철회를 제외하
고는—그가 자신의 초기의 '주관주의'라고 비난한 『역사와 계급의식』서

문에서 내심으로는 꺼리면서 주장했던 것처럼—루카치는 끝까지 헤겔적 맑스주의에 머물러 있었다(프롤레타리아트가 역사에 있어서의 동일한 주관-객관을 대표한다는 자신의 초기 주장에 대한 철회는 외부적·정치적 압력에 의해서라기보다는 1930년대에 처음으로 독일에서 출판된 맑스의 『파리 수고』에 대한 해독에 더욱더 영향받았다는 것이 사실이라고 할지라도). 1948년에야 출판된 그의 성숙된 헤겔에 관한 연구서는 헤겔과 맑스 사이의 직접적인 연속성을 주장함으로써 즈다노프에 의해서 처음으로 제시된 일반적인 정통주의에 대하여 확고한 반대의 입장을 표명했다.

전체 맑스주의 논쟁에서 루카치의 가장 독창적인 공헌은, 그리고 그것을 통해서 이데올로기적인 분열을 보이고 있는 양측으로부터 그가 가장 큰 적으로 간주된 것은 아마도 변증법적 방법론의 철학적 진리는 관념론과 유물론의 해묵은 대립을 지향한다고 하는 그의 주장 때문일 것이다. (그들 자신의 노동의 생산물과 지적 창조물의 주인이 되는 혁명적 프롤레타리아트에 의해서 전수되는) 최고의 역사적 의식의 형태는 모든 편협하고 절대적인 적대관계를 넘어선다고 루카치는 믿는다. 달리 말하면, 맑스주의는 전통적인 역사적 소외의 형식을 지향할 수 없다. 그리고 또 루카치가 '역사의 구체적 총체성'이라고 부른 것으로 표현되는 '변증법적 종합'의 지위도 주장할 수 없다. 이러한 변증법적 종합의 이름으로 루카치는 소련 실증주의자들의 기계론적 유물론과 서구 실존주의와 모더니즘과 같은 퇴락한 부르주아지들의 관념론을 신랄하게 비난한다.

3

지성가로서 루카치가 최초로 명성을 얻게 된 계기는 『역사와 계급의식』의 출판을 통해서라고 할 수 있다. 그러나 오늘날 그는 문학과 문화에 관한 저작으로 더 유명하다는 점에 대해서는 이론의 여지가 없다. 이 점은 특히 최근에 미학가로서 그의 명성이 알려지게 된 서구의 경우에 더욱더 그러하다.

루카치 초기의 낭만적 관념론적 저작은—가장 유명한 것은 『영혼과 형식』이다 — 예술(의미로서)과 삶(무의미로서) 사이에는 뿌리 깊은 분절이 존재한다는 믿음을 표현했다. 그러나 이러한 태도는 그가 맑스주의로 전향한 이래로 근본적으로 수정되었다. 1920년에 출판된 미학에 관한 그의 맑스주의적 저작에서 루카치는 예술의 역할은 역사적 행동이 가지고 있는 고유한 패턴과 가능성을 반영하는 것으로서 본질적으로 '사실주의'라고 주장한다. 성숙한 루카치의 주장에 따르면 예술과 삶에 공통적인 것은 우리의 사회적 경험의 사건을 연속적 '이야기'로 전환하여 드러내는 것이다. 예술은 이제 인간이 어떤 소설을 말할 수 있다는 것을 강력하게 회상하게 해주는 것으로 작용함으로써, 전체적 역사의 과정에서 그 자신의 창조적인 역할을 해석한다. 루카치의 변증법적 문학론은 설화의 형식이 현존하는 사회구조를 반영할 뿐만 아니라, 다른 대안적인 구조를 향해서 투기한다고 주장하고 다음과 같이 덧붙인다. 즉 문학형식의 근원적인 목표는 첫째, 우리의 사회적 실천 의식과 둘째, 이런 실천을 추동하는 인간과 자연 사이를 설화적으로 통합하기 위하여 목적론적·혁명적 투기의 식을 고양하는 것이다.

루카치는 예술작품은 그것의 진보적인 '매개'의 힘에 의해서 종교와 과학을 넘어선다고 믿는다. 즉 그것은 주관과 객관, 인간과 자연, 의식과 실재, 그리고 개인과 사회라고 하는 전통적 분리를 가능한 종합하는 것을 비춰주고 예시할 수 있는 능력을 가지고 있다. 예를 들면 의식과 실재 사이의 변증법적 동일성의 이념을 얻기 위한 그의 노력은 예술을 '모방(mimesis)'으로 정의한 아리스토텔레스의 견해를 수정한 것이라고 할 수 있다. 『시학』에서 아리스토텔레스는 예술을 '행위의 모방'으로 정의했다. 이것은 역사의 우연적 개별자를 '보편적' 차원으로 논의하고 재묘사하려고 하는 일종의 표현양식을 의미한다. 루카치는 이러한 양식을 창조자의 주관적 의식과 객관적 실재를 화합시키려고 하는 변증법적 '실천'으로서 재해석한다. 그는 사실주의적 모방의 양식을 변증한다. '사실주의적 변증법'의 결과를 드러내는 것은 그의 『소설의 이론』, 『유럽 사실주의에 관한 연구』 그리고 『현대 사실주의의 의미』에 잘 나타나 있다.

『소설의 이론』에서 루카치는 예술작품과 사회 — 또는 이것을 루카치는 '본질'과 '삶'이라고 부른다 — 사이의 '모방적' 관계가 고대 그리스의 미학적 형식에서 발생해서, 그 이후 변증법적인 발전을 거듭해온 궤적을 추적한다. 그는 그리스 예술을 세 가지 주요 장르로 확립한다. 첫째, '본질'이 미학적으로 표현되고, '삶'이 구체적으로 경험되는 서사적(epic) 장르는 하나의 연속적인 전체로서 고려된다. 둘째, 미학적 본질과 사회적 실존이 분리된 것으로, 그리고 심지어는 상반되는 현상으로 경험되는 비극적(tragic) 장르로서, 예를 들면 여기서는 영웅이 사회와 자연이 거부하는 몇 몇 '실현'과 '진리'에 관하여 통찰을 준다. 셋째, 현존하는 물질적 실재의 무의미성과 진리에 관한 우리의 미학적·정신적 직관에 의해서 투기된 의미—후자는 불변의 이데아라고 하는 초월적 피안으로 넘어가버린다—사이의 균열이 이어질 수 없는 분리가 되어버리는 플라톤적(Platonic)인 장르이다.

루카치는 현대 '사실주의' 소설을 그리스 서사시가 맹아적이며 제한적인 방식으로 구가하였던 정신적 본질과 물질적 삶 사이의 설화적 연속성을 회복하기 위한 시도로 간주한다. 그러나 서사시와 소설적인 연속성의 꿈 사이의 본질적인 차이성은 후자에서는 본질과 삶의 통일성을 지키고자 하는 것은 신이 아니라, 인간이라는 점에 있다. 사실주의 소설은 신의 뜻과 같이 미리 예정되어 있는 어떤 것이 없는 탐구의 형식을 띤다. 말하자면 영웅은 그 자신의 의식과 욕망을 유일한 재원으로 하면서 무로부터(ex nihilo) 의미를 창출해야 한다. 그는 이제 더이상 신으로부터 이미 만들어져서 증여된 의미를 받기를 기대해서는 안 된다. 사실 설화로서 소설은 '형식적인' 창조행위이다. 그리고 그것의 '주제가 되는' 내용은 의미가 결핍되어 있는 사회에 있어서 자신의 고독한 단편적인 실존을 위해 설화적 정합성을 창출해내기를 추구하는 영웅의 탐구이다. 따라서 루카치의 주장에 따르면 위대한 사실주의 소설은, 최소한 허구에서나마 주관적 의식과 객관적 실재 사이의 분절을 화해하기를 시도한다—계급분리의 역사, 특히 소설의 장르가 발생한 자본주의 시대에 있어서 심각하게 이러한 분절이 초래되었다.

루카치는 '사실주의' 소설은 각 영웅이 새로운 '화해된' 질서의 가능성을 발견함으로써 극복하고자 하는 현실적인 사회적 소외에 대한 서술과 더불어 출발하는 것을 그 특징으로 한다고 분석한다. 소설은 따라서 통일된 경험(초기의 서사시에 의해서 가정된 경험)의 '목표'를 향해서 움직이는 열려 있는 탐구로서 펼쳐진다. 서사시가 통일성을 신에 의해서 조화로운 상태로 있는 우주의 객관적 속성으로 보는 데 반하여, 소설은 그것을 결코 완전하게 실현될 수 없는 인간의식의 주관적 투기로써 나타낸다. 그러나 소설의 남녀 주인공들은 의식과 실재를 화해시키는 데 실패하는 데에 반하여, 소설가는 부분적이나마 성공한다. 왜냐하면 소설가는 '형식적' 설화로서 실재 경험을 기록하기 때문이다. 이런 점에서 루카치는 모든 위대한 '사실주의' 소설의 '유토피아적' 성격을 강조한다. 그래서 후기 저작에서 루카치는, 소설에 있어서 그런 연습이 의식과 삶의 통일에 대한 구조적인 예견이 된다고 주장한다. 그리고 그것들은 궁극적으로 프롤레타리아트의 혁명적 실천에 의해서 실현될 수 있는 역사적 경험의 통일성을 예견한다. 말하자면 소설의 투쟁은 다가올 진정한 혁명투쟁을 위한 예비적 연습이라고 할 수 있겠다.

루카치는 세 가지 주요 범주로서 소설을 분류한다. 첫째, '추상적 이상주의(abstract idealism)'의 소설이 있다. 루카치는 세르반테스의 돈키호테를 그 예로 든다. 여기서 주인공은 여전히 준형이상학적 주술과 미신의 세계에 익숙해져 있으면서도 의미라고 하는 것은 '지금-여기'에서 발견될 수 없다고 가정하고, 객관적인 공간적 자연세계를 통해서 그림 같은 일련의 모험을 감행한다. 둘째, 우리는 '낭만적 각성(romantic dis-illusion)'의 소설을 가지고 있다. 이 범주에 드는 가장 전형적인 소설로서 우리는 플로베르의 『감정교육』을 들 수 있다. 여기서 주인공은 더이상 존재하지 않는 과거세계로 되돌아갈 것과 아직 오지 않은 미래세계로 나아갈 것을 갈망하면서 주관적 시간을 통해서 원하는 여행을 하고 자신의 해결책을 추구한다. 어쨌든 낭만적 소설은 '지금-여기'의 초월을 향해서 나아간다. 행동은 남녀 영웅의 숙고 또는 고백적 의식의 내부에서 발생한다. 마지막으로 '사회적 사실주의(social realism)'의 범주에 근접해가는 소설이 있다. 여기서 주관적 시간을 통한 탐구는 역사적 시간, 즉 인류가 함께 공유하고 있는 시간의 반영으로 제시된다. 루카치는 이것의 예로서 톨스토이, 괴테 그리고 도스토예프스키의 저작에서 보이는 것과 같이 소박한 관념론과 낭만주의의 한계를 넘어서는 개인과 보편적 가치 사이의 일종의 변증법적 사고를 든다. 루카치는 '사실주의' 소설에는 인간정신과 자연 사이의 최종적인 신-서사적 화해의 형식이 역사의 변증법적 과정을 통해서 획득될 수 있음을 시사해주는 암시가 있다고 주장한다. 또 '본질'과 '삶'의 이러한 최종적인 통일은 허구적 설화의 형식에서뿐만 아니라, 바로 사회 자체의 생산양식과 생산력을 변혁함으로써 역사적 실재에서 달성될 수 있다고 주장한다.

루카치는 『소설의 이론』에서 처음으로 사실주의 소설이 '유토피아적' 성격을 띤다는 것을 암시한다. 그러나 그가 그 암시에 대한 상세한 설명을 하는 것은 『역사적 소설』 또는 『현대 사실주의의 의미』와 같은 후기 저작에서이다. 예를 들면 도스토예프스키에 관한 유명한 에세이에서, 루카치는 '구체적 행동에 대한 심리학적·도덕적 변증법'에 대한 그의 서술(예를 들면 불안한 주인공의 폭력과 사별)을 부르주아 사회의 소외에 대한 유토피아적인 항거로서 높이 평가한다. 도스토예프스키가 서술하는 인물들의 탐구동기를 시인하면서—그들은 모두가 마치 정거장에 있는 사람과 같다—그는 다음과 같은 도스토예프스키에 대한 평가로 나아간다. 즉 도스토예프스키의 천재성은 '현대적인 도시에 살아야 하는 사회적 필연성에 의해서 야기된 현대인의 정신적인 손상'을 최초로 묘사한 것보다도, 처음부터 미래의 사회적·도덕적 그리고 심리적 발전의 동력을 인식하고 그것을 표현할 수 있었던 능력에 있다. 그러므로 루카치는, 도스토예프스키는 "자신을 서술과 분석에 제한시키지 아니하고 발생, 변증법 그리고 전망 역시 제공했다"고 결론짓는다.

후기 루카치는 그것들이 어떤 일정한 시기에 있어서 결정적인 사회적 힘과 인간실천에 의해서 사회적 환경에 불어넣어진 역동적 경향을 반영하는 정도로 '사실주의'의 플롯과 문체(style)를 특징짓는다. 사실주의 작품은 역사적 변혁에 대한 사회의 잠재성을 나타내기 위하여 우리의 소외된 세계의 우연적 현상보다도 더 깊이 파고들어간다. 그래서 발자크, 톨스토이와 같은 19세기의 대표적인 사실주의 작가들을 루카치는, 정치적 해방을 위한 우리의 창조적 능력을 각성시켜주면서 인간의식이 물화를 벗어날 수 있도록 전면적인 투기를 하는 데에 공헌한 사람으로 생각했다.

『역사적 소설』에서 루카치는 괴테의 베르더와 도스토예프스키의 라스

콜리니코프와 같은 '사실주의'적 인물을 구체적·심리학적 개인성과 인류의 집단적 의식을 '모방'하는 보편적 본질 사이의 변증법적 성찰로서 정립하는 '유형론(typology)'을 세운다. 사실주의 소설의 중요한 형식은 그것이 반영하는 실재적인 계급 이데올로기에 대한 사회적 의식의 몇몇 전형적인 방식에 대응하는 것이다—예를 들면 발자크 또는 스코트의 부르주아지, 톨스토이의 농민, 도스토예프스키의 낙담한 또는 멸시받는 죄인 등에서. 루카치는 예술의 진정한 기능은 어떤 주어진 역사적 시기의 '객관적 진리'를 반영하는 것이라고 주장한다. 그리고 문학이론가들의 과업은 '[세계관(Weltanschung)의 의미에서] 이데올로기와 예술적 창조 사이의 관계'를 명확하게 하는 것이다.

　루카치의 사실주의 개념은 동구의 '사회주의 사실주의' 모델과 서구의 '비판적 사실주의' 모델로부터 나왔다. 따라서 그것은 사진을 찍은 것과 같은 자연주의 또는 인물과 연관의 관계처럼 있는 그대로 일대일로 대응하는 비유적인 표현주의와 아무런 상관이 없다. 이러한 것들은 사실주의의 전략이다. 루카치는 졸라와 그리고 다시 조이스와 카프카와 같은 모더니즘 작가에게서 이러한 경향을 발견하고 그것을 비판한다(여기서 실재는 타락한 부르주아 의식의 반영에 지나지 않는다). 루카치에 있어서 진정한 사실주의 작품의 인물은, 그들이 특수한 역사적 변혁의 순간에 만연해 있는 사회적 변화의 이데올로기적 힘을 반영하고 있다는 점에서 특이한 성격을 담지하고 있다. 따라서 가장 좋은 예를 들면 톨스토이의 안나 카레리나는 비극적인 방식으로 일관되게 결정적인 역사적 시기에 있어서 그녀 자신의 계급이 사회적으로 가지고 있는 은폐된 모순의 방식으로 살아간다.

　사실주의를 이렇게 정의함으로써 루카치는 모더니스트들의 기호주의적 시도에 대하여 더욱더 반감을 품는다. 그는 이러한 모더니스트들의 전략을, 실제적인 역사적 지위를 차지하는 인물과 성격을 무화시키면서 그들을 형언할 수 없는 어떤 독립적인 기호로 물신화시킨다고 비난한다. 또한 그는 지드, 로렌스 또는 로이스의 작품에서 이런 기호화하려는 시도가 보이는데, 이것은 실재의 변증법적 내용을 사상시키고 그것을 허무주의적 우화로 변형함으로써 그 최종적인 결과는 절대적 주관의 유아론이 되고 만다고 주장한다. 따라서 『현대 사실주의의 의미』라는 저서의 「모더니즘의 이데올로기」라는 논쟁적인 에세이에서 우리는 루카치가 모더니즘을 무(無)에 대한 퇴락한 숙고로 범주화하는 것을 볼 수 있다. 그는 그것의 철학적 표현이 하이데거와 초기 사르트르-인간 주관의 존재론적 구성이 사회의 역사적 발전과는 상관없이 영원한 소외로 운명지어져 있다고 가정하는 사상가들-와 같은 철학자들의 실존주의적 염세주의에 놓여 있다고 한다. 이러한 실존주의적 이데올로기에서 그 단서를 취하면서, 모더니즘은 인간적 불안이 퇴락한 자본주의 단계에서 오는 증상이라고 하는 사실을 전적으로 무시한다. 이 점을 이렇게 의식하고 있든 없든 간에, 모더니즘은 그것을 읽는 독자들을 무와 절망에 대한 반동적인 숙고에 빠져들도록 이끈다.

루카치에 있어서 모더니즘 문학은 '추상적 관념론'의 형이상학적·비역사적 보편으로의 퇴행을 나타내고 있다. 지금 사회적 실재의 '삶'으로부터 의식의 '본질'을 분리시키는 간격은 극복될 수 없는 차이성이라고 하면서, 실재는 무의미한 것이 되어버린다는 것이다. 그리고 정신은 무한한 자기좌절과 같은 것이 되고 만다. 사회적으로 의미 있는 설화-즉 설화와 역사의 사회적 총체성 사이의 변증법적 일치-의 가능성을 주장하는 이러한 탐구구조는 근본적으로 무시되었다. 루카치는 베케트, 톰 볼프, 조이스 그리고 카프카와 같은 사람의 작품에서 탐구소설의 폐지와 허무주의적 반소설의 출현신호를 본다. 모더니즘적 반소설은 정태적 마비와 침묵을 향하여 침강한다. 그리고 이 과정에서 역사의 '객관적' 세계는 무화되고, 주관적 염오와 절망에 대한 숭배로 대치된다. 루카치는 다음과 같이 말한다.

외계 세계를 서술하는 데에 있어서 객관성의 결핍은 실재를 악몽으로 환원하는 데에 있어서 그 완성을 발견한다. 베케트의『몰로이』는 이러한 경우의 극단적인 예이다. …

모더니즘의 도래와 더불어 글쓰기에 남아 있는 유일한 주제는 역설적이게도, 글쓰기의 불가능성이다.

　루카치는 '인물과 사회적 환경의 상호작용'을 반영함으로써 '실재의 진실한 반영'을 목표로 하는 사실주의 문학을, 인간을 본래적으로 외롭고 비사회적이며 또 다른 인간 존재와 친교를 맺을 수 없는 존재로 제시하는 모더니즘 문학과 대비시킨다. 루카치에 따르면 이러한 모더니즘의 경향은 다음과 같은 곳에서 전형적으로 나타난다. 즉 뮤질의 '본성 없는 실존' 개념, 조이스의 무정합적인 의식의 흐름, 지드의 '행동주의,' 그리고 카프카와 베케트의 형이상학적 부조리에 대한 집착, 이 모든 것들은 소설적 객관성의 붕괴와 주관적인 내면적 추상으로 실재세계를 해소하는 것으로 요약될 수 있다.

　루카치가 모더니즘 이데올로기를 거부하는 근거는 주로 도덕성에서 유래한다. 그의 비판은 모더니즘의 에토스가 더 나은 미래를 향한 역사적 투기를 봉쇄해버린다는 신념에 바탕을 두고 있다. 루카치는 모더니즘은 인간으로 하여금 '그 자신의 고독한 상태를 탐닉하도록' 만든다고 주장한다. 모더니즘은 '신의 부재에 의해서 창조된 공(void)을 숭배'하고 광기와 기행(奇行)을 찬양한다. 이러한 문학적인 '정신병리학'의 숭배는 비정상성이 사회적으로 조건지어진 것이라는 사실을 거부한다. 그것은 문체상으로 왜곡된 '실험적' 자유놀이에서 표현된 '무자비한 반인도주의'를 찬양하는 데로 이끈다. 루카치는 다음과 같이 쓴다.

　　왜곡은 병리학에 대한 호소처럼 실재를 묘사하는 일부에서 떼어낼 수 없는 것이 되었다. 그러나 문학이 그것을 정확하게 자리매김한다면 정상의 개념을 갖는다. 즉 말하자면, 그것을 왜곡으로 본다. … 자본주의하에서 생활은, 종종 정확하게, 인간 실체의 왜곡(석화 또는 마비)으로서 제시된다. 그러나 이러한 왜곡으로부터의 탈출의 길로서 정신병리학을 제시하는 것은 그 자체가 이미 왜곡이다. 우리는 다른 어떤 형태에 대한 어떤 형태의 왜곡을 측정하는 곳으로 초대된다. 그리고 반드시 보편적 왜곡에 도달한다. 일반적인 패턴과 비교할 어떤 원칙도 없다. 그리고 그것에 의해서 프티 부르주아지와 병리학이 사회적 맥락에서 보일 수 있는 기준도 없다. 시간상으로 결코 상대화되지 않는 이러한 경향은 더욱더 절대적으로 된다. 왜곡은 인간실존의 정상적인 조건, 즉 예술과 문학에서 고유한 본래적인 것이자 기본적인 원칙이 된다(『모더니즘의 이데올로기』, 앞의 책).

루카치가 다음과 같은 것을 비난한 것에는 약간의 도덕적인 비난도 섞여 있다. 즉 상태의 인지불가능성을 무릅쓴 카프카의 전능의 정감, 또는 뮤질의 다음과 같은 말, 즉 "만일 인류가 집단적으로 꿈꾸고 있다고 한다면, 그것은 뮤스브르거(Moosbrugger: 정신적으로 살인의 경향성을 가지고 변태성욕을 억제하는 것)를 꿈꾸고 있다." 루카치가 모더니즘에서 가장 혐오한 것은 그것이 인간적 도덕성, 역사적 실재 그리고 집단적 책임성ㅡ그가 인도주의적 맑스주의의 주춧돌이 된다고 생각한 가치ㅡ을 동시에 포기한다는 점이다. 루카치는 『현재 사실주의의 의미』에서 아래의 구절로 자신의 예술이론에 있어서의 윤리적 동인을 솔직히 시인한다.

> 문학에서 (역사적) 시각의 문제를 토대지우는 것은 작품 자체의 구성에 반영된 깊은 윤리적 고정관념이다. 모든 인간적 행위는, 최소한 주제에 있어서, 그것의 고유한 의미성을 가정한다. 의미의 부재는 행동을 조롱거리로 만들고, 예술을 자연주의적 기만으로 전락시킨다. … 모더니즘은 예술을 풍부하게 한 것이 아니라 부정했다(앞의 책).

4

그러나 루카치가 모더니즘을 서구의 이데올로기적인 타락의 증후로서 비난했다고 한다면, 그는 다음과 같은 사실 역시 비판한다. 즉 특히 스탈린 시기의 '공식적 맑스주의'는 모든 서구 사유를 타락한 것으로 거부함으로써 스스로 소비에트 이외의 사상발전으로부터 완전히 고립되었다고 하는 사실을 비판한다. 루카치는 이러한 교조주의적 엄격주의의 태도는 매우 잘못되었다고 비판한다. 그리고 루카치에 따르면, '비맑스주의자' 역시 다음과 같은 것을 회상할 수 있다고 한다. 즉 맑스와 레닌이 얼마나 빨리 현대철학과 과학이론에 있어서의 최근의 발견을 뒤쫓아 갔으며, 그리고 그런 발견을 그들의 사유에 합체시켰는가 하는 것을(예를 들면 맑스는 다윈과 모르간 그리고 마우제로부터 영향을 받았다. 헤겔을 언급하지 않고). 「쌍둥이 위기」라는 제하의 1970년대의 인터뷰에서 루카치는 "우리는 맑스 '이후의' 자본주의와 공산주의 모두의 역사를 이해하기 위하여 맑스의 '진정한 방법론'으로 돌아와야 한다"고 주장한다. 그는 그런 맑스의 변증법적 분석의 방법의 이동은 타자—맑스 이전의 맑스주의자와 맑스 이후의 맑스주의자—의 발견에 개방된 정신을 가질 것을 요구한다. 루카치에 따르면, 특히 아리스토텔레스와 헤겔 철학은 맑스 '이전의' 인간 이해의 발전에 공헌을 했다. 그리고 유사하게 맑스 '이래로' 서구와 동구 사회의 근본적인 변화는 실천적 전략뿐만 아니라 비판이론 자체의 변화를 요구한다. 루카치는 다음과 같이 지적한다.

> 이것은 아직 이론적 맑스주의의 관점에서 전개되지 못했다. (1916년에 쓰인) 레닌의 제국주의에 관한 책 이래로 자본주의에 대한 어떠한 실제적 경제 분석에 대한 분석이 없다는 것이 맑스주의의 가장 큰 죄의 하나이다. 유사하게, 사회주의의 발전에 관한 어떠한 실재 역사적·경제적 분석도 없다. 따라서 내가 맑스주의자들에게 부과하는 과업은 그들이 우리가 서구적 저술에서부터 배울 수 있는 것을 비판적으로 검토해야 한다는 것이다(「쌍둥이 위기」).

루카치 자신은 스스로 부르짖은 바를 실천했다. 예를 들면 그가 헤겔 또는 벤야민과 같은 '비정통' 사상가로부터 철학적으로 빚지고 있고, 현상학, 실존주의 그리고 구조주의의 최근의 발전에 정통했다는 사실은 명확한 비판적 자유의 증거가 된다. (영어권 세계에 있는 철학적 서클과는 여전히 전적으로 동화되지 않은) 미학과 존재론에 관한 그의 최후의 저작은 틀림없이 그의 비판적 자유에 대한 더 많은 시금석을 제공해줄 것이다. 루카치는 궁극적으로, 평생에 걸쳐서 그가 정열적으로 추구했던 맑스주의 이론의 재생은, 맑스의 저작을 성스러운 불변의 도그마로서가 아니라 새로운 해석에 대해서 개방되고 또한 각각 변화하는 새로운 역사적 위기의 상황에 대처할 수 있는 변증법적 방법으로 접근할 때에만 가능하다고 믿었다.

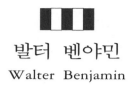

발터 벤야민
Walter Benjamin

　벤야민은 모든 '비판적' 자기정체성의 그물망을 빠져나간다. 벤야민 자신의 주변에서는 늘상 비범한 분위기('aura'란 사물과 관찰자, 예술작품과 감상자 사이에 생겨나는 느낌이나 교감을 가리킨다―역자 주)가 느껴진다. 그는 맑스주의자이자 신비주의자이며 변증법적 유물론의 옹호자이자 대중문화의 가치를 공인하는 신학에 사로잡힌 미학론자이기도 하다. 벤야민에게 대마초 같은 환상이나 신령스러운 탈무드는 투쟁적 노동자들의 유인물만큼이나 혁명에 중요한 것이다. 더이상 지상의 열매에 대한 충성이 메시아적 영원성의 주장과 병존할 수 없는 게 아니다.

　벤야민은 1892년 베를린에서 유태인으로 귀화한 가문에서 출생했다. 그는 스물한 살 되던 해, 좌익자유학생연맹의 리더이자, 베를린 시오니즘 운동의 동조자였으며 이미 유태교의 성서신학자인 게르숌 스콜름과 막역한 우정을 나누며 지적 교류를 시작하고 있었다. 후에 벤야민이 프랑크푸르트 학파와 제휴한 거나 맑스주의 사상가인 브레히트, 루카치와 계속 관계를 가졌던 사실이 맑스나 레닌 같은 열정으로 이스라엘 성서예언서들과 지속적 교류를 하는 것을 방해하지는 못했다. 『폭력 비판』에서 벤야민은 가장 일반화된 형태인 노동자의 파업이라는 합법적 폭력조차도 다섯 번째 계율에 조응해야 한다고 주장했다. 마찬가지로 벤야민의 혁신적인 저작인 『언어 그 자체와 인간의 언어에 관하여』는 창세기 1장에서 아담에게 '이름을 주는' 그 유일한 권위에 대한 촘스키나 구조주의자들의 근본적 탐색을 예견하고 있다. 따라서 1938년 벤야민이 20여 년간 『자본론』을 읽어보지도 않은 채 맑스주의자들의 혁명론에 대해 써왔고 사색한다는 것을 브레히트에게 알렸을 때 그는 당황하며 두 손을 들어버렸던 것도 놀랄 일이 아니다.

1

벤야민이 보들레르나 초현실주의자들에게 매력을 느꼈던 것은 유물론적 관습과 관념론적 관습과의 결합 때문이었다. 그는 바이마르와 히틀러 정권 치하에서 자신에게 은신처를 제공해준 초현실주의자들의 본고장인 파리를 '방황의 예술이 지닌 비밀에 입문시킬 수 있게' 해주었으므로 무척이나 동경하였다. 초현실주의 선구자의 한 사람인 보들레르는 벤야민에게 있어 탁월한 방랑자 또는 한량이었다. 그 한량의 나태함은 창조적이었고 그 한량의 무목적성이나 무계획은 미래지향적이었다. 표면적으로 드러난 보들레르의 방랑의 무목적성은 벤야민으로 하여금 무작위성과 연관성 없는 목표 간의 '교신'을 간파하게끔 하였다. 그것은 관념적 공명과 유물론적 공명을 서로 관련시키고 일상적인 것을 특수한 것으로 변형시킴으로써 가능했다. 게다가 그러한 방랑은 특정한 역사적 환경, 즉 유개가로로 계속 연결되는 도시체계가 사방이 개방된 가로수길 체계로 대치되어 가는 초창기 서구자본주의의 변혁기에 더욱 번성하였다. 보들레르는 벤야민에게 도시를 방황하는 일이 공간적 변화보다는 순간적 진보의 문제라는 사실을 가르쳐 주었다. 그런 까닭에 혁명사에 대한 어떠한 함몰도 이에 상응하는 지지연구에 대한 관심을 필요로 하게 된다. 이런 그의 독특한 신념은 공간적 이미지나 조각물에서 순간을 포착하는 수단으로서의 사진술에 대한 끌림 속에서 드러나고 있다.

벤야민은 시간을 공간으로 변화시키며 역사의 불가피한 흐름을 신비한 본서류로 변형시키는 미학적 시도로서 초현실주의를 환호하고 있다. 그는 인간이 시간 속에서 현재와 지금까지의 모습대로 결정지어지는 동안 공간적으로는 상상력으로 자신의 팔꿈치를 움직여 모든 방향으로 뻗어나가면서 한 자아를 다수의 자아로 공간화시킨다고 보았다. 그럼에도 초현실적인 것은 끊임없이 객관적 현실에서 이탈되어가기 때문에 그것은 실제적으로 실패를 면치 못했다는 비난을 받아왔다. 그러나 오히려 벤야민은 초현실주의자들과 보들레르, 카프카, 프루스트, 그리고 크라우스를 논한 글에서 이러한 실패의 순수성과 아름다움을 찬양했다. 그는 현재의 세계를 소멸되어 다시 환원될 수 없는 무의미한 황폐화된 도시에 비유했다. 도시의 부서진 아치나 쇠창살의 파편들은 상실되어 두 번 다시 발견될 수 없는 낙원에 대한 빛바랜 기억의 편린들이다. 현존하는 모든 사물들은 현존하지 않는 진리를 입증하는 것이며 비판적 시각 앞에 해석되어야 할 표식으로서 제공되고 있다. 달리 표현하면 실재하는 모든 것은 그 존재 자체를 넘어선 초현실적 의미의 차원을 지적하고 있는 것이다. 벤야민은 난해한 어투로 '애매함이 모든 사물의 확실성을 대치한다'고 기술하고 있다. 이 세상은 더이상 보편적 소여로서 당연시될 수 없으며 광범하게 내재적으로 관련되어 있는 지식범위에 개방적인 의미의 집성체, 알레고리로서 현현되고 있다. 벤야민은 모든 사물에는 최소한 마흔아홉 개의 의미가 존재하고 있다는 신비주의의 가르침을 결코 망각하지 않았다. 절대적 독단은 존재하지 않으며, 우리 모두는 벤야민 자신의 경우와 같이 스스로 살 거주지를 선택한 것과 마찬가지로 우리 자신의 의미를 선택한 망명객이다. 이것이 벤야민이 '역설'을 가장 유럽적인 성취라고 찬양한 이유이다. 왜냐하면 '역설'이라는 것은 분열된 문화의 십자로에서도 버틸 수 있게 하는, 현실을 다른 시각에서 보게 하여 모든 갈등적 선택이 서로에게 개방적이게끔 하는 능력이기 때문이다.

　벤야민은 도시를 역사의 의미가 물리적 대상의 콜라주로 축소화되는 '작은 세계'로 묘사하기를 좋아했다. 그는 시정배들의 만담을 혁명적 격언으로 변형시키면서, 또는 실재하는 대상 속에 숨겨진 채 잠재하고 있는 신의 출현을 그리면서 도시의 현세성이 갖는 혁명적 의미에 대해 서술하였다. 따라서 벤야민에게서 신성한 신의 계시라는 전통적 개념은 불경이라는 보다 민주적 개념에, 좀더 정확히 말해서 신성함과 불경이라는 두 개념에 길을 양보하게 되었다. 벤야민은 성직자들이 요구하는 것과 마찬가지로 사려 깊은 독서방식과 태도를 요구하였고 세속적이고 불경한 존재에도 이를 적용시켰다. 이 같은 방식으로 종교적 신성은 불경에서 드러나게 되고 불경은 종교적으로 신성한 데서 드러나는 것이다. 벤야민의 저작에서 이것보다 더 중요한 관념은 없다. 그는 이 관념을 드러내는 가장 미미한 실존이나 이 관념의 거부 속에서도 역사의 모습을 체계화하려는 해석학적 노력을 이 관념이 하는 것으로 보았다. 그리고 벤야민이 유년시절의 무질서한 기억, 그리고 자신의 기념비적인 진보의 시기에 일시적인 망명지로 찾았던 마르세유, 모스크바, 나폴리, 파리 등에서의 뜻하지 않은 경험을 글로 옮기는 데 헌신했던 이유도 이 때문이다. 또한 '사소한 일들'에 대한 그의 정열도 이것을 통해 설명되고 있다. 그의 친구 스콜름의 진술처럼 이것이 바로 벤야민이 파리의 뮤제드 클뤼니라는 유태인 구역의 두 밀알, 즉 이스라엘 동족혼이 완벽한 히브리어로 새겨져 있는 그 밀알에 매혹된 이유이기도 하다. 게다가 벤야민은 아도르노의 제안에 따라 인용문만으로 구성된 책을 저술하겠다는 야심에 집착하였다. 그리고 그의 저작들은 자주 속담, 격언, 비명(碑銘) 등에서 표현된 사상의 편린들을 개념화하려는 독특한 강박관념을 보이고 있다.

  벤야민은 이 국부적인 접근이 '사심 없는 진술'에 충실하겠다는 자신의 욕망, 말하자면 수단과 목적이라는 일상적 담화의 실용주의로부터 해방된 '진술'이라고 여겼다. 그는 자신을 언어와 사물의 수집가로 여겼다. 그리고 그는 수집가란 직업을 직업혁명가에 비유한다. 벤야민은 이들이 요원한 세계나 과거의 세계로 가는 길뿐만 아니라 보다 나은 세상, 무엇보다도 일상생활에서 사람들의 요구하는 것 이상으로 공급받지는 못하나 사물들이 유용성의 고됨으로부터 해방되는 세계로의 길을 꿈꾼다고 주장하였다(Schritten I). 전통적으로 이렇게 사심 없는 사색의 역할은 신성한 대상에 대한 종교의식이나 세속적인 것과는 다른 분위기로 제시되는 예술품에서 나타난다. 맑스가 주의 깊게 관찰한 바와 같이 자본주의는 시장상품을 '물신화'시킴으로써 이 역할을 강탈하였다. 이러한 양자의 태도와 대조적으로 벤야민은 수집가를 공리주의적 판박힘으로부터 대상을 회복시키는 자라고 보았다. 한나 아렌트는 영문판 저작 『계몽』의 서문에서 이

충격적인 벤야민의 사상을 다음과 같이 평가하고 있다.

> 수집된 대상은 아마추어적인 가치만 있을 뿐 효용가치는 없다. 그만큼 수집하는 일은 대상의 범주(무용하기 때문에 어떤 경우에도 일상생활의 효용적 대상과는 동떨어진 예술적 대상에 지나지 않는다는 뜻은 아니다)에 묶일 수 있다. 말하자면 수집은 더이상 목적에 딸려 있는 수단이 아니라 고유의 가치를 가지고 있는 것으로, 그 대상을 하나의 사물로서 회복시킬 수 있다. 벤야민은 수집가의 정열이 직업혁명가의 정열과 동일한 것임을 이해할 수 있었다. 수집하는 일은 인간구제를 완성시키게 될 사물들의 구제이다(앞의 책).

그러나 벤야민은 우의로 나타난 존재를 읽는 해석학적 실천이 밀교주의적 위기로 치달을 것이라는 점을 인식하고 있었다. 그는 '문자의 생명이 단순히 성이라는 보호막 아래 존재하는 매춘과도 같이 단순히 정신의 옹호하에 존재하게 될 것'이라고 경고했다. 벤야민이 현대성의 큰 유혹 중 하나로 간주한 것은 이것이 부수적으로 역사세계를 기각하면서 초현실적인 상상의 세계에 가하는 한계였다. 이러한 현상이 극단으로 치닫게 될 경우 자살이라는 문제를 야기하게 된다. '현대성이 개인의 자연스러운 창조적 생명력(elan: 베르그송이 만들어낸 용어로 인간의 창조적 생명력을 의미한다―역자 주)에 제공하는 저항은 인간 자신의 힘과 조화를 이루지 못할 것'이라고 벤야민은 설명하고 있다. "인간이 점차 지쳐 죽음에서 도피처를 찾게 될 것이라는 점은 이해할 수 있다." 현대성의 출현이란 상황에서 자살은 '영웅적인 인간의 의지를 확인하는 행위'이다. 1940년 나치의 추적을 피해 프랑스에서 스페인으로 도피하려고 할 때 벤야민은 국경이 잠정적으로 폐쇄되어 있음을 알고 자살을 꾀하였다. 벤야민의 자살로 인해 국경수비대원들은 그를 다른 피난민들과 함께 안전한 곳으로 피신하도록 허락할 정도로 교란되었었다.

벤야민에게 자살이 소외된 개인의 극단적 선택으로 비쳤다면 테러리즘은 소외된 사회의 절망에 찬 현대적 등가물이다. 벤야민은 이 두 가지의 반응이 묵시론적인 염세주의의 입장을 표현한다고 보았다. 1931년에 씌어진 『파괴자』에서는 최초의 '테러리스트' 운동의 발호를 예고하고 있다.

어떤 전망도 파괴자에게 영감을 주지 못한다. 그에게는 거의 욕구가 없다. 다만 그들 중 극소수만이 파멸되어왔던 것을 대체하는 것이 무엇인가 알고 있을 뿐이다. 한때 사물이 머무르거나 또는 희생자가 살던 공허한 장소가 있었다. … 파괴자들은 자신의 일을 파괴하며 그가 회피하는 유일한 일은 창조하는 일이다. 창조적인 사람이 고독을 갈구하듯이 파괴적 인성들은 자신의 위력을 목격하는 군중들에게 둘러싸인다. 파괴자들은 하나의 기호이다. 이 삼각함수의 기호가 사방의 바람에 노출되듯 그 파괴자는 무성한 소문을 일으킨다. 그는 스스로를 이해받는 일에 무관심하다. 그는 이러한 시도를 피상적인 것으로 간주해 버린다. 오해받는다는 것은 무해하다. 반대로 파괴자는 오해를 불러일으킨다. 이들은 삶이란 가치 있게 사는 것이 아니며 자살은 그 고통을 감수할 만큼의 값어치가 없다는 느낌에 사로잡혀 살고 있다(앞의 책).

텅 빈 현대의 벽과 마지막으로 부딪쳤을 때 벤야민은 그 고통을 수용함으로써 고귀한 반응이라고 여겼던 것을 스스로 선택하였다.

2

우리는 유태교 신학과 신비주의를 향한 벤야민의 정열을 이미 언급한 바 있다. 이 정열은 스콜름을 만난 1915년에 시작되어 저명한 시오니스트 지도자인 도라 켈러와 결혼한 1917년까지 소급된다. 벤야민이 비록 약관의 나이에 팔레스타인과 결합하라는 스콜름의 간청을 거부했다고 하더라도 후자에서 받은 다소 비교조적인 종교적 영향은 벤야민의 지적 경력을 일관하는 특징으로서 자리 잡고 있다. 에릭 프롬이나 프랑크푸르트 레르하우스와 가까운 부버, 랑다우어의 저작에 근접한 인본주의적 종교인류학에 관심을 보였던 프랑크푸르트 학파의 유태인 비판이론가들과는 달리 벤야민은 언제나 유태교적 신비철학(Cabala)의 비교적 저작을 중시하는 스콜름과 가까웠다. 벤야민은 처녀작인 『독일 비극의 기원』에서 이용한 문학적 우의와 상징주의에 대한 색다른 접근법이 직접적으로는 다의적 의미의 관점에 서서 성서를 읽는 신비주의 해석학의 실천에서 그 영감을 얻은 것이라고 진술하고 있다. 1931년 서신에서 솔직히 밝힌 대로 그는 "토라(Torah)의 문장마다 있는 탈무드의 49가지 의미층에 대한 가르침

과 조화를 이룬 접근방법을 쓰지 않았더라면 결코 연구를 진행하거나 사
유할 수 없었을 것이다." 주석학의 유사신비주의 모델은 1919년 「언어
그 자체」라는 제하의 연구에서 의사소통에 대한 정의를 내릴 때 새삼 강
조되었다.

　　사물은 신 안에서를 제외하고는 적절한 이름을 가질 수 없다. 왜냐하면 창
　조적 언어로서 신은 사물에게 존재성을 부여하고 그들을 적절한 이름으로 부
　르기 때문이다. 그러나 인간의 언어로서는 사물의 이름이 적절함을 넘어서게
　된다. 인간의 언어와 사물들의 언어와의 관계에서는 거의 '턱없는 명칭부여라
　기술할 수 있는 것,' 모든 우울에 대한 은밀한 언어학상의 이유 때문에 '턱없
　이 명칭부여된' 것들이 있다. 모든 예술언어는 기호의 의미와의 깊은 관련 속
　에서만 이해될 수 있다는 것은 확실하다. 왜냐하면 언어는 모든 경우에 의사
　소통할 수 있는 것의 수단일 뿐 아니라 이와 동시에 의사소통할 수 없는 것
　의 상징이기 때문이다. 인간은 자연과 자신의 종족에게 (적절한 이름으로) 부
　여한 이름을 통해 신과 의사소통하며, 또한 그가 자연으로부터 수용한 의사
　전달에 부응하여 자연에 이름을 부여한다. 왜냐하면 총체적 자연은 이름없는,
　말해지지 않는 언어, 인간에게 인식될 수 있는 이름이자 인간 위에서 떠도는
　재판관인 창조적 신의 언어의 거주지에 이미 물들여졌기 때문이다. 자연의
　언어는 한 보초병에서 다른 보초병에게 연결되는 은밀한 암호로 비교되지만
　그 암호의 의미는 그 보초병의 언어 그 자체이다. 언어로 구성된 운동들의 통
　일이기도 한 신의 언어가 궁극적 명료성으로 펼쳐지기까지 모든 고급언어는
　저열한 속어의 번역어인 것이다(앞의 책).

　그러나 신성한 언어의 '궁극적 명료성'에 대한 벤야민의 신념은 언어는
인간의 이해력으로는 도달할 수 없다는 사고방식에 의해 더욱 확고해졌
다. 사실 벤야민의 신학적 명상은 이 유한한 역사세계에서 발견되는 '표
식'들이 다소 낭만적인 속죄적 존재를 현현한 상징들이라기보다 공허한
의미를 잘못 입증하는 '우의'들임을 강조했던 철저한 회의주의와 손잡고
있다. 우의성과 상징성의 차이가 처음 출현한 곳은 그의 초창기 저작인
『독일 비극의 기원』에서이다. 상징성이 경험, 또는 적어도 가능성이나 연
속성(인간, 신 그리고 자연의 조화)에 바탕을 두고 예언한다면 우의성은
죽음, 고통 그리고 인간소외, 즉 불연속성에 바탕을 둔 예언을 하고 있다.
상징주의에서 신성은 내재하고 있는 것임에 비해 알레고리에서의 절대자

는 본질적으로 초월적이며 영원한 부재자이다. 벤야민은 바로크식 우의기법을 현대주의자들이 제약에 처했을 때 나온 솔직하지 못한 원형들로 여기고 있었다. 그는 바로크 작가와 모더니즘 작가들 모두 의미가 지상으로부터 사라지고 그 뒤엔 명료하게 해독할 수 없는, 사물에 대한 판독불가능의 '표식'만이 남았다는 비관적 확신을 가졌기 때문에 반낭만주의적이 되었다고 보았다. 벤야민은 다음과 같이 기술하고 있다.

상징이 퇴색되어가고 구원의 관점에서 자연의 얼굴을 드러낼 때 알레고리의 상징은 관찰자의 눈앞에 설원처럼 누워 있는 역사적 질병의 처방전(facies hippocratica)이라고 볼 수 있다. 험난하고 고통스럽고 좌절스러운 모든 것 속에서 역사는 그 표면에 모습을, 아니 사자의 정수리에서 그 모습을 나타낸다. 그와 같은 알레고리의 양식이 '상징적' 표현의 자유, 고전적 특징의 조화, 또는 인간적인 어떤 것에서도 완벽히 결여되어 있는 것이 사실일지도 모르겠다. 여기 잠재적으로 수수께끼 형식으로 표현된 인간적인 것들은 일반적으로 인간 생활의 본질일 뿐만 아니라 가장 자연스럽고 유기적으로 타락된 개인의 생물학적 역사성이다. 세계가 겪는 고통의 줄거리로서의 이 바로크적이며 세속적인 역사 박람회야말로 알레고리적 자각의 정수이다. 역사는 그 번뇌와 부패의 정거장에서만 의미를 지닐 수 있다(Schriften I).

벤야민은 '우의적' 작가들 중 현대성을 전형적으로 대표하는 작가로 카프카를 꼽았다. 그는 카프카를 그 자신처럼 현대의 실존이란 해독 불가능의 밧줄을 읽어내려고 애쓰는 독일어 상용의 유태인으로서, 고독하고 대체로 잘못 오인받는 작가라고 보았다. 하지만 벤야민이 카프카에게 매료되었던 가장 큰 이유는 '그가 실패자였다는 간단명료한 인식'이었다. 이것 또한 카프카식 전망의 알레고리적 성격을 설명하고 있다. 왜냐하면 벤야민의 말대로 "일단 그가 궁극적으로 실패했다는 것이 분명해지자 모든 것이 꿈속에서 작용되었기 때문이다." 벤야민은 카프카의 실패가 지닌 '순수성과 미'는 모든 것에도 불구하고 보편적 의사전달이라는 불가능한 탐구를 결코 철회하지 않았던, 거주지도 없고 말도 없는 현대의 결핍상태라는 제약을 상징하고 있다고 진술하였다. 카프카의 '유태인풍'은 아마도 그가 썼던 언어의 질을 더욱 이질화시켰을 것이다. (어느 서신에서) 카프카는 독일계 유태인 작가로서 쓸 수도 안 쓸 수도 없는 이중의 불가능에 대해 어떻게 느끼는지를 술회하였다. 따라서 "단 하나의 언어학적 실수가 지적될 수는 없다 하더라도 독일어 사용만으로도 누군가의 소유물이어야 되는 그것은 고립된 속성의 자기탄식적 횡령이었다"(아렌트의 『계몽』 서문에서 발췌).

카프카 같은 작가들은 현대 유럽인들이 처한 일반적 곤경을 (벤야민이) 강조하는 데 일조하였다. 그것은 레스코프에 대한 탁월한 에세이에서 벤야민이 이야기하기의 토대로서 묘사한 협의와 전통의 공유어 상실에도 불구하고 창조적 표현을 위한 투쟁을 계속하도록 하는 것이었다. 벤야민은 익명의 전설들이 현대세계에서 거의 자취를 감춘, 상식으로서 전수된 '지혜'에 기초한 경험의 접속성을 전제하고 있다고 하였다. 이야기하기의 '서사시적' 기능은 벤야민이 중세의 길드나 도제문화와 동일시했던, 역사적으로 결정된 생산양식에 의존하고 있었다. 예를 들어 원양무역상인들과 정착농들이 이야기의 제조자라면 그 이야기의 기능은 그들을 번영케 한 전통적 도제체계내의 생활이었다. 벤야민의 관찰대로 "정착한 장인과 방랑하는 도제는 같은 방에서 일하였다. 실제로 장인 자신은 고향이나 다른 외지의 도시에서 정착하기 전까지 떠도는 도제였다. 농부나 선원들이 이야기의 창작자였다면 길드체계는 고도로 발전된 장소로서 묘사되었다. 먼 지역의 민간전승물들은 여행자들의 귀향과 함께 거주지를 떠나본 적이 없는 이들에게 그 풍부함을 가장 완벽하게 드러냈던 과거의 민간전승과 이야기 안에서 결합되었다"(「이야기꾼: 니콜라이 레스코프의 작품에 대한 고찰」, 『계몽』).

정신적 주관주의, 부르주아 개인주의와 데카르트철학의 이상주의라는 현대적 기원 속에서 소설의 흥기는 인간, 신과 자연 사이의 조화라는 '서사시적' 의미가 상실되었음을 예고하는 것이었다. 벤야민에게 현대소설은 회복할 수 없는 과거 아니면 접근 불가능의 미래에 있을 보편언어를 추구하려는 절망적 근대인의 알레고리적 표식이었다. 벤야민은 다음과 같이 그 논거를 요약하고 있다.

진실과 지혜의 서사시적 측면이 죽어가고 있기 때문에 이야기하기의 예술은 그 종착역에 가까워오고 있다고 말할 수 있다. … 종착역에서 이야기하기

의 쇠퇴로 귀결된 과정의 최초 징후는 현대의 입구에서 일어난 소설의 출현
이다. … 구전될 수 있는 것, 즉 서사시의 부는 소설거래에서 축적을 형성하
는 것과는 질이 달랐다. 소설을 동화, 전설, 심지어는 풍자적인 짤막한 이야
기 같은 산문문학과 구별하게 했던 것은 그것이 구전의 전통에서 비롯되어서
도 또는 그 안으로 흡수되어서도 아니다. 바로 이 점이 소설을 이야기하기와
특별히 구분시키는 것이기도 하다. 이야기꾼은 그 자신 또는 외인으로부터
들은 경험담을 취한다. 그리고 이어 그는 그 경험담을 그의 이야기를 전해들
은 이들의 경험으로 확산시킨다. 그러나 소설가는 자신을 고립시킨다. 소설의
탄생지는 자신의 중대관심사의 몇 예를 나눠주어도 더이상 자신을 표현해낼
수 없는 고독한 개인이며 그 자신은 조언받을 수도, 타인들과 협의할 수도 없
다. 소설을 쓴다는 행위는 인간생활의 상징 속에 있는 극단들과 같은 표준으
로 재기가 불가능한 것들을 전달하는 것이다. … 소설이 제공하는 합법성은
현실과 정반대의 위치에 놓여 있다(「이야기꾼」).

그래서 우리는 카프카에게서 이 같은 소설형식의 경향성이 가진 현대
성의 논리적 귀결로서 조셉 K 또는 해독할 수 없는 지혜의 문자에 노출
되곤 하는 다른 탐구적 영웅들을 조우하게 된다. 노출된 진실인 할라카
(Halakah)와 우화나 악곡연주 형태로 세대에서 세대로 진실이 회자되는
학가다(Haggadah)에 대한 유태인의 구별을 이용하면서 벤야민은 카프카
의 작품에 대해 진실이 부재한 상태에서 진실의 전달성을 보존해보려는
절망적이며 역설적인 시도라고 서술하였다.

상실된 것은 진실의 연속성이다. 카프카가 이런 상황에 직면한 최초의 사
람은 아니었다. 많은 이들이 진실에 집착하면서, 또는 다른 무거운 마음으로
진실의 전달성을 포기하고 진실이라고 여기는 것에 매달리면서 이 상황에 적
응해왔다. 카프카의 진정한 천재성은 그가 전혀 새로운 것을 시도했다는 사
실에 있다. 그는 진실의 전달성과 학가다적 요소에 집착하기 위해 진실 그 자
체를 희생시켰다. 카프카의 작품들은 본질상 우화들이다. 학가다가 할라카에
게 복종하듯 우화들이 얌전하게 교조에 복종하는 것은 아니다. 외관상으로는
복종한 듯싶지만 이들은 예기치 않게 강력한 발톱을 휘두르곤 한다. 이 점이
카프카와 관련하여 우리가 지혜에 대해 더이상 논할 수 없는 이유이다. 지혜
가 부패되어 남은 산물만이 잔존할 뿐이다. 여기에는 두 종류가 있다. 하나는
진실한 사물에 대한 소문으로서 불신받고 왜곡된 질료를 다루는 신학적 소근
거림류의 지성을 들 수 있다. 이 특이체질의 또 다른 산물은 어리석음으로서

확실히 지혜의 실체를 완벽하게 헛되이 쓰면서도 그 매력과 확신을 보호하면
서 변화무쌍하게 그 부족함에 대한 소문을 퍼뜨리고 있다. … 그래서 카프카
가 지적했듯이 거기에는 무한한 양의 희망이 있지만 그것이 우리를 위해 존
재하는 것은 아니다. 실로 이 진술은 카프카의 희망까지도 포함하고 있다. 희
망은 그의 빛나는 진지성의 원천이다(『계몽』).

벤야민은 프루스트에게서 미학적인 몽상의 세계와 물질적인 생활세계
사이의 현대주의자적 모순인 또 다른 상징적 증후를 발견한다. 카프카의
인물들이 미래에 있을 어떤 불가능의 신탁을 열망함으로써 의미의 부재
에 응했다면 프루스트의 나레이터는 과거로부터 상실된 조화들을 회상하
는 방식을 취하고 있다. 하지만 양자 모두에게 현재는 회복 불가능한 불
연속점, 그 자체 연쇄 불가능의 것으로서 경험되고 있다. 벤야민이 프루
스트를 연구하면서 주목했듯이 '기억하는 작가'에게 중요한 일은 그가 지
금 여기서 맞부딪치는 것이 아니라 "그의 기억의 의미, 회상이라는 페네
로페적 작업인 것이다. 왜냐하면 경험된 사건은 유한하며 여하튼 하나의
경험영역에 국한되기 때문이다. 하지만 기억되는 사건은 그 자체 그 이전
과 그 이후에 일어날 모든 것에 대한 열쇠가 되기 때문에 무한하다"(프루
스트의 상상). 달리 말해서 물질적인 역사적 현재라는 불연속성은 문자
그대로 기억이라는 정신적 연속성을 통해서만 생환될 수 있다. 하지만 프
루스트의 연속성이 역사적 실제를 희생시키고 난 대가라는 사실은 불연
속성이 전체의 작업에 늘 붙어 다니는 까닭에 그 작업을 형식상 '우의적'
으로 결정짓고 있음을 나타내는 것이기도 하다. 이것 때문에 막스 우놀드
가 프루스트의 작품을 '핵심 없는 줄거리들'의 연작 또는 문체를 갖고 있
는 끝없는 희문(戱文)으로 묘사한 데 벤야민은 감탄하는 것이다. 그는 프
루스트가 자기중심적 구혼이나 도덕성 같은 부르주아들의 위선을 무자비
하게 벗김으로써 우상파괴적인 '의식의 감정사'가 되었다고 특징짓는다.
벤야민은 "프루스트의 소설들로부터 울려나오는 고성의 생각할 수도 없
을 정도의 공허한 재잘거림들은 고독이라는 미로 속으로 풍덩 빠져버린
사회의 음향"이라고 논평한다. 따라서 프루스트의 작품에서는 그의 유태
인으로서, 천식환자로서의 사적 경험이 그의 문학의 인격화라는 정교한
고통으로 은폐되면서 세세하게 현대사회의 병폐와 오해로 기록되고 있다.

카프카나 벤야민처럼 프루스트에게도 시간이란 항상 회복 불가능하게 상실되어가는 것이다.

3

  현대주의자 문화에 대한 분석으로 인해 벤야민은 현대 자본주의 사회의 비인간화된 물질적 조건들이 극복될 수 있다는 확신을 더욱 강하게 갖게 된다. 적어도 구세의 신학(여기에서 말하는 jetztzeit, 즉 영원한 순간은 단선적·연속적 진보로서의 시간이라는 부르주아적 관념을 뒤집어놓는다) 이 사적 유물론이라는 맑스의 관념(그의 혁명개념 또한 자연의 '텅 빈' 시간의 대격변을 암시하고 있다)과 결합한다면 말이다. 벤야민은 「역사철학에 관한 테제」의 다음과 같은 신비스런 서문에서 신비주의와 맑시즘의 이 독특한 연합에 대해 서술하고 있다.

  그 이야기는 상대의 일거수일투족에 일일이 맞대응하면서 체스게임을 승리로 이끌도록 제조된 자동인형에 관한 것이다. 터키풍 의상을 걸치고 입에는 수연통(水煙筒)을 문 인형이 큰 테이블 위에 놓인 체스판 앞에 앉아 있었다. … 하지만 실은 체스의 명수인 꼽추가 안에 들어앉아 줄로 인형의 손을 조정하고 있었다. 혹자는 이 고안물에 상응하는 철학적 상대자를 상상할 수도 있을 것이다. '사적 유물론'이라 호명되는 이 인형은 게임을 매번 승리로 이끈다. 우리가 주지하다시피 오늘날은 시들어져서 시계에서 사라져버린 신학 부문에 협력을 요청한다면 이것은 그 누구와도 쉽게 대적할 수 있을 것이다(「역사철학에 관한 테제」, 『계몽』).

  벤야민이 여러 서신과 사적 회고담에서 스스로를 '꼽추'로 자주 언급한 것도 우연 이상의 것일지 모른다.
  아도르노와 프랑크푸르트 학파는 벤야민의 신학적 경향에 대해서는 회의적이었으나 맑스주의에 대한 그의 수정주의적 해석에는 지지를 보내고 있었다. 프랑크푸르트 학파의 그의 동료들은 프랑스 주재 나치 당국으로부터의 그의 피신(스페인 국경에서 비극적으로 종결된)을 주선하고 그의 사후 유작들을 수집, 편집, 발간한 책임을 지고 있다. 아도르노와 호르크하이머는 현재의 우리를 있게 한 사건들을 재해석하면서, 억압된 투쟁의 정열을 구조하면서 그리고 우리에게 '야만주의의 기록이 아닌 문화적 기록은 없다'는 점을 상기시키면서 사적 유물론이 '비위에 거슬리게 역사를 서둘러 치운다'던 벤야민의 명제에 특히 열렬하였다(「역사철학에 관한 테제」).

  벤야민의 수수께끼 같은 명제들은 프랑크푸르트 학파로 하여금 맑스주의에 대한 실증주의적 해석이 역사를 한낱 기계적 법칙체계로 환원시킨 과학적 경제주의라고 기각토록 하는 데 기여하였다. 벤야민은 엥겔스의 『반 듀링론』과 스탈린의 교조주의에 맞서 혁명은 보장없는 것이라고 역설하였다. 그는 역사의 모든 국면은 불완전하며 확실한 척하는 어떤 가장도 전복시킬 다수의 해석에 개방적임을 되풀이해서 긍정하였다. 우리가 '역사의 연속체를 폭발시킬 수 있도록,' 즉 역사가 하나의 연속된 전체라는 환상을 깰 수 있도록 과거뿐만 아니라 현재도 비위에 거슬리게 서둘러 치워져야 한다. 이런 식으로 벤야민은 이데올로기적 지배의 목적에 변증법 모델을 이용하려는 모든 시도를 거부하고 있다. 역사에 대한 그 자신의 우상파괴적인 해석들은 논리상 비교조적인 실험형식을 요구하는 것처럼 보이고 있다. 그리고 이 목적을 위해 벤야민은 시험적 탐구인 해석학 모델을 발전시켰다. 그는 "성공적 발굴을 위해 하나의 계획이 필요하다. 그러나 아직껏 흙이 있는 장소에서는 삽에 대한 주의 깊은 조사가 꼭 필요하다. 그것은 누군가의 발견물이 있었던 장소에 대한 막연한 기쁨이 아니라 그 발견물의 물품명세서를 하나의 기록으로 보존하기 위해 그 누군가를 속여 그 값비싼 귀중품을 갈취하는 것이다. 성공만큼 결실 없는 탐구도 이 발굴의 일부분이며 결과적으로 기억은 설명이나 기록의 형식으로 진행되어서는 안된다. 그것은 보다 새로운 장소에서 그 삽날을 시험해 보아야 하며 오래된 장소에서는 보다 깊은 층으로 파내려가야만 한다"(「역사철학에 관한 테제」)고 쓰고 있다. 벤야민은 그 같은 열린 해석의 발전이야말로 냉혹한 진보의 관점에 서서 역사를 물화된 선결정주의인 역사주의로부터 우리를 해방시켜줄 뿐만 아니라 표식과 같은 문자의 세계와 구체적 실천과 같은 물질세계간의 절대적 단절을 전제하고 있는 현대주의자들의 극단성인 자의적 불연속성으로부터도 우리를 해방시켜주리라 고 믿었다. 벤야민은 그 같은 해석학의 발전 때문에 자신의 작품에 내재 해 있는, 어떤 이들이 모순이라고 부르는 특정의 근본적 긴장을 견뎌낼 수 있었다. 아마도 그 중 가장 현저했던 것은 신학과 변증법적 유물론에 대한 그의 충성심 사이에 도사렸던 긴장이었을 것이다.

벤야민은 역사에 대한 교조적 해석들이 바로 지배계급의 편견에 봉사 하고 있음을 인식하였다. 그는 「테제」에서 "모든 시대마다 전통을 막 압 도하려고 하는 타협주의로부터 그 전통을 살려내기 위한 노력이 이루어 졌다. 메시아는 단지 구세주로서가 아니라 반그리스도의 정복자로서 재림 하는 것"이라고 하였다. 벤야민은 사적 유물론이 과거의 침묵한 목소리나 행복, 정의, 상실되어간 것을 위해 투쟁한 이들의 '용기, 기질, 교묘함과 불굴의 정신'을 경청하기만 한다면 역사에 대한 수정의 가능성을 제공할 수 있다고 하였다. 이것은 지배계급의 공식적인 연대기로부터 말살된 역 사의'두드러지지 않은 변형들'을 우리가 회상할 것을 요구하고 있다. 우 리는 '위대한 정신이나 재능'에 대해서만큼 '피억압자들의 익명의 신음' 에 대해 주의를 기울이고 있다. 우리는 모든 '문명의 기록은 동시에 야만 주의의 기록'이라는 슬픈 진실을 자각하고 있다. 단지 이 방법에 의해서 만 우리는 벤야민이 구원의 희망이라고 보았던 과거와 현재 세대들 간의 '비밀스런 협약'에 충실할 수 있는 것이다.

랑케가 주장했듯이 역사편찬은 '사실이 존재했던 방식' 그대로를 기록 하기 위한, 추정이 가능할 수 있는 중립적 사실과학이 아니다. 그것은 갈 등하는 해석들 간의 전쟁터이다. 해석들 중 가장 교활한 것은 진보의 불 가피성에 대한 역사주의적 신앙이다. 이것은 역사를 '동질적인 공허한 시 간'의 연속체로 환원시킨다. 벤야민은 「역사철학에 관한 테제」에서 그 구 원의 천사상을 그리면서 이 관념과 마주보고 있다.

이것이 역사의 천사를 그려내는 방법이다. 그의 얼굴은 과거를 향해 돌려 져 있다. 우리가 사건들의 고리를 지각하는 장소에서 그는 파멸의 잔해 위에 잔해를 계속 쌓는 하나의 유일한 파국을 지켜보며 그의 발치로 파국을 내던 진다. 천사는 머물고 싶어 하며 사자를 깨우고 분쇄된 것들을 재현하고 싶어

한다. 그러나 하나의 폭풍이 패러다이스로부터 불어오고 있다. 그것은 천사가 더이상 날개를 접을 수 없을 정도의 힘으로 그 날개 안에 잡혀 있다. 이 폭풍 은 저항할 수 없을 정도로 그가 등을 돌린 미래로 천사를 밀어 넣는다. 그동 안 그 앞에 있던 파편더미들은 하늘을 향해 솟아오른다. 이 폭풍을 우리는 진 보라 부르고 있다(앞의 책).

벤야민은 '억압된 과거를 위해 투쟁'하는 과업을 부여받은 구세주적 맑 스주의와 협의하고 있다. 이 해석학 모델은 매순간마다의 '현재'라는 구 세주의 영토를 신성화시키고 있으며 '역사의 동질화된 경로'로부터 버림 받은 진정한 인간적 경험의 파편들을 회복시키고 있다. 따라서 모든 역사 적 계기의 혁명적 잠재력은 '공허한 시간'의 무관심으로부터 구제되며 '장차 메시아가 들어서게 될 좁은 문'으로서 인식된다. 벤야민은 유태인 이나 혁명가 모두 이 관점을 공유하고 있다고 논증한다. 그는 "사적 유물 론자들은 한때 역사주의의 매춘굴을 찾아갔던 창녀에게 잡힐 인간들에게 이것을 넘긴다. 그는 자신의 힘을 통제하는 역사의 연속성을 공공연히 분 쇄시킬 만한 인간이다"(앞의 책).

벤야민은 진보를 위해서 자연의 기술적 착취를 더욱더 필요로 한다는 역사주의의 환상과 타협한 속류 맑스주의와 푸리에 같은 유토피아사회주 의자들로부터 영감을 받은 메시아적 맑스주의를 「테제」에서 뚜렷이 구별 하고 있다. 속류 맑스주의자들의 '실증주의적 개념'에 대항하여 벤야민은 밤을 밝히는 4개의 달, 극지대로부터 떨어져 나온 빙하, 음료수로 바뀐 바닷물, 인간의 친구가 된 식용동물로 귀결이 된 효율적인 협동노동개념, 즉 푸리에를 자주 조롱거리로 오르내리게 한 그 환상들을 찬양하고 있다. 벤야민은 "이 모든 것들은 자연을 착취하기는커녕 그녀의 자궁에서 잠재 력으로 잠재워져 있던 창조물들을 잉태케 할 수 있는 노동력을 예증한 다"(앞의 책)고 결론맺는다. 낡은 교조뿐만 아니라 새로운 것까지도 치워 버리는, 정치이론에 대한 이 같은 종류의 예기치 않은 기이한 해석들은 벤야민의 사고양식에 전형적으로 나타나는 것이다.

4

일반적으로 얘기하자면 맑스주의 변증법에 대한 벤야민의 관심은 '경제적'이라기보다는 '문화적'인 것이었다. 이것과 관련하여 그는 1923년 아도르노와의 첫 대면과 같은 프랑크푸르트 학파의 영향뿐만 아니라 1918년 '혁명신학자'인 에른스트 블로흐와 시작된 교분, 1926년 모스크바 방문 때 만난 러시아 시인 마야코프스키와의 친분관계도 누리고 있었다. 하지만 벤야민은 프랑크푸르트 학파 동료들에 대한 직업적 충성심(1935년 이후 그의 중요한 수입원천 중 하나는 연구소로부터 받는 실질적 연금이었으며 이 당시 그는 미국에서 망명 중이었다)과 그의 막역한 친구이자 혁명적 극작가인 베르톨트 브레히트에 대한 다소 잡음을 일으키는 사적 충성심 사이에서 약간 분열되었던 듯하다. 아도르노와 호르크하이머는 브레히트의 '매개되지 않은' 유물론이라고 스스로들 인식했던 부분, 특히 예술이 공산주의 이데올로기의 직접적 선전도구로 이용되고 있다는 그의 주장에 대해 벤야민에게 경고해왔다. 이 연구소 동료들은 사적 유물론의 하부구조와 예술과 철학의 상부구조적 역할 간의 복잡한 관계를 좀더 '변증법적'이고 유연하게 이해하기를 좋아했다. 그들은 후자의 기능이 일차적으로는 비판적 부정(현재의 역사조건에 대한)과 초월('다른' 역사적 가능성의 형상을 향한)이라고 보았다. 예를 들어 아도르노와 마르쿠제 같은 이론가들은 '주관적 내면'이나 '개인의 의식'과 같은 범주들이 비판적 잠재력을 보유하길 원했으며 이들이 어떤 조야한 '집단'체계나 대중운동의 명분하에 거부당해서는 안 된다고 완강하게 주장하였다. 기껏해야 그들은 이 범주들이 변증법적 의식이라는 보다 고차적이고 포괄적인 형태 안에서 부분적으로 극복되어야 하며 부분적으로 지양되어야 한다고 말했을 뿐이다.

여러 차례에 걸쳐 벤야민에게서 프랑크푸르트 학파의 영향력이 우위를 차지하는 것처럼 보인다. 그중 한 이유는 프랑크푸르트 대학에서 독일 비극의 기원에 관해 쓴 그의 박사학위가 승인받지 못한 후로 독일에서 학문적 지위를 얻으려던 노력이 실패함으로 해서 벤야민은 재정상의 호구지책과 출판(그의 주요한 연구저서인 「보들레르 작품의 특정 모티브들」과

「기계적 재생산 시대의 예술의 역할」이라는 소론들이 1930년대 연구소의 Zeitschrift에서 출판되었다)을 위해 이 재단에 의존해야만 했기 때문이다. 실제적으로도 벤야민은 1935년 "가능한 한 나의 작업을 연구소와 긴밀하고 생산적으로 연계시키는 일만큼 긴박한 일은 없었다"고 고백하였다. 그러나 브레히트와의 관계가 미친 영향이 벤야민 작품의 여러 측면에서 계속 자명하게 드러났으며 그것은 Zeitschrift에 기재할 다수의 논문 편집을 둘러싸고 시작된 아도르노와 질질 끄는 결렬의 원인이 되었다. 아도르노는 브레히트의 '조야한 사상,' 특히 소비에트 체제를 향한 열렬한 옹호를 승인하지 않았다. 하지만 우리는 1930년대 파리에서 벤야민을 알고 지냈던 한나 아렌트의 권위하에 벤야민을 의아하게도 브레히트에게로 끌어당긴 것은 바로 그의 비헤겔적인 혁명투쟁의 이해란 것을 알고 있다. 그는 헤겔적 맑스주의자들의 간결한 변증법식의 허튼 소리에 결코 마음을 놓을 수 없었고 가능한 한 광범위한 청중에게 자신의 메시지를 전달하기 위해 평이한 일상어나 민간의 속담을 쓰는 브레히트의 다소 뻔뻔스런 능력에 오히려 찬탄하였다. 벤야민은 대중문화나 기계적으로 재생산된 조형예술(예를 들어 영화나 기술적으로 혁명적이라 할 만한 다른 대중매체)을 향한 브레히트의 낙관적 태도에서도 영향을 받았다. 이같은 태도는 아도르노나 마르쿠제가 기계예술에 대해 표시했던 근본적 불신과 날카로운 대조를 이루고 있다. 프랑크푸르트 학파의 대표적 관점은 대중예술이 기본적으로는 반예술이며 따라서 진정한 미학의 의식을 특징짓는 비판적 부정과 초월의 변증법적 위력을 부식시킨다는 것이다. 그렇다면 드라마, 영화, 뉴스, 거리의 노래와 정치적 슬로건의 관용구를 혼합시킨 브레히트의 짓거리가 당연히 눈을 흘길 만한 것이지 않겠는가!

벤야민은 브레히트의 인민주의와 연구소의 엘리트주의라는 상반된 입장 사이에서 뒤뚱거리는 자신을 발견하였다. 이것은 1936년 자이트쉬리프트(Zeitschrift)에서 처음 발간된 「기계적 재생산시대의 예술의 역할」이라는 그의 기념비적 연구에서 특히 현저하게 나타났다. 이 소론의 결론 때문에 아도르노와 벤야민은 논쟁을 벌이게 되었다. 벤야민은 "파시즘이 정치를 미학으로 표현하는 대신 공산주의는 예술을 정치화시킴으로써 이에 대응한다"고 서술하였다. 아도르노는 현대의 예술이 기술적·기계적으로 재생산될 수 있는 측면에 대해 독자적으로 고려되어야 할 뿐 아니라 일단 예술이 올바른 이데올로기, 즉 공산주의의 통제를 받게 되면 정치적으로 발전적인 무기로서 해석될 수 있다는 제안에 반대하였다.

이 소론을 통하여 벤야민은 '영기(靈氣)'의 예술과 '기계적' 예술 양자를 심문하고 있다. 그는 예술의 전통적인, 그러나 지금은 사라져버린 '영기'로서의 역할에 대해 상당한 연민을 갖고 쓰고 있다. 그는 전통예술이란 대상에 '독특함,' '거리'와 '타자'의 성격을 부여하면서 기계적으로 환원 불가능한 원형적 대상을 에워싸는 '신빙성의 영기'를 갖고 있었다고 말한다. 이 원형적인, 인간의 손으로 정교하게 만들어진 예술작품이 갖고 있는 영기적 성격은 보는 이에게서 매개적 반응을 유도해내 그로 하여금 시간을 초월하고 작품의 '미'를 영원한 '완성의 계기'로 인식하도록 하는 것이었다. 벤야민은 예술의 영기영역의 기원을 선사시대의 주술적 제전으로까지 소급시킨다. 때때로 이 소론을 쓰는 동안 그는 회귀하는 '원형적' 인물들을 재생시킴으로써 일상적 시간의 한계를 뛰어넘는 신학적 개념인 집단혼을 불러내고 있는 듯하다. 벤야민은 이 영기적 표상들을 괴테의 근원현상(역사 속에서 계속 반복되어 나타나는 영원한 형태들), 보들레르의 통신(정신적이고 본질적인 의미들의 미학적 융합)이나 라이프니츠의 단자(單子: 각각의 자율의식은 그 자체 안에 결정화된 형태로 이미 경험의 총체를 내포하고 있다는 개념)와 동일시하고 있다. 벤야민은 보들레르에 대한 소론에서 "예술의 제전적 가치는 아름다움에서 나타난다"고 쓰고 있다. "통신은 역사의 통계가 아니라 선사의 통계이다. 즉 기억의 통계이다. 축제일이 위대하고 중요한 것은 초기 삶과의 조우가 있기 때문이다"(앞의 책).

영기의 예술과 기술적 예술에 대한 벤야민의 양분은 두 종류의 다른 경험으로 표현되고 있다. 하나는 영기의 경험 또는 통일된 설화식의 경험이며 다른 하나는 기술적 체험 또는 원자화된, 별개의 파편화된 경험이다. 벤야민은 프루스트, 심층심리학과 영혼에 대한 유태인의 신비주의와 더불어 전자가 "실제적으로는 개인의 생활뿐만 아니라 집단적 실존에서도 전통의 문제임을 … 축적되었으나 빈번히 무의식으로 남는 통계를 망각하지 않는 수렴점임"을 주장하였다(「보들레르 작품의 특정 모티브들」). 한편 체험은 전통적 지혜나 공동체의 설화라는 의미가 현대에 와서 상실되었음을 전형화한 것이다. 라디오와 전파대중매체의 출현은 벤야민이 '새로움의 충격'이라고 표현했듯 영기의 관조적인 거리와 독특함 같은 성격을 파괴하는 고립된 감각요소로 전달되는 탈구된 정보나 가장의 형태를 증진시킴으로써 죽음의 키스조차도 단선적, 설화식의 일관성(설화 또는 고전적인 부르주아 소설에서조차)으로 매혹시키고 있다. 예술작품의 진정한 영기는 신성한 전통의 구조에 깊이 새겨지느냐에 의존하는 데 반해 기술적으로 재생산된 작품은 즉각적인 접근성을 요구하고 있다. 벤야민은 다음과 같이 쓰고 있다.

> 현대에 들어서 영기가 쇠퇴하게 된 사회적 기반은 … 현대 생활에서 대중의 중요도가 커지는 것과 연관되는 두 가지 상황 위에 서 있다. 말하자면 사물들을 공간적으로, 인간적으로 '좀더 가까이' 끌어당기려는 현대 대중의 욕망은 일상적 현실의 재생산을 수용함으로써 그 일상적 현실의 독특함을 극복하려는 경향만큼이나 열렬하다. 틀림없이 그림잡지나 뉴스영화가 제공하는 재생산은 비무장된 눈으로 바라보는 영상과는 다르다. 전자에서 찰나성과 재생산성이 매우 밀접하게 연계되어 있듯 후자에서 독특함과 영구성의 관계는 매우 밀접하다. … 대중에 대한 현실의 적응과 현실에 대한 대중의 적응은 지각뿐만 아니라 사고를 향한 끝없는 영역의 일과정이다(『계몽』).

연구소가 추진한 대중문화에 대한 사회심리학적 비판에 공감하면서도 벤야민은 1936년 소론에서 전통예술은 죽어 사라졌으며 지금은 혁명목적에 맞게 조정된 기술적 예술이 이를 대치해야 한다고 하는 브레히트의 시각에 동의하는 문장들을 써냈다. 이 문장에서 벤야민은 통일된 설화식의 단일성이라는 전통적 경험을 회복하기 위한 어떤 미학적 노력도 보수적인, 아마도 심지어는 반동적인 입장으로 귀결되기 쉬울 것이라고 보고 있다. 왜냐하면 대부분의 경우에 그 같은 미학은 현대의 소외와 야만주의라는 역사적 제약조건들이 더이상 진정한 '영기'를 경험할 수 있는 가능성을 허용하지 않을 것임을 인정하지 못하기 때문이다. 이것은 파시즘의 경우처럼 제전의 반복으로 연명하는 퇴보적 열광에서 목격되는 미학적 '영기'의 왜곡된 착취와 일치한다. 벤야민은 종족신화, 대중의 정치집회, 양

식화된 행진, 경례와 물신화된 기장 등을 사용한 나치처럼 파시즘도 세속
화된 의례와 제전의 형태로 '정치를 미학화'시켰다고 주장한다. 그렇게
해서 파시즘은 의식을 탈정치화시켰다. 이 의식은 신비한 힘의 제전으로
서 비판적 역사의식을 대치하고 있다. 벤야민에게 파시즘은 영기가 전통
적으로 속해 있던 개인의 예술품을 넘어서서 '영기'의 주술적·종교적 잠
재력이 정치적 전제주의의 영역으로까지 암적으로 팽창되는 것을 상징하
고 있다. 간단히 말해 파시즘은 부패한 예술과 부패한 정치의 상호오염이
다. 벤야민이 혁명적인 예술의 정치화라는 극단적 처방을 내린 것도 이와
같은 현대정치생활의 극단적 병폐에 직면해서이다. 벤야민의 사상을 인도
했던 정서는 현대에 와서 예술이 더이상 정치와 분리될 수 없는 바에야
인간조건을 극적으로 개선시키는 데 목표를 둔 정치계획, 즉 공산주의에
연합해야 한다는 것이었다.

5

벤야민은 현대라는 기계적 재생산시대가 진정한 '영기'의 경험을 종말
로 이끌고 있다고 마지못해 수긍한다. 임박한 진정한 경험(Erfahrung)의
소멸은 역사적 사실인 듯하다. 그래서 아도르노처럼 아우슈비츠를 경험한
이후에도 시를 쓸 수 있을 것인지 의심하며 향수에 젖어 그 상실을 슬퍼
하든지 아니면 진보적 혁명목표를 위해 새로운 기술매체를 이용한 브레
히트처럼 이를 역이용하여 정치적·미학적 이점을 취하는 것으로 해결을
보든지 해야 할 것이다. 벤야민은 두 입장의 주변에서 서성거렸다. 벤야
민은 기계적으로 생산된 예술에서 '영기'가 엄폐되는 것을 보고 1936년
소론에서 진정성의 기준이 예술적 창조에 적용될 수 없게 될 때는 즉각적
으로 "예술의 총체적 기능이 전복된다. 영기는 (종교) 의식에 기반을 두는
대신 또다른 실천인 정치에 기반을 잡기 시작하고 있다"는 결론을 내리
게 되었다. 예를 들어 라디오와 영화를 통해 벤야민은 작가와 청중, 상징
되는 것과 보는 이 또는 듣는 이의 감각적 수용 사이에 이루어지는 직각
적 융합이 신성한 '거리'라는 전통적 경험을 대치하고 있음을 목격하고

있다. 모든 이들이 참여할 수 있는 것이다. 한계, 구속, 경계 또는 거리감은 사라지고 있다. 벤야민이 논평한 대로, 전파매체의 한 예를 들어 설명하자면 뉴스영화는 "모든 이가 통행인으로부터 영화의 엑스트라로 변신할 수 있는 기회를 제공하고 있다."

현대주의자의 '고급문화'가 소외된 개인의 고뇌에 찬 주관성에 호소하고 있다면 기술적으로 생산된 예술품들은 대중의 반응에 기초하고 있는 좀더 민주적인 '대중문화'를 후원하고 있다. 전자가 지적 사색을 지향(토마스 만, 사무엘 베케트, 사르트르의 소설들)한다면 후자는 감성적이며 자주 무의식적인 '불화'의 태도를 구하고 있다. 따라서 프랑크푸르트 학파가 대중문화를 수동적 타협주의 또는 무비판적인 '군중의 지배'를 강화함으로써 현상유지를 지지하는 1차원적 경험에 지나지 않는다고 비판한 것과 대조적으로 벤야민은 기계적으로 재생산된 예술이 진보적 정치목표와 융합될 수만 있다면 대중의 반응을 혁명적 방식으로 유도해내거나 변화시킬 수 있다고 보았다. 그가 1936년 소론에서 주목했듯이 "피카소의 그림을 향해 보냈던 반응이 채플린의 영화에 대한 해방의 반응으로 바뀌고 있다." 기계적 재생산으로 인해 예술작품은 '진정한 독창성'에 대한 전통적 의존으로부터 해방되었으며 전달의 예술에서는 그 어느 것도 배제당하지 않고 있다. '유일하게 독창적'이라는 개념이 요구되지 않으면서 사진인쇄기나 필름의 얼레 같은 것들이 참여를 원하는 모든 이에게 문화적 경험이 유용하도록 돕고 있다.

재생산기술은 재생산대상을 전통의 영역으로부터 격리시킨다. 재생산을 많이 해냄으로써 이 기술은 독특한 경험을 무수한 복사로 대치시키고 있다. 그리고 그 재생산품이 특정 상황의 청취자나 시청자를 만족시켜주도록 기술은 재생산된 대상을 재활성화시키고 있다. 이 두 가지 과정은 현대 위기와 인류 재생의 이면인 전통의 거대한 분쇄로 향하고 있다. 두 과정은 현대의 대중운동과 밀접한 관계를 맺고 있다. 이들의 가장 강력한 보조자는 영화이다. 영화의 가장 적극적 형태 안에서 표출되는 사회적 의미는 영화의 파괴적·카타르시스적 측면으로서 문화유산의 전통적 가치의 중화가 없다면 상상할 수조차 없을 정도로 막대할 것이다(「기계적 재생산시대의 예술작품」).

벤야민은 어떤 사회적 기능이나 정치적 내용도 부정하는 '부정적 예술신학'을 옹호했던 말라르메 같은 현대주의자들을 참아낼 수 없었다. 그는 1936년 소론의 비문으로서 인용한 발레리의 좀더 미묘한 태도를 좋아하였다. 발레리는 심오한 변화가 '고대의 미적 기교'에서 일어났었음을 인지하고 있었고 "예술적 발명 그 자체를 즐김으로써, 그리고 심지어는 예술에 대한 우리의 관념을 크게 바꿈으로써 예술의 모든 기술들을 변혁시킬 만한 위대한 혁신"(앞의 책)을 기대할 수 있음을 수긍하고 있었다. 벤야민은 예술의 기능이 역사적으로 조건지어져 있음을 충분히 인지한 이후에도 우리 시대의 기술적 예술이 숱하게 남용되는 것에 대해 극도로 비판적이었다. 그는 특히 현대인은 자신의 파멸이 '최초의 질서인 미학적 쾌락'이 되는 지점까지 자기소외화되어 있다고 보는 마리네티와 미래주의자들의 관점을 혐오하였다. 마리네티는 전쟁이 '기술로 말미암아 변화된 의미지각의 예술적 희열'을 제공한다고 찬양하였다. 1936년 소론에서 벤야민은 공포에 떨며 마리네티의 미래주의 선언서로부터 다음의 구절들을 인용하고 있다.

전쟁은 아름답다. 가스 마스크, 간담을 서늘하게 하는 확성기, 화약발사기와 소탱크와 같이 정복당한 기계를 인간이 지배하도록 하기 때문에. 전쟁은 아름답다. 줄곧 꿈꾸어오던 인간육신의 금속성화를 개시했기 때문에. 전쟁은 아름답다. 총, 대포, 정전명령, 부패물의 악취를 버무려 하나의 교향악으로 만들기 때문에 전쟁은 아름답다. 거대한 탱크, 기하학적으로 제조된 폭격기, 불타는 마을에서 피어오르는 연기의 소용돌이 그리고 다른 많은 것들처럼 새로운 건조물을 창조해내기 때문에 … 미래주의의 시인과 예술가들이여! … 새로운 문학, 새로운 시각예술을 향한 당신의 투쟁이 전쟁의 미학이 주창하는 이 원리들에 의해 계발될 수 있도록 이들을 기억하라!(앞의 책)

낭만적인 '영기'의 예술과 '영기가 없는' 대중문화라는 대안들을 뛰어넘어 벤야민은 개인적으로는 현대의 제3의 미학형태인 '우의'의 형식을 선호하고 있는 듯하다. 이미 우리는 결코 완성될 수는 없으나 결코 기각될 수도 없는 초월이라는 '영기'의 암호를 그들의 작품에서 추적한 카프카, 프루스트와 보들레르를 향한 벤야민의 열정을 언급한 바 있다. 이 작

품들은 물화된 대중소비상품 또는 통일된 설화적 '영기'의 경험 그 어느
것에도 봉사하지 않는다는 점에서 '우의적'이다. 이들은 완성의 순간들이
의미가 추방된 소외당한 현대세계에서 얼마나 불가능한지를 묘사하면서
이 '완성의 순간'을 열망하고 있다. 간단히 말해 이들은 우리에게 오늘날
의 의미는 암시나 추측, 다른 경험의 가능성을 가리키는 표식이나 부재의
우의를 통해서만 주어질 수 있다는 점을 상기시키고 있다. 그같은 작품들
에 대한 벤야민의 각별한 기호는 상실된 문물, 상실된 시간을 향한 깊은
향수를 대변하고 있다. 하지만 바로 이 향수야말로 미학적 인식이 역사적
조건에 달려 있다는 벤야민의 확신을 나타낸 전조이다. 그것은 우리 시대
를 향한 명예로운 향수이다. 프레데릭 제임슨이 주목한 대로, "그 자체를
의식하고 있는 향수, 기억되는 풍요의 기반 위에서 현재에 대해 느끼는
명료한, 후회 없는 불만이 어느 다른 것만큼이나 혁명적 자극으로서 부적
절하다는 데에는 이유가 있을 수 없다. 벤야민의 예가 이것을 증명하고
있다"(『맑시즘과 형식』).

6

벤야민은 화려한 빛깔을 지닌 비판이론가였다. 그는 시적인 신학자, 사
적 유물론자, 형이상학적 언어학자, 정치에 헌신한 한량이었다. 그는 자신
의 시대가 고립되었다고 느꼈으며 자신 또한 당대로부터 격리되었다고
느꼈다. 나치 치하 독일에서의 유태인, 모스크바에서의 신비주의자, 쾌활
한 파리에서의 냉정한 독일인이었던 그는 영원히 집도 없고 조국도 없는,
직업 또한 없는, 학술회회원들이 그들의 동료로 인정하기를 거부했던 식
자였다. 그의 망명동지이자 파리의 친우인 한나 아렌트가 주시한 대로 그
가 쓴 모든 것이 'suigeneris'였다는 사실은 그를 '분류 불가능한' 사람으
로 특징짓게 했다. 즉 그의 작품은 "기존질서에 부합하지도, 미래형의 분
류에 속하게 될 신질서를 도입하지도 않았다. … 한 시대는 적어도 그 시
대의 영향을 받은 사람, 그 시대로부터 가장 멀리 떨어져 있던, 따라서
가장 고통받았던 사람들에게 매우 뚜렷한 낙인을 찍는다"(『계몽』). 셀 수

없을 정도의 무수한 개인적 실패와 나치 야만주의의 공포에도 불구하고 벤야민이 평생 동안 현대인의 정치적·문화적 재생을 향한 희망을 간직했었다면 그것은 그가 좋아하던 격언, "희망이 없는 자들만을 위해 우리에게 희망이 주어졌다"는 태도 위에서 살았기 때문이리라.

안토니오 그람시
Antonio Gramsci

　　그람시는 "현실은 스스로 존재하는 게 아니라 현실을 변혁시키는 인간
들과의 역사적 관련하에서만 존재한다"(『옥중 수고』)고 썼다. 그람시는
선진 산업자본주의라는 변화하는 환경을 고려하며 맑스 저작을 재독했던
금세기 최초의 비판적 사상가들 중의 한 사람이었다. 1891년 사르디니아
에서 출생한 그는 자신의 저작에서 과학적 맑스주의가 사회철학을 경제
분석으로 환원시켰다고 비판하였다. 그는 이 같은 제한된 분석으로는 부
르주아 수정주의라는 이데올로기적 도전에 대응할 수 없음을 인식하였다.
플레하노프, 카우츠키와 제2인터내셔널의 결정론적 유물론에 대항하여
그람시는 기계주의적 해석틀을 벗어난 역사적 변증법을 높이 평가한 인
간적 '실천문학'의 재도입을 시도하였다.

　　1

　　기묘하게도 그람시가 서구 산업사회에서의 맑스주의의 역할에 대한 이
론적 분석의 필요성을 더욱 확신하게 된 것은 1916년에서 1919년 사이
의 튜린시 공장파업과 산업평의회운동, 이어서 이탈리아 공산당과 그 기

관지 ≪신질서≫의 창립자로서 활동했던 젊은 행동가로서의 실제적 헌신을 통해서였다. 그람시는 혁명 전략에 대한 비판적·이론적 재고가 없다면 그 스스로 헤게모니라고 명명한 부르주아 제가치가 그 은밀한 반혁명을 지속시킬 것이며 자본주의체제를 극복하려는 시도도 효과적으로 저지될 수밖에 없으리라고 보았다.

그람시는 프롤레타리아트 계급이 경제적 하부구조를 전유하고 변형시켜야 할 것임을 믿어 의심치 않았다. 그러나 그가 의심하고 주목했던 것은 이 혁명적 전유가 성취될 수 있는 방법과 그 타당성에 대한 이론적 근거였다. 요약하면 그람시는 20세기 유럽에서의 계급전쟁은 단지 사회경제적 하부구조에서뿐만 아니라 때때로 더욱 효과적인 문화이데올로기적 상부구조의 차원에서 수행되어야 할 것임을 인식하고 있었던 것이다. 달리 말하면 프롤레타리아트 계급의 생산수단 전유는 단지 노동수단이나 정보수단 또는 공장과 농업의 경영뿐만 아니라 교육, 선전, 예술, 전파매체체계 같은 지식을 생산·전파하는 양식들까지 포함하고 있었다. 이 관점에서 볼 때 그람시는 루카치와 더불어 금세기의 변화된 역사적 조건에 맑스주의를 재적용시킬 필요를 느꼈던 최초의 유럽사상가에 속했다고 볼 수 있다. 그는 계급투쟁에서 '문화생산'이 '상품생산'만큼 근본적 이슈이며 정치혁명도 사회의 총체적인 이데올로기 차원의 근본적 변화 없이는 성공할 수 없다고 주장한 최초의 사람이었다.

가끔씩 그람시가 현실정치에 적극적으로 개입함으로써 그의 사상적 자유가 방해 또는 타협적으로 되었다는 설이 출몰하곤 했다. 사실 이 설은 믿을 게 못된다. 그러나 분명한 것은, 1926년 무솔리니에 의한 투옥(11년 후 그는 출감 일주일 뒤에 사망하였다) 전에 그가 헌신했던 혁명적 실천은 가령 프랑크푸르트 학파의 추상적 이론화에서 때때로 결여되는 즉각성의 성격을 그의 분석에 부여케 했다는 점이다. 1917년 독일혁명의 실패로 인해 마르쿠제와 호르크하이머 같은 사상가들은 깊은 정치적 환멸과 염세주의로 빠져들어 가는 듯했다. 이것은 이 두 사람이 어떤 직접적인 당의 정치적 참여(앙가쥬망)도 수치스러워했던 사실을 부분적으로 설명하는 것일 수도 있다. 분명히 마르쿠제와 그의 동료들은 2차대전 또는 좀더 적극적으로는 1960년대 학생봉기라는 정치적 상황의 영향을 받았다. 그러나 이들에게는 역사의 가파른 기류가 그람시의 경우처럼 근본적으로 자신들의 비판을 조건짓는 계기가 되지 못했다. 예를 들어 1968년의 사태들은 마르쿠제의 혁명 모델을 제약했다기보다는 확신케 했다고 말할 수 있다. 이론이 실천을 앞지른 것이다. 아니면 마틴 제이가 자신의 프랑크푸르트 학파에 관한 역사서에서 다소 불만스럽다는 투로 토로했듯이 이들은 자주 "이론을 자각하기 위한 구체적 시도가 요구하는 관계보다 우위에 선 이론의 순수성"(『변증법적 상상력』)을 그 혁명 모델에서 선택하는 경향이 있었다. 그람시에게는 그 역이 성립되었다. 그의 가장 포괄적이고 영향력 있는 저작은 종전 후 옥중 수고 형태로 씌어졌다. 그의 사상은 정치활동을 뒤쫓았다. 이 활동 중에는 이탈리아 공산당 서기로 임명된 것과 파시스트들에 의한 체포 2년 전 이탈리아 국회의원으로 선출되는 일 등이 포함되어 있다. 이 점과 관련하여 어느 누구도 거의 고급문화의 부르주아적 배경에 속했던 프랑크푸르트 학파 이론가들과 그를 구별짓는 사르디니아의 가난한 노동계급 출신이 가져다 준 지속적 여파를 과소평가하지 않았다(그는 장학금으로 튜린 대학에서 공부할 수 있었다).

그람시는 역사의 즉각적 사회투쟁과 격리된 '전통적 지식인'과 그러한 투쟁의 외중에서 출현한 '유기적 지식인' 사이에 중요한 구별을 지었다. 그람시는 "지식인이란 통상적으로 그 명칭에 의해 이해되었던 대로의 계층뿐만 아니라 일반적으로 생산분야, 문화분야 그리고 정치·행정 분야에서 조직적 기능을 수행하는 모든 사회계층을 지칭한다"(『옥중 수고』)고 주장하였다. 지식인이란 역사로부터 동떨어진 자율집단이 아니라 한 사회집단의 조직적 지류이다. 그람시는 "경제적 생산세계에서 기본적 기능의 독창적 영토 위에 존재하는 모든 사회집단이 유기적으로 경제분야뿐만 아니라 사회적·정치적 분야들에서도 자신들의 동질성과 기능에 대한 인식을 불러일으켜 줄 하나 또는 다수의 지식인 계층을 창출"(앞의 책)한다고 썼다. 따라서 가령 자본가는 자신과 동시에 산업기술자, 전문적인 정치·경제학자와 새로운 합법적 문화체계의 조직자들을 창출한다. 노동계급은 자신의 조직과 팽창에 필요한 유기적 지식인들을 생산하는데, 그람시가 관찰한 바대로 "정당에서는 경제적 사회집단의 요소들이 자신들의 역사적 발전의 계기를 넘어서서 민족적이고 국제적 성격을 띠는 보편적 활동의 동인이 된다"(앞의 책). 따라서 사회주의로의 이행은 자본가 기업주를 대신하는 공산당 기업주로의 대치뿐만 아니라 생산자들과 지식의 사회적 조직 사이의 새로운 관계까지 포괄하고 있다. 그람시는 새 지식인층을 창조하기 위해서는 모든 이들이 생산적·실제적 경험의 토대 위에서 "그들 안에 각각의 발전단계로 존재하고 있는 지적 활동"을 비판적으로 세련화시켜 "새롭고 통합적인 세계 개념의 기초"(앞의 책)가 되도록 해야 한다고 시사하였다. 그람시는 현재 조합집단과 계급들로 인해 분열된 인간성의 통합을 그 궁극적 목표로 하는 맑시즘의 휴머니즘과 이 개념을 동일시하고 있다. 그람시의 '새로운 유기적 지식인'의 역할은 엘리트적이거나 권위주의적인 것도 아니며 자주성이 없거나 수동적인 것도 아니다. 그의 목적은 이론과 실천의 궁극적 합일이다. 그는 "새 지식인의 존재양식은 정열을 외면적·순간적으로 조종하는 자가 아니라 단순한 선동가를 넘어선 건설자, 조직자, 영원한 설득자로서 현실생활에 적극적으로 개입하는 데 있다"(앞의 책)고 쓰고 있다.

하지만 그람시는 프랑크푸르트 학파의 철학자들과 함께 혁명적 투쟁개념을 피할 필요가 있다는 신념을 공유하고 있었다. 그는 현대 맑스주의의 재흥은 선진 산업사회 계급정치의 미묘한, 암암리에 자주 행해지는 재조직을 이해하게끔 하는 새로운 전망의 발전에 달려 있다는 데 꽤히 동의하였다. 이것은 이데올로기가 수행하는 결정적 역할과 이에 따른 근본적인 문화비판의 필요성에 대한 인식으로 자연스럽게 나아가게끔 하였다.

이 맑스주의의 문화적·철학적 재평가로의 전환은 루카치, 블로흐와 프랑크푸르트 학파처럼 그람시의 경우에 더욱 용이했던 것 같은데 이것은 그가 그 지적 형성의 초기단계에 철학적 이상주의, 특히 그의 지적 동포인 베네데토 크로체가 대표하는 신헤겔 학파의 이상주의의 영향을 입은 데 기인하고 있다. 전전시대 자유이상주의 철학의 영향을 받은 이 지적 형성기의 관심이야말로 제2인터내셔널이 승인한 교조적인 '과학적' 맑스주의에 대한 그람시의 저항과 사적 유물론을 비판적 휴머니즘의 방향으로 돌리려 했던 그 열의를 설명하는 계기가 될 수 있을지도 모르겠다. 따라서 그의 작업에서 그 근본적 인식전환이 내포하는 비교조적(어떤 이들은 '비과학적'이라고 말하곤 한다) 성격은 초기의 노동조합과 정치적 행

동주의만큼이나 크로체 이상주의의 영향하에서 쓰였고 이탈리아 신문인
≪인민의 함성≫과 ≪전진≫ 지 초기의 철학적 탐구에 힘입은 바가 컸다.
더군다나 이 유연한 맑스주의 해석틀이야말로 1960년대와 70년대에 걸
쳐 그람시 저작들이 포괄적으로 번역되었던 앵글로 아메리카 세계의 신
좌익운동과 제3세계의 다양한 민족해방투쟁에서 그의 저작들을 매력적이
게 하는 이유이다. 그람시가 『옥중 수고』에서 발전시킨 이론들은 구체적
으로는 이탈리아 좌익의 특수한 맥락 속에서 설명되고 있지만 국제적으
로 광범위한 범주의 다양한 문화적·역사적 맥락에도 적용시킬 수 있다.
『현대의 군주』의 한 구절에서, 그람시는 근대문화의 광범위한 지적 조류
의 관점에 서서 맑시즘의 유산을 재평가해야 할 필요성을 지적하고 있다.

> 맑시즘은 근대문화의 잠재력이었고 근대문화의 수많은 사상조류들을 상당
> 부분 결정짓고 비옥하게 했다. 이 가장 의미심장한 사실에 대한 연구는 이른
> 바 정통 맑스주의자들에 의해 즉각적으로 무시되거나 지각되지 못했다. 왜냐
> 하면 이들은 가장 중요한 철학적 융합이 발생했고 이 때문에 맑스주의가 다
> 양한 이상주의적 경향과 혼재되었다고 여겼으며 따라서, 지난 세기의 문화조
> 류들(실증주의, 과학주의)에 종속되었던 교조주의자들도 이를 어리석은 사기
> 행위까지는 아니라 하더라도 하나의 부조리로 받아들였기 때문이다(『현대의
> 군주』).

2

루카치가 물화(物化) 분석으로 가장 잘 알려져 있다면 그람시 저작에서
가장 중추가 되는 관념은 분명히 이데올로기적 헤게모니 관념이다. 이 관
념이 이론의 중심을 차지한다는 사실은 실증주의적인 경제주의 모델이
불충분하다고 생각하고 문화의 '대중의식' 수준에서 혁명전략의 광범위한
평가를 요구했던 그람시의 확신을 증명해주고 있다. 이데올로기의 정치적
역할에 대한 자신의 분석(처음 튜린시의 실험에 개입하면서 발전된)을 홍
보하기 위해 그람시는 1918년 ≪신질서≫를 창간하였다. 그는 1926년 체
포되기 전까지 이 간행물의 편집을 맡았다. 그람시가 처음으로 현대자본

주의 의식에 대한 비판을 발전시키고 대안이 되는 혁명의식에 대한 청사
진을 그리게 된 것도 여기서부터였다. 주지하다시피 초기 루카치 또한 역
사적 혁명의 변증법적 발전에서 정치의식이 차지하는 기본적 역할에 대
해 썼지만 특히 훗날 그가 모스크바에서 겪어야 했던 교조적 스탈린주의
라는 경험이 그의 후기 저작들에서 엿보이는 문학의 중요도로의 전환을
설명할 수 있을지도 모르겠다. 그람시도 혁명 후의 모스크바를 경험하였
다. 그러나 이때는 레닌의 온화한 통치기간이었고 그는 훗날 루카치가 인
내해야만 했던 혁신적 이론에 대한 비판적 반동을 겪지 않았다.

그람시가 선진 산업자본주의사회에서의 혁명의식을 위한 투쟁에 대해
가장 포괄적 서술을 최초로 시도한 것은 1926년에서 37년 사이 튜린에서
감금당한 동안에 쓴 서른 두 권의 『옥중 수고』에서였다. 그람시는 『옥중
수고』에서 '이데올로기적 헤게모니'를 상세히 서술하였다. 그는 헤게모니
지배계급이 국가의 조야한 무력개입에 의해서보다 시민사회에서 대중여
론(또는 그람시가 '대중의 동의'라고 언급하는 것)을 조작함으로써 정치
권력을 보유하려는 현상이라고 정의하였다. 그람시는 이데올로기적 헤게
모니가 종교, 교육 또는 대중의 민족문화 등의 현명한 개발을 통해 가장
효과적으로 유지될 수 있다고 주장하였다.

그람시는 토대(경제적 하부구조)와 상부구조(대중들이 특정의 의식형태
를 획득하고 특정행동을 하도록 하는 정치적·종교적·미학적·신비적·부족
적 등의 심리적 동기의 영역) 사이의 유연한 변증법적 관계를 설명하기
위해 이데올로기적 헤게모니 개념을 도입하였다. 그람시는 문화적이고 철
학적인 상부구조들이 경제적 토대 차원에서 발생하는 것들의 수동적 반
영에 지나지 않는다고 본 정통적 맑스주의자의 관점을 거부하였다. 그는
이 교조적 입장의 고수는 우선 맑스주의 자체가 이론적 분석의 상부구조
적 형태로 표현된다는 사실을 암묵적으로 거부하는 것이라고 보았다. 이
것은 또한 한 사회(자본주의)로부터 다른 사회(사회주의)로의 혁명적 이행
을 유도하는 복합적인 문화요인들을 과소평가하는 것이기도 했다.

이데올로기적 상부구조에 대해서 물질적 토대의 절대적 인과율의 우위
성을 긍정한다는 것은 역사를 기계적 결정주의라는 비변증법적 체계로
환원하는 것이었다. 우리는 그람시가 특정상황에서 한 사회의 태도들을

조직하는 개념들, 상징들이 생산의 경제적 조건만큼이나 물질적일 수 있음을 논증하는 것을 『옥중 수고』와 그의 다른 저작에서 볼 수 있다. 노동생산만이 계급착취에 종속된 인간적 표현의 유일한 영역은 아니다. 특히 현대의 관료화와 대중매체조직의 지배하에서 우리의 관념들 또한 지배계급의 헤게모니적 권력의 일부가 될 수 있다. 달리 말해서 대중의식의 이데올로기적 통제는 법적이고 군사적 강제에 의해 행사되는 물리적 통제만큼이나 계급지배전략에서 결정적 요인이 되어왔다. 이데올로기는 시민사회가 그 스스로를 상징할 수 있는 방법을 조직하고 있다. 그것은 공적으로는 민족적 자기표현의 수준과 사적으로는 개인적 또는 가족적 자기표현의 수준에서 한 민족이 자신과 동일화시키는 상상력, 신화와 도덕적 가치체계 같은 특정한 문화의 정신에 대한 총체적 일별을 결정짓는 것이다. 간단히 말해서 그람시는 권력의 특질들은 국가권력을 넘어서서 교회로부터 학교, 가족에 이르는 우리의 사회경험의 모든 영역 안으로 스며든 민족공동체의 보편적 정수로까지 확장된다고 주장하였다.

그람시에게는 비판이론의 기능은 이 이데올로기 설득과정에서 그 자체 문화창조로부터 자연스런 전제로 해석되도록 하는 방법을 규명하는 것이었다. 그러기 위해서는 대중들이 지배계급의 이데올로기적 헤게모니를 자신들의 가치체계로서, 자신들의 민족적 전망의 일부 또는 본래적 상식(비록 이것은 그들의 계급이익에 상반되는 것이긴 하지만)으로서 내면화시키게 된 경로들을 연구해야 할 필요성이 생긴다. 하나의 지배문화가 자연으로 전환되고 따라서 미신적으로 합법화되는 그 복잡한 기제들을 밝혔다는 점에서 그람시는 바르트의 신화학(神話學)의 구조주의 기하학과 하버마스의 정당성 위기라는 비판해석학을 예고하였던 것이다.

3

계급이익을 문화적 가치들로 은폐시키는, 따라서 자연스런 본능으로 은폐시키는 경로에 대한 그람시의 설명은 현대 맑스주의 이론에 대한 가장 중요한 공헌으로 꼽히고 있다. 그는 이 설명을 통해 단지 자본주의 경제구조의 불충분한 객관적 모순들 때문이 아니라 자본주의가 민족심리의 주관적 동기들을 조작하여 또다른 정당성의 종류를 배후에서 조종함으로써 맑스가 예측한 광범위한 프롤레타리아트 봉기가 실현되지 못했다고 그 원인을 해명하고 있다. 가령 이탈리아 자본주의의 위기가 궁극적으로 성공적인 공산주의혁명보다는 부르주아 통제의 보다 강고한 형태를 야기했다면 시초부터 그 원인들은 물리력의 지배만큼 의식의 지배와 관련이 깊었다. 그람시는 이 현상을 이해하려면 구체적으로 지배계급의 부르주아 의식과 나란히 전이탈리아 국민의 대중의식을 증인석에 세우는 것이 중요하다고 강조하였다.

선진 산업사회의 부르주아지들이 성취한 헤게모니적 동의는 일차적으로 외면적인 군사적 강제력에 의해서라기보다 권력장악자들에게 운명적인, 궁극적으로는 수동적 태도를 취하도록 대중들을 설득하는 데 있었다. 그람시에게는 맑스주의 이론의 긴급과제가 그 같은 이데올로기적 권위의 특권을 탈신비화시키는 것이었다. 이것은 '모든 이를 위한 해방'이라는 진정한 보편적 목표에 의해 동기화된 새로운 대중의 동의창조를 필요로 했다. 그람시는 명료하게 코민테른 노선이나 혁명목표를 향한 반동적 수단으로서의 폭력지배에 반대하였다.

따라서 그람시는 계급전쟁은 단지 과학적으로 계산가능한 사실이 아닌 윤리적·정치적 가치에 의해 결정된다고 주장하였다. 국가는 이데올로기적 신비화에 의해 지탱되던 정신적 특권이 박탈되자마자 위기를 경험하게 된다. 왜냐하면 국가는 이때 그 경제조합적 존재로서의 적나라한 압제성을 폭로당하기 때문이다. 더군다나 일반적으로 국가가 물리력에 호소하는 시기는 시민사회의 대중여론에서 이데올로기적 지지를 박탈당한 때이다. 정권의 버팀대가 서는 군사압제의 전개는 이미 이데올로기적 헤게모니가 붕괴될 때 그 징후를 나타낸다.

이 맥락에서 그람시는 비판이론의 역할을 이원적인 것으로 보았다. 그것은 기존의 가치체계에 대한 우상타파적 탈신비화로서 작용해야 하며 또한 새로운 가치체계를 제시해야만 한다. 이 관점에서 볼 때 혁명은 권위주의 이데올로기의 부정과 해방적 대안들의 창출을 동시에 요구하는 것이다. 두 번째의 해방은 교과서식 해결 형태로 미리 결정지을 수 없는 것이다. 이것은 개별적 상황마다 각 사회의 특정한 민족경험과 전통에 따라 구체적으로 특징지어지기 때문이다. 예를 들어 그람시는 이탈리아에서 부르주아 계급의 '이데올로기적 헤게모니'가 대개 중앙집권화된 정책과 성직자의 위계서열로 인해 내세의 권능을 기리는 의식이나 사회변화에 대한 보수적 저항에 길들여지도록 하는 카톨릭교회의 영향력에 기인함을 밝혀냈다. 이와 대조적으로 노르만계와 앵글로 색슨계 국가들에서는 부르주아지의 이데올로기적 헤게모니가 적어도 부분적으로나마 프로테스탄티즘 문화에 의해 떠받들렸는데 이 문화에서는 청교도적 자기부정, 예정설과 노동을 통한 구원의 강조가 고도의 합리화된 실용주의라는 명분하에 성적이고 창조적인 에너지의 억압을 야기해왔다. 막스 베버의 『프로테스탄트 윤리와 자본주의정신』에서 단서를 얻은 그람시는 공식적인 공장작업장에서 가정까지 확산된 개인주의적이며 성적으로 제한된 풍조의 프로테스탄트 문화가 선진 자본주의의 가장 효과적인 흡수 기제의 하나로 봉사하고 있다고 주장하였다. 시민들을 분리시키고 탈정치화시키는 사생활 중심의 정신풍조, 합법적 관료주의와 고급 기술에 감염됨으로써 선진 자본주의 국가는 무력에 대한 의존 없이도 그 정당성을 유지할 수 있는 것이다.

그람시는 이 '이데올로기적 헤게모니'의 과정이 특히 미국에서 효과적이라고 보았다. 왜냐하면 이곳에서 부르주아-자본가-프로테스탄트 헤게모니는 잔존하는 중세 봉건구조 또는 급진적인 사회주의운동으로부터의 이데올로기적 반대에 부딪치지 않고 자유롭게 발전될 수 있기 때문이었다. 그람시가 '미국주의'라고 부른 지배문화는 18세기의 선구적인 프로테스탄트 개인주의로부터 산업의 과학적 관리와 일상적인 사회생활로 요약되는 20세기 조합주의국가의 관료주의로까지 진화되었다. 이 진화는 그람시가 '테일러주의' 또는 '포드주의'로 언급한 합리화된 자본주의(컨베이어 벨트)라는 구체적 형태에서 그 절정을 이루고 있다. 그는 새로운 세속적 신학인 기계적 실용주의가 그 자체 고도로 표준화된 '민족-민중의식'을 산출한다는 점을 지적하고 있다. 그 결과 미국노동자들은 비판적 사고를 할 기회를 가질 수 없었으며 점차 계급지배의 제현실들에 관해 무지해졌다. 이들의 총체적인 지적·감정적 그리고 도덕적 의식은 근본적 항의가 고갈되어 있었고 복종적 타협주의로 변화되었다. 따라서 그람시는 미합중국은 국가의 가치체계를 가정, 교육, 종교, 법 그리고 언론매체 등 다양한 표현물들 속에 나타나는 시민사회의 가치체계들과 동일시함으로써 가장 세련된 형태의 조합적 자유자본주의를 산출하였다고 결론지었다. '미국주의'는 광범하게 보급된 모든 기술적 합리주의의 가치체계가 지배계급과 피지배계급 양자에 의해 공유되기 때문에 효과적인 이데올로기적 헤게모니라고 할 수 있다.

이미 그람시는 유럽에서의 파시즘 흥기를 시민사회의 이데올로기적 구조들 위에 국가의 조합관료주의를 부과하려는 또 다른 시도로 파악하였다. 미국주의와 파시즘은 현대의 합리화된 자본주의 시대에서 혁명의식의 발전을 저해하는 두 가지 주요한 걸림돌로 간주되었다. 미국주의는 개인의 자유에 우선권을, 파시즘은 집단의 권위에 우선권을 두는 차이는 있었지만 양자 모두 재적응된 형태로 자본주의 정권을 연장시키는 데 공헌하였다. 그람시는 국가지배의 문제는 총체적으로 사회의 이데올로기적 향방의 문제를 제기하지 않는 한 적절히 해결될 수 없다고 결론지었다. 달리 말해서 보수적 자본주의 사회의 이데올로기적 동기들은 해방된 사회관계들과 더불어 새로운 통합문화가 출현하기 이전에 분석되고 해독되어야만 하는 것이다.

따라서 그람시는 타락된 러시아 국가에 대한 볼셰비키들의 격렬하고 직접적인 정복이 서구 선진 자본주의국가의 혁명투쟁에서는 적절한 모델이 될 수 없다고 주장하였다. 전자의 경우 국가가 전부이고 시민사회는 아무것도 아닌 데 반해 후자의 경우 부르주아지는 시민사회의 대중의식을 전유하는 데 성공해왔으며 노동자들끼리 서로 적대케 했을 뿐만 아니라 노동자가 그 자신에 적대토록 분열시켜왔다. 결론적으로 그람시는 서구에서 봉기라는 파국적 운동보다 유기적 운동을 권고했던 것이다. 왜냐하면 그는 시민사회의 구조가 국가권력제도들에 대한 어떤 직접적인 공격에 대해서도 효과적으로 저항하거나 또는 흡수할 수 있을 정도로 선진 자본주의 규율에 본질적으로 적응되어왔다고 믿었기 때문이다. 요약하자면 그람시는 이데올로기적 헤게모니의 역전은 가장 결정적인 전쟁터로서의 대중의식과의 길고 고된 전투가 될 것이라고 예측하였던 것이다.

4

하지만 그람시의 분석이 비판적 부정만으로 그치는 게 아니다. 그것은 사회의 이데올로기적 구조와 그것이 보호하는 경제적 하부구조 양자의 변형에서 인간의식이 수행하는 창조적 역할을 강조하고 있었다. 칼 보그는 그람시의 정치철학을 영어로 처음 옮기는 중요한 작업에서 이러한 측면에 대해 강조하고 있다.

> 그람시는 무엇보다도 맑스주의 전통에서 중요한 자본주의 발전의 객관적 세력들과 과학적 법칙에 대한 운명적 의존과는 대조적으로 이론의 능동적·정치적 또는 자유의지적 측면을 포착하는 데 결코 실패할 수 없었던 창조적 맑스주의자였다. 그람시는 제2인터내셔널의 실패를 목격하면서 사회주의 혁명이 기계적으로 자본주의경제의 붕괴로부터 야기되는 게 아니라 건설되어야 할, 즉 광범한 역사적 배경의 테두리 안에서 의도적인 인간적 실천을 통해 획득되어야 할 것임을 확신하였다. 사회주의로의 이행이 어떤 획일적 틀을 갖는 것이라고 볼 수는 없다. … 그람시는 이것을 실현시키기 위해서는 사회주의 정치의 주관적 영역을 회복하고 인간적 실천론자들을 혁명과정의 중심에 위치시키는 맑스주의의 새로운 철학적 기초가 필요하다고 주장하였다(『그람시의 맑스주의』).

따라서 사회를 변화시킬 수 있는 혁명의식의 역량을 획득함으로써 그람시는 자연스럽게 혁명적 실천에서 지도적 세력을 차지하는 이론전략의 중요성을 강조할 수 있었다. 헝가리의 지적 동지인 루카치처럼 그는 이론과 실천이 우리의 지적인 존재와 물질적 존재 사이에 있는 오래된 형이상학적 대립을 극복하는 변증법적 상호관계로 접합되어야 할 필요성을 크게 강조하였다. 그는 오늘날 계급전쟁의 무기들이 군사적이고 기계적일 뿐 아니라 좀더 의미심장하게는 문화적임을 인식하였다. 이것은 그람시가 이탈리아 가톨릭교회의 영향력 있는 역할에 대한 자신의 광범위한 비판이 1918년 튜린시 산업환경에 대한 상세한 경험적 묘사만큼이나 상관성이 깊다고 생각한 이유를 설명해주고 있다.

그람시는 선진 자본주의에 대한 급진적 이론이 그 스스로 '대항헤게모니'적 의식변형(또는 파울로 프레이리의 『피억압자들의 교육학』에서 볼 수 있는 것처럼 라틴아메리카의 해방운동에서 'conscientisation'이라고 불린 것)의 강령이라고 명명한 것에서 출발해야 한다고 주장하였다. 이 강령에는 신앙 또는 가치의 독특한 전통들이 각각의 고유한 문화 속에서 형성한 역할들이 충분히 설명되어 있다. 이 같은 지각이 선행되지 않는다면 가령 현대사에서 특정계기 특정사회의 특정한 노동계급들이 민족이익 또는 종족이익을 위해 자신의 계급이익을 희생하는 이유를 설명하는 게 실제적으로 불가능할 수밖에 없다. 그 예로서 히틀러의 독일, 포틀랜드제도에서 패주한 대처의 영국 또는 패슬리의 울스터(특히 권력분립적인 써닝데일 행정부를 수립하는 데 일조한 1973년 왕당파 노동자들의 파업) 등이 있다. 이 복잡한 요인들을 분석한 그람시는 선진 자본주의의 상부구조와 하부구조의 상호변형, 가능한 한 동시적 변형을 주장하였다. 그는 이 변형에 의해서 '통합된' 문화가 외부로부터 추상화된 과학적 모델(카우츠키)이나 순진한 자생적 모델(로자 룩셈부르크)에 의해 부과되기보다 각각의 독특한 사회 내부로부터 유기적으로 출현할 수 있다고 하였다.

그람시는 스스로 '민족-민중적' 특질이라 불렀던 각각의 혁명상황이 갖는 개별성에 대해 고려했기 때문에 그는 산업화된 북부 인구와 농촌의 남부 인구로 분리되어 있는 현대의 이탈리아 프롤레타리아의 독특한 환경에 19세기 산업주의 영국에 가한 맑스의 비판과 산업주의 전의 러시아에 대한 레닌의 비판을 재적용시킬 수 있었다. 북부와 남부 노동자들의 경제적 빈곤상태는 본질적으로 달랐지만 이들은 자신들의 사회관계를 결정짓는 공통된 이데올로기적 전제의 전통을 공유하고 있었다. 농촌의 농민들과 공장 노동자들에게 똑같이 그 영향력을 발휘했던 이데올로기적 헤게모니의 구성 주체는 후자의 '관계들의 총체'였다. 특히 각각의 민족문화에 고유한 관계들의 민족-민중적 총체성에 대한 관념 때문에 그람시는 제3세계와 선진세계에서의 혁명전략의 상이성을 구별할 수 있었다. 이것은 또한 소비에트 공산당과 비교되어 유로코뮤니즘으로 알려지게 된 주의의 광범위한 윤곽을 상당부분 설정하면서 동시에 초대 이탈리아 공산당이 독립된 입장을 획득하는 선례를 남기게끔 했다. 맑스주의에 대한 이 유연한 접근방식이야말로 토착적인 문화현상(리소르지멘토, 바티칸 또는 마키아벨리 같은)이 자국의 혁명투쟁에서 맑스나 레닌의 저작들에 대한 철저한 지식만큼이나 의미 깊다는 것을 확신했던 이 이탈리아 사상가의 가장 탁월한 유산 중의 하나이다.

이 '민족-민중적' 특질에 대한 맑스주의의 재적용이 그람시에게는 부르주아 문화에 대한 좀더 세련된 접근과 관련된 것이었다. 그람시는 부르주아 문화의 특정요소들이 해방을 향한 사회주의 투쟁을 예고할 수 있으며 즉각 거부되어서는 안 된다고 지적하였다. 그가 현존하는 부르주아제도내에서 권력을 공유하기보다는 폰티우스의 빌라노식으로 모든 정치적 연루에서 손씻기를 원했던 기권파 사회주의자들의 금욕주의를 극도로 참아낼 수 없었던 것도 이 이유 때문이었다. 그람시의 새로운 용어에 의해 이 기권파적 입장은 폰티우스빌라도니즘(Pontius-pilotisimo)으로 널리 알려지게 되었다. 그람시는 부르주아 문화가 때때로 불의와 불평등에 대항하는 도덕적 항의의 진보적 형태로 나타날 수 있으며 이 순진한 항의의 전통이 간단히 묵살되기보다는 사회주의에 의해 부화되어야 할 것임을 확신하였다.

따라서 그람시가 민족적 문화혁명에 대한 자신의 모델을 제안한 것은 특정한 비교조적 관념들에 대한 철학적 개방성과 변화하는 환경에 대한 정치적 개방성의 양 측면에서였다. 그는 혁명은 지방평의회, 자치소비에트, 노동조합, 권위적인 문화운동 등의 성숙된 항의의 형태로 바로 지금 이곳에서부터 시작될 수 있음을 선언하였다. 그렇지 않다면 조직적으로 발전된 투쟁의 계기들이 대중지지를 상실한 중앙으로부터 하달된 국가전복을 위해 희생되어야 할 것이다. 더군다나 그람시 저작들의 단편적이고 탐구적인 본질은 각각의 개별문화가 갖는 독특한 역사적 맥락에 적절하게 반응하는 데 실패하지 않는 이론이 되기 위하여 계속해서 그 전제들을 수정하고 그 자체 새로운 이해방식에 개방적이어야 한다는 그 자신의 감각에 비춰볼 때 당연한 것이다. 실제로 그람시가 맑스주의와 진정한 참여민주주의의 양립가능성을 선언한 20세기 최초의 사상가들 중의 한 사람이 된 것은 과격한 독단적 혁명 모델을 거부했기 때문이다.

그람시가 혁명이론에 크로체의 이상주의의 특정 측면들을 재통합하게 된 것도 이 같은 지적 유연성에 대한 배려였던 것 같다. 여기에서 그람시는 '기계주의적 맑스주의'의 교조적 교리들에 대항하는 강력한 무기를 지각하였다. 역사적 변증법 내부로 의지, 자유, 책임과 실천의 주관적 영역들을 재흡수하는 과정에서 그람시는 역사가 인간의 개입과 무관한 객관적 경제발전의 법칙에 의해 전개된다고 보는 독단적 관점을 중화시키려 노력하였다. 그람시는 후자의 독단이 반인문주의와 복종적 태도들을 조장시키는 한 혁명적 실천개념을 위협한다고 선언하였다. 그렇기 때문에 그는 이 독단이 인간주체를 무력한 것으로, 그리고 역사를 불가항력의 법칙으로 간주하는 '불모의 신비주의'의 또 다른 상표 이상을 산출할 수 없다고 믿었던 것이다. 이 같은 맑스주의에 대한 실증주의적 해석은 계몽주의의 철학적 재생이 1789년 프랑스혁명을 낳았듯이 그람시가 새로운 사회주의시대로 이끌 것이라고 믿어 의심치 않던 '지적·도덕적 개혁'을 저해할 뿐이었다. 그람시에게는 관념들이 역사변화의 필수불가결한 세력이었다. 그는 '인간은 무엇보다 정신'임을 시인하였다.

그람시는 기계주의적 맑스주의가 무시한 맑스의 정치철학을 구제하는 것이 자신의 사명이라고 보았다. 그는 맑스주의의 진정한 과업은 경험적 유물론을 사색적 이상론으로 대치하는 게 아니라 물질과 정신 사이의 새로운 변증법적 관계라는 형식으로 양극단을 극복하는 것이라고 하였다. 이 같은 변증법의 매개가 없다면 이상주의는 '공허한 형이상학'이 되고 유물론은 '단편적 결정주의'가 된다. 이 극단적 태도들은 역사를 고착된 추상적 범주들(이상주의의 경우에는 순전히 주관적이며 유물론의 경우에는 순전히 객관적인)의 시각에서 해석하기를 고집하는 지식인들, 즉 그람시가 '비잔틴 이론가들'이라고 언급한 이들의 영역으로 남아 있다.

그람시는 과학적 객관주의와 형이상학적 주관주의 간의 교조적 대립을 거부하면서 비교조적 맑스주의를 옹호하였다. 그가 1917년 볼셰비키혁명이 봉건적 운명론의 짜르 정권을 극복했을 뿐만 아니라 역사변화가 경제법칙만큼 인간의 실천에 의해서도 비롯될 수 있음을 논증한 데 대해 찬사를 보냈다는 사실이 중요하다. 그는 인간의 실천이 단순히 역사에 의해 결정된다기보다 역사과정을 변화시킨다고 보는 레닌의 시각을 인정하였다. 칼 보그가 주목한 대로 "그람시가 볼 때 러시아 봉기는 여러 중요한 측면에서 능동적 정치내용을 겸하고 있는 추상적·기계주의적 논문인 맑스의 『자본론』에 반한 혁명으로 구성되었다. 역사의 단편인 볼셰비키 혁명은 경제적 결정주의의 신비화된 힘을 전복시키면서 자본의 법칙들에 토대를 둔 정교한, 자신 넘치는 예언의 전 구성체를 극적으로 거부하였다. 그람시에게는 레닌과 볼셰비키들이 추상적 맑스주의자라기보다 자기의식적 실천을 통해 역사의 주도권을 잡았던, 물질적 조건들이 성숙되기를 기다리는 대신 혁명의 현실성에 따라 행동했던 살아 있는 맑스주의자로 정의될 수 있었다. 정치적 실천이 혁명적 실천의 준거틀로서 제공된 생명력 없는 실증주의 맑스주의를 능가하였다"(『그람시의 맑스주의』). 요약하자면 그람시는 역사발전이 수학적으로 계산할 수 있는 법칙에 의해서보다는 생산의 물질적 조건과 생산자들의 자유로운 결정 간의 변증법적 상호작용에 의해 더욱 촉진된다는 자신의 관점을 러시아혁명이 재확인시켜주는 것으로 보았다. 대중들을 역사법칙에 순종하도록 길들임으로써 비정치화시키는 사회학적 결정주의의 실제성에 맞서서 그람시는 사회주의의 진정한 역할은 선남선녀들을 독단적 혼수상태로부터 분기시키고 역사란 그들 스스로 만들어나가는 것임을 이들에게 상기시키는 데 있다고 하였다.

그러나 그람시는 맑스주의의 실증주의적 해석에 대한 레닌의 적대감은 인정했지만 레닌교리의 상당부분에서 나타나는 '자생성'의 과도함, 특히 엘리트 '전위당'은 대중들이 탈권할 준비가 될 때까지 모든 불순한 경향들을 조절하면서 대중을 위해 대중을 지배해야 한다는 견해에 대해서는 회의적이었다. 여기에서 그람시는 새로운 종류의 독단주의를 예감하고 있었다. 그는 정책결정의 행사가 상당히 중앙집권화된, 필경 계몽되었을 당 엘리트들의 특권이 될 수 없음을 경고하였다. 자치평의회와 소비에트 같은 민주적 표현물들은 사회대중의 올바른 속성으로 남아야 한다. 또한 이 정책결정의 민주화는 지식의 민주화를 필요로 하고 있다. 그람시는 개념들이 상당히 독립된 체계의 형식적 구조들이 아니라 (알튀세르가 주장한 대로) 변화하는 사회환경에 대응한 의지적 인간들의 반응으로서 하나의 역사전통으로부터 다른 것으로 발전하는 유연한 전략들이라고 주장하였다. 지성사의 끊임없는 변형을 동질적 관계들의 폐쇄체계 안으로 제한시키는 것은 변증법을 구속하는 것이다. 그람시가 『옥중 수고』에서 단언했듯이 각각의 개별의식은 "현존하는 관계들의 종합일 뿐만 아니라 이 관계들의 역사를 종합한 것이다." 따라서 맑스의 사적 유물론의 함축들을 적절히 인식하기 위해서 우리는 유독 유물론에 대한 배타적 강조보다는 역사적이란 용어(변증법적 변화라는 새로운 개념을 도입한)에 강조점을 두어야 한다. 그람시가 용감하게 주장한 대로 "실천철학은 절대적 역사주의, 역사의 절대적 인본주의이다"(『옥중 수고』). 일단 맑스주의 이론이 인간의식의 역사에서 그 변증법적 계류로부터 분리되면 이 이론은 신비화된 상표를 산출한다. 이와 같은 일이 발생할 때 역사는 그 자체 회화화되고 익명의 체계로 전락한다.

  『옥중 수고』를 통해 혁명투쟁에서 대체불가능한 인간의 의식적 동기의 역할에 대해 그 윤곽을 그린 비판 이론의 반복된 호소가 이해되어야 하는데 이것은 그 같은 철학논쟁의 배경막이기 때문이다. 그는 "객관적 조건들이나 자유의 가능성이 존재하는 것만으로는 아직 충분치 않다. 이것들을 아는 게 필요하며 이것들을 이용하기 위해 알아야 할 필요가 있다"(『옥중수고』)고 쓰고 있다. 예측했듯이 그람시는 '인문주의'와 '역사주의'라는 부르주아 철학들에 대한 편향 때문에 상당수 맑스주의자 비평가들의 공공연한 비난을 샀다. 그람시가 역사의 주요한 동기들 중의 하나는 '지적·도덕적' 본질을 갖고 있으며 이것은 세계를 지각하고 표현하는 대안적 방안들에 대해 철학적 평가를 할 것을 요구한다는 크로체의 신념과 동일함을 시사하는 증거가 있다. 그러나 크로체와 대조적으로 그람시는 이 철학이 인간의 창조력을 단지 사변적 변증법뿐만 아니라 구체적으로 현실화될 수 있는 변증법에 적용시킬 실천의 하나가 되어야 한다고 주장하였다는 사실이 부연되어야 한다. 따라서 그람시는 맑스주의가 경험과학의 계산성과 아울러 비판이론을 개발해야 한다는 필요성에 공감하면서도 이론이 영감을 받은 천재의 특권영역으로 구성되었던 헤겔과 크로체 같은 '변증법적 이상주의자들'과 불합하였다. 그람시가 제안한 가장 독창적인 관념들 중의 하나는 철학이란 진실을 성취하는 최고의 양식이 역사적 실천을 통해 스스로 실현될 때 한 민족이 집단적 자기의식을 통과할 수 있다는 의미에서 궁극적으로 대중적 현상이라는 것이다. 계몽을 예외적 개인들의 특별구역으로 간주하는 것은 역사로부터 변증법적 모험을 저지른 일종의 종교적 물신주의로 복귀하는 것과 같다. 실제로 그람시가 크로체를 '현대 역사주의 종교의 고승'으로 풍자했을 때 그는 문제를 보는 자신의 시각에 대해 일말의 의심조차 하지 않고 있다. 간단히 말해 그는 크로체의 이데올로기적 헤게모니 개념을 역사의식의 동기로 평가하긴 했지만 크로체가 이 동기들이 인과적으로 비결정적인 때에도 계급투쟁의 물질적 변수들 안에 놓여 있었다는 사실을 무시한 데 대해 비판하였다. 궁극적으로 그람시는 크로체의 '사변적 역사주의' 대신 신학적 신비화를 겸한, 구체적으로 조건지어진 역사주의로 대치될 것을 권고하였던 것이다.

변증법의 모순들은 학술적 철학자들에 의해 수동적으로 사색될 수 있는 독립된 존재들이 아니다. 이것들은 이해관계 없는 방관자들을 위한 실험실의 견본이 아니다. 그람시에게 진정으로 헌신적인 사상가는 이 모순들을 자신의 역사적 경험의 통합요소로서 위치시킬 수 있는, 그래서 "이 요소가 지식과 행동의 원리로 승화"(『옥중 수고』)되도록 할 수 있는 자였다. 이 방식을 통해 비판적 자기의식을 향한 탐구는 소수 영혼들의 특권이 아닌 인간사회 모든 구성원들의 과업이 된다. 이것이 그의 최후의 분석에서는 스스로가 앞서 인용한 '모든 인간은 철학자'라는 명제의 혁명적 도입으로 나타나고 있다.

● 부록: 지식인의 정치적 역할

그람시는 자본주의로부터 사회주의로의 변형은 경제구조의 분석뿐만 아니라 지배자와 피지배자(지도자, 당과 대중 사이)간의 관계에 대한 분석도 요구한다고 주장한 점에서 다른 전통적 맑스주의자와 다르다. 그는 혁명이 성공하려면 혁명이 전 민중을 대표하고 부르주아 이데올로기가 선전한 관점과는 반대로 착취계급이 사실상 소수임을 논증해야 한다고 확신하였다. 이것은 헤게모니라는 지난한 문제, 즉 민중 다수의 동의를 얻어내야 하는 문제를 제기한 것이다. 그람시는 부르주아국가가 이렇게 오랫동안 존속되는 중요한 원인들 중의 하나가 부르주아의 대립집단들이 종종 자신들의 계급이익에 반하는 사항에 동의하도록 하는 '보편적 합의'의 기치 아래에 한 특정집단의 분파적 계급이익을 은폐시킴으로써 그 헤

게모니를 보존하기 때문이라는 환상에 빠져들지 않았다. 그람시는 다음과
같이 쓰고 있다.

> 특정집단(권력을 소유한)의 발전과 팽창은 모든 민족적 에너지의 보편적
> 팽창과 발전의 동력이 되는 것으로 인식되어왔다. 달리 말해서 지배집단은 구
> 체적으로 종속집단들의 일반이익과 조화를 이루며 국가의 생명은 기본집단의
> 이익과 종속집단들의 이익 간의 불안정한 균형(법적 차원에서), 즉 편협한 조
> 합적 경제이익의 결손을 중단시키면서 지배집단의 이익이 특정한도 내에서만
> 퍼져나가도록 하는 균형을 폐지시키는 계속적인 과정으로 인식되었다.

그람시는 진정한 사회주의 사회에서 다수의 동의는 민주적이고 참여적
형태로 획득되어야 한다고 하였다. 달리 말해서 새로운 헤게모니를 위해
요청된 합의는 단지 상상으로가 아니라 실제로 노동계급의 보편이익을
반영해야 했다. 그러한 합의에 도달하기 위해 지식인의 역할이 필수불가
결하다.

여기에서 그람시는 정치를 국가에 한정시킴으로써 민족 민중적 차원에
서 이데올로기가 수행하는 중추적 역할을 과소평가한 레닌의『국가와 혁
명』의 주제를 극복하고 있다. 그람시는 이 역할이 자본주의국가에서 사회
주의국가로의 이행과 궁극적인 국가소멸하에 있어 결정적인 것이라고 믿
었다. 사회현실의 경제적·문화적·정치적인 다양한 측면들이 새로운 이익
연합으로 함께 집단화될 수 있는 새 '역사블록'을 만들기 위해서 그람시
는 막 부상하는 혁명운동이 대안적인 지도형태 또는 헤게모니를 확립하
는 데 목표를 둔 구체적인 민주적 맥락에 주의 깊은 관심을 기울여야 할
것임을 지적하였다. 이것은 노동계급의 새 '유기적' 지식인들이 자신들의
독특한 역사환경에 발 딛고 서서 민중의 진정한 욕구와 열망을 확인하고
조직화할 수 있을 것을 요구하고 있다. 따라서 총체적으로 민중을 표현하
는 민족전통의 역할은 전통적 맑스주의가 신봉했던 만큼 주변적이라기보
다 사회의 혁명적 변화의 계획에 절대 필요한 것이다. '민족-민중적' 의지
에 대한 적절한 이해만 있다면 사회의 다양한 집단들은 편협한 분파이익
을 극복할 수 있는 새 역사블록(또는 이익연합)을 창조하면서 노동계급과
연합할 수 있다. 이것의 달성은 항상 특정단계의 대화와 타협과 관련이

있으며 많은 이들이 그람시를 '유로코뮤니즘'의 선구자로 간주하는 이유를 설명하는 요인들과 관련이 있다.

그람시는 그 같은 민족적 합의에 도달하는 데 실패한다는 것은 결국 대중의 적극적인 참여로부터 분리된 사회변화를 창출해내는 국가권력에 대한 준종교적 신앙인 '국가숭배(statology)' 또는 '케사리즘(Caesarism)'으로 이끄는 것이라고 믿었다. 현실국가의 실제적 제도와 관습들에 대한 그람시의 광범위한 연구들은 그로 하여금 국가가 계급도구일 뿐만 아니라 복잡한 관계망이라는 것을 인정하지 않을 수 없도록 하였다. 각 국가가 그 권위를 이끌어내는 지대는 이데올로기적 지배와 합의의 관계들이라는 차원이다. 따라서 그람시는 국가권력이 기본적으로 경제적 토대(그리고 소유권자의 특정한 계급이익)와 관련이 있다고 인정하면서도 전통 맑스주의가 고수했던 대로 의례적인 일대일의 대응관계라는 관점에 서서 후자가 전자를 반영한다고 보는 데 반대하였다. 그람시에게는 국가와 경제적인 지배계급 간의 관계가 단순하거나 인과적으로 단선적인 게 아니다. 그것은 지식인(지배자와 피지배자 사이의 중개자로서)이 결정적 역할을 하는 이데올로기적 관계들의 복합체에 의해 중재된다. 결과적으로 사회주의 사회의 창조는 한 지배집단을 다른 지배집단(설령 진보적이라 하더라도)으로 대치시키는 문제라기보다 민중에 의한 새 지식조직을 확립하는 문제이다.

새 '민족-민중적' 합의를 성취하는 데 있어 지식인들이 행하는 역할에 대한 적절한 평가는 그람시의 '기동전'(war of movement: 러시아 10월혁명처럼 노동계급들과 국가 사이의 정면적이고 빈번히 일어나는 격렬한 대치)과 '진지전'(war of position: 통치정부의 권위가 크게는 시민사회에 대한 국가개입과 사회적·문화적 수준에서의 집단적·민족적 조직의 결과로서 얻어진, 어느 정도의 민중동의에 기반을 둔 근대적 선진 산업사회의 환경에 더욱 부합되는 복잡하고 장기화된 투쟁) 사이에 보이는 뚜렷한 차이점의 관점에서 볼 때 특히 시급하다. 진지전의 효과적 전략은 그람시에 의해 "전후시대가 제기한 정치이론의 가장 중요한 문제"(『옥중 수고』)로서 묘사되었다. 그는 동구와 서구의 혁명조건들 사이의 중대한 차이점을 다음과 같이 규정하고 있다.

러시아에서 국가는 전부이며 시민사회는 원시적이고 고착화되었다. 서구에서는 국가와 시민사회 간에 적절한 관계가 유지되며 국가가 흔들릴 때 시민사회의 견고한 구조가 즉각 출현한다. 국가는 단지 외부의 도랑일 뿐이며 그 뒤에 성채와 토루 등의 강력한 체계가 버티고 있다. 이것은 수많은 국가들의 경우에도 해당됨은 두말할 나위가 없는 것이지만 각 국가마다의 정확한 정찰을 필요로 하고 있다(『옥중 수고』).

그람시는 민중혁명의 관념이 지속되는 한 진지전은 항상 기동전보다 우위에 있어야 한다고 하였다. 그리고 진지전은 새 사회가 건설과정에 있는 한 국가권력의 이전 후에도 계속 수행되어야 한다. 따라서 국가권력의 혁명적 이전(광범위한 헤게모니적 영향력의 다양성 가운데 나타나는 한 국면)은 '지적이고 도덕적인' 혁명에 의해 수반될 필요가 있다. 그 혁명은 민중들의 총체적인 세계개념(예를 들어 계몽주의나 프로테스탄트 개혁에 의해 야기된 변화들과 같은), 즉 민중들이 경제의 생산력, 정치조직제도들, 종교, 민족, 민속과 다른 문화전통들과 맺는 각 개인들 간의 관계를 스스로 지각하는 과정에서 근본적 변화가 일어날 것을 요구하고 있다. 이같은 '지적' 혁명이 없다면 노동계급운동은 합의에 토대를 둔 활력 넘치는 지도력 문제에 적절히 대응하는 데 실패할 수밖에 없다. 그람시가 주목한 대로 노동계급은 "이미 정부권력(실제로 이것은 그러한 권력을 획득하기 위한 주요조건들 중의 하나이다)을 쟁취하기 이전에 지도력을 행사해야만 한다. 이에 이어 지도력은 권력을 행사하게 될 때 지배적으로 되지만 그러나 권력을 확고하게 잡았을 때도 또한 '지도'는 계속되어야 한다. 권력이 효율적인 지도를 발휘하기 위해 부여한 물리력에만 의존해서는 안 된다"(『옥중 수고』). 새로운 합의와 지배자와 피지배자간의 관계를 조직하는 자로서 지식인들은 그 같은 지도력을 발휘하는 중요한 자질을 갖추고 있다

그람시가 '민족-민중적' 전통들의 지적 재생에 대한 필요성을 인식하게 된 것은 혁명이 새로운 사회를 창조함으로써 과거와의 완벽한 단절을 상징한다고 보는 시각에서 출발했다. 여기에서 그람시는 기존사회에서 시작되어 권력의 이전 후에도 계속되는 연속체인 '과정으로서의 혁명' 모델을 발전시켰다. 그람시에게 국가권력의 실제적 이전은 자본주의를 극복하려

는 대중들의 계속된 조직적 투쟁 속에서 결정적 계기이기는 하지만 단지 하나의 계기에 지나지 않는 것이다. 물론 이 접근법은 10월혁명 모델(기동전)이 선진 산업사회에서는 더이상 실행될 수 없으며 단지 국가권력 또는 조합권력의 수준에서뿐만 아니라 시민사회의 모든 수준에서 작용하는 전략적인 진지전에 의해 대치되어야만 한다는 그람시의 확신에 의해 더욱 부추겨졌다. 그람시는 20세기에는 서구 통치계급들이 외면적 힘 또는 강제보다는 대중여론에 대한 '헤게모니적' 조작에 의해 지배하리라고 내다보았다.

따라서 진정한 사회주의혁명은 소수의 엘리트가 아닌 새로운 지적 '세계개념'에 의해 동기 부여된 민중들에 의해서만 성취될 수 있다. 사회주의로의 이행은 국가지배의 자본주의체계뿐만 아니라 민중들의 제가치, 열망, 충성심과 이해를 전체적으로 통제하는 이데올로기적 헤게모니 기구를 극복하는 것까지 포함하고 있다. 그람시에게는 이것이 가능하려면 지식과 과학에 대한 완벽한 접근이 가능해야 했다. 예를 들어 노동계급은 근대과학의 진보에 대한 적절한 이해가 없이는 기계적 생산수단들을 올바르게 소유할 수 없다. 그러나 그람시는 과학연구가 관료적 관례에 의해 방해를 받는 소비에트체제에서는 이 같은 접근이 가능하다고 보지 않았다.

편협한 작자들이 최상급의 지성, 개방성, 정신의 참신함과 과학적 발명성을 요구하는 비판적 시각을 독점해왔다. 이들은 단지 그 교조적 입장 때문에 과학에서보다 과학의 서지학과 더불어 유리한 지점을 가까스로 유지하고 있다. 경화된 사고형태는 이 문제에서 가장 큰 위험이다. 특정의 혼란스런 무질서가 이전에 구성된 입장들을 속물적으로 방어하는 것보다 낫다(『옥중 수고』).

지적 민주주의인 '과정으로서의 혁명'에 대한 대안은 그람시가 '수동혁명(受動革命)'으로 정의한 것이다. 이것은 국민의 적극적 주창 없이, 따라서 기본적 권력관계에서 실질적 변화가 없는 채 '위에서'(국가의 통치엘리트들로부터) 유래된 역사의 변동형태이다. 그람시는 원래 버크와 보수주의 전통으로부터 시작된 수동혁명 현상이 이탈리아 민족국가의 건국, 미국의 과학적 경영과 합리화된 생산의 도입(그가 '테일러주의,' '포드주의' 또는 '미국주의'라 부른 것) 또는 가장 격렬하게는 현대 파시즘의 흥기에서 목격된다고 말한다. 그람시는 수동혁명은 국민의 의식적 의지에 적극적으로 개입하지 않고서 대중적 지지기반을 확장시키는 온건한 경제적 또는 정치적 개혁을 제도화함으로써 소수집단의 수중에 지배를 보존케 하려는 현대자본주의의 가장 효과적 창안들 중의 하나라고 하였다. 그람시가 『옥중 수고』 제22권에서 밝힌 대로 파시즘은 "자유주의가 19세기에 속하듯이 20세기에 속하는 수동혁명"의 가장 뚜렷한 형태이다.

그람시에 따르면 '수동혁명'의 반동적 책략들은 헤게모니 차원에 속한다. 왜냐하면 헤게모니의 가장 기본적 문제는 혁명가들이 권력을 장악하는 방법이 아니라 이들이 국민 다수에 의해 진정한 지도자 또는 안내자로서 받아들여지는 방법이기 때문이다. 따라서 혁명가들은 첫째, 국민의 지적 동의를 얻을 수 있는 방법과 둘째, 그들이 권력의 관점에 서서 적극적으로 지도력을 나타내는 방법과 시기와 연계되는 딜레마를 고려해야만 한다. 에릭 홉스봄은 이 딜레마를 상당히 구체적으로 나타내는 현대적 사례들을 제공하고 있다.

> 1945년 폴란드 공산당들은 권력을 장악하고 헤게모니를 행사할 준비가 되어 있었으나 그때까지도 이 나라에서 헤게모니적 세력으로 인정받지 못했던 듯하다. 1918년 독일 사회민주주의자들은 헤게모니 세력으로 수용되었던 듯하나 그 책임을 떠맡기를 거부했다. 바로 여기에 독일혁명의 비극이 존재하고 있다. 체코슬로바키아 공산당들은 1945년과 1968년에 헤게모니 세력으로 받아들여졌고 그 준비를 갖췄던 게 확실하지만 그렇게 하도록 용납되지 못했다. 권력 이행 전, 진행중 또는 이행 후의 헤게모니를 위한 투쟁은 모든 상황에서 결정적인 것으로 남아 있다. 권력만으로는, 심지어는 혁명권력들조차도 그것을 대신할 수 없다(「그람시와 맑스주의자의 정치이론」, 『그람시에 대한 고찰』).

그람시는 극도로 연속성과 혁명의 변증법에 민감하였다. 그는 혁명은 민족이 겪은 역사의 부정인 동시에 완성임을 인식하였다. 혁명은 국민의 현존하는 '민족-민중적' 이데올로기를 변화시킬 뿐만 아니라 의의 있는 방법으로 이 이데올로기를 보존한다. 그리고 앞에서 살펴보았듯이 그람시는 20세기에 자본주의가 생존하는 방법은 단순하게 경제적·정치적 지배

수단에 의해서가 아니라 지배자들의 계급이익을 민족이익 위에 은폐시키는 데 성공했기 때문이라는 사실을 충분히 인지한 최초의 맑스주의 이론가였다. 이 계급과 민족을 이데올로기적으로 동일화시킨 헤게모니의 실천만이 모국 또는 왕과 조국 같은 '민족-민중적' 관념들을 방어하면서 계급차이를 극복하는 통치자들과 피통치자들의 숱한 예를 적절히 설명해낼 수 있다. 파리코뮌조차도 크게는 혁명적 애국주의에 의해 유발되었다. 따라서 그람시는 '민족-민중적' 합의의 역할이 반동적이거나 진보적일 수 있음을 알고 있었다. 그것은 '관료적 중앙집권주의(수동적·간접적 방식으로 개인 또는 집단이 국가 또는 민족의 총체성과 동일시되는 곳에서)' 아니면 '민주적 중앙집권주의(각각의 집단들의 합의가 적극적·직접적 참여의 형태를 취하는 곳에서)'로 이끌 수 있다.

그람시가 사회주의의 미래에 대한 계획과 그것이 대치하려고 하는 사회주의 이전의 과거 또는 현재와의 유기적 관계를 무시한 어떤 유토피아적 견해도 회의했다는 것은 당연하다. 그는 사회주의란 사회적으로 공유하는 경제로 선회하고 5개년 계획으로 생산력 통제를 시도하는 것만으로는 성취될 수 없거나 지속될 수 없다고 주장하였다. 사회주의의 생산 목적은 경제학의 순수한 기술문제로 고립될 수 없다. 그것은 첫째, 사회의 법적·정치적·문화적인 모든 이데올로기적 제도들의 변형과 둘째, 국민의 '적극적이고 의식적인 공동참여'에 기반을 둔 '집단의지'를 개발하기 위해 지도자들, 당과 대중들 사이의 전체적 관계가 변형될 것을 요구하고 있다. 결과적으로 혁명은 생산수단의 도구적 변형이 아니라 새 의식으로 귀결되는 인간 잠재력의 지적 변형으로 간주되어야 한다. 따라서 그람시는 '현대의 군주' 또는 '집단적 지식인'이라고 명명한 혁명당만이 '민족-민중적 집단의지'의 유효한 표현이 되는 한도 내에서 진정한 역사운동이 될 수 있다고 주장하고 있다. 말하자면 혁명당은 "현대문명의 탁월한, 총체적 형태의 실현을 향하여 … 연속적 발전을 위한 영토의 창조를 의미하는 지적·도덕적 개혁의 선언자이며 조직자인 것이다"(『옥중 수고』).

그람시는 혁명운동의 초미의 과업은 민주적인 지적 개혁의 과정을 시작함으로써 대중의 동의토대를 확대시키는 것이라고 주장하였다. 그가 옥중 저작에서 밝힌 대로 "인류 다수는 자신을 '구별'해내지도, 광범위한 의미에서 스스로를 조직하지 않고서는 자립적일 수도 없으며 지식인 없는 조직은 있을 수 없기"(『옥중 수고』) 때문이다. 사적 유물론에 의해 선언된 이론과 실천의 통일은 "단지 소수의 지적 집단만이 아닌 대중의 진보"(앞의 책)도 포괄할 수 있는 '지적·도덕적 블록'의 건설을 요구하고 있다. 따라서 그람시는 혁명운동의 새 유기적 지식인들이 직면한 가장 중요한 문제는 "항상 지배자와 피지배자가 존재해야 하는 근거, 또는 이같은 분할이 더이상 필요하지 않은 조건들을 창출하는 목적, 달리 말해서 인간 종속의 영원한 분할이라는 최초의 전제 또는 이 분할이 단지 특정조건들에 대응한 역사적 사실이라는 믿음"(『옥중 수고』) 등이라고 보았다. 이 질문에 대한 그람시의 대답은 분명하다.

위의 분석에 비춰볼 때 우리는 그람시가 자신의 주요저작인 『옥중 수고』를 러시아혁명, 서구 유럽에서 패배를 맛본 노동운동(특히 튜린에서), 파시즘 홍기와 선진 산업국가 자본주의의 정반대인 재조직('포드주의' 현상으로 전형화된)의 결과로 인해 생긴 지식인의 근대적 정치기능에 대한 탐구로서 인식한 이유를 더욱 잘 알 수 있을 것이다. 여덟 번째 수고에서 그람시는 「이탈리아 지식인사에 대한 산만한 메모와 주석들」이라는 의미 심장한 표제하에 자신의 옥중 연구의 모든 주요 주제들을 개요한 색인을 제공하고 있다.

에른스트 블로흐
Ernst Bloch

블로흐는 1855년 독일 루드빅샤프텐의 유태계 부모에게서 태어났다. 동세대의 많은 급진적 독일 사상가들처럼 그는 1917년 사회민주주의자 혁명과 러시아 혁명의 사적 경험에 깊이 침잠하였다. 블로흐는 사회주의 혁명의 목표가 과학적 사회주의 또는 속류 맑스주의의 편협한 한계 내에 갇힐 수 없는 유토피아적 해방이라고 믿은 인간적 마르크시스트들의 전위에서 최초의 인물이었다.

블로흐는 또 다른 유태계 혈통의 독일 맑스주의자인 절친한 친구 발터 벤야민과 함께 변증법적 유물론에 대한 혁명적 실행을 그 스스로 특정한 문화적·종교적 그리고 형이상학적 전통들로 표현된다고 믿은 미래지향적 희망과 결합시키려는 열망을 공유하였다.

블로흐는 종교와 예술의 유토피아적 심수(心髓)가 변증법적 맑스주의의 역사적 영역으로 회복되었다는 주장을 함으로써 '혁명이론가'라는 별명을 얻게 되었다. 블로흐의 초기 저작들 중의 하나는 『혁명이론가 토마스 뮤엔저』라는 제목의 18세기 독일 농민봉기의 메시아적 사회주의에 대한 연구였다. 『유토피아의 정신』, 『희망의 원리』 그리고 『미래의 철학』 같은 그의 다른 주요한 출판물들의 제목과 중대 관심사들도 이와 같은 방향을 나타내고 있다.

블로흐는 혁명이 인간의 초절성, 신비, 희망과 순전한 기술적 추리에 대한 도덕적 비판 같은 정신적 경험들을 근본적으로 이해할 수 있도록 구체화시키지 않는 한 영혼이 빠진 교조주의로 전락되고 말 것임을 재차 서술하였다. 블로흐가 우익 지식인들에 의해 '변절한 공산당'으로, 좌익 스탈린주의자들에 의해 '부르주아 휴머니스트'로 거부된 것도 당연했다. 1938년 그는 미국으로 이주했지만 동독으로 다시 돌아와 라이프치히의 칼 맑스 대학에서 전후 여러 해 동안 철학 교수를 역임했다. 그러나 그는 자신의 저작과 강의에 나타나는 '신학적' 편향성에 대한 당국의 끊임없는 불만 때문에 1950년대 후반 베를린 장벽이 막 생겼을 당시 라이프치히 대학을 은퇴하지 않을 수 없었고 이어 서독으로 이주하였다. 따라서 블로흐가 자신의 기념비적인 세 권의 책, 『희망의 원리』를 완성하고 신좌익의 숱한 지적 논쟁에 뛰어든 것도 서구에 거주하는 비정통적인 맑스주의자 망명자로서였다. 블로흐는 1960년대와 70년대에 광범위하게 영어로 번역되었고 학생봉기와 해방신학의 지도적 영감인 것으로 증명되었다.

1

맑스주의 이론에 대한 블로흐의 가장 독창적 공헌은 엄밀한 의미에서 경제학보다는 문화사의 영역에 있다. 그는 정통적 맑스주의의 '하부구조'적 분석이 예술, 종교와 철학 같은 '상부구조들'의 변증법적 작용을 비판적으로 분석함으로써 보충될 필요성이 있다고 보았다. 그는 변증법적 유물론의 원리에 기초한 정치경제학의 타당성을 부정하지 않았다. 그는 이것이 맑스주의 이론에 대한 전부는 아니라고 단언하였다. 블로흐에게는 생산력과 생산관계(프롤레타리아와 자본가) 사이의 적대감이 혁명적 투쟁의 원천으로 남았다. 그는 적대감을 효과적 원인으로 인식하였다. 그러나 혁명의 방향은 또 다른 맑스주의자 분석의 영역인 궁극적 원인의 영역을 포함하였다. 이것은 전통적 형이상학이 '신학'으로 언급한 것과 신학이 '종말론'이라고 언급한 것이었다. 이 종말론은 최후의 사태와 왕국의 도래에 관한 학문으로서 블로흐는 이를 '유토피아'라 명명하고 있다.

블로흐는 항상 초점을 맑스주의의 실증주의적 국면보다는 철학적 국면에 두었다. 이 측면에서 그는 루카치, 브레히트, 벤야민 그리고 1930년대부터 그와 풍성한 비판적 대화에 함께 참여했던 프랑크푸르트 학파가 발전시킨 맑스주의 이론의 새로운 인본주의운동의 동조자가 되었다.

그러나 블로흐의 사상이 뚜렷하게 구세주적 전망으로 특징지어진다면 그것은 세속적 관심사로 위탁되는 것이다. 블로흐는 완벽한 정의의 왕국이라는 신학적 꿈을 예찬하였다. 그는 새로움(novum)과 타자(plus ultra) 같은 미래의 가능성 속에 들어 있는 희망의 패러다임이 없다면 현재의 소외된 조건들에 저항할 이유가 없다고 확신했기 때문이다. 그는 신학이 변증법적 유물론을 통해 이 세계로 돌아올 필요가 있는 것처럼 변증법적 유물론도 계속되는 혁명적 투쟁의 정신적 발효소인 초절성이라는 미래의 영역을 개방시키기 위해 희망을 필요로 한다고 주장하였다. 일단 혁명이 그 양심으로부터 정신적 미래를 지워버리게 되면 혁명은 그 스스로를 배반하고 사적 유물론이 되기를 그친다.

철학으로부터 문화이론, 정치이론에 이르는 약 20개의 주요작품들로 헤아려지는 블로흐의 '리듬이 복합적인' 작품들을 관통한 가장 중요한 관심사는 유토피아이다. 블로흐에게는 비판적 유토피아의 연구계획이 근본적으로 변형된 세계를 향한 인간의 열망을 정기적으로 목격하는 것이다. 이것은 모든 인간문화의 꿈과 관념들이 아무리 다양하다 해도 이들이 모두 포괄될 수 있는 보편적 연구계획이다. 『미래의 철학』과 같은 저작에서 블로흐가 『성경』, 버질의 『에이니드』, 괴테의 『파우스트』 또는 헤겔의 『정신현상학』과 더불어 정치사에 대한 맑스의 저작을 같이 인용한 데 대해 회한이 없었던 것도 이 이유 때문이다. 그의 작품들에서 반복하여 블로흐는 그 스스로 마르크시스트 이론의 의무는 그 진정한 역사적 의미를 재평가하고 회복하는 것이라고 믿었고 이 같은 유토피아의 꿈의 원형들을 예증하였다. 실로 블로흐가 좋아했고 앞에서 인용한 바 있는 격언들 중의 하나는 맑스가 1843년 루게에게 보낸 다음과 같은 견해였다. "오랫동안 세계는 우리가 현실 속에서 그것을 소유하고 싶어 한다면 분명히 이해해야 할 것을 꿈꾸어왔다. 그것은 과거와 현재와의 단절이라는 문제가 아니라 과거의 계획들을 실현하는 문제임이 증명될 것이다."

블로흐는 '플라톤으로부터 헤겔과 독일 이상주의자들'에게까지 이르는 '열망의 형이상학'들 중에서 가장 훌륭한 전통들과 새로운 변증법적 유물론인 혁명적 맑스주의 간의 철학적 융합을 추구하였다. 그는 이상주의를 유물화시키고 유물론을 이상화시키려 했다. 물론 전통적으로 대립된 철학들에 대한 이 이원적 충성심이 어려움이나 갈등조차 겪지 않은 것은 아니다. 때때로 공산당(그는 결코 가입한 적이 없긴 했지만)의 교조적 원리들과 블로흐의 혁신적 '실험주의'(벤야민은 블로흐를 독일 전위파 수필의 거장으로서 찬양하였다)를 화해시키기 위해서 블로흐의 고통스런 시도들이 인용될 필요가 있다. 블로흐의 지적인 연구계획에 들어 있는 거의 모든 것들처럼 맑스주의 유물론과 전통적 이상주의의 정신적 동경들 간에 빚어지는 갈등의 궁극적 해결은 끝끝내 하나의 기정사실이라기보다는 유토피아적 가능성으로 남았다.

우리는 세계를 해석할 뿐만 아니라 변화시켜야 한다는 맑스의 유명한 명제를 블로흐는 그 자체 철학의 목적으로서가 아니라 추상적 사유를 역사적 실천계획으로 옮기라는 의미로 파악하였다. 블로흐에게는 변증법적 유물론이 철학의 지위를 지닌, 즉 세계가 근본적 변화의 가능성임을 이해하려 노력하는 철학으로 보였다. 그는 맑스의 선언에 가해진 모든 환원주의적 해석에 저항하였다. 그는 이 선언이 기쁨이 고갈된 실용주의의 편에 서서 상상력이 풍부한 지적 탐험을 포기하라고 하는 소환장이 아니라고 하였다. 블로흐는 역사의 '사실들'은 총체적인 역사적 전망이라는 변증법적 관점에서 고려될 때만 의미가 있을 수 있다고 계속해 주장하였다. 그리고 이것은 현재에 쏟아지는 즉각적인 관심만큼이나 망각된 과거의 지평과 채 발견되지 않은 미래의 지평에 세심한 주의가 두어져야 할 것을 요구하고 있다.

진행 중인 변화의 역사적 변증법 안으로 맑스 이론을 다시 참여시켜야 할 필요성을 확신했기 때문에 그는 자주 루카치 또는 프랑크푸르트 학파와 닮은 '헤겔주의 맑스주의자'로 묘사되곤 한다. 블로흐는 미국 비평가인 딕 하워드에게 루카치의 『역사와 계급의식』이 자신의 초기 저작들에 빚진 만큼 자신의 처녀작인 『유토피아의 정신』이 초기 루카치에게 빚지고 있음을 손수 지적하였다. 이 두 맑스 사상가는 원래 독일 이상주의라는 공통된 철학 전통, 즉 그 찬란한 선구자들 가운데서 괴테, 칸트와 헤겔을 꼽을 수 있으며 블로흐와 루카치가 신봉한 대로 맑스주의가 야기한 변증법적 '유물론화' 속에서 그 진정한 찬양적 표현을 찾을 수 있는 전통에서 출생했다. 두 사상가는 주체와 객체의 이상주의적 이원성을 극복하려고 노력하면서 역사를 의식과 물질 간의 변증법적 중개영역으로 서술하였다. 비슷하게도 둘은 전통적 형이상학과 실증주의를 지배했던 구체화된 현재라는 정적 범주를 파열시켰다. 블로흐가 루카치의『역사와 계급의식』에 대한 논평에서 말한 대로 현재(now)는 변증법적으로 "미래를 … 새로운 것의 탄생을 창출할 수 있는 대립된 조류들"의 관점에서 이해될 수 있다.

하지만 블로흐는 계급의식의 결정적 역할에 대한 문제를 놓고 루카치와 갈라섰다. 그는 루카치가 인간경험의 문제들에 대해 미숙한 당노선의 해결안을 제안했고, 따라서 '새로운 것의 질적 도약'에 대해 개방적으로 남아 있을 필요성을 과소평가하는 역사의 '사회학적 균질화'를 저질렀다고 고발하였다.

사실 루카치는 '세계의 비밀들'의 출현만큼이나 블로흐나 벤야민이 소중히 했던 '사건의 의미'에 대해 충분한 고려를 하지 않았다. 그리고 루카치가 당원이 되어 역사적 환경의 실용적 필요성에 선뜻 자신의 이론을 조화시켜나가는 동안에도 블로흐는 어느 활동도 하지 않았다. 벤야민처럼 블로흐는 '사막을 가로지르며'(블로흐가 좋아하는 모티프이며 1923년 출판된 다른 초기 작품의 제목) 영원히 방황하는 비판적 방랑아로 남는 것이 맑스주의에 최대한 헌신할 수 있는 방법이라고 느꼈다.

블로흐와 루카치 사이의 불화는 '모순'에 대한 상충된 개념에서도 나타났다. 루카치는 모순을 실제적 계급투쟁의 직각적 조건으로 보았고 이와 대조적으로 블로흐는 현재의 사회정치적 모순들이 적어도 부분적으로나마 과거 또는 미래의 역사발전의 경향들로부터 파생된 현재적이지 않은 모순들에 의해 결정된다고 보는 '모순의 찰나성'을 얘기하였다. 블로흐가 보기에 이 같은 분석은 맑스주의로 하여금 잊힌 과거의 '성취되지 못한 의도,' 즉 전 세대들의 사회적이고 문화적인 전망 속에 기록된 공정하고 조화로우며 고립되지 않은 사회가 품었던 다양한 계획들을 재생시키게 하고 동시에 현재의 역사적 투쟁을 '아직은 실현 안 된' 고요한 가능성의 지평을 향한 '개방된 실험체계'로 보존시키게 할 수 있었다. 따라서 블로흐는 혁명적 지식인들이 '태고의 이루지 못한 동화, 신비스런 오래된 존재나 자연의 풀리지 않은 신비'를 계속 염두에 두어야 한다고 주장하였다. 과거의 신비라는 유토피아적 기대들에 대한 이 비판적 관심은 퇴보적 향수의 조짐이 되기는커녕 현재와의 변증법적 연속성을 의식한 것이다.

하지만 블로흐는 역사를 불가피한 단선적 진보로 보는 단순한 관념에 대해서도 똑같이 회의하였다. 그가 주장하듯이 이 관념들은 변증법을 미래가 과학적으로 예측되는 수단과 목적의 합리화로 환원시키는 것이었다. 이들의 종착역은 항상 편협한 준유토피아의 이데올로기이다. 이에 대항하여 블로흐는 역사의 예측불가능한 성격을 주장하였다. 그는 끊임없이 새로움을 향해 질적 도약을 할 수 있는 역사의 숨은 잠재력을 긍정하였다. 과거와 미래는 소극적으로 사유되는 추상화된 문법시제들도 기계적으로 산출될 수 있는 것도 아니다. 이들은 각기 능동적 기억과 능동적 재질로서 기능하면서 오늘날의 비판적 양심으로 작용하고 있다. 물론 경험적 현재 안에서 노동과 생산의 조건들을 분석하는 맑스주의도 필요하다. 그러나 그것만으로는 충분치 못하다. 소외된 노동의 경험적 비판으로서의 과학 그리고 '자유의 왕국'의 비경험적 계획으로서의 유토피아는 서로를 필요로 하고 있다. 현재와 비현재 사이의 이 변증법적 관계가 없다면 블로흐의 주장대로 이성과 희망 사이의 오래된 대립은 극복될 수 없다.

블로흐는 용서받을 수 없는 '주관적 이상주의'의 죄를 범했다고 고발당해왔다. 예를 들어 하버마스는 그를 구세주적 신비주의의 과다복용으로 고통받는 '맑스주의자 셸링'이라 호칭하였다. 다른 맑스주의 논평자들도 브루노(Bruno), 쿠사의 니콜라스(Nicholas of Cusa)와 신의 왕국을 역사속에 잠복한 초월성을 향한 신성한 잠재력과 동일시하는 등의 여러 기독교 신비들에 대한 그의 명백한 열정에 대해 회의적으로 바라보았다. 그러나 이 비평가들은 블로흐의 사상이 유물론과 신비주의, 정치적 헌신과 철학적 거리 사이에서 가능한 중개지점을 찾으면서 흔들거리고 있을 때의 그 변증법적 본질을 온전히 인식하는 데는 실패하고 있는 것이다.

2

블로흐의 작품에서 '가능성'의 개념은 중요한 역할을 하고 있다. 『희망의 원리』에서 그는 이 가능성에서 중요한 두 범주의 윤곽을 그려내었다. 첫째는 인간의식의 주관적 가능성이다. 이것은 그 자체 종교, 예술, 형이상학과 정치이론의 상부구조적 상징주의에서 탁월하게 나타난다. 둘째로는 자연 안에서 역사발전의 물질적 기초로 존재하는 실제적인 객관적 가능성이다. 역사는 가능성의 이 두 지평 사이의 상호변화로부터 파생된 창조적 변증법이다. 이처럼 인간과 자연이 미래의 '동업생산자'가 되도록 하는 것도 이 가능성이다.

이따금 블로흐는 '실제적인 객관적 가능성'이 적절한 환경하에 놓이면 '자연의 부활'이 전개되도록 할 수 있는 물질계 질서의 씨앗이 된다고 서술하였다. 그리고 확장에 의해 아직 실현되지 못한 이 자연의 잠재력은 '여전히 요원한 새로움'을 현실화하기 위해 아직 실현되지 못한 인간의식의 의도들과 결합될 수 있다. 따라서 블로흐는 새로움에 대해 '실현 가능성의 원형을 따라 희망의 실현'이라 정의하고 있다. 그러나 역사의 정수를 '존재해온 것(Da wesen ist gewesen)'으로 보는 헤겔적 이상주의자의 정의와 대조적으로 블로흐는 '아직 존재하지 않는 것(Noch nie so gewesen)'이라는 헤겔적 맑스주의자의 재정의를 제시하였다. 따라서 비판정신의 진정한 기능은 내세적 해결들을 관념적으로 탐구하는 게 아니라 객관적 자연과 주관적 의식 사이의 실제적 잠재력을 소크라테스식 문답법으로 구조해내는 것으로, 즉 역사적 실천의 창조적 노동으로서 해석되어야 한다. 세계를 변화시킬 목적으로 세계를 해석한다는 것은 철학의 맑스주의 산파들을 통해 그 궁극적 과업을 발견했다는 의미이다.

'가능성'의 변증법적 범주는 이상주의자들, 사르트르, 아도르노까지도 주장하듯이 실제의 부정을 요구하는 게 아니다. 베르그송이 말한 대로 그것은 과거의 실제에 대한 소급된 환영으로서는 적절히 이해될 수 없는 것이다. 블로흐에게는 가능성이 실제의 원형이며 미래적 실제인 새로움에 대한 (과거 또는 현재의) 기대이다. 그래서 블로흐는 『칼 맑스에 대하여』에서 "인간의 삶은 무엇보다도 소여된 것 너머로 가려는 초절의 과정"이라고 쓸 수 있었다. 그러나 이 초절의 관념이 결코 역사의 물질적 조건들에 대한 회피를 암시하는 건 아니다. 이것은 결정주의를 거꾸로 세운 것이다. 그리고 그만큼 데모크리투스의 형이상학적 유물론과 엥겔스의 과학적 유물론을 거부하고 있다. 하지만 이 역사적 결정주의의 파계가 노동과 계급이라는 사회경제적 결정요인들로 인해 의식이 역사적 제약을 받는다는 것을 부인하는 게 아니다. 사실상 블로흐의 가능성 이론의 취지는 역사적 조건들과 이들을 초월할 수 있는, 궁극적으로는 이 역사적 조건들을 자유의 왕국으로 변화시킬 수 있는 유토피아적 의식의 힘들 사이에서 일어나는 변증법적 상호관계이다. 여기에서 다시 블로흐는 위대한 예술작품들을 그 창조적 초월의 증거로서 환기시키고 있다. 『미래의 철학』에서 발췌한 다음과 같은 논쟁적 귀절에서, 그는 이 주제에 대해 예술작품의 의미를 처음 생산된 이데올로기적·사회적인 맥락 안으로 제한시켜버리는 루카치의 보다 사회학적인 접근과 대립된 견해를 서술하고 있다.

> 의미 깊은 예술작품은 시간의 흐름으로 퇴색되지 않는다. 그것은 창조적이 아니라 이데올로기적으로 그것이 사회적으로 뿌리박고 있는 시대에 속한다. 중요한 예술작품들의 탁월성과 위대함은 하나의 목표를 향해 전진하고 항해하면서 유토피아의 의미의 영역들이 갖는 충족된 유사성을 통과하는 그 작용에 있는 것이다. 이 경우에 문화적 잉여는 분명 효과적이다. 그것은 특정시대의 이데올로기를 넘어서서 작용하는 것이다. 그리고 게오르그 루카치의 문학이론의, 형식에서조차도 건전한 경제분석과 사회언어학의 도식적 명멸이 복합된 적용은 모든 예술작품의 유토피아적 전망을 흐릴 뿐이다.

루카치가 베케트, 카프카 같은 모더니즘 작가들의 절망을 퇴폐적 허무주의의 증후로 진단한 부분에 대해 블로흐는 동정적으로 희망의 역설적로서 판단하고 있다. 블로흐는 모더니즘 작품들 또는 표현주의 미술에 나타난 '불안한 마음(Angst)'이 보다 나은 존재에 대한 열망을 나타내는, 소외에 대항한 봉기를 요약한 것이라고 하였다. 실로 블로흐는 예술작품의 '부정성'이 예술가의 계급 충성심을 미리 결정짓는 부정적인 사회정치적 조건들의 관점에 의해 설명되는 환원적인 능률적 인과율의 전망에서가 아니라 최후의 인과율이라는 유토피아적 전망에 서서 예술을 전체적으로 분석하였는데 이것은 맑스주의와 현상학적 관용구들의 기묘한 혼합을 증명하고 있다. 예를 들면 때때로 상징주의 역할에 대한 블로흐의 이론적 평가가 실제적으로는 루카치나 레닌의 유물론적 해석학보다 하이데거나 리쾨르의 현상학적 해석학에 보다 근접해 있다. 리쾨르처럼 그는 상징들을 소급하여 분석함으로써 그 내용의 구성 부분들을 시간적으로 앞선 원인들로 국한시키려는 '속류' 유물론자들이나 편협한 프로이트주의자들의 '의심의 해석학'보다는 상징들이 열어놓은 '가능성의 세계들'의 관점에 서서 전망적으로 상징들을 해석하는 '긍정의 해석학'을 선호하고 있다. 블로흐가『희망의 원리』에서 쓴 대로 예술작품은 계급이익의 이데올로기적 편향을 수동적으로 비추는 거울이기는커녕 가능성들의 실험실이며 카니발이다. 이 실험실 은유는 예술이 가장 모험적이고 실험성이 강한 측면이긴 하지만 역사의 노동과정의 한 측면이라고 보는 블로흐의 견해를 표출한 점에서 특히 흥미롭다. 한편 카니발 은유는 미학적 산출물들이 우리를 신선함, 괴이함과 경이의 경험 안으로 해방시켜준다는 의미에서 근본적으로 유희적인 것임을 시사하고 있다. 달리 표현하면 예술형식의 외형은 그 산출의 역사적 제약을 반영하며 그 대안이 될 만한 경험적 가능성들에 대한 기대로서 이 제약을 극복하고 있다. 이같은 분석의 토대 위에서 블로흐는 문학에서 일어난 모더니즘 혁명의 긴급사태를 정치의 맑시즘 혁명과 일치시키는 데 루카치 같은 이들보다 어려움을 덜 겪고 있다.

3

하지만 유토피아의 가능성에 대한 블로흐의 연구가 미학적 가치에 국한되는 것은 아니다. 그것은 과학의 작용도 포함한다. 예술과 과학의 엄격한 구별은 진정한 변증법적 이해를 위해 지지될 수 없음이 선언되었다. 갈릴레오, 케플러 또는 뉴턴 같은 이들의 모든 위대한 과학적 발견들은 블로흐가 '객관적으로 새로운 가능성'이라고 명명했던 것에 대해 이들 스스로 창조적 상상을 했음을 전제하고 있다. 확실히 이 같은 상상력들은 종교적 열정이나 미학적 형태가 아닌 상상의 이상적 유형들에 의해서, 예를 들어 물리학자들의 발견은 새로운 증거가 있는 미래의 영역을 향하여 경험적 소여를 뛰어 넘으려는 모험적 가설들로서 애초에 시작되었다. 지금 입증된 사실은 한때는 상상에 의한 가능성에 지나지 않았다. 또는 블로흐가 『미래의 철학』에서 서술한 대로 과학적 발명은 "결코 현존하는 사실들로 환원될 수 없는 정수의 예측적 도형(Spuren)"을 포함하고 있다. 이것은 그 "가정적인 이상적 유형들의 방향이 단지 과정에서 그 자체를 수정시키는 것이지 사실적 진실과 다르게 존재하면서 바로 그 경우에 해당되는 사실에 의해 수정되지는 않기 때문이다." 결론적으로 과학이 물질세계를 다루는 동안에, 과학은 창조적으로 '과정의 경향과 객관적이고 실제적인 가능성'을 실험할 수 있는 한도까지 발전해갈 수 있다. 이것은 과학이 수정된 사실체계로 정체되도록 허용치 않는 방법론적 타자에 의해 본질적으로 동기부여되었음을 의미하는 것이다. 더군다나 이것은 실험적 관찰의 모든 속성적 정의가 정향적 정의를 전제하고 있음을 확신시키고 있다. 따라서 과학은 변증법의 유토피아적 영역들로 향하고 있는 객관적이고 실제적인 가능성들을 드러내는 데에도 협력하고 있다. 따라서 블로흐는 이 과학적 연구의 유토피아적 역할을 "그 자체를 실험하며 역사적 과정에서 자체의 가능한 형식들을 창조해내는 세계"(『미래의 철학』)로 묘사하고 있다.

과학적, 예술적, 종교적 그리고 철학적인 모든 인간의 문화적 계획들은 신학적 가능성이라는 하나의 공통된 영역을 공유하고 있다. 블로흐는 가능성에 대한 경향적 기대에 대해 『희망의 원리』에 있는 「가능성의 범주」란 표제의 연구에서 상세히 설명하고 있다. 여기에서 블로흐는 물질세계의 가능성 안에 있는 존재에 의해 인도되는 동시에 물질세계로 향한 이론적이거나 실제적인 우리의 접근을 인도하는 '가능성을 쫓는 존재'를 우리의 다양한 문화활동들이 폭로한다고 암시하였다. 이와 같이 블로흐는 『물리학』에서 아리스토텔레스의 가능성 관념을 맑스주의적 헤겔주의 독법으로 볼 것을 제안하고 있다. 그는 아리스토텔레스가 발견한 물질적 권력의 역동적 성격을 적절한 역사적 전망 안에 재배치하고 있다. 아리스토텔레스에게는 모든 권력이 분투하는 최후의 목표(telos)란 근본적으로 역사적 시간과 물질을 초월하는, 영원하고 불변한 실제성의 사상인 신성한 자기

사색(Di ine Self-Thinking)이다. 이와 대조적으로 블로흐에게 궁극적 목
표는 이 순간적이며 물질적인 지상에서 실현되어야 할 미래의 '자유의 왕
국'의 가능성이다. 블로흐는 이 유토피아의 목표가 정신의 주관적 가능성
과 자연의 객관적 가능성을 자극한다고 주장하였다. 따라서 그는 "이론과
실천은 객관적이고 실제적인 가능성의 양식들에 대한 심문과 밀접하게
연결되어 있다"(앞의 책)고 선언하였다.

블로흐가 목적(Telos) 또는 새로움(Novum)이라고 부르는 가능성은 현
실에 거주하는 실제의 자유로운 공간의 형태를 취하고 있다. 이처럼 가능
성은 동일시화가 불가능한, 현재적이지 않은 자체로부터 탈구하여 아직
존재하지 않는 것을 지향함으로써 역사가 변화에 개방적일 수 있도록 한
다. 블로흐에게는 그러한 목적이 추상적이고 사변적인 고정물일 수 없다.
그것은 "실제적 가능성의 모습으로 희망의 얼굴을 드러내면서 우리 세계
의 모든 표상들이 출현되는 비옥한 자궁"(앞의 책)이다. 일단 유토피아가
맑스주의와 헤겔주의간의 변증법적 관점에서 이해되자마자 유토피아는
단지 정신이 아니라 그 자체 역사적 초월의 필수불가결한 요인으로서 물
질을 드러낸다. 그러나 이러한 종류의 이해는 주체와 객체의 인식론적 범
주들 간의 새로운 관계를 요구하고 있다. 그리고 블로흐는 근본적으로 변
증법적 우주철학을 결한 어떤 것도 주체와 객체에 대한 우리의 전통적 관
념들을 수정할 수 있는 토대를 제공하지 못할 것이라고 주장하였다.

> 여기에서 주관적 요인은 사물의 과정을 변화시킬 수 있는 우리의 무한한
> 능력을 상징하고 있다. 그리고 객관적 요인은 변화를 경험하는 세계의 무한
> 한 잠재력이다. … 주체적 세력은 역사의 방향을 변화시키는 힘과 일치될 뿐
> 아니라 역사에서 그 자체를 현실화해나가는 힘과도 일치하고 있다.
> 그리고 이 일치는 인류가 역사의 의식적 생산자가 되는 만큼 커져간다. 이
> 와 비슷하게 객관적 세력은 변화하는 힘과 일치할 뿐 아니라, 그 자체 역사
> 안에서 현실화하는 힘과도 일치한다. 여기에서 다시 이 일치는 인간의 외부
> 인 바깥세계가 인간과 중개됨에 따라 그만큼 더 커져간다(『희망의 원리』).

그러한 변증법적 우주철학이 없다면, 보다 나은 세계를 향한 인간의 역
사적 투쟁의 자극제 역할을 하는 유토피아의 자유 계획도 하나의 환영이

아니면 '부정적' 가능성에 지나지 않을 것이다. 그래서 블로흐는 인간 역사의 의미가 '자유의 국가(commonwealth of freedom)'를 실제적으로 건설하는 데 있다고 주장하면서 "모든 역사적 사건들이 융합되는 우주철학 안에 긍정적으로 가능한 의미가 없다면, 이 역사과정의 발전은 결코 일어나지 않는다"고 주장하고 있다.

이 같은 태도로 블로흐는 ① 유아론(唯我論)적 환상의 공허한 유토피아와 ② 이상적 가능성이 혁명적 역사의 실제적 가능성과 관련된 객체를 발견할 수 있는 진정한 유토피아를 식별하게 될 비판해석학을 발전시키고 있다. 물질의 '실제적이고 객관적인 가능성' 안에 있는 이 경향적 기초의 유토피아를 박탈하는 것은 인간의 실천이 방향도 잡지 못한 자생주의라고 판결내리는 것과 같다. 따라서 블로흐의 후원을 받는 가능성의 비판적 범주는 이원적 기능을 하고 있다. 그것은 의미의 비판적 한계(블로흐가 가능성을 쫓는 세계라고 부르는 것)와 의미의 무한한 역분설(모든 우주현상은 자연력의 작용으로 말미암은 비판적 상기라는 학설-역자 주)의 잣대(그가 '가능성 안에 있는 세계'라 부른 것)로서 기능하고 있다. 그처럼 이 범주는 역사를 자의적 혼돈, 정적인 동일성의 영원한 반복 또는 기계주의적 법칙에 따라 불가항력적으로 펼쳐지는 이미 확립된 질서로서 보는 전통적 관념들을 일소하고 있다. 그러한 관념들은 자유로운 인간의 실천으로서의 혁명적 개입을 거부하는 한 본질적으로 반동적이다. 블로흐가 시사한 대로 유토피아는 물질적 자연 안에 잠복해 있는 가능성으로서, 인간의 의식과 노동에 의한 역사의 변화가 없는 한 실현이 불가능한 가능성으로 이해될 수 있다.

인간의 통찰력(Vor-Sicht)과 물질적 진보 사이의 관계에 대한 이 비판적인 유토피아 분석은 역사 그 자체가 문화활동이 되는 동시에 문화활동 또한 역사적일 수 있음을 암시하고 있다. 달리 말해서 유토피아의 가능성은 물질적 역사의 부분적 제약성의 실현과 아울러 미학적 또는 상부구조적 의식의 부분적 절대성의 실현을 요구하고 있다. 따라서 신칸트학파의 고해이론과 대조적으로 블로흐는 가능성의 범주를 형식적 지식의 선험적 구조로서가 아닌 역사적 구원의 선결조건으로 해석하고 있다.

여기에서 우리는 블로흐의 가능성에 대한 최종적 정의인 구원의 개념

과 만나게 된다. 그는 소외로부터의 인간구제라는 진실이 더이상 초역사
적인 자기충족의 형이상학적 관념들 안에서 찾아질 수 없음을 강조하고
있다. 맑스가 종교를 대중의 아편이라고 말했듯이 원형들로서보다 현실로
서 취해진 이 관념들은 단지 인간의 소외를 연장시킬 뿐이다. 변증법적
유물론의 모델에 따라 구원은 실제적 역사에 잠재해 있는 혁명적 가능성
을 창출하는 인간의 자유로운 결정에 그 역사적 실현이 달린 자유의 왕국
으로 재해석되어야만 한다. 블로흐는 다음과 같이 쓰고 있다.

> 상호의존성은 다른 것이 되려는 힘의 가능력이 없다면 다른 것을 만들려는
> 힘의 능력이 작용할 어떤 공간도 갖지 못하는 것과 같은 것이라고 쓰고 있다.
> 이것은 마치 다른 것을 만들려는 인간의 힘이 없다면 다른 것이 되어보려는
> 세계의 힘도 의미 있게 인간의 실천에 의해 중개될 수 없는 것과 같다. 결론
> 적으로 가능성의 원리는 구원의 개념인 변화의 영역으로서의 인간의 적극적
> 개입 덕분에 있는 그대로의 모습대로 드러날 수 있다(『희망의 원리』).

지상에서의 왕국의 도래는 인간의 창조적 주도권을 조건으로 내세우고
있다. 블로흐는 "가능한 것은 왕국으로 자체 실현되는 만큼이나 쉽게 무
로 함몰될 수 있다"고 결론지었다. 가능성을 이미 과거에 실현된 것으로
소급하여 해석함으로써 그 역동적 성격을 제거하려는 전통적 형이상학자
들과 논리학자들의 노력에 끈질기게 블로흐가 저항한 것도 바로 이 이유
때문이다. 그는 진리를 그 시초의 통일성(플라톤의 anamnesis 관념 또는
헤겔의 Erinnerung 관념)에서 회상될 수도 있는 어떤 절대적 존재로 환원
시킨 모든 시도에 반대하였다. 대신 블로흐는 가능성의 범주를 미래정향
적 결정, 즉 과거와 현재의 존재를 유토피아의 생성으로 운반하는 결정으
로 재해석하고 있다. 따라서 그는 기존의 정적 존재론을 영원한 혁명적
운동의 변증법적 존재론으로 대치하고 있다.

> 가능성은 더이상 여태까지 있어 왔던 존재의 기성적 존재론 안에서가 아니
> 라 아직 존재하지 못한 존재 위에 영원히 재구축될, 자연의 총체성을 보며 과
> 거에서조차 미래를 발견할 존재론 속에 살아 있다. … 실제적 가능성의 범주
> 는 물질의 운동 앞에서 변증법적 과정을 개방시키는 공간의 테두리이다. 그것
> 은 그 펼침의 전면에 놓인 실제적 영역의 구체적 속성이다(『희망의 원리』).

4

블로흐의 작업은 논평가 메이날드 솔로몬에 의해 '탈무드 사회주의'로 요약되어왔다. 이 같은 묘사는 블로흐가 벤야민, 마르쿠제 그리고 유태계 혈통의 다른 20세기 맑스주의자들과 더불어 피오리의 요아침, 토마스 뮌져, 파라과이의 예수회교도들, 알버트 슈바이처 등과 같은 선구적 개혁자들에게서 때때로 나타나는 구세주적 사회주의의 조류를 계승했음을 제시하는 것이다. 실제로 블로흐의 혁명신학은 유태교, 기독교 또는 다른 모든 진정한 구세주적 종교들이 공통적으로 영감을 받았다고 그가 주장하는 역사의 종말론적 목표에 초점을 맞췄다는 점에서 근본적으로 보편적이다. 블로흐가 『희망의 원리』에서 주목한 대로 실제적 창생은 시작이 아닌 끝에 있다.

블로흐는 맑스가 제안한 빈자와 사상가들 사이의 동맹을 심각하게 고려해야 한다고 믿었다. 그 동맹은 소유하지 못한 자들의 해방의 희망을, 또한 과거의 위대한 정신운동들과 정신들 속에서 미래에 성취할 청사진을 발견할 수 있음을 암시하고 있다. 달리 말하면 맑스주의와 신학은 상대방의 해방계획 속에서 공통된 원인을 추정할 수 있다. 왜냐하면 블로흐의 주장대로 "신들이 상상하는 장소는 공산혁명을 야기하고 혁명의 궁극적 존재 이유를 제공하는 유토피아의 희망과 동일한 잠재공간이기 때문이다. 그 같은 정신적(또는 상부구조적) 자극이 없었다면 블로흐는 맑시즘이 인간에게 지상 위에 다소 항복론적으로 설계된 천국 이외의 아무것도 줄 수 없는 무신론적 현상유지에 고정된 기계론적 유물론으로 쉽게 전락될 수 있음에 두려워했을 것이다"(『자력의 인간』).

블로흐에게는 신학적 계획인 미래의 자유의 왕국은 맑스주의자들로 하여금 혁명이 순수한 정치경제적 체계의 바로 지금 여기에서 아직도 미완성 상태임을 환기케 하는 데 필요하였다. 이 계획은 우리와 있는 그대로의 세계가 서로 평화롭게 지내지 못하도록 하며 사물의 현재상태와의 영원한 불만족을 드러냄으로써 우리를 당위로서의 세계인 미래에 개방적이도록 만든다. 일단 그 같은 유토피아의 신학이 박탈되면 혁명은 이데올로기의 구속들에 패배할 위험에 빠진다. 이데올로기가 이미 성취된 것을 보존하고 강화하는 동안 유토피아는 우리에게 보다 나은 세계를 향한, 세대를 거듭한 꿈들이 여전히 미완성임을 인식시킨다. 블로흐는 아직 지나가지 않은 것만이 결코 낡지 않는다고 주장하고 있다. 이데올로기와는 달리 진정한 유토피아들은 사회 지배계급의 이익을 옹호(이데올로기적 현상유지)하지 않는다.

블로흐가 지지하는 '지상의 천국'은 '앞에 놓여 있는' 그리고 물질적 생산력의 사회정치적 해방이 인간의 마음, 정신, 상상력의 정신적 해방과 일치될 때에 그 실현가능성이 있는 잠재적 공간이다. 그리고 이와 비슷한 양태로 블로흐는 메시아 시대 왕국의 '집단적 꿈들'이 날마다 계속될 혁명수행의 구체적 사회목표로 변형되지 않는 한 왕국의 신학이 단순히 수동적 복종으로 전락될 위험이 있음을 경고하였다. 블로흐는 "왕국의 신학은 굴복치 않으며 절망에 빠지지도 않으며 정적주의(靜寂主義)적 확신에 침몰되지도 않은 세계에 합류하는 단계에 한해서 희망일 수 있다"(앞의 책)고 쓰고 있다.

하지만 블로흐의 구세주적 사회주의는 신학적 의미보다는 자유로운 유토피아 계획에 참여하고 있다. 천국, 육체의 부활, 왕국의 도래, 젖과 꿀이 흐르는 땅, 호랑이가 양과 함께 누워 있는 구원의 시대 등의 유태교와 기독교의 성경 전통에서 나타나는 구세주적 표상들과 나란히 블로흐는 다양한 세속적 문화작품들의 유토피아적 표상들을 목록에 싣고 있다. 그는 여기에 블레이크의 『예루살렘』, 세르반테스의 『몬테시노스 동굴』, 모차르트의 마적(馬賊), 데포우의 크루소 섬과 인간 프라이데이의 우애, 베토벤의 9번 교향곡 등 위대한 예술작품들에서 발견되는 유토피아적 초월의 원형적 상징들을 포함시키고 있다. 하지만 유토피아의 원형들에 대한 블로흐의 문화적 분석은 고급예술 작품들에 제한되는 아니다. 그것은 또한 황금시대, 엘도라도, 아틀란티스, 영원한 젊음의 열도, 행복한 사냥터, 영원한 여성, 거대한 바위, 캔디 산 또는 셔우드 숲의 로빈후드의 은신처 같은 민중문화의 신화들, 설화들과 동화까지 포함하고 있다. 그래서 블로흐가 유토피아적 미래의 표상들에게 특전을 부여했다고 말해지는 동안에도 그가 과거의 문화적이고 종교적인 표현물들 안에서 자신의 예들을 찾았다는 사실은 중요한 것이다. 다르게 말하면, 유토피아를 미리 본다는 것은 우리의 집단적 유년기의 전통적 상징들과의 단절이 아닌 이같이 세대를 거듭한 기억들의 재발견을 시사하는 것이다. 블로흐가 『희망의 원리』에서 설명했듯이, "인간이 결국 자기실현을 하게 되고 자신의 삶을 포기나 불화 없이 실제적 민주주의 안에 뿌리내릴 수 있을 때 바로 그때 우리 모두에게 유년기 때 나타났던 어떤 것이, 우리 중 어느 누구도 가보지 못한 고향이 이 세상에 그 모습을 드러낼 것이다."

허버트 마르쿠제
Herbert Marcuse

마르쿠제는 비판이론에서 가장 명성을 날리는 대표자이다. 선진 산업 사회의 이데올로기적 버팀대에 대한 그의 뜨거운 논쟁적 분석은 젊은 세대들 사이에서 혁명 개념들을 산란하는 장이 되었다. 프랑크푸르트 사회 연구소의 영향력 있는 장기 봉사자로서 그는 지금까지도 많은 이들에 의해 신좌익의 중요한 철학적 기폭제로서 인식되고 있다.

1

마르쿠제의 명성을 뒷받침하는 요인들은 밝혀내기가 어렵지 않다. 첫째, 그의 사상은 보기 드물게 종합적이다. 그것은 광범위하고 다양한 지적 운동들로부터 자유롭게 계획된 무제한의 포괄적 탐험을 상징하고 있다. 마르쿠제는 파벌과 교조를 혐오하였다. 그의 저작들에서 맑스, 프로이트, 하이데거, 헤겔과 독일 이상주의자들은 전례 없이 편안히 동석하고 있다. 마르쿠제는 역사의식의 변증법적 비판으로부터 실존적 의식에 대한 현상학적 비판 그리고 무의식적인 성적 충동에 대한 정신분석학적 비판에 이르는, 비판사상에 공헌했다고 생각되는 현대의 모든 사조들을 함께 탑승시키기를 주저하지 않았다.

그리고 마르쿠제의 국제적 명성은 주로 루카치, 그람시 또는 벤야민같은 비판이론가들과는 달리 그가 분리된 대륙사상과 앵글로 아메리카 사상 사이에 다리를 놓았다는 사실에 크게 기인하고 있다. 1898년 베를린의 유태계 부르주아 가정에서 출생한 독일 토박이인 그는 1930년대 나치 정권을 피해서 프랑크푸르트 학파 동료들인 호르크하이머, 아도르노와 함께 미국에 정착하였다. 이곳에서 그는 1979년 사망할 때까지 살았으며 저술, 강의(컬럼비아, 브랜데이스와 캘리포니아 대학들에서)활동을 계속하였다.

하지만 마르쿠제는 항상 지적 망명자로서 살았다. 그는 미국의 대학조직에서 한때 선풍을 일으켰던 실증주의에 결코 찬동하지 않았다. 오히려 이와 반대로 그는 선진 자본주의 체계 말미에 쓰인 기술적 합리주의라는 일차원적 이데올로기들을 전복하는 데 그 목표를 두는 부정적 사고의 덕목들에 집착하였다. 성숙된 경력을 통하여 마르쿠제는 비판이론의 변증법적 방법론들을 현대 서구사회에 적용시켰다. 그는 자유와 행복을 향한 인간의 욕구를 억압적인 소비사회와 조작된 대중매체의 엄격한 한계내로 '포섭하려는 목적을 가진 서구사회의 긍정적 문화'가 내포한 책략들에 계속 도전하였다. 마르쿠제는 대중들이 비판적으로 그 자신에 대해 생각하도록 자극하는, 그래서 기술적 진보의 불가피성에 대한 맹목적 신념과 투쟁하도록 하는 위대한 거부의 개념을 발전시켰다. 일차원적 정신에 대한 그의 다채로운 분석들은 현대의 무비판적 실증주의의 성채 안으로 헤겔, 맑스, 프로이트와 같은 트로이의 목마들을 잠입시키는 데 일조하였다.

마르쿠제의 연구는 복잡하지만 서로 연계적이기 때문에 인기가 높다. 그것은 안전한 학술적 한계 안에 갇힌 철학적 탐구를 거부하고 있다. 이와 같은 측면에서 마르쿠제의 연구는 위험한 사고라고 생각되고 인식되었다. 때때로 미국언론은 마르쿠제를 공산당 파괴분자 또는 기껏해야 '머리가 돈 좌익'의 괴이한 옹호자로서 공공연히 비난하였다.

마르쿠제는, 이론은 인간의 역사적이고 사회적인 조건에 대한 비판으로부터 분리될 수 없다는 맑스의 기본적 통찰력에 충실하였다. 하지만 그는 교조적인 또는 정식 회원증을 가진 맑스주의자는 아니었다. 루카치나 그람시와 달리 그는 공산당에 가입하지 않았다. 실제로 관료적 사회주의에 대한 상세한 연구서인『소비에트 맑스주의: 그 비판적 분석』은 맑스 저작에 흐르는 근원적 휴머니즘을 교조적 당이데올로기의 단순화에 종속시키려는 시도에 대한 가차 없는 공격이었다. 마르쿠제는 이 시도가 기술적 합리주의라는 다른 상표를 단 국가자본주의의 위장에 지나지 않는다고 주장하였다. 마르쿠제에게는 해방의 계획으로서 그 급진성을 대표했던 맑스주의 비판적 측면이 전체주의적 공산주의하에서 배반당했던 것이다.

마르쿠제는 이성과 상상력, 평등과 자유, 행복과 정의의 절박한 사정사이에 더욱 유연한 관계를 지속할 수 있도록 맑스에 대한 새로운 해석을 요구하였다. 그는 선진 산업사회의 소외된 환경으로부터의 인간해방은 경제적 생산수단뿐만 아니라 경험과 표현의 문화적 수단들에 대한 재평가를 요구한다고 주장하였다. 역사의 변동요인으로서의 노동의 혁명적 잠재력은 마르쿠제가 '미학의 영역'이라고 언급했던 창조적 상상력이라는 비판적 잠재력에 의해 보충될 필요가 있다.

마르쿠제의 개념들은 1960년대에 부상한 신좌익에게 영감을 주는 길잡이가 되었다. 그들이 내건 기치들 중의 하나인 '권력에 대한 상상력(l'imagination au pouvoir)'은 그의 미학적 비판을 요약하는 말이다. 실제로 1968년 5월 파리 학생들이 파업노동자들과 연대하여 무력에 돌입했을 때 이들은 일제히 '맑스, 모택동, 마르쿠제'를 외치며 행진하였다. 마르쿠제가 그 같은 웅변적 슬로건들에 대해 회의적이었던 것은 확실하지만, 그의 작업이 실제적 혁명운동을 권유하는 이론적 토론의 한계를 넘어서면서, 그의 저작과 의견을 달리하는 현세대들과도 관련을 맺고 있음이 입증되면서 그도 기뻐하지 않을 수 없었을 것이다.

2

마르쿠제가 처음 시도한 철학연구 계획은 구체적 주관의 실존철학과 사적 유물론의 변증법 이론을 화해시키는 것이었다. 어린 나이에 마르쿠제는 급진적 학생정치에 연루되었다. 그는 1917년 베를린에서 사회민주 혁명에 참여하였고, 맑스 저작에 친숙해지게 되었다. 하지만 그의 철학경력의 시작은 1928년 프라이부르크 대학에서 하이데거와 함께 일하면서부터였다. 그가 처음 펴낸 중요한 철학 출판물인『현상학에 대한 사적 유물론의 공헌』에서 마르쿠제는 하이데거의『존재와 시간』에 대해 부르주아 사상이 새로운 '구체적인 사고양식'의 길을 닦으면서 '안으로부터 스스로를 극복해나가는 철학사의 전환점'이라고 극찬하였다. 마르쿠제는 1977년 프레데릭 올랩슨과의 인터뷰에서 지적 발전의 형성기를 다음과 같이 회상하고 있다.

　　우리가 후설에게서 처음 목격한 것, 하나의 새로운 시작, 확실한 구체적 토대 위에 정립된 철학, 즉 단순한 추상적 개념들과 원리들이 아닌 인간의 실존, 인간의 조건과 관련된 철학을 하려는 최초의 근원적 시도를 하이데거에게서도 목격한다. … 이와 동시에 나는 그 당시 독일 사회주의자들의 이론조직인 공동사회(Die Gesellschaft)를 맑스주의자 시각으로 분석한 논문을 쓰고 있다. 그럴 정도로 나는 재미를 느끼고 있었고, 다른 이들처럼 실존주의와 맑스주의가 우선 실제적인 인간실존, 인간존재들과 이들의 세계에 대한 구체적 분석을 강조한다는 바로 그 이유 때문에 이 양자 간에 다소간의 융합이 가능할 수 있다고 믿었다(앞의 책).

마르쿠제는 맑스주의가 자본주의하에서 생긴 현대적 소외의 물질적 요인을 올바르게 분석한 것이라고 믿었다. 하지만 그는 사회의 혁명적 변형이 자본주의의 억압을 받은 이들의 자유롭고 비판적인 의식이 없이는 비효과적임을 주장하였다. 왜냐하면 조직된 산업자본주의인 고도자본주의 시대에서는 사회경제적 제도들뿐만 아니라 각 개인적 존재들의 실존적 삶도 속박당하기 때문이다. 마르쿠제가 항상 말했듯이 '고도자본주의'의 가장 유해한 특성들은 사적인 비판적 경험의 영역에 가해지는 조작된 침식이다.

경제적 생산법칙에 대한 맑스의 과학적 분석 그 자체는 인간의식이 해방의 목적을 향하게끔 역사의 방향을 수정하여 이 법칙들을 극복하도록 하는 방법을 충분히 설명해내지 못하였다. 젊은 마르쿠제는 진정한 '타인과 함께 하는 존재(Miteinandersein)'로서의 하이데거의 사실성의 구체철학이야말로 의식적인 정치행동을 비인격적인 역사법칙의 명령에 종속시키는 제2인터내셔널의 교조적 과학주의로부터 맑스주의 이론을 구출할 새로운 혁명적 출발의 가능성을 제공한다고 주장하였다. 요약하면 맑스가 자본주의 사회관계의 문화를 지배하는 물질의 힘을 정확하게 진단하는 동안에 하이데거의 현상학은 이 불화가 각 인간의 실존적 경험에 영향을 미치는 기본 방법들을 이해하기 위한 모델을 개발하였다. 마틴 스쿨만은 마르쿠제가 자신의 초기 저작들에서 사용한 '진정성' '인간실존' '타인과 함께 하는 존재'와 '사실성' 같은 하이데거적 용어들이 일차적으로는 사회적 소외의 편협한 이데올로기적 정박으로부터 개인의식의 관념을 해방시키려는 의도로 쓰였다고 밝혔다.

　　자본이 인간실존의 사회적 형태들을 침범하고 그 법칙하에 이것들을 종속시키고 있으나 이 형태들을 지향하는 실존적 성향 또는 근본적인 인간의 투구 자체는 각 개인의 본질적 속성인 까닭에 지속적일 수밖에 없다. 사랑, 우애와 공동체에 대한 기본적 자질들은 그 표현영역이 상품경제에 합병됨에 따라 점차 거부되고 제한된다. 그러나 각 개인이 이 자질들로 구성되어 있었기 때문에 어느 개인이 설령 이 세계를 물신화된 관점에서 본다 하더라도 물화된 사물들의 세계에 대항하고 독립하여 살고 있는 개인에 대해 얘기하는 것이 가능할 뿐만 아니라 필요하기도 하다. 이 확장된 준거틀 안에서 그 개인은 세계를 이데올로기적으로 보도록 강요된 것이지 결정지어진 것이 아니라고 이해된다. 그리고 강요는 분쇄할 수 있다(마틴 스쿨만, 『가상의 목격자: 허버트 마르쿠제의 비판이론』).

마르쿠제는 소외의 사회적 조건에 대한 맑스주의자의 비판에다 의식이 그 자체를 해방시키기 위해 이 조건들을 초월해내는 방법에 대한 구체적 분석을 보충시킴으로써 맑스주의를 '과격화'하려고 시도하였다. 그 초월의 범주는 자본주의 사회의 이데올로기적 강요에도 불구하고 자유를 그리는 영원한, 환원될 수 없는 인간의 자질을 내포하고 있다. 그것은 바로 하이데거의 실존적 서술이 개방시킨 역사적 자유를 향하는 초역사적 힘이다.

　　따라서 마르쿠제는 독점적 착취경제구조에 가해지는 행정적 압력이 해방의 필요조건은 되지만 충분조건은 되지 못한다는 견해를 갖게 되었다. 혁명이 성공하려면 구체적인 개인의 경험이 갖는 기본구조들에 대한 적절한 철학적 평가가 또한 요구되는 것이다. 루카치 같은 미묘한 사상가의 피력까지도 포함해서 모든 이론적 계급 범주에 대한 전통적 맑시스트들의 강조만으로는 충분치 않다. 특히 과학적 맑스주의가 공식화시킨 '계급의식'의 관념은 너무 추상적이어서 각각의 살아 있는, 구체적 개인의 실존적 상황 안에서 일어나는 근원적 이의제기의 의미있는 잠재성을 적절히 설명해낼 수 없다. 「변증법의 문제에 관하여」라는 표제의 초기 연구에서, 마르쿠제는 진정한 혁명이론의 유일한 점유자로서 '올바른 계급의식'을 교조적으로 강조하는 것은 "사실성 영역의 파괴이자 역사와 임의적으로 추상화된 관계가 산출되어야 할 곳으로부터 발생하는 것 외부에 고착화"되는 것이다. 이와 비슷한 시기에 쓰인 또다른 초기 논문, 「구체철학에 관하여」에서 마르쿠제는 비인격적 계급이라는 과학개념 상위에 놓인 존재의 진정한 가능성에 대한 계획, 즉 사유하는 개인의 실존적 범주에 대한 자신의 선호를 보다 강조하고 있다.

철학적으로 사색한다는 의미가 개인적 인간 안에서 완성될 수는 없다 하더라도 개인적 인간을 통해서만, 그리고 그 토대가 각 개인적 인간 안에 놓여 있을 때에만 수행될 수 있다. 철학의 구체성은 각 개인적 인간의 실존 속에서 추상적 주체나 '아무나'로 좌천되지 않는다. 왜냐하면 철학의 구체성은 어떤 임의적인 보편성이 떠맡은 결정적 책임의 지위를 떨어뜨리기 때문이다 (앞의 책).

마르쿠제가 이 의식의 실존적 범주에 대한 강조를 맑스로부터의 출발신호로 인식하지 않았다는 사실에 주목해야한다. 이와 반대로 그는 이 강조점이 『독일 이데올로기』에서 맑스가 주장했고 그가 출발점으로 삼았던 전제인 "현실의 개인들, 그들의 활동, 그리고 그들이 있기 전부터 존재해 있었으며 그들의 활동에 의해 생산된 생존의 장인 물질적 환경들"에 좀 더 충실한 것이었다고 믿었다. 마르쿠제는 1930년대 초반에 발견, 출판된 맑스의 『파리 수고』를 읽음으로써 이 인문주의적 분석 경향을 확신하게 되었다. 그래서 청년 마르쿠제가 '과학적 맑스주의'의 부적합성을 보충하

기 위해 실존적 현상학을 이용한 것은 하이데거를 위해 맑스를 기각하는
문제가 결코 아니었다. 그것은 좀더 정확하게는, 특성상으로는 종합의 문
제였다. 자본주의에 의해 인간의 실존에 부과된 물질의 강제에 대한 비판
에 기초하고 있는 맑스주의자의 혁명적 실천 수행이 없었던들 현상학은
몽롱하고 비효과적인 이상주의보다 낫지 못했을 것이다. 따라서 마르쿠제
는 맑스주의자의 변증법과 하이데거의 현상학이 갖는 강점들을 결합시키
면서 양자의 한계들을 극복해보려는 '변증법적 현상학'을 제시하였다. 현
상학이 인간경험의 저변에 흐르는 실존의 구조들까지 침투해 들어가고
있을 때 사적 유물론은 인간경험의 역사적 형태를 떠받치는 물질적 조건
들을 포착했기 때문이다. 달리 말해서 변증법 이론이 좀더 구체적으로 실
존화되어야 한다면 현상학 이론은 좀더 구체적으로 언명되어야 한다. 마
르쿠제는 자신의 초기 철학연구 계획을 다음과 같이 요약하고 있다.

> 그래서 한편으로 우리는 하이데거의 인간실존의 현상학이 변증법적 구체
> 성으로 내몰려 구체적인 존재와 역사적으로 구체적인 행동의 현상학 안에서
> 성취될 수 있기를 요구하고 있다. 그리고 다른 한편으로 우리는 지식을 위한
> 변증법적 방법이 다른 길을 택해야 하고 지식의 객관에 대한 완벽한 설명 안
> 으로 구체성을 통합시키기 위해 현상학적이어야 할 것도 요구하고 있다. 소
> 여된 것을 분석할 때, 단순히 이 소여를 역사적으로 위치짓거나 또는 인간실
> 존의 역사적 상황 속에 있는 그 뿌리를 지적하거나 해서는 안 된다. 그 소여
> 가 힘껏 연구되었는지 또는 그 소여가 사실에 기인한 것은 아니지만 모든 사
> 실성을 거쳐 지속적인 진정한 의미를 갖고 있는지에 대해서도 의문이 제기되
> 어야 한다. … 연속적이며 근원적인 구체성의 방법론인 양 방법론의 통일만
> 이, 즉 변증법적 현상학만이 인간실존의 사실성을 정당화시킬 수 있다(『현상
> 학에 끼친 사적 유물론의 공헌』).

3

하지만 마르쿠제가 단행한 맑스의 과학화는 현상학적 실존주의 이외의
다른 교리들로부터도 도출된 것이다. 헤겔의 변증법, 현대 미학과 정신분
석학은 마르쿠제의 비판이론 모델에서 결정적 역할을 하였다.

마르쿠제는 헤겔을 읽으면서 역사를 정신의 역동성과 현실의 물질적 조건들 사이의 변증법적 상호작용으로 보았던 그 독창적 이해를 맑시즘 안으로 회복시켜야 할 필요성을 절감하게 되었다. 그의 초기 저작인 『헤겔의 존재론과 사실성 이론의 토대들』에서부터 그의 성숙한 작품인 『이성과 혁명: 헤겔과 사회이론의 흥기』에 이르기까지 마르쿠제는 포괄적으로 말하자면 '헤겔철학의 맑스주의자'로 남아 있었다. 사회적 소외의 실제적 범주들 상위에 있는 정신의 본질적 범주들의 변증법적 잔여에 대한 헤겔의 인식 속에서, 마르쿠제는 기존사회의 억압적 조건들에 대항하는 영구혁명의 이론적 토대를 발견할 수 있었다. 다른 식으로 표현하면, 헤겔의 변증법 모델은 그 지적 후손인 맑스주의가 해방된 사회적 존재의 목표를 달성하도록 비판적 초월의 존재론적 토대를 제공하였다.

마르쿠제는 '운동중에 있는 존재'의 변증법 안에 주관과 객관의 이차원적 분리를 재설정함으로써, 헤겔이 정적 이원주의의 한계 밖으로 부르주아 이상주의를 내몰고 역사적 해방의 가능성을 지적했다고 믿었다. 존재의 잠재적 영역과 실제적 영역 사이의 불연속성이 회복될 수 없는 운명이 아니라 이해가능하며 결과적으로 극복될 수 있는 역사적 국면임을 확신하게 될 때 헤겔의 변증법은 그 목적이 자유인 목적론적인 계획으로서의 역사를 드러낼 것이다. 따라서 부르주아 문명에서 존재하는 소외는 더이상 수동적으로 사유되거나 기정사실로 받아들여질 수 없다. 하지만 마르쿠제가 헤겔의 변증법적 '모순의 정신'이 위대한 거부의 존재론적 기초를 제공했다고 인지할 때에도 그는 맑스주의가 없었다면 이 부정의 이론적 모델은 결코 정치혁명의 구체적 강령으로 해석될 수 없었을 것이라고 하였다.

미학적 상상력의 비판력에 대한 마르쿠제의 지속된 몰두도 비슷한 고려사항들 주변에서 공전하였다. 일생 동안 그는 헌신적인 사회주의자였지만 1922년 『독일 예술가 소설』에 대한 박사학위 논문으로까지 소급된 초기의 확신, 즉 부르주아 문화의 특정한 미학적 이상들이 부르주아 사회의 억압적 관례들로부터 벗어난 비판적 은신처를 가질 수 있다는 확신을 저버리지 않았다. 마르쿠제는 루카치와 사회주의 리얼리스트들처럼 낭만주의 문학이나 현대문학을 반동적인 반계몽주의적 허무주의로 기각하기보다는 그러한 문학이 현재의 독재와 대립된 과거 또는 미래세계의 '유토피아의 표상들'을 개척하면서 비인간적인 자본주의구조로부터 탈출할 은신처를 제공하는 방법론에 대해서 강조하였다.

마르쿠제는 우선 독일 예술가 소설에 대한 분석에서 '가능한 진실들을 예감하는' 예술의 능력을 규명하였다. 이 문학 장르는 퍼져나가는 사회적 소외를 눈앞에 지켜보면서 미에 대한 사적 전망을 구성하려는 고립된 개인들의 설화체 노작들로 특징지어진다. 이 예술가 소설은 순진한 의기소침에서 의미의 새로운 가능성들에 대한 성숙한 의식으로 넘어가는 이의제기의 정신적 진화를 서술하고 있다. 그것은 공동체의 전통적 형식들의 와해로부터 야기된 현대의 위기 경험에 대응하는 자기 재구성의 내면여행을 기록하였다. 마르쿠제는 "통일된 삶의 형태의 갈기갈기 찢김, 예술과 삶의 대립, 주변환경과 예술가 간의 분리는 예술가 소설의 전제이며 문제이자 예술가의 고통이며 동경이고 새 공동체를 향한 예술가의 투쟁"(『독일 예술가 소설』)이라고 진술한다. 달리 말하면 그것은 현존하는 사회관계에서 의미 있는 경험을 더이상 찾아볼 수 없을 때 예술에서 그 대안적 표현을 추구하는 것이다. 따라서 마르쿠제는 예술가 소설을 주변사회의 삶의 형식으로부터 멀리 떨어진 미학적 형식으로 소외의 문제를 해결해보려는 시도라고 정의하였다. 괴테의 베르테르로부터 만의 폰 아셴바하에 이르는 독일 예술가 소설의 영웅들은 영원한 불화의 상태로 사는 자의식적 예술가들이다. 하지만 이 불화의 경험은 단순한 도피주의가 아니다. 그것은 마르쿠제가 소크라테스 이전의 그리스라고 명명한, 예술과 현실이 통일된 전체로 상징되었던 고대문화들이 존재했었음을 상기하는 데 일조할 수도 있다. 그리고 이것으로 미루어볼 때 마르쿠제는 불화의 현대미학이 유토피아의 미래를 향한 현재의 우리의 탈구경험을 극복할 가능성을 예견한다고 제시하고 있는 것이다. 기억된 세계와 계획된 세계의 '양 세계' 사이에 존재하는 이 비판의식은 마르쿠제가 '예측적 기억'이라 이름붙인 것이다.

마르쿠제는 또한 보들레르와 초현실주의자들(마르쿠제의 동료인 맑스주의 비평가 발터 벤야민의 사랑을 받은 예술가들)의 시적인 작품들에 나타난 예측적 기억의 유토피아적 기능에 유의하였다. 마르쿠제는 대상의 형식적인, 빈번하게는 반정치적인 국면들 속에서 이 사회적 지표들을 추적하길 즐기면서, 문학작품을 '외부적으로' 사회관계들과 연계시키려는 루카치적 경향에 반대하였다. 그는 현존의 정치질서에 대항한 항의가 가장 잘 표현되는 곳은 자주 작품의 '초현실적' 문체와 감각적 경험이란 점에서 벤야민과 블로흐에 동의하였다. 다시 말해서 예술은 해방에 대한 갈망을 보존하는 과거 또는 미래의 유토피아적 표상들을 회복함으로써 자본주의 사회현실의 독점적 통제에 저항하고 있다. 이 측면에서 마르쿠제는 보들레르가 『여행으로의 초대』에서 쓴 시의 정의, 즉 "시는 위대한 운명을 지닌다! 시는 기쁨이나 탄식의 형태로 신성한 유토피아의 기질을 영원히 운반할 것이다. 시가 사실의 세계들과 모순을 일으키지 않게 되는 그 순간 시는 시이기를 그친다"는 정의를 불러내었다. 그의 마지막 저작인 『미학의 영역』에서 마르쿠제는 유토피아의 목격자로서 예측적 기억의 시적 기능으로 돌아가고 있다.

위대한 예술 속에서 유토피아는 결코 현실원리의 단순한 부정이 아니라 과거와 현재가 실현을 향하여 그림자를 던지는 현실원리의 초월적 보존이다. 진정한 유토피아는 회상에 근거하고 있다. 모든 물화는 망각 중에 있다. 예술은 돌처럼 굳은 세계로 하여금 말하고 노래하며 춤추게 함으로써 물화와 투쟁하고 있다. 과거의 고통과 즐거움을 잊는다는 것은 삶을 억압적 현실원리 밑으로 끌어내리는 것이다. 반대로 기억은 고통의 정복과 기쁨의 영속성을 향해 박차를 가한다. … 역사의 지평선은 여전히 열려 있다. 지나간 사물들의 기억이 세계를 변화시키는 투쟁의 원동력이 된다면, 그 투쟁은 여태까지 역사적 혁명들 속에 억눌려왔던 혁명을 위해 전쟁에 돌입할 것이다(앞의 책).

4

1917년 독일혁명의 붕괴, 스탈린의 소비에트 사회주의의 배반과 유럽에서의 파시즘 흥기는 해방의 계획과 사회현실의 현존질서들 간에 근원적 분열이 존재한다는 마르쿠제의 시각을 확고하게 하였다. 1933년 나치가 그의 조국 독일 탈권에 성공하자 마르쿠제는 인간의 자유에 대한 무시

무시한 정도의 억압을 절감하게 되었고 프랑크푸르트 사회연구소의 호르크하이머와 아도르노가 최초에 주장한 비판이론 강령에 합류하기로 결정하였다. 1933년과 41년 사이(그 대부분을 미국에서 망명생활하였다) 연구소에 재직하는 동안 마르쿠제는 이데올로기의 작용에 관하여 고도로 세련된 사회역사적 분석을 발전시켰다. 이 분석을 통해 그는 비판적 부정의 필수불가결한 역할을 더욱 믿게 되었고 '중개되지 않은' 정치적 계획인 긴급사태들 아래 이 역할을 종속시키는 여하한 시도에 대해서도 더욱 회의하게 되었다. 1918년 공산당원이었던 루카치와 대조적으로 마르쿠제는 프랑크푸르트 학파 동료들의 예를 따라 정치적 독립성을 고수하였다. 실제로 그는 지적 경력을 통해 '집 없는' 또는 비당파적인 좌익의 열성적 지지자로 남았다. 혁명계획을 전략적 실용주의로 격하시키는 일반적 경향에 대한 연구소의 거부는 대체로 그 책임이 마르쿠제에게 있다. 그는 실용주의적 접근은 혁명의 배반과 지식인들의 처형(로자 룩셈부르크, 레온 트로츠키 등)으로 귀결될 뿐이라고 느꼈다. 마르쿠제는 압제가 어떤 이데올로기적 가면을 쓰고 나타나든 이 압제의 영원한 부정으로서의 해방인 보편적 계획에 대한 이론적 숙고의 필요성을 내내 열렬하게 옹호하였다.

마르쿠제가 참여한 연구소의 첫 번째 합동작업은 독일에서 파시즘이 성공적으로 흥기하게 된 주요 원인들 중의 하나라고 생각된 동인, 즉 권위주의의 사회적·심리적 원천들에 대한 연구였다. 마르쿠제와 그의 동료들은 국가사회주의의 이데올로기적 지지와 실존의 공적·사적인 영역들 모두를 전체적·권위주의적으로 통제한다고 규정된 국가자본주의의 독점단계를 상호 관련시켰다. 파시즘은 자본주의의 종말이 아니라 한 종류의 자본주의(부르주아 자유주의)로부터 다른 종류의 자본주의(국가 권위주의)로의 이행을 의미했다. 1936년 연구소의 자이트쉬리프트(Zeitschrift)에서 출판한 '권위와 가족'에 관한 유명한 연구 시리즈에서 마르쿠제는 호르크하이머와 프롬과 함께 개인을 권위의 지배 앞에서 수동적으로 만드는 독일 가족제도의 결정적 역할을 조사하였다. 이 연구들은 정신분석, 사회학, 정치이론 그리고 이념사로부터 도출된 다원적 접근법의 풍성함으로 그에게 깊이 인상지어졌다는 점에서 마르쿠제의 지적 형성에 특히 중요한 영향을 끼쳤다고 볼 수 있다. 그처럼 이 접근법은 연구를 소위 경험적으로 관찰가능한 사실들의 객관성 안으로 제약함으로써 사건들의 현재상태를 보존하는 데 협력한 실증주의 사회학의 한계들을 폭로하는 데 공헌하였다. 실증주의 사회학과 대조적으로 비판이론은 비판적 이성과 현존하는 사회적 압제의 현실 간에 존재하는 변증법적 긴장, 즉 이 현실에 대항하는 혁명의 가능성이 살아나도록 하는 긴장을 인식함으로써 사건들의 압제상태에 도전하려 하고 있다. 짧게 말해서 마르쿠제와 프랑크푸르트 학파가 발전시킨 변증법적 비판은 자본주의하의 실존의 물질적 조건들에 대한 경험적 서술이 이 조건들을 생산하고 역으로 이 조건들에 의해 생산되는 복잡한 이데올로기적 요인들에 대한 분석에 의해 그 방향이 정해질 것을 요구하였다. 바리 카츠는 마르쿠제에 대한 지적 전기물에서 이 종류의 비판이 갖는 뚜렷한 성격에 대해 다음과 같은 쓸모 있는 요약을 제공하고 있다.

현대사상과 이데올로기의 지배적 개념들은 분해되었고, 이들은 유래된 물질적 환경들(주로 상승하는 중간계급의 진보적 요구사항들로 특징지어진)로 소급되어 새로운 환경에서 그 변화된 정치적 기능을 드러내도록 체계적으로 재구성되었다. 따라서 철학, 과학과 사회적 실천을 인도하는 개념들의 허위뿐 아니라 진실도 노출되었으며 이 개념들의 이데올로기적 족쇄도 느슨해졌다 (바리 카츠, 『허버트 마르쿠제: 해방의 예술』).

비판이론은 실증주의 이데올로기를 '합리화된 비합리주의'라고 비판하였다. 이성의 생명을 순수하게 도구적 또는 기술적 합리주의로 환원시킴으로써, 실증주의는 실제성과 잠재성, 현재와 미래(또는 과거) 사이의 변증법적 긴장을 거부했으며 따라서 현재의 억압구조와의 조화를 부추기고 있다. 1936년 권위에 대한 연구에서 마르쿠제는 이미 실증주의와 권위주의 양자가 사물의 객관적 질서를 무비판적으로 추종토록 권유하는 한 이 양자 사이에 은폐되어 있을 공모를 지적하였다. 하지만 마르쿠제가 실증주의 정신의 전체적인 시사점들을 판독하게 된 것은 선진 개인주의 사회의 이데올로기에 대한 훗날의 좀더 포괄적 연구서인 『일차원적 인간』에서였다. 실증주의가 비판적 합리성을 기술적 합리성으로 대치시킨 방법에 대해 논증하면서 마르쿠제는 실증주의가 새 '일차원적' 사회의 결정적인 이데올로기적 협력자로서 봉사하였다고 주장하였다. 실증주의는 마르쿠제가 철학적 의식의 진정한 과업이라고 생각한 비판적 초월의 가능성을 방해하고 있다. 그것은 확립된 사실들의 우주와 모순을 일으키는 모든 대안적 사상양식들을 '분별없는 것'으로 기각하고 있다.

> 철학의 영역과 진실을 격하시키려는 작금의 노력은 상당하다. … 그것은 기존의 현실을 건드리지 않고 남겨둔다. 그것은 파계를 혐오한다. … 혹자는 철학에 무슨 건덕지가 남았는지에 대해 묻는다. 가설적인 어떤 것, 어떤 설명이 없다면 사상과 지성에 무엇이 남겠는가? … 연루된 것은 발생하는 것(그리고 의미하는 것)을 이해할 수 있는 개념들을 제거함으로써 발생하는 것을 서술할 책임을 떠맡은 새 이데올로기의 확산이다. … 하지만 경험의 이 급진적 수용은 경험을 파기한다. 왜냐하면 경험 안에서 단지 그에게 부여된 것만을 경험하는, 동인들이 아닌 사실들만을 가진, 그 행동이 일차원적이고 조작된 병신에 지나지 않는 '추상적' 개인이 말하기 때문이다. 그 실제적 압제로 인해 경험된 세계는 제한된 경험의 결과가 되며 정신의 실증주의적 세탁은 제한된 경험과 조화를 이루는 정신을 갖게 한다(『일차원적 인간』).

실증주의적 사고로의 비판적 사고의 변형은 '모든 것을 있는 그대로 방치하는' 반동적 결의로 요약되었다. 이것은 철학적인 일반 개념들이 형식논리의 분석적 순수성이나 경험철학적 진실의 정확성과 일치하지 않는다는 것을 구실로 하여 신실증주의자들이 이것들을 거부하는 데서도 나타난다. 수용된 정당성 체계를 위반하는 형이상학적·시적·변증법적인 사상 또는 언어의 모든 요소들을 거부하는 것을 보면서 마르쿠제는 비타협적 비판의식에 대한 근본적인 적대감을 간파하고 있다. 왜냐하면 일상의 이야기와 행동 같은 특정한 사실들은 실제적으로 관찰과 측정의 직각적 통계로 환원이 가능하지만 이 사실들 자체와 이들의 사회적 상호관련성을 야기하는 동인들은 환원이 불가능하기 때문이다. 실증주의는 자주 형이상학적 일반개념들의 신비화된 성격을 노출한다고 가정되어왔지만 사실상 실증주의자들의 분석은 "일상언어의 용어들을 기존의 논의영계(論議領界: 어떤 개념과 그 부정에 따라 포괄되는 범위논리학 용어-역자 주)라는 억압적 배경에 방치시킴으로써 이 용어들을 신비화"(앞의 책)시키는 데 일조하고 있다. 따라서 마르쿠제는 일상의 언어와 행동에 대한 실증주의적 예찬은 변화를 위한 능력에 재갈을 물리는 것이라고 결론지었다. 그는 "다차원적 언어는 상이하고 상충된 의미들이 더이상 침투되지 않고 서로 떨어져 있는 일차원적 언어로 만들어진다. 따라서 의미의 폭발적이고 역사적인 영역은 침묵한다"(앞의 책)고 진술하고 있다.

5

인간의 욕구를 상품생산과 소비의 산업도구에 종속시키려는 기술적 합리주의가 촉진시킨 일차원적 사회의 환원주의적 이데올로기에 직면하게 되자 마르쿠제는 순종을 혁명으로 변형시킬 수 있는 비판적 합리주의의 확립을 요구하게 되었다. 하지만 그는 이론이 이데올로기적 왜곡의 부정적 비판으로부터 해방된 실존을 향한 숨겨진 욕망과 추진력의 창조적 비판으로 확대되어야 한다고 믿었다.

『에로스와 문명: 프로이트에 대한 철학적 탐구』에서 마르쿠제는 부정적 비판과 유토피아적 비판의 양 측면을 결합시키려는 시도를 하고 있다. 이 작품에서는 현대적 실제인 사회공학의 억압에도 불구하고 우리의 무의식적인 성 에너지(에로스)가 비억압적 질서를 지향하는 본능의 역동성으로 나타나는 방법이 탐구되어 있다. 마르쿠제는 무한한 기술생산성과 진보의 목적을 위해 성적 욕구를 조작하는 성욕의 경제적 관리에서 이 억압이 가장 명백히 나타난다고 주장한다.

마르쿠제는 에로스를 행복과 자유, 감각과 이성의 진정한 요구들이 화해될 수 있는 변화된 사회관계의 질서(또는 현실원리) 안에서 그 성취를 추구하는 창조적 생존본능(또는 쾌락원리)으로 정의한다. 마르쿠제는 이같은 조건들은 소외된 노동이 유희로 바뀌는 비억압적 질서 안에서만 충족될 수 있다고 한다. 그러나 기술적 합리주의(또는 공적원리)에 의한 현대 사회의 지배는 이와 같은 어떤 변화에도 저항하고 있다. 이 합리주의는 증가된 생산성과 소비라는 그 자체의 목적을 위해 본능적 욕망을 착취할 뿐이다. 실제로 선진 산업사회들을 지배하는 공적원리들은 묵은(필요한) 욕구가 충족되자마자 새로운(불필요한) 욕구를 창출하는 데까지 나아 간다. 상품생산과 기술통제의 영역을 팽창시키기 위해 이처럼 본능적 욕 망을 조작하는 것은 결국 잉여억압으로 귀결된다. 이것의 궁극적 결말은 파괴적인 죽음의 본능[프로이트가 타나토스(thanatos)라고 부른 것]이 생 의 본능(에로스)을 대치하는 것이다.

쾌락원리는 기술적 합리주의라는 공적 원리에 의해 압도당하듯 널리 유포된 현실원리와 모순되기 때문에 비현실적인, 즉 꿈, 예술과 신화 같 은 상상의 세계에서 그 은신처를 찾는다. 따라서 마르쿠제는 억압이 존재 하지 않는 삶의 표상을 '환상의 진실가치'로 표현한다. 여기에서 다시 한 번 마르쿠제는 신화적 전형들인 오르페우스와 나르키소스를 인간과 자연 사이의 비억압적 조화의 전형적 투사로서 재해석하면서 비판적 기억의 관념을 이용하고 있다. 마르쿠제는 이 상실된 문화적 원형들을 회복시키 면서 상상력이 억압된 이성의 명령에 감염되지 않은 특정의 진실들을 내 포할 수 있다는 프로이트의 자각에 새로운 역할을 부여하고 있다.

> 환상은 위대한 거부의 진실을 보존하는 한, 또는 적극적으로는 환상이 모 든 이성에 대항하면서 이성의 억압을 받는 인간과 자연의 융합적 성취를 향 한 열망을 보호하는 한 인식력이 있다. 환상의 영역에서 자유의 비합리적 원 형들은 합리적이 되고 본능적 만족의 얕은 깊이는 새로운 위엄을 전제하게 된다. 공적 원리의 문화는 상상력이 민요와 동요, 예술 속에 살아 있다는 그 기이한 진실들 앞에 환상이 고개를 떨구도록 한다(『에로스와 문명』).

마르쿠제는 오르페우스와 나르키소스 신화들이 선진 산업사회에서 억 눌린 경험의 가능성들을 상징하는 방법에 대해 서술하고 있다. 이 원형적 인물들은 감각, 유희와 노래의 쾌락원리를 상징하고 있다. 이들은 자연과 조화롭게 살았던 삶을 예시하고 있다(나무들과 동물들은 오르페우스의 말 에 응답하고 숲과 샘물은 나르키소스의 욕망에 응답한다). 따라서 마르쿠 제는 오르페우스와 나르키소스의 에로스는 "살아 있거나 죽은 사물·유기 적, 비유기적 자연 안에 실재하는, 즉 억압된 에로틱하지 않은 현실을 제 외한 곳에 실재하는 가능성을 눈뜨게 하고 해방시킨다"(앞의 책)고 주장 하였다. 다른 식으로 표현하면 오르페우스와 나르키소스 원형들은 이 세계(주체와 객체가 근원적으로 대립되는 곳)의 성적충동이 새로운 존재양식(주체와 객체가 변증법적으로 결합될 때)으로 변형될 가능성을 암시하는 비억압적 순화양식을 대표하고 있다.

이 관점에서 마르쿠제는 프로이트의 '근원적 나르시시즘' 관념을 의식발달 이전에 이루어진 자아와 객관적 환경의 통합으로서 혁명화시키고 있다. 그는 오르페우스와 나르키소스의 에로스는 역사의 현실원리와 환상의 쾌락원리 사이의 유토피아적 매개임을 지적하고 있다. 왜냐하면 그것은 "완성되거나 통제될 수는 없으나 단지 해방될 수 있는 세계의 경험을 소환하기 때문이다"(앞의 책). 이 과정에서 에로스는 미와 명상의 새로운 성애적 질서를 내세우고 조작된 성욕의 현존질서(마르쿠제가 '억압적 비순화'라고 부르는 것)를 부정하게 된다. 그리고 공적 원리에서 위계적으로 생식을 향하는 성욕과 대립된 성적 충동의 만족이라는 억압된 기억을 재생시킴으로써 나르키소스와 오르페우스는 선구적으로 순수한 기능노동을 유희의 창조적 성욕[마르쿠제가 '다양한 전성기기(前性器機)의 성애적 경향'이라고 부른 것]으로 변형시키는 '문화적 영웅들'에게 이의를 제기하는 역할을 하고 있다. 마르쿠제는 우리 시대 유토피아를 향한 최상의 전망은 비록 억압되긴 했지만 인간의 무의식 속에 내면화된 원형들로서 존재하는 이 선사적인, 유년기의 충동을 재활성화시키는 데 있다고 시사한다.

오르페우스의 에로스는 존재를 변화시킨다. 그는 해방을 통해 잔인성과 죽음의 주인이 된다. 그의 언어는 노래이며 그의 작업은 유희이다. 나르키소스의 삶은 미의 삶이고 그의 실존은 명상이다. 이 표상들은 이들의 현실원리가 추구되고 정당화되는 영토인 미학의 영토에 속하고 있다(앞의 책).

결론적으로 마르쿠제는 비판이론이 이데올로기적 왜곡에 대한 비판뿐만 아니라 확립된 현재의 기술적 합리주의의 검열을 받아왔으면서도 우리의 문화유산의 미학적 무의식이나 각 개인의 유년기의 욕망을 저장한 무의식적 기억에 잠재되어 있는 열망들이 과거의 유토피아적 열망들을 적극적으로 회복시킬 것이라는 인식을 갖고 있다. 이것은 현대의 사회적 소외라는 제약하에서는 "비판이론이 미래와 관련되는 한 과거와 여태까지 미답상태로 남은 범위까지 관련을 맺어야 한다"(『철학과 비판이론』)는 마르쿠제의 다소 수수께끼 같은 진술을 설명하고 있다. 그리스 신화 또는 조각, 고전주의 협주곡, 낭만시 등의 문화적 경험과 그 이외의 잃어버린 시대의 진수와 같은 회상들은 해방된, 그러나 아직 실현되지 못한 유토피아의 '가능성을 시식'하게 할 수 있다.

6

따라서 마르쿠제는 상상력이 그려낸 자유의 영토가 '실존을 위한 고된 투쟁'으로 특징지어진 필연의 영토 저 너머에 펼쳐져 있음을 지각하였다. 그는 삶의 생필품 획득은 자유사회의 궁극적 목적이 아니라 선결조건이라고 믿었다. 그 사회는 비생산적이고 무용한 유희의 원리가 노동의 착취적 본질을 소멸시킬 때 비로소 온전하게 존재할 수 있다. 오늘날 우리의 선진 산업사회는 풍요가 모든 이에게 가능성이 된 단계에 도달하였지만 잉여억압의 새 양식들을 고안하고 있다. 상품들은 보다 새롭고 나은 모델들로 빨리 대치(이 현상은 특히 자동차산업에서 뚜렷이 나타난다)되기 위해서 폐기를 향해 제조된다. 전체적으로 새로운 소비욕구는 그 기능적 힘을 팽창시키기 위해 시장체계에 의해 조작되고 있다. 그리고 합리화된 광고방송과 매체의 발달에 힘입은 이 대량소비문화의 출현은 인간해방에 대한 부가적 침입을 예감하고 있다. 마르쿠제의 지적대로 대량소비문화는 순수한 경제영역을 넘어서서 인간의 무의식적 욕망이라는 가장 사적인 영역까지 팽창된 억압적 조작을 의미하기 때문이다. 마르쿠제는 무한한 기술적 진보의 미명하에 이루어진 생산성과 파괴의 연합이 쉽게 붕괴될 수 없다고 내다보았다. 새롭고 좀더 세련된 사회통제의 형태들이 날마다 동원되고 있다. 그가 『에로스와 문명』의 유명한 1966년 서문에서 주목하였듯이 말이다.

　　사회가 실존을 위한 투쟁을 완화시킬 수 있도록 하는 바로 그 힘들은 개인들의 해방을 향한 욕구를 억누르는 데 일조하고 있다. 대중들이 자신들의 삶이나 지배자들과 화해하는 데 높은 생활수준이 충분조건이 되지 못하는 그곳에서 영혼의 '사회공학'과 '인간관계학'이 필요로 하는 성적 충동으로의 정신집중이 제공되고 있다. 풍요사회에서 당국은 자신들의 지배를 더이상 강제적으로 정당화시킬 수 없다. 이들은 선행을 행하며 시민들의 성적이고 공격적인 에너지를 만족시켜주고 있다. 이들이 성공적으로 대변하고 있는 그 무의식적이고 파괴적인 에너지처럼 이들은 선과 악의 두 측면이며 모순의 원리는 이들의 논리에서 발붙일 곳이 없다. 사회의 풍요가 점차 끊임없는 생산과 소비, 기계장치, 계획된 폐기와 파괴수단들에 의존하고 있기 때문에 개인들은 전통적 방식을 뛰어넘어 이 요구들에 적응해야만 한다. 오늘날 가장 고도화된 형태의 풍요사회에서조차 '경제적 탄력성'은 시대에 뒤떨어진 조직 속에서의 생존을 위한 투쟁의 연속을 보장하기에 적합한 것 같지 않으며 법률과 애국주의도 대중이 이 체계의 위험스런 팽창에 적극적 지지를 보내도록 보증하는 데 부적합한 듯하다. 본능적 욕구의 과학적 관리는 오래전부터 이 체계를 재생산하는 활력 넘친 동인이 되어왔다. 매매되고 이용되어야 할 상품들은 성적 충동의 대상들로서 제조된다. 그리고 투쟁하고 증오해야 할 국가의 적은 그가 무의식의 깊은 영역에서 공격성을 활성화시키고 만족시키는 정도까지 왜곡되고 과장된다. 대중민주주의는 대중이 자신들의 주인을 선택하도록(그 지점까지), 그리고 자신들을 통치하는 정부에 참여하도록(그 지점까지) 허용할 뿐만 아니라 주인들이 직접 통제하는 생산과 파괴의 기구인 기술의 베일 뒤로 사라지도록 허용한다. 그리고 대중민주주의는 자신에게 협조하는 이들에게 할당한 이익과 안락에 헌납된 인간의(그리고 물질적) 희생비용을 은폐하고 있다. 효과적으로 조작되고 조직된 대중은 자유롭다. 하지만 무지와 무능력이 그들의 자유에 대한 대가인 것이다(앞의 책).

간략히 말하자면 이윤과 풍요의 비인간화된 전략에 기초하고 있는 시장경제의 조직화된 필요물들은 생명의 본능인 성애적 에너지들을 왜곡시키고 있다. '억압된 비순화'의 과정을 통하여 에로스는 악용되며 결국 타나토스의 파괴적 충동으로 대치된다. 따라서 마르쿠제는 대중이 그 이익에 참여할 수 있는 수준으로 향상된 선진 산업사회의 기술생산성과 경제적 잉여의 발전이 혁명의 동인인 비판적 역사주체를 억제한다고 결론내리지 않을 수 없었다. 따라서 해방은 풍요사회를 위해 물질적으로 실현될 수 있는 가능성을 표면적으로 대표하고 있지만 그것은 또한 똑같이 "가장 합리적이고 효과적으로 억압된, 가장 추상적이고 관계가 먼 가능성"

(『에로스와 문명』의 1966년 서문)을 대표하고 있다. 말년에 마르쿠제를
사로잡았던 문제는 행복과 자유의 주관적 욕구들이 그 성취에 적합한 가
장 진보적인 객관적 조건들을 제공했던 현대문명 속에서 점점 더 억압되
어가는 방법에 관한 것이었다.

마르쿠제는 "진보의 수레바퀴를 다른 방향으로 전환시킬"(앞의 책) 절
호의 기회를 갖고 있는 이들은 당연히 선진 산업사회의 경제적이고 조합
적인 축복으로부터 소외받은 이들이어야 한다고 하였다. 풍요사회에서 국
민의 다수는 당위(혁명계획)의 편보다 존재(현상유지)의 편에 서기 때문에
마르쿠제는 새로운 의식의 재생과 새로운 본능의 거부를 위해서 '불명예
스런 인간성으로부터 망명한 자들'인 억압받는 제3세계, 지적인 이의 제
기자들, 미몽에서 깨어난 학생들이나 항거하는 젊은이들에게 의존하고 있
다. 오늘날 강제된 억압의 문명 속에서 "에로스를 향한 투쟁은 정치적 투
쟁이다"(앞의 책). 마르쿠제는 이 투쟁이 기각되거나 실패한다면 "당연히
제2의 야만시대가 이 문명을 잇는 문명제국이 될 것"(『일차원적 인간』)임
을 경고하고 있다.

7

확실히 마르쿠제의 희망은 1960년대 후반 미국과 유럽을 휩쓸었던 학
생봉기에서 부분적으로 실현되었다. 조직화된 비판적 반성운동이 결여됨
으로 해서 그 항거는 무력하게 분열되었다. 그 자생적 행동주의는 본능적
봉기의 기준에 대응하는 동안 그 봉기를 지속적인 역사적 계획으로 확대
시킬 수도 있었을 일관된 지적 비판을 무시하였다. 당연하게도 항거하는
젊은이들의 혁명적 열의는 기술주의적 반혁명에 의해 점차 진전되어가는
풍요 안으로 흡수되거나 타협되었다. 어제의 반란자들은 오늘의 타협주의
자가 되었다.

이처럼 정치적 실천 수준에서의 실망을 눈앞에 지켜보게 되자 마르쿠
제는 말년에 비판적 거부의 미학적 연구계획으로 되돌아갔다. 그의 전기
작가인 바리 카츠는 성숙한 마르쿠제의 지적 분위기를 교묘하게 '쾌활한

염세주의'라고 묘사하였다. 죽음 직전에 출판된『미학의 영역』에서 마르
쿠제는 예술은 우리의 일차원적 사회에서 이차원적 경험을 할 수 있는 최
후의 보루일 것이라고 강력히 주장하였다. 예술적 상상력과 정치적 현실
의 직접적 평형상태를 주장하는 이들에 대해 마르쿠제는 주의하도록 권
고하고 있다. 그는 예술이 지키는 '실제성으로부터의 거리'를 옹호하고
행복의 직각적 소유라기보다 '행복의 약속'으로 미를 바라보는 스탕달의
정의를 환기시키고 있다. 교조적 맑스주의의 사회주의 리얼리즘과 부르주
아 보수주의의 자연주의 리얼리즘 양쪽에 이의를 제기하면서 마르쿠제는
급진적 불화 또는 예술의 초월성에 대한 새로운 인식을 요구하고 있다.
이것이 바로 잠재된 경험인 자유의 이름으로서 우리의 실제적인 피억압
경험을 부정하는 환원 불가능한 '미학의 영역'이라고 마르쿠제가 언급한
것이다. 그는 다음과 같이 쓰고 있다.

　　예술의 근원적 성격들, 말하자면 확립된 현실에 대한 예술의 고소장과 해
　방의 아름다운 영상에 대한 예술의 환기는 정확하게 예술이 그 사회적 결정
　을 초월하고 그 자체를 담화와 행동의 소여된 보편으로부터 해방시키는 영역
　에 근거하고 있다. 예술이 형성한 세계는 주어진 현실에서 억압되고 왜곡된
　현실로서 인식되고 있다. 이 경험은 통상적으로 거부되고 또는 들어보지 못
　한 진실들의 이름으로 주어진 현실을 폭파시키는 극단적 상황(사랑과 죽음,
　죄와 좌절, 그리고 즐거움, 행복과 성취 등)에서 그 절정을 이루고 있다. 예술
　작품의 내적 논리는 지배적인 사회제도들 속으로 흡수된 합리성과 감성을 거
　부하는 또다른 이성, 또다른 감성의 출현으로 귀결되고 있다(『미학의 영역』).

관습적인 인식질서에 순종할 것을 거부함으로써 특히 혁신적이거나 실
험적인 예술은 현대의 사회환경을 대표하는 게 아니라 그것에 대항하여
반란을 일으킨다. 예술은 친숙한 것을 낯선 것으로 폭로하고 우리의 선입
관에 도전하며 새로운 방식으로 세계를 이해할 수 있도록 우리를 이끌 때
급진화한다. 시나 그림은 역사적 경험 가운데 억압된 가능성을 눈뜨게 만
든 따라서, 유토피아의 열망을 살아 있도록 만든 타자와 본질의 언어인
그 자신의 언어를 창조하고 있다. 마르쿠제는 성애문학에서조차도 일상적
보편을 표준화된 대화와 행동으로 기각시킬 정도로 항의의 형식을 내포

하고 있음에 주목하였다. 이와 대조적으로 즉각 규명될 수 있는 사회적 담화에 항복함으로써 스스로를 대중화시키는 데 우선순위를 둔 예술작품은 그 해방의 영향을 날조하며 자주 이데올로기적 타협의 부속도구가 되는 위험을 저지르고 있다. 이 때문에 마르쿠제는 즉각적 성취를 위해 미적 형식을 방기하는 반예술과 대중예술운동들의 시도에 대해 회의하는 것이다. 문학이나 시각예술로부터 그 '불화하는' 힘을 박탈한다면 그 운동들 또한 이들로부터 그 비판적인 그리고 확장에 의해 자유로워진 가능성을 박탈하게 될 것이다. 이들은 자주 정치적으로 급진적이라고 주장하지만 빈번하게는 그 반대이다. 왜냐하면 일상의 친숙성에 미학적 기이함을 종속시킬 때 예술가는 사물이 존재하는 방식에 대항한 항의를 거두기 때문이다. 마르쿠제는 예술이 형식의 자율성과 정신의 영성이라는 '미학적 영역들'을 모두 포기할 때 그 고발대상이었던 무형식의, 그리고 정신이 존재치 않는 현실에 굴복하게 된다고 주장한다. 즉 예술은 경험의 진부화로 귀결되는 것이다.

마르쿠제는 비판이론의 마지막 희망은 예술의 위대한 부정, 좀더 정확하게 말하면 현존하는 실제의 억압적 강제와 타협함으로써 예술 그 자체를 부정하길 거부하는 예술의 위대한 부정에 달려 있다고 결론내렸다. 예술의 내면과 사회현실의 외면 사이의 적대적 갈등이 중단되어서는 안된다. 마르쿠제는 그렇게 된다는 것은 해방이라는 가능의 세계가 압제의 현재세계로 환원된다는 것을 의미하기 때문에 혁명의 희망을 근절시키는 것이라고 말한다. 마르쿠제는 "예술이 세계를 변화시키는 동인이 되어야만 한다"는 기본적 명제가 마침내 예술과 근원적 실천 간의 긴장이 풀려 예술이 변화를 지향하는 자체의 영역을 상실할 정도가 될 때는 쉽게 그 반대의 기능으로 전환될 것이라고 쓰고 있다. 내면으로의 도피와 사적 영역에 대한 강조가 인간실존의 모든 범주들을 관리하는 사회에 대항한 성채로서 기능하는 것도 당연하다. 즉 내면과 주관은 경험의 전복과 다른 보편의 출현을 위한 내적이고 지적인 공간이 되는 게 당연하다(『미학의 영역』). 마르쿠제의 최후작업은 아마도 그의 전체적인 비판적 연구계획 중에서 가장 뚜렷한 검증서가 될 비판적 부정과 유토피아적 긍정 사이의 미묘한 변증법적 균형을 완벽하게 구체화하고 있다고 할 수 있다.

위르겐 하버마스
Jürgen Habermas

하버마스는 프랑크푸르트 학파의 2세대에서는 가장 특출한 인물이다. 1920년대 후반에서 30년대에 걸쳐 독일에서 호르크하이머, 아도르노, 마르쿠제 등에 의해 주도된 비판이론 연구에 동참한 그는, 1960년대 초에 프랑크푸르트 대학에서 철학 및 사회과학의 학과장을 역임하였다. 하버마스는 그보다 앞선 뛰어난 선각자들에게서, 자본주의에 대한 맑스적 비판은 마땅히 수정되어야 하고 현대기술사회의 급격한 변모에 맞춰 재정립되어야 한다는 견해를 이어받았다. 전통적인 맑스주의가 생산수단의 경제적 통제에 초점을 맞추었던 데 비하여, 하버마스는 의사소통수단의 이데올로기적 통제를 강조하였다. 아도르노와 호르크하이머가『계몽의 변증법』에서 개요를 잡았던 것처럼 고도로 발달한 현대자본주의하에서의 이성의 기안을 분석하면서 하버마스는 이 분석을 사회과학과 체제이론에 적용시켰다.

1

비판이론을 사회과학에 적용시킨 하버마스의 독특한 방법에 대해 논하기 앞서 아도르노와 호르크하이머에 의해 진전된 프랑크푸르트 학파(물론 마르쿠제를 다루는 장에서 간략하게나마 짚고 넘어가겠지만)의 주장을 여기서 잠시 언급해두는 것이 유용할 것이다. 『계몽의 변증법』을 지은 이들은, 현대에 기술적 이성의 지배가 이성의 범위를 수단과 목적에 대한 공리적 계산, 즉 순전히 도구적 기능으로 매몰시켰다고 생각한다. 마르쿠제처럼 아도르노와 호르크하이머가 파쇼적 전체주의나 소비에트식 전체주의와 동일하게 보았던 고도로 발달한 국가자본주의의 주요한 지배원천은, 비판어린 질문과 비동의에 대한 권위적인 불신이다. 이러한 불신은 기술실용주의의 요구에 따라 발전계획을 끌어당기기 위해 폭력과 강압을 수단으로 하는 데에서 나타난다. 아도르노와 호르크하이머는 이런 식으로 역사진보를 맹목적으로 믿는 것에 강력하게 반대했다.

그러한 저항은, 전체주의 지도자들과 그들이 이끄는 인민대중들 사이에 편재된 조잡스런 반지성주의에 맞서 싸울 비판의식이 들어설 근거를 마련하는 셈이 되었다(한 예로써 아도르노와 호르크하이머는 채플린의 「위대한 독재자」에서처럼 이발사와 독재자가 결국 한 사람이며 동일한 인물임을 간파하였다). 기술적 이성의 지배하에서 인간은 어느덧 생산과 소비를 반복하는 기계가 되어버렸다. 비록 노동을 하든(대량생산) 여가를 즐기든(대량소비) 인간의 사회적 존재는 세부적인 모든 면에까지 규제되었고, 인간성은 행정제도 속으로 용해되어버렸다.

『변증법』의 지은이들은 이러한 경험의 빈곤이, 이성의 진보라는 계몽주의적 의식의 직접적 결과라고 생각했다. 새로운 사회 속에서의 삶은 단절되고, 소외되고, 원자화되며 고립된다. 대중문화는 역설적으로 말해서 경험의 완벽한 개인주의화, 즉 개인을 역사의 구체적인 현장에 순수하게 사회적으로 참여하지 못하도록 하는 선상에서 출현해온 것이다.

이것은 『변증법』에서의 반대중적 성향을 엿볼 수 있게 하며, 동시에 책 지은이들이 '문화산업(culture industry)'이라고 경멸적으로 다룬 것에 대한 강한 의혹을 갖고 있음을 나타내고 있다. 예술이 한때는 저항을 나타내는 역할을 했지만(예를 들면 고전적인 비극의 장르), 현대의 대중문화에서는 그 주요목적을 위안과 체념과 순응에 두는 일차원적 소비주의의 대행자로 축소되었다. 개별적인 것과 보편적인 것을 미성숙하게 잘못 조화시킨 채(다름 아닌 그 적대감이 과거사회에서 사회적 모순을 노출시켰다) 기술사회는 대중문화를 도입하여 소비자들을 수동적으로 순응하도록 침잠시켰다. 따라서 프랑크푸르트 학파가 혁명적 저항의 잠재력으로 본 부정의 힘은 점차 침식당한다. 아도르노와 호르크하이머에게 있어서, 현대의 대중문화가 양산한 대중복종이야말로 계몽주의에 의해 유산된 도구적 이성이라는 노동윤리에 포함된 지배논리의 짝인 것이다.

『계몽의 변증법』은 2차 세계대전이 진행 중인 동안 그 지은이들이 미국으로 망명했을 때 주요 줄거리가 구성되었다(이 책은 1947년에 독일어로 처음 출간되었다). 그 총괄적인 연구는 유럽의 파시즘과 소련의 전체주의, 그리고 산업화된 서구 중에서도 특히 미국에서의 타협주의적대중문화의 발흥에서 목격되는 순수한 계급연대의 붕괴가 가져온 깊은 환멸로 채워졌다. 주지하는 바와 같이 권위적인 기술중심의 사회는, 그 기원이 멀리 데카르트의 주-객관식의 이분법과 뉴턴의 정신-물질의 구분에서 보였듯이, 인간-자연으로 나눈 계몽주의 사상까지 거슬러 올라갈 수 있는 보편적 현상이 되고 말았다. 실증과학의 엄청난 발달은 자연을 객체화시켰고, 게다가 인간을 도구적 착취의 대상물로 전락시켰다. 결과적으로 지식은, 고도의 산업사회에서 지배자의 이해와 통제에 기여하는 억압적인 기술이라 할 수 있는 지배적 생산수단으로 공급되었다. 인간의 자율성(자연에 비하여)을 과도하게 강조했던 나머지 원래의 계몽사상은, 이제 인간을 변질된 기술관료제에 전적으로 묵종토록 몰아갔고, 정신적 존재로부터 만물 중에 하잘것없는 기능물로 쇠락시켰다.

따라서 계몽사상에 의해 발전된 타산적인 형식상의 합리성이야말로, 역사적 소외조건을 비판적으로 부정하고, 또한 인간과 자연을 이상적으로 화해시킬 가능성을 몰고 갈 변증법적 이성의 참다운 본질을 흐려놓았다고 아도르노와 호르크하이머는 주장했다. 마틴 제이는 그의 저서 『변증법적 상상력』이라는 프랑크푸르트 학설사에서 아도르노와 호르크하이머의 중심견해를 이렇게 정리하고 있다.

계몽주의는 합리적 분석을 통해 신화시대의 혼미를 극복했다는 그들의 주장에도 불구하고 그 자체 새로운 신화에 갇힌 희생양이 되고 말았다. 이것은

변증법의 가장 중요한 원리 중 하나이다. 호르크하이머와 아도르노가 비판하
듯이, 지배에 대해 계몽주의가 지닌 생각의 언저리에는 신이 세계를 지배한
다는 세속적인 종교적 신념이 먼저 있다. 결국 인간이라는 주체는 자연이라
는 객체를 내재하는 또는 외재하는 타자로 보게 되고 … , 공업주의는 정신을
대상화한다. 인간이 자연을 도구적으로 조작함에 따라서 이런 현상은 불가피
하게 인간들의 관계에서도 발생한다. 계몽주의의 세계관에서 바라본 주체와
객체간의 뛰어넘을 수 없는 거리는, 현대의 독재국가들에 존재하는 지배자와
피지배자라는 상대적 지위와 맞먹는다. 세계를 객체화함으로써 인간관계에서
도 같은 결과가 속출한다.

계몽주의의 궁극적인 유산은 구체적으로는 이성의 균형이었다. 그러나
결국은 금세기에 과학적 실증주의의 전횡과 비인간적인 전체주의의 테러
로 끝나버린 그 유산 앞에서, 아도르노와 호르크하이머는 변증법적 이성
의 입장에서 가장 바람직한 선택은, 인간의 실존을 광범위하게 억누르는
기술관료적 통제로부터 진리를 구하는 유일한 수단으로서 부정의 원리를
보존하는 것이라고 주장하였다. 어쨌든 하버마스가 사회비판 이론을 부흥
시키려고 한 때는 궁지에 몰린 채 망명했던 시절의 처절하기조차 한 배경
하에서였다.

2

하버마스는 『인식과 관심』에서 은폐된 사회과학의 논리를 들추면서,
아울러 그것이 빈번히 지배전략에 의존하고 있음을 폭로하였다. 같은 해
에 출간된 『'이데올로기'로서의 학문과 기술』에서 그는, 의사소통을 왜곡
하고 권력행사를 숨기는 허위의식인 이데올로기를 비판하는 것이야말로
가장 시급한 비판이론의 과제라고 역설했다.
하버마스는 근본적으로 이데올로기를 비판하기 위해서는 낭만적인 해
석학의 한계를 극복해야 한다고 주장한다. 낭만적 해석학의 개념은, 가다
머가 『진리와 방법』에서 역사에 '귀속(Zugehörigkeit)'된 순수한 의미의
재현을 위해서 필수불가결하다고 생각한 개념, 즉 선입견과 전통과 권위

와 같은 반동적인 개념을 궁극적으로는 복원시키려고 한다. 하버마스는, 이미 한물간 감정이입이라는 과거의 신화에 젖어 있는 낭만적 해석학과, 추상적인 기술행정체계에 기여한 바 있는 실증주의적 합리성의 진퇴유곡 속에서 조정안을 찾고자 노력하였다. 가다머와 하이데거가 의식의 '해석학적 순환(hermeneutic circle)'에서 선입견구조에 대해 언급했다면, 하버마스는 이미 루카치와 프랑크푸르트 학파에 의해 옹호된 변증법적 의식의 선상에서 '관심(Anteil)'이라는 영역에 박차를 가하였다.

하버마스의 관심 모델의 기반은 모든 인간의 진정한 의사교환이 추구하는 것은 보편적, 구속받지 않는 의사소통에 대한 규제적 이상이라는 확신이다. 아울러 폭력의 폐쇄회로에 의해 의사소통을 체계적으로 변형시킨 상태인 이데올로기는 그러한 이상을 배반하고 있다. 따라서 우리의 선이해(Vorstrucktur des Verstechens) 속에서 근본적인 지식구조를 찾는 수단으로서 인간과학(human sciences)의 우수성을 기린 현상학적 해석학에 부가하여 하버마스는, 의미의 전통적·제도적 구상화를 폭로하는 데 기여한 비판적 사회과학(critical social sciences)에 항소하는 이데올로기의 비판을 제창한다.

하버마스는 낭만적 해석학을, 언어에 초월적 절대성을 부여하는, 따라서 사회적 행위자로서의 우리의 '전달능력'을 옥죄는 기술적·정치적 지배인 객관적 맥락을 무시해버린 상대적 관념론으로 규정하였다. 가다머가 공통적으로 공유되는 가설들의 언어구성체인 전통을 무비판적으로 긍정한 행위는 어떻게 여론이 허위동조(false consensus)를 지키기 위해 조작될 수 있는지를 간과한 것이라고 하버마스는 지적한다. 이런 동조야말로 의식적으로 기꺼이 찬성하는 게 아니고, 정치부재화된(depoliticised) 대중이 수동적으로 받아들이는 것이다. 그렇기 때문에 하버마스는 '문화적 전통'에 대한 비판적 이해를 제안한다. 왜냐하면 이것만이 사회단체들이 해방의 목적을 위해 생각하고 추구하려는 목표를 선도하고 체계적으로 왜곡된 의사소통의 이데올로기적 토대를 확인해주기 때문이다. 사회적 행위의 규범은 천진난만하게 당연히 받아들여져서는 안되고, 그 규범이 사회적 행위자들의 이해에 전적으로 봉사하고 있음을 그 사회성원들이 알 수 있도록 의사합의교환(consensual discourse)에 종속되어야 한다고 하버마스는 주장한다.

『인식과 관심』에서 언명한 목표는 '잊힌 성찰경험을 회복'하는 데 있다. 하버마스는, 현대에 실증주의가 재기함에 따라 비판적 주체가 어떻게 위협받는가를 분석하면서 지식의 성패를 다루고 있다. 성찰을 하는 인간 주체의 인간주의적 관념에 오히려 적대감을 갖는 구조주의와 대조적으로, 하버마스는 철학사를 근본적으로 성찰의 과업을 개혁하기 위한 일련의 진보적인 시도로 간주하였다. 이러한 근본적 개혁의 역사는, 칸트의 선험적 주관이나 허구적 자아(fiction ego), 그리고 헤겔의 정신과 같은 계속되는 발견 속에서 그 현대적 성과물을 갖고 있으며 생산활동과 관련한 비판적 반성의 맑스적 종합에서 절정에 달하고 있다(맑스의 이 종합이야말로 관념론과 유물론의 고전적인 적대관계를 푸는 데 의의가 있다). 이렇게 비판적인 시야를 가지고 하버마스는, 맑스의 『정치경제학 비판』은 헤겔의 『논리학』이 형이상학적 관념론에서 했던 역할을 사적 유물론에서 하고 있다고 주장하였다. 비록 서로 다른 관점이지만 두 저서는 비판적 성찰의 입장을 진전시키는 데 기여했다.

맑시즘에서 사회적 존재로서의 인간은 비판적 성찰의 주체가 될 가능성을 부여받았다. 그러나 하버마스는, 가끔 맑스주의가 그들의 본연의 지향에도 불구하고 너무하다 싶을 정도로 노동과 생산의 도구적 측면만 강조한 결과, 실증주의의 활동에 기여하는 꼴이 되었음을 보여준다. 그러므로 맑스주의도, 비록 그것이 오늘날까지 비판적 성찰을 위한 고도의 지평을 열어주기는 했어도, 곧바로 달리 독단적 통제 이데올로기가 될 수 없다고 한다면 마치 소련체제에서 보이는 것처럼 스스로 비판적 성찰에 지배당하게 될 것이다. 달리 말해서 이데올로기의 비판자로서의 맑스주의도 그 자체 하나의 비판 이데올로기로 남게 된다.

하버마스에게는, 비판을 면제받은 어떠한 철학도 없다. 영원히 확신할 수 있는 근원적 단계란 존재하지 않고, 공정한 의식이 그 자신을 모든 역사적·이데올로기적 관계로부터 떼어내어 족히 절대지식이라고 주장할 장소도 없다. 모든 이론들, 그것도 특히 스스로를 완전히 중립적이고 객관적이라고 믿는 이론들일수록, 몰역사적 합리성의 탈을 쓰고 그들 고유의 이해관계를 숨긴 이데올로기들인 것이다. 따라서 비판이론의 막중한 임무는, 지식의 다양한 운용 뒤편에 가려져 있는 그들의 이익을 폭로하는 것이다.

하버마스는 관심에 복수성이 있음을 피력한다. 그가 세 개의 주요범주로 나눈 것은 ① 도구적 관심(instrumental interest), ② 실용적 관심(practical interest), ③ 해방적 관심(the interest in emancipation)이다.

도구적 관심은 중립적인 '경험분석과학(empirical-analytic sciences)'을 유도하는 전망이다. 이 전망은 그 타당성이 공리주의적 행위체계내에서 일어나는 기술적인 착취가능성에 기반하고 있는 경험적 사실에 한해 의미를 부여한다. 이때의 규준은 '목적합리적 행위'에 의한 수단·목적 실용주의의 규준이다. 그것은 현대의 과학적 기술 이데올로기 속에서 나타난다. 하버마스는 그것을 '객체화된 절차를 기술적으로 통제하려는 인지적 관심'—즉 다르게는 실증주의로 알려진—이라고 규정했다. 그는 도구적 관심이 여럿 가운데서도 유용한 관심영역임을 기꺼이 인정한다. 그러나 하버마스는 그것이 유일하다거나 범세계적인 관심이고자 할 때에는 가차없이 비판하고 나선다.

관심의 두 번째 범주는 실용적인 것으로, 의사전달 행위의 모델을 선호한다. 실용적 관심은 상호주관적인 행위영역을 다룬다. 하버마스에게 있어서 이것은 '역사적·해석적 과학'의 범주이다. 곧 일상의 언어로 교환된 말의 내용을 해석해냄으로써, 그 의미가 지닌 본래의 인간적 차원을 이해하고자 하는 것이다. 여기서 우리는, 우리의 문화적 전통이라는 텍스트에 의해 전달되었고 우리 사회의 규범과 제도 속에 함축된, 인간의 의미가 지니고 있는 '상징적 상호작용'에 접하게 된다. 하버마스는, 맑스가 '생산관계'(자본주의하에서 이데올로기적 지배와 계급구분으로 나타나는)와 '생산력'(인간의 일반적인 본질을 나타내는 인간행위로서의 노동)을 구분했을 때, 이미 그가 기술적 관심과 실천적 관심 사이의 차이를 알고 있었다고 믿는다. 과연 바로 그 이데올로기 비판의 가능성도 기술적·분석적 관심과 실천적·의사소통적 관심 사이에 틈이 있음을 알아차린 데 기인한다. 그러나 그것을 알아채기 무섭게 맑스주의 스스로가, 궁극적으로 생산에 대한 과학적인 범주 속에서 똑같이 관계와 힘이라는 관심사를 적용하면서 은폐한 것이 바로 이 틈이다. 결국 무엇보다도 이데올로기에 대한 맑스주의자의 비판을 가능케 한 상호대립된 관심분야에서의 차이에 대한 인식은 과학적 실증주의에 대한 맑스주의자의 주장 때문에 훼손당했다. 기술적 통제와 실천적 의사소통에 대한 이해관계 사이에서 생기는 이러한 결정적인 차이를 우리에게 환기시켜주면서 하버마스는 순수비판이론의 가능성을 회복시키려 애쓰고 있다.

관심의 세 번째 범주는, 하버마스가 '해방으로의 관심'이나 '비판적 자아성찰'이라고 이름붙인 것이다. 그는 이것을 프랑크푸르트 학파와 사회조사연구소의 비판이론으로 형상화된 비판사회과학(critical social science)이라는 기획과 동일시하고 있다. 앞서의 기술적 분석과학이 비판절차를 거부했고, 해석학적 인간과학이 그러한 절차를 전통적 유산의 선이해 속에 종속시켰던 반면에, 하버마스는 해방의 계획을 개시하려는 비판적 자기성찰의 궁극적 우위성을 주장하고 있다. 비판사회과학은 잊힌 지식에 대한 관심이 그 스스로 눈을 뜨도록 해준다. 이들은 무관심(disinterestedness)에 빠진 실증주의자들의 환상을 배제하고, 경험적 분석과학이 '객관적 사회법칙'이라고 잘못 오인하고 있는 제도화된 행위의 규칙 속에서 꿈틀거리는 이데올로기적 이해관계의 허구를 벗긴다. 해방에 대한 관심을 스스로 주도하고 있음을 인지하면서 비판사회과학은 여타의 철학들이 의미를 역사적 관심의 변증법적 기획으로 다루기보다도 형이상학적 기성물로 다루는 식의 도그마로부터 스스로를 해방시키는 비판적 자기이해의 단계에 도달할 때에 한해 이들 역시 똑같은 관심에 의해 자극받았음을 보여주고 있다. 그런고로 비판절차는 제도적 억압에 의해 더욱 강경해진 중립의 유리한 위치를 차지하려고는 않지만, 그래도 역시 역사적으로 정초된 의식의 한계 내에서나마 그러한 억압을 풀고 자유로운 의사소통의 이상향(ideal space of free communication)을 지향하고 있다.

하버마스의 주된 관심은, 모든 지식이 궁극적으로는 관심에 의해 주도된다는 것을 보여주는 데 있다. 이는 '객관성'이라는 이름으로 완전히 초연한 채 익명적이고 몰가치적인 현대의 실증주의에 대한 명백한 도전이다. 이러한 '객관주의의 환상' 뒤편에서 하버마스는 은닉된 이익을 간파한다. 그것은 인간의 상호작용과 의사소통의 실천적 영역을 공업기술관료의 기술적 요구에 종속시킨다. 인지적 관심의 세 번째이자 가장 적극적 형태, 즉 자율과 책임과 정의에 대한 인간의 기본적 욕구로서의 해방에 대한 관심을 알게 되는 것은 인간지식의 운용 속에서 은밀하게 작용하고 있는 실제적인 관심과 기계적 관심 간의 갈등을 폭로할 때만이 가능하다고 하버마스는 주장한다. 따라서 실증과학이 걱정하듯이 인지주도의 관심(knowledge-constitutive interests)이 진리의 객관성을 떨어뜨리는 부정적인 영향이라고 볼 수는 없다. 오히려 그러한 관심은 어떤 현실이 인간의 경험에 근접할 수 있는가 하는 측면을 결정한다. 다음의 도식은 인지된 관심에 대한 하버마스의 세 범주를 요약한 것이다.

인지주도의 관심	상이한 과학	사회적 행위의 유형
① 기술적: 통제와 생존에 관심	경험 분석적 과학	노동
② 실천적: 일상적 전통 내에서의 상호이해	역사 해석학적 과학	사회적 상호작용
③ 해방적: 독단적이고 통제된 과거에서 해방	비판적 사회과학	이상적인 대화조건을 통한 의사전달

자료: Dermot Lane, 「하버마스와 실천」, 『사회신학의 기초』)에서 인용.

3

필경 하버마스가 비판이론의 발전에 기여한 매우 중요한 공로라면 인간실존을 규정한 목적으로서의 '이상적인 대화조건'에 대한 생각일 것이다. 이는 확실히 아도르노와 호르크하이머의 비관적인 결론을 뛰어넘는 대단히 주목할 만한 진전이다. 체계적인 자아성찰을 통하여 진정한 사회적 관계의 실현에 장애되는 것들을 줄여보고자 하는 것이 하버마스의 바람이다. 특히 그는, 사회적 행위자끼리의 평등한 의사교환을 방해하는 지배망상을 비판하고자 한다. 그가 제안한 것처럼 그러한 비판은 지배망상이 더이상 활개 치지 못하는 이상적인 대화조건 속에서 유도되어야 한다. 이 규정적인 이상안은, 선택기회의 균형 있는 분배가 이루어지고, 왜곡 없이 언어행위가 통용되는 민주주의적 의사소통체계를 표방한다. 그것은 가능한 한 대화에 참여한 모든 이가 먼저 의사전달할 기회를 동등하게 갖

고, 그들 나름의 단어와 행위를 명료히 나타낼 때 완수된다. 오늘날 의사
전달은, 특권적 지위를 인정하면서 발표기회를 불균등하게 배분하는 데서
왜곡상을 빚어왔다. 이런 시점에서 하버마스가 제안한 '이상적인 대화조
건'은 궁극적으로는 균형 있는 의사소통을 저해하는 장벽을 허물 수 있는
비판적 규준인 셈이다. 그는 이렇게 쓰고 있다.

> 진정한 합의를 이룬다는 것은 진정한 존재를 이룬다는 것이다. 실현가능한
> 삶의 한 형태로서 이상적인 대화를 공식적으로 기대하는 것이야말로 이미 우
> 리를 결합시키고 있는, 그리고 그 사실적 합의가 잘못된 것이라면 우리로 하
> 여금 비판하도록 허용하는 궁극적이며 반사실적인 동의를 보장하는 것이다
> (「보편성에 대한 해석학의 입장」).

하버마스는 이데올로기(의사소통의 왜곡으로서)에 대한 마르크시스트의
비판이 정신분석학적 비판에 의해 보충될 필요가 있다고 본 마르쿠제의
생각에 동의한다. 정신분석학적 비판은, 사회적 행위자가 권위나 검열이
나 폭력과 같은 억압적인 술책을 스스로에게 숨기기 위해 신용한 무의식
적인 속임수에 대한 것이다. 정신분석학은 비판이론에, 행위와 권위, 실천
과 권력, 생산력과 생산관계 사이의 변증법적인 관계를 반영하기도 하고
때로는 조건지우기도 하는 '언어'의 오용을 벗기는 방도를 제시한다. 정
신분석학적 주제가, 인간의 몽상이라는 왜곡을 '합리화'함으로써 인간의
무의식적 욕구에 직면하길 거부하는 것과 마찬가지로, 이데올로기 역시
사회적 상호작용이라는 광역의 차원에서 그 이데올로기적인 동기를 소급
하여 재구성하고 정당화함으로써 지배의 권력노름(power-ploys)을 합리화
하는 데 일조하고 있다. 우리는 두 가지 경우에서 깊이 있게 파악되고 벗
겨져야 할 의사소통의 체계적 왜곡에 직면하게 된다.

하버마스는 여기서 대화분석(Sprachanalyse) 방법으로 로렌저의 정신
분석방법을 따른다. 이 모델은 탈상징화(desymbolization)나 재상징화(re-
symbolization)의 절차를 통해 주체의 자기 이해를 향한 탐색을 드러낼 수
있는 초해석학(meta-hermeneutic)이나 심층해석학(depthher-meneutic)을 포
괄한다. 하버마스는 그러한 비판적 초해석학이야말로 상호주관적인 대화
의 자연스런 회복에 기대고 있는, 낭만적이랄까 아니면 다분히 현상학적

이라고 할 해석학을 뛰어넘을 수 있는 것이라고 생각했다. 가다머가 근원
적 대화이해인 문답식 방법으로 오류를 극복하고자 한 데 비하여, 하버마
스는 선험적 의식구조(현상학적 전통)를 넘어서서, 사회 역사적인 실천·
해방구조(맑스주의의 전통)를 지향하는 이데올로기 비판을 통하여 좀더
험한 우회로를 택하고 있다. 그러한 비판에서 보면 의미가 없다는 것은
단지 처음의 순수한 대화에서 이탈했다는 것만이 아니라 모든 언어의 피
할 수 없는 출발점이기도 한 것이다. 우리는 이데올로기에 젖은 대화에서
시작하여, 순수언어의 가능성을 열기 위하여 이데올로기의 비판을 꾀한
다. 자연히 하버마스에게는, 구속받지 않고 억압받지 않는 의사소통은 하
나의 유토피아이거나 칸트식의 정언적 관념으로 남는다. 그러한 이상적인
대화조건은 있어본 적이 없었다. 하지만 그것은 우리가 전해 받은 의사전
달능력이 은폐된 지배와 권력의 이해에 얽혀 본질적으로 변형되었기 때
문이다.

　대화분석이라는 초해석학적 모델이 목표로 하는 것은, 탈상징화의 원
초적 장면을 재구성하여 이데올로기적 징후의 이유, 즉 사회정치적 동기
를 설명하는 데 있다. 그러한 방법을 통해서만이 공동체는 스스로를 돌아
볼 수 있으며, 이데올로기적 탈상징화 속에서 왜곡된 대화의 근원이 파헤
쳐져 이른바 온전한 비판적 해방이 달성된다. 따라서 하버마스는, 지배전
략의 하나인 '무의미'에 대한 발생론적 기원을 들춤으로써 환상적인 상태
보다는 실재상태에서 이해되는 자유와 합의의 원리에 기초한 순수한 대
화의 재상징의 가능성을 타진한다.

　하버마스가 오해의 사회정치적 차원을 무시했다는 이유로 전통적 해
석학을 비판한 것은 바로 위의 분석선상에서이다. 그는 마치 변증법적인
의사교환의 합의가 존재로의 전통적 귀속을 회복시키기만 하면 성취될
수 있다는 듯이, 오로지 시적·존재론적 수준에서 언어에 접근하려는 경
향을 지닌 가다머에게 찬성치 않는다. 하버마스에게는 온전한 합의의 성
립이 역사적 행위 없이는 이루어질 수 없는 것이다. 따라서 낭만적 해석
학이 상실된 의미를 회복시키는 데 대해 소리를 드높이는 데 반해(회상
의 기법), 하버마스는 가능성 있는 의미에 대한 기대를 이야기한다(해방
의 기법).

가다머가 오해는 선험적 이해를 전제로 하고 있다고 본 데 반하여, 하버마스는 오해가 있는 곳에 후험적 이해(posterior understanding)가 있을 거라고 주장한다. 우리가 이 오해의 근저에 있는 이데올로기적 왜곡에 대해 비판을 가할 수 있다면 소여된 것은 언제나 변형된 의사전달의 형태이다. 우리가 물려받은 언어는 '더럽혀진 손'을 갖고 있다. 달리 말해서 하버마스는, 이상적인 의사소통능력이 이해를 위한 존재론적 선조건이 아니라 '해방에 대한 관심'에 빠져들어야만 비로소 얻을 수 있는 역사적 가능성임을 보이기 위해 해석학적 대화기법을 변증법적으로 처리하고자 한다. 그가 생각하기에 이 방법을 통해야만 우리는 세계를 해석하는 철학자와 그것을 움직여나가는 사회행위자 사이를 화해시킬 수 있다. 따라서 하버마스의 비판은 자연히 리쾨르가 "왜곡을 설명하는 과학 … 이데올로기 비판에 대한 최고의 철학적 차원을 형성하고 있는 비폭력적 종말론"이라고 부른 것이 되고 만다. 특히 블로흐의 견해에 가까운 이러한 종말론은 전통적 해석학에서 언어 이해의 존재적 입장을 취하고 있다(「해석학과 이데올로기 비판」).

4

우리가 보았던 것처럼 『인식과 관심』에서 하버마스는, 과학적 방법론의 관점에서 이데올로기의 문제를 언급하였다. 그 후의 저술을 통하여, 그는 이러한 그의 이론을 현대 서구자본주의의 보다 구체적인 몇몇 사회적 조건에 적용시키고자 하였다. 아마도 그렇게 적용된 비판이론서 중에 가장 인상적인 것이라면 『정당성 위기』일 것이다. 이 책은 후기자본주의의 선진 산업사회에서 작용하는 이데올로기에 대해 분석하고 있다.

여기에서 하버마스는, 마르쿠제와 프랑크푸르트 학파에 의해 원래 구상된 생각이지만, 20세기에 비판이론이 걸머질 가장 중요한 과업은 과학적 기술지배에 도전하는 것이라는 견해에 뜻을 같이한다. 지금까지 사회는 지배엘리트의 권익을 정당화하기 위하여 이데올로기의 도움을 요청해 왔다고 하버마스는 주장한다. 원래 태곳적에는 이런 이데올로기가 주술적·

토템적 신비화의 형태로 나타났다. 그러던 것이 중세 말기와 르네상스기에 이르면 좀더 계몽화된 종교적·정치적 철학의 외피를 쓴다. 그리고 맑스 자신이 경험했던 초기의 '진보적인 자본주의(liberal capitalism)'하의 부르주아 사회에서는 이데올로기가, 고용주와 유산계급의 권익을 보호하는 데 있어서 명백히 드러나는 경제적 역할을 수행하였다(따라서 자유방임적 자유주의의 관행과 지속적인 사회이동의 베일 뒤에서 부의 현실적 발생—노동자의 노동 잉여가치를 착취 및 점유—은 은폐된다).

그러나 후기 자본주의하에서 이데올로기는 그렇게 쉽사리 파악되지 않는다. 오늘날의 사회에서 지배의 주요한 원천은, 하버마스가 주장하듯이 합리성 자체를 생산하는 것이다. 바야흐로 사회과정은 자기조절적 기술체계로 되며, 그 주요한 관심사는 자기수호에 있다.

　19세기 말 이래로 … 선진 자본주의의 특징적인 발전 경향, 즉 기술의 과학화는 점차 괄목할 정도로 되었다. 새로운 기술도입을 통하여 노동생산성을 증대시키려는 제도적 압력은 자본주의하에서 항존하게 되었다. 혁신은 경제적으로 동기부여되는 한 그 성격상 우연이라고 할 만한 산발적인 발명에 의지하고 있다. 이러한 것은, 기술의 발달이 현대과학의 진전과 함께 재생단계로 들어갈 때 변화한다. 거대규모의 공업연구가 진행되면서, 과학과 기술과 공업의 유용성은 하나의 체계로 용해되었다. 그 이래로 공업연구는 주로 군부의 과학·기술향상을 추진하는 정부와 유착된 상태에서 추진되었다. 정보도 거기로부터 나와 사적 생산영역으로 유입된다. 자연·기술과 과학은 맑스의 노동가치론의 제조건들을 무력하게 만드는 탁월한 생산력이 된다. 맑스가 상정한 잉여가치의 원천, 즉 직접생산자의 노동력은 이제 훨씬 작은 역할을 하게 되었다. 이와 결부하여 과학·기술의 발전이 독립된 잉여가치의 원천이 되면서, 단순(비숙련) 노동력 가치의 토대를 위한 발전이나 연구에 자본투자량을 계산하는 것도 의미 없는 일이 되어버렸다. 이러한 기술관료제론은 정치 부재화된 대중의 의식 속에 흐르는 배경 이데올로기가 되었다. 그리고 그 속에서 권력을 정당화하는 역할도 할 수 있는 것이다. 사회의 자각을 의사전달 행위의 준거틀과 상징적 상호작용이라는 개념에서 분리시켜 과학적 모델로 대치한 것이 바로 이 이데올로기의 유일한 성과이다. 결국 사회적 생활세계에 대해 문화적으로 규정된 자기이해의 방식은 목적합리적 행위와 적응행위의 범주 속에서 인간의 자기구체화로 대체되는 것이다(「'이데올로기'로서의 과학과 기술」, 『이성적인 사회를 향하여』).

　　그러므로 앞서의 이데올로기적 계급갈등은 오늘날 들어서 더욱 감지하기 어려운 갈등형태로 바뀌었다. 이 또 다른 갈등이라 하면, 후기 자본주의에 정당성을 부여한 기술지배를 자기정당화하고 이데올로기와 해방적 관심에서 바로 그런 이데올로기를 거부하고자 하는 비판적 움직임 사이의 갈등을 말한다. 새로운 이데올로기는 의사전달의 모든 범위를 오직 도구적 영역으로 귀착시킨다. 이것은 기술적 이성의 지배를 낳는다. 오로지 기능적이고 소비적이고 계산적인 것만이, 따라서 기술적 실증주의의 도구적 체계 속에서 합리화될 수 있는 것만이 정당한 것으로 간주된다.

　　그리하여 기술과학은 그 자체 기술과학의 생산체계를 일괄하는 이데올로기적 체계가 되어 버린다. 이런 식으로 자본주의는 성찰 없이 살아가는 익명의 이데올로기 체계를 따르게 되었다. 자본주의는 스스로를 구성하는 하나의 구조요, 스스로를 합리화하는 하나의 이성이요, 스스로를 드러내 말하는 하나의 언어요, 스스로를 정당화시키는 하나의 정당성이다. 하버마스에게 이러한 과학의 이데올로기화는 현대사회가 안고 있는 정통성 위기의 주요한 원천인 것이다. 그는 이렇게 설명한다.

　　‘전통사회’라는 표현은, 그 제도의 틀이 사회뿐만 아니라 우주까지 포괄하는 현실을 신비적·종교적 또는 형이상학적으로 해석하여 구성한 확고한 정당성 토대에 뿌리박은 상황을 언급하고 있다. 전통사회는 목적합리적 행위체계의 발전이 문화적 전통을 정당화시키는 효력 내에서만 이루어질 때 존속한다. 자본주의적 생산양식은 목적합리적 행위의 하위체계를 지속적으로 확대시키는 기제로 이해될 수 있다. 또한 그럼으로써 생산력에 대한 제도적 틀인 전통주의의 우월성을 붕괴시킨다. 자본주의는 세계사에 있어서 자립적 경제성장을 제도적으로 구축하는 초유의 생산양식이다. 그것으로 말미암아 제도적 틀에서 벗어날 수 있는 산업체계가 형성된 것이다(「‘이데올로기’로서의 과학과 기술」).

　　『정당성의 위기』의 첫 장에서 하버마스는, 선진 자본주의가 사회체계에 대해 이데올로기적으로 ‘그릇 설명(misrepresentations)’함으로써 스스로를 정당화하는 방법을 고구하고 있다고 밝혔다. 생물학적 생존이나 죽음을 위기로 맞는 동물계와 달리 사회적 위기의식은 사회발전의 원동력을 비판적으로 설명할 수 있는 이론적 시야를 전제로 한다. 자본주의는 (이를테면 '기술관료제론처럼') 현상유지를 꾀하는 반비판적 이데올로기에 의해 그러한 비판적 폭로에서 벗어나고자 한다. 예를 들면 이런 방식의 이데올로기는, 후기자본주의가 현대사회의 변동문제를 성공적으로 매듭지어왔고, 맑스가 천명한 계급구분도 극복하고 있다고 보는 것이다.

그러나 이러한 이데올로기적 정당성에는 몇 가지 모순이 따른다. 그것은 실로 과학의 여타 부분(이를테면 비판적 사회과학)은 간과한 채 특수한 한 영역만(경험·분석적 실증과학)을 부각시켜 전도된 과학을 낳는다. 그렇다고 민주적 다원성과 연구활동의 자유에 대한 기술관료적 요청이 정보의 지배적 통제를 위협하는 최소한도의 비판적 성찰마저 허락하지 않는 것은 아니다. 어쨌든 후기자본주의의 이러한 이데올로기는 궁극적으로 모순된 내용을 지녔다고 하겠다. 그 이유는, 그것이 지배와 억압의 한 계급체계로 작동하면서도 그 스스로는 자유와 민주주의와 평등한 기회, 그리고 무엇보다도 진보의 대변인 노릇을 하기 때문이다.

하버마스의 비판이론 속에 내포된 주요한 관심사는 사회과학논리의 이론적 분석을, 정치변동의 전략을 위한 구체적 실천론(praxeology)과 접합시키는 것이다. 그는 이론과 실천과의 온전한 변증법적 조화가 이루어질 수 있다면 양자는 필요하다고 본다. 이 접합연구의 목표는 해방을 위한 일종의 맑스적 계몽운동인 것이다.

'성취의 이데올로기(ideology of achievement)'에 대항하여 일어난 1960년대의 학생운동에 하버마스는 마르쿠제와 더불어 동조를 하긴 했지만, 자생적 행동을 위하여 이론적 엄밀성마저 쉽게 방기하려 하는 그들의 태도에는 유보를 나타냈다. 그가 주장하듯이 그러한 무비판적 자발행동주의는, 융통성 있는 후기자본주의의 이데올로기 속에서 치유될 수는 있겠지만 무력한 무정부상태로 전락하기 쉽다. 아울러 하버마스는, 전위조직이 정당성을 독점함으로써 민주주의적 자아성찰의 필요를 간과하는 자발행동주의에 대한 레닌주의적 상표에 대해서도 맹렬히 반대를 표했다. 그는 이것이, 자본주의의 화신인 또 다른 이데올로기적 폭력형태(특히 스탈린주의 속에서)로 되리라고 보았다.

5

하버마스는 사회·문화적 이해와 과학적 연구 간의 관련성에 관한 프랑크푸르트 학파의 초창기 연구계획에 참여하였다. 그는 후기자본주의 속에서 작동하는 의사소통이라는 사회구조를 비판적으로 연구하지 않고는 정치적 해방에 대한 계몽적 기획을 펼치기 어렵다는 생각을 줄곧 해왔다. 그러면 과연 하버마스가 생각한 '후기자본주의'란 무엇인가? 그의 저작 속에서 이 용어는, 간명하게 정의되기보다는 광범위한 의미를 함축하는 형태로 나타나곤 한다. 『맑스의 유산』에서 하워드는 하버마스에 대해 상세한 주석을 달았는데, 다음과 같은 유용한 요약도 눈에 띈다.

모든 생활영역에 국가가 개입하면서 조직이 갖는 역할은 증가하게 되었다. 이런 현상은 고도의 자본집중과 다국적기업 활동, 그리고 더욱 통제와 조정이 심화된 시장 등과 더불어 일어난다. 점점 구속되어가는 사적 영역과 사회배분의 한 형태로서의 시장의 축소화는, 새로운 사회행위의 다양한 모습을 창출해내는 계급분화에서의 변동을 의미한다. 과학과 기술을 더 많이 응용함에 따라서, 정부의 지출재량권만이 아니라 거대기업의 이익과 투자면에도 득이 있고, 아울러 노동과정의 변화를 초래한다. 기계화농업과 거대도시화는, 전통적인 당민주주의와 다른 각도에서 정치적인 냄새를 띤 새로운 사회문제를 일으킨다. 대중매체와 이론적으로는 모두에게 교육을 보장한다는 기회의 균등이, 사회화과정과 역할개념에 영향을 미친다. 기근은 더이상 육체적인 것이 아니다. 그것은 자연 자체인 것이며 부족한 자원을 가진 사회적 존재에게는 하나의 의미가 되고 있다. 여기서 필요한 것은 변동에 대한 기술이 아니라 이러한 복잡한 현상을 분별할 수 있는 이론적인 틀이다. 하버마스는 위기의식 속에서 다듬어진 이론으로서 체계에 접근한다(앞의 책).

하버마스는, 후기자본주의 위기는 그 생산체계를 이해체계와 조화시키면서 행정절차의 합리성을 정당화시키려고 할 때에 스스로의 모습을 드러낸다고 지적한다. 이러한 정당화는 세 가지 중요한 차원에서 기능하는데 정치적 차원, 경제적 차원 그리고 사회·문화적 차원이 그것이다. 자본주의가 스스로를 발현시키고자 하는 과정에서 나타나는 이러한 정당성의 위기를 비판적으로 설명하기 위하여 하버마스는 이렇게 말한다. 즉 현대

자본주의의 동시적 구조를 다루는 체계이론은, 하나의 사회구성체로부터 다른 구성체로 나아가는 근거를 설명하는 사회진화론과 동반되어야 한다는 것이다. 특히 하버마스는 자본주의가 그 스스로를 촉진시키기 위하여 새로운 자기적응 기제를 어떻게 끊임없이 만들어 가는지를, 그리고 맑스가 예견한 바 있는 절박한 몰락을 가져오리라는 자본주의의 내적 모순을 자본주의가 어떻게 상쇄시켜나가는지를 분석하고자 하였다. 또한 하버마스는 경제질서가 국가개입과 행정이라는 새로운 정치전략으로서 잉여가치와 이윤율 면에서의 하락이 빚어낸 모순을 어떻게 해결하는지를 보여주었다. 이런 식으로 자본주의는, 이를테면 금융체계나 건축업, 공공교통, 자연과 교육 등을 관리하는 행정법의 개정을 통해 경제법칙을 바꾸고자 한다. 여기서 역시 상기해야 할 것은, 현대복지국가에 의해 도입된 바 있고, 그러한 국가의 도시계획, 세금징수, 노조의 변혁, 낙후된 산업체를 위한 장려금, 서비스 산업의 거대한 확장 등에서 증명된 합리화의 기도이다. 이때의 '합리성의 문제'는, 정부가 입안하기 힘든 경제를 입안시키고자 하고(즉 앞으로 다가올 체계로서 인식하여) 끊임없이 위기관리를 해나간다는 사실에서 나타난다.

그러나 고유의 경제적 모순과 계급갈등을 해결하기 위하여 우리의 정치현실 속에 포함된 전통적인 모습을 바꿔나가는 중에, 후기자본주의는 바야흐로 그 동기부여를 어떻게 정당화할 것인가 하는 사회·문화적 문제에 봉착하게 되었다. 이러한 정당성의 문제는, 단순히 경제적 측면의 생산위기와 정치적 측면의 행정위기를 벗어나 사회·문화적 측면에서의 정체성의 위기로 인도한다. 자본주의가 비록 교묘히 은폐하고자 했던 것이지만, 이러한 마지막 위기를 극복하기 위해서 후기자본주의에서 설령 잠재된 것이긴 해도 계급긴장이 여전히 계속되고 있음을 폭로해야 할 필요가 있다. 더욱이 지배에 관심 있는 계급과 해방에 관심 있는 계급 사이에 존재하는 근본적인 긴장을 드러낼 필요는 있는 것이다. 하버마스가 보기에, "국가의 활동이 위기를 피하려는 체계지향에 주안점을 두었고, 계급관계에서 정치외적 형태는 찾아볼 수 없게 되었기 때문에, 계급구조는 사회적 생산성 증가에 대해 행정적으로 개입된 분열을 위한 투쟁에서 확인되었다"(『정당성의 위기』).

극심한 경기후퇴와 실업의 증가를 맞이하여, 경제번영과 효율적인 기능을 위한 잉여를 전제로 하는 복지국가에서의 보완적인 개혁조차도 비록 개선의 모습을 띠기는 하나, 후기자본주의에 내재된 분열을 더이상 숨길 수 없게 되었다. 그러자 체제는 경제적인 차원에서 잃은 것을 이데올로기적 차원에서 회복하고자 하였다. 이 차원에서는 시민들이 지닌 '동기부여에 대한 위기감'을 때우기 위해 선전종목이 필요하게 된다(동기부여의 위기감은 이를테면, 왜 시민들이 국가의 궁극적인 선을 위해 임금요구를 옥죄는 고율의 납세와 인플레이션과 같은 개인적 희생을 요구하는 체제를 계속 지지해야만 하는가 하는 점이다). 간단히 말해서 이데올로기는 국가행정상의 요구와 각기 개별화된 사회적 존재들의 요구 사이에 팽배된 모순을 풀고자 전개된 것이다.

이데올로기로서 답변하고자 한 '동기부여에 대한 위기감'은 문화적으로 자기를 드러내려는 정상적인 차원에서 나타난다. 그것은 한 사회가 스스로를 표출하면서 생산수단과 의사소통수단에 대한 통제를 정당화하는 데 보탬이 된 집단적 상징이나 규범 또는 이미지를 통해 명료하게 된다. 이런 과업에 경제의 경험논리는 적절하지 못하다. 이제는 자본주의가 사회·문화적 경험이라는 자극적인 힘에 의존하게 되었음을 나타내고 있다. 그러나 바로 이러한 힘이, 경제적 차원에서 긴장을 불러일으키게 하는 기술적인 착취체계에 의해 이미 침묵되었다는 것을 자본주의가 알게 되면서 위기의식은 고조되었다. 동기부여적(실천적) 관심이 공리적(기술적) 관심에 의해 오염된 분명한 사례로, 공업생산의 유통 속에서 발생하는 대인관계의 행정적 상업화라든지, 정치적·문화적 담화를 시장적 가치로 보려고 하는 (예를 들면 대중매체 속에서) 상품화나 교과과정에서 보이는 관료화, 그리고 심지어는 다분히 심리적인 가정생활을 임상적으로 계통화시키려는 것 등이 있다. 따라서 이미 자본주의는, 이데올로기에 의탁하여 착취를 하고자 하는 동기부여라는 문화적 퇴적물인 이른바 도구적 관심과 같은 기술적인 처리에 관심을 돌렸다. 자연히 후기자본주의의 정당성 위기는, 체계의 문제(도구·경제적)와 동기부여의 문제(사회·문화적) 간의 풀 수 없는 갈등이라는 극한상황을 맞이하였다.

6

이렇게 후기자본주의가 궁지에 처하자 하버마스는 변증법적 유물론의 급진적인 원리와 비판적 사회진화론을 접합시킬 수 있는 가능태로서 실천학을 제시한다. 실천학의 목표는 각각의 주체가 자기성찰할 수 있게 하고, 그리하여 그 스스로를 변증법적 역사과정에서 가능한 한 해방적 역할을 하도록 계몽하는 열려진 의사전달체계를 구하는 것이다. 그러한 성찰 없이 제도와 개인 사이의 관계양식을 달리 구성하기란 어렵다. 하버마스가 지적했듯이 비판이론은 변화하는 비판무기이면서 동시에 변화하는 무기 자체를 비판하는 것이어야 한다.

사회진화론에서는 사회실천에 대한 계획이, 정당성의 규준에서 필수불가결한 보편적 합의에 대해 광범위한 탐구를 함으로써 비로소 추론되는 것임을 확신하고 있기 때문에, 하버마스의 역사유물론에 대한 비판적 재해석에 있어서 매우 중요한 것이다. 이미 언급했듯이 하버마스의 사회이론의 궁극적 목표는, 무엇보다도 왜곡되지 않은 의사전달이라는 보편적 이상이다. 그가 주장하는 이 이상은 일련의 계몽절차(process of enlightenment)를 말하는 것으로, 구체적인 사회상황에 개개의 주체가 자유로이 참여하는 것을 말한다. 실증주의적 맑스주의나 속류맑스주의의 협의와는 달리 보편은 개체 없이 성립될 수 없는 것이다. 인간이 실로 그의 언행이 경험적으로 규정된 제도에 의해 구속되는 사회적 존재라고 한다면, 그는 역시 이렇게 구속하는 구조들을 초월할 수 있는 성찰적 개체이기도 한 것이다. 더욱이 그러한 성찰적 초월이 불가능하다면, 비판이론은 그 자체 폐기처분되었어야 했다. 그래서 하버마스는 해방으로의 계몽적 관심이 어떻게 도구적 관심이 지닌 한계를 극복할 수 있고, 그에 따라 근본적 정치변동의 보편가능한 구도를 그릴 수 있는지를 나타내고자 노력하였다. 따라서 우리가 유치하기 짝이 없는 도구적 효율성 때문에 보편적 해방으로의 비판적 관심을 상실한다면, 곧바로 역사는 맹인을 인도하는 맹인의 꼴, 즉 맹목적으로 흔들어대며 춤추는 꼴이 될 것이다.

급진전한 산업사회에서 맑스의 정치경제에 대한 비판은, 도구적 이성을 비판하는 좀더 현대적인 논리에 의해 보완될 필요가 있다는 프랑크푸르트 학파의 견해에 한때 동감을 표시한 하버마스였지만 이제 『계몽의 변증법』에 나타난 것 같은 식의 아도르노와 호르크하이머가 지닌 운명적인 비관론과는 단교를 한다. 하버마스에게 실천합리성과 자유에 대한 계몽적 사고는 현대의 기술지배의 보상을 넘어서서 잘못 짜인 배달불능의 우편물이나 애매한 추상이 아니다. 우리는 보편자유에 대한 희망을 회복하기 위해 종교적 정신세계에 갇히거나(후기 호르크하이머) 심미적 형식주의(후기 마르쿠제와 아도르노)에 몰두해서는 안 된다. 그러한 자유는 역사의 사회적 실천 속에서 이루어질 수 있다고 하버마스는 주장한다. 억제받지 않는 보편적 의사소통을 특징으로 하는 이성적인 사회를 하버마스는 실현가능하다고 본다. 그리고 그러한 생각은, 우리가 과거의 전통에 대한 추억어린 회귀(낭만적 해석학)와 현 상태에서 자생적 행위론을 믿는 느슨한 생각(혁명적 아나키즘)에서 떠날 것을 요구한다. 그것은 개인 각자가 자유로이 사회적 상호작용에 끼어들 수 있는 이상적인 대화상황을 목표로 하는 언어의 비판적 해득과 재구성을 위해서이다.

이러한 정상적인 언어의 보편성이 우리에게 다가오지 않고는, 성찰적 비판이성에 대한 개개인의 호소도 후기자본주의에서 기세를 떨치는 자기추동적인 왜곡된 의사소통체계에는 먹혀들지 않는다고 하버마스는 경고한다. 하버마스가 주장하듯이 개인의 성찰은 항시 사회적이어야 하고 사회적 성찰은 항시 개인적이어야 하는 것이다.

7

하버마스가 제시한 변증법적 사회비판은, 사회적 실재에 대한 행동주의적 접근의 괄목할 만한 위세에 대항하려는 것이다. 행동주의적 접근이야말로 인간의 의식을 일련의 적응반사체로 축소시켰고, 그럼에 따라 '인간공학(human engineering)'이라는 기술관료적 기도를 꾀하였다. 하버마스는 기술적으로 통제된 행위의 증가추세 속에서 우리의 사회적 실존에 대한 실천적 요구의 관철을 꾀하고자 한다. 그는 기술관료의식 속에서 확연히 드러난 신실증주의적 사고방식과 일대 접전할 필요성을 지적한다.

그런 사고방식이야말로 고갈된 부르주아 이데올로기의 대체 이데올로기
로서, 윤리·정치비판의 가능성을 옥죄기 때문이다. 이 대체이데올로기는
다음과 같이 비난받고 있다.

> 기술관료의식은 … 삶의 한 범주인 '윤리'의 말살을 자행한다. 왜곡된 의
> 사소통의 상황이 성찰적으로 탐지되고 분쇄될 수 있는 … 일상적 언어교환의
> 장을 무력화시키는 것도 흔해빠진 실증적 사고방식을 통해서이다. 대중들에
> 게서 보이는 정치부재 현상은 그러한 기술관료의식을 통해서 정당화되는데,
> 이러한 것은 동시에 목적합리적 행위와 순응적 행동이라는 범주 속에서 인간
> 의 자기물화 현상을 낳는다. 구체화된 과학적 형상은 사회문화적 생활세계로
> 들어가 인간의 자기이해 범위를 능가하는 객관적인 힘을 얻게 된다. 이러한
> 의식의 이념적 토대는, 실천적인 것과 기술적인 것과의 차이를 제거하는 데
> 기인한다. 그것은 우리들의 삶을 끌어온 목적합리적 행위의 축소된 제도적
> 틀과 체계의 새로운 구성을 의미한다(「'이데올로기'로서의 과학과 기술」).

따라서 하버마스의 주요 연구목적은, 지배에 저촉되지 않는 의사소통
형태로서의 실천적·해방적 관심을 새로운 이데올로기가 어떻게 어지럽히
는가를 분석하는 것이다. 즉 기술관료적 이데올로기가 상호이해라고 하는
간주관성의 창출을 어떻게 억제하며, 그러한 이데올로기의 전적인 관심이
어떻게 기술적 조작의 확대에 그치게 되는지를 밝히는 일이다. 자본주의
를 입안하거나 관료제적 사회주의에 빠진 기술관료들은, 도구적 행위의
자기통제체계에 따라서 그런 이데올로기를 재구성하여 통제된 사회를 만
들려는 비속한 상념에 종종 젖게 된다고 하버마스는 결론내린다.

끝으로 하버마스는 두 개의 '이성'을 구별하고 있다. 하나는 가히 본능
에 가까운, '사회의 자기안정화에 대한 사이버네틱한 꿈'이랄 수 있는, 최
상의 상태로 여겨지는 사회의 과학적이고 기술적인 이성이다. 또 하나는,
'오로지 상징적 상호작용을 매개함으로써, 즉 의사전달을 억제하는 요인
을 제거함으로써 발생할 수 있는 제도적 범위에서' 하버마스가 실천적 이
성이라고 묘사한 것이다. 이 두 번째의 실제적 이성에 대하여 그는 다음
과 같이 쓰고 있다.

> 정치적이거나 정치화된 정책결정과정에서 목적합리적 행위와 그 같은 의

사소통의 발전적 하위체계인 사회문화적 반향의 측면에 비춰볼 때 행위지향
적 원리나 규범의 적절성과 바람직함에 대한 압제로부터 자유로운 공적인,
제한받지 않는 토론은 어떤 합리화도 그 속에서 가능해지는 유일한 매개체이
다. 그러한 보편화된 성찰과정은 본질적으로 보다 나은 사회제도의 기능을
도출해내기보다는 사회구성원에게 더 많은 해방과 개별적 존재로서의 발전기
회를 제공한다(「'이데올로기'로서의 과학과 기술」).

그러나 선진 자본주의가 탈정치화된 공공영역에 의지하기 때문에, 구
속받지 않는 의사소통의 발전적인 흐름에 대해서는 강하게 거부한다. 그
러면서 선진 자본주의는 스스로가 지닌 '기술관료 지배 이데올로기'에 대
한 어떠한 의혹도 면역시키고자 한다. 이리하여 공적인 대중매체와 의사
전달체계의 영역이라고 할 수 있는 '새로운 갈등영역'이, 자유자본주의하
에서 명백히 드러났던 구계급간의 적대성을 대신하여 나타나게 된다. 하
버마스는 의사전달의 공적인 관리면에서, 사회적 상호작용의 가능성을 결
정짓는 제도의 틀을 근본적으로 변화시키는 데에 주력하는 실천적 관심
과, 도구적 통제에 주력하는 기술적 관심 사이에서 발생하는 차이를 자본
주의가 얼마나 감추고자 애써왔나를 다루고 있다. 자본주의하에서 공적으
로 명백히 입안된 우리의 탈정치문화의 한계는, "우리의 삶에 요구되는
것이 무엇인가라는 문제였지만, 급기야 지금에 이르러서는 도달할 수 있
다는 가능성과 관련하여, 어떻게 우리가 살아야 하는가의 방법을 알 수만
있다면 살고 싶은 방법을 찾는 문제에 봉착한 것이다"(「'이데올로기'로서
의 과학과 기술」). 따라서 하버마스의 비판이론이 궁극적으로 겨냥한 것
은, 평가절하된 공적인 의사소통 영역을 정치화시키는 방법을 예측하고
고구하는 일이다.

하버마스는, 실증적 합리론과 낭만적 비합리론이 판치는 극단에 대항
하여 비판이성의 실재론을 회복시키고자 하였다. 이를 위해서는 성찰적
주체의 역할을 재평가하고, 정통맑시즘(이를테면 프롤레타리아의 주된 역
할, 계급투쟁 및 물질적·경제적 토대)과는 갈등상태에 있는 사적 유물론
에 대한 새로운 이해가 필요하다. 구조주의자와 맑스주의자 사고 속에서
무성하게 자란 주체종말론(the end-of-subjectivity thesis)에 대하여 하버마
스는, '의미'나 '가치'나 '진실'과 같은 근본적인 문제들은 역사적 차원이

든 구조적 차원이든 간에 과학적 익명의 법칙체계하에 대충 다룰 수 있는 것은 아니라고 주장한다. 비판이론이 띠고 있는 본래의 인간주의적 영감에 걸맞게, 하버마스는 설사 철저히 정치화되어버린 존재이긴 하더라도 사회적·이론적 변환을 꾀하는, 다른 무엇과도 바꿀 수 없는 존재로서 인간주체에 대하여 강한 집착을 보인다.

제3부

구조주의

페르디난드 드 소쉬르
Ferdinand de Saussure

구조주의는 광범위한 지적 분야를 포괄하고 있다. 그것은 언어학, 인류학, 정신분석학, 사회학, 미학과 정치이론에서 영향력 있는 대표적 이론이다. 무엇보다도 구조주의는 방법론이다. 구조주의는 특수한 사실들을 지배하고 있는 일반 기초체계의 전체성 안에서 특수한 사실들의 상호관계를 기술함으로써 특수한 사실들을 이해하려고 시도한다. 구조주의는 표면적인 의미 안에 있는 심층적이고 때로는 감추어져 있는 구조들을 찾아낸다.

소쉬르는 일반적으로 구조주의적 분석방법을 최초로 확립한 사람으로 알려져 있다. 그는 1857년 스위스에서 태어나 파리와 제네바에서 언어학을 가르치기 전에는 라이프니치 대학에서 공부하였다. 그의 『일반언어학강의』는 그가 죽고 나서 3년 후인 1916년 출간되었는데, 여기서 그는 기호학(semiology)으로 알려진 새로운 언어학 이론의 원리들을 제시했다(이 책의 영어판은 1959년에 최초로 번역·출간되었다). 기호학은 기호(signs; semeia)의 과학(science; logos)이다. 소쉬르의 접근의 위대한 독창성은 언어를 기호들의 지시체계가 아니라 자율적인 체계로 다루었다는 것이다. 달리 말하면 언어가 '자체의 내적구조'(언어가 그들 내부의 상호관계 속의 형식체계로 존재한다는 것)라는 개념으로 분석된다는 것을 논증하였다.

즉 전통적으로 다루어졌던 것처럼 단순히 언어의 내용(언어는 무엇에 관한 것인가, 즉 언어가 무엇을 지시하는가)이 문제가 되지 않는다. 전통 언어학에서 현대 언어학으로의 급격한 초점의 이동은 소쉬르의 유명한 명제 "언어는 형식이지 실체가 아니다(language is a form not a substance)"로 간결하게 정리된다.

1

소쉬르─그의 전문분야는 음운론(음성의 체계로서의 언어연구)─는 언어학은 문법과 문헌학의 연구라는 관습적인 한계를 뛰어넘어야 한다고 주장한다. 당시의 언어학이 역사적으로(예를 들면 19세기 역사주의에서의 언어연구) 포함시키고 있는 구어의 경험적 예들에 대해 집중적으로 관심을 기울였지만, 소쉬르가 기울인 구조주의 모델에 대한 관심은 궁극적으로 구어의 진술을 구조화하는 언어체계 전체가 만들어내는 형식적 법칙을 확인해내는 것이었다. 그는 구어에 대한 구조적 분석은, 보통은 숨겨져 있는 언어체계를 확인해냄으로써 가능해지며, 또한 그것은 기호들 간의 '교환이란 그물망'의 역할을 하는 언어작용을 밝혀내는 것이라고 주장한다. 소쉬르가 믿기에는, 현대 언어학이 직면한 가장 중요한 과제는, 이 숨겨진, 혹은 무의식의 체계가 어떻게 작용하는가를 기술하는 것이며 언어의 과학적 탐구를 위해서 이 체계를 활용하는 것이다.

새로운 언어학을 형성시키는 과정에서, 소쉬르는 랑그(langue)와 빠롤(parole), 소기(le signifie; signifier)와 능기(le significant, signified), 체계와 드러남, 기호학과 의미론(semantics), 계열체적(paradigmatic)과 연쇄체적(syntagmatic), 동시성(synchrony)과 통시성(diachrony) 등의 중요한 일련의 차이를 제시한다. 이러한 차이들은 레비 스트로스, 라캉, 바르트, 푸코 등의 구조주의 사상가들이 다양하게 원용한 구조주의적 분석의 기본방법을 알려준다. 소쉬르의 저술은 대부분 고도로 기술적이다. 이러한 저술 태도는 소쉬르의 일차적 관심이 방법에 대한 것이었기 때문에 전혀 놀라운 것은 아니다. 소쉬르의 뒤를 이은 구조주의자들이 그의 언어학적 방법을 보

다 구체적 형식으로 적용하는 데 성공하였다는 것을 염두에 둘 때 신화
(레비 스트로스), 문학과 이데올로기(바르트), 무의식(라캉) 등의 논의에서
소쉬르 자신의 선구자적인 기초작업의 중심적인 특징들을 개략적으로 설
명하는 것이 필요하다.

2

　이 새로운 언어학 이론을 엄격한 과학적 기반 위에 정초시키기 위해
소쉬르는 이전의 경험적 접근이라는 편협한 실증주의에서 벗어나서, 지금
은 각광을 받고 있는 언어(랑그)와 말(빠롤)을 구분하는 이론을 제시하였
다. 이 구분은 구조주의 언어학을 정초하는 주춧돌이 되었다. 말, 즉 빠롤
은 언어의 어떤 특수한 행위를 가리킨다. 즉 우리가 일상생활의 구체적
발화에서 추상적 언어체계의 가능성을 실현하는 실제 방식이다. 랑그는
보편적이고 불변하는 체계인 반면 빠롤은 지금 여기에 속하는 것이다. 문
체나 독창성의 인간적인 질문—특수한 실용적인 목적이나 개인성에 대한
우리의 느낌을 표현하기 위해 언어를 사용하는 방식—을 고려하는 것은
빠롤의 이차적인 차원에서 이루어진다. 소쉬르는 빠롤의 역사적 차원이
중요하다는 것을 부정하는 것은 아니다. 그는 다만 그것이 일차적인 것은
아니라고 주장하는 것이다. 역사적 차원은 랑그가 작용하는 법칙에 따라
궁극적으로 결정되지는 않는다. 더 간단히 말하면, 랑그는 언어 전체이고
빠롤은 전체 안에서 작용하는 부분(혹은 부분들의 다양성)이다. 소쉬르의
언어연구는 구조주의라고 개념규정되는데, 이것은 그가 낱말의 경험적 내
용—전통 언어학이 관심을 기울이는—을 중요시하지 않고, 부분과 전체
사이의 관계에서 얻을 수 있는 구조주의적 상호관계를 강조하였기 때문
이다. 소쉬르는 문장의 의미는 문장의 실체 안에서 발견되지 않고 문장의
구조에서 발견된다고 주장한다.
　소쉬르는 빠롤보다는 랑그를 중시한다. 그는 개인적으로 한 문장을 말
하고 이해하는 행위는 그 자체로 의미 있는 것이 아니라 일반적인 언어체
계라는 얼개 안에서만 의미 있다고 주장한다. 그러나 소쉬르의 랑그 모델

은 융의 집단적 무의식(collective psychic unconscious)이라는 심리학적 개
념과 혼돈해서는 안 된다. 또한 뒤르켕의 '집단적 사회의식(collective
social consciousness)'—소쉬르가 뒤르켕의 사회학으로부터 강한 영향을 받
았을지라도—이나 옛날 플라톤이 말한 초월적이고 피안적 본질에 관한 관
념과 혼동해서도 안 된다. 랑그는 소쉬르가 이해하듯이, 기호의 형식적 체
계인데, 체계 밖에 있는 어떤 것을 지칭하는 것은 아니다. 랑그는 경험적
의미에서 (언어는 실재세계의 어떤 객관적 실재로 존재하지 않기 때문에)
실재하는 것이 아니며, (집단이나 개인의 정신 안에 어떤 주관적 실재로
존재하지도 않기 때문에) 관념적인 의미로도 실재하지 않는다. 소쉬르가
언어는 사용되는 특수한 경우(빠롤)보다 이미 미리 존재한다고 말하듯이,
그는 언어가 사전과 문법의 결합된 분류라는 관습적 의미로 이해되는 것
이 중요하다고 보지 않는다(관습적 의미에서, 언어는 분절된 부분의 추상
적 종합 이외의 다른 것이 아니다). 사실상 소쉬르는 랑그를 언어의 잠재
적 부분들이 공존하는 전체성으로 이해한다. 그것은 부분들의 후천적(a
posteriori)인 종합이 아니고, 또한 그것으로부터 모든 부분들이 연역될 수
있는 선천적(a priori) 형이상학적 관념도 아니다.

언어의 전체성은 직접적인 경험적 접근이라는 관점에서는 파악되지 않
는다. 소쉬르는 그것을 어떤 특수한 낱말이나 문장에서는 금방 관찰되지
않는 '내적 저장고'라고 묘사한다. 그러나 정확히 말하자면, 각각 빠롤의
파악가능한 진술에 의해 함축되고 전제되는 것이다. 게다가 랑그는 기호
의 자율적인 체계를 구성하기 때문에, 언어 외적 표현으로 거꾸로 돌이켜
질 수 없으며, 그 자체 안에서 완결된다. 언어가 그 자체 이외의 다른 개
념(예를 들면 경험적이거나 형이상학적인) 안에 존재한다고 말할 수도 없
다. 소쉬르가 설명하는 대로 "언어는 각 개념의 가치와 다른 개념들이 동
시에 나타남으로써만 생겨나는 내적으로 의존적인 개념들의 체계이다"
(『일반언어학 강의』). 이것은 소쉬르가 언어를 결정하는 법칙에 대한 과
학적 연구는 심리학이나 역사학 같은 인접학문에 전통적으로는 종속되었
지만 이제는 독립되어야 한다고 주장하는 이유이다. 그렇게 함으로써 우
리는 언어가 본질적으로 무엇인가를 알 수 있다. 소쉬르는 이러한 새로운
이해는 기호학이란 새로운 언어학 모델에 의해서 가능해진다고 본다.

소쉬르의 방법은, 서로 다른 언어공동체에서 쓰이는 각 언어의 특수한 구조를 생기게 하는 언어의 기호를 결정할 수 있게 한다. 그는 언어, 즉 랑그의 체계는 과학적 탐구의 자율적 대상이 될 수 있다고 믿는다. 비록 고전철학에서는 실제적으로 무시되었을지라도. 소쉬르는 전언내용(message)의 기초를 구성하는 언어의 기호 단위보다 각 발언자의 특수한 전언내용(빠롤)을 거의 고려하지 않는다. 전언내용은 개인적이고 의도적인(누구에 의해 '의미를 갖는') 반면, 기호체계는 집단적이고 익명적이며, 이른바 무의식적이다(성충동 에너지나 욕망이라는 프로이트적인 의미에서가 아니라 문화구조적 무의식이라는 광의의 의미에서). 빠롤과 랑그 사이의 작용의 차이를 확립하면서, 소쉬르는 랑그는 엄격한 과학적 탐구에 더욱 적합하다고 논증할 수 있었다. 왜냐하면 랑그는 언어체계의 음운학적·사전적·구문론적 관계를 결합시키는 유사 산술적 차원에서 파악이 가능하기 때문이다. 의미론적 변화와 임의성에 따라 역사학, 심리학, 문헌학 등 학문의 광범위한 영역의 연구자를 포함하여 달라질 수 있는 빠롤과는 다르게 랑그는 단일과학, 즉 구조언어학의 대상이 된다. 랑그에 대한 연구는 구조적 기호체계를 위한 지향적 전언내용(intentional message)을 일괄적으로 다룸으로써 언어학의 확실한 과학적 정초를 다지게 하는 것이다.

3

전통 언어학은 한 사물을 지시하는 이름인 기호를 추론하는 언어의 지시론적 모델로 발전한다. 소쉬르는 기호를 인간의 목소리에 의해 표현되는 형식과, 청각적 영상[그가 능기(signifier)라고 부르는 것]과 개념이나 심적 관념[소기(signified)라고 부르는] 사이의 관계로 정의한다. 물질적 능기와 심적 소기에 관한 이 모델은 소쉬르에 대한 두 가지 상반된 해석을 낳게 된다. 언어의 음운적 차원을 특화한 '물질주의자' 소쉬르를 보는 것이고, 추상적 체계인 언어의 개념적 차원을 중시할 것을 주장한 '합리주의자'로 보는 것이다. 참으로 이러한 견해들의 강조하는 기본적 차이는 활동적 구조주의운동의 결론적인 해석들을 알려주는 것이다.

소쉬르 모델의 가장 논쟁적인 측면의 하나는－완전히 새로운 것은 아니지만－능기와 소기 사이의 구조적 관계가 임의적이라는 주장이다. 달리 말하면, 기호와 기호가 지시하는 것 사이의 관계는 자연적인 것이 아니다. 그것은 어떤 자연법칙－존재론적 혹은 신적인－에 의해 결정되거나 발견되거나 보증되는 것이 아니다. 그것은 사회적이고 문화적인 관습상의 문제이다. 분명한 예를 살펴보자. '곰'이란 낱말에 대해 '곰 같은' 어떤 것이 존재하지는 않는다(즉 구체적인 곰만이 있을 뿐이다－역자 주) '크다'라는 낱말에 대해 '큰' 것이 있는 것도 아니다. 마찬가지로, 'liquid'의 반모음은 단순하게 'water'와 같지 않다. 또는 개모음(open vowel)은 무겁거나 가벼운 대상과 함께 발음된다. 사물을 지시하는 단어의 선택은 임의적인 것이 아니라는 견해를 지지하는 많은 사람들은 의성어(onomatopoeia)의 예(능기)는 소기와 같이 발음된다고 뻐꾸기(cuckoo)의 예를 든다. 그러나 소쉬르는 의성어의 형성은 매우 제한된 수일 뿐 아니라, 의성어는 언어체계의 유기적 요소가 결코 아니라고 지적한다. 소쉬르는 언어의 의성어 기원설을 거부한다. 그는 다음과 같이 말한다.

> 프랑스어로 채찍질인 'fouet'와 종소리인 'glas'는 암시적인 소리의 울림으로 귀를 때린다. 그러나 그것들이 항상 이런 속성을 갖는 것이 아니라는 것은 그것들의 라틴어 형태를 조사하면 알 수 있다['fouet'는 'fagus(너도밤나무)'에서, 'glas'는 'classium(트럼펫 소리)'에서 파생되었다. 그 낱말들이 현재 발음되는 특성, 또는 그들에 부여된 속성은 음운적으로 진화된 결과이다(『일반언어학 강의』).

소쉬르는 꾸륵꾸륵(glug-glug)이나 똑딱똑딱(tick-tock)과 같은 진정으로 의성어인 낱말들도 어느 정도는 임의적으로 선택되었다고 계속 주장한다. 왜냐하면 그것들은 사실 그런 소리를 대개는 관습적으로 모방했기 때문이다. 게다가 일찍이 언어에 소개된 그런 의성어적 개념들은 다른 개념들－예를 들면 'pipio'란 평속(平俗) 라틴어 개념이 현대어의 'pigeon'으로 진화－과 같은 (소리와 형식에서) 동일한 진화를 거치게 된다. 달리 말하면 참으로 언어의 선택이 임의적인 것이 아님을 보여주는 드문 경우인 의성어조차도 언어의 기호 일반의 특성을 지니기 위해서 결국은 원초적 특성을 잃어버린다. 언어의 기호 일반은 그런 동기에서 이루어지지 않았다는 의미에서 자연적이 아니다. 요약하면 언어의 기호는 능기와 소기 사이의 자연적 연결이라는 동기로 이루어지지 않았기 때문에 임의적이란 것이다. 소쉬르는 다음과 같이 설명한다.

> 자매(sister)라는 관념은 프랑스어에서 그것의 능기인 's-o-r'란 소리의 계통과 어떤 내적 관계로 연결되지 않았다. 그것은 언어들 사이의 차이와 다른 언어들의 존재에 의해 입증되는 다른 계기들에 의하여 표상될 수 있다. 소(ox)란 소기는 그것의 능기로서 한 지역에선 'b-o-f'를 다른 지역에선 'o-k-s'를 갖는다(앞의 책).

그러나 소기(여자 형제라는 심적 개념)을 의미하는 능기(예: 'sister'에서 6가지의 영어 음소의 결합)를 선택하는 데 자연적 동기가 없다고 주장하는 것은 이 선택이 각 발언자에게 맡겨진다는 것을 함축하지는 않는다. 반대로 소쉬르는 기호는 언어공동체에서, 한 번 확정되면 개인이 의도적으로 그것을 변화시킬 수는 없다고 말한다. 언어의 체계가 개인의 발화에 의해 결정된다기보다는 오히려 언어의 체계가 개인의 발화를 결정한다. 소쉬르 언어 모델의 이런 측면은 구조주의운동 전체의 중심 전제가 되었다. 그것은 인간의 의식이나 천재성이 의미를 창조한다는 낭만주의나 실존주의 이론을 근본적으로 거부한 것이다. 예를 들면 각 개인의 실존은 각 개인이 결정하는 것이라는 사르트르의 견해에 대해, 구조주의자는 각 개인의 빠롤의 의미는 랑그라는 집단적이고 개인에 앞서는 체계에 의해 규제된다고 대답한다. 이러한 견해의 대립은 현대 대륙철학에서 가장 심각하게 격론을 일으킨다.

그러나 소쉬르의 구조언어학은 단순히 실존주의와 관련하여 논란되는 것만은 아니다. 그것은 또한 언어의 기원에 관한 형이상학적·신비적 이론의 논박을 포함한다. 이런 태도는 '사물의 기호,' '자연언어 … 신의 은총으로 허락된 신비'에 대한 뵈메의 믿음에 진기하게 수렴된다. 이 견해에 따르면 자연은 신이 쓴 필적으로, 아담이 신이 창조한 동물들에 고유한 이름을 붙일 때 처음 명료하게 드러나게 되었다. 이것은 궁극적으로 신적인 창조자의 원초적 서명(signature)에 상응하는 각 자연적 소기에 대한 자연적 능기가 있다는 전제에서 연유한다. 언어를 형이상학적으로 탐구하는 것은 세계와 사물 사이에 존재하는 원초적 상응관계를 다시 발견하기 위하여 일상생활의 진술(discourse)의 혼돈을 통찰하는 것이다.

소쉬르의 독창성은 언어의 의미를 언어 자체 안에서 발생하는 것으로 논증했다는 것이다. 언어의 의미는 언어와 독립하여 존재하는 어떤 중요한 실재—그것이 신의 형이상학적 창조이든 인간의 주관적 의식이든—로부터 파생되는 것이 아니다. 결과적으로 구조주의의 제일 목표는, 기호는 신적 혹은 자연적 경험으로 주어지는 것이 아니고, 순수한 형식체계 안에서 임의적 기능을 수행한다는 것을 밝히는 것이다(이 견해는 야콥슨과 언어형식주의 학파에 의해 입증된다. 그들은 또한 구조주의 안에서 소쉬르 이후의 발전에 지대한 영향을 미친다). 소쉬르는 기호는 일차적으로 세계 속에서 사물과 관계하지 않고, 언어체계 안에서 다른 기호들과 관계한다는 것을 긍정한다. 바꿔 말하면 언어는 신이나 인간에 의해 생겨난 것이 아니고, 언어 자체로부터 생겨났다는 것이다. 우리는 자주 그러한 확신을 읽을 수 있다. 구조주의는 신과 인간의 죽음을 선언한다. 그러므로 구조주의는 이신론(Deism)과 휴머니즘 모두를 거부하는 것이다.

4

소쉬르의 접근은 가히 혁명적이다. 그것은 그가 능기라고 부르는 음향적 차원(acoustic dimension), 즉 소리의 차원에서 가장 중요한 언어내적 관계를 기호들 사이에 위치시켰다는 것이다. 그는 능기보다 소기를 중시하는 전통적 중요성을 포기한 것으로 보인다. 그는 능기에 자율성을 부여함으로써 이른바 능기를 자유롭게 한다. 그러나 소쉬르는 능기의 음운적 속성이 고립된 소리 대상(pronetics)으로서 의미를 생성하는 것이 아니고, 음운적 차이(音韻素, phonemes) 사이의 구조적 관계에서 생긴다는 것을 지적한다. 그것들을 정확하게 언어적으로 만드는 것은 각 낱말의 물질적 실체가 아니라, 기호들의 비물질적이고 추상적인 체계이다. 기호는 화려한 고립 속에서는 결코 작용하지 못한다. 순수하게 물질적인 소리로서 다른 대비되는 소리들과 전적으로 구분될 뿐이지, 기호는 아무것도 의미하는 바가 없다. 기호는 다른 관계된 기호들과 다른 한에서만 의미를 나타낼 수 있다. 능기의 일반체계에서 언어내적 연관(intralinguistic context)은 본질적이다.

그러므로 소쉬르는 기호의 의미는 언어 안에서 기호들 사이에서 나타나는 차이나 대립에 의해 생긴다는 그의 혁명적 발견을 기록한다. 언어는 음운적(phonemic) 대립에 의해 생기는 변별적 차이의 말의 연쇄(verbal chain)로서 가장 잘 이해될 수 있다[예: 고양이(cat)는 모자(hat)나 매트(mat)가 아니고, 자유(free)는 나무(tree)나 연회(spree)가 아니다]. 소기의 소리들 사이에 음운적 차이라는 맨 처음 주목할 만한 간단한 행위가 없다면, 다른 낱말들에 다른 의미를 부여하는 것이 불가능하다.

구조언어학의 기본 전제는 다음과 같이 요약된다. 한 능기와 다른 능기(cat와 mat)의 잠재적 대립은 그것의 소기(개념적 의미)에 관한 음운현상(acoustic phenomenon)으로 각각 표출된다. 그래서 능기가 결과적으로 나타내는 음운적 다양성으로 서로를 구별하게 한다. 우리가 보는 대로, 능기와 소기 사이의 관계는 각기 다른 문화들 가운데 얻을 수 있는 각기 다양한 언어관습들에 의해 임의로 결정된다. 예를 들면 영어에서 'child'와 독일어에서 'Kinder'와 불어에서 'enfant' 등이다. 이런 개념들 중의 하나라도 다른 개념들에 대해 더욱 자연적이라는 권리를 주장하지 못한다. 예를 들어 어떤 개념이 최초로 존재했고, 따라서 그 개념이 순수한 어원학적 기원(어떤 원초적인 인도-유럽어)에 가장 가깝게 접근되어 있다는 것을 확증하기 위하여 계보학적 연쇄를 차트화하는 것은 소쉬르의 관심이 아니다. 소쉬르에게는 신, 자연, 종족이나 이성으로부터 우리에게 주어진 순수언어란 존재하지 않기 때문에 타락된 언어는 없다. 언어는 언어 간의 상응관계가 확립되기 이전의 체계로부터, 수직적 하강이나 그런 체계로의 상승으로 작용하지는 않는다. 언어는 음운적인 능기의 각기 다른 체계 속에서 수평적으로 작용한다. 이것은 소쉬르가 기호들 사이에서 의미의 내적 분화가 기호에 의한 의미의 외적 표상보다 앞선다고 선언할 때 깨달은 것이다. 구조주의자에게는 언어로 들어가는 문은 안(within)에서 열린다. 이 점에서 언어는 몸짓놀이에 비유될 수 있다. 그것은 기호들 간의 상호작용을 통해서만 파악가능하다. 그들 중에서 분리되어 취해진 것은 어떤 것도 파악불가능하다. 하나의 기호는 다른 기호들과 결합되거나 대비되지 않으면 어떤 의미를 가질 수 없다.

중요한 몇몇의 결론들이 언어학의 이러한 구조적 이해로부터 잇달아 생겨난다. 예를 들면 각 음향적 능기는 다른 능기와는 다르게 작용한다. 그러므로 우리는 한 낱말(단수 명사)의 특수한 문법적 기능을 다른 낱말(단수 명사)의 특수한 문법적 기능을 다른 낱말(복수 명사나 대명사, 동사, 전치사 등)들의 대비되는 기능과 구별할 수 있다. 게다가 이런 차이들은 개인의 발화(빠롤)의 차원에서 최초로 확인되지만 한편 그것들의 의미는 랑그의 일반체계가 부여하는 구조적 대비 안에서만 찾을 수 있다. 달리 말하면, 음향적 차이는 랑그라는 미리 정해지는 구조 밖에서는 기호들 사이에 의미를 갖게 하거나, 그들 의미를 구분할 수가 없다. 참으로 야콥슨과 레비 스트로스가 언급하는 것같이, 체계 안에 이항적 대립에 관한 언어의 역량이 없다면 어린이가 그들의 세계를 구획하고, 인류가 자연(세계가 분간할 수 없는 혼돈으로 경험되는 곳)으로부터 문화(세계가 변별적 차이의 질서지어진 단위로 경험되는 곳)에로의 결정적인 이행을 할 수 없다. 소쉬르는 야콥슨과 레비 스트로스와 마찬가지로 랑그를 인류의 보편적 속성으로 파악한다. "우리가 소기와 능기를 파악한다면, 언어는 언어적 체계에 앞서서 존재하는 관념이나 소리가 아니다. 단지 체계로부터 생겨나는 개념적이고 음운적인 차이일 뿐이다"(앞의 책)라고 소쉬르는 쓰고 있다.

5

소쉬르는 다른 하나의 중요한 차이를 정형화함으로써, 의미화의 연쇄체적 관계와 계열체적 관계 사이의 차이를 정교화했다. 소기들 사이의 관계는 그것이 인접하는 용어를 사이의 차이로 나타날 때 연쇄체적으로 기능한다. 예를 들어, '푸른 새가 노래한다(the blue bird sings)'에서 명사는 앞서 있는 형용사의 뒤에서 관계하고, 뒤따르는 동사에는 앞에서 관계한다. 계열체적 관계는 접촉(contiguity)보다는 연합(association)으로 작용하는 차이를 보인다. 전체 언어체계 안에서 다른 것과 구별되는 '새(bird)'란 명사는, 다른 연합된 개념 안에 있는 음운적 대립에 의하여 그 의미를 부여받는다. '새(bird)'는 '탄생(birth)'이나 '불타다(burn)'가 아니고, '응유제품(curd)'이나 '셋째(third)' 따위도 아니다. 소쉬르가 기호의 계열체적 기능을 발견한 것은 참으로 특이한 관찰을 이끌어냈다. 사실상 대상이 존재하지 않는 낱말(birth)과의 함축적 또는 전제된 연합이 구어나 문어에서 실제로 존재하는 낱말(bird)의 의미를 구성하게 된다[연쇄체적인 그리고 계열체적인 독법 사이의 차이는 우리가 메뉴판을 읽는 두 가지 방식에 비교될 수 있다. 계열체적으로 읽는 것은 한 줄에서 다음 줄로 수평적으로―전식(entree), 중심요리(main course), 후식(dessert)―움직이는 것이고, 반면에 연쇄체적으로 읽는 것은 수직적으로 한 줄 전체에서 가능한 선택 메뉴들을 읽어가는 것이다[전식이란 밑에 페이스트(pate: 잘게 썬 고기를 양념하여 질그릇에 끓여서 그대로 식혀 먹는 요리―역자 주), 수프, 해산물, 칵테일 등].

여기서 다시 한 번 소쉬르의 구조주의적인 선호를 명백히 보게 된다. 그는 의미의 계열체적 양태를 특화한다. 즉 의미란 문장(syntagma) 표면에 명백히 나타나는 연속적 조작(명사와 동사, 주어와 술어 등)에 의해 규제되는 것이 아니라, 전체 언어체계 안에서 드러나는 소기와 실제적으로 드러나지 않는 다른 잠재적인 소기들을 관련시키는 연합된 심층구조의 법칙에 의해 규제된다고 본다. 낱말들은 연합된 음운적 차이와, 같은 문장 안에서 다른 낱말들 사이에 생기는 접촉하는 차이에 의해 의미를 갖게 된다. 즉 낱말들이 언어체계 전체 안에서 다른 문장과의 차이에 의해 의미를 갖게 되는 것이다. 소쉬르는 "언어 안에, 그것을 규정하는 개념이 없더라도 차이들은 엄존한다"고 말한다.

이제 최종적으로 소쉬르를 높이 평가하게 하는 통시성(diachrony)과 공시성(synchrony)의 차이를 알아보자. 소쉬르 이전에 있었던 대부분의 언어 연구는 언어의 역사적 혹은 통시적 차원을 강조했다(언어의 역사언어학적 기원과 발전 등). 소쉬르는 반역사주의적 혹은 공시적인 언어의 성격에 관심을 집중시켰다. 이 상식적인 통시적 접근은 언어가 역사의 한 기간에서 다음 기간으로 발전하는 변화와 특수성에 초점을 맞춘다. 이와 대조적으로, 소쉬르는 언어를 자율적인 공시적 체계로 받아들이고, 시간적 선후에 관계없이 불변적으로 나타나는 종류로 파악하며, 이러한 언어는 매순간 언어의 전체성 안에서 이해되지 않으면 안 된다고 논증한다. 소쉬르가 생각하는 한, 언어의 역사는 완전한 체계의 시리즈로 취급되어야 하며 이른바 매순간 함축하는 의미의 가능성을 가지면서 부단한 현재를 구성하는 것이다.

결과적으로, 언어학자의 작업은 언어의 전체성 밖에서 어떤 관찰자의 지위를 확보하려는 것이지, 언어의 역사적 변화와 발전이 확증되는 어떤 초월적 지점에 도달하려는 것이 아니다. 구조주의에서 이것은 불가능하다. 언어 바깥에는 아무것도 존재하지 않는다. 랑그인 언어의 전체성은 주체에 대한 대상이 되는 어떤 것이 아니다. 랑그는 이미 언어의 모든 부분들 속에, 역사상 언어의 표현 속에 존재한다. 언어는 실제로 이른바 가능하게 해주는 각 빠롤 속에 현존한다.

따라서 소쉬르는 우리로 하여금 역사의 의미를 드러내게 하는 것은 언어라고 주장한다. 역사의 의미는 언어에 의해 드러나는 것이 아니고, 언어에 의해 이미 결정되어 있는 것이다. 구조주의는 언어를 독립적으로 존재하는 낱말 단위들의 축적으로 보는 모든 언어학 모델에 도전한다. 그런 모델은 변화를 관찰할 수 있는 법칙에 따라서 역사적 시간 안에서 통시적으로 발전하는 언어의 특수한 의미를 덧붙인다. 언어의 조작은 언어 밖에 있는 역사적으로 변화되는 경제조건, 인구의 통계적 이동, 지리학적 변화들에 의존하는 것은 아니다.

한편 소쉬르는 대부분의 사람들은 언어를 역사적 기원이나 언어의 각 부분들이 진화된 원형을 인식하지 않은 채 사용한다고 말한다. 여기서 소쉬르의 언어 모델은 뒤르켐의 사회학과 말리노프스키의 인류학과 19세기 역사주의에 대한 반발이라는 공통요인들을 갖고 있는 것을 알 수 있다. 물론 소쉬르가 역사상에 어떤 경험적 변화가 발생한다는 것을 부정하는 입장은 아니다. 그는 단지 랑그의 언어체계는 언어활동의 한 부분인 빠롤의 특수한 현실화에 의해 결정되는 것은 아니라고 단언한다. 요약하면 빠롤의 역사성은 랑그의 비역사성을 전제하는 것이다. 역사는 언어 안에서 전개된다(그러나 소쉬르는 역사에 관해서는 애매한 입장으로 남아 있다. 소쉬르 다음에 등장한 구조주의자들은 구조와 역사 사이의 이 복잡한 관계를 상세히 설명한다).

이런 생각들은 소쉬르가 즐겨 사용하는 언어와 체스게임의 비교를 통해 나타난다. 체스는 다른 시간에 다른 장소에서 다른 사람들이 즐길 수 있는데 각 경우에 공격과 대항은 각각 다른 조합을 이룬다. 그러나 그것들은 모두 같은 게임으로 남아 있는 것이다. 게임의 표면적 방식(빠롤)이 아무리 변화한다 해도, 그 게임을 떠받치고 있는 구조적 규칙(랑그)은 불변하는 것이다. 물론 특수한 게임 안에서 체스의 말들이 구체적으로 나타남에 따라 체스의 규칙이 구체적으로 적용되는 것은 사실이다. 그러나 같은 이유로, 랑그의 법칙이 빠롤이 각각 드러나는 것보다 먼저 있다는 사실은, 랑그는 궁극적으로 빠롤을 드러나게 하는 전제조건이라는 의미이다. 게임의 공시적 체계는 그 안에서의 통시적 운동에 의해 전제된다.

6

소쉬르는 그가 언어활동을 규제하는 체계적인 기초체계를 발견한 한에서는 (우리가 목적론적 의미에서 말한다면) 현대 구조주의의 위대한 선구자이다. 그의 과학적 탐구는 '의미란 무엇인가'에는 별로 관심이 없었고 '의미가 기초체계의 구조적 조작에 의해 어떻게 생겨나느냐'에 관심을 집중했다. 그는 언어활동의 경험적 차원보다는 구조적 차원을 강조한다. 이것은 전체로서의 언어체계는 기호의 특수한 작용에 앞서는 것이고 결국 의미를 생기게 하는 언어의 능력을 결정한다. 소쉬르는 이런저런 의미가 사실인가 거짓인가 하는 인식론적 물음에 빠져 있지는 않았다. 그는 이른바 지시의 복합적 문제(어떻게 낱말들이 언어 바깥에 있는 경험적이거나 존재론적인 진리를 표현할 수 있는가)를 제기한다. 이것은 어떻게 의미가 언어 자체의 형식적 조작 안에서 생기는가 하는 보다 근본적 문제를 밝혀 보려는 것이었다.

이런 관심의 전환은 전통적으로 언어학이 접근하려던 것을 근본적으로 수정하게 되었다. 이것은 의미가 지시에 의존한다기보다는 지시가 의미에 의존한다는 견해를 지지한다. 더욱이 그런 의미는 언어활동에 내재적인 관계를 의미 있게 하는 구조적 체계로부터 나오는 것이다. 이런 주장은 전체구조적 체계의 초석이 되는 일반원리 안에서 제기되는데, 우리가 '실재'나 '진리'라고 부르는 것은 사실 일반원리를 묘사하기 위해 채용한 언어의 구성물이다. 또한 가장 단순한 차원에서, 그런 원리는 다른 언어가 사용되는 문화에서는 다른 방식으로 자연환경, 색채 스펙트럼이나 사회와 경제제도를 이해한다는 사실을 보여준다. 왜냐하면 다른 언어를 사용하는 문화에서는 그들의 세계를 이해하는 또 다른 의미 있는 관습을 채용하고 있기 때문이다.

소쉬르는 새로운 구조언어학이 사회 속에 있는 기초의 생명을 과학적으로 연구한다는 것이 가지는 혁신적인 의미를 완벽하게 인식했다. 그는 '기호학은 의미가 무엇에 의해 구성되는가'를 보여준다고 주장하고, "그러나 이것을 밝혀주는 과학이 아직 존재하지 않으므로, 아무도 그것이 무엇이라고 말할 수 없다 …"(『일반언어학 강의』)고 덧붙였다 소쉬르는 이 과학을 형성함에 선구자적인 첫발을 내디딘 것이다. 그러나 그는 방법론적 분석의 기술적 단계에 머물러 있었다. 간혹 예외적인 경우가 있었지만 —말년에 와서 시적 진술에 철자 바꾸기(anagrams)나 고유명사의 사용을 탐구하기 시작했다— 소쉬르 자신은 그의 구조주의적 방식을 구체적으로 의미있는 진술들에 적용하지는 못했다. 그는 그것들이 어떻게 실제적으로 작용했는가를 연구한 것이 아니라 그것들이 작용할 수 있는가를 연구했다. 적용의 작업은 그의 뒤를 따르는 사람들에게 남겨졌다.

소쉬르를 이은 구조주의자들은 '사회 안에서 기호의 생명에 대한 연구'가 무엇을 성취할 수 있는가를 그의 언어학적 방법론과 현재사상의 비판적 발전(정신분석학, 맑스주의나 프롭과 야콥슨의 형식주의)을 결합시킴으로써 보다 정확한 개념으로 드러냈다. 즉 문화적 의미가 어떻게 ① 권력과 지식(푸코), ② 신화, 친족관계와 상징(레비 스트로스), ③ 심적 무의식(라캉), ④ 정치이데올로기(알튀세르), ⑤ 문학과 대중문화(바르트)의 숨겨진 기술과 연결되는가를 다양한 방법들로 보여준 것이다. 그러나 아무리 그들의 탐구의 내용이 변화하였다 할지라도, 구조주의자인 비평가들이 모두 동의하는 것은 다음과 같다.

첫째 언어는 우리의 경험세계의 양상을 궁극적으로 미리 결정하는 의미 있는 조작의 체계를 포함하고 있으며, 둘째 그런 조작은 언어에 앞서는 어떤 주관적인 사적 지시나 언어를 넘어서는 어떤 객관적인 경험적 지시로 환원시킬 수 없다(irreducible)는 것이다.

결론적으로, 소쉬르 다음에 나타나는 구조주의적 분석의 다양한 발전은, 소쉬르의 언어학적 모델이 암시하는 요청인 문화적·사회적 기호체계에도 확장되어 적용될 수 있다는 확신이 동기가 되어 이루어졌다. 그래서 신화, 문화적 텍스트, 대중매체 등의 기호체계에 문장의 언어학적(음운적 혹은 사전적) 단위들이 보다 훨씬 광범위하게 적용되게 되었다. 소쉬르는 오솔길을 불태운 것이다. 그의 제자들은 이제 그의 구조언어학적 방법이 열어놓은 미탐험지역을 감시하고 있다.

클로드 레비 스트로스
Claude Lévi Strauss

소쉬르가 언어학적 구조주의의 지도를 그렸다면 레비 스트로스는 사회인류학에 구조주의적 분석방법을 적용함으로써 그 땅을 직접 점령한 최초의 사람이다. 레비 스트로스의 많은 작품들은 소쉬르적인 언어모델이 인류의 문화적 표현들을 새롭게 이해할 수 있는 큰 잠재력을 가지고 있다는 것을 보여주고 있다. 그는 구조주의의 방법을 원용하여 신화와 상징, 친족관계의 암호를 조직적으로 탐구함으로써, 구조주의를 현대 유럽사상에서 가장 영향력 있는 이론적 도구가 되도록 했다.

1

레비 스트로스는 1908년 벨지움에서 탄생하였다. 그는 전 세계의 유수한 대학과 과학연구소에서 강의하였는데, 브라질의 상파울루 대학, 뉴욕의 신사회연구원(New School for Social Research), 파리 대학의 사회인류학 연구소, 파리의 콜레주 드 프랑스(Collège de France) 등이었다. 레비 스트로스가 국제적 명성을 크게 얻은 것은 구조주의 방법을 그의 연구에 적용하여 사회인류학의 기본자료들을 새로운 과학적 경향에 따라 재구성하였기 때문인데, 거기에는 브라질 여행의 힘이 컸다. 레비 스트로스가 사회인류학의 대상지역을 최초로 탐사한 학자는 결코 아니었다. 제임스 프레이저는 심리학적인 관점에서 원시사회의 인류학적 토대를 연구하였으며, 말리노프스키와 그의 후계자들은 인류학적인 관습과 의례들을 (특별히 멜레시안들의) 기능주의 사회학적인(functional sociology) 관점에서 아주 인상적으로 연구하였다. 그러나 레비 스트로스가 사회적 문화작용을 떠받치고 있는 심층구조의 숨겨진 논리를 캐물음으로써 방법론적으로 독특한 기여를 하였고 그러한 연구의 전체적 기초를 마련하는 새로운 자취를 남겼다. 레비 스트로스는 프레이저나 말리노프스키의 심리학적이고 사회학적 차원의 중요한 발견을 과소평가하지 않으면서도, 인류사회 그리고 보다 넓게는 인간정신의 보편적이고 불변하는 구조를 밝혀냄으로써 보다 엄격한 과학적 토대를 마련하였다. 이런 새로운 과학을 그는 구조인류학(structural anthropology)이라고 불렀다.

레비 스트로스의 방법론적인 단서는 소쉬르에게서 빌려왔는데, 그는 역사적 시간 위에서 이루어지는 통시적(diachronic) 발전에 앞서 별도로 존재하는 인류 사회의 공시적(synchronic) 구조의 정체성을 밝힐 것을 제안하였다. 즉 그는 변화를 겪지 않는 사회의 신화와 의례의 구조에 주목한 것이다. 그는 보통 역사적 발전과 전환이라는 관념으로 유형화되는 유럽에서 기원된 개념인 '뜨거운' 사회에 반대되는 '차가운' 사회라는 개념을 만들어냈다. 차가운 사회인들은 역사적 시간의 상대성과 임시성에 저항했기 때문에, 인류의 사유의 변하지 않는 구조를 가장 명확하게 보존하고 있다. 레비 스트로스는 이것을 '야생적 사유(pensee sauvage)'라고 지칭한다. 남아메리카인의 신화와 사회관습에서, 레비 스트로스는 이 야생적 사유의 강력한 예증들을 발견했다고 믿었다. 그는 진보와 변화라는 강박관념에 사로잡혀 있는 서구문화에 의해 전혀 영향을 받지 않은 채 남아 있는 차가운 사회를 남미에서 발견한 것이다. 상파울루 대학의 사회학과장으로 브라질에 온 몇 년 후인 1938년, 레비 스트로스는 아마존의 인디언들과 같이 생활하며 연구할 탐험대를 조직한다. 이것은 그의 생애에 있어서 결정적인 사건이 되었고, 그 후의 그의 작품들인 『구조인류학』, 『신화학 대계』 4권, 『야생적 사유』 따위의 핵심적 통찰을 얻게 되는 계기가 되었던 것이다.

그가 『뜨거운 열대』에서 세 연인으로 묘사한 지질학, 정신분석학, 맑스주의는 레비 스트로스의 사상 형성에 또 다른 영향을 미쳤다. 이런 학문들에 그가 관심을 기울인 것은 그것들의 문자적인 내용이라기보다는 세계의 급격히 변화하는 현상들을 받쳐주고 있는 '숨겨진 의미의 보편적 지층(hidden universal strata of meaning)'을 찾아내려는 그 학문들의 공통된 관심 때문이었다. 그 지층들은 지질학에서는 지구를 형성하는 것이었고, 정신분석학에서는 무의식의 지층이었고, 맑스주의에서는 사회경제관계의 지층이었다. 레비 스트로스는 "이 세 가지 각각의 이해는 한 유형의 실재를 다른 것으로 환원하는 것이고, 참된 실재는 실제적으로 분명히 나타나는 것은 결코 아니다"라고 쓰고 있다. 그는 경제사조차도 겉으로는 비록 경험적 사실과 통계적 데이터에 빠져 있는 것 같지만 "대부분은 무의식의 과정을 나타내는 역사"라고 『구조 인류학』의 서문에서 논증하고 있다. 그러므로 사회인류학의 과제는 역사적인 특수한 사실들이란 표면적 층을 파고들어가서, 대부분의 정치와 경제사에서 간단히 무시되고 있는 보편적 지층을 발견해내야 하는 것이다. 정치와 경제사들은 전쟁과 왕조의 세세한 사건들에 매여서 연대기적인 끈에 불과한 이차적인 합리화에 매달려 있다. 레비 스트로스는 과거의 의미를 개념화하려는 역사가의 욕망을 인정하지만 역사가는 한 사건에서 다른 사건으로 직선적으로 이행하는 어떤 수직적 구조에 대해서 인류학자의 연구의 도움을 받아야만 그들의 욕망은 이루어질 수 있다고 주장한다. 그는 다음과 같이 썼다.

그들은 (역사가와 인류학자) 같은 방향, 같은 길을 가는 공동의 여행을 시작했다. 단지 그들의 목적지만 다르다. 인류학자들은 그들이 항상 인식하고 있는 것을 통하여 무의식적인 것을 더욱 많이 발견하기 위하여 앞으로 나아가지만 역사학자들은 말하자면 뒤로 가는 것인데, 그는 뒤로 물러선 채 보다 완전하고 풍부한 관점에서 관찰하기 위하여 구체적이고 특수한 활동들에 그의 눈을 고정시키고 있다. 참으로 두 얼굴의 야누스, 즉 이 두 학문의 연대만이 길 전체를 잘 볼 수 있도록 만들어 줄 것이다(「역사와 인류학」, 『구조인류학의 서문』).

2

그러나 레비 스트로스가 다른 학문과의 지적인 연대를 강조하기도 했지만 때로는 다른 학문에 대한 지적인 적대자이기도 했다. 예를 들면 그는 실존주의를 가게 여점원의 철학이라고 무시했다. 그의 실존주의에 대한 주요한 비판은 순수한 개인성과 주관성의 비과학적인 경험에 특별히 초점이 맞추어지고 있다. 그는 전후 프랑스에서 특별히 유행한 지적 성향에 반대하였고, 친족체계와 분류법의 논리적 구조를 가진 과학의 발달을 촉진시켰다. 이런 논리구조의 과학은 연구자가 실존적으로 덧없는 이야깃거리와 인상적인 경험을 포기하고, 영원한 진리가 증명되는 시간과 관계없는 공간의 고요한 삶에 관심을 집중할 것으로 보았다. 실존주의자들과 역사철학자들이 다른 사람과 구별되는 각 개인의 문화적 특성에 특별한 관심을 배타적으로 집중시키는 데 반하여, 레비 스트로스는 우리의 관심을 인간성의 변하지 않는 집단적 특성에 집중시킨다.

사르트르는 모든 인간은 그 자신이 자신을 만들어가는 것에 책임을 져야 한다고 주장한다. 즉 우리 각자는 시간적으로 발전하는 자신의 특성과 자기정체성을 선택하는 자유로운 의식을 갖고 있다. 이와 대조적으로 레비 스트로스에게 인간은 스스로 사회적 문화를 만들어가는 주체적인 개인이 아니다. 인간은 어떤 고립된 개인으로 이해되어서는 안 된다고 말한다. 즉 인간이 그들의 세계를 어떻게 구성하는지 또는 어떤 법에 의해 그런 유기체인 세계에 영향을 미치는지를 의식적인 차원에선 알 수 없으며 집단정신(collective mind)을 통해서만 그것의 인식이 가능하다고 주장한다. 달리 말하면 인간사회를 구조지우는 논리의 대부분은 '무의식적으로' 남아 있다는 것이다. 설명에 있어 가장 중요한 것은, 레비 스트로스가 『날 것과 익힌 것』에서 지적한 대로, 신화 속에서 개인이 어떻게 생각하느냐가 아니고, 인간 속에서 드러나지 않는 신화가 어떻게 생각하느냐이다.

이것은 레비 스트로스가 사르트르보다는 프로이트나 맑스를 명백하게 선호하고 있음을 보여준다. 레비 스트로스가 맑스나 프로이트와 다른 점은 집단논리가 우리의 사회적 경험을 미리 결정하는데, 그 논리는 경제적 생산, 즉 물질주의적 법칙이나 리비도적인 본능의 법칙이 아니고 언어 자체의 구조적 법칙이라는 것을 주장한다는 점이다. 여기에서 우리는 레비 스트로스가 소쉬르적인 모델에 궁극적으로 기대고 있다는 것을 발견할 수 있다. 레비 스트로스에 따르면 인간은 사회와 '같은' 것이고 사회는 언어와 '같은' 것이다. 그렇게 이해한다면 언어는 인간이 문화를 형성하는 데 있어서 가장 두드러진 특징이다. 언어는 우리를 동물과 구별해주고 우리가 사회적·종교적·미학적 생활에서 얻을 수 있는 다양한 관계를 미리 조건지우는 것이다[이것은 레비 스트로스가 넓은 의미에서 언어는 '상징적 질서(symbolic order)'라고 이해한 개념이다]. 언어의 최대의 특징은 우리의 삶이나 정신에 있어, 모든 문화적 패턴의 기초를 제공한다는 것이다. 언어는 심지어 전혀 언어적인 것같이 보이지 않는 결혼의식, 치료의 주술, 정치적 위계질서, 친족법, 성적인 터부, 토테미즘적인 관습, 요리나 경제적인 관습 등에서도 나타나는 것이다. 언어가 소쉬르나 야콥슨이 발견한 대로 음운적 차이(phonemic differences)의 체계에 의해서 만들어지는 것처럼, 레비 스트로스는 차가운 사회가 (앞으로 더 자세하게 볼 것이지만) 이분법적 대대(對代)라는 숨겨진 논리에 따라 작용하는 친족적 요소들의 통합된 체계에 의해서 조정된다는 것을 보여준다. 이것은 신화에서도 마찬가지이다. 신화의 기본적 구조―레비 스트로스는 '신화소(mythemes)'라 하여 음운소와는 유비적인 것으로 부르는데―는 의미 있는 전체를 만드는 데 연합되거나 대비된다. 그리고 요리하는 관습에서도 마찬가지로, 레비 스트로스는 먹을 수 있는 것과 먹을 수 없는 것 사이(날 것과 요리해 먹을 수 있는 것)의 기본적 차이를 요리소(gustemes)라는 개념으로 확정하는데, 그 차이는 음운소들의 변별적 상호관계에 유비되는 법칙에 의해 지배된다.

레비 스트로스는 소쉬르적인 통찰을 통해 고도로 다양화된 인류학 연구를 입증한다. 어떤 부분들을 원자적으로나 고립적으로 이해해서는 안 되며, 전체로서의 일반적 의미체계 안에서 이해해야 한다. 전통적인 품목 중심적 접근은 전혀 별개의 경험적 내용을 일차적으로 강조하는데, 이것은 레비 스트로스가 묘사한 구조언어학의 관계적 접근으로 바꿔져야 한다. 게다가 관계적 접근은 친족, 결혼, 요리 등 문화의 다양한 법칙들에 대한 표면적 물음이 아니고, 이항적 대립의 기초 위에서 내재적으로 어떻게 기능하는가 하는 물음(각 요리라는 전체 체계 안에서 작용하는 서로 다른 '요리소')이다. 이런 다양한 문화체계 자체는 인류문화나 인류정신(l'esprit humaine)의 전체성 안에서의 부분적 하부체계를 표상한다.

그러므로 다양한 하부체계들은 "개인과 집단 사이나, 어떤 의사소통의 종류를 확립하는 것"을 허락하는 문화의 전체성 안에서 결합한다고, 『구조인류학』의 주요 단락에서 레비 스트로스가 주장하는 것은 놀라운 것이 아니다. 레비 스트로스가 발견한 인류문화의 가장 보편적인 특징은 의미화하고자 하는 욕망이다. 따라서 우리가 원시사회인들은 어떤 것이 상징적인 선(good to symbolise)인가에 대한 물음을 무엇보다 먼저 갖게 되는 것이다. 예를 들면 그것이 '먹기에 좋은 것'인지를 먼저 묻는 것을 볼 때, 기호를 통한 의사소통의 교환에 대한 요구가 가장 물질적인 생물학적 요구보다도 앞선다는 것을 보여준다. 따라서 레비 스트로스가 제시하듯이, 결혼규율과 친족결합은 언어활동의 체계(의사소통의 의미적 체계라는 가장 일반적 의미에서)로서 작용하는 교환관계를 기호체계화한 단위들이므로 중요하게 고려되어야 한다. 그는 다음과 같이 쓰고 있다.

> 이런 경우에 매개하는 요인은 계층이나 계보 혹은 가족들 사이에서 순환되는 집단의 여성이다. 또한 개인들 사이를 순환하는 집단의 낱말들의 역할은 이 여성과 동일한 위치에 있는 것이다. 이런 사실들은 이 두 경우 현상의 본질적 측면이 동일하다는 사실을 입증해준다(『구조 인류학』).

레비 스트로스는 친족이나 결혼의 기호체계를 (다른 부족 사이에서, 여성의 족외혼적인 교환으로서, 또는 '재산'이나 '특권'의 다른 상징의 확장에 의해) 언어의 기호체계(음운적 단위들 사이의 상호관계로서)와 동일시함으로써, 원시사회인들의 상업적이고 성적인 행동에서 나타나는 구조주의적 기원을 언어 자체의 하부구조 안에 재배치한 것이다.

3

비록 레비 스트로스가 로만 야콥슨을 통해서 구조언어학의 방법에 친숙해 있었을지라도, 그를 만난 것은 뉴욕의 신사회 연구원에서 40대가 넘어서이다. 레비 스트로스는 1955년 『뜨거운 열대』와 1958년 『구조인류학』을 쓸 때 비로소 사회연구를 위한 구조주의 방식의 근본적 함의를 성공적으로 예증할 수 있었다. 이 새로운 방법을 통해 레비 스트로스는 두 가지 가장 중요한 공헌을 했다. ① 언어의 의식적 현상에 대한 연구로부터 언어의 무의식적 심층구조에 대한 연구로의 전환, ② 요소들을 독립적 실체로 다루기를 거부하고, 이것들이 전체적 체계 안에서 일반법칙에 따라 작용하는 관계라는 관점에서 재해석하는 것 등이다.

레비 스트로스는 구조언어학의 '과학적'이라는 개념을 현대의 대륙적 (소쉬르적)인 조직적 체계라는 의미로 이해한다. 즉 경험적인 검증을 요구하는 영·미적인 의미로 이해한 것이 아니다.

우리가 이미 알고 있듯이 레비 스트로스는 항상 겉으로 드러나는 데이터를 통찰함으로써, 보통은 무시되는 인간정신의 심층구조까지 파고 들어가야 한다고 주장한다. 예를 들면 친족의 성향은 '사실들'의 경험적 관찰이라는 실증주의적 기초 위에서는 정확하게 파악될 수 없으며, 심층적인 정신구조의 상징적 표현으로서 추론되어야만 한다. 우리가 피상적으로 경험하는 자연에 대한 분명한 혼돈은 항상 문화의 숨겨진 질서에 의해 먼저 유형지어져(pre-patterned) 있는 것이다. 인간의 자연에 대한 경험이 문화를 앞서는 것이 아니라, 사실은 문화에 의해 만들어지는 것이다. 이런 측면에서 레비 스트로스의 작업(oeuvre)은 경험주의와 자연주의의 절차를 논하는 하나의 문화분석을 구성하는 것으로 볼 수 있다. 그러므로 구조인류학자의 가장 중요한 과제는 "의식과 인간이 가지는 항상 변화하는 이미지를 넘어서서, 무의식적으로 가능한 모든 범위를 파악하는 것"(『구조인류학』의 서문)이다. 그리고 레비 스트로스에게 무의식인 가능성의 전체는 소쉬르가 랑그라고 부르는 공시적 전체(synchronic whole)와 동일한 것이다.

레비 스트로스가 구조인류학과 구조언어학 사이의 유비(analogy)를 어떻게 발전시켰는지 구체적으로 알아보기 위해서 친족과 신화를 그가 어떻게 다루었는지를 자세하게 살펴보자.

1) 친족체계

레비 스트로스는 「언어학과 인류학에서의 구조적 분석」이란 제목이 붙어 있는 한 연구에서, 다음과 같이 자신의 방법의 청사진을 제시한다.

> 다른 문제에 대한 연구에서도 틀림없이 그렇겠지만 친족문제에 대한 연구에서 인류학자는 구조언어학자의 상황과 비슷한 상황에 자신이 서 있는 것을 발견한다. 음운소와 같이 친족이란 용어는 의미의 요소들이다. 음운소와 같이 친족관계들도 그것들이 체계 안에서 통합되는 한에서만 의미를 갖게 되는 것이다. '친족체계'는 '음운적 체계'와 같이 무의식적 차원에서 정신에 의해 만들어진다. 언어는 물론 친족의 경우에도 지구 전체에 흩어져 있는 다른 지역과 근본적으로 다른 사회에 살고 있을지라도, 친족유형이나 결혼규칙의 재현에서 나타나는 유사성을 볼 때 어떤 일반적이지만 드러나지는 않는 법칙들이 작용해서 나타난 것이라고 믿게 된다 … 실제로 그것들은 다른 질서에 속한다고 해도 친족현상은 언어현상과 같은 유형이다(『구조인류학』).

레비 스트로스는 이 유비를 다음과 같은 질문을 제기함으로써 결론짓는다. "인류학자가 (내용에서가 아니라) 형식에서 구조언어학에서 쓰이는 방법과 유비되는 방법을 사용한다면 언어학에서 이루어진 것과 마찬가지로 비슷한 종류의 발전을 이룩할 수 있는가?" 그는 이 물음에 그럴 수 있다고 대답한다.

레비 스트로스는 '친족의 기본구조'라는 세미나에서, 친족법은 인간 정신이 인간관계의 서로 다른 집단들을 구별함으로써 사회질서를 발견하려는 일찍이 있었던 시도들 중의 하나라고 주장한다. 그는 심지어는 어떤 사람과는 결혼할 수 있고 어떤 사람과는 결혼할 수 없다는 것을 결정하는 법칙이 가장 기본적인 인간관계를 어떻게 구조화하는가까지 밝힌다. 예를 들면 남자가 누이와 결혼하는 것을 금지하고 다른 특수화된 범주의 여성들(모계 사촌: 모친의 남동생의 딸)과 결혼하도록 함으로써, 친족의 기본구조가 확립되는 것이다. 그런 기본구조는 결혼법을 체계적으로 분류하게 해준다. 그런 구조가 밝혀짐으로써 우리는 임시적이고 자의적으로 보이는 결혼법이 사실상 (음운소와 유비되는) 몇몇 간단한 원리들에 의해 지배되

는 것이고, 그 간단한 원리들은 사회로 하여금 의례의 실행, 관습과 터부
의 다양한 덩어리들이 고도로 조직화된 체계 안에서 상호 협조하도록 유
도한다. 따라서 친족법은 궁극적으로 사회가 서로 다른 상징체계를 가지
고 있다는 것을 보여주며 이 체계의 이항적 대립(binary opposition)이란
논리는 종교, 예술, 요리, 민속이나 일과 소유제도 등의 사회적 관계의 다
른 영역에서 나타난다. 이 모두를 고려한다면, 이런 관계의 사회체계가
문화적 전체성(cultural totality)을 만드는 것이다.

레비 스트로스는 친족관계의 기본법은 인간정신의 세 가지 보편적 원
리를 표현한다고 주장한다. ① 분별과 질서의 수단으로서의 규율의 원리,
② 자신과 타자 사이의 대립을 조화하는 수단으로서의 상호성의 원리, ③
선물의 결합원리, 즉 결혼에서 한 개인이나 가족단위에서 다른 쪽으로의
'가치 있는' 사람이나 재산의 양도(레비 스트로스의 개념에서는 여성의
순환)가 허용된다. 이 세 원리는 사회적 충돌에서 동반관계로의 질서 있
는 이행의 가능성을 설명해 준다.

레비 스트로스는 이러한 친족 간의 세 원리가 인간정신의 보편적 세
원리로 개념지어질 수 있다는 것을 밝힘으로써, 현대인류학의 '문화 상대
주의'를 무너뜨릴 수 있다고 믿는다. 친족관계의 기본구조에 대한 그의
연구는, 문화의 자체적 성립은 경험적 환경, 외적 자극에 행태주의적으로
반응함으로 이루어지는 것이 아니라, 보편적 이성의 내적 구조와 조화함
으로 이루어진다는 것을 보여준다고 결론짓고 있다.

2) 신화의 체계

브라질 원주민과 북미 인디언들의 '역사가 없는 사회'에서는 문화를 무
시간적인 실재로 간주한다. 따라서 레비 스트로스는 과거는 현재이고 현
재는 과거인 역사가 없는 사회에 대한 연구에 집중함으로써, 동질적인
'공시적' 전체 안에서 작용하는 신화의 변화하는 체계를 밝혀내고자 하였
다. 그럼으로써 그는 모든 인간정신에 의해 공유되는 원형적 논리 또는
야생적 사유를 발견했다고 확신했다.

우리 서구인들은 이 야생적 사유의 존재에 대해 멍해진다. 우리 유럽인

들이 우리의 기술적인 진보와 우월성에 사로잡혀서, 이런 신화적 사유양상을 의식의 밑바닥으로 밀어 넣었을지라도 그것을 제거해버릴 수는 없었다. 그것은 우리의 무의식 속에서 살아남아 있다. 우리는 '차가운' 사회 즉, '원시'사회의 신화나 제의와 직접 접촉할 때만 신화적 사유의 작용을 정확하게 알고 그것을 과학적으로 분석할 수 있는 기회를 얻게 된다. 이것은 매우 중요한 점이다. 레비 스트로스에 따르면, 신화는 비이성적인 환상이 아니며, 신화는 과학적 논리만큼 엄격한 무의식의 상징이란 논리에 따라 작용하는 신화 자체의 이성을 갖고 있다. 신화의 논리가 없이 과학적 논리가 이미 존재할 수 있었는지는 논의해볼 여지가 있는 것이다.

레비 스트로스는 신화의 표면적 내용은 종종 사소한 것이며 어리둥절하도록 반복되지만 그것들은 사실상 무의식의 전언내용을 전달하는 집단의 기호체계란 점에 주목해야 한다고 주장한다. 신화는 심심풀이로 이야기되는 환상적인 동화가 아니고, 근본적이지만 받아들일 수 없는 인간존재의 모순을 해결하려는 결정적 시도이다. 예를 들면 신화에 나타난 삶과 죽음, 자아와 타자, 문화와 자연, 시간과 영원 등의 모순을 말하는 것이다. 레비 스트로스의 신화논리 자체가 고도로 구조화된 책략이라는 것을 밝힌다. 그의 연구목적은 우리의 의식세계에서 경험하는 실재와 화합할 수 없는 무의식적 영감을 상징적으로 표현하도록 허용하는 것이다.

4

레비 스트로스는 외디푸스 전설의 구조적 분석에서 신화의 책략적 기능을 강력하게 예증하고 있다. 외디푸스 신화는 계속 반복되는-혈연관계의 과대평가와 경시라는 구조적 대립이 주기적으로 반복되는-일련의 대립을 화해시키고 있다. 이런 대립이 우연적 사건은 아니며, 고도로 체계화된 규칙에 따라 변형되는 특수한 유형을 보여주는 것이다. 외디푸스 신화에서 이 대립과 변형의 논리의 목적은 ① 괴물[카드모스-드래곤 (Kadmos-dragon)이나 외디푸스-스핑크스(Oedipus-sphynx)]을 극복함으로써 인간의 '토착적(지상의)' 기원을 벗어나려는 문화적 욕망과 ② 그런 욕망의 실현에 있어 자연에 의해 부과되는 어려움(외디푸스의 신체적인 장애로 표현되는 평발이나 결국에는 눈이 멀게 되는 것)을 화해시키는 것이다. 달리 말하면 신화의 논리는 자연과 문화 사이의 모순적인 관계를 중재하는 것이다. 이것은 자연(괴물)이 극복된다고 할지라도, 문화는 계속해서 자연의 압력(평발, 눈멈)을 벗어나지는 못한다는 것이다.

내용의 차원에서만 연구한다면 많은 신화는 논리적인 근거나 이유가 없는 것처럼 보인다. 그러나 레비 스트로스가 주창한 구조적 분석의 차원에서 본다면 신화의 별도의 책략적인 '품목'('신화소'나 '가장 짧은 가능한 문장')은 꽤 자의적이지만 이런 신화소들의 관계는 공시적 전체 안에 의미 있게 구조화된다(아래 표 참조). 레비 스트로스가 '신화의 구조적 연구'에서 설명하는 바와 같이 "신화학에서 의미가 존재한다면 그 의미는

① 혈연관계의 과잉	② 혈연관계의 경시	③ 괴물의 살해	④ 걷는 데의 어려움
Cadmos는 Zeus가 반한 그의 누이 Europa를 찾는다			
		Cadmos가 용을 죽인다	
	Spartoi 형제들이 서로 죽인다		
			Labdacos(Laios의 아버지) = 절름발이?
	Oedipus가 그의 아버지 Laios를 죽인다		Laios(Oedipus의 아버지) = 왼손잡이?
		Oedipus가 Sphinx를 타도한다	Oedipus = 발이 부은?
Oedipus는 그의 어머니 Jocasta와 결혼한다			
	Eteocles는 그의 형제를 죽인다		
Antigone는 금지를 위반하면서 누이 Polynices를 매장한다			

따로 떨어져 신화를 구성하게 되는 요소 안에 있는 것이 아니라 이런 요소들이 결합되는 방식에서 존재하는 것이다"(『구조인류학』). 레비 스트로스의 이런 설명은 신화의 내용과 의미, 즉 격리된 신화적 원형과 특수한 무의식적 전언내용 사이의 직접적인 관계를 확립하려는 융의 시도와는 대립된다. 레비 스트로스는 소쉬르의 기호학적 접근방법으로 신화해석의 의미론적 접근을 대치한다. 그는 신화는 언어와 같이 구조화될 뿐만 아니라 ('음운소'들 사이의 차별적인 관계에 유비되는 '신화소' 사이의 대립이란 관점에서) 신화는 언어인 것이다. 레비 스트로스는 "신화는 언어다. 알리기 위해서 말해져야 한다. 그것은 인간의 말의 한 부분인 것이다"(「신화의 구조적 연구」, 『구조인류학』)라고 쓰고 있다.

레비 스트로스의 구조주의적 해석은 소쉬르의 언어학을 인류학적 신화의 과학으로 발전시켰는데, 그 신화의 과학은 ① 설명의 경제성, ② 해석의 통일, ③ 전단계의 신화에서 다음 단계의 신화를 통해 다음 단계의 신화를 재구성하는 것은 물론 나뉘어진 부분을 통해 전체를 재구성하는 능력을 제공한다. 그러나 신화의 분석은 구조언어학의 방법에 기초하고 있지만 또한 그것을 넘어서서 신화의 분석은 새로운 기반을 무너뜨린다. 그것은 적용범위를 언어 문장의 기본단위인 음운소를 넘어서서 신화소는 그 자체 안에 음운소의 구조적 작용을 포함하지만, 문장의 단위보다는 더욱 큰 구조적 작용인 새로운 체계 안에서 보다 세련된 단위까지 확장한다. 레비 스트로스는 "신화는 특별히 고도의 차원에서 기능하는 언어활동이고, 거기에서 의미는 묶여 있어야 하는 언어학적 기반을 벗어나는 데 실제적으로 성공한다"고 말한다(앞의 책).

여기에서 레비 스트로스가 얻은 것을 보다 명확하게 설명하기 위해, 그가 외디푸스 신화를 자세히 해석한 것으로 잠깐 돌아가 보자. 그는 이 신화이야기를 다음 네 수직항 또는 '신화소 단위들(mystheme-units)'로 구분한다.

①은 혈연관계의 과대평가가 공통된 특징이다. ②는 혈연관계의 경시를 표현함으로써 이것을 뒤집는다. ③은 괴물의 살해(우리의 토착성을 표상함)를 표상한다. ④는 외디푸스의 부친계열에서 나타나는 이름의 공통된 특징이 걷기와 똑바로 서기에 어렵다는 것을 보여준다. 레비 스트로스

는 이런 구성 단위들이, 어떤 지속적이고 보편적 중요성이 꽤나 부족하지만, 직선적 의미론의 관점에서 보면 서로에 대한 구조적 관계를 갖고 있다고 설명한다.

따라서 예를 들면, ③은 공통적으로 인간의 토착성의 부정(괴물들의 살해)을 지시하는 '관계의 다발'로 이루어졌다. ④는 인간의 토착성이 지속됨을 지적하는 것이다(레비 스트로스는 그것은 신화에서 땅에서 태어난 인간의 보편적 특징으로 나타나고 동시에 인간이 정확하게 걸을 수 없게 하는 심층으로부터 나타난 것이라고 주장한다). 레비 스트로스는 이런 신화소적 대립에서 작용하는 구조적 논리의 개요적 설명을 다음과 같이 제시한다.

> 따라서 우리는 자신이 이 네 수직란과 마주하고 있는 것을 발견하게 되는데, 각 란은 같은 부류에 속하는 여러 관계를 포함한다. 우리가 신화를 말하려면 이 란을 무시하고 좌우상하로 읽어야 한다. 그러나 신화를 이해하기를 원하면, 공시적 차원의 반을(위에서 아래로) 무시하고, 좌에서 우로 각 란을 차례로 읽고, 각 란을 한 단위로 고려해야 한다. … 또한 신화는 할 수 없는 능력과 관련되어 있는데, 이는 인류는 토착적이라는 믿음을 유지시키는 문화가 존재하기 때문이고, 인간은 실제로 남녀의 합일에 의해 태어났다는 지식과 이론 사이의 납득할 만한 변화가 발견된다. 하지만 문제가 분명하게 해결될 수는 없을지라도, 외디푸스 신화는 원초적 문제-하나에서 태어났는가 아니면 둘에서 태어났는가-를 부수적인 문제-다르게 태어났는가 아니면 똑같이 태어났는가 하는-와 관련시키는 일종의 논리적 도구를 제공한다. 이런 유형의 상호관계에 의해서, 혈연관계의 과대평가와 경시가 관련되는 것은 토착성에서 벗어나려는 시도와 그것이 성공할 수 없는 불가능성과의 관계와 같다(앞의 책).

다시 말하면 외디푸스 신화가 해결하려고 노력하는 중심적인 대립은 토착성(대지라는 하나의 동일한 원리에서 태어남)과 양성에 의한 출생(아버지와 어머니라는 다른 두 부모에게서 태어남) 사이의 대립이다. 게다가 레비 스트로스는 비교신화학의 전체적 체계 안에 있는 이러한 구조적 관계를 살펴볼 때, 많은 신화의 목적이 통일과 분별 사이의 대립을 화해시키는 것이라는 것을 발견할 수 있다고 주장한다. 간단히 말해서 신화는 궁극적으로 문제를 해결하는 과정이라는 것이다. 신화는 경험적 차원에서 해결할 수 없는 문제들을 논리의 구조적 차원에서 해결하려고 시도한다. 레비 스트로스가 해결해야 한다고 주장한 문제의 예는 북미 인디언의 신화에서 나타나는 '사기꾼(trickster)'의 예이다. 사기꾼의 신화적 역할은 명백하게 화해될 수 없는 대립들 사이에 존재하는 일종의 메시아적 매개체이다. 사기꾼은 종종 북미 인디언의 이야기에서 초원늑대와 갈가마귀로 비유되는데, 레비 스트로스는 이 두 동물들은 육식동물로서, 농업의 초식동물(생명과 연상되는)과 먹이를 사냥하는 육식동물(죽음과 연상되는) 사이의 대립적 질서를 중재하는 토템적 상징으로 기능한다고 보고 있다. 썩은 고기를 먹는 동물은 한편으론 동물음식을 먹는 육식동물과 같고, 한편으로 그들이 먹는 것을 죽이지 않는다는 점에선 자기가 먹을 음식을 생산하는 동물과 같다. 레비 스트로스는 이 매개적 기능이 다른 유비적 질서까지 어떻게 확장될 수 있는가를 밝힘으로써 그의 논지를 강화시켰다. 예를 들면 초원늑대(초식적 삶과 육식적 죽음 사이의 매개로서)는 차례로 안개(하늘과 땅 사이의 매개), 의복(자연과 문화 사이의 매개), 재(수직적 지붕이나 굴뚝과 수평적 난로나 마당 사이의 매개), 자웅양성의 성적 존재(여성과 남성 사이의 매개) 등과 비교된다.

　레비 스트로스는 사기꾼이 본질적으로 이중적인 성격을 갖는 것은 반대되는 개념들을 매개시키는 구조적 역할과 완전하게 상응한다. 더욱이 그는 이 매개적 기능은 전 세계에 걸친 신화적 인물에서 보이는 보편적 특성이라고 보았다. 우리는 셀 수 없이 많은 신화의 체계에서, 동일한 신이나 영웅이 모순되는 특성을—신적/인간적, 선량하고/악의적이고, 지상적/천상적—동시에 부여받고 있음을 발견하게 된다. 레비 스트로스는 이런 매개적 패러다임들의 비슷한 유형을 서구에서도 신데렐라 같은 친근한 인물 속에서 찾을 수 있다고 주장한다. 그 인물이란 남성과 여성, 하층계급과 상층계급 사이의 분리된 틈을 연결시켜주는 데 공헌한다. 그러나 여기에서 레비 스트로스는 '뜨거운' 유럽문화의 신화적 작용에 대해서는 다른 많은 전문가에게 연구의 여지를 남기고 있다.

5

비교신화학에서 대부분의 전통적 연구들과 달리, 레비 스트로스의 접근은 어떤 신화의 '참' 또는 '진정한' 원형을 확정하는 데는 관심이 없다. 그는 한 신화는 변화할 수 있는 한의 모든 변형으로 구성된다고 주장한다. 다른 모든 것들이 그것으로부터 파생되고, 그것이 왜곡된 복사판으로 변화된 진정한 원형은 존재하지 않는다. 역사상에 통시적으로 나타난 모든 신화의 다른 형태는 신화적 언어(랑그)의 공시적 체계 안에 전개되는 신화적인 말(빠롤)의 한 종류이다. 그리고 이것은 신화의 기본구조가 근본적으로 문화를 넘어서며 역사를 넘어선다. 어제의 신화는 오늘의 신화처럼 유효하고, 그 반대도 마찬가지이다. 신화의 한 형태가 다른 것보다 연대적으로 앞서는가 뒤서는가 하는 물음은 전혀 무의미한 것이다. 예를 들면 외디푸스 신화에 대한 프로이트의 현대적 해석조차도 이 연대를 알 수 없는 신화를 구조적으로 설명할 수 있다는 납득할 만한 증거를 제시한다. 한 신화에서 나타나는 다양한 차이는 전체성에 대한 논리적 분류가 임시적인불규칙성 속에서 이루어지는 것이 아니라 내적으로 정합적인 구조적 체계 속에서 이루어진다는 점에서, 궁극적으로 다른 차이들과 연결될 수 있다.

우리는 야생적 사유의 신화적이고 상징적인 구조를, 현대적 이성에 의해 전적으로 대체되어야 한다거나 넘어서야 할 열등한 의고주의(archaicism)의 한 종류로 간주하는 잘못을 종종 범한다. 야생적 사유는 고대 과거의 박물관에나 보존할 한 조각유품이 아니라 무시간적 구체성의 과학이며, 그것은 우리 시대의 추상의 과학에서나 얻을 수 있는 세련된 구조적 논리에 따라 작용하는 것이다. 레비 스트로스는 야생적 사유는 인간정신의 불변의 변화될 수 없는 힘이라고 강력히 주장한다. 그는 "신화적 사유의 논리는 현대과학의 논리처럼 엄격한 것이다"(『구조인류학』)라고 쓰고 있다.

신화가 처음에는 감정적으로 표현되고 주술-종교적 의례의 차원과 비교될 수 있는 상징의 차원에서 기능하는 것이 사실이라면, 신화의 본질적 힘은 '지적'으로 남아 있는 것이다. 우리가 보는바, 신화는 가장 심층적 차원에서 우리의 일상경험의 대립과 모순(소기의 질서)을 지적으로 해결하기 위하여 ('신화적' 능기의 질서 안에서) 노력한다. 레비 스트로스는 결과적으로 우리로 하여금 소기에 대해 능기가 우위에 있음을 인간정신의 지적 조건으로 이해하게 한다고 단언한다. 신화의 가장 원형적 측면(신화, 주술, 샤먼적 관습, 예술, 마술, 꿈 등)에서 상징적 기능을 구조적으로 분석해야 한다고 주장하고, 그런 분석은 결국 능기의 우위란 "우주는 결코 충분한 의미로 채워져 있지 않다" 또한 "정신은 항상 의미들과 관련된 객체들이 존재하는 것보다 이용할 수 있는 많은 의미를 갖고 있다"(「마법과 그것의 주술」, 『구조 인류학』)는 사실을 보여준다. 경험적 사실에 대한 지적인 의미의 모순이나 과잉은 신화의 궁극적 존재이유뿐만 아니라 동일한 신화가 수많은 다른 형태로 복제되는 것을 설명해준다. 레비 스트로스에게 신화가 반복되고 재현되는 것은 실재세계의 해결할 수 없는 모순들을 논리적으로 해결하려고 하는 인간정신의 지칠 줄 모르는 노력인 것이다. 신화는 지적으로는 엉터리(non serviam)이다. 그것은 사물을 있는 그대로 받아들이거나, 여기에 지금 주어진 것에 만족하기를 거부하는 것이다. 그것은 실재에서 해결되지 않는 것을 이야기에서 해결하기를 제안한다. 이론적으로 무한한 수의 신화의 다른 형태들이 생긴다는 사실은 레비 스트로스에게는 인간지성의 지칠 줄 모르는 풍부성과 복잡성의 증거인 것이다. 간단히 말해서 신화의 구조적 연구는 정신이 경험세계의 '사실들'로, 문화가 자연으로 바뀔 수 없다는 것을 강력하게 보여준다. 이런 점에서 구조주의는 실증주의와는 근본적으로 반대되는 것이다.

　과학에 접근하는 '구조주의'와 '실증주의'의 이런 대립은 결정적인 것이다. 실증주의 과학자는 레비 스트로스가 인간정신이 '문제를 해결하는' 건설적인 힘을 예증하기 위하여 샤먼, 마법사, 사기꾼이나 장인을 선택하는 것을 혐오할 뿐만 아니라, 그들은 그런 힘들이 결국은 사실에 대한 의미의 우위에서 생겨난다는 레비 스트로스의 제안에 적대적이다.

　그러나 주지하듯이 실증과학이 원래부터 가져온 적대감에도 불구하고, 레비 스트로스는 신화적 사유는 경험의 모순된 요소들을 조화하는 논리적 관계의 과학적 체계라는 그의 주장을 굽히지 않는다. 그는 『구조인류학』에서 어떤 인디언 의사의 주술적 치료의례의 한 사례를 드는데, 그 의

사는 환자의 실재세계의 고통을 병의 기원을 허구적으로 재구성함으로써 고통이 없는 상징세계로 옮겨놓는다. 여기서 그는 매우 중요한 논평을 한다. "그는 그의 환자를 치료했기 때문에 위대한 샤먼은 아니다. 그는 위대한 샤먼이었기 때문에 그 환자를 치료했다." 달리 말하면 샤먼은 환자로 하여금 물질에 대한 정신의 우위를 믿게 했기 때문에 성공했다. 그리고 친근하고 의례화된 상징적 의미를 불러냄으로써 치료가 가능하게 했다. 거기에서 실제 경험의 차원에서는 다루어질 수 없었던 병의 소외된 문제(환자의 몸을 침입한 이상한 질병)는 지적으로나 심리적으로 해결될 수 있었다. 샤먼이 병을 이야기하고 설명하기 위하여 주문을 외어 괴물, 신과 영웅의 상징세계를 불러내는데, 이것들은 객관적 실재와는 일치하지 않고 치료를 촉진하지도 않는다. 그러나 그것들은 실제로 치료를 가능하게 한다. 본질적인 것은 환자는 그가 속한 사회를 확대시킴으로써 이 신화적 세계의 존재를 믿는다는 것이다.

레비 스트로스는 샤머니즘과 정신분석학에서 작용하는 논리 사이의 상응을 이끌어낸다. 이 두 경우에 '대화를 통한 치료'의 목적은 다루기 어렵고 억압적으로 남아 있는 대립과 저항을 이해할 수 있는 차원으로 이끌어내는 것이다. 정신분석학자나 샤먼에게 중요한 조치는 몸이 견딜 수 없는 고통을 마음에 받아들일 수 있는 것으로 재현하는 데 있다. 레비 스트로스는 샤먼의 치료가 '상징의 효과'에서 어떻게 실제적으로 일어났는지를 명확하게 설명해준다.

> 병든 여인은 신화의 존재를 믿는다. … 수호령과 악령, 초자연적 괴물, 주술적 동물은 모두 우주의 원초적 개념들로서 그 위에 세워진 정합적 체계의 한 부분인 것이다. 병든 여인은 이런 신화적 존재를 받아들인다. … 그녀가 받아들이지 못하는 것은 이치에 맞지 않는 자의적인 고통인데, 그것은 그녀의 체계에서 소외된 요소이다. 그러나 샤먼이 신화를 불러냄으로써 모든 것이 의미 있는 전체 안으로 그녀의 병은 통합되는 것이다. 일찍이 이것을 환자 여인은 이해했었다. 그러나 이제는 더욱더 그것을 이해한다. 그래서 건강해진 것이다. 그러나 병의 원인이 분비물, 세균이나 바이러스라는 관점에서 설명할 때, 우리 병에서 이런 일은 발생하지 않는다. 우리가 병은 미생물 때문에 생겨나고, 괴물은 존재하지 않는다고 대답한다면, 우리는 역설에 빠지게 된다. 그러나 세균과 질병 사이의 관계는 인과관계이기 때문에, 환자의 마음에는

외적인 것이고, 반면에 괴물과 질병의 관계는 의식적이든 무의식적이든 마음 내적인 것이다. 그것은 상징과 상징화된 사물의 관계이고, 언어학자의 용어를 사용하면 기호와 의미의 관계이다. 샤먼은 환자인 여인에게 언어를 제공함으로써, 언어를 통해 표현할 수 없는, 달리 말하면 표현이 불가능한 심리적 상태가 즉각적으로 드러나게 된 것이다. 그리고 이러한 언어적 표현에로의 변화는—혼동되고 표현할 수 없는 실제의 경험을 견딜 수 있는 어떤 질서지어지고 지적인 형태로 변화시킨 것이다—생리적 과정에서의 해방을 만들어낸다. 즉 병자인 여인이 복종할 수 있는 과정, 호의적인 방향으로 재구성이 일어난 것이다(「상징의 효과」, 『구조인류학』).

사회적 이상과 이데올로기의 집단적 차원에서도 같은 종류의 합리화가 이루어진다. 레비 스트로스가 『뜨거운 열대』에서 진술하는 것과 같이 옛날이나 오늘의 수많은 신화는 "사회가 환상을 만들어내는 과정인데, 그것은 현실제도를 상징적으로 표현하고자 하는 것이다." 그런 신화 속의 정치 사회적 조건은 그 사회의 내적 모순을 해결할 수 있다. 그러나 "사회적 차원에서 처방책이 부족할 때" 자신이 사회가 바라는 목표를 실현하기에 무력하다는 것을 발견하고 "그것들을 꿈꾸고, 상상 속에 자신을 투사하기 시작하는 것이다"(앞의 책).

6

레비 스트로스는 지나치게 관념적이고, 프랑스의 합리주의를 구조주의라는 가면 아래 변형시키고 있다고 비판을 받는다. 그의 인류학은 기껏해야 민족학자들의 저술을 추상적으로 텍스트 분석한 것일 뿐이고, 따라서 일차적인 경험자료들을 정당하게 다루는 데 실패했다고 말해진다. 그를 반대하는 사람들은 구체적 현장조사의 상대적인 부족과, 분류에 있어 논리적·수학적 체계에 대한 지나친 집착을 주로 지적한다. 한편 레비 스트로스는 또한 루소적인 낭만주의자로 정죄되는데, 그 이유는 역사에 대한 구체적인 이해를 희생시키면서까지 '원시적 사유'의 무시간적 모델에 독단적으로 집착했기 때문이다(예를 들면 이런 물음들은 『야생적 사유』에서 프랑스혁명의 신화에 대한 사르트르와의 논쟁에서 전면에 부각된다. 거기에서 그는 분명하게 역사성의 실존주의 모델보다는 소쉬르의 모델에 호의를 표한다).

레비 스트로스 작품의 궁극적 동기는 현대 서구인들의 역사 정신에 의해서 소홀히 취급된 야생적 정신의 논리를 정당하게 확증할 방법을 탐구하는 것이다. 따라서 그에 대한 일방적 비판은 그를 정당하게 평가하는데 실패한다. 소쉬르가 언어에 대한 19세기의 역사적 연구에 대항하여 반응하였듯이, 레비 스트로스는 어떤 일반적 체계가 없이 경험적 데이터를 무더기로 인용하는 민속학의 천박한 축적에 대항하는 것이다. 레비 스트로스의 주요한 관심사는 신화와 상징의 야생적 사유가 유비의 논리에 따라 전혀 별개인 의미의 질서—인간적, 신적, 동물적, 식물적—들이 어떻게 상관성을 갖게 되는지를 밝혀내는 것이다. 이런 종류의 논리는 한 사물(죽음)을 다른 관점(삶)에서 또는 대립된 사유의 한 유형(삶/죽음)을 다른 관점(초식/육식)에서 생각할 수 있게 하는 것이다. 그런 구조적 관계논리를 가장 명백하게 보여주는 최초의 예는 토테미즘의 관습에서 발견되는데, 거기에는 동물로서의 인간의 표상이 있다. 또 다른 예는 종교적 신화인데 거기서는 신들은 인간으로 표상되고 반대로 인간이 신으로 표상되기도 한다.

'다른 체계' 사이에 동일성을 확립하려는 힘은 레비 스트로스에게는 인간 실존의 두 가지 거대한 모순을 개념지우고자 하는 근본적 시도이다. 이 두 모순은 일자와 다자 사이의 모순이고 무시간성과 시간성 사이의 상호관련된 모순이다. 신화적 논리의 야생적 사유는 시간적 대립(우리의 일상적인 실존 안에서 경험하는 시간의 대립)을 주요하게 다루고, 그것은 무시간적 단위인 공시적 전체성, 즉 형식적 조건을 지향해 나간다. 따라서 레비 스트로스는 이런 논리가 예술, 종교, 주술이나 신화 등에서 발생하게 되는 신화적 유비의 주요한 목적은 '시간을 억압하기 위한 장치'로 기능하는 것이라고 결론짓는다. 우리의 경험적 차원에서 해결되지 않는 모순은 신화의 논리적 구조라는 차원에서는 조화될 수 있는 대립적 이항(二項)이 된다. 우리는 사실의 세계에서 해결될 수 없는 것을 허구의 세계에서 해결하려고 시도하는 것이다.

자크 라캉
Jacques Lacan

라캉은 1901년 파리에서 태어났다. 그는 소쉬르의 언어학 모델을 정신분석학에 원용한다면 어떻게 기여할 수 있는가에 대하여, 비록 논란을 불러일으키긴 했지만, 매우 독창적인 논증을 했다. 구조주의의 영역을 확장시킨 것이다. 그의 연구의 기본전제는 "무의식은 언어와 같이 구조화되어 있다"란 유명한 명제에 잘 표현되어 있다.

1

라캉은 랑그와 빠롤의 언어학적 관계를 무의식과 의식의 심리학적 관계에 유비시켰다. 그는 이 유비가 프로이트가 발견한 무의식의 실재를 올바로 이해하는 데 광범위한 암시를 준다고 믿었다. 그는 그것을 심리학에서의 코페르니쿠스적 전화라고까지 말했다. 전통심리학은 의식의 과학적 합리성은 중시하였으나 무의식의 세계를 무시하였고, 마침내 그것은 동물적 본능의 비이성적 수렁으로 추방시켰다. 프로이트는 이런 이전의 주장을 뒤엎어버리고 무의식적 과정은 자체적 합리성과 자체적인 실재의 논리를 갖고 있다는 것을 보여주었다. 이것은 무의식의 욕망과 환상을 언어와 같은 양식으로 구조화시킨 숨겨진 논리라고 할 수 있다. 즉 무의식의 생명력은 구조적인 것이지 본능적인 것이 아니라는 것을 보여준다. 그리고 이것은 라캉이 프로이트와 소쉬르의 발견에 공통점이 있고, 또 서로 보완하고 있다는 것을 확신하게 된 이유이다. 프로이트가 무의식의 언어를 드러냈다면, 소쉬르는 언어의 무의식을 드러낸 것이다.

라캉은 프로이트의 새로운 통찰을 정당하게 평가해줄 가장 알맞은 방법을 제공해주는 것이 구조언어학의 대륙적 모델이라고 생각한다. 그는 프로이트의 통찰이 영미의 행태주의 과학(behavioural science)에 의해 왜곡되었다고 느낀다. 영미의 행태주의 과학은 실증주의의 실험적 방법－라캉은 과학주의(scientism)라고 부른다－을 맹신하여, 프로이트의 무의식의 심리학을 좁은 영역의 자아심리학(psychology of self)으로 환원시켜버렸다.

라캉이 공격한 주요한 목표 중 하나는 하인츠 하르트만『자아심리학과 적응의 문제』란 책이었다. 그 책은 1950년대 출판될 당시, 미국에서 정통적인 정신분석학 운동에 지대한 영향을 미쳤다. 하르트만은 프로이트의 이론을 생물학과 물리학의 과학적 방법으로 수용함으로써, 프로이트를 모난 데가 없이 만들고자 했다. 이 책에서 하르트만은 개인의 기본적 문제와 불안은 사회적 환경이라는 주변적 조건에 적응하는 능력이 부족해서 생겨난다는 견해를 펴고 있다. 그러나 라캉은 하르트만의 견해는 곤경에 처한 것은 신체적인 실재가 아니라 심리적 실재라는 프로이트의 발견을 왜곡한 것이라고 본다. 즉 라캉은 외적 환경이 적대적이라면 이것은 행태주의적 적응이라는 생물학적 문제가 아니라, 개인과 그가 투사한 두려움이나 욕망 사이의 상징적 관계로 파악한다. 게다가 정통심리학은 무의식의 일탈적 욕망과 대비하여 합리적으로 적응하는 인간의 자아를 옹호하였다. 라캉은 이것을 정상인에 대한 숭배라고 말한다. 이 모델은 정신분석학을 인간공학(human engineering) 학파로 축소시켰고, 그 주요한 목적은 자율적으로 활동하는 강력한 인지적 자아를 가진 탁월하게 적응하는 시민을 만들어내는 것이 되었다(「인간의 언어활동의 기능과 영역」, 『기록』).

그러나 정통 정신분석학이 강력한 자아를 이상적으로 본 반면에 라캉은 강력한 자아는 나르시즘(Narcissism)의 본질이며, 무의식의 욕망을 부정하고 저항하는 자기애의 가장 기본적 대상으로 파악했다. 라캉에게 가장 참다운 자아는 자율적인 자기정체성이 아니라 소외된 자기분열이다. 왜냐하면 무의식 뒤의 감추어진 언어에 젖은 채 남아 있는 인간의 주체는 영원히 그의 환경에 대해서 분열될 뿐만 아니라 자신에 대해 분열되기 때문이다. 그러므로 자아심리학은 인간 주체가 합리적 의식이란 이름 아래 무의식의 욕망을 어떻게 극복하느냐를 가르치는 반면에, 라캉은 프로이트의 발견에서 가장 중요한 의미는 주체를 가르치지 않는 것이라고 주장한다. 말하자면 무의식의 감추어진 언어를 해방시키기 위해 주체의 의식적 환상을 사라지게 하는 것이다. 그러므로 라캉은 정신분석가와 교사를 (모든 것을 아는 사람처럼) 동일시하는 경향에 반대한다. 그리고 같은 이유로, 그는 근본적으로 주체의 동일성(identification)이란 관점에서 정의되는 치료(cure)의 개념에 반대한다. 또 교육자인 분석가나 사회환경을 지배하는 제도인 주체를 반대한다. 라캉은 '분석과 재교육 사이의 경계'를 인식하는 것이 본질적이라고 주장한다.

영미 정신분석학의 보수적인 주류와 라캉의 차이는, 1950년 그가 국제 정신분석학회(International Psychoanalytic Association)를 탈퇴하고, 1953년 그의 『로마의 강연』에서 유명한 공격을 했을 때 무르익었다. 이때 라캉은 정통 프로이트 추종자들이 의학화된 정신분석학을 기계론적 인과론의 행태주의로 바꿔버렸다고 비판한다. 그는 프로이트에 대한 이런 식의 환원주의(reductionism)를 격렬히 비난하고, 우리가 정신분석학의 기도를 이해하려면, 생물학적 결정론에서 벗어나서 보다 넓은 문화적 모델의 관점에서 재해석해야 한다고 주장한다. 문화적 모델은 무의식의 고유한 언어학적 구조를 인식하게 해준다. 오직 이런 방법에서만 진정한 프로이트를 재발견할 수 있는 것이다.

라캉은 (그 자신도 정신병 의사였지만) 정신분석학이 '탈의학화'되어야만 한다고 단언하고, 문학과 철학, 수학, 인류학과 정치이론 등 의학적이지 않은 학문을 공공연히 연구하기 시작했다. 라캉이 「신경증 환자의 개인 신화」에서 정신분석학의 학문적 성격을 규정할 때, 교양학(liberal art)이란 용어를 사용한 것을 보면 매우 흥미롭다. 그는, "art란 말을 중세의 교양학과(liberal arts)—천문학으로부터 수학, 기하학, 음악, 문법을 통해 변증법에 이르는—의 의미로 사용했다면 틀린 것이 아니다. 그것들은 인간의 비례(human proportion)에 대한 근본관계라고 부를 수 있는 것을 전면에 주장한다." 라캉이 분석가로서 임상실습을 통해서 얻은 경험적 증거들을(그가 비록 실제로 사례연구를 출간한 적은 없어도), 소쉬르나 레비스트로스뿐만 아니라 림보, 조이스, 캐더린, 헤겔, 하이데거, 우파니샤드 등의 인용문과 결합시키는 것을 보고서 많은 전통적 프로이디안들은 놀라지 않을 수 없었다. 그러나 라캉의 주요한 목적은 편협한 지식에 매달리는 그의 동료들에게 충격을 주고자 하는 것이 아니었다. 프로이트는 정신과 의사의 경험적 데이터를 '객관화한 것'에 큰 의의를 부여하고 있는데, 라캉은 그런 프로이트의 오랜 '과학적' 접근이 무의식의 구조적 언어에 대한 탐구로 어떻게 개방되는지를 보여주고자 했다.

정신분석학이 다른 모든 언어 행위보다 우위에 있다는 것을 인식하는 것은 정신분석학의 영향범위를 넓히는 것이고, 생물학적 이해로부터 인문과학 전체의 이해로 확장시키는 것이다. 이런 점에서 라캉은 자신이 프로이디언의 환원주의에 묶여 있어야 한다고는 생각하지 않았다. 라캉 자신이 정신분석학의 관련구조를 확대시킨 것은 프로이트의 주장에 대한 신뢰깊은 응답이라고 믿었다. 프로이트는 『평범한 분석의 물음』에서 정신분석학의 미래는 "의학과 동떨어진 지식분야를 의사가 임상실습을 통해서는 만날 수 없는 분야—즉 문명의 역사, 신화학, 종교심리학과 문학의 과학 등—를 포괄할 수 있는" 능력에 달려 있다고 주장했다. 라캉은 소쉬르의 구조언어학이, 특히 레비 스트로스에 의해 발전한 대로 정신분석학과 인문과학 사이의 화해를 위한 가장 적절한 방법을 제공한다고 믿었다. 그는 종종 프로이트가 소쉬르의 기호학을 알았다면 그의 저술에 크게 이용했을 것이라고 말했다. 확실한 것은 프로이트와 소쉬르를 라캉이 결합시킴으로써, 정신분석학을 프랑스에서 영향력 있는 지적 운동으로 변화시켰을 뿐 아니라, 구조주의를 보다 적합하고 실용적인 탐구방법으로 변화시켰다는 것이다.

2

그러나 라캉이 구조주의를 보다 적절하게 만드는 데 성공했다면, 그것은 그의 저술양식 때문은 아니다. 라캉의 문체는 감질날 정도로 불분명하다. 그리고 그것은 다소 의도적이다. 그것은 다른 사람들이 접근할 수 없도록 하여 엘리트들만으로 성직을 보존하는 것처럼 구조주의적 정신분석학을 지키기 위해서가 아니라 (라캉은 종종 영미 비평가들에게 이 점 때문에 비판의 표적이 되었을지라도), 무의식의 드러나지 않는 활동을 발견하려 했기 때문에 사유와 대화란 새로운 양식을 사용할 필요가 있었기 때문이다. 과학적으로 프로이트를 추종하는 꼭 들어맞아야 하는 정형에 반대하려는 시도에서, 라캉은 새로운 수사학적 관용구를 발전시켰다. 그는 이 수사학적 관용구가 보다 정확하게 무의식의 숨겨진 구조적 논리를 반영하고 있다고 믿었다.

그러므로 라캉이 자주 재담, 수수께끼와 경구를 사용하거나 잘못 말하는 관습으로 언어놀이를 즐기는 것은(혀 굴리기) 단순히 변덕스러운 반계몽주의는 아니었다. 그것은 독자에게 잘못된 이해도 역설적으로는 이해의 통합적 부분이라는 것을 보여주기 위해서 조심스럽게 전략적으로 사용한 것이다. 사물에 대한 우리의 의식적 표현은 우리가 모르고 있는 무의식의 연상을 통해 계속 돌출한다. 이런 방식에서, 라캉이 애매한 말투와 베일에 싸인 암시를 사용하는 습관은 의식이 지배한다는 가정에 직접적으로 도전한 것이다. 의식은 무의식적이든 그렇지 않든 모든 경험을 즉각적으로 드러낼 수 있는 명석판명한 관념으로 환원시키고자 한다.

라캉은 이런 언어놀이를 실지로 해보면, 무의식의 욕망은 직선적인 사유와 대화라고 하는 관습적인 합리성으로 쉽게 번역되지 않는 나름의 언어를 갖고 있다는 프로이트의 발견에 공감하게 된다고 한다. 무의식적 욕망의 언어는 꿈이나 증후로 드러나고, 그것은 수수께끼처럼 변증법적으로 활동한다. 프로이트 자신은 꿈의 구조와 그림찾기 놀이의 구조(structure of a rebus)를 비교했을 때(그림찾기 놀이에서 그림을 통해서 낱말을 표상하는 것은 낱말들의 음절을 암시한다), 이것을 분명하게 알고 있었다. 이 비교는 언어와 같이 구조화된 라캉의 무의식의 관념을 이해하는 데 결정적 역할을 하기 때문에, 여기서 프로이트의 원래의 명료한 진술을 인용하는 것은 그를 파악하는 데 많은 도움을 줄 것이다.

> 내 앞에 그림 퍼즐, 수수께끼 그림이 있다고 하자. 그것은 지붕에 배가 놓인 집, 알파벳 문자 하나, 머리 없이 달리는 사람 등이다. 지금 나는 이 그림에 관하여 이의를 제기한다. 이 그림 전체와 그것을 구성하는 부분들은 아무 의미도 없는 엉터리다. 배는 어떤 집 지붕에 있을 이유가 없으며, 머리 없는 사람은 달릴 수가 없다. 게다가 그 사람은 그 집보다 더 크다. 그림 전체가 어떤 풍경을 나타내고자 했다면, 알파벳 문자들은 그리지 말았어야 했다. 왜냐하면 그런 것들은 자연적으로는 생기지 않으니까. 그러나 우리는 수수께끼 그림에 대한 정확한 판단은 내릴 수 있다. 즉 우리가 수수께끼 그림의 각 부분들이 현재의 전체적 구성을 무시하고서 각각 흩어져있는 요소들을 재배치해서, 어떤 방식으로든 그것들이 음절이나 단어를 나타낼 수 있게 한다면 말이다. 이런 방식으로 놓인 낱말들은 더이상 무의미한 것이 아니고, 가장 위대한 아름다움이나 의미를 지닌 시구를 만드는 것이다. 꿈은 이런 종류의 그림 퍼즐이다(『꿈의 해석』).

이 수수께끼 그림의 모델은, 무의식의 심리세계는 논리적이며(수수께끼 그림의 논리에서처럼 그 그림의 자료들을 재구조화한다는 의미에서) 이런 종류의 구조적 논리는 우리의 일상적 의식의 합리적 논리보다 다루기가 힘들다고 라캉은 확신한다. 라캉이 말하는 대로 "진리의 대상로(trade route of truth)는 이제 더이상 사상을 통해 뻗어가지 않는다. … 수수께끼 그림, 이제는 너를 통해 나는 의사소통을 할 것이다"(「프로이트적 사물」, 『기록』).

라캉은 미국 심리학은 행태주의자이건 휴머니스트이건 결국은 무의식의 수수께끼 그림 논리를 무시한다고 주장한다. 미국 심리학자들의 의도는 무의식적 잠재의식(id)의 뒤집어진 욕망으로부터 의식적 자아를 되찾아서 미국식 생활방식에 적응하도록 격려하는 것이다. 미국의 정신분석학은 혼돈이나 모순 없이 그들의 사회적이고 경제적 기능을 수행할 수 있는 훌륭한 시민을 만들어내는 것이 목적이다. 그리고 이것은 후기 프로이트의 보다 자아중심적인 심리학(예를 들면 『자아와 잠재의식』에서 명료하게 나타난)을 단순하게 파악함으로써, 개인을 사회적 환경에 적응시키려는 관행을 정당화한다. 그러나 라캉은 『꿈의 해석』과 『일상생활의 심리학』 같은 초기작품으로부터 언어학적이고 구조주의적 정신분석학의 모델을 취한다. 여기에서 그는 자아심리학에 대한 근본적인 대안을 발견했다. 그는 프로이트의 가장 근본적인 발전은 인간영혼의 보다 언어학적 차원에 대한 이런 조형적인 연구들에서 개인적 자아의 의식적 진술(그는 이것을 소쉬르의 '빠롤'에 비유한다)보다는 이드의 무의식적 언어에(이것은 소쉬르의 '랑그'에 비유한다) 중요성을 부여한 것이라고 주장했다. 프로이트의 유명한 명제로 돌아가서, "이드가 있는 곳에, 거기에 내가 있게 될 것이다"[Wo es war, so will Ich werden(where the Id is, there I will be)]. 라캉은 이 말을 독립된 의식적 자아는 분열된 무의식적 이드(Es) 속에서만 자신의 기원을 인식하게 된다는 것을 의미한다고 보았다. 그는 프로이트의 이 말을 다음과 같이 번역한다. "나는 이드가 있었던 곳에 도달할 것이다"(La ou fut ca, il me faut advenir; I must arrive there where the Id has been). 이런 읽기—이것은 때로는 소크라테스 이전의 것으로 언급되는데—는 프로이트의 구절에 대한 정통적 해석을 뒤집어버린다. 정통적 해석은 자아가 승리하여 이드를 대치한다고 보았다.

그러므로 라캉은 자아는 깨뜨려질 수 없으며, 그 스스로 자신을 보전하며, 스스로 자신을 정당화시키려 하는 정신관리(soul management)적인 성향을 가지고 있는 심리학의 정통적 견해를 거부한다. 정신분석학의 진정한 기능은 자율적인 정체성이나 전인격성(total personality)으로서의 개인에 대한 휴머니즘적 관념에 도전하는 것이고, 우리를 언어의 무의식적 심층으로 돌아가게 하는 것이라고 라캉은 논증한다. 언어의 무의식의 심층에서 이루어지는 다양한 의미의 구조적 놀이는 의식적 차원에서의 모든 자아형성에 앞서는 것이다. 정신분석학자의 사명은 환자의 나르시스트적인 정체성을 공고히 해주는 것이 아니고, 그것을 뒤집어엎어서 그가 분열된 주체라는 것을 깨우쳐 주는 것이다. 환자의 자기정체성에 대한 의식적 영상은 무의식의 욕망에 의해서 계속적으로 탈중심화되어야 한다. 라캉은 '개체들'은 존재하지 않으며, 단지 '분열된 개체들'만이 존재한다고 주장한다. 그의 작품 「무의식에서 문자의 작용」으로부터 한 구절 인용해 보겠다. 여기에 라캉의 입장이 명료하게 드러난다.

인간이 마주치게 되는 자아의 탈중심성(ex-centricity)을 무시한다면, 즉 프로이트가 발견한 정신분석학의 매개에 의해 밝혀지는 질서와 방식이 모두 다 잘못된 것임이 입증된다면 우리는 탈중심성을 타협에 의한 조치에 지나지 않는 것으로 보아야 한다. 한편 이러한 태도는 프로이트 작품의 정신은 물론 문자적인 의미까지도 부인하는 것이다. … 프로이트는 인간 내면의 어떤 균열을 발견했는데, 프로이트가 발견한 인간 내면의 어떤 균열은 극단적 타율성, 완전한 사기라고 철저히 부정만 하고, 정밀히 증명되지 않는 한 결코 다시는 무시될 수 없는 것이다(「무의식에서 문자의 작용」, 『기록』).

비록 라캉 자신은 그것들을 상세히 설명하는 데는 항상 굼뜨지만, 알려진 대로 라캉의 입장은 광범위한 정치적 함의를 담고 있다. 라캉은 미국인들이 '비정상적인' 시민을 열심히 일하고 자기성취를 위해 노력하는 기능적이고 주류적이며 조용한 현대사회의 정상적인 시민으로 바꾸기 위해 정신분석학을 이용하는 것을 철저하게 비판한다. 그래서 라캉은 좌파적 지식인으로 숭앙되었다. 그는 구조주의적 맑스주의자인 루이 알튀세르에게 호의적인 인정을 받았을 뿐 아니라, 1968년 학생들은 그의 저작을 선진산업자본주의 이데올로기에 대항하는 새로운 비판적 무기로 보았다. 그는 학생들에게 어떤 영감을 주었던 것이다.

3

라캉은 이상 자아(ideal ego)의 형성을 추적하면서, 그가 '거울의 단계(mirror phase)'라고 부르는 유아발달의 최초 시기까지 거슬러 올라갔다. 생후 6~18개월 사이에 어린아이는 자기 몸이 '조각조각 해체'되어 있는 것으로 경험하는데, 그것은 생물학적 불만과 조화의 결핍인 것이다. 이런 통일성의 결핍을 극복하기 위하여, 그 어린아이는 불완전한 자아를 이상적인 통일적 자아의 영상으로 대치시키기 위해 노력한다. 이 영상은 실제적인 결핍에 대한 상상적인 투사이다. 그것은 '그가 되어야 할'(마침내 통일이 이루어질 때) 자신에 대한 상상적인 대역을 만들려는 열성적인 노력의 결과인 것이다.

라캉의 '거울의 단계'에 대한 복잡한 분석을 상세하게 살펴보자. 조그만 어린아이는 자신의 몸을 밖에 비친 영상으로 지각하면서, 이 통합과 완전한 영상을 자신과 동일시하여 해부학적인 불완전의 감정을 보상하고자 한다. 이것이 형성되어가는 과정을 라캉은 '사변적 자아'라고 부른다. 어린아이는 현재 있는 것과는 다른 미래의 자기동일성을 상상한다. 라캉이 언급하는 대로, 어린아이는 '타자와 같다는' 영상을 구성하는 것이다. 게다가 거울의 영상이란 형태로 실현되는 욕망에는 그 아이의 욕망만이 아니라 어머니의 욕망—어머니가 그 아이가 무엇이 되기를 바라는—도 있다는 데서 보다 복잡해진다.

어린아이가 열심히 이상적인 안정된 자아와 자신을 동일시하는 것은 나르시즘의 기초이다. 그러나 라캉의 나르시즘에 대한 설명의 독창성은 자기만족의 원초적 투사는 타자와의 관계에 앞서지 않고, 사실 타자와의 관계에 의해서 생겨난다는 것이다. 의식적 자아는 물론 이것을 부인하고, 타자보다는 자아가 우위에 있다는 환상에 사로잡힌다. 그리고 이런 환상을 흔들리게 하는 어떤 시도에도 격렬히 저항한다. 이상화된 영상에 대한 강박관념적인 나르시즘의 집착은 결코 유아기에 제한되어 있는 것은 아니다. 그것은 어른이 되기까지 계속되고 라캉이 상상의 무의식 세계라고 부르는 것을 만들어낸다. 이 상상은 환상의 궁극적인 원천이고 자아의 속임수이다. 인간주의 심리학은 이것을 인식하는 데 실패했고, 그러나 종종 동일성, 통합성, 조화, 자아성 등의 심리적 이상을 촉진시킴으로써 나르시즘적인 충동을 강화하는 데 기여했을 뿐이다. 그것만으로 인간주의 심리학은 인간주의적 인간(humanistic man)의 현대 제의(祭儀)에 대항하는 게 아니라 오히려 그것을 강화시킬 뿐이다.

라캉은 심리학에서 이 인간주의적 경향은 프로이트의 원초적 통찰과는 불화한다고 주장한다. 그는 정신분석학의 진정한 과제는 자아의 구체화된 영상을 해체하고, 인간 주체를 타자와의 보다 근본적인 관계를 알리기 위한 집착으로부터 해방시키는 것이라고 제안한다. 이 타자와의 관계는 라캉이 언어라고 부르는 것이고, 상상적인(imaginary) 것이라기보다는 상징적인(symbolic) 것이다. 달리 말하면 정신분석학은 환자를 강박관념적인 상상적 질서로부터, 주체와 타자 사이의 개방적 변증법으로서의 상징적 언어질서에로 풀어놓는 것이다. 왜냐하면 주체가 타자의 욕망으로서의 욕망의 언어를 깨닫는 것은 오직 상징적 질서 안에서 가능하기 때문이다.

그러므로 정신분석학의 가장 중요한 목적은 우리로 하여금 자기 동일성의 영상은 자기분화(self-differentiation)의 변증법을 전제한다는 것을 깨닫게 하는 것이다. 사실 자아는 타자에 구속되는 한 항상 진정한 자신일 수 없다. '그것은 나다(est moi)'라고 선언하는 의식적 자아는 실제로는 해체되어 있고 분열되어 있다. 왜냐하면 의식적 자아는 자신으로부터 숨겨진 타자와의 무의식적 관계에서 생겨났기 때문이다. '나는 타자이다(I is other)'라고 라캉은 선언한다[림보의 말 '나는 타자이다(ce je est un autre)'의 메아리처럼].

의식으로부터 자아를 억압하게 되는 차이, 분열, 소외와 죽음의 경험은 모친과의 최초의 분리와 밀접히 관련되어 있다. 원초적인 외디푸스적 충돌, 즉 부친이 모친과 어린아이 사이의 관계에 개입하여 융합의 가능성을 금지시킬 때이다. 로스 스켈톤은 이 외디푸스적인 분리와 죽음의 드라마에 대한 라캉의 해석을 다음과 같이 묘사한다.

> 모친이 욕망하는 것은 남근(phallus)이다. 그래서 아이가 모친을 욕망한다면 그는 모친의 욕망의 대상인 남근이 되기를 바란다. 그의 욕망은 남근은 모친과의 하나됨을 상징한다. 아이가 마침내 깨닫는 것은 모친은 남근을 갖지 않았다는 것이고 그는 남근이 아니라는 것이다. 부친이 요구하는 것은 이 하나됨을 해체하는 것이고, 아이에게 부친이 강요하는 모친과의 분리는 죽음이다. 그것은 이유기에 최초로 죽음을 경험하게 한다(「라캉과 합리적 자아」).

이 분리와 죽음의 드라마는 정신분석자와 대상자 사이에서 다시 체험된다. 라캉은 "분석자의 기술은 대상자의 마지막 환상이 소진될 때까지 주체의 확실성을 보류하고 있어야만 한다"고 말한다(「말과 언어의 기능과 장」, 『기록』). 분석자와 분석 대상자 사이에 전달되는 것이 없을지라도, 이 둘 사이의 진술은 대상자에게 의사소통과 다른 사람과의 관계가 존재한다는 것을 보여준다. 이런 진술은 대상자에게서 '상징화하는 주체(symbolising subject)'가 등장하기 위해 '영상적 자아'를 해체하게 하고, 상징

화된 주체로 하여금 자아와 타자 사이의 상호주관적인 공간에 존재하는
욕망의 진리를 깨닫게 한다. 그러므로 우리는, "인간의 욕망은 타인의 욕
망에서 의미를 얻게 된다. … 왜냐하면 욕망의 최초 대상은 타자에 의해
인정되는 것이기 때문이다"(앞의 책)라는 것을 깨달아야 한다. 즉 우리가
자아확실성의 상상적 객관화를 떨쳐버림으로써, 우리의 목표인 타자에게
향하는 계속적인 변증법의 언어활동으로 다시 들어갈 수 있다.

   인간주의 심리학이 추구하는 통일된 자아를 강화하는 것과는 달리, 라
캉은 어떤 자가당착이나 분열된 의미를 지니는 무의식의 욕망을 언명함
으로써 통일된 자아를 무너뜨리려고 한다. 그것은 수수께끼 그림의 논리
(logic of the rebus)를 허용하는 것이다. 즉 분명한 의미의 통일 뒤에는
의미의 다양성이 놓여 있다는 것을 드러내는 것이다.

   그러나 라캉의 분석이 무너뜨리려 한 것은 말과 사유의 정상적인 패턴
뿐만 아니라 '시계의 시간(clock time)'이란 정상적인 느낌까지이다. 정통
적인 정신분석자들은 환자와의 대화를 위해 정해진 시간주기로 한 시간
동안만 이야기한다. 반면에 라캉은 유동적 시간(flexible time)이라는 논쟁
의 여지가 있는 실습을 도입했고, 그것은 5분 정도로 짧을 수도 있다. 이
뒤에 기도되는 의도는 환자의 자아의 의식적인 준비를 흔들어놓고, 그의
균형과 방어를 혼란시켜서, 무의식으로 말하게 하는 것이다. '상징적 기
능의 실천자'로서 분석자는 시계가 지정하는 정확성에 구속될 수 없는 것
이다. 시계는 자아의 영상이 무의식의 흐름을 체계화하듯이, 시간의 흐름
을 체계화하기 때문이다. 라캉은 무의식의 경험은 잇달아 일어나는 정확
한 통시적인 직선적 시간에서보다 공시적 시간이란 개념(과거, 현재, 미래
가 상호 관련되고 예상할 수 없는 방식으로 겹쳐지는) 안에서 작용한다고
주장한다. 분석이나 분석의 어떤 특수한 계기의 끝은 의식적으로 기대하
거나 예상되는 것이 아니다. 그렇게 된다면 무의식은 의식적 자아의 경계
에서 벗어날 수 없고 무의식 자체를 드러낼 수 없다.

   비슷한 이유로, 라캉은 환자가 분석자와 자기를 동일화해야 한다는 강
압적 관념도 거부한다. 그는 분석자가 어쨌든 환자에게 완전한 자기적 지
식을 가져다주는 우수한 인식주체이거나 권위자로서 받아들여지도록 확
정되어 있는 정통적인 관습을 거부한다. 반대로 분석자와 대상자의 관계

는 변증법적으로 유동적이고 바꾸어질 수 있는 관계이다. 따라서 교육학적이고 파워게임적으로 반복되는 유형을 피할 수 있다. 분석자는 자아심리학에서처럼 자신을 본받아야 할 모델로 부각시켜서는 안 된다. 그렇게 하면 오히려 환자에게 분석자가 각각의 자아가 소유하고자 추구하는 이상화된 영상을 대변한다는 환상을 확증시켜주게 되기 때문이다. "진리는 항상 (분석자에게) 주어져 있고 그는 그것을 미리 알고 있다"(앞의 책)는 오류를 범하기 쉽다.

이런 전제들을 불식시키기 위해, 라캉은 분석자는 일정한 거리를 유지하고, 존재하지 않는 것처럼 침묵을 지켜서, 환자가 예상치 못한 상황을 정하는 가운데 탈중심화시켜서 분열된 자아로서의 자신을 발견할 수 있게 해야 한다고 제안한다. 이런 자아의 탈중심화는 자신을 무의식 속의 억압된 언어활동에로 회귀시키는 것이다. 이러한 결과로 주체는 자기중심에의 부재와, 타자의 욕망인 결핍상태를 다시 깨닫게 한다. 이것이 라캉이 "무의식은 타자의 진술이다"라고 선언했을 때 의미하는 바이다. 그것은 자신의 완전성이라는 우리의 상상적인 느낌을 박탈하는 진술이다.

4

지금 우리는 무의식은 언어와 같이 구조화되어 있다는 라캉의 구조주의적 함의를 갖는 주장을 평가할 수 있는 좋은 자리에 있다. 사실상 그가 제시하는 것은 언어구조를 통해 작용하는 인간의 욕망과 환상이다. 그러나 이 구조는 개인인 발화자의 언명(빠롤)을 의식적 차원에서 나타내는 것은 아니다. 그것들은 개인을 넘어서는 잘 보이지 않는 무의식의 랑그이고, 발화자가 분명하게 말하는 것에서 드러나지 않으며 오히려 발화자가 불분명하게 말하는 또는 말하지 않으려는 어떤 방식에서 드러난다. 이것은 라캉이 분석자는 발화자가 말하는 것을 사실의 가치에서 문제 삼지 말고, 대신에 말과 침묵, 애매한 표현, 생략, 잘못된 기억 등의 다양한 일탈에 주의를 기울여야 한다고 주장하는 이유이다. 우리의 무의식이 드러나는 것은 의사소통의 합목적성(fitness)에서 보다는 과오(faults)에서이다. 무의식은 라캉이 알려주는 대로, "그것이 개인을 넘어서는 구체적 진술의 한 부분이지, 의식적 진술의 연속성을 새롭게 확립시켜주는 주체의 지배권은 아니다. '말과 언어활동의 기능과 영역,' 달리 표현하면 무의식이 언어를 검열하는 계기(censored chapter)라면, 우리의 의식적 진술은 생략된 또는 공식적으로 인정된 의견이다." 결과적으로 "주체가 말하는 것을 자유스럽게 하기 위하여 우리는 주체를 욕망의 언어, 즉 원초적 언어(primary language) 속으로 다시 집어넣고, 그 안에서 주체가 자신을 말하는 것을 넘어서서, 증후의 상징 안에서 자신에게도 알려지지 않은 것들을 우리에게 말하도록 해야 한다"(앞의 책).

전형적인 구조주의의 방식대로, 라캉은 내용에 대한 강조에서 언어의 구조에 대한 강조로 전환하였다. 낱말들에 의해 전달되는 전언내용에만 주의를 기울임으로써, 전통적인 분석자는 그런 전언내용이 맨 먼저 드러내는 필수조건인 낱말의 근거(foundations of words)를 무시하는 경향이 있다. 게다가 이런 전언내용들은 종종 무의식이 정말로 욕망하는 것을 위장하는 기능을 한다. 라캉은 우리는 환상이나 꿈을 어떤 고정된 또는 동일한 소기로 환원될 수 없는 능기로 다루어야 한다고 주장한다. 각 능기의 진정한 의미는 무의식의 공시적 언어체계 안에서 또 다른 능기들과의 관계에서 찾아진다. 라캉이 소쉬르의 용어를 빌려서 주장하는 대로, 꿈은 "기록 형태의 구조를 가지며, 그것은 … 동시에 어떤 의미를 나타내는 요소를 음운적이고 상징적으로 사용하게 재생하는 것이다"(앞의 책). 그러므로 각 꿈은 구조화된 의미의 연쇄로 보아야만 한다. 우리가 꿈을 의식적인 말에서 실제로 나타나는 것과는 다른 어떤 것을 의미하는 낱말로 사용하는 것이 가능하다(개인이 그의 꿈을 설명하거나 해몽할 때).

따라서 라캉은 꿈에는 하나의 능기와 다른 능기 사이에서 자유연상을 할 수 있는 공간이 있다고 주장한다. 꿈의 무작위적이고 불규칙적 성격은, 우리가 의식적으로 이야기하는 것(문화의 언어)의 직선적 연속성을 붕괴시킨다. 그러므로 우리는 무의식적 언어(욕망의 언어)의 숨겨진 구조를 간파하기는 아주 쉽다. 라캉에게 랑그의 상징적 질서는 상호주관적이고 주관적인 빠롤의 질서를 앞선다. 언어를 통해 말하고자 하는 것은 개인의 의식이 아니다. 다시 말해서 개인의 의식을 통해 궁극적으로 말하고자 하는 것은 무의식의 언어이다. 구조주의의 전제에서 명백하듯이, 주체적 자아가 무의식을 완전히 장악하고 있다는 가정은 환상에 불과하다.

구조주의 언어학은 자유로운 방식으로 연구되었다. 라캉은 프로이트의 방어기제(defence mechanism)와 수사학적 장치[용어의 오용(catachresis), 곡언법(litotes), 우회적 표현법(periphrasis), 생략법(ellipsis) 따위]를 동일시하는 데까지 나갔다. 그는 또한 환유와 은유(metaphor)라는 문학용어를 무의식의 언어활동을 정의하기 위해 차용한다. "욕망은 환유인 것처럼, 증후는 은유이다. 그러나 흥미롭게도 사람들은 관념을 발견한다"(「무의식에서 문자의 작용」, 『기록』)라고 그는 쓰고 있다.

이 두 용어는 라캉의 무의식적 언어에 대한 전반적 분석에 중점적으로 사용된다. 그러므로 그것들의 기능을 기술적인 상세한 것까지 설명하는 것이 좋겠다.

그는 환유는 하나의 무의식적 능기와 다른 능기 사이의 연쇄체적 관계를 대변한다고 주장한다. 즉 환유는 수평적 인접(contiguity)이란 관계에서 또다른 능기를 가져온다. 그러므로 돛이 배에 대한 환유적 기호(돛은 배에 가까이 있고 옆에 있지만 실제로 어떤 면에서도 배와 닮지는 않았다)인 것처럼 욕망은 단 하나의 능기와는 서로 닮지도 어떤 직접적인 의미론적 상응관계를 맺지도 않는다. 예를 들면 프루스트가 깨달은 대로, 욕망은 공간이나 시간과 밀접하게 관련된 특별한 색, 냄새, 맛이나 어구와의 관계에서 무의식적으로 연상될 수 있다. 따라서 오데뜨(Odette)가 입은 옷에서 나는 까뜨리 난초(Cattley orchids)의 냄새는 오데뜨의 환유적 능기이다. 그 냄새는 오데뜨를 어떤 면에서도 닮지 않았으나, 오데뜨와 그 냄새가 어떤 관련이 있다는 것이 자주 경험됨으로써 그녀와 동일시되는 것이다. 욕망은 어떤 주어진 대상과의 자연적 또는 고정된 관계가 없을 정도로 환유적이다. 이런 점에서 라캉은 이렇게 생물학적으로 예상할 수 있는 욕구와 동일시되어왔던 필요와는 매우 다른 것이라고 보고 있는 것이다. 욕망은 필요와는 관계없이 자유롭게 한 능기에서 다른 능기로 이동할 수 있고 이동이 가능한 능기의 범위는 거의 무한하다. 그러나 욕망을 물신이나 망상적 영상으로서 작용하게 하는 하나의 단일한 능기로 고정시킬 때에는 문제가 생긴다. 욕망을 끝없이 자리바꿈하는 역동성으로 다시 활동하게 하는 것이 정신분석의 과제이다.

대조적으로 은유는 연상의 계열체적 법칙에 따라 작용한다. 은유는 능기들 사이의 수직적 관계의 측면에서 기능하고, 하나의 능기는 비슷한 능기의 전체 범위나 저장고로부터 채택된다. 따라서 '시간이 날아간다(time flies)'는 용어를 썼다면, 내가 예를 들어 지나간다(passes), 달린다(runs), 기어간다(crawls) 등의 일련의 관련된 능기들로부터 날아간다(flies)란 능기를 선택한 것이다. 그것은 문장 안에서 동사로서 기능한다. 그것은 유사성에 의해 은유적 관계로 연상됨으로써 존재한다. 라캉은 증후는 무의식의 숨겨진 외상(trauma)을 나타내는 것이라고 말한다.

요약하면 기호는 한 문장의 직선적 연속에서 나타나는 다른 기호와 연쇄체적으로 관련될 때 환유이다. 기호가 그 문장에선 나타나지 않으나, 언어활동의 나머지 부분에서 통용되고 비슷한 기능을 수행할 수 있는 다른 기호들과 계열체적으로 관련될 때 문장 안에서 명사나 동사로서의 특수한 위치에서 그것은 은유적이다.

압축(condensation)이라는 무의식적인 작용은 의미화의 은유적 양상에 의해 이루어지고, 자리바꿈(displacement)은 환유적 양상에 의해 이루어진다. 라캉은 모든 무의식의 증후와 욕망들은 이런 방식으로 언어의 관계체계에 따라 분류되어야 한다고 제안한다. 말콤 보위는 라캉의 분류를 다음과 같이 요약한다.

신경증의 증후가 생기게 되는 심리적 기계론은 두 능기의 짝―내면에서 생긴 무의식의 성욕적 증상 또는 변화나 그 외부적 표현인 몸에 의한 행위―을 포함하며 따라서 은유적이다. 반면에 이른바 없어질 수 없고 만족될 수 없는 무의식의 욕망은 이것에서 저것으로 계속 정력적으로 자리바꿈하고 있으며 따라서 환유적이다. 환유적 기능을 억제함으로써 증후만 아니라 물신(fetish; 맹목적인 숭배의 대상―역자주)을 만들어내기도 한다(「자크 라캉」, 『구조주의와 그 이후』).

라캉은 정신분석학적 실습이 소홀히 했던 언어단위들의 체계를 임상 실습의 데이터를 재구성하기 위해서 채택하였다. 그럼으로써 그는 무의식에 대해 구조주의적 경제성을 제공했고 동시에 '상반적인 것들의 등가

(equivalence of contraries)'라는 관점에서 꿈의 자료들을 상징적으로 질서화하는 프로이트의 초기의 직관에 응답하였다. 레비 스트로스가 프레이저의 인류학적 발견을 명확하게 표명하였던 것처럼, 라캉은 프로이트의 정신분석학적 발견을 분명하게 표명하기 위하여 구조주의 언어학의 방법을 사용하였다. 게다가 무의식의 구조적 법칙에 대한 라캉의 분석은 잠재의식이 시의 운율이나 이성적 추리가 없이도 난폭한 동물적 충동을 유발할 수 있다는 전통적 심리학의 전제를 무너뜨릴 수 있었다. 라캉은 무의식적 욕망의 질서는 우리의 의식적 지성이 진술하는 것보다는 세련되고 구조화된 언어활동에 따라서 전개된다는 것을 입증한다.

5

무의식적 욕망의 언어와 시나 문학적 수사학의 언어와의 라캉의 유비는 가장 흥미로운 착안이며 놀이의 창조적인 힘을 재발견하기 위한 중요한 시각이 된다. 우리의 일상적 언어의 억압적 관습(단일한 소기에 각 능기를 매듭짓고자 하는)에 이중적이고 다양한 의미를 지니면서 반항하는 말장난과 역설을 발견하였다. 그리고 그들 속에서 기뻐 날뛰는 자유연상의 언어활동을 옹호하였다. 경구의 시학(jeu d'esprit)과 농담(calembour)은 무의식의 감추어진 욕망을 말로 표현하는 가장 효과적인 수단이다. 그러므로 라캉은 "나는 무의미의 도전을 승인한다. 거기에는 염려에서 생겨나는 것인 자유스런 정신이 있으며, 또한 적의를 품은 관대함 가운데는 결정적인 말을 하지 않으면서도 진리를 상징하고 있는 우스갯소리(humour)가 존재하는 것이다"(「말의 기능과 장」, 『기록』). 전형적인 라캉의 말장난인 다음 목록은 그의 접근방법을 잘 보여주고 있다. 'amour'(사랑은 amour와 영혼인 ame를 둘 다 암시함), 'poubellication'[출판이란 심각한 행위는 쓰레기통(pouble)에 쓰레기를 집어넣는 것과 같다는 것을 암시한다], 'Ca'[프로이트적인 잠재의식(Id)과 능기(signifier)에 대한 언어학적 약어인 'S'를 동시에 암시], 'j'ouis'('즐기다'의 jouir와 '듣다'의 ouier를 동시에 의미함), 또는 'lettre,' 'l'etre'와 'l'autre' 등의 이상한 동음에 대해 자주

하는 장난 따위이다. 이런 낱말의 유희에 관여함으로써, 라캉은 그의 독자나 청중을 기쁘게 하려는 의도뿐만 아니라, (라캉의 세미나는 대부분 말로 하는 강의로 전달됨) 하나의 능기가 무의식의 언어활동을 나타내며 다양하게 해석될 수 있는 능기들의 상호연쇄 속에서 자리를 바꾸거나 다른 것으로 어떻게 대체되는가를 보여주기도 한다. 이런 방식으로 ① "꿈의 활동은 능기의 법칙을 따른다," ② 꿈의 능기들은 과도하게 결정된 것 (한 능기는 다른 의미들의 복수성과 관련된다는 의미에서)으로 그의 구조주의적 확신을 전달하는 것이다. 라캉은 낱말들을 가지고 놀고, 탈중심적으로 의사를 소통하는 잔치에 우리를 초대한다. 그것은 무의식의 욕망인 구조주의적 놀이에 대해 응답하는 것이다.

라캉의 의사표시의 급진성은 그의 공식으로 깔끔하게 표현된다.

$$\frac{\text{능기 S(signifier S)}}{\text{소기 s(signified s)}}$$

능기를 S의 대문자로 쓰고 그것을 줄 위에 위치시킴으로써 라캉은 생생하게 소기에 대한 능기의 우위성을 표현했다. 그리고 그것들은 근본적으로 균열과 장벽으로 분리되어 있다는 것을 단언함으로써, 그는 능기를 어떤 고정된 소기에 대한 일대일 지시관계에서 해방시킨다. 그는 무의식이 미끄러지거나(sliding), 떠다니는(floating) 능기들의 끊임없는 놀이 안에서 낱말들을 어떻게 경험적 사실과 기쁨을 표상하는 일상적 잡무로부터 풀어주느냐 하는 것을 제시한다. 더욱이 이것은 능기가 표상한다고 말해지던 언어 이전의 실재와 같은 것이 존재하지 않는다는 것을 함축한다.

실제적인 것은 항상 상상과 상징에 의해 이미 구조화된 것이다. 한편 의미화하는 놀이의 궤적을 밟지 않고는 인간의 경험으로 존재하지 않는다. 곧 우리가 먼저 경험(존재) 다음에 언어활동 속으로 들어간 것이 아니다. 우리는 언어활동을 통해서 언어활동 안에 존재한다. 라캉은 "태초에 확실히 말씀이 있었다. 그리고 우리는 말씀의 창조 안에 살고 있다. 그러나 창조를 계속해간다. … 사물의 세계를 창조하는 것은 말씀의 세계이다. … 인간은 말씀을 말한다. 그러나 그것은 상징이 그를 인간으로 만들기 때문이다"(앞의 책)라고 논평한다.

능기의 무의식적 질서는 자율적이기 때문에 영원히 능기의 궁극적 소기는 정해질 수 있다. 능기는 타자에 대한 보복 없는 욕망으로서 자신을 표현한다. 라캉은 따라서 능기를 정도에서 벗어난 불량배로 지칭하는데 이렇게 당돌한 경향은 끝이 없다. 의미는 계속적으로 옮겨지거나 다른 것과 대치되는 끝없는 능기의 연쇄선 위에 서 있다. 라캉은 또한 이 의미화되는 과정을 완전한 현전, 완전과 권력으로서의 상징인 남근에 대한 욕망이란 프로이트적 관점 안에서 확인한다. 그러나 남근은 정확하게는 항상 결핍된 것이고, 부재하는 것이며, 타자이다. 남근은 종종 '부친의 이름'과 함께 연상되는데, 부친이 모친과 하나되는 것을 금지하는 행위는 최초로 움직이는 욕망에 의미심장한 족쇄를 채우는 것이다. 이러한 행위는 상상적 동일화─자아의 '우상'─안에서 욕망이 끝나는 것을 막는다. 부친이란 타자는, 라캉이 지적하는 대로 욕망의 충족이 불가능하다는 상징이다. 남근은 욕망이 능기 밑에서 영원히 미끄러지는 소기의 상징이다. 그래서 우리는 자신과 사이가 나빠져 영원히 소외되며, 우리가 결코 표현할 수 없는 부재하는 것과 결코 소유할 수 없는 이상에 의해 끊임없이 괴롭힘을 당한다.

이것이 라캉에게 정신분석학의 진정한 기능은 주체로 하여금 현실적으로 불가능한 완전한 정지에 이르도록 애쓰게 하는 것보다 자신의 무의식적 욕망의 끝없는 놀이를 끌어안도록 격려하는 이유이다. 우리는 예상할 수 없는 분산의 변증법인 무의식의 실재와 함께 사는 것을 배워야 한다. 우리는 이른바 무의식의 언어활동의 특수화된 노리개가 된다는 것을 인정해야 한다. 간단히 말해서 정신분석자의 궁극적 목적은 피분석자로 하여금 상상 속의 환상적 질서에서 자유로워져서, 마음 편히 즐겁게 사심 없이 상징의 개방적 질서 안으로 들어가게 하는 것이다.

라캉은 포의 단편 「도둑맞은 편지」를 예로 들면서, 무의식의 능기가 어떻게 기능하는가를 보여준다. 포의 단편의 내용은 이러하다. 왕 앞에서 의혹을 초래할 소지가 있는 비밀편지가 왕비에게 전달되었고, 한 대신이 왕이 모르게 그 편지를 훔쳐간다. 그러나 그것이 왕의 관심을 불러일으킬 것을 두려워해서 왕비는 어떻게 하지도 못하고 속수무책이다. 그 편지를 찾기 위해 경찰이 개입하였으나 허탕이었다. 결국 편지는 경찰에는 알려지지 않은 한 유능한 탐정이 찾게 되는데 그것도 대신의 책상 아주 잘 보이는 곳에서 발견된 것이다. 경찰은 설마 그런 곳에 편지가 있으리라고는 생각도 못했다. 한편 그 편지는 누구도 읽은 사람이 없었다. 다시 말하자면 독자와 그 이야기에 참여한 사람들은 떠다니는 편지—욕망의 무의식적 능기—를 찾게 되는데, 그것은 능기의 끝없는 고리를 통해서이다. 그러나 결코 누구도 소기를 드러내는 데 성공하지는 못했다.

라캉의 요점은 이 이야기의 구성에서 다양한 등장인물의 역할과 태도를 결정하는 것은 떠다니는 편지라는 것이다. 그것은 욕망의 언어활동을 지배하는 것은 의식의 대리인이 아니라, 등장인물들의 상호주관적인 관계 속에 숨겨진 논리, 즉 등장인물의 정체성과 목적성을 지배하는 욕망의 언어활동이다. 이 이야기는 의식의 놀이에서 입구와 출구를 통제하는 것은 무의식의 편지이며, 또한 그 편지의 예상할 수 없는 이동이란 것을 보여준다. "편지를 누군가가 소유하게 됨으로써, 이것이 언어의 경탄할 만한 불분명성인데 편지의 의미가 등장인물들을 소유하게 된다." 따라서 우리는 의미의 창조자가 아니라는 사실을 깨닫게 된다. 무의식은 보통 우리가 의미하는 것과 다른 것이다. 개인적인 자아가 하는 말이 침착한 것으로 생각될 때마다, 욕망의 무의식적 언어활동은 이런 가정을 깨뜨리는 모순되는 새로운 놀이를 내놓는다. 이것이 라캉의 분석과 저술이 일깨우고자 하는 목적이다. "주체는 능동적으로 말한다기보다는 수동적으로 말해지는 것이다"라고 라캉은 주장한다.

6

라캉이 무의식을 구조주의적으로 읽어내는 것은 틀림없이 프로이트의 급진성을 대변하고 있다. 정통적인 프로이트 추종자들은, 분석은 분명해야 하며 대상을 끝까지 해명해내야 한다는 심리적 왜곡이란 관점에서 꿈과 상징의 언어활동을 말한다. 라캉은 의미의 무의식적 왜곡을 있는 그대로 정확하게 알려야 하는 욕망의 우스꽝스런 몸짓으로 본다. 이것이 그가 프로이트의 가장 중요한 명제를 비정통적으로 해석한, "잠재의식(Id)이 존재하는 곳은 자아(Ego)가 반드시 도달해야 하는 곳이다"의 의미이다. 따라서 라캉의 은유와 환유는 어떤 상징 이전의 실재를 표상하는 부차적인 의미화로 간주되어서는 안 된다. 무의식적 실재는 철저하게 수사학적이다. 그것은 그들 자체 외에는 어떤 고정된 지시물이나 소기와도 상호 관계하지 않는 능기들의 체계이다. 라캉 자신의 저술은 포괄적으로 이런 사실을 입증한다. 라캉의 저술은 독자에게 연상과 암시의 자유스런 놀이인 언어활동이 지닌 수사학적 창의성을 받아들이도록 요구한다. 그 저술들은 의도적으로 부분부분으로 나뉘어 있고 불완전하다. 빈센트 라이츠(Vincent Leitch)가 말하듯이 "틀림없이 라캉은 어떤 근대의 허울만 좋고 실속이 없는 사람이거나 이해하기 어려운 몽상가처럼 놀고 있다. 그는 파악되고, 체계화될 수 있고, 정지되어 있으며, 의미로 다가오는 세련된 것과 진귀한 것을 거부한다"(『해체주의적 비판』). 그의 작품이 공식적 학문의 기록물이나 그 자체적인 새로운 정통으로 굳어지는 것을 막기 위해서, 라캉은 계속해서 사라지는 행위를 연출한다. 그는 낭비벽이 심한 아들과 '엄격한 부친,' 예상되는 장소를 지정하지 않고 돌아다니는 일당들 속에서 재담꾼으로서의 애매한 역할을 즐기면서 어떤 고정된 의미의 정체성을 요구하는 우리의 의식에는 응답하기를 거부한다. 그가 그 자신이 세운 프로이트식 학교(l'ecole freudienne, 1964년 처음 설립)를 해체할 때 특유하게, "내가 지킬 것이다(Je pere-severe)"라고 말하는 것처럼. 그러나 라캉의 생략법적인 저술이 한편으로 우리에게 어떠한 열망과 의분을 채워준다면, 우리는 그가 구조주의와 정신분석학적 방법을 결합함으로써 현대 대륙의 사상을 새롭게 일깨우는 공헌을 하고 있다는 것을 인정하지 않을 수 없다.

미셸 푸코
Michel Foucault

　　푸코는 프랑스 푸아티에에서 1926년에 태어났고 파리에 있는 콜레주 드 프랑스(Collège de France)에서 역사와 사상을 수년간 가르쳤다. 푸코의 책은 비록 개념적으로나 용어학적으로 결코 간단하지 않음에도 불구하고 그는 널리 읽히는 인기 있는 사상가가 되었다. 그는 공적인 무대에서 복잡한 지적 논쟁을 일으키는 주인공이 되었다. 어떤 사람은 사르트르와 카뮈가 실존주의와 갖는 관계가, 젊은 푸코가 구조주의와 갖는 관계와 마찬가지라고 말한다. 그는 사유에 틀 지어진 특성이 있다는 것을 열정적으로 믿는 탁월한 프랑스 철학자들의 전통 위에 서 있다. 푸코는 항상 학자적인 것을 넘어서 있었다─너무도 학자적이긴 하였지만. 그는 유명한 대중매체에 단골 토론자로 출연했고 무모하기까지 한 인권운동의 기수였다. 억압된 자들의 권리를 옹호하기 위해서, 그들이 여성이건 죄수이건 동성연애자건 국제정치 열강의 희생자들(베트남인 보트 피플)이건 그들과 함께 고락을 나누었다. 푸코는 1984년 죽을 때까지 공공연히 첨예하게 논란되는 가장 중요한 위치에 서 있었다.

1

　푸코의 베스트셀러 『말과 사물』(『사물의 질서』로 영역됨)은 대중에게 구조주의를 소개하는 어떤 책보다ー레비 스트로스의 『슬픈 열대』를 예외로 하면ー잘 팔렸다. 푸코가 구조주의의 방법을 사용한 것은 순수 구조주의자의 입장에서는 결코 아니었다. 몇몇의 경우에서 그는 순수 구조주의자의 꼬리표를 단호히 거부하는 태도를 보였다(알튀세르는 방법상 그에게 가장 큰 영향을 미쳤던 조언자 중의 하나였다). 구조주의 논쟁에서 푸코가 끼친 공헌은 그 앞사람들보다 더욱 광대하고 감동적인 것이었다. 푸코의 앞사람들은 그들의 구조주의 분석을 인문과학의 한 특수분야에 한정시키려는 경향이 있었던 반면에ー예를 들면 소쉬르는 언어학에, 레비 스트로스는 인류학에, 라캉은 정신분석학 등ー푸코는 정열적으로 다(多)학문적인 접근을 아우르려고 하였다. 그의 구조주의적 탐구는 정신병리학(『광기와 문명: 이성시대의 광기의 역사』)에서 시작하여 의학(『병원의 탄생: 의학적 시선의 고고학』), 범죄학(『감시와 형벌: 감옥의 탄생』) 그리고 세 권으로 된 『성욕의 역사』(단 2권만 그가 죽을 때까지 완성됨)까지 이르고 있다.

　그러나 푸코의 작품이 다양하다는 것을 그의 지적인 관심이 분열되었다거나 일반적 목적이 부족한 징후로 해석하는 것은 전적으로 잘못이다. 푸코의 연구를 통틀어 볼 때, 좀 완곡하게 표현한다면, 거기에는 어떤 기본적인 연속성을 찾아낼 수 있다. 이런 기본적인 연속성은 지식의 전략적 실천이나 지식의 구조에 대한 인식론적 비판을 확립하고자 하는 저자의 관심을 특별히 나타내고 있다. 이러한 인식론적 관심은 푸코의 초기 저서들[그가 에피스테메(epistemes)라고 부르는]에서 나타나는데, 그것은 서구 문화의 지배적인 진술에 대한 새로운 이해의 기초 위에서 이루어진 것이다. 이런 인식론적 방법들이 그의 초기 저술에 적용되었을 때, 이런 접근은 종종 '구조주의 인식론'으로 표현된다. 그러나 푸코 자신은 고고학이란 개념을 선호한 것이 사실이다. 그는 고고학이란 개념이 종래의 형이상학적 함의를 벗어나 있고, 동시에 지식의 숨겨진 구조를 과학적으로 탐구해야 한다는 필연성을 암시하고 있다고 생각했다. 우리는 지식의 숨겨진 구조를 통해서 사회에서의 역할을 경험하고 지각하는 방식을 궁극적으로 결정한다.

푸코는 부제가 「인문과학의 고고학」인 『사물의 질서』에서, 인식론적 비약이라고 할 수 있는 일련의 계기들을 통해 움직이고 변이되는, 르네상스 이후의 진술의 역사에 대해서 설득력 있는 비판을 하고 있다. 그는 한 시대의 지식의 기호체계(인식성; episteme)가 어떻게 다른 것으로, 계속되는 진보의 개념에서가 아니라 비연속적인 비약이라는 개념 안에서 바뀌는가를 논증한다. 휴머니즘적인 합리주의 철학의 소산인 직선적 발전이라는 계몽주의적 개념을 거부하고, 푸코는 그의 비판의 초점을 현대 서구문명의 고전시대에 나타나는 전합리적(pre-rational) 구조에 맞춘다. 그는 전합리적 구조를 우리의 문화적 지식에 숨겨진 긍정적 무의식(positive unconscious)이라고 정의한다. 이 초기 작품에서 그는 의미, 지향, 의지, 이성 또는 개체화된 주체와 같은 전통개념들은, 의미를 떠받치고 있는 체계 안에서 단지 피상적인 조직일 뿐이라는 구조주의의 전제를 지지한다. 푸코는 구조주의자들의 어휘를 발전시키면서, 어떤 주어진 시대의 진술의 일반적 체계는 개개의 독립적인 역할로서가 아니라, 상호관계의 구조화된 총체적 효과로서 정당하게 이해되어야만 한다고 말한다. 그는 고전시대의 구조화된 총체적 효과를 다양한 새로운 과학적 진술의 다양한 형태로―언어학적(언어), 생물학적(생명), 경제학적(노동)인―작용하는 합리적인 의식의 드러난 질서를 미리 규정하고 있는 숨겨진 질서로서 정의한다. 그의 고고학적 분석의 과제는 지식의 시대적 형식을 해독해내는 것인데, 그것은 그런 형식들을 지배하는 법칙의 토대를 이루는 구조를 발견해내는 작업이었다. 다음 단락은 『말과 사물』의 영문번역판 『사물의 질서』의 머리말인데, 푸코의 목적이 분명하게 드러나 있다.

내가 하고자 하는 것은 … 지식 내부에 숨겨진 긍정적 무의식(positive unconscious)을 드러내는 것이다. 과학적 진술의 타당성을 논의하면서 그 진술의 과학적 특성을 감소시키려고 노력하는 대신에, 과학적 진술의 한 부분인 과학자의 의식을 회피한다는 차원에서 이렇게 말할 수 있겠다. 실제로 고전시대의 자연사나 경제학, 문법에서 공통적인 것이 과학자의 의식에서는 뚜렷하게 드러나지 않는다. 그러나 자연주의자, 경제학자, 문법학자들은 스스로

는 모르지만 개념을 형성하고 이론을 정립하는 그 학문들 자체의 연구에 알
맞은 대상을 정의하는 규칙을 채용하고 있다. 이것을 형성의 규칙이라 하는
데, 당연하게 형성되는 것은 결코 아니다. 단지 매우 다른 이론과 개념, 대상
들을 연구하는 가운데서 발견될 뿐이다. 나는 그것들을 특수한 자리에 격리
시킴으로써-즉 내가 어느 정도 임의적이지만 고고학적이라고 부르는-이 규
칙의 형성을 밝혀보고자 한다. 이 책이 다루고 있는 시대의 한 예를 취해서,
고전시대의 자연사, 경제학, 철학의 전반에 걸쳐 퍼져 있는 과학적 표상과 산
물에 나타나는 모든 계기에 공통된 기초나 고고학적 체계를 밝혀보고자 애쓰
는 것이다(『사물의 질서』).

푸코는 단일 학문분야에서 발견되는 것과는 전혀 다른 결과들이, 비교
의 방법 또는 인접학문을 넘나드는 방법을 사용함으로써 나타날 수 있다
는 것을 완벽하게 이해했다. 그래서 그는 곡식에 대한 연구에서 종래의
과학적인 접근방법을 없애버렸다. 지금까지 주목되지 않았던 중복된 것들
을 밝혀내고, 보통은 멀리 떨어져 있던 것들을 함께 모아서 미연구분야를
다시 고쳐 썼다. 예를 들면, 푸코는 '보통은 살아 있는 것들의 지식체계에
발생론이나 동물운동의 생리현상, 식물의 통계에 사용되는 생물학적 분류
법(taxonomies)'을, '언어적 기호, 일반관념의 형성, 언어활동, 욕구의 서
열, 물품의 교환 등에 관해 동시에 말해질 수 있는 것'을 비교하는 데 채
택하여 사용하였다(앞의 책).

아마 푸코의 분석의 가장 두드러진 특징은, 인간이란 개념은 서구에서
중시되지만 지금은 사라지기 시작하는 한 시대의 인식론적 산물(근대에
나타난)이라는 주장에서 찾아볼 수 있다. 휴머니즘이 주장하는 바에 의하
면 인간이 진술의 과학적 기호체계를 창조한 것이 아니다. 또 지금까지
밝혀진 바로는 인간은 이런 기호체계들에 의해 만들어진 하나의 범주에
지나지 않는다. 즉 우리가 과학을 만든 것이 아니고, 과학이 우리를 만든
것이다. 과학이 일찍이 자율적 실체나 개체적인 의식을 가진 인간주체의
구성을 객관적으로 합법화하는 데 공헌한 것이 사실임에도 불구하고 현
대는 이 구성을 해체하는 과정에 있는 것이다. 니체와 실존주의자들이 신
의 죽음의 시대가 도래할 것을 예견했는데, 이제 신의 죽음의 시대는 바
뀌어졌고 새 시대가 온다는 신호는 인간의 죽음이다.

이 세기적 인간의 죽음은 극적으로 인문과학에 대한 우리의 모든 이해를 뒤바꿔놓는다. 푸코는 우리가 인간주체의 개인적이거나 원초적인표현으로 생각하는 데 익숙해져 있던 것들이 언어나 사상의 익명적 체계의 표면적 결과들에 지나지 않는다는 것을 어떻게 보여줄 것인가를 고심한다. 예를 들면 예술작품은 개인이 만든 것이 아니고, 이 작품이 생겨난 인식성의 시대에 유행하던 상호작용하는 문화적 기호체계의 복합구조가 만들어낸 것이다. 한 문화적 시대는 다른 시대와 구분되는데, 그것은 (낭만주의자들이 주장하듯이) 주관적 천재나 창조적 사상에 의한 행위를 통해서 구분되는 것이 아니고 그것들을 지배하는 관계들의 체계에서 생긴 인식론적 단절을 통해서 구분된다. 그러므로 인간들 사이의 경험적 관계의 내용은 주어진 시대 안에서 통시적으로만 달라지거나 발전하고, 이런 관계들을 미리 결정하는 형식적 체계는 동일하게 남아 있어서 각 시대에 내적으로 공시적이고 불변하는 구조를 보여준다. 그리고 푸코는 공시적 시대와 다른 시대의 차이에 관한 한, 그것은 인과적 발전의 계속적 진보로서가 아니라 비약, 단절 또는 변이라는 개념에서 그것들을 묘사하려고 한다.

푸코의 고고학의 가장 중요한 목적은 지식 안에서 문화적 변이를 미리 조건짓는 언어와 사상의 무의식적 법칙을 밝혀내는 것이다. 대부분의 인문과학은 탐구하고 있는 시대 안에서 생겨난 특수하게 고립된 제도나 이데올로기(18세기 공리주의)에 관심을 갖는 반면, 푸코의 인문과학은 그런 즉각적인 동일화에서 한걸음 물러나서, 그런 제도나 이데올로기를 맨 처음 가능하게 만든 하부구조를 밝혀내는 것이다. 이런 잠재적인 구조를 푸코는 인식성(epistemes)이라고 부른다. 인식성이란 주어진 시대의 역사적 선험성(historical a priori)으로 기능하는 지식의 일반영역을 나타낸다. 그것은 그 시대의 모든 과학적 지성들이 무의식적으로 두드려보거나 전제해보는 지적 토대의 한 종류이다. 그러나 한 역사시대의 인식성을 그 시대 연구의 일반적 스타일이나 지식의 개요라고 단순하게 생각하는 것은 잘못이다. 그것은 어떠한 시대에서 과학적 진술의 다양성이 생겨나고, 지배적이 되고, 상호작용하는 방식을 규제하는 구조적 관계의 전체적 배치로서 이해한다면 보다 정확할 것이다. 요약하면, 인식성은 궁극적으로 말할 수 있는 것과 말해질 수 없는 것을 결정하는 것이다. 따라서 푸코는 인식성을 언명(言明)의 형성과 변화의 일반체계를 포괄하는 숨겨진 공문서(archive)로 정의한다.

푸코는 우리가 현대사의 새로운 구조주의적 시대로 들어가면서, 개인적 주체로서 우리가 이 시대의 인식성을 만드는 것이 아니라는 것을 깨달아야 한다고 주장한다. 이 인식성은 인간주체에 앞서서 존재하며, 인간주체의 모든 사상과 행위의 특수한 형태를 조건짓는다. 특별히 그것은 사물 자체와 우리 자신의 이해 사이에 존재하는 기본적 관계를 결정한다. 그것은 우리가 언어 안에서 언어를 통하여 사물을 개념적으로 표상하는 것이다. 사물과 낱말 사이의 이런 관계는, 이런 관계를 알려주는 인식성에 의존하는 시대에 따라서 달라지게 되는 것이다.

2

푸코는 그의 추상적 논의를 보여주는 특수한 예들을 독자들에게 제공한다(여기에서조차 푸코의 분석은 그가 언급하는 목적이 대부분 방법론적인 것이기 때문에─과학에 대한 비판적 과학으로 남아 있으며, 그것은 과학적 지식이 어떻게 가능한가를 묻는 이론적 조건에 대한 탐구이다). 『사물의 질서』에서 푸코는 이른바 르네상스에서 현대에 이르는 서구의 지식체계의 원리적인 인식론적 위치를 발굴한다. 그가 고고학적 현장연구에서 발굴하는 자료들은 전통역사가 관심을 갖는 그런 사실들(유명한 인물이나 결정적인 경험적 사건이나 발견 등)이 아니다. 푸코가 발견하고 싶어 하는 것은 어떤 특수한 시대에 어떤 사실들이 어떻게 해석되는가를 보여주는 이론적 공문서인 것이다. 달리 말하면 그는 어떤 문화적 시대의 특수한 사물들에 관심이 있는 것이 아니라 이런 사물들이 지각되고 표현되고 알려지는 방식이나 이런 사물들을 의미하는 낱말에 관심이 있는 것이다.

푸코는 르네상스 시대에서부터 분석을 시작하고 있다. 그는 그 시대를 표상하는 기록물들을 완전히 분석함으로써, 그 시대를 지배하는 인식성이 사물을 낱말로서 표현되도록 결정한다는 것을 보여주었다. 르네상스 시대에는, 세계를 신 자신이 인간이 읽도록 기록한 신의 필적(Devine Script)이라고 생각했다. 사물은 창조주가 계시한 본문의 기호들로서 서로 닮은 것으로 생각되었다. 따라서 인간은 자연을—만물들이 지정된 위치와 지정된 자리에 있는 것이라는—영적 상징의 그물과 신비적 상응으로 보았다. 단테의 『신곡』은 낱말들이 사물들과 동일한 방식으로 그 자체 안에서 상징적으로 질서지어지는 것으로 보고 우주를 사물들이 완전히 반영된 것으로 읽는 그 초기의 예이다. 르네상스의 인식성은 닮음의 체계로서 요약될 수 있다. 그러므로 낱말은 사물을 닮고, 사물은 낱말을 닮는다.

　푸코가 분석하는 그 다음의 주요한 인식론적 시대는 17/8세기의 고전 시대이다. 낱말과 사물의 구조적 관계는 닮음이란 인식성에서 표상(representation)의 인식성으로 바뀐다. 즉 낱말과 사물 사이에 간격과 차이가 생기는 것이다. 낱말은 표상적 관념으로 기능하게 되었으며, 관념의 목적은 사물의 세계를 분류하고, 측정하고, 계산하는 것이다. 아무도 이제는 더이상 낱말이 자연적으로 사물과 같다고 가정할 수 없다. 낱말은 사물과 같이 만들어져야만 하고 사물은 낱말과 같이 만들어져야만 한다. 이것은 프랑스에서 데카르트의 관념론과 영국에서 흄의 경험주의를 발흥시킨 고전적 그물(조직체계)이다. 그러므로 철학자나 과학자는 낱말과 사물을 분리하기 시작했고, 낱말은 인간 주체에게, 사물은 대상의 세계에게 맡겨졌다. 달리 말하면 대상인 사물은 더이상 *언어나 인간의 사유와 같다고 생각되지 않았다. 그 자신의 주관적 표상을 통해서 이 사물들을 알고자 노력하는 것이 탐구자인 인간이 해야 하는 일이 되었다(주관적 표상이라는 것이 데카르트에 있어서처럼 본유적인 것이든지, 흄에게 있어서처럼 주체의 감각적 경험에 의해 경험적으로 얻어지는 것이든지). 이 모든 것은 물론 인간이—사물들이 모든 피조물 속에 편재하는 전능한 신에 의해 연주되고 보증되는 유사신비적인 상징이었던 것처럼—직접적으로 세계를 읽을 수는 없었다. 신은 이제 부재하는 신(Deus Absconditus)이 되었다. 거꾸로, 세계는 인간이 표상이라는 개념적 행위를 통해서만 주재하려고 애쓰는 자율적인 물질의 우주가 되었다. 대상(사물의 질서)의 세계는 그것이 주관에 의해서 나타나는 한[낱말이나 낱말 관념(word-ideas)의 질서로]에서만, 결과적으로 의미를 얻게 되는 것이다. 이런 방식에서, 계시적 상징의 체계(내재적으로 사물과 관련된)라는 르네상스적인 언어의 모델은 표상적 기호의 체계라는 고전시대의 모델로 대치되었다. 푸코는 고전시대의 인식성을 집약하는 역사적 선험성은 인문·자연과학의 공통된 시도로 나타난다고 한다. 즉 인간주체의 사상 속에 표상되는 사물세계를 의미 있게 하기 위해서 새로운 분류형식을 전개하는 것이다.

푸코는 계속해서 표상의 고전시대가 어떻게 자기언급(self-reference)의 현대로 대치되는가를 분석한다. 이런 변화는 낱말과 사물 사이에서 생기는 단순한 부분적인 분리라기보다는 전체적인 단절을 확고히 하는 또 하나의 인식론적 단절을 수반한다. 낱말과 사물은 더이상 단순하게 다른 것만이 아니다. 그것은 어떤 닮음이나 지시 중의 하나인 어떤 상호관계도 빼앗기게 된 것이다. 19세기란 현대에서, 낱말은 사물을 직접적으로 우리에게 보여주는 상징도, 사물들을 간접적으로 우리에게 표상하는 기호도 아니고, 단지 초월적인 인간 주체의 자기 언급적인 진술일 뿐이다. 그것이 아니라면, 낱말은 지금 인간 주체를 그 자신에게 반영한다. 푸코는 이 현대의 인식성을 인간중심주의 논리(anthropologism)라고 정의한다. 자기 충족적인 자율적 주체로서 인간의 인류학적인 형성은 인간의 지식을 위한 신이나 자연 등의 외적인 지지가 필요하지 않다(아마 이 인식성에 가장 영향을 미친 철학의 대표자는 칸트인데, 그의 『순수이성비판』은 모든 과학적 지식의 특권적 주체인 초월적 자아를 확립코자 애썼다). 여기에서 생긴 문제는 인간은 그 자신이 지식의 주체인 동시에 대상이라는 것이다. 이런 인간의 위치는 결과적으로, 엄격한 자연과학도 심리학, 사회학, 신화와 예술사의 인류학적 연구 등의 초월적 과학─인간 주체를 그들의 주요한 탐구대상으로 삼는─에 의해 보완되어야 한다는 것을 보여준다. 현대에서 인간의 고유한 연구는 인간 자신에 관한 것이다.

그러나 푸코는 지식의 이야기가 여기서 멈추는 것은 아니라고 말한다. 인간의 지식에 대한 현대 휴머니스트의 관심은 점점 사라지지만, 인간 주체는 그 자신의 선택이나 스스로 만든 것이 아니라 법칙에 종속되는 제한된 의식이라고 푸코는 주장한다. 이것은 새로운 포스트 모더니즘적이고 기본적으로 반휴머니즘적이다. 이런 점에서 우리는 다시 한 번 현대 실존주의─19세기 독일의 관념론에서 생겨난─와 포스트 모더니즘적인 구조주의의 대논쟁을 짚고 넘어가야 한다. 푸코의 논지는 인간의 자신에 대한 점증하는 지식은 결과적으로 초월적으로 자유롭고 창조적인 주체자라는 휴머니즘의 관념을 확증해가는 것이 아니며, 그런 관념을 해체시키고 있다는 것이다. 포스트 모던한 시대에서는, 우리가 이전에 인간의식의 자유로운 행위로 생각했던 것을 결국에는 미리 결정하고 있는 무의식의 구조적 법칙을 인식해야만 한다는 것이다. 그러므로 우리는 구조적 정신분석학(라캉), 구조적·민족학적 사회학(레비 스트로스), 기호언어학의 낭만적 비판(소쉬르)에 의해 그 기초가 흔들리는 인간주의 심리학을 갖고 있다. 아마 현재적인 고려에 보다 적합하려면, 우리는 실존주의를 푸코 자신의 고고학으로 대치해야 한다. 『사물의 질서』는 따라서 구조주의 자체에 대한 메타이론의 하나로 읽혀야 한다.

놀라운 것은 아니지만, 사르트르는 푸코의 『사물의 질서』가 출간되고 뒤이어진 모든 논쟁에서 푸코의 가장 큰 적대자임이 확인되었다. 사르트르와 다른 실존주의자들은 실존주의는 인간의 자유와 인간의 중요성을 긍정하는 휴머니즘이기 때문에 우리시대의 가장 참다운 철학이라고 선언하였다. 이에 대해 푸코는 인간의 개념은 특수한 역사의 한 시대의 인식론적 구성물이라고 대답한다. 푸코는 지식의 구조주의 고고학에서 인간을 실존적 실재가 아니라, 인문과학이란 장(場)에 관한 모든 종류의 지식을 가능하게 하는 인간이라고 불리는 경험의 영역으로 다룬다고 설명한다.

구조주의가 심적이고 사회적인 무의식이 언어의 체계로서 어떻게 구조화되었는지를 밝히는 한, 구조주의는 포스트 모던적인 과학으로서 탁월하게 나타날 것이다. 구조주의는 언어 자체의 연구를 선호하는 데 있어서 인간에 대한 연구 없이는 이루어질 수 없다. 그러므로 포스트 모던적인 시대는 구조주의의 시대이다.

푸코는 구조주의라는 포스트 모던한 시대의 궁극적 인식성은 인간의 죽음이라는 역사적 선험성으로 특징지어진다고 결론짓고 있다. 그가 『사물의 질서』에서 말한 대로, "우리 사상의 고고학은 인간은 최근 시대의 발명품이란 것을 쉽게 보여준다. 그리고 이것은 또한 그가 접근해가는 목적이다." 인간이라는 이른바 초월적 자아의 진술은 언어라는 체계의 외적 활동에 지나지 않는다. 달리 말하면 낱말들은 사물을 지칭하는 것이 아니고, 사물들의 표상도 아니며, 참으로 인간주체의 자기 표상도 아니다. 그것들은 단지 낱말들 자체를 의미할 뿐이다. 아마 구조주의의 가장 큰 세기적 발견은 언어가 스스로 말한다는 것이다. 언어의 이러한 출현은 인간의 행방불명과 일치한다. 구조주의 시대인 현대적 인식성에서 보면, 인간주체의 개인적 진술인 빠롤은 언어 자체의 익명적 기호체계인 랑그 속으로 해체된다.

몇몇 현대 작가들은 언어 자체로의 회귀를 예견했다고 볼 수 있다. 예를 들면, 말라르메는 '낱말의 망가지기 쉬운 밀도 속에 모든 진술'을 둘러쌀 것을 제안한다. 조이스와 베케트는 언어활동에 관한 작품들을 썼는데, 베케트가 조이스의 『율리시즈』를 어떤 것에 관한 것이 아니고 어떤 것 자체라고 말했을 때, 이런 태도가 충분하게 간략히 표현되었다. 그리고 한 개인으로서 '창조자' 밑에 있거나, 그것을 넘어서 있는 기호와 언어의 무의식세계 사이의 전체적인 복합관계를 탐구하는 다른 현대 작가들과 예술가들이 존재한다. 푸코는 과학은 물론 예술에서의 그런 운동을 인간의 죽음의 예표(豫表)라고 보았다. 그것은 이성이라는 휴머니즘적 규칙이 어떻게 계속해서 언어라는 반휴머니즘적인 규칙에 의해 침식당하는가 하는 문화적 징후이다. 이 모든 것은 확립된 개념으로 인간의 과학(sciences of man)을 말하는 것을 점점 불가능하게 하는 과학의 준비(고고학)를 지향한다고 주장한다. 푸코는 이어서 덧붙인다.

인간과학(human science)은 인간이 문제가 되는 어느 곳에서건 존재하는 것이 아니고, 의식이 그것의 형식과 내용의 전제조건을 내세우는 규범, 규칙과 의미의 전체성—무의식의 고유한 영역 안에서—에 대한 분석이 존재하는 곳에서는 어디든지 존재한다. 다른 경우에 인간의 과학(sciences of man)을 말하는 것은 단순히 언어의 오용일 뿐이다(『사물의 질서』).

3

『사물의 질서』와 『지식의 고고학』에서 푸코의 분석은 역사적 시대의 일반 인식구조에 초점이 맞춰진 반면, 다른 작품에서 그는 사회적 권력으로서의 지식이 어떻게 기능하는가 하는 보다 구체적인 예들에 관심을 기울인다.

푸코는 지식이 순수하거나 중립적이란 것을 믿지 않는다. 무관심한 초월적 관찰자로서의 인식자라고 하는 습관적 허위 뒤에서, 푸코는 진리가 어떤 억압적 제도들에 의해 종종 독점되는 방식을 확인한다. 이것은 결과적으로 공적인 한계를 넘어서는 것은 무엇이든지 일탈의 형식으로 범주화하여 지식을 속박하려는 시도였다. 그러므로 예를 들면, 『광기와 문명』에서 푸코는 비정상(insane)이라는 다른 범주의 출현에 대한 역사적 전제를 탐구한다. 『병원의 탄생』에서, 그는 병자라는 임상적인 범주화의 뒤에 숨겨진 책략에 대해서 동일한 비판을 가한다. 『감시와 형벌』에서, 그는 감시에 종속되는 공간 안에서 범죄자라고 하는 제도적 구속을 개념적으로 정초하는 것을 탐구한다. 그리고 그의 마지막 작품인 『성욕의 역사』에서 푸코는 (심리적이고 법적인) 성적인 변칙성이나 변태를 분류하는 서구에서 성적인 학문(scientia sexualis) 뒤에 있는 고백적 합리성을 분석한다. 푸코의 심리학, 의학, 법률과 성욕에 대한 각각의 연구는, 사회가 어떤 사람들을 매장하여 지식의 어떤 공식적 실행을 합법화하는지를 보여준다. 푸코는 그 합법화는 숨겨져 있는 인식론적 기호체계에 의해 이루어진다는 것을 규명하고자 하는 결연한 태도를 보인다. 공식적·일탈적 경험의 양상과 정상적·비정상적 관행을 전략적으로 구분하는 역사는 후기 푸코에서 권력의 숨겨진 역사로 특징지어진다.

이런 방식으로 푸코의 비판적 기도는, 지식의 인식론적 구조에 대한 방법론적 관심과 이런 구조들이 지배라는 관심 안에서 (고백적 주체나 감금된 대상으로서의) 인간의 지식의 다양한 제도화를 어떻게 지지하는가에 대한 보다 구체적인 탐구를 연결시킨다. 이런 접근은 푸코로 하여금 일탈이나 적법성이 얼마나 상대적인 개념인가를 드러내게 된다. 이런 개념들의 목적은 사회는 지배할 수 있는 전체라는 잘못된 생각을 교화하기 위하여, 사회 속에서 다양하게 생겨나는 모순과 차별과 불협화음을 규제하려는 것이다. 우리의 지각의 양상을 표준화하려는 다양한 과학적 시도는 범죄자, 병자, 광인이나 변태자라는 객관적 정의를 만들어냄으로써 가능해진다. 궁극적으로 지식에의 의지가 의미하는 바의 목적은 사회적 통제를 유지하고 확장하는 것이다. 과학적 학문은 간단히 말하면 감시에 기여한다고 볼 수 있다. 이성의 억압적 행태와 그 목적성에 대한 푸코의 공격은 그의 비판적인 모든 작품의 중심적인 특징으로 보인다. 1961년에 출판된 『광기와 문명』에서 그런 특징의 개요를 처음 발견하게 된다. 이 책은 푸코의 작품 중에서 접근하기 가장 쉬운 것에 속하므로, 좀더 자세히 그의 논증을 되물어 보기로 하자.

푸코의 연구는 중세 후반부터 현대에 이르는 광범위한 기간에 걸쳐 다양한 기록들을 조사하고 있다. 그는 서구의 이성주의 문명의 단계에서 어떻게 광기라는 개념이 등장할 수 있는가를 밝혀보고자 하는 관점을 가지고 있다. 그러므로 이 책의 부제는 「이성시대에 있어서 비정상의 역사」이다. 그는 이 개념의 발생이 사회적인 추방을 정당화시켜 주던 문둥이나 악령들린 자라는 전통적 범주를 더이상 지속해나갈 수 없도록 사회적 제도화가 이루어지던 시기와 어떻게 일치하는가를 밝힌다. 문둥이나 악령들린 자란 전혀 별개적인 것으로서, 그런 현상(status quo)을 특수하게 인정했다. 그러므로 '광기'의 범주는 권력을 집중시키고 유지하려는 특수한 사회적 필요에 따라 생겨났으며, 정상적 행동이라는 제도화된 기호체계에 일치하지 않는 자들은 사회적인 울타리에서 추방되었다. 달리 말하면, 광기라는 개념의 출현은 이데올로기적이고 제도적인 목적을 지닌다. 사회는 자체의 순수성을 지키고, 이른바 '선한 양심'을 사회 자체에 부여해서, 사회의 적법성을 위협하는 차이라는 달갑지 않은 요소들을 정화할 필요가 있다. 광인은 이성시대의 희생양이 되었다. 푸코는 "어리석음이라는 절대적 특권은 인간 안의 사악한 모든 것을 규제하는 것이다"(『광기와 문명』)라고 역설적으로 주장한다.

푸코는 초기 작품들 속에서도, 서구의 역사를 지식의 서로 다른 지배적 기호체계들 사이의 교체와 단절이란 개념으로서 분석하고 있다. 르네상스 이전 시대에는, 종교적 가치에 의해서 대부분이 여전히 조건지어지고 있었으며, 광기라는 개념은 신적인 것과 악마적인 것, 의미와 무의미, 진리와 허위라는 상반되는 질서 사이의 매개로서 어떤 애매한 역할을 수행하고 있었다. 즉 거룩한 바보(holy fool)라는 말이 그 역할을 적절히 표현해주고 있다. 중세 후반에 이르러서는 우리는 바보배(ship of fools)라는 이상한 현상을 만나게 되는데, 그것은 한 유럽의 항구에서 다른 곳으로 떠나가는 사람들의 공개된 광경이었다. 이런 현상은 사회의 이성적 정착을 공고히 하기 위하여 비이성적인 것을 추방한다는 이미지를 공포하는 사회적 필요를 충족시키는 데 기여하고 있다. 17세기에 광인은 1656년 건립된 파리의 일반병원(the Hospital General de Paris)과 같은 수용소에 감금할 필요가 있는 위험한 존재로 취급되기 시작했다. 푸코가 이런 수많은 수용소들을 사실상 재편성된 문둥병자 수용소라고 지적한 것은 상당한 의미가 있다. 이런 비정상의 제도화—비이성적인 새로운 문둥병자—는 감금이라는 형벌을 정당화하는 데 목적이 있었고, 이성적으로 받아들일 수 있는 행위의 기호체계인 어떤 제한들을 위반하는 사람들을 범죄자로 만드는 결과를 가져왔다. 17세기부터 비정상인의 감금은 사회적 지배라는 관심에 기여하는 증가하는 지식의 과학적 규칙들에 의해서 규제되었다. 에디스 쿠르츠베이는 다음과 같이 논평했다.

　　감금의 실행은 새로운 시대의 시작을 알리는 것이다. 한편 광기는 여전히 그것의 이중성과 외양을 보존하였으나 과학주의의 흥기와 종교적 가치의 상실과 또한 연결되어 있다. 지금도 광인은 논의와 조치, 법적 규제와 과학적 진단에 이용된다. 그러나 광인들은 19세기까지는 도둑이나 죄수, 낭인(浪人)과 거지, 건달이나 실업자와 구별되지 않았다. 다른 일탈자들과 광인을 구별하는 것은 의사, 변호사, 경찰들의 뇌리를 지배하는 과학적인 문제가 되었다 (「푸코: 지식의 구조」, 『구조주의의 시대』).

물론 여기에서의 아이러니는 더 비정상적인 것이 과학적 지식의 대상으로 승인되었고, 이성과 비이성 사이의 원초적인 과학적 차이는 더욱더 근거를 잃게 되었다는 것이다. 19세기에 인간주의 심리학이 생겨나면서, 이성적이고 비이성적인 행위를 분리하는 가느다란 선은 점점 더 희미해져갔다. 한편 무의식의 시대인 현대에는 욕망과 범죄의 억압된 언어를 정신분석학적으로 분석하게 되었다. 프로이트의 무의식적 리비도 이론은 원초적인 일탈에너지를 성욕의 과학으로 조직화하는 데 공헌했다. 프로이트 이론은 고백적 의례화(ritualization)—대화를 통한 치료—라는 세속화된 형태를 취하면서 사회적 적응과 행태적 규제라는 새로운 양상으로 확립되었다. 그러나 동시에 정신분석학의 발견은 실증과학의 합리적 규제로서의 과학 자체의 권위가 무너질 위험을 안고 있었다.

과학시대의 정점인 현대사회에서는 이성과 비이성의 범주 사이에 존재하는 관습적인 분리가 미묘하게 침식되고 있다. 그리고 아마도 이것은 언어의 차원에서 가장 명확하게 드러난다. 의미와 기호체계로서의 언어는 비정상적인 것에 관한 우리의 진술을 과학적으로 분류하는 수단(푸코가 진술의 규칙성/언표라고 부르는 것)을 제공하는 반면에 언어는 또한 무의식의 구조―이른바 광기라는―를 갖고 있다는 것을 보여준다. 광기의 과학적 변증법은 언어과학의 변증법과 상응한다. 그러나 현대 언어학과 정신분석학의 출현과 함께, 과학은 과학 자체의 인식론적 근거를 추구하는 구조주의적 고고학이 되었다. 이러한 상황은 지식의 권위적 질서였던 과학 자체의 죽음을 나타낸다고 푸코는 주장한다. 푸코 자신의 연구에서, 의학적·심리적·법률적 제도가 이전에는 인간들에게 어떤 타당한 범주로서 기능하였지만, 이제는 특수한 때에만 적용되는 경우로 변화되었다. 즉 그것들 자체가 해독되고 드러나야 하는 '경우들'이 된 것이다.

푸코는 또한 청교도주의라는 부르주아 기호체계가 어떻게 유행하게 되었고, 적대적인 일탈성을 억압하게 되었는지를 보여준다. 예를 들면, 경제적 차원에서 청교도적 윤리는 '금욕'에 돈벌이가 되는 가격을 매겼고, 성욕을 억압함으로써 이익을 얻었다. 심리학적 차원에서 부르주아적인 청교도주의는 유별나고 유치하며, 기묘하거나 주변적인 문화를 찬양하는 동시에, 청교도의 엄격한 도덕주의는 이러한 일탈적 특성들이 사회적으로 드러나는 것을 응징적으로 유죄판결하였다. 간단히 말하면, 현대 서구문화의 기호체계는 종종 이중적이거나 자기모순적인 방식으로 작용하면서, 그것들 스스로가 만들어낸 국외자를 정죄한다. 비이성의 일탈자는 이성이라는 청교도가 정죄하기 좋은 대상이지만 그러나 끝내 길들일 수는 없었다.

푸코는 과학과 권력 사이의 전략적인 복잡성을 드러냄으로써, 정상/비정상, 제정신의/미친, 의식적/무의식적, 건강한/병자의 등의 표현으로 두 개념 사이의 확립된 차이를 뒤집어엎는다. 그는 사상의 이런 관습적 대립들 사이에 존재하는 생각해보지 못한 근본적 충돌을 밝혀내고, 그럼으로써 부르주아 문명의 성스러운 기호체계에 도전하는 것이다. 푸코가 제안하는 한에서, 우리가 우러러보는 서구의 휴머니즘의 근본개념은 발견되지 않을 뿐만 아니라, 때로는 근본적으로 비인간적(inhuman)인 것이다. 푸코는 참으로 우리 안에 존재하는 광기를 바보선이나 수용소, 정신병원으로 추방해버리기보다는 정확히 인식하고 우스꽝스러울지라도 인정해야 한다고 주장한다. 푸코는 『광기와 문명』의 첫 구절을 "우리가 스스로 제정신을 갖고 있다는 것을 확신하는 것은, 우리의 이웃을 감금시킴으로써만 이루어지는 것은 아니다"라는 도스토예프스키의 견해를 긍정적으로 인용하면서 시작한다. 그는 광기와 문명을 니체와 반 고호, 다른 예술적 광인, 다른 몽상적 바보들을 비정상의 새로운 묵시적 시대의 선구자로 예찬하면서 결론짓고 있다.

이제 광기라는 매개를 통해서, 예술작품과의 관계에서 (서구세계에서는 최초로) 비난받게 된 것은 세계다. 세계는 광기의 언어에 의해 새롭게 질서가 잡히게 되었으며, 광기에 의해 인식과 보상이라는 과제를 떠맡게 되었고, 이성을 비이성으로부터 그리고 비이성으로까지 회복시키는 임무를 부여받았다. 예술작품에 빨려들어 간 광기는 우리가 시도해볼 수 있는 공간이고, 완성에의 끝없는 길이다. 그것은 사도와 성서 해석자로서 우리가 해야 할 또 하나의 과제이다. … 광기가 진리를 표명하기 시작한 이래 예술작품과 같은 길을 걸어온 동년배이다. 예술작품과 광기가 태어나고 완성되는 때는, 세계가 예술작품에 의해 소환된 자신을 발견하고 스스로가 무엇이어야 하는지를 예술작품 앞에서 책임져야 한다. 광기의 모략과 새로운 승리는 세계로 하여금 광기를 심리학을 통해 측정하고 정당화시켜야 한다고 생각하게 만들었고, 급기야 세계는 스스로를 광기 앞에서 정당화하지 않으면 안 되게 되었다(앞의 책).

4

결론적으로 푸코의 혁신적 역사해석에 관해 짧막하게 언급해야 되겠다. 푸코는 지배적인 지식을 스스로 포괄하는 체계적 관점에서 역사적 시기를 구분하는 인식론적 단절을 식별해냄으로써, 구조주의의 공시적 모델과 역사의 통시적 모델을 결합하는 데 성공했다. 정통 구조주의자들과는 달

리 푸코는 역사를 제거하지 않는다. 그러나 그는 오로지 하나이고 동질적
인 연속성으로 역사적 시간을 생각하는 관습적인 견해를 거부할 뿐이다.
그는 "역사에 대한 포괄적 견해를 만들어냄으로써, 과거가 지속적이고 수
동적으로 발전해 나간다는 전통적인 기도는 조직적으로 해체되어야만 하
고 … 역사는 우리 존재에 비연속성을 소개해주는 정도로 효과적(effective)
으로 파악되어야 한다"(『언어, 반기억, 실행』)는 의견을 진술한다. 따라서
푸코는 역사는 진술의 장들의 다양성에 의해 만들어지며, 그것들 사이의
직접적인 인과적 관계는 존재하지 않는다는 견해를 밝힘으로써, 이성에
의한 직선적 발전이라고 하는 계몽주의적 관념이 허구임을 드러냈다. 푸
코는 진보적인 발전이라는 역사의 관념을 추방한다. 푸코는 경제학, 의학,
사회학, 문법학과 생물학 등의 다양한 과학분야의 개념들 사이의 자유 연
상이나 교차 연결을 적용한다. 그렇게 함으로써 그는 인간의 사회적 지각
안에서의 역사적 변화가 인식론적 단절을 언어의 무의식적 차원에서 어
떻게 반영하는지를 지적해낸다.

  푸코는 어떤 것도 언어의 규칙을 벗어날 수 없다는 구조주의의 전제에
동의하는 것 같지만, 그의 후기 작품들은 언어의 전체성이란 관념을 언어
학적 복수성(linguistic plurality)이라는 관념으로 대체함으로써[정확히 표
현하면 전체성의 복수성(a plurality of totalities)] 어느 정도는 포스트 구
조주의적인 굴절을 보인다. 예를 들면 레비 스트로스는 역사 없는 사회에
대한 연구를 승인하지만, 푸코는 사회성 안에서의 역사, 즉 사회성의 역
사를 선호한다. 단지 이런 방식으로 연대기적인 사건들의 목적론적인 발
전이라는 역사주의자들의 역사개념을 논박하고, 역사를 실제로 존재하는
대로 재구성한다. 그리하여 기호적으로 체계화된 다양한 진술들 가운데서
각각의 진술은 적법하게 생각되는 것과 그렇지 않은 것, 이성적인 것과
비이성적인 것 등 사이에 존재하는 분리를 규제하는 전적으로 새로운 개
념을 내놓는다.

  이러한 관점은 시간에 따른 직선적 발전을 통해 사건을 추적해가는 역
사가의 전통적 접근과는 완전히 대비되며, 푸코는 이런 휴머니스트의 인
과율의 모델을 배제한다. 휴머니즘의 역사적 선험성(현대의 관념론, 경험
주의와 실존주의의 지배적 진술을 미리 조건짓는)과 구조주의의 역사적

선험성인(소쉬르의 언어학, 라캉의 정신분석학과 푸코 자신의 고고학 등의 새로운 포스트 모더니즘적인 지배적인 진술들을 미리 조건짓고 있는) 인식론적 단절은 참으로 푸코가 역사와 동일시하는 불연속과 단절이란 작용의 매우 설득력 있는 예이다. 사상의 역사적 질서를 알려주는 간격과 틈, 모순을 발굴함으로써, 푸코는 무사상과 비이성의 숨겨진 텍스트를 되찾고 있다. 근본적인 위반을 억압하는 힘은 우리가 알고 있는 대로 인간의 종말과 역사의 종언을 알려준다. 『감시와 형벌』 그리고 『성욕의 역사』 등 좀더 성숙해진 푸코의 저서에서, 그는 구조주의와 네오맑스주의의 관용구들을 넘어서서 역사에 보다 니체적인 접근을 (고고학이라기보다는 계보학으로서) 시도한다. 게다가 진술·실천 모델의 중심성을 강조함으로써, 그는 정보양식에 대한 비판은, 하버마스가 다른 철학적 콘텍스트에서 논증하듯이 생산양식의 중요성에 대한 공통된 강조보다는 발전된 자본주의 사회의 사회적 역사성에 더욱 적합하다고 주장한다.

● 후기

푸코를 다루면서 우리는 필연적으로 선택적일 수밖에 없다. 푸코의 모든 작품의 구조주의적 측면을 조명하기 위해서 그의 초기 작품에 집중하였고, 특히 『사물의 질서』에 그러했다(『사물의 질서』의 부제는, 푸코가 후베르트 드레퓌스와 폴 라비노프―그의 작품에 대한 종합적인 영어판 논평서의 저자들―에게 제안했듯이, 구조주의의 고고학이다). 지면의 제약 때문에 푸코의 후기 저술에서 나타나는 구조주의 방식으로부터의 변화는 생략할 수밖에 없었다. 후기 저술에서 푸코는 발달된 고고학적 접근에서 계보학적 접근으로 대체한다. 계보학적 접근은 진술의 보편적 이론에 대한 물음을 삼가고 인문과학의 갈피를 못 잡는 실천에 의해 원용된 사회적 책략을 구체적으로 읽어내는 것을 선호한다. 그러므로 푸코의 최종적 작품에서는 구조주의의 어휘에 근거하여 자율적인 진술의 체계를 형성하려고 시도한 이전의 노력들에 대한 스스로의 비판이 자연스럽게 나오고 있다. 후기의 에세이인 「주체와 권력」에서―드레퓌스와 라비노프의 『미셸 푸코:

구조주의와 해석학을 넘어서』에 후기로 출판－푸코는 그가 초기의 언어
학적 접근에서 후기의 역사학적 접근으로 옮겨간 것을 설명하고자 하는
그의 전체적 기도를 유용하게 개괄한다. 푸코를 역사나 인간 주체에 대한
관념을 배격하는 정통 구조주의자로 취급하는 가장 단순한 해석을 수정하
기 위해서, 약간 길지만 그의 에세이를 인용하는 것이 좋겠다.

나의 연구 목적은, 우리 문화 속에서 인간존재들을 주체로 만들 수 있는
다른 양상의 역사를 창조하는 것이다. 이 연구는 인간존재를 주체로 변화시
키는 것으로써, 객관화의 세 양상으로 이루어진다. 예를 들면 일반 문법학,
역사언어학, 언어학에서 말하는 주체를 객관화하는 것이다. 나의 연구의 두
번째 부분은 내가 분리하는 행위들이라고 부르는 것 속에서 주체의 객관화를
연구하는 것이다. 인간 주체는 그 자신의 내부에서 나누어지고, 다른 사람들
과도 나누어진다. … 그 예들은 미친 자와 정상적인 사람, 병자와 건강한 사
람, 범죄자와 선량한 소년 등이다. 최종적으로, 나의 연구는 인간존재가 그
자신으로 변하는 방식 또는 그 자신이 주체로 변하는 방식을 연구하는 것이
며 이것은 내가 현재 하고 있는 연구이다. 예를 들어, 나는 성욕이라는 영역
을 선택했는데 인간이 성욕의 주체로서의 자기 자신을 인식하는 것을 어떻게
알게 되었는가 하는 점이다.

인간 주체(human subject)는 생산과 의미와의 관계에 놓여 있는 동시에,
또한 매우 복잡한 권력과의 관계에 동일하게 놓여 있는 것으로 보인다. 지금
경제사나 경제이론은 생산관계에 관한 연구에 훌륭한 도구를 제공하며 언어
학과 기호학은 의미의 관계를 연구하는 도구를 제공하고 있지만, 그러나 권
력관계에 대한 연구의 도구를 우리는 갖고 있지 않은 것으로 보인다. 우리는
권력관계를 연구할 때 단지 법률적 모델에 근거한 권력에 대한 사유양식을
생각할 뿐이지만 정말 물어야 할 것은 '무엇이 권력을 합법화시키는가' 라는
점이다. 이 권력의 정당한 근거를 믿지 않으면 권력의 의미에 관한 물음은 제
도적 모델에 근거한 사유양식에 의존하게 되는데, 그 요점은 '무엇이 국가인
가'라는 점이다. 그러므로 인간 주체를 객관화시키는 연구를 하면서 이 정의
를 사용하기 원한다면, 권력을 정의하는 차원을 확대시키는 것이 필요하다.
우리는 권력에 대한 이론을 필요로 하는가? 어떤 이론이란 것은 객관화를 우
선적으로 가정하기 때문에, 그것을 분석적 작업을 위한 기초로서 주장할 수
는 없다. 그러나 한편 이 분석적 작업은 계속적인 개념화가 없이는 진행될 수
없으며, 이 개념화는 더욱 숙고되어야 하는 비판적 사유를 내포하고 있어야
한다. 심혈을 기울여서 연구해야 할 근원적인 것은 내가 '개념적 요청'이라고
부르는 것이다. 즉 개념화는 대상에 관한 이론 위에서 이루어지는 것이 아니

다. 개념화된 대상이 참된 개념화의 유일한 기준이 될 수는 없다. 우리는 개념화를 유발시키는 역사적 조건들을 알아야만 한다. 그러므로 우리는 현재 상황에 대한 역사적 인식을 필요로 한다.

정치권력의 합리화와 과도함 사이의 관계는 분명하다. 관료제도나 강제수용소가 이들 관계의 존재를 인식하기를 기다릴 필요도 없다. 그 한편 우리가 정말 제기해야 할 문제는 '무엇이 그런 명백한 사실과 관련을 갖는가' 하는 점이다. … 사회나 문화의 전체적 합리화를 시도하는 것은 현명하지 못하며 광기, 병, 죽음, 범죄, 성욕 등과 같은 기본적 경험을 상호관련시켜서 여러 분야에서 분석하는 것이 현명하다. … 나는 제의하고 싶다. … 우리의 현재 상황과 관련하여 보다 경험적이고, 보다 직접적인 방법을. 이런 것들은 이론과 실천 사이의 많은 관계들을 함축하고 있으며, 또한 그것은 여러 형태의 권력에 대항하는 다양한 저항을 출발점으로 삼고 있다. … 예를 들면, 우리 사회가 정상성을 통해서 무엇을 의미하는지를 알기 위해서 아마도 우리는 사회의 비정상의 영역에서 무엇이 일어나는지를 조사해야만 할 것이다. 그리고 우리가 합법성을 통해서 말하고 자하는 것이 무엇인지를 알기 위해서는, 비합법성의 영역을 반드시 숙고한 후에 논의해야 할 것이다. 그리고 권력관계가 무엇에 관한 것인지 알기 위해서는 아마도 저항의 형태를 조사하고 이런 관계들을 분리시키기 위하여 어떤 시도를 해보아야 할 것이다. … 여성에 대한 남성, 자녀에 대한 부모, 정신병 환자에 대한 정신과 의사, 모든 주민을 대상으로 하는 의학, 국민들이 살아가는 방식에 대한 행정 권력 등, 이런 것들에 대한 저항 말이다(『주체와 권력』).

서구사회에서 가장 존경받는 제도, 전통과 직업의 확립 등에 가해지는 푸코의 계속되는 비판은 인습파괴적인 젊은 세대에게 널리 인기를 얻었다. 엄격한 과학적 연구에 전념하는 것과 반(反)전체적인 불응, 성적 쾌락, 시적인 과민성 등을 예찬하는 것을 화해시키는 푸코의 능력은 현대 이후 시대의 새로운 반체제 철학을 집약해낸다. 푸코는 주변인과 추방자들의 수호자로, 어리석음과 위반이라는 자유의 챔피언으로 칭송된다. 이런 맥락에서 우리는 푸코의 논쟁의 여지가 있는 주장을 가장 잘 이해할 수 있다.

우리는 지식에의 의지와 그 의지가 삶에 가하는 희생을 감수할 것을 포기합니다. … 우리는 어리석음(stupidity)의 확실한 실행을 경외합니다(『언어, 반기억, 실행』).

루이 알튀세르
Louis Althusser

　알튀세르는 1918년 알제리에서 태어났다. 그는 30세 되던 1948년에 철학교수가 되었고, 프랑스 공산당에 가입했다. 그는 수년 동안 파리에 있는 고등사범학교(Ecole Normale Superieure)에서 가르쳤고, 60, 70대에는 공산당의 가장 혁명적인 이론가로서 명성을 날렸다. 알튀세르가 20세기 유럽의 대부분의 맑스주의 지식인들과 구별되는 것은, 맑스주의를 새롭게 해석함으로써 실존주의적이고 신헤겔주의적인 다양한 재해석(루카치, 프랑크푸르트 학파, 후기 사르트르)의 과도한 휴머니즘적 경향으로부터 맑스주의를 구해야 한다는 그의 주장에 있다. 알튀세르는 맑스주의에 대한 실존주의자와 신헤겔주의자들의 해석은 맑스 작품의 과학적 기초를 파괴하며, 맑스의 성숙한 과학적 기도와는 전혀 다른 차원, 즉 부르주아 휴머니즘의 철학적 틀 안에서 초기 맑스의 몇몇 개념을−'노동'이나 '소외'−부각시킬 뿐이라고 주장한다. 그는 맑스주의는 실천을 위한 과학이론으로서의 진정한 사명을 다하기 위해서, 맑스 자신의 관점에서 읽혀야 한다고 역설한다. 맑스를 관념론, 경험주의나 실존주의 등 맑스 철학 이외의 관점에서 다시 읽는 것은 그 참뜻을 발견하는 데 실패할 수밖에 없다. 알튀세르는 맑스주의는 인간 주체의 철학에 대한 구조적 관계이론으로 환원시키려는 노력은 '이데올로기'에 지나지 않는다고 격렬하게 비난한다.

1

알튀세르는 맑스를 거부하거나 이데올로기적 해석으로 맑스의 작품을 왜곡하는 자들에게 대항하여, 맑스가 역사를 발견한 기념비적인 업적을 재평가하려는 그의 의도를 다시 한 번 공표했다.

[그의] 발견은 인간에게 자신의 역사를 계급투쟁의 역사로서 과학적(유물론과 변증법)으로 이해하는 방법을 제시한 것이다(『레닌과 철학 및 다른 에세이』의 서문).

맑스가 그의 과학적 저술을 실천하기 위해서는 초기 저술에서 나타나는 부르주아 계층의 지배 이데올로기에의 종속성을 극복하는 것이 필연적이다. 맑스가 지배 이데올로기로 위장된 계급사회의 메커니즘을 분석하면서, 계급사회에 대한 과학적 인식을 얻을 수 있었다. 즉 맑스는 계급사회에서의 생산관계를 과학적으로 비판할 수 있었던 것이다. 알튀세르는 초기 헤겔적 구절이 내포한 철학적 의식에서 맑스가 일탈한 것과 그가 프롤레타리아 계급의 위상을 원용한 것이 어떻게 일치되느냐를 논증한다. 간단히 말하면 맑스가 부르주아로부터 프롤레타리아에로 관점의 위상변화를 일으킨 것은 이론과 실천의 차원에서 볼 때 본질적인 것이었다고 보았다. 따라서 알튀세르는 다음과 같이 쓰고 있다.

프롤레타리아의 계급투쟁이 없다면, 맑스는 계급착취의 관점을 채택하지도 못하고 그의 과학적 작업도 수행할 수 없었을 것이다. 그의 과학적 작업에서 … 그는 노동자운동으로부터 빌려온 정치적 이데올로기의 틀을 이론적으로 재정립하여 다시 노동운동으로 환원시키고 있다. … 맑스주의자의 과학과 철학을 위한 투쟁은 정치적이고 이데올로기적인 계급투쟁의 틀이다. 이 투쟁은 모든 형태의 부르주아 이데올로기와 맑스주의에 대한 '부르주아'적 해석에 대한 근본적인 비판을 함의하고 있다(앞의 책).

이런 방식으로, 알튀세르는 그가 맑스와 레닌의 대주제라고 생각하는 것—철학은 근본적으로 정치적이다—을 지지한다. 그러나 철학이 정치적으로 된다는 것은 정치학은 철학적이라는 것을 의미한다. 그리고 이것은 계급 본성은 주관적이고 자연발생적이므로 객관적이고 합리적─그러므로 과학적─인 계급 위상으로 바꿔져야만 한다고 주장한다. 알튀세르는 이 결정적인 이행은 '교육'의 과정을 포함하는데, "그것은 맑스-레닌주의의 기본원리에 의해 인도되고 프롤레타리아 계급투쟁에 의해 결정된다"(「혁명의 무기로서의 철학」, 『레닌과 철학』)고 하였다. 맑스 이론과 노동운동의 결과로 초래된 혼동은 알튀세르에게는 인간 역사의 전체에서 가장 중요한 사건으로 대변되었으며, 그것의 최초 결과는 사회주의 혁명에서 나타났다.

알튀세르는 맑스의 사적 유물론이라는 새로운 과학의 발견은 그 이전의 새로운 내용의 과학적 발견, 즉 탈레스의 수학의 발견과 갈릴레오의 물리학의 발견과 비교될 만하다. 알튀세르는 맑스의 작업이 역사를 최초로 과학적 지식으로 만들었다고 보았다. 게다가 알튀세르는 철학에서 일어나는 결정적 변화는 항상 위대한 과학적 발견에 의해 이루어졌다고 주장한다. 플라톤의 형이상학은 탈레스의 수학적 과학에 근거하였으며, 데카르트의 관념론은 갈릴레오의 물리학적 과학에 근거하였고, 맑스의 변증법적 유물론의 철학은 맑스의 역사과학에 근거하는 것이다. 모든 종류의 인간주의적 오해에 근거한 철학으로 하여금 회의적이게 하는 맑스주의 이론은, 왜 철학이 과학의 뒤에 끌려 다녀야 하는지를 설명해준다. 알튀세르는 '맑스로 돌아감'으로써 인간주의적 오해들을 제자리에 놓으려는 시도를 하였다. 그는 맑스 이후의 철학자들은, 엥겔스와 레닌과 같은 몇몇 탁월한 예외도 있지만 정치경제학, 사회학, 인류학 등의 부르주아 사이비 과학 속에서 장난치고 있다고 말한다. 이것은 알튀세르에게 갈릴레오 이후에도 아리스토텔레스의 물리학이 엄연하게 존재하는 것 같은 '이데올로기적인 시대착오'로 보였다. 이론적으로 공산주의운동의 가장 긴급한 과제는(그것은 알튀세르가 주장한 것인데) 맑스가 우리에게 시사해준 것처럼, 사적 유물론의 진정한 과학을 위해서 협잡꾼으로 역사의 내용을 먼저 차지하고 있는 인문·사회과학을 정복하는 것이라고 주장한다. 알튀세르는 이 과제를 "항상 맑스주의 이론을 위협하는 부르주아와 프티 부르주아 세계관에 대한 투쟁이 … 세계관의 일반적 형태는 경제주의[오늘날은 기술지배(technocracy)]와 그것의 정신적 보상인 윤리적 관념론(오늘날은 휴머니즘)이 … 세계관의 현대적 형태는 신실증주의(neo-positivism)와 그것의 정신적 보상인 실존주의-현상학적 주관주의"(「혁명의 무기로서의 철학」)라고 정확하게 정의한다.

부르주아 이데올로기들—종교, 윤리, 정치, 미학—에 대한 투쟁에서 궁극적인 단계는 과학적 지식을 위한 투쟁이다. 알튀세르는 철학을 이데올로기와 과학 사이의 경계에서 일어나는 전투로 생각한다. 그가 제기하는 대로 철학은 "이론으로 민중들의 계급투쟁을 대변한다"(앞의 책). 여기에서 과학을 이용하는 관념철학은 과학에 봉사하는 유물론 철학과 교전한다. 지금까지 관념론은 항상 세계관 사이의 계급투쟁을 반영하는 이 철학적 싸움을 승리로 이끌었다. 그러나 맑스는 결국 그 싸움을 역전시키는 것을 가능하게 했다. 최초로 유물론은 관념론을 지배하게 되었는데, 그것은 이론에서뿐만 아니라 (알튀세르의 철학) 정치적 조건이 무르익는다면 혁명에서도 가능하다. 알튀세르는 우리가 맑스의 『자본론』을 정확하게 읽는다면, 우리는 직접 사적 유물론의 과학을 결정하는 두 '실재'를 경험해야만 한다고 주장한다. 구체적 삶에 있어서의 이론적 실천인 실재와 (대중과의 접촉에서) 구체적 삶에서 혁명적 계급투쟁의 실천이란 실재이다. 달리 말하면 사적 유물론은 우리가 역사를 알 뿐만 아니라 그것을 변화시킬 것을 요구한다. 역사를 만드는 것은 '인간'이라는 것을 주장하는 부르주아 휴머니즘에 대항하여, 알튀세르는 과학적 맑스주의는 역사를 만드는 주체는 민중이라는 것을 안다고 응수한다.

알튀세르는 맑스주의는 인간 행위의 인류학이나 정치적 정책을 위한 실용적인 안내서를 훨씬 뛰어넘는 것이라고 주장한다. 무엇보다 먼저 그것은 구조적 관계의 과학이다. 그것은 '방법에 있어 혁명'이기 때문에 혁명의 방법인 것이다.

비판이론을 주창하는 휴머니즘적 맑스주의자는 『경제·철학 수고』를 맑스주의를 이해하는 열쇠라고 말한다. 그러나 알튀세르는 맑스주의를 이해하는 관건은 초기의 『경제·철학 수고』가 아니라 『자본론』이라고 주장한다. 왜냐하면 엄격한 과학적 방법으로 역사적이고 사회적인 실천을 다룰 수 있게 하는 구조적 관계라는 근본적으로 새로운 논리는 맑스가 『자본

론』에서 나이든 후에 제안했기 때문이다. 알튀세르는 맑스 이후의 철학
자는 맑스의 중심적인 작업으로 돌아가야 하며, 맑스가 제안한 '논리'가
보다 명확하고 효과적으로 드러날 수 있는 방법으로 그의 작품을 읽는
것을 고유한 과제로 삼아야 한다고 주장한다. 이런 측면에서, 알튀세르의
저작은 원전을 성찰하게 하는 한 종류이다. 알튀세르를 종종 구조주의의
해설자이며, 그의 저작에는 그런 주제에 관한 두드러진 특징이 있다는
논의는 분명 알튀세르에 의해 강하게 거부될 것이다. 이런 거부는 『자본
론 읽기』의 이탈리어판 서문, 후에 논쟁을 불러일으킨 글에서 분명하게
드러난다. 거기에서 그는 '구조주의 이데올로기주의자'라는 구조주의를
얕잡아보는 언급을 한다. 알튀세르가 구조주의자라고 불리기를 스스로
거부하는 것은 부분적으로는 자신이 프랑스 구조주의라는 유행의 조류와
유사하게 취급되기를 꺼려하기 때문이다(비록 그는 라캉에게 영향을 받
고, 푸코에게 상당한 영향을 끼쳤지만). 알튀세르의 이론적인 스승은 소
쉬르가 아니라 맑스였다. 하지만 맑스는 전체 안에서 부분적으로 작용하
는 역사적 주체로서의 개인보다는, 체계라는 전체성에 우위를 둔 과학적
분석의 구조적 방법을 최초로 제안한 사람이었다. 알튀세르가 맑스의 방
법론적 발견을 현대 사상의 포스트 휴머니즘적 경향과 특별히 관련시켰
다는 점에서, 그의 저작은 구조주의운동과 관련된다. 알튀세르의 위상의
특수성을 고려하면서, 구조적 관계의 과학으로서의 맑스주의를 논쟁적으
로 다루고 있는 그의 중요한 몇몇 측면들을 개괄하는 다음의 분석을 살
펴보자.

  『맑스를 위하여』와 『자본론 읽기』라는 두 주요 저작에서, 알튀세르는
맑스 전집에 대한 그의 유명한 '증후적' 해석을 상세히 설명한다. 이 해
석은 언어학적이고 정신분석학적인 구조주의의 모델과 몇몇 중요 측면에
서 유사하다. 알튀세르는 맑스의 철학적이고 경제학적인 원문을 표면적으
로 '보이는' 의미로만 읽어서는 안 되고, 원문이 무의식적으로 표상하는
'다른 보이지 않는 진술'에 주의해서 읽어야 한다고 말한다. 알튀세르는
소쉬르의 랑그의 분석과 라캉의 증후 이론과 유비되는 방법(의식적인 말
의 모순이 나타날 때 그 속에 반영된 무의식적인 의미화의 관계들의 연
쇄)을 채용함으로써, 구조적이고 증후적인 방식에 나타나는 맑스 작품의

명백한 모순(초기의 휴머니즘적 사상가와 후기의 '정치·경제주의자' 사이의 차이)을 읽어냈다. 이런 방식으로 맑스 작품의 전체에 진정한 과학적 근거를 되살릴 수 있다는 가능성을 긍정한다.

따라서 알튀세르는, 또다른 맥락에서 라캉이 프로이트에게 했듯이 맑스의 진정한 사상의 재발견에 착수한다. 알튀세르는 맑스가 때때로 헤겔주의자와 관념론자의 언어를 구사한다는 것을 시인한다. 그러나 알튀세르는 이것은 맑스가 살던 시대의 한계, 즉 사용할 수 있는 개념도구의 제한 때문에 어쩔 수 없이 생겨난 일탈이었다고 본다. 그런 개념장치는 맑스 사유의 과학적 핵심에 접근하는 데 전적으로 타당한 것이 아니었다. 단지 기저를 이루고 있는 무의식적 관계논리—그것이 알튀세르의 분석의 대상이다—의 증후인 맑스 작품에서 나타나는 관념론적인 오염을 분간해서 읽어나가면, 혁명적 과학인 맑스주의의 위상을 정확하게 인식하는 것이 가능해진다. 그렇게 증후적으로 읽는 것은 우리로 하여금 ① 주체, 본질, 역사 등의 관념론적 범주에 의해 나타나는 '휴머니즘 철학으로서의 맑시즘의 이데올로기적 단계'와 ② 그런 모든 범주 없이 존재하는 '엄격한 이론(과학의 과학)으로서의 과학적 단계' 사이를 구분하도록 한다. 앞의 단계는 개인 사이의 인간관계에 관심을 집중하는 반면, 뒤의 단계는 생산관계 사이의 형식적 관계까지 심층적으로 뚫고 들어간다. 알튀세르는 맑스주의를 가장 고도의 과학적 이론이라고 주장한다. 그것은 맑스주의가 자체적으로 개념적 대상을 구성하고 인식의 기원과 목적을 생산의 실천으로 보았기 때문이다.

이런 측면에서 알튀세르는 인식이 생산을 앞선다는 전통적인 철학의 견해를 뒤집은 것이다. 과학이론을 생산력과 동일시함으로써—이 동일화는 그가 믿기로는 맑스의 가장 선구자적 통찰 중의 하나이다—알튀세르는 진정한 주체는 겉으로 드러나는 것(인간 개인)이 아니며, 개인이 생산체계 안에서 완전하게 기능하는 것을 궁극적으로 결정하는 것은 생산의 숨겨진 관계라는 결론에 도달한다. 알튀세르는 맑스를 엄격하게 과학적으로 해석함으로써 역사의 동기가 인간의 실존적 의식 안에서가 아니라, 이 의식을 미리 결정하는 사회적 전체성의 구조적 질서에 근거한다는 것을 보여준다. 빈센트 데콤은 『현대 프랑스 철학』에서 실존적 맑스주의와 구조주의적 맑스주의 사이의 대립에 대한 간단명료한 설명을 하고 있다.

> 전쟁 뒤에 '실존주의적 맑스주의'는 역사철학으로 나타났다. 그것은 사건
> 의 경로(인간적 기원에서 역사의 목적에 이르는)와 개인의 주관적 경험 사이
> 의 연결을 제공한다. 그것은 맑스주의에 현상학적 근거('의식에 의미가 드러
> 남'으로써의 '존재')를 부여하고자 추구한다. 맑스 이론의 계급투쟁과 혁명의
> 필연성이란 진리는 개인의 경험에 근거하고 있으며, 의식적으로는 착취자나
> 착취당하는 자로 존재하고, 의식 사이의 사회라는 보편적 인식에 대항하거나
> 찬성하는 투쟁의 의미로 그의 삶을 선택하도록 하는 것이다. 지금 이 모든 것
> 은 신화의 모양을 갖는다. 레비 스트로스가 설명하는 대로 실제적인 의미를
> 갖는 것은 결코 아니다. 알튀세르의 이데올로기의 정의('거짓 표상'이란 경멸
> 적 의미에서)는 경험과 인식을 분간하게 한다고 말한다. 그는 이데올로기는
> 인간의 실존조건에 대한 인간의 실제적인 관계의 표현인데, 이 실제적 관계
> 성의 표현은 관계에 대한 지식과 동일한 것이 아니며 항상 상상의 요소를 포
> 함한다. 맑스주의의 진리는 더이상 의식에 의해 확증되지 않는다. 그러므로
> 다른 근거가 발견되어야만 한다. 그래서 우리는 알튀세르의 관여의 정식(for-
> mula of Althusserian intervention)에 도달하게 된다. 맑스주의의 근거는 자유
> 나 실천의 철학에서 찾아서는 안 되며, 오히려 그 중심 주제는 의식과 개념의
> 대립인 인식론(모든 현상의 불가능성이란 결과로서) 안에서 찾아야 한다(『현
> 대 프랑스 철학』).

이런 논증은 결정론에 대한 현대적 논쟁을 직접적으로 함의하고 있다.
알튀세르는 역사의 특권적 주체로서의 인간의 개념을 거부하며, 인간은
어떤 의미 있는 방식에서 인간의 자유를 여전히 말할 수 있는가 하는 짜
증나는 질문을 제기한다. 단정적으로 많은 사람은 알튀세르의 위치는 주
체보다는 체계, 그리고 빠롤보다는 랑그의 구조적 우위성과 깊은 관련을
맺고 있다고 생각한다. 그리고 알튀세르가 로버 가로디라는 프랑스 맑스
주의자의 철학적 입장에 강력히 반대했을 때 이런 그의 생각은 한층 더
강화되었다. 로버 가로디는 맑스를 인간주의적으로 읽어냄으로써 좌파 기
독교인, 사회주의자와 실존주의자들의 광범위한 연합세력과 공통된 관심
을 추구했다. 가로디와 그의 지적 연대자들이 맑스주의의 개념 중 인간적
인 자유, 선택, 창조성과 책임을 강조했을 때, 알튀세르는 그런 강조를 부
르주아 자유주의로 돌아가려는 신호라고 일축해버렸다.

이데올로기 비판은 알튀세르의 기도에서 중추적인 역할을 했다. 알튀세르에게 일상생활의 특수한 사건과 그것에서의 투쟁은 이데올로기적인 개념으로 불변적으로 경험되는 반면, 이런 투쟁의 궁극적 원인에 대한 지식은 이론적 실천의 과학적 차원에서 확인될 수 있는 것이었다. 자유로운 개인적 주체라는 사회적 과정의 모든 비과학적 표상은 필연적으로 이데올로기적인 구성물이다. 그런 표상은 표면적으로 지각되는 자연세계의 환상을 강화시켜주는 이외의 다른 것이 아니고, 그렇게 지배 이데올로기를 반영하고 있다. 현대의 특수한 이데올로기인 부르주아 이데올로기는 자유롭고 자율적이며 모순에 빠지지 않는 개인이란 허구를 만들어냈고, 그 개인이란 허구는 사회를 개인을 넘어서서 그 위에 존재하는 어떤 것으로 경험한다. 그리고 이런 이데올로기는 결과적으로 사회 형성의 근저를 이루는 구조적 모순을 신화란 구성물로 감추어 버리는데, 가장 두드러진 예가 자연적 '인간 조건'이라는 부르주아의 신화이다.

알튀세르는 인간의 주관성의 개념은 자유의 자연적 조건으로, 실제로는 권력에 종속되는 이데올로기적인 계략에 지나지 않는다고 지적한다. 달리 말하면 이데올로기는 인간 개인에게 이데올로기가 이미 부과한 사회적 실존의 '거짓 표상'에 자유롭게 응답할 것을 요청하는 것이다. 이데올로기는 어떤 때는 개인적 자유의지라는 현상을 긍정하고 어떤 때는 부정하는 이중적 사유의 미묘한 틀로 작용한다. 그러므로 알튀세르는 '주체에 의한, 주체를 위한 것을 제외하면, 이데올로기는 존재하지 않는다'고 본다. 그리고 이데올로기의 제1의 목적은 개인으로 하여금 사회를 지배하는 정해진 틀에 종속되는 사회적 지위를 받아들이게 하기 위하여 각 개인을 자율적인 자유의 주체로 표상하는 것이다. 알튀세르는 주체라는 개념 속에 숨겨진 이런 이중성─자유와 구속을 동시에 의미하는─을 이용함으로써 사회 자체가 도전받을 수 없고, 변화될 수 없는 권력의 틀을 갖게 된다고 본다. 그리하여 그는 인간 존재들을 서로로부터 고립시키기 위해 이데올로기가 어떻게 기능하는가를 설명한다. 따라서 그는 이데올로기가 어떤 정합적인 전체성을 갖지 않은 개념들을 종종 비체계적으로 종종 모순되게 사용하는 것을 보여준다. 그는 다음과 같이 쓰고 있다.

이 이데올로기의 결과인 전체라는 신비는 … 주체의 개념이 애매모호하기 때문에 존재한다. 일상적으로 주체란 개념은 사실상 다음 두 가지 의미를 가진다. 자유로운 주체성, 주도권의 중심, 행동을 책임지는 장본인이며, 위임된 존재로 자연스럽고 자발적으로 보다 고도의 권위를 받아들임으로써 자유롭게 그의 종속을 받아들이는 것 이외에는 모든 자유를 빼앗기게 된다. 개인은 '주체의 명령'에 자유롭게 종속되기 위하여, 즉 종속을 (자유롭게) 받아들이기 위하여, (자유로운) 주체로 설명되는 것이다. 즉 '오로지 주체 자신에 의해' 그의 종속을 향한 몸짓과 행위가 이루어지는 것이다. 주체의 의한, 주체를 위한 종속을 제외하면 아무런 주체도 없는 것이다. 이것은 왜 주체들이 '스스로의 힘으로 모든 것을 행하는가' 하는 진정한 이유이다(「이데올로기와 이데올로기적인 신분장치」, 『레닌과 철학』).

알튀세르의 과학이란 개념은 복잡하고 광범위하다. 알튀세르는 모든 텍스트 읽기가 그 텍스트의 의미를 결정한다는 구조주의의 전제를 받아들이기 때문에, "맑스를 읽는 선조건이 바로 맑스주의 이론이다"라는 결론을 이끌어낸다. 게다가 맑스 이론은 맑스 텍스트의 개념적 전체성을 포괄하기 때문에, 텍스트를 과학적으로 '읽기'는 우리로 하여금 그 텍스트의 내적인 전이, 변형과 모순을 해독할 것을 요구한다. 즉 그것들을 동시적 전체 안에서 구조적으로 상호관련된 통시적 부분으로 해독하는 것이다. 단지 이런 방법을 통해서만 알튀세르는 과학적 사회주의가 가능하다고 말한다.

알튀세르의 구조적 분석은 맑스 저작의 객관적 텍스트 안에서 인식론적 단절이 존재한다는 것을 드러낸다. 그는 맑스 초기 1840년대의 작품과 후기 『강요』와 『자본론』과 같은 작품 사이에 인식론적 단절이 있다고 주장한다. 이런 근거 위에 알튀세르는 소외, 노동, 부정성과 같은 개념들을 역사적으로 읽는(1844년의 『파리 수고』의 어떤 구절들에서와 마찬가지로) 초기 방법─이전의 철학적 전통─은 과학적 맑스주의의 공시적 체계 안에서 그런 개념들을 '구조적' 방법으로 대치시켜야 한다고 주장한다. 이렇게 함으로써 맑스의 초기 작품들은─그것들은 이데올로기적인 산물로 맑스 고유 이론에서 제외된다─진정한 맑스적인 관점에서 분석되어야 한다.

알튀세르는 헤겔을 비판의 최대 목표로 삼았다. 그는 헤겔과의 어떤 연속적인 관련에서 맑스를 재평가하려는 수많은 현대의 시도들—루카치, 사르트르, 마르쿠제의 예에서—에 공개적으로 적대적이며, 오직 맑스의 관점으로 맑스를 읽기를 강조한다. "우리는 맑스에게 비치는 보다 많은 빛을 필요로 한다." 그래서 "헤겔의 환영은 밤으로 돌아갈 수 있는 것이다"(『맑스를 위하여』)라고 알튀세르는 말한다. 따라서 맑스주의는 어떤 다른 이론으로부터 파생될 수 없고, 그런 이론으로 번역될 수도 없는 자족적인 체계이다. 맑스에겐 이전도 이후도 없다. 단지 그의 작품은 그 자체적인 개념에서만 정당하게 이해될 수 있는 것이다.

3

우리는 지금 알튀세르의 구조주의적 분석의 특징을 재평가할 수 있는 보다 좋은 위치에 있다. 언어의 작용은 언어의 체계 안에서 구조적으로 이해되고(소쉬르) 무의식의 활동은 무의식의 체계 안에서 이해되는 것(라캉)과 마찬가지로, 맑스는 맑스주의 자체의 구조적 체계 안에서만 정당하게 이해될 수 있다(알튀세르). 맑스 초기 작품의 모든 혼합된 개념들—그것들은 부르주아 철학에서 빌려온 것인데—은 과학적 맑스주의의 선역사(prehistory)로서 회상적으로 이해되지 않으면 안된다. 이 선역사는 맑스의 합리주의적인 휴머니즘(칸트와 피히테의 유산)과 유물론적 휴머니즘(포이에르바하의 유산)과 변증법적 휴머니즘(헤겔의 유산)의 사춘기적 단계를 포괄한다. 그러나 맑스를 헤겔이나 맑스주의의 다른 지적 선구자들을 통해 읽어야 한다는 것은 전적으로 잘못된 것이다. 오히려 이런 휴머니즘 철학자들을 맑스를 통해서 다시 읽어야 한다. 이런 점에서 알튀세르는 이데올로기(맑스주의 이전의 모든 것을 지칭하는데, 세계에 대한 민중의 삶의 관계를 포괄하는 선과학적인 철학과 모든 관념과 표상 등)와 과학(이데올로기의 오류와 환상과 이데올로기적 재료를 엄격하고 체계적인 이론으로 변화시키고 다양한 구조주의적 절차를 통하여 극복한다) 사이의 다리 놓을 수 없는 이원성이나 단절의 실재를 인정한다.

알튀세르는 맑스의 저작 속에 단지 암시만 되어 있는 맑스주의의 개념을 만들어내거나 구성하기 위해서 구조적 분석을 발전시켰다. 맑스주의의 개념은 과학적 이론에 비유되는 근본적인 구조적 관계를 표상한다. 알튀 세르의 읽기는 이런 방식으로 이전에는 이용하지 않았던 개념들의 질서 를 전제한다.

비록 구조주의가 맑스의 의미를 새롭고 보다 온전하게 할 수 있는 후 기 맑스주의(post-Marxism)의 방식이었을지라도, 알튀세르는 물론 그 자 신이 맑스주의를 구조주의로 번역한다고 생각하지 않았다. 보다 분명하 게, 이것은 맑스주의 자체가 완전한 개념적 체계라는 그의 지나친 전제와 는 모순된다. 알튀세르에게 맑스주의는 현대의 구조주의 운동을 앞서가는 '이론적 실천의 과학이론'이었다. 맑스는 생산력과 생산관계의 모순은 절 대정신의 반영이 아니고, 구조적 체계 안에 존재하는 구조적 관계라는 것 을 최초로 주장한 사람이다. 맑스에게 계급투쟁의 역사는 대립적인 의식 이란 관점으로 해석될 수는 없으며, 더군다나 따로 떨어진 경험적 내용이 란 관점으로는 더더욱 안된다. 오직 의식과 역사란 두 실재를 지배하는 형식적 법칙의 상호작용으로 해석될 수 있는 것이다.

알튀세르의 접근이 때로 소쉬르, 레비 스트로스, 라캉 등 다른 스스로 인정하는 구조주의자와 공통된 점을 갖는 것은 분명하다. 그러나 그들과 는 강조점이 분명하게 다르다. 소쉬르는 음운적 대립이란 차원에, 레비 스트로스는 신화소적 양극성의 차원에, 그리고 라캉은 무의식적 능기가 구조적 관계의 기초를 심적 차원에서 갖는다고 하지만, 알튀세르는 맑스 주의 자체의 사회적 정형 안에서 구조적 대립을 구성하는 '다양한 영역 들'이나 부분적 '예들'을 말한다. 이런 다른 영역들ー정치, 이론, 경제 등 ー은 자율적으로 작용하는 것으로 보이지만 단일한 지배구조에 의해 결 정되는 상호관련된 예들인 것이다.

이 지배구조는 한 역사의 시대로부터 다음 시대로 변함에 따라 달라진 다. 한 단계에서는 종교적인 것이 지배적이며, 다른 단계에서는 정치적, 또 다른 단계에서는 경제적인 것 등이다. 그러나 이 '예들'은 통시적인 변환을 겪으면서도, 구조적 관계란 체계는 공시적 전체성으로 남아 있게 된다. 알튀세르는 이런 방식으로 경제적 하부구조가 정치적 구조의 '원인 이 되는 것'으로, 경제적 구조가 종교와 철학의 이데올로기적 구조의 '원인이 되는 것'으로 추론하는 경제주의의 오류를 거부할 수 있었다. 알튀세르는 구조적 관계의 전체적 체계 안에서 정치적 상부구조와 경제적 하부구조 둘 다에 어떤 자율성을 부여함으로써, 맑스주의가 말하는 사회(스탈린 시대의 소련)가 왜 사회주의의 경제적 하부구조를 문제 삼지 않고 이데올로기적 왜곡에 죄책감을 느꼈는지를 설명할 수가 있었다. 알튀세르는 『맑스를 위하여』의 다음 구절에서, 맑스주의의 구조적 분석은 우리가 어떻게 맑스주의의 내적·역사적 단계를 공시적 전체 안에서 상대적으로 자율적인 부분으로 이해할 수 있는가를 알려준다.

우리는 맑스주의 전체의 특수구조에 비추어볼 때, 동일한 역사의 시간에 전체적으로 다른 차원의 발전과정은 더이상 생각할 수 없다는 것을 논증할 수 있다. 각각의 이런 다른 차원은 역사적 실재의 동일한 유형을 갖지 않는다. … 이런 각 시대와 역사는 상대적으로 자율적이라는 사실이 그것들에게 전체로부터 독립한 수많은 각각의 영역을 만들어주지는 않는다. 각 시대와 역사의 특수성은─달리 말하면 그것들의 상대적 자율성과 독립성─전체와 관련한 의존의 유형에 근거한다(앞의 책).

4

따라서 알튀세르는 역사를 일련의 기계적인 원인들로 환원하는 경제주의의 성급한 과격성을 배척한다. 그는 역설적으로 '변증법에 이르는 왕도를 따라 성큼 걷는 경제란 대왕' 앞에서, 상투적으로 상부구조라는 관념을 무시하는 것을 비난한다. 그러나 그는 비록 경제가 실제적으로(다른 상부구조의 경우를 결코 전적으로 지배하는 것은 아니므로) 스스로를 표명하지는 못한다 해도, 경제적 사실이 사회적 전체성의 '마지막 예'라는 것은 전혀 부정하지 않는다. 경제적 사실은 "마지막 예에서 결정적이다. 그러나 마지막 예라는 고독한 시간은 결코 오지 않는다"라고 그는 쓰고 있다.

달리 말하면, 다른 예와의 관계에서 경제의 상대적인 자율성과 불가시성이 '전체성의 단위' 안에서 궁극적이고 결정적인 역할을 배제하는 것은 아니다. 지배구조는 이데올로기적, 정치적이거나 경제적 예들 사이에서 역사적으로 변하기 때문에, 최종분석에서 결정적인 역할을 하는 것은 경제적 예이다. 경제적 예(자체나 또는 다른 것)는 지배적이며, 역사 속에서 특수한 단계에 종속된다. 알렉스 콜리니코가 알튀세르에 대한 논평에서 설명하는 것과 같이, 전체성이란 특수한 상부구조의 예는 비록 상대적이고 자율적이라 할지라도 "어떤 질서를 갖고, 경제의 결정에 따른 어떤 위계질서에 편입된다. 그것은 특수한 예에 대한 지배적인 역할을 포기하고, 다른 예에 자신들의 특수한 역할을 배당한다. … 복합적 단위의 복합적 특징을 가진 정치적이고 이데올로기적인 상부구조는 전체의 특수하고 명확한 예를 구성하며, 경제와 그 밖의 것들에게 명확하게 자신의 입장을 밝힌다. 그러나 그러면서도 상부구조는 경제와 지배와 종속이라는 특수한 관계를 맺고 있다"(『알튀세르의 맑스주의』).

알튀세르는 경제라는 결정적인 구조는 원인과 결과라는 일직선적인 실증주의 방식이나, 어떤 초월적 정신의 본질을 반영하는 외양의 관념론적 방식으로도 작용하지 않는다고 주장한다. 경제는 독특한 구조적 인과성이라는 변증법적 관점에서 이해하지 않으면 안 되며, 비록 관찰되지는 않지만, 경제에서 특수한 하부구조는 상부구조의 선조건으로 기여하며 그 반대로 작용하기도 한다. 이 구조의 인과성은 상호관계이며, 거기에서 부분과 전체는 서로의 존재를 위해 서로를 필요로 한다. 또는 알튀세르가 전형적인 수수께끼같이 표현하듯이, "본질적인 모순의 차이와 그것들의 지배구조는 바로 전체의 실재이다"(『맑스를 위하여』). 이것은 부분에 대한 전체 구조는 부분적 결과들의 구조적 결합이며, 이런 결과들과 따로 떨어져서 존재할 수는 없다. 전체는 그것의 부분들의 상호작용이다. 하나는 다른 것이 없으면 기능할 수 없다.

언어학적 구조주의의 개념으로 이것을 다시 말하면, 정치와 이데올로기 등 상부구조들은 경제라는 하부구조와 능기와 소기의 관계처럼 관련되지는 않으나, 능기와 다른 능기의 관계처럼 관련되어 있다. 오히려 라캉의 무의식의 '떠다니는 능기'와 같이, 경제적 구조는 끝없는 능기의 변증법적 연쇄와 같이 알튀세르의 체계 안에서 전개된다. 그것은 결코 멈추지도 않으며, 어떤 하나의 경험적 소기를 지시한 후 결코 지쳐 버리지도 않는다. 알튀세르의 『읽기』에 따르면 사적 유물론이 발전한 구조적 인과성에는, "지배적인 원인이 부재한다. 왜냐하면 그의 『읽기』는 실체나 주체가 정체성을 갖는 원인, 즉 우리가 파악할 수 있다고 생각하는 기계론적 범주의 원인을 제거하거나 무시하고 넘어서기 때문이다"(앞의 책). 알튀세르의 변증법에서 원인이란 개념은 역사단계에서 나타나는 한 사람처럼 보이는 것은 아니고, 한 능기와 다른 능기가 관계하는 구조적 연관으로 나타난다.

알튀세르가 여기에서 라캉이나 푸코의 과도결정을 문제 삼았다는 것은 중요하다. 과도결정은 모순의 특수한 예가 다른 모순들 사이의 관계라는 무의식적 상호작용을 어떻게 책임질 수 있는가를 묘사한다. 한 예가 다른 예에 종속되게 되는 경제적 능기는 능기의 체계를 벗어나서 존재하는 어떤 초월적 본질로서 이해될 수는 없는 것이다. 그리고 그것이 참으로 부재하는 것이라면, 정상의 이데올로기적인 의식에서 보이지 않는 존재란 의미에서, 이것은 단지 과도하게 결정된 부분과 전체의 구조적 상호관계인 체계 안에 감추어지기 때문이다.

결과에 대한 구조의 환유적 인과성이란 점에서, 원인의 부재는 경제적 현상에 관계하는 구조의 외면성 때문이 아니다. 반대로 그것의 결과 안에 있는 구조의 내면형식에 원인이 있는 것이다(『자본론 읽기』).

그러나 구조적 원인은 역사단계에서 인물처럼 나타나지는 않는다 할지라도 역사적 결과를 만들어낸다. 참으로 알튀세르가 이것을 부인한다면, 어떤 의미에서 그를 맑스주의자라고 여길 수 없다. 알튀세르가 구조적 원인과 역사적 결과 사이의 복잡한 관계를 설명한 것은 과도결정의 개념과 증후론(symptomology, 또한 푸코·라캉적인 일탈)의 개념을 연결함으로써 이루어졌다. 그의 맑스주의적 혁명에 대한 설명은 다음과 같이 진행된다. 다른 종류의 모순이 어떤 구조적 위기를 형성할 때 혁명적 변화가 생겨난다. 이것은 러시아에서 일어났는데, 예를 들면 1917년에 수많은 증후적 모순들이 집중(황제의 통치, 농업의 봉건제도, 도시의 산업화, 보수적인 짜르 이데올로기 등)됨으로써, 사회주의 혁명이 그 이전의 질서를 대체하는 것을 가능하게 했다. 혁명은 경제적 위기나 붕괴만으로는 발생하지 않는다. 그렇다면 모든 사회에서 혁명이 일어났을 것이다. 그러나 혁명은 다양한 차원의 모순들의 상호작용으로 일어나는 것이다. 헤겔적인 모순의 개념은 새로운 정체성 안에서 화해하기 이전에 두 가지 모순적인 부분들로 다시 나누어지는 하나의 정체성으로 여겨진다. 알튀세르는 모순을 여러 모순들의 복합으로 추론한다. 그럼에도 불구하고 헤겔의 모순과는 다르게 모순 중의 어떤 것은 전체의 복합성을 반영하는 지배적인 예로서 기능하기도 한다. 알튀세르에게, 어떤 모순은 그것이 내적으로 전체라는 사회적 정형 안에 속하는 관계를 다시 만들어낸다는 의미에서 '과도결정적'이라고 말할 수 있다. 미카엘 켈리는 『현대 프랑스 맑스주의』에서 알튀세르를 다루면서 이 대단히 어려운 논증에 관해 유용한 논평을 했다.

> 생산력과 생산관계의 기본모순은 적대계급에 대한 투쟁 안에서 구체적으로 나타나지만, 그 자체로 혁명을 일으키기에 충분한 것은 아니다. … 필수적인 것은 근본적인 변화를 불러일으키는 단위 안에서 다른 모순들과 융합시켜 급격한 변화를 일으키는 것이다. 그는 융합된 모순의 이 단위는 자체의 특성을 보여주는데, 모순은 존재하는 조건, 순간들이나 예로부터 분리될 수 없다는 것이며, 그것들을 지배하게 된다.
> 다양한 차원에 의해 사회적 형성의 순간들이 결정되므로, 모순은 '과도결정적'이다. … 그는 헤겔과 맑스의 변증법을 대비시키는데, 자본과 노동의 기본모순을 인식하는 맑스의 변증법은 구체적인 역사의 형식과 환경에 의해 특수화된다고 한다. 그 안에서 정치, 이데올로기와 종교적 상부구조를 포함한 국가적이고 국제적인 역사적 발전이 일어난다(『현대 프랑스 맑스주의』).

5

알튀세르 분석의 가장 극단적인 결과는 과학과 실천의 구조적인 동일성이다. 따라서 맑스주의는 무엇보다 역사적 실천의 과학으로 나타난다. 알튀세르는 물론 이것을 이론과 실천 사이의 전통적인 분리를 극복하기 위한 맑스의 결정에 대한 명료화에 지나지 않는 것으로 보았다. 그러나 모든 맑스주의자들이 이것에 찬성하는 것은 아니다. 가로디는 알튀세르의 해결방법은 구체적인 자유를 의미하는 맑스의 기도를 구조적 결정주의의 추상적 체계로 환원하였다고 비난하며, 거기에 자유로운 인간으로서의 동인은 제거되었다고 역설하였다. 다른 사람들은 알튀세르의 구조주의는 그것이 실천의 실제적인 내용(살아 있는 인간 주체들에 의해 구체적으로 경험되는 것으로서의 혁명적 계급투쟁)을 실천이라는 과학적 틀로 해체하는 한, 맑스주의에 대한 왜곡에 불과하다고 주장한다. 알튀세르의 비판자들이 말하는 이런 흐름의 궁극적인 결과는 과학적 맑스주의인데, 그것은 객관적 지식을 만들어내는 실천에 주요한 목표를 둔다.

알튀세르는 그의 적대적인 자들이 맑스주의를 의식의 이데올로기적인 산물에 지나지 않는 것으로 다루는 것을 공격한다. 그는 그들이 역사의 진정한 실재로부터 이론을 유리시켰다고 비난한다. 역사는 인간 주체의 실존적인 무대연극이 아니라 구조적 관계의 체계이다. 그가 추적하기에, 사회주의는 스스로 과학적 체계로 드러날 때 진정한 객관적 지위를 얻을 수 있으며, 사회주의의 이론적 실천은 동시에 일시적으로 일어나는 유물론적 실천인 것이다. 그것은 맑스주의에 있어 실천의 두 가지 측면의 동일화인데, 사유의 구체성 범주에 귀착된다(맑스, 「사유의 구체성」, 『강요』의 1857년 서론). 이것이 알튀세르가 사회주의의 과학은 인식론적 단절과 모든 부르주아 철학의 이데올로기적인 선역사를 관계시킨다고 강력하게 주장하는 이유이다. 왜냐하면 이런 철학들은 과학의 개념을 역사적 실천이란 물질적 세계와는 전혀 관계없는 구조를 넘어서는 양상으로 보았기 때문이다. 대조적으로 맑스주의는 단순히 어떤 이차적인 차원에서 물질적 실재를 표상하거나 반영하는 과학을 구성하는 것이 아니다. 맑스주의의 과학은 유물론적인 실재이다. 맑스주의의 과학은 맑스주의에 관한 것 이외의 다른 것이 아니다. 다른 방식으로 말하면, 맑스주의는 실재의 사물화에 관해 어떤 추상적 이론화를 하는 것이 아니다. 맑스주의는 바로 그 사물화의 양상인 것이다. 그리고 이런 특성 때문에 맑스주의는 결코 이데올로기가 될 수 없는 것이다. 왜냐하면 이데올로기는 거짓된 표상이고, 즉 어떤 거짓된 것의 관점에서(상상적인 것) 어떤 참된 것(실재하는 것)을 표상하는 것이다. 그러나 실천으로서의 이론이며, 실재 과학으로서의 맑스주의는 거짓된 표상이 될 수 없다. 맑스주의는 자체의 관점에서 바로 자체를 항상 표상하는, 그 자체이기 때문이다. 일찍이 부르주아 이데올로기(이론과 실천의 분리에 근거한)와 단절한 후에, 맑스주의는 이런 방식으로 실제적인 실천과 이론적인 실천을 통일하였다.

　　맑스주의가 만들어 내는 지식이 참이라는 것을 선언하기 위해 외적인 실천으로부터 검증할 필요가 없다(『자본론 읽기』).

맑스는 실재 역사의 발전과 사상에서 실재의 구조적 발전 사이의 전통적인 이원성을 초월하고 있다는 것이 알튀세르의 확고한 확신이다. 알튀세르가 주장하기는 맑스주의는 이데올로기적인 표상을 지식으로 변형하는 한 이론적 실천의 과학으로, 그것은 생산의 양식으로서 기능한다. 보다 정확하게 말한다면, 이론은 실천적 생산이며 그것은 이데올로기의 원재료(정치적 경제)를 새로운 생산물, 즉 사회주의의 구조적 과학으로 변형시킨다.

알튀세르에게 맑스주의는 일반 사물의 발전을 표현하는 학문이다. 따라서 이론은 예술이나 문학이란 비과학적인 실천과는 또한 매우 다르다. 「앙드레 다스페르에 답하는 예술에 관한 편지」에서 알튀세르는 진정한 예술은 이데올로기와는 특별한 관계를 갖는다 할지라도, 이데올로기들 사이에 위치하지는 않는다는 것을 분명히 했다. 발자크나 솔제니친의 예를 들면서, 아무도 우리에게 그들이 묘사하는 세계에 관한 어떤 지식을 주지는 않는 반면 그들은 우리에게 그 세계의 이데올로기의 실재를 보고, 느끼고, 지각하게 한다고 단언한다. 이데올로기는 항상 인간의 행위와 경험을 한쪽에 치우치게 하지만, 위대한 문학작품들은 우리에게 자발적인 개인의 경험 속에서 이데올로기를 보게 한다. 개인들의 살아 있는 경험으로서의 이데올로기는 예술과 과학의 공통된 관심사이다. 그러나 문학은 이데올로기를 과학적으로 이해하지는 않지만, 이데올로기는 각 경우에 근본적으로 다른 방식으로 이해된다.

　　예술과 과학 사이의 진정한 차이는 특수한 형식 안에 놓이는데, 그 안에서 그것들은 똑같은 대상들을 꽤 다른 방식으로 우리에게 보여준다. 즉 예술은

보고, 지각하거나, 느끼는 형식으로, 과학은(엄격한 의미의 개념에 의한) 지식
의 형식으로 … 솔제니친이 개인성의 숭배라는 살아 있는 경험과 결과를 우
리에게 보여주었지만, 그는 어떤 방식으로도 그것들에 관한 지식을 우리에게
줄 수는 없다. 이 지식은 솔제니친의 소설이 논의하는 살아 있는 경험을 극적
으로 만들어내는 복잡한 메커니즘의 개념적 지식이기 때문이다(「예술에 관한
편지」, 『레닌과 철학 그리고 몇몇 에세이』).

알튀세르는 다음과 같이 결론짓는다.

　… 실존과 예술의 특성에 의해 우리에게 주어지는 대부분의 질문들에 답하
기 위하여, 우리는 예술작품의 미학적 효과를 만들어내는 과정에 대한 정확
한 (과학적) 지식을 가져야만 한다. … 모든 지식과 마찬가지로 예술에 관한
지식도 이데올로기적 자발성의 언어와 그것을 대치하는 과학적 개념체계의
구성 사이의 예비적 단절을 전제한다. … 그것이 예술을 알아가는 길이라면,
맑스주의 기본개념에 관한 엄격한 성찰과 함께 시작하는 것이 절실히 요구된
다. 다른 방법은 없다. … 예술을 말없이 통과하거나 과학에 희생시키지 않
기 위해서, 즉 예술을 알고, 그 적당한 위치를 부여하기 위해서라면 말이다
(앞의 책).

사상은 물질의 구성물이란 최고의 형식으로 나타난다(헤겔과 다른 이
데올로기적 사상가들과는 날카로운 대조를 보이는데, 그들에게 물질은 사
상의 외화나 소외에 지나지 않는다). 정확하게 이해한다면, 맑스주의는 사
상을 물질로(기계적 유물론) 또는 물질을 사상으로(사유적 관념론) 환원하
는 문제가 아니라고 알튀세르는 주장한다. 맑스주의는 진정한 이론이란
사회적 실천 그 자체이고 사상으로서의 우리의 '살아 있는 경험'을 구성
하는 실천적 행위라는 것을 인식하는 문제이다.
　그러나 여기에서 어려운 점은 알튀세르는 때때로 인식이라는 실천적
행위로서의 이론이 사상 밖에서 출발점을 가질 수 있다는 것을 부정한다
는 것이다. 그래서 몇몇 비판가들은 알튀세르가 사실상 맑스주의를 새로
운 종류의 사변적 관념론으로 변형시켰다는 것에 반대한다. 그러나 알튀
세르는 그런 언급들은 이론을 향한 이데올로기적인 접근과 과학적 접근
사이의 근본적인 비연속성을 완전하게 간과했다는 점에서 무시해버린다.

그것은 맑스주의를 전통적인 관념론의 개념으로 읽을 수 있는 가능성을 배제한다. 헤겔주의와 다른 형식의 부르주아 관념론은 맑스주의 자체의 '선역사' 안에 포함되어 있는 이데올로기적인 예로 볼 수 있다. 우리가 보는 대로, 헤겔과 맑스 사이의 유기적인 이행—루카치와 프랑크푸르트 학파에서 50년대의 실존주의적 맑스주의(사르트르나 퐁티)에 이르는 대부분의 휴머니스트 맑스주의자에게 알려진 관념—을 제외한다면, 알튀세르는 대륙에서 맑스주의 연구에 새로운 이론적 수혈을 하였으며, 프랑스 공산당에게 깊이있는 영향을 미쳤고 많은 사람에게 사유에서의 해방적 영향을 믿게 했다. 그리고 잠시 극적인 기간에 마오이즘을 추종하는 학생집단에도 영향을 미쳤다.

6

맑스 작품을 알튀세르가 제안하는 구조적 방법으로 읽는다는 것은 변증법적 유물론의 기본 목표와 범주들을 불가피하게 근본적으로 다시 생각하게 한다. 많은 주석가들은 알튀세르의 이 구조주의적 접근의 특징에 주의를 기울였다(그들이 비록 항상 그것에 천착하는 것은 아닐지라도). 이런 좋은 예는 알튀세르와 구조주의의 관계를 다음과 같이 개괄적으로 정리한 알렉스 콜리니코에게서 나타난다.

알튀세르와 인류학자인 레비 스트로스, 정신분석학자 라캉 또는 인식론자인 푸코 등과 같은 인물들이 몰두하고 있는 문제들에는 어떤 상응하는 것들이 있다. 그들은 인간 주체의 활동에 의해 전제되는 무의식의 구조, 인간의 진술에 의해 이루어지는 복잡하고 까다로운 형식들, 인간의 의식적 주체를 지배적인 것으로 간주하는 휴머니즘에 대한 대안 등에 모두 몰두한다는 점에서 공통적이다. 또한 관념들의 타가 수정(cross-fertilization, 말하자면 알튀세르에 대한 라캉의 영향과 푸코에 대한 알튀세르의 영향)과 모두들 프로이트에 빚을 지고 있다는 점도 역시 이들 사이의 공통점이라 할 수 있다(『알튀세르의 맑스주의』).

우리가 직접적으로나 간접적으로 구조주의운동과 관련된 알튀세르의 사유에 관심을 기울이는 것은 다른 중요한 논의로 나아가기 위한 시작일 뿐이다. 특별히 그의 작품의 역사적·정치적 결과나 1968년 이후 그의 위상을 다시 생각하게 했던 주요 작품들, 헤겔보다 스피노자를 더 좋아한 그의 두드러진 선호 등은 논의의 여지가 있다. 그러나 이 제한된 연구에서는, 우선 사회의 정형을 구조적 관계의 상호작용으로 이해하는 알튀세르 이론의 주요개념들 몇몇을 다루었다.

결론적으로, 알튀세르의 분석이 구조주의와 최소한으로 공유하는 원리적 특징들을 파악해보도록 하자. 첫째로 그것은 살아 있는 경험의 현상학보다 우위에 있는 지식의 과학을 명확히 선호하는 점이다. 둘째로는 따로 떨어진 과거로부터 비판적 현재 그리고 유토피안적 미래로의 발생적 진보라는 개념으로 설명하는 통시적 설명에 반대해서 복합적 전체성 안에서 변증법의 공시적 설명을 제공한다는 점이다. 셋째로 하부구조와 상부구조 사이의 변증법적 이종동형(isomorphism)인 인과율의 구조적 모델로 인과율의 역사주의 모델을 대체하는 것이다. 이 모델은 사실 이원성을 제거하고자 하는 것이다. 그리고 마지막으로 알튀세르는 결정하는 주체와 결정되는 대상과의 상호작용이란 관계로 맑스주의를 구조적으로 읽기를 제안하는데, 이것은 이데올로기적인 신비화로서의 자유로운 개별적 주체란 휴머니스트적인 개념을 무시하는 것이다.

● 보론: 알튀세르와 라캉

여기서 알튀세르의 중요한 에세이 「프로이트와 라캉」을 잠깐 언급하는 것이 매우 유익할 것이다. 왜냐하면 그는 이 글에서 무의식의 구조주의적 분석이 맑스주의자의 이데올로기 비판을 수행하는 데 공헌할 수 있다고 하는 긍정적 평가에 가장 가까이 접근하고 있기 때문이다.

이 연구에서 알튀세르는 맑스주의자들은 정신분석학의 과학성을 인정해야 한다고 역설한다. 공산당은 정신분석학을 반동 이데올로기라고 공식적으로 50년대에 선언하였다. 그는 라캉의 정신분석학적 해석의 중요성을 강조한다. 알튀세르는 라캉이 무의식의 중심적 예로서 제시한 (부성-모성-결혼-유아와 그것들의 상호작용의) 가족 이데올로기의 구조적 분석의 가능성을 특별히 칭찬한다. 말할 것도 없이 알튀세르는 그런 분석은 다음과 같은 결론을 함의하고 있다고 주장한다. 라캉 자신은 그의 이론 형성에 어떤 주어진 한계를 표현하지 않는다. 즉 정신분석학이 가족 이데올로기의 사회적 정형을 설명하는 사적 유물론의 과학 위에 정초하지 않는 한, 정신분석학 이론은 결코 완전하게 완성되지 않는다.

  알튀세르는 수정주의와 싸우는 라캉의 노력을 인정한다. 수정주의는 서구에서 '의식의 신비화'로서의 정신분석학의 이데올로기적인 탐구를 돕고 있다. 맑스주의의 수정주의가 '경제주의, 기술지배론과 휴머니즘'의 부르주아적 해석으로 몰락하는 사적 유물론과 일치하듯이, 프로이트주의자의 수정주의는 심리학을 '생리주의(biologism), 심리논리주의(psychlogism)와 사회논리주의(sociologism)'로 몰락시켜가는 것과 일치한다. 따라서 알튀세르는 맑스주의의 과학적 지위를 되살리려는 자신의 기도와 기계론적으로 프로이트를 잘못 읽음으로써 일어난 과학적 퇴행에 어떤 영향을 미치려는 라캉의 시도 사이에 어떤 상응점을 발견하였다. 그는 라캉이 '프로이트로 돌아가는 것'을 생경하게 신비화하려는 정신분석학의 반동적 탐구에 대한 이데올로기적인 비판과 프로이트 자신이 사용해야만 했던(예를 들어 당시의 생리주의, 열역학적인 물리학과 정치경제학) 선과학적인 개념들과 우리를 구별하게 하려는 인식론적 회피(epistemological eludication), 이런 개념들과 그것들의 사상적 내용인 무의식의 예 사이의 참된 과학적 관계를 정립하는 것으로 해석한다. 알튀세르에 따르면, 맑스나 프로이트는 모두 서구 사회의 이데올로기적인 방어를 위협하는 과학과 비판의 탄생을 나타내므로, 일부 사람들이 그것들로부터 해를 입지 않기 위해서 그것들을 수정해야만 했다.

  부르주아 수정주의로부터 정신분석학이란 과학을 구출함으로써, 알튀세르가 맑스에게 했듯이 라캉은 프로이트의 진정한 위상을 되살렸다. 라캉은 분석의 실천에 이론을 제공하려고 애썼고, 따라서 분석의 실천이 현대의 사회적 주술, 즉 단지 주술적인 테크닉으로서만 기여하는 것을 막았다. 라캉의 중요성은 프로이트가 무의식이란 새로운 대상을 가진 새로운 과학의 가능성을 열었다는 것을 인정한 것이다. 그렇게 함으로써 그는 정신분석학이 지식과 지식의 대상(무의식)의 변형을 허용하는 특수한 이론을 가진다는 것을 특수한 실천에서 논증했다. 그러나 이것이 바로 현대의 부르주아적인 분석은 (소쉬르 언어학의 열려진 체계에 유비되는) 정신분석학과 구조적 관계의 체계로서 무의식의 과학적 이론의 동일성을 거부한다. 특히 미국에서의 현대 부르주아 분석은 프로이트를 자체의 이데올로기적 사이비 과학 또는 신화에 부수시켰다. 예를 들면 행태주의적 정신병 치료법(달비에즈), 실존주의적 심리학(사르트르, 메를로 퐁티, 빈스왕거) 또는 인류학적 사회학(마가렛 미드) 등이다.

　　정신분석학은 심리학이나 사회학에 종속하기 때문에, 그것은 보통은 감정적이거나 정적인 재적응의 기술 또는 관계적 기능의 재교육으로 환원된다. 그러나 그것들 가운데 어느 것도 정신분석학의 진정한 대상과 어떤 관계도 맺지 않으나, 불행하게도 주요한 요구들에 응답해야 한다. 보다 중요한 것은 현대 세계에서 고도의 경향성을 띠는 요구에 응답해야 하는 것이다. 이런 편견 때문에 정신분석학은 현대 문화, 현대 이데올로기에서 대량소비의 한 품목이 되었다(「프로이트와 라캉」, 『레닌과 철학』).

　알튀세르가 라캉이 의사와 분석자들에게 무의식의 이론을 나타내기 위한 불가피한 책략으로써 술책과 낯선 해석학을 무의식 언어의 무언극과 같은 것(기지, 재담, 은유 등)으로 나타낸 점을 옹호한다는 것은 매우 중요하다. 라캉이 밝혀낸 외디푸스적 단계에서 작용하는 가족 이데올로기에서, 두 남녀에 의해 잉태된 작은 동물이 작은 어린아이로 변화되는 과정은 생물학자에게 아무 문제도 안 된다. 알튀세르가 주장하는 바로는 신경학자, 인류학자 또는 사회학자에게도 마찬가지다. 오직 맑스주의와 같이 정신분석학만이 (무의식과 그것의 결과인) 정신분석학 자체의 특수한 대상과 관련하여 그 개념의 특수성에 대한 어떤 권리를 갖는다.
　알튀세르가 라캉이 과학적 경향을 따라 정신분석학을 혁명적으로 이론화하는 것이 구조언어학이라는 새로운 과학의 출현이 없으면 불가능했다는 것을 인정했다는 것은 매우 중요하다. 왜냐하면 라캉으로 하여금 무의식은 언어와 같이 구조화된다는 프로이트적인 발견을 정확히 표현하도록 한 것은 소쉬르의 발견이기 때문이다. 라캉에 대해 알튀세르가 이렇게 논평한 것은 구조주의적 방법이 정신분석학이란 새로운 이론의 형성에 지대한 공헌(그는 다른 곳에서 이것을 하나의 이데올로기로 무시하기도 하지만)을 했다는 명확한 찬사이다. 좀 길지만 그것을 인용해 보자.

> 하나의 과학은 다른 과학을 통한 우회를 의지하지 않고는 과학이 될 수 없다는 것이 과학사의 특징이다. 세례를 받는 단계에 있는 과학뿐만 아니라, 다른 과학들 사이에서 늦게 생겨난 과학들도 그것이 과학으로 태어나기까지는 시간이 요구된다. 프로이트의 이론에 비춰진 그림자의 현대적 불투명—열역학 모델로서의—은 구조언어학이 그 대상에 비치는 빛에 의해 오늘날 사라지고 있으며, 오직 그 대상에 지적으로 접근하는 것만이 가능하다. 프로이트 자신은 모든 것은 언어에 의존한다고 말한다. 라캉은 이것을 더욱 분명하게 말한다. "무의식의 진술은 언어와 같이 구조화되어 있다." 그의 최초의 저서인 『꿈의 해석』에서, 프로이트는 꿈의 메커니즘과 법칙을 연구하고, 꿈의 다양한 양상을 전위(轉位)와 응축이란 두 가지로 환원한다. 라캉은 이 두 가지를 말의 본질적인 특성으로 인정하는데, 언어학에서는 환유와 은유로 불린다. 따라서 비행과 실수, 농담과 증후는 꿈 자체의 요소들과 같이 능기가 되며, 무의식적 진술의 연쇄에 새겨진다. … 여기서 우리는 역설(paradox)을 만나게 되는데, 그것은 무의식이나 말로 표현되며, 언어학에 공식적으로 친근하지만, 이중적이나 단일한 진술이다. 이것은 그것의 이중적 영역에 대해 하나의 영역밖에 갖지 못하며, 의미의 연쇄라는 영역 그 자체를 제외하고는 넘어서는 것이 없다. 여기서 소쉬르부터 시작된 언어학의 가장 중요한 결과는 주체가 말로 표현하는 진술과 그것들의 내적 관계는 물론 무의식의 과정을 이해하는 데 있어서 정당한 역할을 시작했다는 것이다. 즉 그것들의 동일한 관계나 무관계성, 달리 말하면 그것들의 되풀이나 전위를 이해하는 것이다. 따라서 무의식을 이차 의식이나 잘못된 신념(사르트르)으로 여기거나, 발생하지 않는 구조나 무의미(non-sense)의 썩어가는 생존(메를로 퐁티)으로 여기는 철학-관념론적 해석과 무의식을 생리-원형적인 잠재의식으로 여기는 해석(융)들에 의해서 무의식은 있는 그대로의 무의식이 된다. 즉 어떤 이론의 시작이 아니고 하찮은 이론이거나 이데올로기적인 오해이다(앞의 책).

라캉이 프로이트를 이데올로기적인 오해에서 벗어나게 하기 위해 구조주의의 모델을 사용한 것과 알튀세르가 맑스와 관련한 시도 사이에는 어떤 상응점이 있으며 그것은 시사하는 바가 크다. 분명히 알튀세르는 라캉의 구조주의 모델을 이데올로기란 공동의 적에 대한 전투에서 연합군으로 생각했다. 알튀세르가 특별히 관심을 가진 것은 언어라는 공식적인 구조가 '동물인 어린아이가 어른인 남자나 여자가 되는 강요된 인간화'의 과정에서 어떻게 주요한 역할을 하는가 하는 메커니즘을 라캉이 드러내 주는 방식이다. 라캉은 생물적 존재에서 인간적 존재로의 전이가 언어라는 상징적 질서(질서와 문화의 법칙) 안에서 어떻게 이루어지는가를 보여준다. 이런 전이는 그가 주장하기는 선외디푸스적 관계에서 또한 외디푸스적 관계로의 과정에서 잘 드러난다고 주장한다. 선외디푸스적 관계는 아이와 어머니 사이에 이루어지는데, '자아에 대한 상상적 환상'으로 살아가는 것이다. 우선 모든 타자를 자아와 같이 여기는 것은 나르시스적 동일화인데, 타자나 자아를 마주 대하는 제3자의 객관적인 거리를 결코 취할 수 없다. 외디푸스적 관계에서는, 어린아이와 어머니 사이의 상상적 환상 속으로 제3자(아버지)가 개입하였을 때, 어린아이는 언어라는 객관적 상징질서를 알게 되는데, 그것은 어린아이로 하여금 나, 너, 그, 그녀나 그것(자아를 어른들의 제3자의 세계 속에 인간인 아이로 위치시킴으로)이라고 말하게 함으로써 인간이 되게 하는 것이다.

상상으로부터 언어의 상징적 질서로의 전이를 지배하는 구조적 기호체계를 드러냄으로써, 라캉은 우리가 무의식적 진술을 파악하는 개념적인 것을 갖는 것을 허락한다. 전이의 모든 변증법은 인간의 상징질서에 의해 도장을 찍는 것이고, 그것 때문에 언어학은 형식 법칙, 즉 형식적 개념을 우리에게 주는 것이라고 라캉은 말한다(앞의 책). 게다가 알튀세르가 구체적 역사의 실천(혁명)과 일치하는 맑스주의자 개념의 이론과학을 요구하는 것과 마찬가지로, 라캉은 프로이트적인 개념에 분석적 실천(치료)에 구체적으로 적용하는―구조의 법칙이나―수단을 포함하는 특수성을 제공한다. 이런 방식으로 구조언어학을 라캉이 이용하는 것은 부성, 모성, 유아성 등의 가족 이데올로기에서 작용하는 구조적 힘을 과학적으로 파악할 수 있는 가능성을 여는 것이다. 이데올로기에 대한 비판으로 정신분석학을 인식하는 것은 알튀세르에게 몇몇 결정적 질문을 하게 된다.

예를 들면 우리는 어떻게 언어의 형식적 구조, 실존을 위한 절대적 선조건

과 무의식의 인식가능성 사이의 관계를 엄격하게 정형화할 수 있는가? 한편
으론 구체적인 친족구조가 최종적으로 구체적인 이데올로기적인 형성 안에서
(부성, 모성, 유아성의) 친족구조에 의해 함의된 특수한 기능이 어떻게 살아남
는가? … 분석적 이론과 그 이론의 외양의 역사적 선조건 그리고 그 이론이
적용되는 사회적 선조건 사이에는 어떤 관계가 존재하는가? … (이런 물음이
함의하는) 평가는 프로이트의 평가, 그의 고유의 영역에 근거하는데 특수한
법적, 윤리적 그리고 철학적, 즉 명확히는 이데올로기적인 인간, 인간 주체의
이미지에 적용된다. 프로이트가 그의 발견의 비판적 수용을 코페르니쿠스의
혁명적 전회에 비교하는 것은 전혀 무의미한 것이 아니다. 코페르니쿠스 이
래로 우리는 지구가 우주의 중심이 아니라는 것을 알고 있다. 맑스 이래로 우
리는 인간 주체, 경제적·정치적 또는 철학적 자아가 역사의 중심이 아니라는
것을 안다. 계몽주의 철학자와 헤겔의 입장과는 반대로, 역사는 중심을 갖지
않으나 이데올로기적인 오해 속에서만 아니라면 필연적인 중심을 갖지 않는
구조를 갖는다. 역으로 프로이트는 진정한 주체, 본질적 개인은 자아의 형태
나 의식 또는 실존에 중심을 두는 것이 아니고 … 인간 주체는 탈중심화하여
중심을 갖지 않는 구조에 의해 이루어진다. 자아의 상상적 오해, 즉 자아가
스스로를 인식하는 이데올로기적인 형성을 제외하고는 인간 주체는 탈중심화
되어 있다.

라캉은 잘못된 인식의 구조에 대한 프로이트의 발견을 우리가 과학적
으로 보다 잘 이해함으로써, 알튀세르의 견해에 있어 맑스주의자들에게
이데올로기의 활동에 대한 새로운 통찰을 제공한다. 참으로 이데올로기와
이데올로기적 국가 기구 안에서(『레닌과 철학』으로 다시 발간되었는데),
알튀세르가 이데올로기는 영원하고 무의식과 정확하게 같다고 언급했을
때는 언어의 무의식이라는 라캉의 구조주의적 모델에 호소하는 것이다.
달리 말하면 이데올로기가 공허한 꿈이나 상상적 집합으로 작용하는 한
그것은 역사의 부정이다. 그러나 정신분석학이라는 라캉의 구조 과학은
알튀세르의 사적 유물론의 구조적 과학에 의해 보완되어야 한다는 것은
적절하다. 알튀세르는 그의 「프로이트와 라캉」이란 에세이에서 다음과 같
이 말하고 있다.

문화의 법칙은 먼저는 언어로 소개되고 그 최초의 형식은 언어이며, 언어
에 의해서는 다 써짐이 없다. 그 내용은 진정한 친족구조이고 결정적인 이데

올로기적 정형이며, 그 안에서 이런 구조들에 새겨진 개인들은 그들의 기능을 수행한다. 서구의 가족은 가부장적이고 족외혼적(친족구조)이라고 아는 것으로 충분하지는 않다. 우리는 부성, 모성, 친족성과 유아성을 지배하는 이데올로기적인 형성을 또한 풀어내야만 한다. … 연구의 대부분은 이런 이데올로기적인 형성 위에서 수행된다. 이것은 사적 유물론의 과제이다(앞의 책).

롤랑 바르트
Roland Barthes

　　바르트는 영어권에서는 구조주의를 문학비평에 원용한 프랑스인으로
가장 잘 알려져 있다. 바르트가 라신느, 미슐레와 발자크 같은 고전적 작
가로부터 로브 그리예와 샤로트, 누보 로망의 창시자와 같은 현대 실험주
의 작가들까지의 범위에 이르는 문학을 구조주의적으로 읽도록 길잡이
역할을 한 것은 사실이다. 그러나 바르트는 문학비평가 이상이다. 우리는
그를 근본적으로 철학적 의도를 가진 문화비평가로 생각하는 것이 보다
좋을 것이다. 바르트의 지적인 경력은 다재다능하고 다방면에 걸쳐 있다.
그러나 그것은 어떤 공통된 목적을 가지고 있다. 사회학, 예술, 정치학,
인류학과 대중매체로서의 다양한 문화적 진술들에 기호의 과학─기호학
(semiology)─을 적용하는 것이다. 내용의 다양성을 방법의 통일로 독창적
으로 조화시키는 것은 파리에 있는 'Ecole Pratique des Hautes Etudes'의
의장이라는 바르트의 직함에도 반영되어 있다. 거기에서 그는 수년 동안
기호와 상징과 집단표상을 가르치는 사회학과장이었다.

1

바르트는 1960~70년대 프랑스의 지적 세대를 대변한다. 사르트르와 메를로 퐁티는 1940~50년대의 세대를 대변한다. 말하자면 그 시대의 특수한 문화적 풍토에 상응하는 새로운 방법론을 소개한 것이다. 사르트르와 실존주의자들은 전후의 지적 위기에 대응하여 자유의식의 현상학을 채용했고, 바르트는 문자와 매스미디어의 광고가 발전한 현대를 비판적으로 이해하기 위해 보다 적합한 방법으로 소쉬르의 언어학 모델을 선택했다. 그의 구조주의 철학의 가장 기본적인 정형 중의 하나는 『기호학의 원리』인데, 바르트는 그의 최초의 출발점을 다음과 같이 언급하고 있다.

소쉬르는 1916년에 최초로 발행한 『일반언어학 강의』에서, 기호의 일반과학 또는 기호학을 시대의 당연한 요청으로 인정하였고, 언어학은 그런 요청의 일부분이다. 그러므로 기호학은 기호들의 실체나 한계는 어찌되었건 어떤 기호의 체계에 속하는 것을 목적하는데 이미지, 몸짓, 음악적 소리, 대상, 그리고 이런 모든 것들의 복합적 연상은 의식과 관습이나 공적인 유희의 내용을 형성한다. 즉 이런 것들은 언어를 형성하지는 않는다 해도, 최소한 의미화된 체계를 형성한다. 오늘날 매스컴의 발달은 광범위하게 의미화된 매체의 장 위에 특수한 지시를 인정하게 된다. 이것은 언어학, 정보이론, 형식논리와 구조인류학과 같은 학문의 성공이 의미론적 분석이라는 새로운 도구를 제공함으로써 가능한 것이다. 현재 기호학에 대한 새로운 요구가 있는데, 그것은 몇몇 학자들의 일시적 유행으로 생겨난 것이 아니고, 현대 세계의 역사 자체로부터의 요구에서 비롯되는 것이다(『기호학의 원리』의 서문).

바르트는 애초부터 기호학의 불확실한 특징을 알고 있었다. 그는 기호학을 '우리 시대 지적인 상상력의 영역'을 탐구하는 과학으로 묘사한다. 이 영역은 소쉬르, 레비 스트로스와 라캉 등에 의해 열려진 구조적 분류의 체계를 우선적으로 지시한다. 바르트의 주장에 따르면 그런 체계들은 '메타언어'의 한 종류인데 현대 사회과학의 새로운 발견을 반영하고 있다.

구조주의적인 모델을 사회과학의 영역까지 확장하는 것과 그 본질적 결과에 대해서는 논란의 여지가 있음에도 불구하고, 바르트의 매우 독창적인 기여가 돋보인다. 바르트의 기호학이 기호의 사회학으로 기능함으로써, 찰리 채플린 영화, 화장비누 광고, 여성의 패션 잡지, 현대의 전위소설이나 성 이그나투스 로욜라의 신비적 텍스트와 같은 다양한 의미의 체계를 분석할 수 있게 되었다. 구조주의 모델의 광범위한 적용은 바르트가 초언어학(trans-linguistics)이라고 부르는 것이다. 모든 기호들은 이미지건 몸짓 또는 정치적 구호이건 따로 떨어져서 작용하는 것이 아니고 의미라는 관계의 체계 안에서 작용한다. 다른 기호와의 상호작용을 할 따름이지 독립적으로 의미를 갖는 기호는 없다. 즉 "지시하지 않는 의미는 존재하지 않으며, 소기의 세계는 언어의 세계 이외의 다른 것이 아니다"(『기호학의 원리』)라는 바르트의 주장과 마찬가지이다.

기호학이 우리 시대의 지배적인 문화적 진술에 대한 초언어학적 비판 ―또는 바르트가 부르는 대로 '진술의 거대한 의미통일성'―으로 발전함으로써, 바르트는 연구의 양상을 인류학, 정신분석학, 문체학(stylistics)은 물론 사회학과 같은 다양한 학문의 자료들을 포괄할 수 있도록 했다. 이런 다학문적인 접근은 다음과 같은 가정을 갖는다.

첫째, 우리의 세계에서 모든 대상은 기호이다.

둘째, 모든 기호의 의미가 항상 그 기호가 다른 기호에 대해 갖는 구조적 관계 속에서 나타나는 한, 모든 기호는 언어적이거나 초언어적이다.

셋째, 이런 관계는 언어체계라는 숨겨진 기호체계에 의해 결정된다.

이런 점에서, 바르트는 야콥슨의 유명한 공리인 '사물들은 존재하지 않는다. 다만 사물들 사이의 관계만 존재할 뿐이다'를 인정하고 있다.

바르트에게 구조주의 방법은 단순한 분석기술 이상이다. 그것은 세계와 사회에 대한 새로운 철학적 이해를 전제한다. 예를 들면 예술작품이나 문학에 대한 바르트의 구조적 탐구는 예술작품을 단순한 의식의 의도로 여기는 관념론자의 철학, 또는 그것을 따로 떨어진 경험의 자료로 환원시키는 경험주의자의 철학 모두에 근본적으로 반대한다. 바르트는 텍스트는 문자적이든 그렇지 않든 구조적 관계의 복합적 상호작용으로 보아야 하고, 의미화라는 사회적 또는 집단적 체계에 의해 통제된다고 주장한다. 따라서 바르트는 인간주의 심리학의 해석 모델을 구조주의 사회학의 모델로 대체한다. 구조주의 모델로 텍스트의 의미를 이해할 때, 저자의 인격적 정체성(그가 프랑스인이건, 가톨릭이건, 공산주의자이건)은 별 문제가 안 된다. 마찬가지로 저자의 전기는 대부분의 경우 텍스트를 이해하는 데 별 상관이 없는 것이다. 작품의 궁극적 의미는 그 작품이 만드는 의미체계 속에 내재하는 기호의 변형과 대체 안에 존재한다. 그러므로 텍스트를 만들어내는 것은 저자가 아니며, 오히려 저자를 만들어내는 것이 텍스트이다. 텍스트의 메시지를 전하는 사람이나 받아들이는 사람의 사적인 의도는 문제가 되지 않으며, 문제가 되는 것은 그런 메시지의 구조적 암호화를 지배하는 일반적 체계이다. 다른 식으로 말한다면, 텍스트는 언어 바깥에 존재하는 관념이나 사물을 지시함으로써 의미화되는 것이 아니고, 사물이나 관념들에 앞서고 미리 결정되는 사회적 의미체계에 대한 관계에 의해 의미화된다. 바르트는 텍스트에 대한 우리의 이해를 근본적으로 탈심리화함으로써 의미의 형성을 궁극적으로 구조화하는 집단적 무의식의 기호체계에 우리의 관심을 집중시킨다.

그러나 바르트의 이력을 보면 거대한 스케일의 이론가라기보다는 분명히 텍스트 대변자이고, 그러므로 계속해서 그의 입장을 바꿔갈 수 있는 자유를 만끽하고 있다.

2

이제 바르트의 방법의 구체적인 예를 들어보는 것이 좋겠다. 『0도의 문자』라는 그의 최초의 문학비평서에서는 후기에 나타날 구조주의적 입장이 예견되고 있다. 그는 문학을 문체의 표현(저자 개인의 성격의 표현)이라기보다는 문자(writing)의 기능으로 이해해야 한다고 선언한다. 바르트는 이 저서에서 문학의 목적 중의 하나는 사르트르가 『문학이란 무엇인가?』에서 열성적으로 논증한 대로 사회·정치적 책무를 인식하는 반면, 그는 문학의 우선적 역할은 형식적인 것이라고 주장하기도 한다. 그는 분명히 맑스주의에는 동정적일지라도, '사회주의 리얼리즘'(소비에트 공산당의 공식적인 미학)이라는 다듬어지지 않은 환원주의에 대해서는 반박한다. 사회주의 리얼리즘은 문학을 오로지 내용을 드러내는 것으로 볼 때만 정당하게 평가된다고 주장한다. 사회주의 리얼리즘은 모더니스트와 포스트 모더니스트의 작품—특별히 조이스, 베케트, 보르즈와 누보 로망적 작품—을 퇴폐적인 부르주아 니힐리즘의 증후로서 무시한다. 바르트는 대조적으로, 그런 전위적인 작품을 형식에 있어서 혁명이라고 본다. 부르주아 의식이 소외되고 해체되는 것을 드러냄으로써, 전위예술은 낭만주의적 휴머니즘이 '탈인간화'하고 새로운 '색깔 없는 0도 문자'가 성장하는 것을 알리고 있다. 이런 실험적 형식의 다양화는 문학을 어떤 하나의 신성한 행위로 보는 전통적 견해를 버리는 것이다. 드디어 여기에서 바르트는, "문학은 공공연히 언어의 문제로 환원된다"(『0도의 문자』)고 주장한다. 언어 자체로의 귀환은 반동적이라기보다는 근본적인 결과이다. 모더니스트 저술들은 모든 인습적 태도를 의식과 창조성으로 논파한다. 그것들은 우리에게 '언어 없는 사상은 존재하지 않는다'는 것을 일깨워준다. 이런 실험형식들의 끊임없는 증가는 "그것이 어떤 것을 기도하기 위하여 언어를 만들어내는 한, 새로운 문학을 낳게 된다. 문학은 언어의 유토피아이다"(『0도의 문자』).

바르트의 구조주의적 비판의 가장 생생한 예는 『신화학』, 『비판적 에세이』와 『이미지-음악-텍스트』 등의 세 권의 에세이집에서 발견된다. 여기서 바르트는 현대문화를 사회질서라는 지배적인 신화와 은유를 결정하는 의미체계라는 것을 '읽어내기' 위하여 구조적으로 암호를 해석해내는 문자를 능란하게 원용하고 있다. 이런 작품에 대한 바르트의 분석은 분명히 레비 스트로스에게 빚을 지고 있다. 레비 스트로스는 신화를 일상적인 사회적 실존의 갈등을 해결하기 위한 집단의 계략으로서 이해했다. 바르트는 그런 계략을 부르주아 이데올로기와 동일시한다.

『신화학』에서 바르트는 신화에 대한 구조주의적 접근과 자본주의하에서 소비상품에 대한 맑스주의자의 비판을 결합한다. 이런 방법들의 결합은 현대 산업사회 속의 대중문화가 신화에 대해 절충적으로, 때로는 우상파괴적으로 탐구하도록 만든다. 『신화학』의 1970년판 서문에서, 바르트는 언어의 메커니즘인 대중문화를 의미론적으로 분석하고자 하는 그의 의도를 표명했다. 그는 집단적 표상을 기호체계로 다룸으로써, "프티 부르주아 문화를 보편적인 특성으로 변화시키는 신비화에 대해 상세히 설명한 후, 그것들을 드러내는 열성적인 겉치레보다는 한걸음 더 나가기를"(『신화학』) 소망한다. 바르트는 '부르주아적 규범'을 적으로 규정하는 이데올로기 비판을 지지한다. 그가 지적하는 대로, 최종적 분석에서 '기호 분석'으로 기능할 수 없는 기호학은 존재하지 않는다.

부르주아적 규범은 역사를 자연(자연은 영원하고 불변하는 것으로 이해된다)으로 전략적으로 대체한 것에 입각하고 있다. 바르트는 이런 예를 미디어의 신화에서 분명하게 지적하는데, 그 신화는 역사를 결여하고 있는 것처럼ー티 하나 없는 천진한 어린아이를 생각하는 것처럼ー실재를 표상한다. 그는 『신화학』에 포함된 28가지 에세이에서 영화, 신문사설, 패션 광고나 요리, 유행 같은 다양한 미디어 현상을 다루는데, 이 모든 것은 공통된 목적을 가지고 있다. "말없이 진행되는(what-goes-without-saying) 장식적 전시에서 노리는 것은, 이데올로기적인 왜곡인데 … 그것은 숨겨져 있다."

이렇게 기호분석적 비판을 수행해보면, 모든 대중적 신화ー레슬링이나 플라스틱 전시회 같이 겉으로는 비언어적 현상을 다룬다 해도ー는 궁극적으로는 언어로서 기능한다는 구조주의의 기본원리를 전제하고 있다는 것을 알 수 있다. 게다가 이 확대된 초언어적 모델은 바르트로 하여금 고고학적 방법과 문학적 풍자의 자료를 현대신화의 숨겨진 활동을 탐구하는 가장 알맞은 수단으로 연결할 수 있게 해준다. 바르트는 다음과 같이 말한다.

나는 과학자의 객관성과 작가의 주관성 사이의 자연적 이원성을 전제하는 전통적인 믿음을 인정할 수 없다. 과학자나 작가가 그들 상황의 실제적인 제한을 없애버리거나 승화시키기에 적당한 자유나 사명이라도 부여받은 듯이 말이다. 내가 주장하는 것은, 우리 시대의 모든 모순을 껴안고 살아야 한다는 것이고, 그것은 진리라는 조건을 비웃는 것이다(『신화학』의 서언).

바르트는 신화를 의미의 체계 안에서 기능하는 메시지로 분석한다. 신화의 가장 중요한 요소는 메시지가 드러내는 지시나 대상이 아니라 메시지가 전달되는 보이지 않는 방법이다. 바르트는 궁극적으로 기호의 의미의 구성요소는 어떤 실체라기보다는 형식이라는 구조주의의 중심 전제를 여기에서 받아들인다. 그러나 바르트는 신화는 형식적 고려에 종속되는 것일 뿐 아니라 역사적 고려에 종속된다고 보는 소쉬르보다 한걸음 더 나아간다. 그는 기호의 사용에서 가장 중요한 것은 사회논리적이고 이데올로기적인 조건이라고 주장한다. 바르트에게 신화는 어떤 우주적 무의식의 영원한 원형이나 의식의 신비스런 영감이 아니고, 애초의 사물의 본성에 속한 것도 아니다. 신화는 사회적 실재를 특별한 사회적 목적으로 기능하게 하는 언어로 바꾸어버리는 구조적 전환이다.

따라서 바르트는 신화학의 전혀 새로운 정의에 도달한다. 즉 신화학은 대중의 의식을 지배하는 일종의 이데올로기적 진술들에 봉사하는 기호학의 일부분이다. 신화는 사회의 모습을 겉으로 드러나도록 하는 공적인 매스미디어, 국가언론이나 라디오, 다른 의사소통의 관례에 의해 이데올로기적 의미를 가지게 되는 형식상의 관념이다. 바르트는 모든 곳에서 신화를 찾는다. 사실상 우리가 살고 있는 현대세계(말하자면 어떤 이데올로기적인 함의라는 관점에서 정형화되지 않는 사건과 사물들)에서 의미 없는 영역을 만나는 것은 거의 불가능하다고 그는 주장한다. 바르트는, '바닷가'라는 겉으로 자연적인 것같이 보이는 것에 대한 우리의 지각조차도 표지판, 의복, 광고문, 볕에 그을린 색깔 등의 기호학적인 메시지에 둘러싸여 있다고 말한다.

신화는 이중적인 의미로 작용한다. 신화는 이미 존재하는 기호(그것이 글로 쓰인 문장이건 사진이건 뉴스이건 간에)를 출발점으로 삼는데, 그 기호는 어떤 이데올로기적인 의미를 채용함으로써 다시 충전된다. 이런 의미에서 신화는 이미 존재하는 언어를 다시 활동하게 하는 숨겨진 언어이다. 『신화학』의 마지막 장을 '오늘의 신화'라고 붙였는데, 바르트는 ≪파리 마치≫라는 잡지의 표지에 대한 유명한 분석을 한다. 그 표지는 프랑스 제복을 입은 흑인이 눈을 치켜뜨고 프랑스 국기를 흔들고 있다. 이 예는 특별히 많은 교훈을 주기 때문에, 좀더 자세하게 살펴보도록 하자.

3

≪파리 마치≫ 표지에 대한 우리의 지각에서 작용하는 의미에는 두 가

지 층이 있다. 첫째 층의 의미는 '흑인 병사는 프랑스식 경례를 하고 있다'고 읽힌다. 그러나 이 표면적 의미 뒤에는 의미의 둘째 층이 숨어 있는데, '프랑스는 거대한 식민지를 거느린 제국이고 모든 프랑스의 자녀들은 인종에 관계없이 프랑스 국기 아래 충성한다'는 것이다. 첫째 층의 기호(흑인이 경례하는 국기)는 둘째 층의 '능기'로서 기능하기 시작하고, 그것의 '소기'는 프랑스인의 애국심이 군사적 식민주의와 공존할 수 있다는 이데올로기의 메시지일 때, '신화'의 기호학적 체계는 성립하게 된다.

바르트는 이런 전환에서, 국기에 경례하는 흑인이라는 원래의 언어학적 기호는 그 자체의 특수한 의미－예를 들어 흑인의 개인적 특징－를 효과적으로 없애 버리는데, 그럼으로써 그 표지는 식민지적 제국주의라는 새로운 신화적 소기에 대해서 순수 형식적 능기로서 기능하게 된다. 그렇게 하지 않으면 그 신화는 너무나 명백해지고, 따라서 선전과 설득이라는 그 자체의 이데올로기적인 목적을 유치하게 드러내게 된다. 바르트는 다음과 같이 기술한다.

(첫째 층) 의미는 그 가치를 상실하지만 생명을 유지한다. 그것으로부터 (둘째 층) 신화의 형식이 자양분을 얻는다. 의미는 역사의 자발적 보존, 단조로운 풍요를 나타내는 형식이다. 어떤 급격한 변화에서 그것은 과장되기도 하고 무시되기도 한다. 그 형식은 계속적으로 의미에 다시 뿌리를 박을 수 있어야 하고, 그것에 영양분을 공급하려면 무슨 특성이 필요한지도 알아야 한다. 또한 무엇보다 중요한 것은 거기에서 숨겨져야 한다. 이것은 신화를 정의하는 의미와 형식 사이에서 계속해서 일어나는 숨바꼭질 놀이이다. … 경례하는 흑인은 프랑스 제국의 상징만이 아니고, 그는 너무 많은 현전하는 의미를 가진다. 그는 부자, 완전한 경험자, 자발적이고 순결한, 명백한 이미지로 나타난다. 그러나 동시에 이 현전은 길들여진 것이고, 멀리 놓이며, 거의 투명하기까지 하다. 그것은 좀더 희미해지고, 그것은 완벽하게 무장된 프랑스의 제국성을 나타내는 개념의 공범자가 된다(『신화학』).

따라서 기호의 원래 의미가 전략적 이데올로기 기능에 상응하기 위해 귀속될 때 신화는 드러난다. 그러나 프랑스 제국주의의 신장이라는 이데올로기적 기능은 다른 능기들의 다양성에 의해서만 이루어진다. 예를 들면 국기에 경례하는 흑인의 《파리 마치》 표지뿐만 아니라, 프랑스 외국

군의 영화인 「멋진 몸짓(Beau Geste)」이나 우파의 역사나 정부 라디오 방송 등으로부터 발췌한 것 등이다. 바르트는 능기와 소기 사이의 비자연적 언어에 대한 소쉬르의 발견을 여기에서 반향하고 있다.

신화는 '숨겨진 설득자'로서 이데올로기적인 역할을 성취하는데, 간단히 말하면, 새로운 인위적 의미를 만들어내기 위하여 기호의 원초적 의미를 따로 떼어 내거나(alienating) 없애 버린다(emptying). 이것은 이른바 기호의 '자연적' 의미와 '부과된' 이데올로기적 의미 사이의 모호한 전환의 구조적 상호작용을 요구한다. 따라서 우리는 국기에 대해 경례하고 있는 흑인의 원초적 이미지와 동시에 그 이미지를 '훨씬 앞서는' 메시지로서 작용하는 프랑스 제국주의의 이데올로기적 메시지를 발견하곤 한다. 신화에서 두 의미층 사이의 변증법적 상호작용을 바르트는 차창을 통해서 보이는 경치와 비교한다.

> 한때 나는 유리가 있다는 것과 경치의 거리를 파악할 수 있었다. 다른 때는 반대로, 유리의 투명성과 경치의 깊이를 파악했다. 그러나 이 전환의 결과는 계속되는 것이다. 유리는 있다가도 없고, 경치는 실재하지 않다가도 완벽하게 실재한다. 같은 것들이 신화적 능기에서도 나타난다. 그 형식이 공허하나 현존하고, 그 의미가 없으나 충만하다(앞의 책).

이 분석의 과정중에서, 바르트는 신화에 대한 기호학적 비판은 과학자의 엄격한 중립적 입장을 떠나서 이데올로기적 저의를 폭로하는 정치적 의무를 수행한다. 달리 말하면, 신화를 기호학적으로 읽는 것은 구조적일 뿐만 아니라 역사적(맑스주의적 의미에서)이다. 신화의 이중적 메시지를 단순하게 암호나 해독하고 분별하는 것만으로는 충분하지 않다. 우리는 또한 반드시 그것들을 탈신비화해야 한다. 바르트는 프로이트의 꿈의 해석과 맑스주의의 상품에 대한 주물숭배 비판을 받아들임으로써, 신화에서 주술적인 무시간적 겉모습을 폭로하는 것이 필수적이라고 주장한다. 독자에게 신화가 만들어진(왜 《파리 마치》의 표지가 프랑스 식민시대의 특수한 연관에서 만들어졌는가) 그리고 그 잡지가 소비되는(어떤 종류의 독자−프랑스 중산층 또는 노동자 계층−를 겨냥해서 만들어졌는가), 정확한 역사적 맥락을 상기시켜야만 한다. 이렇게 신화를 역사적 맥락에 다시 위치시켜서 비판적 기호학자들은, 자연적으로 보이는 것은 실제로는 고안된 것이고, 보편적 사실로 놓인 것은 특수한 이데올로기적인 가공물에 지나지 않는다는 것을 밝혀준다.

『신화학』에서 바르트의 주요한 목적은 신화는 경험적인 것이 아니고 기호학적 현상이라는 것을 논증하는 것이다. 바르트가 신화는 항상 기억할 수 없는 시간에서부터 존재해왔다고 말하면서, 현대의 신화를 기호분석적으로 읽는 것이 중요하다는 것을 특별히 강조한다. 이것은 현대 서구의 선진사회는 그 자체의 이데올로기적인 동기를 은폐하기 위해서 신화를 만들어 내는 이데올로기 체계로서 기능하고 있기 때문이다. 참으로 바르트가 알려주는 대로, 현대의 부르주아지는 더이상 '부르주아'로 불릴수 없는데, 왜냐하면 그들을 뒤엎으려는 관심을 갖고 그들 밖에 존재하는 프롤레타리아 계층이 존재한다는 것을 알기 때문이다. 부르주아지들은, 세속 신화와 의례와 공식행사를 통해서 부르주아지 자체가 보편적인 사회적 전체성을 대변하고, 인간성 자체의 단 하나의 유일한 화육과 영원한 인간상을 드러내는 양 주장한다. 바르트는 "프랑스 전체는 이 익명의 이데올로기에 빠져들고 있다"(『신화학』)고 말한다. 이런 방식으로 부르주아 이데올로기는 세계의 실재를 세계의 이미지로 바꾼다. 이것은 역사를 자연으로 환원하기를 기도하는 것이다. 따라서 부르주아지의 실제 위상은 역사적으로는 특수한 시점에 정황지어진 것으로 남지만, 그것은 영원하고 변하지 않는 인간의 이미지를 투사한다. 부르주아 신화는 사물들을 그들의 기억과 사회적 창조에서 없애버린다. 그것들은 세계를 눈부시게 명확하고 복잡하지 않게 모순이나 깊이가 없이 나타낸다. 이 과정에서 인간의 행동은 탈정치화되고 사실을 문제 삼을 필요가 없게 변해간다. 그 결과는 우리는 더이상 세계를 선택할 필요가 없으며, 단순히 세계에 순응하기만 하면 된다. 바르트가 주장하기는, 그러므로 혁명적 진술은 신비적 진술의 반명제이다. 부르주아지는 신화를 통해 부르주아적인 것을 감추는 반면, "혁명은 스스로를 혁명으로서 공공연히 드러내고, 그렇게 함으로써 신화를 추방한다"(앞의 책).

바르트가 비판적 기호학자에게 가장 적합한 태도는 '풍자'라고 했을 때, 우리는 지금 그가 무엇을 말하고자 했는지를 평가할 수 있는 가장 좋은

자리에 있다. 우리의 지배적인 사회적 언어가 수행하는 따로 떼어놓는 신
화를 없애 버리기 위해서, 독자는 스스로 언어로부터 눈에 띄게 떨어져야
한다. 부정을 부정하기 위해(헤겔과 맑스가 한 대로) 우리는 언어의 가장
자리에 자리를 잡고, 부르주아적 진술의 자연적인 겉치레를 벗겨내기 위
해서 부자연스런 파괴를 단행해야 한다. 이것은 기호분석자가 필연적으로
부정적인 태도를 취해야만 하는 이유이다. 신화의 부르주아 질서에 대한
부정을 무엇으로 바꿀 것인가는 지금 고려할 문제가 아니다. 신화에 대한
비판자는 반드시 예언자의 역할을 해야 한다. 그는 우리를 사막을 통하여
인도할 수 있으나 그것을 벗어나서는 안 된다. "그는 약속의 땅을 볼 수
없다. 내일의 자리는 오늘의 부정성(negativity)으로 완전하게 가려져 있다.
그가 추구하는 모든 가치는 그에게는 파괴의 행동으로 보인다"(앞의 책)고
바르트는 말한다. 신화에 대한 오히려 묵시적인 결론에서, 바르트는 '포스
트 구조주의자'의 한 사람이 되기 위해 구조주의자로서의 한계를 넘어서
는 것 같이 보인다. 그는 말하자면, 보다 근본적인 해체주의적 기도로 나
아간다. 해체주의적 기도는 언어의 구조적 전체성이란 것은 언어가 확립
되면서 생겨난 중심화된 암호라고 거부한다. 이런 과도성과 유별성의 무
정부적 특징을 내재적으로 억압적이고 고질적인 것으로 간주한다.

4

그 이후의 작품에서 바르트는 풍자(sarcasm)라는 비판적 기도가 함의하
고 있는 어떤 것을 포기한다. 『사드/푸리에/로욜라』의 서문에서, 그는 부
르주아 이데올로기 바깥에 순수한 언어가 자리할 곳은 없고, 부르주아 이
데올로기의 왜곡에 의해 모든 진술은 더럽혀져 있다고 주장한다. 지배적
으로 유행하는 부르주아적 언어에 대한 가능한 단 하나의 응답은 충돌이
아니라—그것은 그 개념 안에서 걸리기 때문에—'도둑질'이다. 따라서 우
리는 바르트가 독자들에게, "문화, 과학, 문학의 오랜 텍스트를 파괴하고,
도둑질한 물건을 감추듯이 변장술에 따라 그 특징을 감추라"고 권면하는
것을 발견할 수 있다. 바르트는 뒤집어버리려는 도둑질의 태도와 언어에

대한 '테러리스트'의 습격을 동일시한다. 테러리스트의 "폭력은 언어로 하여금 사회, 이데올로기, 철학이 역사적 명료성이란 문제에서 동요하는 가운데 서로를 일치시키기 위해 그들 스스로 확립한 법칙을 넘어설 수 있게 한다. 이 넘어섬을 문자(writing)이라고 부른다"(앞의 책).

문자는 바르트에 있어서는 언어의 도시를 공격하는 데 쓰인 텍스트적인 트로이의 목마였다. 문자는 내면으로부터 공격한다. 문자는 끝없는 의미의 서로 다른 다양성을 뒷받침하는데, 이른바 자연화된 언어의 전체적 체계는 그런 의미의 다양성을 없애버리려고 결사적으로 노력한다. 문자는 하나의 소기에 각각의 능기를 연결하는 언어의 확립된 실행을 탈중심화하고, 따라서 유희적 읽기의 화려한 다음(多音; exuberant polyphony)을 풀어놓는다. 의미의 자의성을 밝혀냄으로써(능기와 소기 사이의 관계와 같이), 문자는 독자에게 의미는 다른 것일 수 있다는 것을 상기시켜준다. 따라서 텍스트를 각각 나름대로 읽기는 의미에 대한 새로운 기술이 된다. 그리고 이것은 바르트가 주장하듯이, 저자(텍스트의 진정한 의미의 중심이나 기원으로 생각되듯이)에서 독자(텍스트를 무한한 의미의 다양성으로 해방하는 자)로의 근본적 전환을 포함한다. 『이미지-음악-텍스트』라는 유명한 에세이에서, 바르트는 '저자의 죽음'이라는 표제를 붙이고, 이 혁명적 역학의 뒤바뀜을 다음과 같이 설명했다.

문자는 기원이라고 여겨지는 모든 점들에 대한 파괴이다. … 문자의 다양성 안에서 모든 것은 해방되고, 아무것도 해독되지 않는다. 구조는 모든 점과 모든 차원을 달리고(스타킹의 실올같이) 이끌려 나올 수 있다. 그러나 그 아래는 아무것도 없다. 문자의 공간은 펼쳐질 뿐이고 관통되지 않는다. 문자는 끊임없이 의미를 없애버리기 위해서, 끊임없이 의미를 가정한다. 그리고 조직적 의미를 없애버린다. 정확히 이런 방식에서 (문자는) 비밀, 즉 궁극적 의미를 텍스트(와 텍스트의 세계)에 할당하기를 거부함으로써, 반이론적 행위라고 불리는 것을 해방시킨다. 그 행위는 의미가 고정되는 것을 거부하고, 결국 신과 그의 전제―이성, 과학, 법칙―를 거부함으로써 진정 혁명적으로 된다. … 문자의 진정한 자리는 읽기이고 … 독자의 탄생은 저자의 죽음이라는 값을 반드시 지불해야만 하는 것이다(앞의 책).

따라서 바르트는 아버지에 대한 아들, 피조물에 대한 신과 비슷한 창조자, 주체의 술어인 책보다 앞서서 또는 그 이후에 존재하는 고정된 주체와 같이 텍스트에 대한 저자의 관계가 거룩하다는 의식에서 탈피했다. 바르트의 주장에 따르면, 문자는 각각의 읽기를 선언하는 바로 그 순간 여기에 존재한다.

이제 구조주의자에서 포스트 구조주의자의 관점으로 전환하는 바르트의 입장을 보다 명확하게 살펴보기로 하자. 후기의 바르트는 진정한 혁명적 진술이 숨겨진 암호화된 메시지를 분별하거나 드러내는 것이라고는 더이상 생각하지 않는다. 왜냐하면 이것은 의미의 어떤 위계질서를 함축하는 것으로, 즉 어떤 의미가 다른 것보다 더 깊다거나 더 근본적이라는 것을 함축하기 때문이다. 혁명적 진술은 지금 다의적 의미가 자유롭게 흘러넘치는 것으로서 정의된다. 그것은 어떤 고정된 소기(또는 소기의 고정된 질서)에서 능기를 해방시킨다. 능기는 다차원의 연합이라는 우주적 놀이 안에서 뛰논다. 그러므로 우리는 주어진 신화나 텍스트 뒤에 숨어 있는 이데올로기적 동기를 밝혀내기 위해 노력하는 것은 더이상 정당하지 않다. 모든 텍스트는 신비적이든 그렇지 않든, 지금 어떤 동일한 지시나 목적이 없는 능기들의 텍스트 상호간의 놀이로 다루어진다. "인용의 한 부분은 문화의 수많은 중심에서 온 것이다"(앞의 책). 그리고 모든 독자가 기술자(記述者)가 되듯이, 모든 기술자는 독자가 된다. '대본 작가'로서의 역할은 내적 감정이나 의도를 표현하는 것이 아니고, 시작이나 끝이 없는 텍스트적인 다시 읽기와 다시 쓰기에 기여하는 것이다.

자연적 언어(즉 텍스트가 어쨌든 자연의 사물들을 모방하거나 표상하는)라는 부르주아적 관념의 혁명적 흐름은 '엉터리 기쁨[irreverent pleasure(jouissance)]' 그리고 '깊이 있는 키득거림(profound ridiculousness)'의 미학을 요구한다. 단지 그런 미학을 통해서, 우리는 자연이란 관념은 언어의 문화적 산물, 그것이 텍스트라는 것을 잊어버렸기 때문에 구상화되는 특수한 종류의 텍스트 이상도 이하도 아니라는 것을 알게 된다. "삶은 책을 모방하는 것에 지나지 않는다. 그 책 자체는 기호의 직조이고 잃어버려서 불분명하게 연기된 모방이다"(앞의 책)라고 바르트는 쓰고 있다. 이것은 데리다의 해체주의 공리를 기억나게 한다.

5

『기호의 제국』과 『에스/제트』(둘 다 1970년에 발간)란 저술에서 『바르트에 의한 바르트』와 『한 연인의 진술』에 이르는 바르트의 성숙한 저술들을 텍스트적인 무정부주의라는 포스트 구조주의적 태도가 지배하고 있다. 그러나 아마 후기 바르트의 가장 결정적인 언명—계속적인 작가의 정체성을 부정하는 저자에게 명확한 진술을 하라고 한다면—은 1977년 콜레주 드 프랑스의 취임강연에서 발견된다. 여기에서 바르트는 언어의 억압적 교조주의를 거부하면서, 명확하게 데리다의 해체주의 기도와 푸코의 권력비판에서 공통적으로 나타나는 요인을 찾았다. 그는 언어체계가 드러내주는 과도한 소유의지로부터 진술을 해방하고자 하는 목적을 선언했다. 바르트는 "비난을 일으키고 따라서 그것을 받아들이는 사람에게 죄책감을 느끼게 하는(콜레주 드 프랑스의 취임 연설)" 어떤 권위적 진술을 권력의 언어로 정의했다. 그는 참으로 '파시스트'인 언어가 자체적으로 규정하는 체계를 고소하기까지 했다. 자유를 권력으로부터 인간을 해방시키는 능력만이 아니라 다른 사람에게 부과된 힘을 피하는 능력으로도 이해할 수 있다면, "자유는 언어 밖에서 존재할 수 있다"(앞의 책). 그러나 바르트에 따르면, 언어 밖에 아무것도 존재하지 않는다는 기본 관점은 불가능하다. 그리고 우리가 할 수 있는 최상의 것은 '사기치는' 연설을 위해 문학내적인 기도에 호소하는 것이다.

> 권력의 한계를 벗어나, 언어의 영원한 혁명이라는 장관 안에서 언어(랑그)를 이해하게 하는 이 유익한 사기, 침입, 거대한 협잡을, 나는 문학이라 부른다(앞의 책).

물론 바르트는 문학을 공식적으로 인정되는 작품의 타당성으로서가 아니라 능기가 개방적 상호작용으로 '문자'를 광범위하게 실행한 것으로 이해한다. 따라서 연설 자체가 격렬해지고, "극장에서 낱말의 작용에 의해" 길을 잃게 되는 연설을 텍스트적으로 기록하고 다시 쓰는 것이다. 문학의 근본적 잠재성은 의미의 끝없는 배치라는 텍스트적인 작업에서 발견되는 것이지, 드러나거나 감추어진 어떤 정치적 내용에 있는 것은 아니다.

지식이란 다른 종류의 광대한 다양성을 함께 모은, 자연과학, 역사학, 사회학, 테크놀로지, 인류학 등으로부터 가져온 문자적 텍스트를 사실적으로 배치하고, 익명적이거나, 분명하게 정의된, 고정된 진술로 가장된 것을 폭로함으로써 주물숭배에서 벗어나게 해야 한다. 바르트에게 문학은 '과학의 틈바구니'에서 계속 일할 수 있는 장점이 있었고, 자기과장의 순응주의를 불식시키고 새로운 공간, 없는 땅(u-topos)을 열었다. 거기에서 지식은 결코 완성되거나 최종적으로 결정될 수 없는 다원적 의미의 놀이로 해방되는 것이다. 이런 방식으로 문학은 지식을 축제적인 것으로 만들었다.

> 지식은 단순하게 언어를 사용하는 대신에, 언어를 단계화한다 … 비록 기술에도, 지식은 끊임없이 지식을 반향하는데, 그것은 인식론적 의미에서가 아니라 드라마틱한 진술의 개념에서 그렇다(앞의 책).

결과적으로 문학은 반역이란 특권적 매개체이다. 왜냐하면 그것은 우리로 하여금 낱말들을 단순한 도구가 아니라(과학적 태도가 말해주듯이), '발발, 동요, 계략, 맛'으로 경험하게 한다. 그리고 그렇게 함으로써, 문학이 그 다차원적인 부요함 속에서 쾌락적으로 구해지는 의미의 무한한 놀이적인 수행을 문학 자체로 알았을 때, 최상의 지식을 알려준다. 문학은 간단히 말해서 지식을 욕망으로 다시 바꾸는 것이다.

그가 죽기 3년 전인 1980년에 쓰인 같은 취임연설에서, 바르트는 기술의 모더니스트적 기도를 믿는 특수한 행위를 수행했다. 모더니스트들의 기술의 기도는 말라르메에 의해 최초로 공표되고, 다른 우리 시대의 실험적 작가에 의해 지지되었다. 그는 이 기도를 언어의 유토피아를 확립하려는 시도로 찬양했다. 거기에는 욕망만큼 많은 언어가 있을 수 있고, 독자만큼 많은 욕망이 있을 수 있다. 문학을 복수화하는 술책은―그것은 교조적 진술의 자리에 반대되는 '분류되지 않는, 정상적 자리'의 문학을 찾게 하는데―또한 사회적 유토피아에 대한 암묵적 요구를 갖고 있다. 따라서 바르트가 애처롭게 말하는 대로, "어느 사회도 아직 욕망의 다원성을 인정할 준비가 되어 있지 않다"(앞의 책). 그런 사회가 부재함에 있어, 할수 있는 가장 좋은 것은 언어의 위계적 체계를 문자적으로 뒤바꾸는 것이다. 그것은 모든 비순응주의적 대안을 억압함으로써 하나의 진술 형태를 제도화하는 것이다. 단지 이 뒤바꿈의 부정적 작업―'풍자'―만 이루어졌을 때, 언어가 각 주체가 후회나 억압 이 없는 유토피아적 조건, "법칙에 따르지 않고, 그것의 견강부회에 따라 말해지는 축복을 실현하는 것이 가능하다"(앞의 책). 바르트의 최종적 입장은 그의 텍스트적인 해체주의의 계략이, 다른 수단에 의한 일종의 맑스주의이건(그러므로 초기 『신화학』에서 그의 초기 위상과 공존할 수 있는), 모든 과학적·정치적 진술에 대한 비판이건(맑스와 알튀세 등을 포함해서) 연합된 질문을 제기한다.

따라서 후기 바르트는 그 자신이 (권력에 의해 작용되는 언어의 체계로서 이해되는) '언어학의 파괴'로서 기호학을 다시 정의하는 입장에 서 있다. 그러나 그의 지적 경력이 가져오는 다양한 우회와 탈선을 시인하는 반면 바르트는 브레히트와 사르트르의 '사회 비판'과 소쉬르의 구조주의 '기호의 과학'을 연합시키려는 그의 최초의 기호학적 기도에 여전히 충실하다. 그는 여전히 "사회는 어떻게 인위의 승리(triumphs of artifice)라는 고정관념을 만들고, 그것은 그럼으로써 자연의 승리란 내적인 의미를 받아들일 수 있는가"(앞의 책) 하는 문제를 분석할 수 있는 가장 좋은 수단으로 기호학을 생각했다.

바르트의 최종의 포스트 구조주의자라는 입장은 그러므로 그의 초기 작품으로부터의 일탈로서가 아니고 그것을 근본적으로 다시 쓰는 것으로 보아야 한다. 비록 초기 텍스트들의 도덕의식이 비도덕적 즐김이라는 색조에 의해 바꾸어졌을지라도, 권력과 지배의 오용으로부터 언어를 해방시킨다는 기본 목적은 똑같이 남아 있다. 취임강연의 결론에서, 우리는 바르트가, "언어의 순수성과 언어학의 낭비, 메시지의 즉각적 타락을 가져오는 비폭력의 작업으로서 기호학을 옹호하는 것을 발견한다. 그것들은 활동적 언어가 만들어내는 여러 종류의 음악에서 나오는 욕망, 공포, 외양, 소심, 발전, 부끄러움, 항의, 과도와 공격들에 지나지 않는다"(앞의 책). 여기에서 그는 기호학은 더이상 권력의 언어에 물들지 않는 우월한 과학적 메타언어의 일종으로 기능해야 한다고 주장하지는 않는다. 최종적

분석에서, 언어의 권위주의적 동상의 벽돌과 모르타르를 느슨하게 하는
선동적 반격을 부추기고, 합법화되지 않은 재미—재미(joussance)의 지나
침—가 그들의 발언을 하도록 하기 위해 방어의 벽에 있는 틈을 무너뜨리
면서, 기호학은 언어라는 전체주의적 틀 안에서 작용하는 것 외에 다른
선택이 없다. "기호학은 가능한 한 가장 큰 기쁨의 역사적 순간, 미묘한
묵시의 순간은 한편으론 퇴폐적이고 예언적인 순간이다"라고 바르트는
기꺼이 결론짓는다. "그리고 나는 점점 더 확신한다. 기술과 가르침의 모
두에서 이 느슨해진 방법의 기본 작용은, 쓴다면 파쇄(fragmentation), 가
르친다면 일탈(digression), 또는 그것을 몹시 모호한 단어로 쓴다면 유람
여행(excursion)이다." 그런 기호학적 유람여행의 궁극적 목표는, "지혜:
권력이 없고, 적은 지식, 적은 지혜, 그리고 가능한 많은 향기"라고 덧붙
인다(앞의 책).

참고문헌

영문으로 쓰인 저작

후설

· 1차 자료

Logical Investigations, Humanities Press, 1970.

Ideas: General Introduction to Pure Phenomenology, Collier Books, 1962.

The Idea of Phenomenology, Nijhof, The Hague, 1973.

The Phenomenology of Internal Time Consciousness, Nijhoff, The Hague, 1964.

Phenomenology in The Encyclopaedia Britannica, vol.17, 1929.

Formal and Trascendental Logic, Nijhoff, The Hague, 1969.

Cartesian Meditations, Nijhoff, The Hague, 1960.

Experience and Judgement, Northwestern University Press, 1973.

Phenomenology and the Crisis of Philosophy(Philosophy as a Rigorous Science and *Philosophy and the Crisis of European Man)*, Harper and Row, 1965.

The Crisis of European Sciences and Transcendental Phenomenology, North-western University Press, 1970(this work includes 'The origin of gemoetry' as an appendix).

· 2차 자료

Carr, D. 1974, *Phenomenology and the Problem of History*, Northwestern University Press.

Elliston, F. and P. McCormick eds. 1977, *Husserl, Expositions and Appraisals*, University of Notre Dame Press.

Elverton, R. O. ed. 1970, *The Phenomenology of Husserl: Selected Critical Readings*,

428

Quadrangle Books.

Farber, M. 1943, *The Foundation of Phenomenology*, Harvard University Press.

Grossman, R. 1984, *Phenomenology and Existentialism: An Introduction*, Routledge and Kegan Paul.

Gurwitsch, A. 1966, *Studies in Phenomenology and Psychology*, Northwestern University Press.

Kockelmans, J. ed. 1967, *Phenomenology: The Philosophy of Edmund Husserl and its Interpretations*, Anchor Books.

Kolakowski, L. 1975, *Husserl and the Search for Certitude*, Yale University Press.

Lauer, Q. 1965, 'Introduction' to Husserl's *Phenomenology and the Crisis of Philosophy*, Harper and Row.

_____. 1958, *The Triumph of Subjectivity*, Fordham University Press; reprinted as 1965, *Phenomenology: Its Genesis and Prospect*, Harper and Row.

Luijpen, W. 1966, *Phenomenology and Humanism,* Duquesne University Press.

Ricoeur, P. 1967, *Husserl: An Analysis of his Philosophy*, Northwestern University Press.

_____. 1981, *Hermeneutics and the Human Sciences*, Cambridge University Press.

Sokolowski, R. 1974, *Husserlian Meditations*, Northwestern University Press.

Spiegelberg, H. 1960, *The Phenomenological Movement: A Historical Introduction,* Nijhoff, The Hague.

Welton, D. 1983, *The Origins of Meaning: A Critical Study of the Thresholds of Husserlian Phenomenology*, Nijhoff, The Hague.

Zaner, R. and D. Ihde. 1973, *Phenomenology and Existentialism*, Capricorn Books.

하이데거

· 1차 자료

Being and Time, Blackwell, 1962.

Kant and the Problem of Metaphysics, Indiana University Press, 1962.

Introduction to Metaphysics, Yale University Press, 1959.

What is Called Thinking? Harper and Row, 1967.

Discourse on Thinking, Harper and Row, 1970.

Identity and Difference, Harper and Row, 1960.

What is a Thing? Gateway Books, 1967.

Poetry, Language, Thought, Harper and Row, 1971.

On the Way to Language, Harper and Row, 1971.

On Time and Being, Harper and Row, 1972.

Early Greek Thinking, Harper and Row, 1975.

The End of Philosophy, Harper and Row, 1973.

The Piety of Thinking, Indiana University Press, 1976.

The Question Concerning Technology, Harper and Row, 1977.

Basic Writings, Harper and Row, 1977.

What is Philosophy? Twayne Publishers, 1958.

Nietzsche(4 vols), Harper and Row, 1979.

The Essence of Reason, Northwestern University Press, 1969.

Hegel's Concept of Experience, Harper and Row, 1970.

What is Metaphysics? in Existence and Being, Vision Press, 1949.

Hölderlin and the Essence of Poetry in Existence and Being, Vision Press, 1949.

· 2차 자료

Blackham, H. J. 1953, *Six Existentialist Thinkers,* Routledge and Kegan Paul.

Caputo, J. O. 1978, *The Mystical Element in Heidegger's Thought,* Ohio University Press.

Gelv, M. 1970, *A Commentary on Heidegger's 'Being and Time,'* Harper and Row.

Goldmann, L. 1977, *Lukács and Heidegger,* Routledge and Kegan Paul.

Greene, M. 1957, *Martin Heidegger,* London.

Halliburton, D. 1981, *Poetic Thinking, An Approach to Heidegger,* University of Chicago Press.

King, M. 1964, *Heidegger's Philosophy,* New York.

Kockelmans, J. 1965, *Martin Heidegger: A First Introduction to his Philosophy,* Duquesne University Press.

Langan, T. 1959, *The Meaning of Heidegger,* London.

Mehta, J. L. 1971, *The Philosophy of Martin Heidegger,* Harper and Row.

Murray, M. ed. 1978, *Heidegger and Modern Philosophy,* Yale University Press.

Perotti, J. 1974, *Heidegger on the Divine,* Ohio University Press.

Robinson, J. and J. Cobb, 1963, *The Later Heidegger and Theology,* Greenwood Press.

Richardson, W. 1963, *Heidegger: Through Phenomenology to Thought,* Nijhoff, The Hague.

Sherover, J. 1971, *Heidegger, Kant and Time,* Indiana University Press.

Sheehan, T. ed. 1981, *Heidegger, The Man and the Thinker*, Precedent Press.

Steiner, G. 1978, *Heidegger*, Fontana.

Vail, L. M. 1972, *Heidegger and Ontological Difference*, Penn State University.

사르트르

・1차 자료

Imagination: A Psychological Critique, University of Michigan Press, 1962.

The Psychology of Imagination, Philosophical Library, 1948.

Sketch for a Theory of the Emotions, Methuen, 1962.

Being and Nothingness, Philosophical Library, 1956.

What is Literature? Methuen, 1950; Existentialism and Literature, Citadel Press, 1972.

Existentialism and Humanism, Methuen, 1948.

The Portrait of an Anti-Semite, Secker and Warburg, 1948.

Politics and Literature, Calder and Boyers, 1973.

Saint Genet, Actor and Martyr, Braziller, 1963.

Critique of Dialectical Reason, NLB, 1976.

The Philosophy of J.-P. Sartre(a selection from his works edited by R. Denoon Cumming, Random House, 1965).

Baudelaire, Hamilton, 1964.

Essays in Aesthetics, Washington Square Press, 1966.

Situations, Hamilton, 1965.

Literary Essays, Philosophical Library, 1957.

Words, Hamilton, 1964.

Search for a Method, Vintage Books, 1968.

Between Existentialism and Marxism, NLB, 1974.

Life/Situations, Pantheon Books, 1977.

'Merleau-Ponty(1)' in *Journal of the British Society of Phenomenology*, vol.15, no.2, 1984.

Flaubert: The Idiot of the Family, Chicago University Press, 1981.

The Childhood of a Leader in *Intimacy*, Panther, 1960.

・2차 자료

Allen, E. 1952, *Existentialism from Within*, MacMillan.

Archard, D. 1980, *Marxism and Existentialism*, Blackstaff Press.

Blackham, H. J. 1957, *Six Existentialist Thinkers*, Harper and Row.

Collins, J. 1952, *The Existentialists*, Regnery/Chicago.

Cranston, M. 1962, *Sartre*, Oliver and Boyd.

Desan, W. 1960, *The Tragic Finale: An Essay on the Philosophy of J.-P. Sartre*, Harper and Row.

_____. 1965, *The Marxism of J.-P. Sartre*, Doubleday.

Greene, M. 1960, *J.-P. Sartre: The Existentialist Ethic*, Michigan University Press.

Grossman, R. 1984, *Phenomenology and Existentialism: An Introduction*, Routledge and Kegan Paul.

Casey, E. 1977, *Imagining: A Phenomenological Study*, Indiana University Press.

Kaelin, E. 1962, *An Existentialist Aesthetic, The Theories of Sartre and Merleau-Ponty*, University of Winconsin Press.

Kaufman, W. ed. 1956, *Existentialism: From Dostoyevsky to Sartre*, Meridian Books.

Lafarge, R. 1970, *J.-P. Sartre: His Philosophy*, Gill and Macmillan.

Manser, A. 1966, *Sartre: A Philosophical Study*, Athlone Press.

Murdoch, I. 1967, *Sartre: Romantic Rationalist*, Fontana.

Warnock, M. 1965, *The Philosophy of Sartre*, Hutchinson.

메를로 퐁티

· 1차 자료

The Structure of Behaviour, Beacon Press, 1963.

Phenomenology of Perception, Humanities Press, 1962.

The Primacy of Perception, Washington University Press, 1964.

Signs, Northwestern University Press, 1964.

Sense and Non-Sense, Northwestern University Press, 1964.

Adventures of the Dialectic, Northwestern University Press, 1973.

The Prose of the World, Heinemann, 1974.

Humanism and Terror, Beacon Press, 1969.

The Visible and the Invisible, Northwestern University Press, 1968.

Eye and Mind in Phenomenology, Language and Sociology: Selected Essays of Merleau Ponty, ed. John O'Neill, Heinemann, 1974.

Themes from the Lectures at the Collège de France 1952 ~1960, Northwestern University Press, 1970.

In Praise of Philosophy, Northwestern University Press, 1963.

· 2차 자료

Archard, D. 1980, *Marxism and Existentialism*, Blackstaff Press.

Aron, R. 1969, *Marxism and the Existentialists*, Harper and Row.

Barral, M. R. 1965, *The Role of the Body-Subject in Merleau-Ponty*, Duquesne University Press.

Bannan, J. 1967, *The Philosophy of Merleau-Ponty*, Harcourt, Brace and World.

Descombes, V. 1980, *Modern French Philosophy,* Cambridge University press.

Fischer, A. ed. 1969, *The Essential Writings of Merleau-Ponty,* Harcourt, Brace and World.

Garth, G. 1973, *The Horizons of the Flesh: Critical Perspectives on the Thought of Merleau-Ponty,* Southern Illinois University Press.

Grossman, R. 1984, *Phenomenology and Existentialism: An Introduction,* Routledge and Kegan Paul.

Kaelin, E. 1962, *An Existentialist Aesthetic, The Theories of Sartre and Merleau-Ponty,* University of Winsconsin Press.

Kocklemans, J. 1967, *Phenomenology*, Doubleday/Anchor.

Kwant, R. 1963, *The Phenomenological Philosophy of Merleau-Ponty*, Duquesne University Press.

_____. 1966, *From Phenomenology to Metaphysics, the Later Work of Merleau-Ponty,* Duquesne University Press.

Langan, T. 1966, *Merleau-Ponty's Critique of Reason*, Yale University Press.

Robil, A. 1967, *Merleau-Ponty: Existentialist of the Social World,* Columbia University Press.

Sartre, J.-P. 1984, 'Merleau-Ponty I,' in *Journal of the British Society of Phenomenology*, vol.15, no.2.

Schrader, G. 1967, *Existential Philosophers: Kierkegaard to Merleau-Ponty*, McGraw-Hill Press.

Spiegelberg, H. 1960, *The Phenomenological Movement*, Nijhoff, The Hague.

Zaner, R. 1964, *The Problem of Embodiment*, Nijhoff, The Hague.

Zaner, R. and D. Ihde. 1973, *Phenomenology and Existentialism*, Capricorn Books.

리쾨르

· 1차 자료

Freedom and Nature: The Voluntary and the Involuntary, Northwestern University Press, 1966.

Husserl: An Analysis of his Phenomenology, Northwestern University Press, 1967.

History and Truth, Northwestern University Press, 1965.

Fallible Man, Regnery/Chicago, 1965.

The Symbolism of Evil, Harper and Row, 1967.

Freud and Philosophy: An Essay on Interpretation, Yale University Press, 1970.

The Conflict of Interpretations: Essays in Hermeneutics, Northwestern University Press, 1974.

The Rule of Metaphor: Multi-disciplinary Studies of the Creation of Meaning in Language, Routledge and Kegan Paul, 1978.

Political and Social Essays, ed. D. Stewart and J. Bien, Ohio University Press, 1974.

Interpretation Theory: Discourse and the Surplus of Meaning, Texas Christian University Press, 1976.

Hermeneutics and the Human Sciences, ed. J. B. Thompson, Cambridge University Press, 1981.

The Philosophy of Paul Ricoeur: An Anthology of his Work, ed. C. Reagan and D. Stewart, Beacon Press, 1978.

Time and Narrative, vol.I, University of Chicago Press, 1984.

· 2차 자료

Bleicher, J. 1980, *Contemporary Hermeneutics*, Routledge and Kegan Paul.

Ihde, D. 1971, *Hermeneutic Phenomenology: The Philosophy of Paul Ricocur*, Northwestern University Press.

Kearney, R. 1984, *Dialogues with Contemporary Continental Thinkers*, Manchester University Press.

Stewart, D. 1968, 'Paul Ricocur and the phenomenological movement' in *Philosophy Today*, Winter.

Thompson, J. B. 1981, 'Introduction' to Ricoeur's *Hermeneutics and The Human Sciences*, Cambridge University Press.

_____. 1981, *Critical Hermeneutics: A Study in the Thought of Paul Ricoeur and Jürgen Habermas*, Cambridge University Press.

Van Leewan, T. M. 1981, *The Surplus of Meaning: Ontology and Eschatology in the Philosophy of Paul Ricocur,* Amsterdam Studies in Theology, Rodopi.

Zaner, R. and D. Ihde. 1973, *Phenomenology and Existentialism,* Capricorn Book.

Regan, C. ed. 1979, *Studies in the Philosophy of Paul Ricoeur,* Ohio University Press.

데리다

· 1차 자료

Edmund Husserl's 'Origin of Geometry': An Introduction, Nicholas Hays, 1978.

Writing and Difference, University of Chicago Press, 1978.

Speech and Phenomena and other Essays in Husserl's Theory of Signs, Northwestern University Press, 1973.

Of Grammatology, Johns Hopkins University Press, 1977.

Positons, University of Chicago Press, 1977.

Spurs: Nietzsche's Styles, University of Chicago Press, 1979.

Margins of Philosophy, University of Chicago Press, 1983.

Dissemination, Athlone Press, 1981.

The Postcard: From Socrates to Freud and Beyond, University of Chicago Press (forthcoming).

The Archaeology of the Frivolous, Duquesne University Press, 1981.

'Deconstruction and the Other'; Dialogue with Richard Kearney in *Dialogues with Contemporary Continental Thinkers,* Manchester University Press, 1984.

· 2차 자료

Culler, J. 1982, *On Deconstruction: Theory and Criticism after Structuralism,* Cornell University Press.

_____. 1981, *The Pursuit of Signs: Semiotics, Literature, Deconstruction,* Cornell University Press.

_____. 1979, 'Derrida' in *Structuralism and Since: From Lévi-Strauss to Derrida* (ed. J. Sturrock), Oxford University Press.

Descombes, V. 1980, *Modern French Philosophy,* Cambridge University Press.

Eagleton, T. 1981, *Walter Benjamin: Towards a Revolutionary Criticism,* NLB.

Harari, J. V. ed. 1979, and introduction, *Textual Strategics: Perspectives in Post-*

Structuralist Criticism, Cornell University Press.

Johnson, B. 1981, 'Introduction' to Derrida's *Dissemination*(op. cit.).

_____. 1980, *The Critical Difference*, Johns Hopkins University Press.

Leitch, V. B. 1983, *Deconstructive Criticism: An Advanced Introduction,* Hutchinson Press.

Murray, R. and E. Donato eds. 1970, *The Structuralist Controversy,* Johns Hopkins University Press.

Magliola, R. 1984, *Derrida On the Mend*, Purdue University Press.

Montefiori, A. ed. 1983, *Philosophy in France Today,* Cambridge University Press.

Norris, C. 1983, *The Deconstructive Turn*, Methuen.

_____. 1982, *Deconstruction: Theory and Practice*, Methuen.

Ryan, M. 1982, *Marxism and Deconstruction,* Johns Hopkins University Press.

Spivak, G. 1977, 'Introduction' to Derrida's *Of Grammatology*(op. cit.).

Young, R. ed. 1981, *Untying the Text: A Post-Structuralist Reader,* Routledge and Kegan Paul.

Rorty, R. 1984, 'Signposts along the way that Reason went' in *The London Review of Books*.

Wood, D. C. and R. Bernasconi eds. 1985, *Derrida and Difference,* Parousia Press, University of Warwick.

루카치

· 1차 자료

History and Class Consciousness, Merlin Press, 1971.

Studies in European Realism, Hillway, 1950.

The Historical Novel, Merlin Press, 1962.

Theory of the Novel: A Historico-Philosophical Essay on the Forms of Great Literature, M.I.T. Press, 1971.

The Meaning of Contemporary Realism, Merlin Press, 1962(includes 'The ideology of modernism').

Goethe and His Age, Merflin press, 1968.

Marxism and Human Liberation: Essays on History, Culture and Revolution, Delta Books, 1973(includes 'The twin crises' and 'The ideology of modernism').

Essays on Thomas Mann, Grosset and Dunlop, 1965.

Solzhenitsyn, Merlin Press, 1970.

Lenin: A Study on the Unity of His Thought, New Left Books, 1970.

Writer and Critic and Other Essays, Merlin Press, 1970.

Ontology, Merlin Press, vol.I, 1978~.

The Destruction of Reason, Merlin Press, 1979.

· 2차 자료

Arvon, H. 1973, 'Bertolt Brecht and Georg Lukács' in *Marxist Esthetics*, Cornell University Press.

Goldman, L. 1977, *Lukács and Heidegger: Towards a New Philosophy*, Routledge and Kegan Paul.

Jameson, F. 1971, 'The Case for Georg Lukács' in *Marxism and Form*, Princeton University Press.

Lichtheim, G. 1970, *Lukács*, Fontana.

L'owy, M. 1979, *Georg Lukács-From Romanticism to Bolshevism,* London.

Parkinson, G. ed. 1970, *Georg Lukács: The Man, His Work and His Ideas,* Random House.

Solomon, M. 1979, 'Georg Lukács' in *Marxism and Art*, Harvester Press.

Todd, J. 1983, 'Aesthetic experience and contemporary capitalism: notes on Georg Lukács and Walter Benjamin' in *The Crane Bag Journal*, vol.7, no.1.

Zitta, V. 1965, *Georg Lukács Marxism: Alienation, Dialectics, Revolution,* Nijhoff.

벤야민

· 1차 자료

Illuminations, with an introduction by Hannah Arendt, Fontana, 1973.

One Way Street, NLB, 1979(includes 'Critique of violence,' 'On language as such and on the language of men,' 'The destructive character').

The Origin of German Tragic Drama, NLB, 1977.

Understanding Brecht, NLB, 1973.

Charles Baudelaire: A Lyric Poet in the Era of High Capitalism, NLB, 1973.

· 2차 자료

Arato, A. and E. Gebhardt. 1978, *The Essential Frankfurt School Reader*, Urizen

Books.

Arendt, H. 1973, 'Introduction: Walter Benjamin 1892~1940' in *Illuminations*(op. cit.)

Eagleton, T. 1981, *Walter Benjamin: or Towards a Revolutionary Criticism*, NLB.

Jameson, F. 1971, 'Walter Benjamin; or nostalgia' in *Marxism and Form*, Princeton University Press.

Solomon, M. 1979, 'Walter Benjamin' in *Marxism and Art*, Harvester Press.

Todd, J. 1983, 'Aesthetic experience and contemporary capitalism: notes on Georg Lukács and Walter Benjamin' in *The Crane Bag Journal*, vol.7, no.1.

Roberts, J. 1982, *Walter Benjamin*, Macmillan.

Jay, M. 1973, *The Dialectical Imagination: A History of the Frankfurt School*, Heinemann Books.

Wolin, R. 1982, *Walter Benjamin: An Aesthetic of Redemption*, Columbia University Press.

그람시

·1차 자료

Selections from the Prison Notebooks, Lawrence and Wishart, 1971.
Political Writings, 1910~1920, Lawrence and Wishart, 1977.
Political Writings, 1921~1926, Lawrence and Wishart, 1978.

·2차 자료

Boggs, C. 1976, *Gramsci's Marxism*, Pluto Press.

Buci, C. 1980, *Glucksmann, Gramsci and the State*, Lawrence and Wishart.

Camett, J. 1967, *Antonio Gramsci and the Origins of Italian Communism*, Stanford University Press.

Clark, M. 1977, *Antonio Gramsci and the Revolution that Failed*, Yale University Press.

Davidson, A. 1977, *Antonio Gramsci: Towards an Intellectual Biography*, Merlin Press.

Davis, J. ed. 1979, *Gramsci and Italy's Passive Revolution*, Croom Helm.

Fiori, G. 1977, *Antonio Gramsci*, NLB.

Hobsbawm, E. 1982, 'Gramsci and Marxist political theory' in *Approaches to*

Gramsci, ed. A. Showstack Sassoon, Writers and Readers Publishing Coop..

Joll, J. 1977, *Gramsci*, Fontana.

Laclau, E. 1979, *Politics and Ideology in Marxist Theory*, NLB.

Mouffe, C. ed. 1979, *Gramsci and Marxist Theory*, Routledge and Kegan Paul.

Sassoon, A. S. ed. 1982, *Approaches to Gramsci*, Writers and Readers Coop.

Simon, R. 1982, *Gramsci's Political Thought: An Introduction*, Lawrence and Wishart.

Solomon, M. 1979, 'Gramsci' in *Marxism and Art*, Harvester Press.

Togliatti, P. 1979, *Gramsci and Other Essays*, Lawrence and Wishart.

Vacca, G. 1982, 'Intellectuals and the Marxist theory of the state' in *Approaches to Gramsci,* ed. A. S. Sassoon(op. cit.).

블로흐

·1차 자료

A Philosophy of the Future, Herder and Herder, 1970.

On Karl Marx, Herder and Herder, 1971.

Atheism in Christianity, Herder and Herder, 1972.

Man on His Own, Herder and Herder, 1978.

Aesthetics and Politics, NLB, 1979.

'Man as possibility' in *Cross Currents*, XVIII, 1968.

·2차 자료

Green, P. M. 1969, 'Ernst Bloch's revision of atheism' in *Journal of Religion,* vol.49, no.2.

Cross, D. 1972, 'Ernst Bloch: the dialectics of hope' in *The Unknown Dimension: European Marxism since Lenin,* eds. Howard and Klare, Basic Books.

Habermas, J. 1983, 'Ernst Bloch: A Marxist Schelling' in *Philosophical-Political Profiles,* Heinemann.

Hudson, W. 1982, *The Marxist Philosophy of Ernst Bloch*, Macmillan.

Howard, D. 1977, 'Marxism and concrete philosophy: Ernst Bloch' in *The Marxian Heritage*, Macmillan.

Jameson, F. 1971, 'Ernst Bloch and the Future' in *Marxism and Form*, Princeton University Press.

Solomon, M. 1979, 'Ernst Bloch' in *Marxism and Art*, Harvester Press.

Taylor, R. ed. 1977, *Aesthetics and Politics*(Debates between Bloch, Lukács, Brecht, Benjamin and Adorno, with an afterword by F. Jameson, NLB).

마르쿠제

·1차 자료

Reason and Revolution: Hegel and the Rise of Social Theory, Oxford University Press, 1941.

Eros and Civilization: A Philosophical Inquiry into Freud, Beacon Press, 1955.

Soviet Marxism: A Critical Analysis, Columbia University Press, 1958.

One-Dimensional Man: Studies in the Ideology of Advanced Industrial Society, Beacon Press, 1964.

An Essay on Liberation, Beacon Press, 1969.

Negations: Essays in Critical Theory, Beacon Press, 1968.

Revolution or Reform: A Confrontation(with Karl Popper), ed. A. Ferguson, Chicago, 1976.

Five Lectures, Beacon Press, 1970.

Counter-Revolution and Revolt, Beacon Press, 1972.

Studies in Critical Philosophy, Beacon Press, 1973.

The Aesthetic Dimension: Toward a Critique of Marxist Aesthetics, Beacon Press, 1978.

·2차 자료

Arato, A. and E. Gebhart. 1978, *The Essential Frankfurt School Reader,* Urizen Books.

Breines, D. 1972, *Critical Interruptions: New Left Perspectives on Herbert Marcuse*, Herder and Herder.

Fry, J. 1978, *Marcuse: Dilemma and Liberation*, Harvester.

Geoghegan, V. 1981, *Reason and Eros: The Social Theory of Herbert Marcuse,* Pluto Press.

Held, D. 1980, *Introduction to Critical Theory,* Hutchinson.

Howard, D. 1977, *The Marxian Legacy,* Macmillan.

Jameson, F. 1971, 'Marcuse and Schiller' in *Marxism and Form,* Princeton University Press.

440

Jay, M. 1974, *The Dialectical Imagination*, Heinemann.

Katz, B. 1982, *Herbert Marcuse and the Art of Liberation,* NLB.

Kearney, R. 1984, 'The philosophy of art and politics: dialogue with Herbert Marcuse' in *Dialogues with Contemporary Continental Thinkers,* Manchester University Press.

Kellner, D. 1984, *Herbert Marcuse and the Crisis of Marxism*, Macmillan.

Lind, P. 1985, *Marcuse and Freedom*, Croom Helm.

MacIntyre, A. 1970, *Marcuse*, Fontana.

Marks, R. 1972, *The Meaning of Marcuse*, Ballantyre.

Olafson, F. 1977, 'Heidegger's politics: Interview' in *Graduate Faculty Philosophy Journal,* 6, 1, New York.

Schoolman, M. 1980, *The Imaginary Witness: The Critical Theory of Herbert Marcuse*, Macmillan.

Slater, P. 1977, *The Origin and Significance of the Frankfurt School*, Routledge and Kegan Paul.

Solomon, M. 1979, *Marxism and Art,* Harvester.

Wolff, H. and B. Moore eds. 1967, *The Critical Spirit: Essays in Honour of Herbert Marcuse,* Beacon Press.

하버마스

·1차 자료

Knowledge and Human Interests, Beacon Press, 1972.

Theory and Practice, Beacon Press, 1973.

Legitimation Crisis, Beacon Press, 1973.

Towards a Rational Society(including 'Technology and science as "ideology"'), Beacon Press, 1970.

Communication and the Evolution of Society, Beacon Press, 1979.

Philosophical-Political Profiles, Heinemann, 1983.

The Theory of Communicative Action, vol.I, Heinemann, 1985.

·2차 자료

Adorno, T. and M. Horkheimer. 1972, *Dialectic of Enlightenment*, Herder and Herder.

Bleicher, J. 1980, *Contemporary Hermeneutics*, Routledge and Kegan Paul.

Gadamer, H. G. 1975, *Truth and Method*, Sheed and Ward.

Howard, D. 1977, *The Marxian Heritage*, Macmillan.

Jay, M. 1973, *The Dialectical Imagination: A History of the Frankfurt School*, Heinemann Books.

Lane, D. 1984, 'Habermas and Praxis' in *Foundations for a Social Theology*, Gill and Macmillan.

McCarthy, T. 1978, *The Critical Theory of Jürgen Habermas*, MIT Press.

Ricoeur, P. 1981, 'Hermeneutics and the critique of ideology' in *Hermeneutics and the Human Sciences*, Cambridge University Press.

Thompson, J. 1981, *Critical Hermeneutics: A Study in the Thought of P. Ricoeur and J. Habermas*, Cambridge University Press.

Thompson, J. and D. Held. 1982, *Habermas: Critical Debates*, Macmillan.

소쉬르

· 1차 자료

Course in General Linguistics, The Philosophical Library, 1959.

· 2차 자료

Archard, D. 1984, 'The unconscious and language' in *Consciousness and the Unconscious*, Hutchinson.

Caws, P. 1968, 'What is structuralism?' in *Partisan Review*.

Culler, J. 1976, *Saussure*.

_____. 1975, *Structuralist Poetics*, Cornell University Press.

de George, R. and F. 1972, *The Structuralists*, Doubleday/Anchor.

Ehrmann, J. ed. 1970, *Structuralism*, Doubleday.

Hawkes, T. 1977, *Structuralism and Semiotics*, University of California Press.

Jameson, F. 1972, *The Prison House of Language*, Princeton University Press.

Lane, M. 1970, *Introduction to Structuralism*, Basic Books.

_____. 1970, *Structuralism, A Reader*, Cape.

Petit, P. 1976, *The Concept of Structuralism*, Gill and Macmillan.

McNicholl, B. 1968, 'Structuralism' in *Irish Theological Quarterly*.

Sturrock, J. ed. 1979, *Structuralism and Since*, Oxford University Press.

Robey, D. ed. 1973, *Structuralism: An Introduction*, Clarendon Press.

Wilden, A. 1977, *System and Structure*, Tavistock.

442

레비 스트로스

· 1차 자료

Race and History, UNESCO, 1958.

Structural Anthropology, Basic Books, 1963.

The Raw and the Cooked, Harper and Row, 1969.

From Honey to Ashes, Cape, 1970.

The Scope of Anthropology(Inauguration Lecture to the Collège de France, 1960), Cape, 1967.

The Savage Mind, University of Chicago Press, 1966.

Totemism, Beacon Press, 1963.

Tristes Tropiques, Anthenaeum, 1964.

The Origin of Table Manners, Cape, 1973.

The Naked Man, Cape, 1981.

Myth and Meaning, Routledge and Kegan Paul, 1978.

The Elementary Structures of Kinship, Eyre and Spottiswoode, 1969.

· 2차 자료

Badcock, C. R. 1975, *Structuralism and Sociological Theory,* Hutchinson.

Boon, J. 1972, *From Symbolism to Structuralism*, Harper and Row.

Boudon, R. 1971, *The Uses of Structuralism*, Heinemann.

Charbonnier, G. 1969, *Conversations with Claude Lévi-Strauss,* London.

Ehrmann, J. ed. 1966, *Structuralism*, Doubleday Anchor.

de George, R. and F. 1972, *The Structuralists*, Anchor.

Hayes, E. and T. 1970, *Claude Lévi-Strauss: The Anthropologist as Hero,* MIT Press.

Hawkes, T. 1977, *Structuralism and Semiotics,* University of California Press.

Kurzweil, E. 1980, 'Claude Lévi-Strauss: the father of structuralism' in *The Age of Structuralism*, Columbia University Press.

Lane, M. 1970, *Introduction to Structuralism*, Basic Books.

_____. 1970, *Structuralism, A Reader*, Cape

Paz, O. 1970, *Claude Lévi-Strauss, An Introduction,* Cornell University Press.

Leach, E. 1970, *Lévi-Strauss*, Fontana.

_____ ed. 1967, *The Structuralist Study of Myth and Totemism*, Tavistock.

Sperber, D. 1979, 'Claude L'evi-Strauss' in *Structuralism and Since,* ed. J. Sturrock, Oxford University Press.

라캉

· 1차 자료

Écrits: A Selection, Tavistock, 1977.

The Four Fundamental Concepts of Psychoanalysis, Penguin, 1977.

The Language of the Self: The Function of Language in Psychoanalysis(with Intro-
    duction and Essay by A. Wilden), Johns Hopkins University Press,
    1968.

Femininc Sexuality: Jacques Lacan and the 'École Freudienne'(selections from Lacan
    with an introduction by J. Mitchell and J. Rose), Macmillan, 1982.

· 2차 자료

Archard, D. 1984, *Consciousness and the Unconscious*, Hutchinson.

Bird, J. 1982, 'Jacques Lacan-the French Freud?' in *Radical Philosophy*, no.30.

Bowic, M. 1979, 'Jacques Lacan' in *Structuralism and Since*, ed. J. Sturrock,
    Oxford University Press.

de George, R. and F. 1972, *The Structuralists,* Anchor.

Ehrmann, J. ed. 1970, *Structuralism,* Doubleday Anchor.

Kurzweil, E. 1980, 'Structuralist psychoanalysis' in *The Age of Structuralism,*
    Columbia University Press.

Laplanche, J. and J. Pontalis. 1973, *The Language of Psychoanalysis*, London.

Leitch, V. 1983, *Deconstructive Criticism,* Hutchinson.

Macksey, R. and E. Donato, ed. 1970, *The Structuralist Controversy: The
    Languages of Criticism and the Sciences of Man,* Johns Hopkins University
    Press.

Muller, J. and W. Richardson. 1982, *Lacan and Language: A Reader's Guide to
    Ecrits,* International University Press.

Ragland-Sullivan, E. 1985, *Jacques Lacan and the Philosophy of Psychoanalysis,*
    Croom Hel.

Schneiderman, S. ed. 1980, *Returning to Freud: Clinical Psychoalysis in the School
    of Lacan*, Yale University Press.

Skelton, R. 1985, 'Reason and rationality in Lacan' in *Irish Philosophical
    Journal,* II, 1.

Smith, J. and W. Kerrigan, ed. 1983, *Interpreting Lacan*, New Haven.

푸코

· 1차 자료

Madness and Civilization: A History of Insanity in the Age of Reason, Random House, 1965.

The Order of Things: An Archaeology of the Human Sciences, Panthcon, 1970/ Tavistock, 1972.

The Archaeology of Knowledge, Pantheon, 1972.

I, Pierre Rivière ··· Pantheon, 1975.

Discipline and Punish: The Birth of the Prison, Random House, 1979.

The History of Sexuality, Volume I: An Introduction, Random House, 1980.

Language, Counter-Memory, Practice, Blackwell, 1977.

Power/Knowledge: Selected Interviews and Other Writings 1972~1977, ed. C. Gordon, Pantheon, 1980.

The Birth of the Clinic: An Archeology of Medical Perception, Randon, House, 1975.

'The Subject of Power'/Afterword to *Michel Foucault: Beyond Structuralism and Hermeneutics*, ed. H. Dreyfus and P. Rabinow, Harvester Press, 1982.

· 2차 자료

Descombes, V. 1980, *Modern French Philosophy*, Cambridge University Press.

Dreyfus, H. and P. Rabinow. 1982, *Michel Foucault: Beyond Structuralism and Hermeneutics*(With an afterword by Michel Foucault: 'The subject and power), Harvester.

Kurzweil, E. 1980, 'Michel Foucault: structuralism and the structures of knowledge' in *The Age of Structuralism*, Columbia University Press.

Leitch, V. 1983, *Deconstructive Criticism*, Columbia University Press/Hutchinson.

Sheridan, A. 1980, *Michel Foucault: The Will to Truth*, Tavistock.

Smart, B. 1983, *Foucault, Marxism and Critique*, Routledge and Kewgan Paul.

White, H. 1979, 'Michel Foucault' in *Structuralism and Since*, ed. J. Sturrock, Oxford University Press.

알튀세르

· 1차 자료

For Marx, Pantheon, 1972.

Reading Capital(co-authored with E. Balibar), NLB, 1970.
Lenin and Philosophy and other Essays, NLB, 1971.
Politics and History, NLB, 1972.
Essays in Self-Criticism, NLB, 1976.

· 2차 자료
Callinicos, A. 1976, *Althusser's Marxism*, Pluto Press.
Clark, S. et al. 1980, *One-Dimensional Marx: Althusser and the Politics of Culture* (Alison and Busby).
Descombes, V. 1980, *Modern French Philosophy*, Cambridge University Press.
Dowling, W. 1984, *Jameson, Althusser, Marx*, Methuen.
Fowler, R. ed. 1975, *Style and Structure in Literature*, Cornell University Press.
Howard, D. and K. Klare eds. 1972, *The Unknown Dimension*, Basic Books.
Glucksmann, M. 1974, *Structuralist Analysis in Contemporary Social Thought*, Routledge and Kegan Paul.
Kurzweil, E. 1980, 'Althusser: Marxism and Structuralism' in *The Age of Structuralism*, Columbia University Press.
Kelly, M. 1982, *Modern French Marxism*, Blackwell.
Lichtheim, G. 1966, *Marxism in Modern France*, Columbia University Press.
_____. 1971, 'A new twist in the dialectic' in *From Marx to Hegel and Other Essays*, Herder and Herder.
Pecheux, M. 1982, *Language, Semantics, Ideology,* St. Martin's Press.
Veltmeyer, H. 1975, 'Towards an assessment of the structuralist interrogation of Marx: Claude Lévi-Strauss and Louis Althusser' in *Science and Society*, Winter.

바르트

· 1차 자료
Writing Degree Zero, Cape, 1967.
On Racine, Hill and Wang, 1964.
Critical Essays, Northwestern University Press, 1972.
S/Z, Hill and Wang, 1974.
The Pleasure of the Text, Hill and Wang, 1975.
Mythologies, Cape, 1972.

446

Image-Music/Text, Fontana, 1977.

Elements of Semiology, Hill and Wang, 1968.

Sade, Fourrier, Loyola, Hill and Wang, 1976.

Barthes by Barthes, Hill and Wang, 1977.

A Lover's Discourse, Hill and Wang, 1978.

New Critical Essays, Hill and Wang, 1980.

'Inaugural Lecture at the Collège de France,' 1977, in *Oxford Literary Review*, vol.4, no.1, 1979.

Fashion Systems, Cape, 1985.

Camera Lucida, Fontana, 1984.

· 2차 자료

Fowler, R. ed. 1975, *Style and Structure in Literature*, Cornell University Press.

Hawkes, T. 1977, *Structuralism and Semiotics*, University of California Press.

Kurzweil, E. 1980, 'Roland Barthes: literature, structuralism and erotics' in *The Age of Structuralism*, Columbia University Press.

Leitch, V. 1983, *Deconstructive Criticism*, Hutchinson.

Petit, P. 1976, *The Concept of Structuralism*, Gill and Macmillan.

le Sage, L. 1976, *The French New Criticism*, Pennsylvania State University Press.

Scholes, R. 1974, *Structuralism in Literature*, Yale University Press.

Sontag, S. ed. 1983, *A Barthes Reader*, Hill and Wang(also includes Barthes's Collège de France Inaugural Lecture).

Sturrock, J. 1979, 'Roland Barthes' in *Structuralism and Since*, ed. Sturrock, Oxford University Press.

▌ 지은이

리처드 커니(Richard Kearney)
아일랜드 더블린 대학 철학 교수

<주요저서>
Dialogues with Contemporary Continental Thinkers(1984)
Transitions: Narratives in Modern Irish Culture(1987)
The Wake of Imagination(1988)
Visions of Europe(1992)
Continental Philosophy in the 20th Century(ed. 1994)
States of Mind(1995)
Paul Ricoeur Festschrift: Philosophy and Social Criticism(ed. 1995)

▌ 옮긴이

임헌규
경북대 철학과 졸업. 동대학 한국학대학원 석사 및 박사(철학·종교 전공)
역서: 福永光司, 『장자: 난세의 철학』(민족사)
          마단 사럽, 『데리다, 푸꼬 그리고 포스트모더니즘』(인간사랑)

곽영아
이화여대 영문과 졸업. 동대학 한국학대학원 수료(정치·경제 전공)
역서: 『문화의 섬, 일본』(중앙일보사)

임찬순
서울대 철학과 졸업. 동대학 한국학대학원 석사 및 박사(철학·종교 전공)
벨지움 루벵 대학에서 수학
역서: 엘리아데, 『유교와 기독교』(서광사)

한울총서 92

현대유럽철학의 흐름
모더니즘에서 포스트모더니즘까지

ⓒ 임헌규·곽영아·임찬순, 1992

지은이 | 리처드 커니
옮긴이 | 임헌규·곽영아·임찬순
펴낸이 | 김종수
펴낸곳 | 한울엠플러스(주)

초판 1쇄 발행 | 1992년 2월 15일
재판 13쇄 발행 | 2021년 5월 14일

주소 | 10881 경기도 파주시 광인사길 153 한울시소빌딩 3층
전화 | 031-955-0655
팩스 | 031-955-0656
홈페이지 | www.hanulmplus.kr
등록번호 | 제406-2015-000143호

Printed in Korea.
ISBN 978-89-460-8067-6 94160

* 가격은 겉표지에 표시되어 있습니다.